2/决关版

CPA

注册会计师全国统一考试应试指导

李彬教你考注会®

TAXATION LAWS

税 法

李彬 编著　　BT教育 组编

中国财经出版传媒集团
经济科学出版社

图书在版编目（CIP）数据

税法.2022/李彬编著. —— 北京：经济科学出版
社，2022.3
（李彬教你考注会）
ISBN 978 - 7 - 5218 - 3474 - 1

Ⅰ.①税…　Ⅱ.①李…　Ⅲ.①税法 - 中国 - 资格考试
- 自学参考资料　Ⅳ.①D922.22

中国版本图书馆 CIP 数据核字（2022）第 036731 号

责任编辑：孙丽丽　胡蔚婷
责任校对：杨　海
责任印制：范　艳

税法（2022）

李　彬　编著　BT 教育　组编

经济科学出版社出版、发行　新华书店经销

社址：北京市海淀区阜成路甲 28 号　邮编：100142

总编部电话：010 - 88191217　发行部电话：010 - 88191522

网址：www. esp. com. cn

电子邮箱：esp@ esp. com. cn

天猫网店：经济科学出版社旗舰店

网址：http://jjkxcbs. tmall. com

北京鑫海金澳胶印有限公司印装

787 × 1092　16 开　35.25 印张　900000 字

2022 年 3 月第 1 版　2022 年 3 月第 1 次印刷

ISBN 978 - 7 - 5218 - 3474 - 1　定价：79.00 元

编 委 会

——

主　编：李　彬

编　委：向　艳　王东凯　唐　瑜

　　　　王智丽　李叶琳　周佩仪

　　　　李　艳　韩　威　魏　薇

　　　　李婷婷　石维港　上官文芳

　　　　任苗苗　邓　明

前言 ✒

　　新一年的备考旅程拉开了序幕，2022 年我们对教材进行了重大且彻底的改革，无论内容加工还是排版形式都进行了极大创新，确保同学们顺利到达通关的彼岸。

　　21 天教材除保留原有产品特色（知识精简、直击考点）外，还将全书知识点进行了考点制划分，帮大家像完成任务清单一样，对每章内容进行逐个击破。与此同时，我们还针对重难点做出了深入解读，增添了更多的横向关联总结和实务案例，为第一轮备考的学员们提供了充盈的知识库，再也不用因对个别考点一知半解而头疼。我们增加了以下几个模块：

1. 增加章前模块：【考情雷达】+【考点地图】

　　考生在初学某章时，普遍对内容缺乏整体认知，但没有足够的考试信息做支撑，会陷入"眉毛胡子一把抓"的困境，毕竟是无中生有的过程，没有目标感地盲目学习将导致效率低下。

　　因此，我们在每章章前都设置了【考情雷达】及【考点地图】功能模块，对本章的考情进行系统分析，标记了往年重要考点，并给出考点类型及考频，让同学们在正式学习前，对本章的内容有一个提纲挈领的认知，以便集中精力去突破关键考点。此外，我们还针对每章内容都做出了学习方法指导，并阐述了本年内容变化，手把手带你渡过难关。

2. 考点制分割，重点分级

　　为了凸显应试理念，帮助考生快速、高效地实现通关目标，我们一改官方教材的章/节格局，一律以【考点】为任务单元进行全面重组，就像一款打怪升级的游戏，任务完成即可通关。我们对每个考点都进行了专门解读，并在目录中制定了每日任务量和打卡次数，帮助大家拆解全书内容。

　　此外，我们还根据真题考频对考点重要性进行了标星分级，★越多，代表其越重要，轻重缓急，一目了然。

3. 增加内容模块

　　【彬哥解读】

　　在过去的几年中，考生经常反映我们的教材解读不足的问题，对很多知识点的理解均停留在表层，缺乏深入理解。因此 2022 年我们教材增添了更多考点的通俗化解释和深入解读，如公式推导过程、名词原理解释、概念扩充等，帮助同学们挖掘考点深度。

　　【案例胶卷】

　　《审计》《公司战略与风险管理》《经济法》这种实务性较强的科目，理论概念均较为抽象，很难令初学者产生具象化认知，因此我们引用了很多实务案例进行补充说明，让同学们对

知识掌握的更加精准。

【关联贴纸】

CPA 考试的六门科目并不是六个独立的模块，而是一个有机的整体，各科之间、各章之间，甚至章节内部的知识都盘根错节。在以往的学习过程中，考生们只是对该学科内容各个击破，并没有对关联考点进行延展，这不利于大家养成跨章节的系统性思维。因此，我们开设了此模块，在学习过程中为大家引述相关知识点，做到触类旁通。

【记忆面包】

2022 年特新增了此模块，给大家整理口诀和各种背诵要领。

【考点收纳盒】

将多个知识点做横向串联，以流程图/表格形式针对各类要素进行合并同类项，帮助考生融会贯通。

4. 增加章尾模块

CPA 是一段漫长的征程，缺乏即时反馈，大部分考生往往半途放弃。针对这个痛点，我们在每个单数页的右上角都做了一个进度小标，它会随着学习进度的深入越来越满盈。此外，每章结尾都放置了一段干劲满满的"鸡汤"文，助同学们一路向前。

丈夫欲遂平生志，一载寒窗一举汤，祝每一位 CPA 考生都能顺利通关，考出好成绩！

欢迎 2022 年 CPA 考生加入我们的免费带学群，群内不仅有班班和小伙伴们陪伴你学习，还会不定期分享学习资料。为了达到更好的教学效果，如果你是零基础考生，对该科目缺乏基本认识，也可扫码领取我们的 CPA 小白书电子版进行基础学习、查看勘误文件。

扫码免费领取题库＋随书附送讲义资料

每日计划说明

■ 1. 本计划表为同学们做出了 21 天的整体规划，将每科的学习目标都分解成了具体任务，对具有挑战性的章节，我们还列出了学习提示，让考生的备考旅程不再迷茫。

■ 2. 该学习计划以每日 3～5 小时的有效学习时间作为参考，实际用时因个人基础和学习条件而异，会出现一定程度的提前或延后，可自行做出阶段性调整。

■ 3. 首轮学习时，做题正确率在50%～60%为正常情况，但在后续轮次中，应不断消化复习错题，以保证正确率的提升。

■ 4. 每完成一项任务，可在后方打勾，每日学习前/完成后查看，会有满满的成就感。

■ 5. 周测真题可在 BT 教育 App 或网页端 btclass. com 中找到题库页面参与。

学习计划表

Day 1	
章节	第一章　税法总论
所含考点	「考点1」税收与税法的概念（★） 「考点2」税收法律关系（★） 「考点3」税法原则（★★★） 「考点4」税法要素（★★） 「考点5」税收立法与我国税法体系（★★） 「考点6」税收执法（★★★） 「考点7」税务权利和义务（★★） 「考点8」涉税专业服务机构的涉税业务内容（★） 「考点9」国际重复征税（★）
学习任务	听视频课 做对应习题 整理改错本 梳理本章框架 预习增值税法
学习提示	本章是学习税法的基础，虽然不重要，但是学习后面章节有帮助作用，轻松地去学习，不要着急去记忆

Day 2	
章节	第二章　增值税法
所含考点	「考点1」征税范围（★★★） 「考点2」纳税义务人和扣缴义务人（★） 「考点3」一般纳税人和小规模纳税人的认定标准（★） 「考点4」税率（★★★） 「考点5」征收率（★★★）
学习任务	听视频课 做对应习题 整理改错本 梳理本章框架 复习税法总论 预习增值税法其他内容
学习提示	非常大的一个税种，非常重要，自然有一定难度。本章的学习一定不是死记硬背，而是从原理出发。悄悄告诉你，很多人学习这一章会"崩溃"的，慢慢来，熟能生巧

Day 3	
章节	第二章　增值税法
所含考点	「考点6」增值税的计税方法（★★） 「考点7」销项税额的计算（★★★） 「考点8」进项税额的计算（★★★） 「考点9」应纳税额的计算（★★） 「考点10」特定应税行为的增值税计征方式（★★★）

Day 3	
学习 任务	听视频课 做对应习题 整理改错本 梳理本章框架 复习增值税法
学习 提示	主要是涉及计算的问题，先理解原理，再去做题，通过反复做题，掌握规律，熟能生巧

Day 4	
章节	第二章　增值税法
所含 考点	「考点11」简易计税方法下的应纳税额计算（★★） 「考点12」进口货物增值税税务处理（★★） 「考点13」税收优惠（★★★） 「考点14」出口和跨境业务增值税的退（免）税和征税（★★） 「考点15」征收管理（★★） 「考点16」增值税专用发票开具范围（★）
学习 任务	听视频课 做对应习题 整理改错本 梳理本章框架 复习增值税法
学习 提示	出口的内容学习起来，属于难度高，考频低，千万不要自己难为自己

Day 5	
章节	第三章　消费税法
所含 考点	「考点1」纳税人和征税环节（★★） 「考点2」征税范围与税率（★★★） 「考点3」计税依据（★★） 「考点4」应纳税额的计算（★★★） 「考点5」征收管理（★★）
学习 任务	听视频课 做对应习题 整理改错本 梳理本章框架 复习增值税法 预习企业所得税法
学习 提示	相比较增值税的学习，消费税的学习显得比较轻松了，容易学，又容易得分，性价比极高的章节务必掌握，多做题，多找"坑"

Day 6	
章节	第四章　企业所得税法
所含考点	「考点1」纳税义务人、征税对象与税率（★★） 「考点2」收入总额（★★★） 「考点3」扣除原则和范围（★★★） 「考点4」不得扣除的项目（★★★） 「考点5」亏损弥补（★） 「考点6」资产的税务处理（★★） 「考点7」资产损失税前扣除的所得税处理（★）
学习任务	听视频课 做对应习题 整理改错本 梳理本章框架 复习消费税 预习企业所得税法其他内容
学习提示	如果学习了会计，你会发现会计和税法联系的最紧密的莫过于所得税了，但是在税法学习中就不要带入会计思维了。这个章节非常重要，考试思路非常稳定，所以要注重对题目的训练，因为考试中经常结合其他章节考查

Day 7	
章节	第四章　企业所得税法
所含考点	「考点8」企业重组的所得税处理（★★） 「考点9」税收优惠（★★★） 「考点10」应纳税额的计算（★★） 「考点11」征收管理（★★）
学习任务	听视频课 做对应习题 整理改错本 梳理本章框架 复习企业所得税法 预习个人所得税法
学习提示	税收优惠考查频繁，主要掌握重点，做题的时候总结哪些税收优惠极容易考查

Day 8	
章节	第五章　个人所得税法
所含考点	「考点1」纳税义务人（★） 「考点2」征税范围、税率（★★★） 「考点3」应纳税所得额的规定（★） 「考点4」居民个人综合所得的应纳税额计算（★★★）

Day 8	
学习任务	听视频课 做对应习题 整理改错本 梳理本章框架 复习企业所得税法 预习个人所得税法其他内容
学习提示	要以主人公的心态去学习，你就是平时要交税的"个人"，本章与你有着千丝万缕的关系。学习起来有些内容比较难，但是你要抱着都是跟你有关的心态学习，抱着求知的心态，万一哪天有用，交税要交得明明白白

Day 9	
章节	第五章　个人所得税法
所含考点	「考点5」经营所得的应纳税额计算（★★） 「考点6」利息、股息、红利所得的应纳税额计算（★★★） 「考点7」财产租赁所得的应纳税额计算（★★） 「考点8」财产转让所得的应纳税额计算（★★★） 「考点9」偶然所得的应纳税额计算（★★） 「考点10」关于公益慈善事业捐赠个人所得税政策（★★）
学习任务	听视频课 做对应习题 整理改错本 梳理本章框架 复习个人所得税法 预习个人所得税法其他内容
学习提示	考查题型多样，需要重点掌握税额的计算、税收优惠等，注重题目的训练

Day 10	
章节	第五章　个人所得税法
所含考点	「考点11」税收优惠（★★） 「考点12」征收管理（★★）
学习任务	听视频课 做对应习题 整理改错本 梳理本章框架 复习个人所得税法 预习城市维护建设税法和烟叶税法
学习提示	考查题型多样，需要重点掌握税额的计算、税收优惠等，注重题目的训练

Day 11	
章节	第六章　城市维护建设税法和烟叶税法
所含考点	「考点 1」城市维护建设税（★★） 「考点 2」教育费附加和地方教育附加（★） 「考点 3」烟叶税法（★）
学习任务	听视频课 做对应习题 整理改错本 梳理本章框架 复习个人所得税法 预习关税法和船舶吨税法
学习提示	小税种，抱着轻松愉快的心情去学习，因为把大税种都学习完了，终于是长舒一口气。即使是轻松，但是别忘记了，做题很重要。在其他大税种中很难得分，因此越容易的内容，越要把分完全拿到，一分不丢

Day 12	
章节	第七章　关税法和船舶吨税法
所含考点	「考点 1」关税征税对象与纳税义务人（★） 「考点 2」进出口税则（★） 「考点 3」关税完税价格与应纳税额的计算（★★★） 「考点 4」关税减免规定（★★） 「考点 5」关税征收管理（★★） 「考点 6」船舶吨税（★）
学习任务	听视频课 做对应习题 整理改错本 梳理本章框架 复习城市维护建设税法和烟叶税法 预习资源税法和环境保护税法
学习提示	小税种学习心态都一样，要轻松愉快地去学习，但应坚持一个原则，越容易的章节，越要把分全部拿到，一定要做题

Day 13	
章节	第八章　资源税法和环境保护税法
所含考点	「考点 1」资源税纳税义务人、税目与税率（★★） 「考点 2」资源税计税依据与应纳税额的计算（★★） 「考点 3」资源税税收优惠和征收管理（★★） 「考点 4」水资源税（★） 「考点 5」环境保护税（★）

Day 13	
学习任务	听视频课 做对应习题 整理改错本 梳理本章框架 复习关税法和船舶吨税法 预习城镇土地使用税法和耕地占用税法
学习提示	小税种学习心态都一样，要轻松愉快得去学习，但应坚持一个原则，越容易的章节，越要把分全部拿到，一定要做题

Day 14	
章节	第九章　城镇土地使用税法和耕地占用税法
所含考点	「考点1」城镇土地使用税法（★★） 「考点2」耕地占用税法（★★）
学习任务	听视频课 做对应习题 整理改错本 梳理本章框架 复习资源税法和环境保护税法 预习房产税法、契税法
学习提示	小税种学习心态都一样，要轻松愉快地去学习，但应坚持一个原则，越容易的章节，越要把分全部拿到，一定要做题

Day 15	
章节	第十章　房产税法、契税法和土地增值税法
所含考点	「考点1」房产税纳税义务人和征税范围（★★） 「考点2」房产税税率、计税依据与应纳税额的计算（★★★） 「考点3」房产税税收优惠（★★） 「考点4」房产税征收管理（★★） 「考点5」契税纳税义务人和征税范围（★★） 「考点6」契税税率、应纳税额的计算（★★★） 「考点7」契税税收优惠和征收管理（★★）
学习任务	听视频课 做对应习题 整理改错本 梳理本章框架 复习城镇土地使用税法和耕地占用税法 预习土地增值税法
学习提示	房产税法、契税法比较简单，重点是土地增值税法，有些难度，经常结合其他章节出题。前面大税种都掌握了，这都是"小菜一碟"，放平心态即可

Day 16	
章节	第十章　房产税法、契税法和土地增值税法
所含考点	「考点8」土地增值税纳税义务人和征税范围（★★） 「考点9」土地增值税税率、应税收入与扣除项目（★★★） 「考点10」土地增值税应纳税额的计算（★★） 「考点11」房地产开发企业土地增值税清算（★★★） 「考点12」土地增值税税收优惠和征收管理（★★★）
学习任务	听视频课 做对应习题 整理改错本 梳理本章框架 复习房产税法、契税法 预习车辆购置税法、车船税法
学习提示	房产税法、契税法比较简单，重点是土地增值税法，有些难度，经常结合其他章节出题。前面大税种都掌握了，这都是"小菜一碟"，放平心态即可

Day 17	
章节	第十一章　车辆购置税法、车船税法和印花税法
所含考点	「考点1」车辆购置税纳税义务人和征税范围（★） 「考点2」车辆购置税税率、计税依据与应纳税额的计算（★★） 「考点3」车辆购置税税收优惠和征收管理（★★） 「考点4」车船税纳税义务人与征税范围（★） 「考点5」车船税税目与税率（★★★） 「考点6」车船税应纳税额的计算（★★） 「考点7」车船税税收优惠和征收管理（★★）
学习任务	听视频课 做对应习题 整理改错本 梳理本章框架 复习土地增值税法 预习印花税法
学习提示	轻松愉快地去学习，但应坚持一个原则，越容易的章节，越要把分全部拿到，一定要做题。印花税法不难，知识点比较零散，学习时注意总结

Day 18	
章节	第十一章　车辆购置税法、车船税法和印花税法
所含考点	「考点8」印花税纳税义务人（★） 「考点9」印花税税目、税率、计税依据及应纳税额的计算（★★★） 「考点10」印花税税收优惠与征收管理（★）
学习任务	听视频课 做对应习题 整理改错本 梳理本章框架 复习车辆购置税法、车船税法 预习国际税收税务管理实务

Day 18	
学习提示	轻松愉快地去学习，但应坚持一个原则，越容易的章节，越要把分全部拿到，一定要做题。印花税法不难，知识点比较零散，学习时注意总结

Day 19	
章节	第十二章　国际税收税务管理实务
所含考点	「考点1」国际税收协定及范本（★） 「考点2」国际税收协定典型条款介绍——税收居民（★） 「考点3」非居民企业税收管理（★★） 「考点4」境外所得税收管理（★★★） 「考点5」国际避税与反避税（★★） 「考点6」转让定价税务管理（★★）
学习任务	听视频课 做对应习题 整理改错本 梳理本章框架 复习印花税法 预习税收征收管理法
学习提示	与所得税关系很紧密，但是本章的学习很抽象，越抽象的东西越会感觉很难，要注意的是本章是非重点章节，所以也不必过多纠结。一定要做历年真题中考查的本章内容，或许对学习本章有个比较好的思路，知道哪些是需要掌握的

Day 20	
章节	第十三章　税收征收管理法
所含考点	「考点1」税收征收管理概述（★） 「考点2」税务登记管理（★★） 「考点3」账簿、凭证管理（★★） 「考点4」纳税申报管理（★） 「考点5」税款征收原则和方式（★） 「考点6」税款征收制度（★★★） 「考点7」纳税担保（★★） 「考点8」纳税信用管理（★）
学习任务	听视频课 做对应习题 整理改错本 梳理本章框架 复习国际税收税务管理实务 预习税务行政法制
学习提示	非重点章节，主要考查客观题，所以在学习时注意文字，另外，要对历年真题涉及本章的内容进行复习，做到有的放矢

Day 21	
章节	第十四章　税务行政法制
所含考点	「考点1」税务行政处罚原则（★） 「考点2」税务行政处罚的设定和种类（★★） 「考点3」税务行政处罚的主体和管辖（★★） 「考点4」税务行政处罚的简易程序和一般程序（★★） 「考点5」税务行政处罚的执行（★） 「考点6」税务行政复议受案范围（★★★） 「考点7」税务行政复议与管辖（★★★） 「考点8」税务行政复议申请人和被申请人（★★） 「考点9」税务行政复议处理程序（★★） 「考点10」税务行政诉讼（★★）
学习任务	听视频课 做对应习题 整理改错本 梳理本章框架 复习税收征收管理法
学习提示	非重点章节，主要考查客观题，所以在学习时注意文字，另外，要对历年真题涉及本章的内容进行复习，做到有的放矢

目录 | CONTENTS

第一章 税法总论

考情雷达

本章是学习税法的基础，包括税法的基本理论、税收的立法以及国际税收关系等基础知识。本章属于非重点章，基本上考核单选题和多选题，不会涉及主观题，考生在理解的基础之上要多加记忆。近三年本章平均分值在 3 分左右。

2022 年变化情况：本章无实质性变化。

考点地图

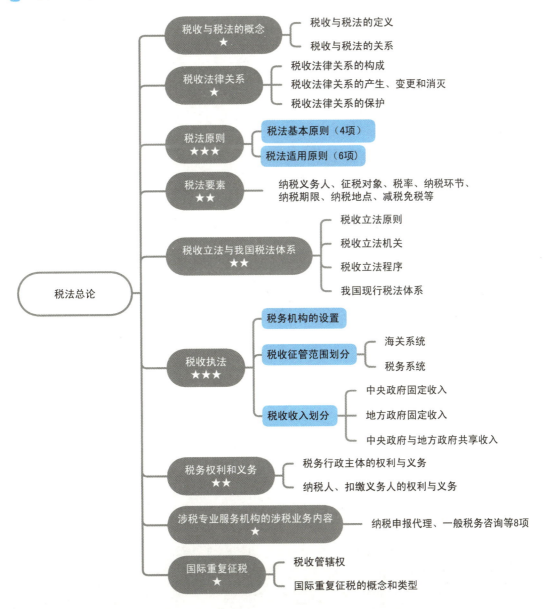

考点1　税收与税法的概念（★）

税收与税法的概念（见表1-1）。

表1-1　　　　　　　　　　　　　　税收与税法的概念

税收	概念	税收是政府为了满足社会公共需要，凭借政治权力，强制、无偿地取得财政收入的一种形式
	内涵	①税收是国家取得财政收入的一种重要工具，其本质是一种分配关系； ②国家征税的依据是政治权力，它有别于按生产要素进行的分配； ③国家征税的目的是满足社会公共需要
税法	概念	税法是用以调整国家与纳税人之间在征纳税方面的权利及义务关系的法律规范的总称
	特征 义务性法规	从法律性质上看，税法属于义务性法规，以规定纳税人的义务为主
	综合性法规	税法具有综合性，它是由一系列单行税收法律法规及行政规章制度组成的体系，其内容涉及课税的基本内容、征纳双方的权利和义务、税收管理规则、法律责任、解决税务争议的法律规范等

税收与税法的关系：有税必有法，无法不成税。

考点2　税收法律关系（★）

税收法律关系是税法所确认和调整的国家与纳税人之间、国家与国家之间以及各级政府之间在税收分配过程中形成的权利与义务的关系。

税收法律关系包括三方面内容：税收法律关系的构成；税收法律关系的产生、变更与消灭；税收法律关系的保护（见表1-2）。

表1-2　　　　　　　　　　　　　　税收法律关系

税收法律关系的构成	主体	指税收法律关系中享有权利和承担义务的当事人（征纳双方）。 征税主体：各级税务机关、海关。 纳税主体：法人、自然人、其他组织（按照属地兼属人的原则确定）
	客体	指税收法律关系主体的权利、义务所共同指向的对象，即征税对象。 例如：所得税法律关系客体就是生产经营所得和其他所得
	内容	指权利主体所享有的权利和所应承担的义务，是税收法律关系中最实质的东西，也是税法的灵魂
税收法律关系的产生、变更和消灭		由税收法律事实来决定 税收法律事实＝税收法律事件＋税收法律行为
	税收法律事件	指不以税收法律关系权力主体的意志为转移的客观事件，例如：自然灾害导致税收减免
	税法法律行为	指税收法律关系主体在正常意志支配下作出的活动，例如：纳税人开业经营、停业造成税收关系的产生或者消灭
税收法律关系的保护		税收法律关系的保护对权利主体双方是平等的，对其享有权利的保护就是对其承担义务的制约。 【提示】法律地位平等，但是法律内容不平等

考点 3 税法原则（★★★）

（一）税法基本原则（见表1-3）

表1-3   税法基本原则

原则	内容	
税收法定原则	是税法基本原则的核心	
	税收要件法定原则——实体法定（立法角度）	①国家对其开征的任何税种都必须由法律对其进行专门确定才能实施；②国家对任何税种征税要素的变动都应当按照相关法律的规定进行；征税的各个要素不仅应当由法律作出专门的规定，这种规定还应当尽量明确
	税务合法性原则——程序法定（执法角度）	①要求立法者在立法的过程中要对各个税种征收的法定程序加以明确规定，既可以使纳税得以程序化，提高工作效率，节约社会成本，又尊重并保护税收债务人的程序性权利，促使其提高纳税的意识；②要求征税机关及其工作人员在征税过程中，必须按照税收程序法和税收实体法律的规定来行使自己的职权，履行自己的职责，充分尊重纳税人的各项权利
税收公平原则	税收横向公平：税收负担必须根据纳税人的负担能力分配，负担能力相等，税负相同。税收纵向公平：负担能力不等，税负不同	
税收效率原则	经济效率：税法的制定要有利于资源的有效配置和经济体制的有效运行行政效率：提高税收行政效率，节约税收征管成本	
实质课税原则	指应根据客观事实确定是否符合课税要件，并根据纳税人的真实负担能力决定纳税人的税负，而不能仅考虑相关外观和形式，例如核定征收	

【例题1-1·多选题·2020年】下列关于税法原则的表述中，正确的有（   ）。

A. 税收法定原则是税法基本原则中的核心

B. 税收效率原则要求税法的制定要有利于节约税收征管成本

C. 制定税法时禁止在没有正当理由的情况下给予特定纳税人特别优惠这一做法体现了税收公平原则

D. 税收行政法规的效力优于税收行政规章的效力体现了法律优位原则

【答案】ABCD

【解析】四个选项均正确。

（二）税法适用原则（见表1-4）

税法适用原则是指税务行政机关和司法机关运用税收法律规范解决具体问题所必须遵循的准则（见表1-4）。

表1-4   税法适用原则

原则	内容
法律优位原则	①其作用主要体现在处理不同等级税法的关系上；②效力：法律＞行政法规＞行政规章；③效力低的税法与效力高的税法发生冲突时，效力低的税法无效

续表

原则	内容
法律不溯及既往原则	一部新法实施后，对新法实施之前人们的行为不适用新法，而只沿用旧法。其目的在于维护税法的稳定性和可预测性。 【举例】2020年税务稽查发现某房企2015年3月销售房产未缴纳营业税，该企业仍应按营业税规定补缴税款，而非按增值税规定补缴税款
新法优于旧法原则	也称为后法优于先法原则。 新旧法对同一事项有不同规定时，新法的效力优于旧法
特别法优于普通法原则	①对同一事项两部法律分别订有一般和特别规定时，特别规定的效力高于一般规定的效力； ②因为特别法是对某一特定的问题制定的，更加详细和完整，所以能够优于普通法； ③打破了税法效力等级的限制，居于特别法地位的级别较低的税法，其效力可高于作为普通法的级别较高的税法
实体从旧、程序从新原则	①实体法不具备溯及力，在纳税义务的确定上，以纳税义务发生时的税法规定为准，实体性的税法规则不具有向前的溯及力。 ②程序法在特定条件下具备一定溯及力
程序优于实体原则	即在税收诉讼发生时，程序法优于实体法，以保证国家课税权的实现，不因争议的发生而影响税款的及时、足额入库

【例题1-2·单选题·2019年】某税务稽查局2019年6月对辖区内一家企业进行纳税检查时，发现该企业2018年6月新增的注册资金按万分之五的税率缴纳了印花税，检查结束后检查人员告知该企业可去申请退还印花税已缴纳金额的50%。该检查人员的这一做法遵循的税法适用原则是（   ）。

A. 税收公平原则　　　　　　　　B. 税收效率原则

C. 实质重于形式原则　　　　　　D. 新法优于旧法原则

【答案】D

【解析】新法优于旧法，也称后法优于先法原则，即新旧法对同一事项有不同规定时，新法的效力优于旧法。其作用在于避免因法律修订带来新法、旧法对同一事项有不同的规定而引起法律适用的混乱。

【例题1-3·单选题·2014年B卷】下列各项税法原则中，属于税法适用原则的是（   ）。

A. 税收公平原则　　　　　　　　B. 税收法定原则

C. 实质课税原则　　　　　　　　D. 程序优于实体原则

【答案】D

【解析】选项D属于适用原则，选项ABC都属于基本原则。

▶ 💬 **考点收纳盒**

考点收纳盒见表1-5。

表1-5　　　　　　　　　　　　　　　　　　考点总结

	原则类型	解释
基本原则	税收法定原则	税收法定主义，核心，税法主体的权利和义务必须由法律加以规定
	税收公平原则	负担能力相同税负相同，反之不同＋禁止无正当理由对特定纳税人给予特定优惠
	税收效率原则	资源有效配置和经济体制有效运行＋节约税收征管成本
	实质课税原则	根据客观事实确定是否符合课税要件，并根据纳税人的真实负担能力决定纳税人的税负，而不能仅考虑相关外观和形式，例如核定征收
适用原则	法律优位原则	效力：税收法律＞税收行政法规＞税收行政规章（高低效力冲突，低效力无效）
	法律不溯及既往原则	新法实施后，新法实施之前的行为不适用新法，只沿用旧法
	新法优于旧法原则	对同一事项有不同规定时，新法效力＞旧法效力
	特别法优于普通法原则	低级别特别法效力＞高级别普通法效力
	实体从旧、程序从新原则	新税法公布实施之前发生，却在新税法公布实施之后进入税款征收程序的纳税义务，原则上新税法具有约束力
	程序优于实体原则	诉讼发生时先确保国家课税权的实现，不因争议的发生而影响税款及时足额入库

考点4　税法要素（★★）

税法要素是各种单行税法具有的共同的基本要素的总称，也即每种税法都包含的共同要素。

（一）纳税义务人

又称"纳税主体"，是税法规定的直接负有纳税义务的单位和个人。

纳税人有两种基本形式：自然人和法人

【辨析1】纳税人和负税人

二者一致：企业所得税；二者不一致：增值税。

【辨析2】纳税人和扣缴义务人

（1）代扣代缴义务人：在向纳税人支付款项时，代扣代缴税款。例如个人所得税。

（2）代收代缴义务人：在向纳税人收取款项时，代收代缴税款。如委托加工环节的消费税。

（二）征税对象

（1）征税对象又叫课税对象、征税客体，指税法规定对什么征税，是征纳税双方权利义务共同指向的客体或标的物，是区别一种税与另一种税的重要标志。

（2）与征税对象相关的两个基本概念：税目和税基（见表1-6）。

表1-6　　　　　　　　　　　　　　　　　　征税对象

概念	含义	与征税对象的关系	作用或形态
税目	对征税对象分类规定的具体的征税项目，反映具体的征税范围	质的界定	明确具体的征税范围，体现征税广度

续表

概念	含义	与征税对象的关系	作用或形态
税基（计税依据）	是据以计算征税对象应纳税款的直接数量依据，解决对征税对象课税的计算问题	量的规定	从价计征：即按征税对象的货币价值计算，如增值税
			从量计征：即直接按征税对象的自然单位计算，如城镇土地使用税

（三）税率

对征税对象的征收比例或征收程度。税率是计算税额的尺度，也是衡量税负轻重与否的重要标志，体现征税深度（见图1-1）。

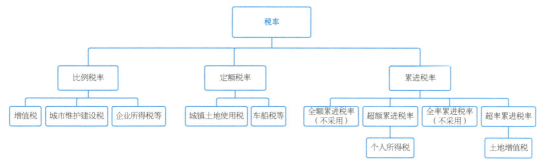

图1-1　税率

【展示1】个人所得税七级超额累进税率表（见表1-7）

表1-7　　　　　　　　　个人所得税七级超额累进税率表

级数	全"年"应纳税所得额含税级距	税率（%）	速算扣除数
1	不超过36 000元的	3	0
2	超过36 000元～144 000元的部分	10	2 520
3	超过144 000元～300 000元的部分	20	16 920
4	超过300 000元～420 000元的部分	25	31 920
5	超过420 000元～660 000元的部分	30	52 920
6	超过660 000元～960 000元的部分	35	85 920
7	超过960 000元的部分	45	181 920

【展示2】土地增值税四级超率累进税率表（见表1-8）

表1-8

级数	增值额与扣除项目金额的比率	税率（%）	速算扣除数
1	不超过50%的部分	30	0
2	超过50%～100%的部分	40	5
3	超过100%～200%的部分	50	15
4	超过200%的部分	60	35

（四）纳税环节

纳税环节指征税对象从生产到消费的流转过程中应当缴纳税款的环节。要掌握生产、批发、零售、进出口等各个环节上的税种。

（五）纳税期限

纳税期限指税法规定的关于税款缴纳时间方面的限定。

（1）纳税义务发生时间：指应税行为发生的时间。

（2）纳税期限：每隔固定时间汇总一次纳税义务的时间。

（3）缴库期限：纳税人将应纳税款缴入国库的期限。

（六）纳税地点

规定纳税人（包括代征、代扣、代缴义务人）的具体申报缴纳税收的地点。

（七）减税免税

对某些纳税人和征税对象采取减少征税或免予征税的特殊规定（见表1-9）。

表1-9 减税免税

基本形式	举例
税基式减免	个人所得税免征额
税率式减免	高新技术企业所得税税率15%
税额式减免	全部免税、减半征收

【例题1-4·单选题·2017年】下列税法要素中，规定具体征税范围、体现征税广度的是（　　）。

A. 税率　　　　　　　　　　B. 税目

C. 纳税环节　　　　　　　　D. 征税对象

【答案】B

【解析】税目是在税法中对征税对象分类规定的具体征税项目。反映征税的具体范围，是对课税对象质的界定。税目体现了征税的广度。

考点5 税收立法与我国税法体系（★★）

（一）税收立法原则

税收立法原则有5个，包括：

（1）从实际出发的原则；

（2）公平原则；

（3）民主决策的原则；

（4）原则性与灵活性相结合的原则；

（5）法律的稳定性、连续性与废、改、立相结合的原则。

（二）税收立法机关（见表1-10）

表1-10 税收立法机关

法律法规分类	立法机关	形式	说明
税收法律	全国人民代表大会及其常委会	法律	在现行税法中，如《企业所得税法》《个人所得税法》《税收征收管理法》等
授权立法	全国人大及其常委会授权国务院	暂行条例	具有国家法律的性质和地位，它的法律效力高于行政法规，如《消费税暂行条例》《增值税暂行条例》《土地增值税暂行条例》
税收法规	国务院	条例、实施细则	在中国法律形式中处于低于宪法、法律，高于地方法规、部门规章、地方规章的地位，在全国范围内普遍适用的，例如《企业所得税法实施条例》《税收征收管理法实施细则》等
	地方人大及其常委会		目前仅限于海南省、民族自治地区可以制定
税收规章	国务院税务主管部门	办法、实施细则	国务院税务主管部门是指财政部、国家税务总局及海关总署。在全国范围内具有普遍适用效力，但不得与税收法律、行政法规相抵触，例如《增值税暂行条例实施细则》《税务代理试行办法》
	地方政府		必须在税收法律、法规明确授权的前提下进行，并且不得与税收法律、行政法规相抵触 例如：城建税、房产税等地方性税种暂行条例，都规定了省、自治区、直辖市人民政府可根据条例制定实施细则

【例题1-5·单选题·2013年】下列各项税收法律法规中，属于国务院制定的行政法规的是（　　）。

A.《中华人民共和国个人所得税法》

B.《中华人民共和国增值税暂行条例实施细则》

C.《中华人民共和国税收征收管理法》

D.《中华人民共和国企业所得税法实施条例》

【答案】D

【解析】国务院制定的行政法规一般后缀是"条例"，选项A和选项C属于人大立法的范围，而选项B属于具体的实施细则，这属于部门规章。

（三）税收立法程序

税收立法程序是指有权的机关，在制定、认可、修改、补充、废止等税收立法活动中，必须遵循的法定步骤和方法。

税收立法程序的三个阶段。

（1）提议阶段；

（2）审议阶段；

（3）通过和公布阶段。

（四）我国现行税法体系

我国税法体系由税收实体法和税收征收管理法律制度构成。

1. 税收实体法体系（见表1–11）

表1–11 税收实体法体系

税法体系		分类	税种
税收实体法体系	主体税种	商品和劳务税	增值税、消费税、关税
		所得税	企业所得税、个人所得税、土地增值税
	非主体税种	财产和行为税	房产税、车船税、印花税、契税
		资源税和环境保护税	资源税、环境保护税、城镇土地使用税
		特定目的税类	城市维护建设税、车辆购置税、耕地占用税、船舶吨税、烟叶税

2. 税收程序法体系

税收程序法包括《税收征收管理法》《海关法》和《进出口关税条例》等。

考点6 税收执法（★★★）

（一）税务机构的设置

现行税务机构设置是中央政府设立国家税务总局（正部级），下设省、市、县三级税务局，实行以国家税务总局为主与省（自治区、直辖市）人民政府双重领导管理体制。另由海关总署及下属机构负责关税征收管理和受托征收进出口增值税和消费税等税收。

（二）税收征管范围划分

目前，我国的税收分别由税务、海关等系统负责征收管理（见表1–12）。

表1–12 税收征管范围划分

税收征收范围	税种
海关系统	关税、船舶吨税
	同时负责代征进出口环节的增值税和消费税
税务系统	16个税种（除关税、船舶吨税）
	同时代征教育费附加、地方教育附加

（三）税收收入划分（见表1–13）

表1–13 税收收入划分

收入划分	税种
中央政府固定收入	消费税（含进口环节海关代征的部分）、车辆购置税、关税、船舶吨税、海关代征的进口环节增值税
地方政府固定收入	城镇土地使用税、耕地占用税、土地增值税、房产税、车船税、契税、烟叶税、环境保护税

续表

收入划分		税种	
中央政府与地方政府共享收入	3 大税	增值税	国内增值税中央政府与地方政府各分享 50%
		企业所得税	中国国家铁路集团（原铁道部）、各银行总行与海洋石油企业缴纳的部分归中央政府，其余部分中央与地方政府按 60% 与 40% 的比例分享
		个人所得税	除储蓄存款利息所得的个人所得税外，其余部分中央与地方政府按 60% 与 40% 的比例分享
	3 小税	城市维护建设税	中国国家铁路集团、各银行总行、各保险总公司集中缴纳的部分归中央政府，其余部分归地方政府
		资源税	海洋石油企业缴纳部分归中央政府，其余部分归地方政府
		印花税	证券交易印花税归中央，其他归地方政府

【例题 1-6·单选题·2015 年】下列税种中，属于中央政府与地方政府共享收入的是（　　）。

A. 关税　　　　　　　　　　　　　B. 消费税

C. 个人所得税　　　　　　　　　　D. 土地增值税

【答案】C

【解析】选项 AB，属于中央政府固定收入；选项 D，属于地方政府固定收入。

考点 7　税务权利和义务（★★）

（一）税务行政主体的权利与义务（见表 1-14）

表 1-14　　　　　　　　　　　　　税务行政主体的权利与义务

权利	①负责税收征收管理工作； ②税务机关依法执行职务，任何单位和个人不得阻挠
义务	①税务机关应当广泛宣传税收法律、行政法规，普及纳税知识，无偿地为纳税人提供纳税咨询服务； ②税务机关应当加强队伍建设，提高税务人员的政治业务素质； ③税务机关、税务人员必须秉公执法、忠于职守、清正廉洁、礼貌待人、文明服务，尊重和保护纳税人、扣缴义务人的权利，依法接受监督； ④税务人员不得索贿受贿、徇私舞弊、玩忽职守，不征或者少征应征税款；不得滥用职权多征税款或者故意刁难纳税人和扣缴义务人； ⑤各级税务机关应当建立、健全内部制约和监督管理制度； ⑥上级税务机关应当对税务机关的执法活动依法进行监督； ⑦各级税务机关应当对其工作人员执行法律、行政法规和廉洁自律准则的情况进行监督检查； ⑧税务机关负责征收、管理、稽查、行政复议人员的职责应当明确，并相互分离、相互制约； ⑨税务机关应为检举人保密，并按照规定给予奖励； ⑩回避制度

（二）纳税人、扣缴义务人的权利与义务（见表 1-15）

表 1-15　　　　　　　　　　纳税人、扣缴义务人的权利与义务

权利	①有权向税务机关了解国家税收法律、行政法规的规定以及与纳税程序有关的情况； ②有权要求税务机关为纳税人、扣缴义务人的情况保密。税务机关应当保密（保密主要是指商业秘密及个人隐私，税收违法行为不属于保密范围）； ③依法享有申请减税、免税、退税的权利； ④对税务机关所作出的决定，享有陈述权、申辩权，依法享有申请行政复议、提起行政诉讼、请求国家赔偿等权利； ⑤有权控告和检举税务机关、税务人员的违法违纪行为
义务	①必须依法纳税、代扣代缴、代收代缴税款； ②应当按照国家有关规定如实向税务机关提供与纳税和代扣代缴、代收代缴税款有关的信息； ③必须接受税务机关依法进行的税务检查

考点 8　涉税专业服务机构的涉税业务内容（★）

涉税专业服务是指涉税专业机构接受委托，利用专业知识和技能，就涉税事项向委托人提供的税务代理等服务。

涉税专业服务机构是指税务师事务所和从事涉税专业服务的会计师事务所、律师事务所、代理记账机构、税务代理公司、财税类咨询公司等机构。

涉税专业服务机构涉税业务内容如下：

（1）纳税申报代理；

（2）一般税务咨询；

（3）专业税务顾问；

（4）税收策划；

（5）涉税鉴证；

（6）纳税情况审查；

（7）其他税务事项代理；

（8）其他涉税服务。

【例题 1-7·多选题·2019 年】下列涉税服务内容，会计师事务所可以从事的有（　　）。

A. 税务咨询

B. 纳税审查

C. 税收策划

D. 税务顾问

【答案】ABCD

【解析】四个选项均正确。

考点9 国际重复征税（★）

（一）税收管辖权

国际税收分配关系中的一系列矛盾的产生都与税收管辖权有关。税收管辖权属于国家主权在税收领域中的体现，是一个主权国家在征税方面的主权范围。税收管辖权划分原则有属地原则和属人原则两种（见表1-16）。

表1-16 税收管辖权

税收管辖划分原则	属地原则	地域管辖权
	属人原则	居民管辖权（居住期限和住所标准）
		公民管辖权（国籍标准）

（二）国际重复征税的概念和类型

1. 国际重复征税的含义及原因（见表1-17）

表1-17 国际重复征税的含义及原因

含义	两个或两个以上国家对同一跨国纳税人的同一征税对象分别进行征税所形成的交叉重叠征税，又称为国际双重征税
前提条件	纳税人所得或收益的国际化和各国所得税制的普遍化是产生国际重复征税的前提条件
原因	各国行使的税收管辖权的重叠是国际重复征税的根本原因
产生的情形	①居民（公民）管辖权同地域管辖权的重叠；②居民（公民）管辖权与居民（公民）管辖权的重叠；③地域管辖权与地域管辖权的重叠

2. 国际重复征税的类型（见表1-18）

表1-18 国际重复征税的类型

国际重复征税类型	产生原因	征税主体（国家）	纳税人	税源
法律性国际重复征税	不同征税原则	不同	相同	相同
经济性国际重复征税	股份公司经济组织形式	不同	不同	相同
税制性国际重复征税	复合税制度	不同	相同	相同

国际税收中所指的国际重复征税一般属于法律性国际重复征税。

【例题 1－8·多选题·2009 年】下列各项中，属于国际重复征税产生原因的有（   ）。

A. 地域管辖权与地域管辖权的重叠
B. 居民（公民）管辖权与收入管辖权的重叠
C. 居民（公民）管辖权与地域管辖权的重叠
D. 居民（公民）管辖权与居民（公民）管辖权的重叠

【答案】ACD

恭喜你，
已完成第一章的学习

扫码免费进 >>>
22年CPA带学群

可以坚信的是，越是坚持在正确的道路上学习、行动下去，收获肯定也会越来越

多。要牢记：千万不要小瞧那些无论历经逆境还是顺境都坚持不懈的人。

CHAPTER TWO

第二章 增值税法

考情雷达

本章是整个税法教材当中最为重要的一章，也是重点难点最多的一章。考试中各种题型都会出现，特别是计算问答题和综合题。不仅如此，本章既可能单独出题，也可能与其他税种结合出题。近三年本章平均分值均在20分左右。

2022年变化情况：整体变化不大。1. 新增：（1）新增金融机构开展个人实物黄金交易业务增值税计征方法。（2）新增享受资源综合利用产品和劳务增值税优惠政策应满足的条件。2. 调整：（1）对于小规模纳税人享受免征增值税处理优惠政策按照最新的政策进行了调整。（2）调整适用9%税率的适用范围。（3）调整了差额计税、一般纳税人适用简易计税情况等教材顺序。3. 删除：（1）删除增值税加计抵扣政策。（2）删除免抵退税的会计处理。（3）删除部分简易计税适用情况。

考点地图

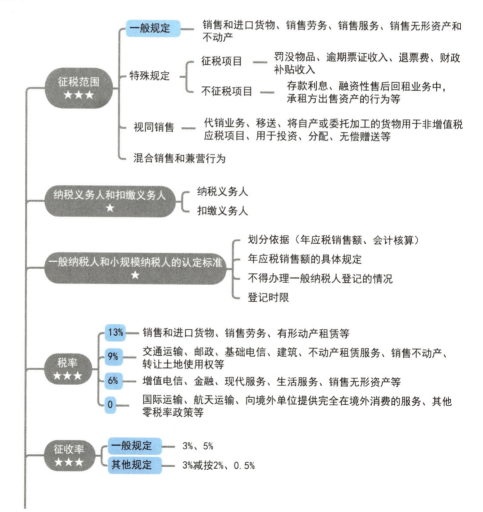

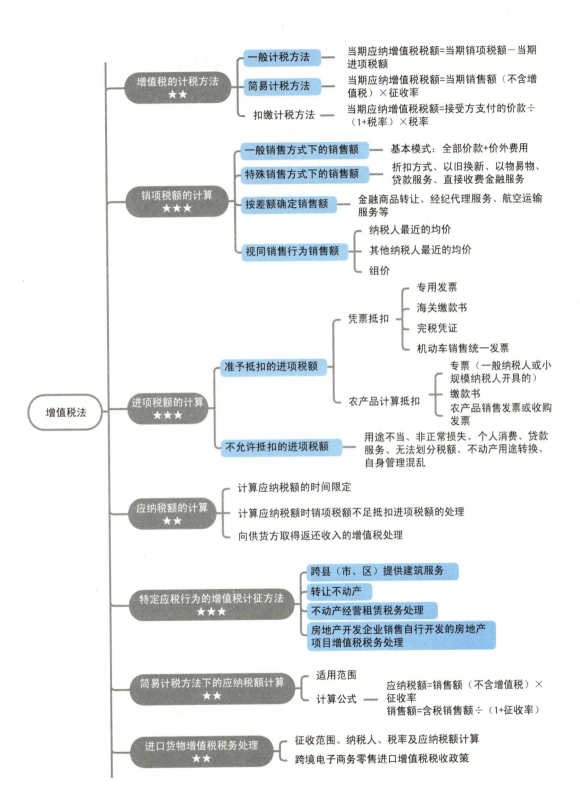

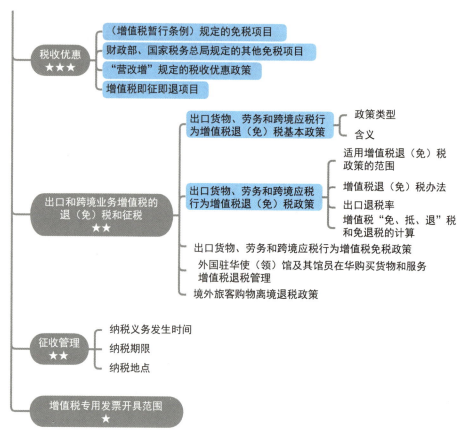

【增值税预备知识】

（一）什么是增值税？增值税应该怎样计算缴纳？

增值税是对流通过程中增值的部分征收的税款，简单理解就是对增值的部分进行征税。

举例说明（见图2-1）：

交税：26万元（39-13）

图2-1 增值税缴纳计算

如图2-1所示：

我们假设增值税税率为13%。

（1）乙公司生产一批产品，首先需要向甲公司购买原材料，原材料的购买价格是100万元；

（2）乙公司生产完毕后销售给丙公司，售价为300万元；

（3）乙公司只就增值部分200万元（300-100）缴纳增值税，税率是13%，乙公司需要

缴纳 26 万元（200 ×13%）；

（4）那么税务机关需要每次都去查看乙公司原材料的买价和产成品的卖价吗？假设乙公司是一个庞大的企业，存货的流转环节可能比较多，税务机关如何去查看原材料的购买价格？

这就引入了价外税这个概念：

（1）首先乙公司去找甲公司购买原材料，价格是 100 万元，另外支付了 13 万元的税款，合计支付了 113 万元；这个 13 万元叫作进项税额！

（2）乙公司销售给丙公司最终产成品，最终售价是 300 万元，另外还收取了 39 万元的税款，合计收取了 339 万元；这里 39 万元叫作销项税额！

（3）这个时候乙公司需要去税务机关缴纳 26 万元（39 – 13）。因为乙公司有进项税额，那么不管是哪一笔，只要符合要求，都可以抵扣，这样就保证了差额征税！

（4）例题中的 13 万元和 39 万元，都是价格之外单独征收的，这就是价外费用，也就是增值税的征税原理，是为了避免重复征税而设计。

（5）但是我们需要注意的是，我们在缴纳税款的时候并不一定是每一笔交易都要销项税额和进项税额一一对应，而是每月汇总进项税额，汇总销项税额，然后计算出当月的应纳税额。

（二）价内税和价外税具体有什么区别？

"价"是指销售价款，价内税和价外税就是看销售价款里面是否含有税，以此来确认什么是价外税什么是价内税。价内税和价外税主要有以下几个区别：

1. 税收征收方式不同

（1）价内税是由销售方承担税款，销售方取得的货款就是其销售款，而税款由销售方来承担并从中扣除。因此，税款等于销售款乘以税率。

（2）价外税是由购买方承担税款，销售方取得的货款包括销售款和税款两部分。销售款和税款是分开计算的。

下面拿增值税和消费税来举例，因为增值税是价外税，而消费税是价内税。

【举例 1】某销售价格为 10 000 元的货物，该货物也属于消费税征税范围，假设增值税税率是 13%，消费税税率是 20%，那么二者如何征税呢？

①增值税：10 000 ×13% =1 300（元），但是此处的 1 300 元是另外找购买者收取，所以出售方总共应该收取 11 300 元。

②消费税：10 000 ×20% =2 000（元），但是此处的 2 000 元就只能从 10 000 元里面拿出去交给税务机关，扣掉 2 000 元之后实际只收到 8 000 元。

2. 含税价和不含税价计算方式不同

因为征税方式不一样，那么计算含税价格和不含税价格的方式就不一样。

（1）增值税：因为增值税是价外税，所以在计算增值税或者其他税的时候不能包含增值税。

（2）消费税：因为消费税是价内税，所以在计算消费税或其他税的时候需要包含消费税。

上面例题已经说明了：10 000 元里面没有包含增值税，可以直接用 10 000 元来计算增值税和消费税；同时 10 000 元里面包含了消费税的部分，我们也不用剔除，直接用 10 000 元来计算增值税和消费税。

因此假设题目规定销售价格但没有把销售金额跟增值税分开，那需要做价税分离：

不含增值税价格＝含增值税价格÷（1＋增值税税率）

如果发现组成的计税价格不包含消费税，那么一定要把消费税包含进去：

含消费税的价格＝不含消费税价格÷（1－消费税税率）

（三）增值税的征收原理

根据前面的学习，我们明白了增值税的征收是采用环环凭票抵扣的原理，即：

应纳税额＝销项税额－进项税额

销售方需要向购买方开具增值税发票，这即是销售方的销项税额。

购买方需要求销售方开具增值税专用发票，这即是购买方的进项税额。

（四）关于增值税专用发票和普通发票

通过之前的学习，我们知道了增值税的进项税额是可以抵扣的，但是我们在后面的习题中经常会发现"增值税专用发票"和"增值税普通发票"这种专业术语。

增值税专用发票和增值税普通发票都属于增值税发票，只是专用发票上面记录的增值税进项税额可以抵扣，普通发票上面记录的增值税进项税额不得抵扣，二者的区别如下（见图2－2）：

增值税专用发票和普通发票**没有区别**，都需要缴纳增值税。
从做题角度来看，遇到增值税专用发票，题目会直接告诉销售价款和税款，一般不用做价税分离；但是遇到增值税普通发票，一般会给价税合计金额，需要考生另外做价税分离然后计算求增值税。

增值税**专用发票可以抵扣**进项税额。
增值税**普通发票不能抵扣**进项税额。

图2－2　增值税专用发票和普通发票的区别

（五）关于一般纳税人和小规模纳税人

通常将所有的增值税纳税人分成了两种：一般纳税人和小规模纳税人，在这里我们简单了解一下，为后面的学习打一下基础。

（1）一般纳税人，就是纳税金额较大且会计核算健全，可以按照税务机关的要求建账，所以允许计算抵扣进项税额；

（2）小规模纳税人，简单地说就是规模小，可能会计制度也不健全。因此税务机关要求他的进项税额不得抵扣，销售产品按照3%的征收率缴纳税款即可（某些情况下可能是5%）。

（六）关于增值税的链条连续问题

增值税的链条连续问题如图2－3所示：

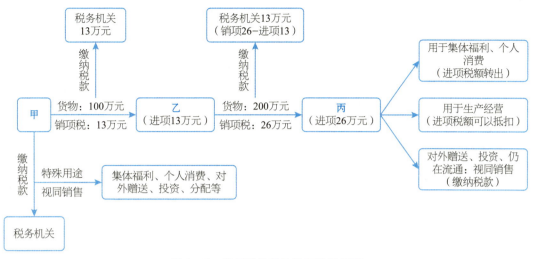

图2-3 关于增值税的链条连续问题

（1）从横向看，甲方将货物销售给乙方，收取销项税额13万元，应该缴纳给税务机关；然后乙加工之后销售给丙，增值100万元，也应该缴纳税款13万元。这时丙有进项税额26万元，那么丙拿到这批产品之后有几种选择：

①用于生产经营（包括公司购进固定资产用于生产或者购进半成品加工后直接卖出），不管哪种情况的生产经营，要么间接进入产品市场要么直接进入产品市场，最终还要跟税务机关发生关联，还会缴纳税款，因此，进项税额正常抵扣。

②用于对外赠送、投资等，这种形式流出了企业，没有收到货币资金，因此也不存在增值给税务机关缴税的问题，但这里就可能造成税款的流失，因此要做"视同销售"处理。所谓的视同销售，就是虽然没有收到有偿的货币资金，但是需要按照市场价格缴纳税款，当作销售处理。

③用于集体福利和个人消费。这里的集体福利和个人消费，就是基本不会再流入市场了，丙企业充当了最终消费者的角色，整个增值税在这里终止了。我们知道税款是由最终消费者承担，丙企业既然作为最终消费者，那么进项税额这笔税款应该由最终消费者承担，所以这笔进项税额不得抵扣，如果已经抵扣，那就需要做进项税额转出处理，冲减当期进项税额。

（2）我们看纵向，甲公司自己生产的产品，还未来得及进入下一级市场，就直接用于了集体福利和个人消费，以及对外赠送和投资等。还未经过税务机关这道程序，就直接进入了最终消费者或者没有货币补偿的转出，那么很明显会造成税款流失，因此，也需要做"视同销售"处理。

（七）关于零税率

所谓的零税率不是指的免税，而是为了鼓励出口，让出口产品能够在国际市场更有竞争力，在出口的时候不仅免税，还对之前征收过的增值税进项税额进行退还，让出口产品出口的时候不含增值税！那么我们分成两种企业看看如何退税：

1. 商贸企业：自己不生产，只是购买然后出口，如图2-4所示。

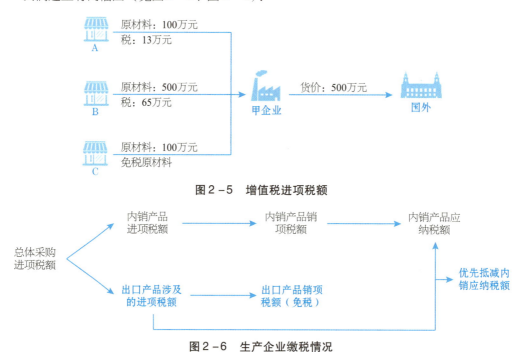

图 2 - 4　商贸企业退税

从图 2 - 4 可以看出商贸企业的退税非常简单，直接是"购买价格 × 退税率"即可以求出退税额。假设这里的退税率是 13%，那么本图中的 C 企业就是退还 26 万元即可。

但是生产企业的退税就复杂一点。

2. 生产企业

我们这里有两幅图（见图 2 - 5、图 2 - 6）：

图 2 - 5　增值税进项税额

图 2 - 6　生产企业缴税情况

（1）图 2 - 5 是生产企业甲需要从 A、B、C 三个企业购买原材料，其中 C 企业的原材料属于免税购进，无增值税进项税额。

（2）图 2 - 6 是表示该生产企业的缴税情况，首先图上面显示的是该生产企业的国内销售缴税的部分，即国内销售的销项税额减去进项税额；图下面部分显示的是为出口而购入的原材料的进项税额，既然退税退的是进项税额，那我们何不直接先把这个进项税额拿去抵减内销应缴纳的税额，然后差额再退税？这就是生产企业的退税原理。

生产企业需要涉及很多程序，很多的原材料，理论上退税最准确的就是找到原材料，然后找到每一批出口品所耗用的原材料的进项税额，但是这基本不可能做到，因此就人为的根据出口销售额确定一个退税率，而且这个退税率跟国内的进项税额的税率是不一样的，有一定的差额。

那我们一起来看看退税应该怎么计算：

（1）假设不抵扣国内的销项税，出口能够退的最高税额是多少：

$$出口退税限额 = 出口销售价格 \times 退税率$$

这里我们不要忘记了，甲企业在生产中使用了免税企业 C 的原材料，这是没有进项税额

的，因此，这个是不能退的，于是公式变为：

$$出口退税限额 = (出口销售价格 - 当期免税购进原材料价格) \times 退税率$$

（2）假设先抵减国内的销项税额，我们来看看还有多少要退的。

①应纳税额 = 销项税额 - 进项税额

进项税额包含了为国内生产发生的进项税额和为出口生产发生的进项税额。

②但是在出口的进项税额中，我们知道一般退税率低于国内进项税额的税率，比如退税率是9%，而进项税额是13%，这个差额是不予退税的，这个需要记入到出口产品的成本中，因此在国内也不得抵减。于是：

$$不得抵扣的进项税额 = 出口货物的价格 \times (出口货物国内税率 - 退税率)$$

③但是我们再想一下，甲公司有从C公司购进的免税原材料，这个本来就没有进项税额，所以也不存在抵扣的问题，于是不得抵扣的进项税额变成：

$$不得抵扣的进项税额 = (出口货物的价格 - 当期免税购进原材料价格)$$
$$\times (出口货物国内税率 - 退税率)$$

于是：应纳税额 = 销项税额 - (进项税额 - 当期不得免征和抵扣的进项税额)

（3）上面的（1）是出口退税的限额；（2）是抵减了国内销项税额的应纳税额，如果应纳税额为"-"，说明销项税额被抵扣完毕，还有进项税额需要退。因此，退税额就是两者中的低者。

（八）关于增值税章节的学习思路问题

增值税这一章的学习，我认为只要记住一个公式就行：

$$应纳税额 = 销项税额 - 进项税额$$

由于进项税额一般是直接给出，所以我们的核心就是求销项税额（见图 2 - 7）。

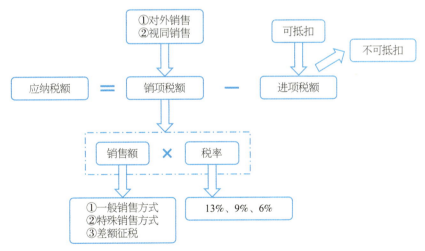

图 2 - 7　增值税章节的学习思路

考点1　征税范围（★★★）

（一）一般规定

1. 销售和进口货物（13%、9%）

这里的"货物"指的是有形动产，包括电力、热力、气体。

2. 销售劳务（13%）

（1）劳务是指纳税人提供的加工、修理修配劳务。

（2）加工是指受托加工货物，即委托方提供原材料及主要材料，受托方按照委托方的要求制造货物并收取加工费的业务。

（3）修理修配是指受托对损伤和丧失功能的货物进行修复，使其恢复原状和功能的业务。

（4）单位和个体工商户聘用的员工为本单位或者雇主提供劳务，不包括在内。

3. 销售服务

销售服务（7项）：交通运输服务、邮政服务、电信服务、建筑服务、金融服务、现代服务（9项）、生活服务（6项）（见表2-1）。

表2-1　　　　　　　　　　　　　销售服务

交通运输服务 （9%）	①包括陆路、水路、航空和管道运输； ②出租车公司向使用本公司自有出租车的出租车司机收取的管理费用，按照陆路运输服务缴纳增值税； ③水路运输的程租、期租和航空运输的湿租属于运输服务，按照交通运输服务（9%）纳税； 【记忆面包】："程"不"期"我，要加人 ④水路运输的光租服务、航空运输的干租服务按照有形动产租赁（13%）纳税，不属于交通运输业； 【记忆面包】："光""干"司令，没有人 ⑤无运输工具承运业务、运输工具舱位互换业务、运输工具舱位承包业务，需按此税目纳税； ⑥已售票但客户逾期未消费取得的运输逾期票证收入，需按此税目纳税
邮政服务 （9%）	邮政服务分为邮政普遍服务、邮政特殊服务和其他邮政服务
电信服务 （9%、6%）	①基础电信服务（9%）：利用固网、移动网、卫星、互联网，提供语音通话服务的业务活动，以及出租或者出售带宽、波长等网络元素的业务活动； ②增值电信服务（6%）：指利用固网、移动网、卫星、互联网、有线电视网络、提供短信和彩信服务、电子数据和信息的传输及应用服务、互联网接入服务等业务活动、卫星电视信号落地转接服务
建筑服务 （9%）	建筑服务包括工程服务、安装服务、修缮服务、装饰服务和其他建筑服务； ①固定电话、有线电视、宽带、水、电、燃气、暖气等经营者向用户收取的安装费、初装费、开户费、扩容费以及类似收费，按照安装服务缴纳增值税； ②其他建筑服务是除了工程服务、安装服务、修缮服务、装饰服务以外的工程作业服务，比如钻井（打井）、拆除建筑物或者构筑物、平整土地、园林绿化、疏浚（不包括航道疏浚）、建筑物平移、爆破、矿山穿孔、表面附着物（包括岩石、土层、沙层等）剥离等工程作业 【提示】纳税人将建筑施工设备出租给他人使用并配备操作人员的，按照建筑服务缴纳增值税（不按照有形动产租赁）
金融服务 （6%）	贷款服务	①融资性售后回租取得的利息及利息性质的收入是按照该项目纳税； ②以货币资金投资收取的固定利润或者保底利润，按照该税目缴纳增值税； ③金融商品持有期间（含到期）取得的保本收益按照该项目纳税； 【提示】不缴纳增值税的情况： ①融资性售后回租业务中，承租方出售资产取得的收入； ②存款利息
	直接收费 金融服务	包括提供货币兑换、账户管理、电子银行、信用卡、信用证、财务担保、资产管理、信托管理、金融交易场所（平台）管理、资金结算、资金清算、金融支付等服务
	保险服务	包括人身保险服务和财产保险服务
	金融商品 转让	指转让外汇、有价证券、非货物期货和其他金融商品所有权的业务活动

续表

现代服务 （6%、9%、 13%）	研发和技术服务	包括研发服务、合同能源管理服务、工程勘察勘探服务、专业技术服务
	信息技术服务	包括软件服务、电路设计及测试服务、信息系统服务、业务流程管理服务和信息系统增值服务
	文化创意服务	包括设计服务、知识产权服务、广告服务和会议展览服务； 【提示】宾馆、旅馆、旅社、度假村和其他经营性住宿场所提供会议场地及配套服务的活动，按照"会议展览服务"缴纳增值税
	物流辅助服务	包括航空服务、港口码头服务、货运客运场站服务、打捞救助服务、装卸搬运服务、仓储服务和收派服务
	租赁服务	形式上：融资租赁服务和经营租赁服务；范围上：动产（13%）、不动产（9%）。 ①融资性售后回租应当按照金融服务缴纳增值税； ②有形动产租赁服务（13%）： a. 将飞机、车辆等有形动产的广告位出租； b. 水路运输的光租和航空运输的干租业务。 ③不动产租赁服务（9%）： a. 将建筑物、构筑物等不动产的广告位出租； b. 车辆停放服务； c. 道路通行费服务（过路费、过桥费、过闸费）
	鉴证咨询服务	包括认证服务、鉴证服务和咨询服务； 翻译服务和市场调查服务按照咨询服务缴纳增值税，不按商务辅助缴纳增值税
	广播影视服务	—
	商务辅助服务	包括企业管理服务、经纪代理服务、人力资源服务、安全保护服务
	其他现代服务	①纳税人为客户办理退票而向客户收取的退票费、手续费（不按照交通运输服务）； ②纳税人对安装运行后的机器设备提供维修保养服务（不按照建筑服务）
生活服务 （6%）		包括文化体育服务、教育医疗服务、旅游娱乐服务、餐饮住宿服务、居民日常服务和其他生活服务。 【提示】 ①提供餐饮服务的纳税人销售的外卖食品，按照"餐饮服务"缴纳增值税； ②纳税人现场制作食品并直接销售给消费者，按照"餐饮服务"缴纳增值税； ③纳税人在游览场所经营索道、摆渡车、电瓶车、游船等取得的收入，按照"文化体育服务"缴纳增值税； ④纳税人提供植物养护服务，按照"其他生活服务"缴纳增值税

4. 销售无形资产和不动产（6%、9%）

（1）销售无形资产，是指转让无形资产所有权或者使用权的业务活动。无形资产，包括技术、商标、著作权、自然资源使用权和其他权益性无形资产。

其他权益性无形资产，包括经营权、分销权、会员权、名称权、冠名权、转会费等。

（2）销售不动产，是指转让不动产所有权的业务活动。

【例题 2-1·单选题·2020 年】下列增值税应税服务项目中，应按照"租赁服务"计征增值税的是（　　）。

A. 融资性售后回租
B. 提供会议场地及配套服务
C. 航空运输的湿租业务
D. 写字楼广告位出租

【答案】D

【解析】选项 A 属于贷款服务；选项 B 属于会议展览服务；选项 C 属于航空运输服务。

彬哥解读

我们每个人都对图片比较敏感，所以我做成了一个图片，帮助大家记忆：

上图从左至右看，我们可以设想我们从地铁口出来（交通运输业），然后左转经过邮局（邮政业）和中国移动（电信业），去看了一下 BT 教育的在建办公楼（建筑业），然后路过招宝银行（金融业）取了几千元钱，准备在附近租一套房子，于是到了招宝租赁（现代服务业），没有看到合适的，感觉有点累，就去麦当劳（生活服务业）坐了一会儿，吃个汉堡准备回家，突然发现原来这里还有一个售楼部（销售不动产），考虑到现在房价下跌，何不进去看一看有没有合适的房子可以买。

这样我们就可以看到这个图片涉及的征税范围：

①出租车、地铁——交通运输服务；

②邮局——邮政服务；

③中国移动——电信服务；

④施工建筑——建筑服务；

⑤招宝银行——金融服务；

⑥招宝租赁——现代服务；

⑦麦当劳——生活服务；

⑧售楼部——销售不动产。

上述①~④的基本税率是9%（不包括特殊项），⑤~⑦的基本税率是6%（不包括特殊项），而销售不动产是9%，这里还缺少销售无形资产，剩下这一个就很好记忆了，通过这个图片我们不仅记住了征税范围，还记住了税率。

【提示】缴纳增值税的经济行为需同时具备的条件：

①应税行为发生在中华人民共和国境内；

②应税行为属于增值税范围内的业务活动；

③应税服务是为他人提供的；

④应税行为是有偿的。

【解释1】在境内销售服务、无形资产或者不动产，是指：

①服务（租赁不动产除外）或者无形资产（自然资源使用权除外）的销售方或者购买方在境内；

②所销售或者租赁的不动产在境内；

③所销售自然资源使用权的自然资源在境内；

④财政部和国家税务总局规定的其他情形。

【解释2】下列情形不属于在境内销售服务或者无形资产：

①境外单位或者个人向境内单位或者个人销售完全在境外发生的服务；

②境外单位或者个人向境内单位或者个人销售完全在境外使用的无形资产；

③境外单位或者个人向境内单位或者个人出租完全在境外使用的有形动产；

④财政部和国家税务总局规定的其他情形。

【解释3】销售服务、无形资产或者不动产，是指有偿提供服务，有偿转让，但属于下列非经营活动的除外：

①行政单位收取的同时满足以下条件的政府性基金或行政事业收费；

a. 由国务院或者财政部批准设立的政府性基金，由国务院或者省级人民政府及其财政、价格主管部门批准设立的行政事业性收费；

b. 收取时开具省级以上（含省级）财政部门监（印）制的财政票据；

c. 所收款项全额上缴财政。

②单位或者个体工商户聘用的员工为本单位或者雇主提供取得工资的服务；

③单位或者个体工商户为聘用的员工提供服务；

④财政部和国家税务总局规定的其他情形。

【例题 2-2·多选题·2013 年】下列各项中，应当征收增值税的有（   ）。

A. 境外保险公司为境内的机器设备提供保险

B. 境内石油公司销售位于中国境外的不动产

C. 境内高科技公司将某项专利权转让给境外公司

D. 境外房地产公司转让境内某宗土地的土地使用权

【答案】ACD

【解析】选项 B 错误，不动产在境外不属于增值税征税范围。

（二）征税范围的特殊规定（见表 2-2）

表 2-2　　　　　　　　　　　　　　征税范围的特殊规定

征税项目	罚没物品	执罚部门和单位	上缴财政	不征税
		经营单位、指定销售单位等	纳入正常销售渠道销售	征税
	逾期票证收入	航空运输企业已售票但未提供航空运输服务取得的逾期票证收入，按照航空运输服务征税		
	退票费	纳税人为客户办理退票而向客户收取的退票费、手续费等收入按照"其他现代服务"征税		
	财政补贴收入	与其销售货物、劳务、服务、无形资产、不动产的收入或者数量直接挂钩的		征税
		取得的其他情形		不征税
不征税项目	①存款利息； ②融资性售后回租业务中承租方出售资产的行为； ③药品生产企业销售自产创新药后，提供给患者后续免费使用的相同创新药； ④被保险人获得的保险赔付； ⑤住宅专项维修资金； ⑥根据国家指令无偿提供的铁路运输服务、航空运输服务； ⑦纳税人在资产重组过程中，通过合并、分立、出售、置换等方式，将全部或者部分实物资产以及与其相关联的债权、负债和劳动力一并转让给其他单位和个人。 【提示】非重组过程中涉及的相关资产的转让照章征收增值税			

【例题 2-3·单选题·2017 年】企业发生的下列行为中，需要缴纳增值税的是（   ）。

A. 获得保险赔偿　　　　　　　　　B. 取得存款利息

C. 收取包装物租金　　　　　　　　D. 取得中央财政补贴

【答案】C

【解析】选项 ABD 不缴纳增值税。

（三）对视同发生应税销售行为的征税规定

单位或个体工商户的下列行为，视同发生应税销售行为，征收增值税：

（1）代销业务。

①将货物交付其他单位或者个人代销（委托方）；

②销售代销货物（受托方）。

【提示】委托其他纳税人代销货物，为收到代销单位的代销清单或者收到全部或者部分货款的当天。未收到代销清单及货款的，为发出代销货物满180天的当天，见图2-8。

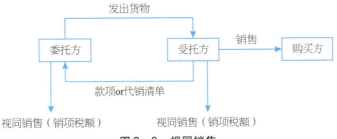

图2-8 视同销售

（2）移送。

设有两个以上机构并实行统一核算的纳税人，将货物从一个机构移送至其他机构用于销售，但相关机构设在同一县（市）的除外（见图2-9）。

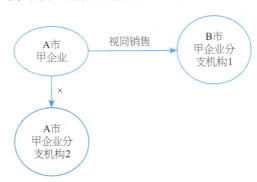

图2-9 移送

（3）将自产或委托加工的货物用于非增值税应税项目。

将自产、委托加工的货物用于集体福利或个人消费。

（4）用于投资、分配、无偿赠送。

①将自产、委托加工或购进的货物作为投资，提供给其他单位或个体工商户。

②将自产、委托加工或购进的货物分配给股东或投资者。

③将自产、委托加工或购进的货物无偿赠送给其他单位或者个人。

（5）单位或者个体工商户**向其他单位或者个人无偿销售应税服务、无偿转让无形资产或者不动产**，但用于公益事业或者以社会公众为对象的除外。

【考点总结】视同销售货物行为中，重点掌握第3、4条（见表2-3）。

表2-3 视同销售货物行为

货物来源	货物去向	增值税处理
外购	投资、分配、赠送他人	作视同销售处理，外购产生的进项税额，符合规定可以抵扣
	非应税、集体福利和个人消费	货物进入最终消费，不再流转，不作视同销售，不计算销项税额；同时进项税额不得抵扣，已抵扣的作进项税额转出
自产或委托加工	投资、分配、赠送他人	均作视同销售，计算销项税额
	非应税、集体福利和个人消费	

📺 记忆面包

外（外购）用于内（内部消耗）—不视同销售

外（外购）用于外（投、分、送）

内（自产、委托加工）用于内（内部消耗） ⎫ 视同销售

内（自产、委托加工）用于外（投、分、送）⎭

📺 彬哥解读

针对视同销售的知识，重点掌握第3、4条，尤其是针对货物的视同销售。如何判断业务属于视同销售情况（针对货物），首先看来源，再看去向。如果来源是外购，去向是集体福利和个人消费，那么本情况不作视同销售，同时外购环节所对应的进项税额不得抵扣（哪怕能够取得合法的扣税凭证）。

【例题2-4·单选题·2015年】下列行为中，视同销售货物缴纳增值税的是（ ）。

A. 将购进的货物用于集体福利

B. 将购进的货物用于个人消费

C. 将购进的货物用于非增值税应税项目

D. 将购进的货物用于对外投资

【答案】D

【解析】将购进的货物用于对外投资、分配、赠送视同销售缴纳增值税。

【例题2-5·多选题】下列各项中，应视同销售货物征收增值税的有（ ）。

A. 将自产摩托车作为福利发给职工

B. 将自产钢材用于修建厂房

C. 将自产机器设备用于生产服装

D. 将购进的轿车分配给股东

【答案】AD

【解析】选项BC错误，不视同销售，属于将自产货物用于应税项目。

（四）混合销售和兼营行为（见表 2 - 4）

表 2 - 4　　　　　　　　　　　　　　　混合销售和兼营行为

行为	含义	税务处理
混合销售	**一项**销售行为涉及（有关联性和从属性）：货物 + 服务	①主业是卖货的：按**销售货物**征税。 【卖 A 货物并运到指定地点：（货价 + 运费）×13%】 ②主业是服务的：按**销售服务**征税
兼营行为	**多项**应税行为涉及（无关联性和从属性）：货物、劳务、服务	**分别核算**分别适用税率；未分别则从高适用税率 【卖 A 货物，给 B 运输：货价×13% + 运费×9%】

【提示】

①纳税人销售活动板房、机器设备、钢结构件等自产货物的同时提供建筑、安装服务，不属于混合销售，应分别核算货物（13%）和建筑服务（9%）的销售额，分别适用不同的税率或者征收率（按照兼营处理）。

②一般纳税人销售电梯同时提供安装服务，安装服务可选择简易计税（3%）。

【例题 2 - 6 · 单选题 · 2019 年】下列经营行为中，属于增值税混合销售行为的是（　　）。

A. 商场销售相机及储存卡

B. 商场销售办公设备并提供送货服务

C. 疗养中心提供住宿并举办健康讲座

D. 健身房提供健身场所并销售减肥药

【答案】B

【解析】混合销售是指一项销售行为既涉及货物又涉及服务。选项 B，销售货物的同时，提供运输服务，因此属于混合销售行为。

考点 2　纳税义务人和扣缴义务人（★）

（一）纳税义务人

凡在中华人民共和国境内销售货物、劳务、**服务、无形资产或者不动产**，以及进口货物的单位和个人，为增值税纳税义务人（见表 2 - 5）。

表 2 - 5　　　　　　　　　　　　　　　纳税义务人

项目	纳税人	条件
单位以承包、承租、挂靠方式经营	发包人	承包人以发包人名义对外经营，并由发包人承担相关法律责任
	承包人	不符合上述条件
资管产品运营	资管产品管理人	运营过程中发生的增值税应税销售行为

（二）扣缴义务人

境外的单位或个人在境内销售劳务，在境内未设有经营机构的，以其境内代理人为扣缴义务人；在境内没有代理人的，以购买者为扣缴义务人。

境外的单位或个人在境内销售服务、无形资产、不动产，在境内未设有经营机构的，以购买方为扣缴义务人。

【举例】 境外M公司为境内A公司提供咨询服务，合同含税价款106万元，该境外M公司在境内未设立经营机构，则该项业务应当扣缴的税额计算如下：

应扣缴增值税额 $=106\div(1+6\%)\times6\%=6$（万元）。

【例题2-7·单选题·2018年】 下列承包经营的情形中，应以发包人为增值税纳税人的是（　　）。

A. 以发包人名义对外经营，由承包人承担法律责任的

B. 以承包人名义对外经营，由承包人承担法律责任的

C. 以发包人名义对外经营，由发包人承担法律责任的

D. 以承包人名义对外经营，由发包人承担法律责任的

【答案】 C

考点3　一般纳税人和小规模纳税人的认定标准（★）

一般纳税人和小规模纳税人的认定标准见表2-6。

表2-6　**一般纳税人和小规模纳税人的认定标准**

划分依据（年应税销售额、会计核算）	小规模纳税人	年应税销售额在500万元（含500万元）以下
	一般纳税人	①年应税销售额超500万元。增值税纳税人年应税销售额超过500万元的，除另有规定外，应当向其机构所在地主管税务机关办理一般纳税人登记； ②年应税销售额未超过规定标准（500万元）的纳税人，会计核算健全，能够提供准确税务资料的，可以向主管税务机关办理一般纳税人登记
年应税销售额的具体规定	①年应税销售额（不含增值税的销售额），指纳税人在连续不超过12个月或4个季度的经营期内累计应征增值税销售额，包括：纳税申报销售额、稽查查补销售额、纳税评估调整销售额。 ②销售服务、无形资产或者不动产有扣除项目的纳税人，其应税行为年应税销售额按未扣除之前的销售额计算。 【解释】有扣除项目的纳税人：营改增后按差额确定销售额的纳税人，如金融商品转让、经纪代理服务、旅游服务等。 ③纳税人偶然发生的销售无形资产、转让不动产的销售额，不计入应税行为年应税销售额	
不得办理一般纳税人登记的情况	①按照政策规定，选择按照小规模纳税人纳税的（非企业性单位等）。 ②年应税销售额超过规定标准的其他个人（自然人）。 【提示】“其他个人”无法成为一般纳税人，只能成为小规模纳税人	
登记时限	办理时限	纳税人应在年应税销售额超过规定标准的月份（或季度）的所属申报期结束后15日内办理
	生效日期	纳税人办理登记的当月1日或次月1日，由纳税人在办理登记时自行选择

考点4　税率（★★★）

（一）基本税率

增值税税率分别为：13%、9%、6%和0（见图2-10）。

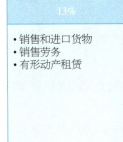

13%	9%	6%
• 销售和进口货物 • 销售劳务 • 有形动产租赁	• 低税率货物：生活必需品、初级农产品 • 交通运输服务 • 邮政服务 • 电信服务（基础电信业） • 建筑服务 • 不动产租赁 • 销售不动产 • 销售土地使用权	• 电信业务（增值电信业） • 金融服务 • 现代服务（除不动产租赁和有形动产租赁） • 生活服务 • 销售无形资产（含转让补充耕地指标，不含销售土地使用权）

图2-10　基本税率

【提示】9%税率货物（2022年调整）（见表2-7）

表2-7　　　　　　　　　　　　9%税率货物

解决温饱	①粮食等农产品（初级农产品），例如挂面、干姜、姜黄、玉米胚芽，动物骨粒等； 【提示1】麦芽、复合胶、人发、淀粉适用13%的增值税税率。 【提示2】鲜奶9%税率；调制乳税率13%。 ②食用植物油（包括花椒油、橄榄油、核桃油、杏仁油、葡萄籽油和牡丹籽油，不包括环氧大豆油、氢化植物油、肉桂油、桉油、香茅油） ③食用盐
生活能源	自来水、暖气、冷气、热水、煤气、石油液化气、天然气、二甲醚、沼气、居民用煤炭制品
精神文明	图书、报纸、杂志、音像制品和电子出版物
农业生产	饲料、化肥、农机、农药、农膜。 其中农机包含：密集型烤房设备、频振式杀虫灯、农用挖掘机、养鸡（猪）设备等，不含农机零部件（税率13%）
其他货物	—

📥 考点收纳盒

三种税率见表2-8：

表2-8　　　　　　　　　　　　三种税率

农业生产者销售自产农产品（初级农产品）	免税
经营者销售法定低税率农产品（初加工）	9%
经营者销售非法定低税率农产品（深加工）	13%

【提示】纳税人受托对垃圾、污泥、污水、废气等废弃物进行专业化处理，采取填埋、焚烧过程中适用的增值税税率（见表2-9）

表2-9　　　　　　　　　　填埋、焚烧过程中适用的增值税税率

方式	是否产生货物	受托方适用税目	收取处理费用税率
采取填埋、焚烧等方式进行专业化处理	产生货物，且货物归属委托方	加工劳务	13%
	产生货物，且货物归属受托方	现代服务——专业技术服务	6%
	不产生货物		

【例题2-8·单选题·2020年】增值税一般纳税人发生的下列应税行为中，适用6%税率计征增值税的是（　　）。

A. 提供建筑施工服务

B. 通过省级土地行政主管部门设立的交易平台转让补充耕地指标

C. 出租新购入的房产

D. 销售非现场制作食品

【答案】B

【解析】选项A，适用于9%的税率；选项C，适用9%的税率；选项D，适用13%的税率。

（二）零税率

零税率不能简单地等同于免税。出口货物和应税服务免税仅指在出口环节不征收增值税，而零税率是指对出口货物和应税服务除了在出口环节不征增值税外还要对该货物和应税服务在出口前已经缴纳的增值税进行退税，使该出口货物和应税服务在出口时完全不含增值税税款，从而以无税货物和服务进入国际市场。

零税率内容并不少，但是无须各位去死记硬背，因为出口货物或者在境外发生的服务都基本属于零税率的范围。

纳税人出口货物和财政部、国家税务总局规定的应税服务、无形资产，税率为零；但是，国务院另有规定的除外。

应税服务的零税率政策如下（见表2-10）：

表2-10　　　　　　　　　　零税率

国际运输服务	①在境内载运旅客或者货物出境；②在境外载运旅客或者货物入境；③在境外载运旅客或者货物
航天运输服务	—
向境外单位提供的完全在境外消费的服务	①研发服务；②合同能源管理服务；③设计服务；④广播影视节目（作品）的制作和发行服务；⑤软件服务；⑥电路设计及测试服务；⑦信息系统服务；⑧业务流程管理服务；⑨离岸服务外包业务；⑩转让技术

续表

其他零税率政策	境内单位和个人发生的与香港、澳门、台湾地区有关的应税行为，除另有规定外，参照上述规定执行

【例题 2 - 9·单选题·2018 年】 境内单位和个人发生的下列跨境应税行为中，适用增值税零税率的是（　　　）。

A. 向境外单位转让的完全在境外使用的技术

B. 在境外提供的广播影视节目的播映服务

C. 无运输工具承运业务的经营者提供的国际运输服务

D. 向境外单位提供的完全在境外消费的电信服务

【答案】 A

【解析】 选项 BCD，适用于增值税免税政策，这类题目要完全遵照教材原文来选择。

考点5　征收率（★★★）

增值税征收率适用于两种情况：一是小规模纳税人由于会计核算不健全，不能正确计算销项税额和进项税额，所以只能用简易方法；二是一般纳税人在特定情况下可以选择简易计税方法计税。

征收率基本情况：3%、5%。

征收率特殊情况：1.5%、2%、0.5%。

（一）一般规定（见表 2 - 11）

表 2 - 11　　　　　　　　　　　　一般规定

适用范围	征收率
①小规模纳税人缴纳增值税（不动产业务除外）； ②一般纳税人采用简易办法缴纳增值税（列举货物和应税服务）	3%
③小规模纳税人销售、出租不动产； ④一般纳税人销售、出租营改增前取得的不动产、转让房地产老项目等	5%

（二）其他规定

1. 纳税人销售自己使用过的固定资产或销售旧货（见表 2 - 12）

表 2 - 12　　　　　　　　　　　　其他规定

		一般纳税人	小规模纳税人
销售自己使用过的固定资产	不得抵扣且未抵扣进项税额	3%减按2%	3%减按2%
	已经抵扣过进项税额	按照适用税率，即正常税率（13%或9%）	
销售旧货	其他旧货	3%减按2%	

	一般纳税人		小规模纳税人
销售旧货	二手车	减按 0.5% 征收增值税。应纳税额 = 含税销售额 ÷（1 + 0.5%）×0.5%	

上述纳税人销售自己使用过的固定资产、物品和旧货适用按照简易办法依照 3% 征收率减按 2% 征收增值税的，按下列公式确定销售额和应纳税额：

$$销售额 = 含税销售额 ÷（1 + 3%）$$
$$应纳税额 = 销售额 × 2%$$

【提示】

①使用过的固定资产，是指自己使用过的，不是指他人使用过的；而旧货不是指自己使用过的旧货，而是从外部购入的二手货物。

②纳税人销售自己使用过的固定资产，适用简易办法依照 3% 征收率减按 2% 征收增值税政策的，可以放弃减税，按照简易办法依照 3% 征收率缴纳增值税，并可以开具增值税专用发票。（如果适用 3% 减按 2% 政策，则不能开专票）

【例题 2-10·单选题·2013 年】某副食品商店为增值税小规模纳税人，2013 年 8 月销售副食品取得含税销售额 66 950 元，销售自己使用过的固定资产取得含税销售额 17 098 元。该商店应缴纳的增值税为（　　）元。

A. 2 282　　B. 2 291.96　　C. 2 448　　D. 2 477.88

【答案】A

【解析】小规模纳税人销售自己使用过的固定资产，减按 2% 征收率征收增值税。该商店应缴纳的增值税 = 66 950 ÷（1 + 3%）×3% + 17 098 ÷（1 + 3%）×2% = 1 950 + 332 = 2 282（元）。

【例题 2-11·单选题·2021 年】某二手车经销公司 2021 年 4 月销售其收购的二手车 40 辆，取得含税销售额 120.6 万元。该公司当月销售二手车应缴纳增值税（不考虑税收优惠政策）（　　）万元。

A. 2.34　　B. 3.51　　C. 0.60　　D. 0.59

【答案】C

【解析】自 2020 年 5 月 1 日至 2023 年 12 月 31 日，对从事二手车经销业务的纳税人销售其收购的二手车，减按 0.5% 征收率征收增值税。该公司当月销售二手车应缴纳增值税 = 120.6 ÷（1 + 0.5%）×0.5% = 0.6（万元）。

【例题 2-12·单选题】某服装企业为增值税一般纳税人，2021 年 8 月该企业销售旧设备一台，取得含税收入 80.2 万元，该设备 2017 年购进时取得了专票，注明价款 162 万元，已抵扣进项税额。该企业销售此设备应纳增值税（　　）万元。

A. 0　　B. 1.45　　C. 2.88　　D. 9.23

【解析】D
【答案】该销售行为按照适用税率征收增值税。应纳增值税 =80.2÷1.13×13% =9.23（万元）。

2. 其他特殊规定

其他个人出租住房减按1.5%，出租非住房按5%计税。

考点6　增值税的计税方法（★★）

（一）一般计税方法

一般纳税人发生应税销售行为适用一般计税方法计税，其计算公式是：

$$当期应纳增值税税额 = 当期销项税额 - 当期进项税额$$

（二）简易计税方法

小规模纳税人发生应税销售行为适用简易计税方法计税，其计算公式是：

$$当期应纳增值税税额 = 当期销售额（不含增值税）× 征税率$$

一般纳税人发生财政部和国家税务总局规定的特定应税销售行为，也可以选择适用简易计税方法计税，但是不得抵扣进项税额。其主要包括以下情况：

1. 一般纳税人销售特定货物（3%）（见表2 –13）

表2 –13　　　　　　　　　一般纳税人销售特定货物

水电类	①县级及县级以下小型水力发电单位生产的自产电力； ②自产自来水； ③自来水公司销售自来水
砂、土建筑材料类	①自产建筑用和生产建筑材料所用的砂、土、石料； ②以自己采掘的砂、土、石料或其他矿物连续生产的砖、瓦、石灰（不含黏土实心砖、瓦）； ③自产的商品混凝土（仅限于以水泥为原料生产的水泥混凝土）
血液、药品类	①自己用微生物、微生物代谢产物、动物毒素、人或动物的血液或组织制成的生物制品； ②单采血浆站销售非临床用人体血液； ③药品经营企业销售生物制品； ④抗癌药品、罕见病药品
其他类	①寄售商店代销寄售物品（包括居民个人寄售的物品在内）； ②典当业销售死当物品

2. 一般纳税人销售服务和不动产租赁、销售（3%、5%）（见表2 –14）

表2 –14　　　　　　　　一般纳税人销售服务和不动产租赁、销售

项目	具体内容	征收率
交通运输服务	公共交通运输服务，包括轮客渡、公交客运、地铁、城市轻轨、出租车、长途客运、班车	3%

续表

项目	具体内容	征收率
建筑服务	①以清包工方式提供的建筑服务； ②为甲供工程提供的建筑服务； ③为建筑工程老项目提供的建筑服务； ④销售自产机器设备或销售外购机器设备的同时提供安装服务，其安装服务可以按照甲供工程选择适用简易计税方法计税	3%
现代服务	①电影放映服务、仓储服务、装卸搬运服务、收派服务； ②动漫企业为开发动漫产品提供的动漫脚本编撰、背景设计、动画设计、音效合成、字幕制作等，以及在境内转让动漫版权	3%
	①提供人力资源外包服务、劳务派遣服务（差额服务）； ②出租2016年4月30日前取得的不动产； ③收取试点前开工的一级公路、二级公路、桥、闸通行费； ④2016年4月30日前签订的不动产融资租赁合同，或以2016年4月30日前取得的不动产提供的融资租赁服务	5%
生活服务	文化体育服务	3%
销售不动产	①销售2016年4月30日前取得的不动产； ②销售自行开发的房地产老项目	5%

【例题2-13·多选题·2017年】增值税一般纳税人发生的下列业务中，可以选择适用简易计税方法的有（　　）。

A. 提供装卸搬运服务　　　　　　　　B. 提供文化体育服务

C. 提供公共交通运输服务　　　　　　D. 提供税务咨询服务

【答案】ABC

【解析】增值税一般纳税人提供的装卸搬运服务、文化体育服务、公共交通运输服务，可以选择适用简易计税方法计税。

【例题2-14·单选题·2020年】增值税一般纳税人发生的下列行为中，可以采用简易计税方法计征增值税的是（　　）。

A. 销售矿泉水　　　　　　　　　　　B. 销售沥青混凝土

C. 以清包工方式提供建筑服务　　　　D. 出租2016年5月1日后取得的不动产

【答案】C

【解析】选项AB，一般纳税人发生特定的应税销售行为，可选择按照简易计税办法依照3%的征收率计算缴纳增值税，例如，自产的自来水；自产的商品混凝土（仅限于以水泥为原料生产的水泥混凝土）。

选项D，增值税一般纳税人出租2016年4月30日前取得的不动产，可以选择适用简易计税方法计征增值税。

考点收纳盒

与运输和租赁有关的服务（见表2−15）。

表2−15　　　　　　　　　　　　与运输和租赁有关的服务

情形		税目	税率	征收率
与运输有关的服务	干租、光租	租赁服务	13%	—
	程租、期租、湿租	交通运输服务	9%	
	出租车公司向使用本公司自有出租车的出租车司机收取的管理费用			
	无运输工具承运业务			
	货物运输代理服务	商务辅助服务	6%	
	装卸搬运服务	物流辅助服务	6%	
与财产租赁有关的服务	有形动产经营租赁服务	租赁服务	13%	3%
	有形动产融资租赁服务			
	不动产经营租赁服务		9%	5%
	不动产融资租赁服务			
	融资性售后回租	贷款服务	6%	3%

（三）扣缴计税方法

境外的单位或者个人在境内发生应税行为，在境内未设有经营机构的，以境内代理人为扣缴义务人；在境内没有代理人的，以购买方为扣缴义务人。扣缴义务人的应扣缴税额计算公式为：

$$应扣缴税额 = 接受方支付的价款 \div (1 + 税率) \times 税率$$

【例题2−15·单选题·2014年】某境外母公司为其在我国境内子公司提供担保，收取担保费100万元。该母公司就收取的担保费应在我国缴纳的增值税为（　　）万元。

A. 0　　　　　　　　B. 3　　　　　　　　C. 5.66　　　　　　　　D. 10

【答案】C

【解析】子公司在我国境内，属于在境内提供应税服务，属于增值税征税范围。担保费属于金融服务中的直接收费金融服务，适用6%增值税税率。要注意，这个属于代扣代缴，扣缴义务人的应扣缴税额=接收方支付的价款÷（1+税率）×税率,100÷（1+6%）×6% = 5.66（万元）。

考点7 销项税额的计算（★★★）

（一）一般销售方式下的销售额（见表2-16）

基本模式：全部价款+价外费用

表2-16　　　　　　　　一般销售方式下的销售额

属于价外费用	不属于价外费用
包括价外向购买方收取的手续费、补贴、基金、集资费、返还利润、奖励费、违约金、滞纳金、延期付款利息、赔偿金、代收款项、代垫款项、包装费、包装物租金、储备费、优质费、运输装卸费以及其他各种性质的价外收费。 【提示】**价外费用一般都是含税价格。税率和销售的货物或提供的服务的税率保持一致**	①向购买方收取的销项税（因为增值税是价外税）； ②受托加工应征消费税的消费品所代收代缴的消费税； ③以委托方名义开具发票代委托方收取的款项； ④符合条件代为收取的政府性基金和行政事业性收费； ⑤销货同时代办保险收取的保险费、代购买方缴纳的车辆购置税、车辆牌照费； ⑥符合条件的代垫的运输费用

【提示】

1. 包装物的押金是否计入价外费用（见表2-17）

表2-17　　　　　　　包装物的押金是否计入价外费用

包装物押金的处理	基本要求	一年内	①未到期：不计入价外费用； ②到期：计入价外费用
		一年外	不论是否到期，均计入价外费用
	特殊要求（酒类包装物）	啤酒、黄酒	按上述规则
		其他酒	均计入价外费用

2. 关于运输费用的处理

很多人在这里会比较容易出现问题，这里汇总一下：

（1）销售商品时运费由销售方承担，销售方支付给运输单位的相关运费，根据获得的运输单位开具的运输发票，确认**销售费用及增值税进项税额**；

（2）销售商品购销合同中明确商品销售价格含运费连同运费一并收取，销售方开具同一张增值税专用发票，向购买方一并收取的运费应作价税分离，**分别确认销售额和销项税额**；

（3）销售商品运费由购买方承担，并且承运单位的发票开具给购买方的，销售方代垫的运费作为暂付款，不影响销售额和增值税额。

3. 销售额的换算

（1）题目表述（含税收入、不含税收入）。

（2）通过票据来判断（普票是含税价）。

（3）价外收入是含税价格。

（4）通过行业来判断（零售、餐饮行业等）。

（不含税）销售额=含税销售额÷(1+税率或征收率)

【例题 2 - 16·计算题】2021 年 6 月，某酒厂（增值税一般纳税人，适用增值税税率 13%）销售白酒和啤酒给副食品公司，其中白酒开具增值税专用发票，收取不含税价款 50 000 元，另外收取包装物押金 3 000 元；啤酒开具普通发票，收取的价税合计款 22 600 元，另外收取包装物押金 1 500 元。副食品公司按照合同约定，于 2021 年 12 月将白酒、啤酒包装物全部退还给酒厂，并取回全部押金。就此项业务，该酒厂 2021 年 6 月计算的增值税销项税额应为多少元？

【答案】

①白酒收到押金就要缴纳税款：$50\,000 \times 13\% + 3\,000 \div 1.13 \times 13\% = 6\,845.13$（元）。

②啤酒包装物押金按照正常处理：$22\,600 \div 1.13 \times 13\% = 2\,600$（元）。

合计的销项税额 $= 6\,845.13 + 2\,600 = 9\,445.13$（元）

（二）特殊销售方式下的销售额（见表 2 - 18）

表 2 - 18　　　　　　　　　　特殊销售方式下的销售额

特殊销售方式		销售额的确定
折扣方式	折扣销售（商业折扣）	销售额和折扣额在同一张发票（金额栏）上分别注明的，就可以**按扣除折扣后的金额**计算销项税额。 如果是在备注栏注明或者另开发票，不论财务上怎么处理，计算销项税额时不得扣除折扣金额
	销售折扣（现金折扣）	**一种融资行为，不得从销售额中扣除**
	销售折让	**销售折让以折让后的货款为销售额**
以旧换新	一般新货（金银首饰除外）	按新货同期销售价格确定销售额，**不得减除旧货收购价格**
	金银首饰	**按销售方实际收取的不含增值税的全部价款征收增值税**
以物易物		双方以各自发出的货物核算销售额并计算销项税额（进项税额能不能抵扣需要看是否取得了增值税专用发票或者其他合法票据、是否用于不能抵扣的项目）
贷款服务		以取得的全部利息以及利息性质的收入为销售额（不得扣减利息支出）
直接收费金融服务		以提供直接收费金融服务收取的手续费、佣金、酬金、管理费、服务费、经手费、开户费、过户费、结算费等各类费用为销售额

【例题 2 - 17·计算题】2021 年 10 月，某设备生产企业（一般纳税人）销售一台设备，不含税价款 500 万元给予购买方 4% 的价格优惠，将价款和折扣额在同一张发票的"金额"栏分别注明；由于购货方及时付款，又给予 2% 的销售折扣，实收不含税金额为 470.4 万元，计算当月销项税额。

【答案】销项税额 $= 500 \times (1 - 4\%) \times 13\% = 62.4$（万元）。

（三）按差额确定销售额（见表 2 – 19）

表 2 – 19   按差额确定销售额

销售方式	销售额确定
金融商品转让	销售额 = 卖出价 – 买入价（不得扣除税费；正负差年内相抵，跨年不得抵，只能开普票） 【提示】 ①负差可用下期正差相抵，年末负差，不得转入下一年度。 ②公司首次公开发行股票并上市形成的限售股，以及上市首日至解禁日期间由上述股份孳生的送、转股，以该上市公司股票首次公开发行（IPO）的发行价为买入价（新股限售股）。 【关联贴纸】个人取得金融商品转让收益，免征增值税
经纪代理服务	销售额 =（全部价款 + 价外费用）– 代收代付的政府性基金或行政事业性收费
航空运输服务	销售额 =（全部价款 + 价外费用）– 代收的机建费 – 代收代售其他航空运输企业客票
客运场站服务	销售额 =（全部价款 + 价外费用）– 支付给承运方的运费
旅游服务	销售额 =（全部价款 + 价外费用）– 向旅游服务购买方收取并支付给其他单位个人的住宿费、餐饮费、交通费、签证费、门票费、支付给其他接团旅游企业的旅游费用
简易计税的建筑服务	销售额 =（全部价款 + 价外费用）– 支付给分包方的分包款 【提示】适用情况：建筑工程老项目、甲供工程、清包工
简易计税的不动产转让	销售额 = 全部价款 + 价外费用 – 不动产购置原价或取得不动产时的作价
一般计税的房企销售自行开发不动产	销售额 = 全部价款 + 价外费用 – 受让土地时向政府部门支付的土地价款（允许扣的包含：征地拆迁补偿费、土地前期开发费和土地出让收益）

【例题 2 – 18·单选题·2017 年】对下列增值税应税行为计算销项税额时，按照全额确定销售额的是（　　）。

A. 贷款服务　　　　　　　　　　　B. 金融商品转让

C. 一般纳税人提供客运场站服务　　D. 经纪代理服务

【答案】A

【解析】贷款服务，以提供贷款服务取得的全部利息及利息性质的收入为销售额。

（四）视同发生应税销售行为的销售额确定

由主管税务机关按照下列顺序核定销售额：

（1）按纳税人最近时期发生同类应税销售行为的平均价格确定；

（2）按其他纳税人最近时期发生同类应税销售行为的平均价格确定；

（3）按组成计税价格确定，组成计税价格的公式为：

①只征收增值税：组成计税价格 = 成本 ×（1 + 成本利润率）；

②既征收增值税，又征收消费税：

$$组成计税价格 = 成本 \times (1 + 成本利润率) + 消费税$$
$$= 成本 \times (1 + 成本利润率) \div (1 - 消费税税率)$$

【例题 2-19·计算题】位于某县城的甲设备生产企业（以下简称"甲企业"）为增值税一般纳税人，2019 年 6 月将生产出的新型设备投资于丙公司，该设备无同类产品市场价，生产成本为 450 万元。计算该业务的销项税额。

（其他相关资料：购销货物增值税税率 13%，成本利润率 10%）

【答案】销项税额 = 450 × (1 + 10%) × 13% = 64.35（万元）。

考点8 进项税额的计算（★★★）

（一）准予从销项税额中抵扣的进项税额

（1）从销售方取得的**增值税专用发票**上注明的增值税税额；

（2）机动车销售统一发票上注明的增值税税额；

（3）从海关取得的海关进口增值税专用缴款书上注明的增值税税额；

（4）自境外单位或者个人购进劳务、服务、无形资产或者境内不动产，从税务机关或者扣缴义务人取得的代扣代缴税款的完税凭证上注明的增值税税额；

（5）购进农产品进项税额的抵扣（见表 2-20）。

表 2-20 　　　　　　　　　　购进农产品进项税额的抵扣

项目	进项税额
取得一般纳税人开具的增值税专用发票或者海关进口增值税专用缴款书	注明的增值税税额
从小规模纳税人处取得的按简易计税方法依照 3% 征收的增值税专用发票	增值税专用发票上注明的金额 ×9%
取得农产品销售发票或收购发票的	发票上注明的农产品买价 ×9%
购进用于生产或委托加工 13% 税率货物的农产品	发票上注明的农产品买价 ×10%

【举例1】东方公司从大海公司处购入一批苹果（见表 2-21）。

表 2-21 　　　　　　　　　　准予抵扣税额 　　　　　　　　　　单位：万元

大海公司性质	取得凭证	金额	准予抵扣税额	
			包装后直接出售	加工成苹果罐头出售
一般纳税人	增值税专用发票	价款 20 税款 1.8	凭票抵扣 1.8	20 ×10% = 2
境外机构	进口增值税专用缴款书			
小规模纳税人	增值税专用发票	价款 20 税款 0.6	20 ×9% = 1.80	20 ×10% = 2
农业生产者	农产品收购（销售）	买价 20		

> **彬哥解读**
>
> 购进农产品需要计算抵扣的原因：
>
> 因为农业生产者销售自产的农产品是免税的，但是收购之后再销售农产品需要按照9%的税率缴纳增值税，因此，在向农业生产者收购农产品后，可以按照收购价款的9%作为进项税额。
>
> 换种说法就是收购农产品支付的金额中，9%是进项税额，91%才是收购成本。

【例题 2 - 20·计算题】 某企业（增值税一般纳税人）收购一批免税农产品用于直接销售（不适用核定扣除），在税务机关批准使用的专用收购凭证上注明价款 100 000 元，其可计算抵扣多少增值税进项税？记账采购成本是多少？

【答案】 可计算抵扣的进项税额 = 100 000 × 9% = 9 000（元）；
记账采购成本 = 100 000 - 9 000 = 91 000（元）。

> **关联贴纸**
>
> 收购烟叶的进项税额计算；
>
> 对烟叶税纳税人按规定缴纳的烟叶税，准予并入烟叶产品的买价计算增值税的进项税额，并在计算缴纳增值税时予以抵扣。向农业生产者收购烟叶比一般的农产品更加特殊，因为烟叶有补贴和烟叶税，计算公式如下：
>
> 烟叶税应纳税额 = 收购烟叶实际支付的价款总额 × 税率（20%）
>
> 准予抵扣的进项税额 = （收购烟叶实际支付的价款总额 + 烟叶税应纳税额）
>
> × 扣除率（9% 或 10%）

【例题 2 - 21·计算题】 某烟草公司（一般纳税人）2020 年 10 月向农业生产者收购烟叶 120 吨用于销售，收购烟叶实付价款总额 200 万元，之后全部销售给卷烟厂。计算该业务的进项税额是多少？

【答案】 烟草公司进项税额 = 200 × （1 + 20%）× 9% = 21.60（万元）。

（6）收费公路通行费增值税抵扣规定。

自 2018 年 1 月 1 日起，纳税人支付的通行费，按照以下规定抵扣进项税额（见表 2 - 22）。

表 2 - 22 收费公路通行费增值税抵扣规定

纳税人付费项目	进项税额
道路通行费	纳税人支付的道路通行费，按照收费公路通行费增值税电子普通发票上注明的增值税税额抵扣进项税额
桥、闸通行费	可以抵扣的进项税额 = 发票上注明的金额 ÷ （1 + 5%）× 5%

（7）"国内旅客运输服务"，限于与本单位签订了劳动合同的员工，以及本单位作为用工

单位接受的劳务派遣员工发生的国内旅客运输服务（见表 2 - 23）。

表 2 - 23　　　　　　　　　　　　国内旅客运输服务

取得凭证	抵扣依据	进项税额确定
取得增值税发票	专用发票或电子普票	发票上注明的税额
旅客客运发票	注明旅客身份信息的**航空运输电子客票行程单**	航空旅客运输进项税额 =（票价 + 燃油附加费）÷（1 + 9%）×9%
	注明旅客身份信息的铁路车票	铁路旅客运输进项税额 = 票面金额÷（1 +9%）×9%
	注明旅客身份信息的公路、水路等其他客票	公路、水路等其他旅客运输进项税额 = 票面金额÷（1 + 3%）×3%

【例题 2 -22·计算题】甲企业在 2021 年 5 月的经营中，支付桥闸通行费 8 400 元，并且取得员工出差的注明旅客身份信息的铁路车票 5 000 元，以上均取得合法发票，则该企业上述发票可计算抵扣进项税额是多少？

【答案】桥闸通行费按照 5% 计算：8 400 ÷（1 +5%）×5% =400（元）。

铁路车票按照 9% 计算：5 000 ÷（1 +9%）×9% =412.84（元）。

所以进项税额：400 +412.84 =812.84（元）。

（二）不得从销项税额中抵扣的进项税额（见表 2 -24）

表 2 -24　　　　　　　　　　不得从销项税额中抵扣的进项税额

用途不当		用于**简易计税方法计税项目、免征增值税项目、集体福利或个人消费**（包括纳税人的**交际应酬消费**）的**购进**货物、劳务、服务、无形资产和不动产
		①固定资产、无形资产、不动产，**专用于**上述项目的不得抵扣进项税额。但兼用于上述项目的可以全额抵扣进项税额； ②其他权益性无形资产，不论专用还是兼用于上述项目，都可以全额抵扣进项税额
非正常损失	概念	因管理不善造成货物被盗、丢失、霉烂变质的损失以及被执法部门依法没收或者强令自行销毁的货物
	内容	①非正常损失的购进货物，以及相关劳务和交通运输服务； ②非正常损失的在产品、产成品所耗用的购进货物（不包括固定资产）、劳务和交通运输服务； ③非正常损失的不动产，以及该不动产所耗用的购进货物、设计服务和建筑服务； ④非正常损失的不动产在建工程所耗用的购进货物、设计服务和建筑服务
	注意	自然灾害导致的损失和正常损耗，对应进项税额可以抵扣
个人消费		购进的贷款服务、餐饮服务、居民日常服务、娱乐服务，进项税额不可以抵扣
贷款服务		纳税人接受贷款服务向贷款方支付的与该笔贷款直接相关的投融资顾问费、手续费、咨询费等费用，**其进项税额不得从销项税额中抵扣**
无法划分税额		适用一般计税方法的纳税人，兼营简易计税方法计税项目、免征增值税项目而无法划分不得抵扣的进项税额，按照下列公式计算不得抵扣的进项税额： **不得抵扣的进项税额 = 当期无法划分的全部进项税额×（当期简易计税方法计税项目销售额 + 免征增值税项目销售额）÷ 当期全部销售额**

续表

不动产用途转换	已抵扣进项税额的不动产，发生非正常损失，或者改变用途，专用于简易计税方法计税项目、免征增值税项目、集体福利或个人消费的： 不得抵扣的进项税额 = 已抵扣进项税额 × 不动产净值率 不动产净值率 =（不动产净值 ÷ 不动产原值）× 100%
	按照规定不得抵扣进项税额的不动产，发生用途改变，用于允许抵扣项税额项目的，在改变用途的次月计算可抵扣项税额： 可抵扣项税额 = 增值税扣税凭证注明或计算的进项税额 × 不动产净值率
自身管理混乱	有下列情况之一的，不得抵扣进项税额，也不得使用增值税专用发票： ①一般纳税人会计核算不健全，或者不能够提供准确税务资料的； ②应当办理一般纳税人资格登记而未办理的

【例题 2 - 23·计算题】 某制药厂（增值税一般纳税人）2021 年 8 月销售抗生素药品取得含税收入 113 万元，销售免税药品 50 万元，当月购入生产用原材料一批，取得增值税专用发票上注明税款 6.8 万元，抗生素药品与免税药品无法划分耗料情况，计算该制药厂当月应纳增值税。

【答案】 不得抵扣的进项税额 = 进项税额 ×（免税 + 简易销售额）÷ 全部销售额 = 6.8 × 50 ÷（100 + 50）= 2.27（万元）。

应纳增值税 = 100 × 13% -（6.8 - 2.27）= 8.47（万元）。

【例题 2 - 24·计算题】 企业以前年度购入二层楼房用于办公，后改变用途专用于职工食堂。已知购入该楼房时取得增值税专用发票上注明价款 1 000 万元，进项税额 90 万元，已作进项税额抵扣，累计折旧金额为 200 万元。计算不得抵扣的进项税额是多少？

【答案】 不动产净值率 =（1 000 - 200）÷ 1 000 × 100% = 80%。

不得抵扣的进项税额 = 已抵扣进项税额 × 不动产净值率 = 90 × 80% = 72（万元）。

【例题 2 - 25·计算题】 企业以前年度购入二层楼房用于职工食堂，后将其中一层改为办公室。已知购入该楼房时取得增值税专用发票上注明价款 1 000 万元，进项税额 90 万元，累计折旧金额 200 万元。

【答案】 可以抵扣的进项税额 = 固定资产、无形资产、不动产净值 ÷（1 + 适用税率）× 适用税率 =（1 090 - 200）÷（1 + 9%）× 9% = 73.49（万元）。

或不动产净值率 =（1 090 - 200）÷ 1 090 × 100% = 81.65%。

可以抵扣的进项税额 = 增值税扣税凭证注明或计算的进项税额 × 不动产净值率 = 90 × 81.65% = 73.49（万元）。

　应纳税额的计算（★★）

（一）计算应纳税额的时间限定

增值税纳税义务发生时间。例如，赊销和分期收款方式销售，为书面合同约定的收款日期的当天，无书面合同的或书面合同没有约定收款日期的，为货物发出的当天。

（二）计算应纳税额时销项税额不足抵扣进项税额的处理

计算应纳税额时进项税额不足抵扣，有两种处理方式：

1. 结转抵扣

由于增值税实行购进扣税法，有时企业当期购进的货物、劳务、服务、无形资产、不动产很多，在计算应纳税额时会出现当期销项税额小于当期进项税额而不足抵扣的情况。根据税法规定，当期销项税额不足抵扣进项税额的部分可以结转下期继续抵扣。

2. 退还增量留抵税额

自2019年4月起，对一般行业增量留抵税额退还。

（三）向供货方取得返还收入的增值税处理

对商业企业向供货方收取的与商品销售量、销售额挂钩（如以一定比例、金额、数量计算）的各种返还收入，均应按照平销返利行为的有关规定冲减当期增值税进项税金。应冲减进项税金的计算公式调整为：

$$当期应冲减进项税金 = 当期取得的返还资金 \div (1 + 所购货物适用增值税税率)$$
$$\times 所购货物适用增值税税率$$

【例题2-26·多选题】某商场（增值税一般纳税人）与其供货企业达成协议，与销售量挂钩进行平销返利。2020年9月向供货方购进商品取得税控增值税专用发票，注明价款120万元、税额15.6万元并通过主管税务机关认证，当月按平价全部销售，月末供货方向该商场支付返利4.8万元。下列该项业务的处理符合有关规定的有（　　）。

A. 商场应按120万元计算进项税额

B. 商场应按124.8万元计算进项税额

C. 商场当月应抵扣的进项税额为15.6万元

D. 商场当月应抵扣的进项税额为15.05万元

【答案】AD

【解析】平销返利应该冲减进项税额，冲减的进项税额为：$4.8 \div (1 + 13\%) \times 13\% = 0.55$（万元）。因此，进项税额 $= 15.6 - 0.55 = 15.05$（万元）。

　特定应税行为的增值税计征方法（★★★）

（一）跨县（市、区）提供建筑服务

不适用于：其他个人跨县（市、区）提供建筑服务。

适用于：单位和个体工商户在其机构所在地以外的县（市、区）提供建筑服务。

一般计税方法：一般纳税人老项目选择、新项目。

简易计税方法：小规模、一般纳税人老项目、甲供工程、清包业务（见表 2 – 25）。

表 2 – 25   计税方法

纳税人	方法	预缴（发生地）	申报（机构地）
一般纳税人	一般计税	应预缴税款 =（全部价款和价外费用 – 支付的分包款）÷（1 + 9%）× 2%（预征率）	应纳税额 = 全部价款和价外费用 ÷（1 + 9%）× 9% – 进项税额 – 预缴税款
	简易计税	应预缴税款 =（全部价款和价外费用 – 支付的分包款）÷（1 + 3%）× 3%（征收率）	应纳税额 =（全部价款和价外费用 – 支付的分包款）÷（1 + 3%）× 3% – 预缴税款
小规模纳税人			

注：小规模纳税人月销售额未超过 10 万元的，当期无须预缴税款。

【提示】老项目：建筑工程施工许可证或建筑工程承包合同注明的开工日期在 2016 年 4 月 30 日前的建筑工程项目，可以选择简易计税方法。

【例题 2 – 27·计算题】位于甲省某市区的一家建筑企业为增值税一般纳税人，在乙省某市区提供写字楼和桥梁建造业务，2019 年 12 月具体经营业务如下：

（1）该建筑企业对写字楼建造业务选择一般计税方法。按照工程进度及合同约定，本月取得含税金额 3 000 万元并给业主开具了增值税专用发票。由于该建筑企业将部分业务进行了分包，本月支付分包含税金额 1 200 万元，取得分包商（采用一般计税方法）开具的增值税专用发票。

（2）桥梁建造业务为甲供工程，该建筑企业对此项目选择了简易计税方法。本月收到含税金额 4 000 万元并开具了增值税普通发票。该建筑企业将部分业务进行了分包，本月支付分包含税金额 1 500 万元，取得分包商开具的增值税普通发票。

要求：

①计算业务（1）中建筑企业在乙省应预缴的增值税。

②计算业务（1）中建筑企业的销项税额。

③计算业务（2）中建筑企业在乙省预缴的增值税。

【答案】

①企业在乙省应预缴的增值税 =（3 000 – 1 200）÷（1 + 9%）× 2% = 33.03（万元）。

②企业在甲省某市区申报的销项税额 = 3 000 ÷（1 + 9%）× 9% = 247.71（万元）。

③甲供工程选择了简易计税方法，企业在乙省预缴的增值税 =（4 000 – 1 500）÷（1 + 3%）× 3% = 72.82（万元）。

（二）转让不动产

【提示】房地产开发企业销售自行开发的房地产项目不适用该办法。

1. 一般纳税人转让其取得的不动产（区分新老项目、自建和非自建）

（1）2016 年 4 月 30 日前取得（老项目）——选择简易计税方法（见表 2 – 26）。

表2-26　　　　　　　　　　转让不动产简易计税方法

项目性质	不动产所在地预缴	机构所在地申报
非自建项目	增值税=转让差额÷(1+5%)×5%	同预缴
自建项目	增值税=出售全价÷(1+5%)×5%	同预缴

转让差额=取得的全部价款和价外费用-不动产购置原价或者取得不动产时的作价

转让全额=全部价款和价外费用

【例题2-28·计算题】A工业企业为增值税一般纳税人，机构所在地在A县，2021年3月10日转让其2014年购买的一幢写字楼，取得含税转让收入3 600万元。该写字楼位于B县，2014年购买时的价格为2 500万元，保留有合法有效凭证，该办公楼资产原值2 600万元，已经计提折旧150万元。该工业企业对于该项业务选择了简易计税方法，请回答下列问题。

①A企业需要向哪个税务机关预缴增值税？预缴多少？

②A企业需要向哪个税务机关申报缴纳增值税？应纳增值税是多少？

【答案】

①A企业需要向B县税务机关预缴增值税。

预缴增值税=(3 600-2 500)÷1.05×5%=52.38（万元）

②A企业应该向A县主管税务机关纳税申报。

应纳增值税=(3 600-2 500)÷1.05×5%=52.38（万元）

实际缴纳金额=52.38-52.38=0

（2）2016年4月30日前取得（老项目）——选择一般计税方法；2016年5月1日后取得（新项目）——适用一般计税方法（一般纳税人新项目只能采用一般计税方法）（见表2-27）。

表2-27　　　　　　　　　　一般计税方法

项目性质	不动产所在地预缴	机构所在地申报
非自建项目	增值税=转让差额÷(1+5%)×5%	应纳税额=出售全价÷(1+9%)×9%-进项税额-预缴税款
自建项目	增值税=出售全价÷(1+5%)×5%	

▶ 📋 记忆面包

自建：无差额，全额预缴全额申报；注意：申报时分清一般方法还是简易办法。

非自建：看方法，简易方法差额预缴差额申报，一般方法差额预缴全额申报。

【例题2-29·计算题】北京市某纳税人为增值税一般纳税人，2021年12月30日转让其2016年6月购买的写字楼一层，取得转让收入1 000万元。写字楼位于苏州市，纳税人购买时价格为777万元，取得了增值税专用发票，注明税款为77万元。该纳税人2021年12月份的其他销项税额为70万元，进项税额为30万元，留抵税额为33万元，请回答下列问题。

（1）A 企业需要向哪个税务机关预缴增值税？预缴多少？

（2）A 企业需要向哪个税务机关申报缴纳增值税？应纳增值税是多少？

【答案】

（1）苏州市税务机关预缴税款：

预缴税款 = (1 000 − 777) ÷ (1 + 5%) × 5% = 10.62（万元）。

（2）北京市税务局申报纳税：应纳税款 = 1 000 ÷ (1 + 9%) × 9%（转让不动产）+ 70（其他业务销项税额）− 30（进项税额）− 33（留抵税额）− 10.62（预缴金额）= 78.95（万元）。

2. 小规模纳税人（除其他个人之外）转让其取得的不动产（见表 2 − 28）

表 2 − 28　　　　　小规模纳税人（除其他个人之外）转让其取得的不动产

项目性质	征收率	不动产所在地预缴	机构所在地申报
非自建项目	5%	增值税 = 转让差额 ÷ (1 + 5%) × 5%	同预缴
自建项目		增值税 = 出售全价 ÷ (1 + 5%) × 5%	同预缴

3. 其他个人转让其购买的住房（见表 2 − 29）

向住房所在地税务机关申报（个人销售自建自用的住房免税）：

表 2 − 29　　　　　　　其他个人转让其购买的住房

购买时间	税务处理			备注
<2 年	全额 5%（征收率）			个体工商户应向住房所在地税务机关预缴，向机构所在地税务机关申报；其他个人向住房所在地税务机关申报
≥2 年	北上广深	非普通住宅	差额纳税 5%	
		普通住宅	免税	
	非北上广深		免税	

应纳税额（差额纳税）=（全部价款和价外费用 − 购买住房价款）÷ (1 + 5%) × 5%

应纳税额（全额纳税）= 全部价款和价外费用 ÷ (1 + 5%) × 5%

（三）不动产经营租赁税务处理

纳税人以经营租赁方式出租其取得的不动产，适用以下规定，但纳税人提供道路通行服务不适用本办法。

1. 一般纳税人出租不动产的税务处理（见表 2 − 30）

表 2 − 30　　　　　　一般纳税人出租不动产的税务处理

取得时间	计税方法	不动产所在地 A 与机构所在地 B	税务处理
2016 年 4 月 30 日之前	简易计税	AB 不同地	预缴：不动产所在地，租金 ÷ (1 + 5%) × 5% 申报：机构所在地，租金 ÷ (1 + 5%) × 5% − 预缴
2016 年 5 月 1 日后	一般计税	AB 不同地	预缴：不动产所在地，租金 ÷ (1 + 9%) × 3%（预征率） 申报：机构所在地，租金 ÷ (1 + 9%) × 9% − 进项税额 − 预缴

【提示】

①同地不预缴，不同地预缴。

②如果采用简易计税，同上面原理，申报金额＝预缴金额，实际缴纳金额为 0（如果只有一个项目）

2. 小规模纳税人出租不动产（月销售额未超过 10 万元的，当期无须预缴税款）（见表 2 – 31）

表 2 – 31　　　　　　　　　　　　　小规模纳税人出租不动产

纳税人类型	房屋类型	税务处理
单位		同地不预缴，不同地预缴（处理同表 2 – 30 简易计税方法）： 预缴：不动产所在地，租金 ÷（1 +5%）×5% 纳税：机构所在地，租金 ÷（1 +5%）×5% – 预缴
个人工商户	非住房	同地不预缴，不同地预缴（处理同表 2 – 30 简易计税方法）： 预缴：不动产所在地，租金 ÷（1 +5%）×5% 纳税：机构所在地，租金 ÷（1 +5%）×5% – 预缴
	住房	同地不预缴，不同地预缴： 预缴：不动产所在地，租金 ÷（1 +5%）×1.5% 纳税：机构所在地，租金 ÷（1 +5%）×1.5% – 预缴
其他个人	非住房	租金 ÷（1 +5%）×5%
	住房	租金 ÷（1 +5%）×1.5%

【提示】 其他个人无预缴，住房征收率 1.5%，不动产所在地申报纳税。

【例题 2 – 30·计算题】 北京某纳税人为增值税一般纳税人，该纳税人 2013 年购买了天津的商铺一层用于出租，购买时价格为 500 万元，取得《不动产销售统一发票》。纳税人每月收到的租金为 10 万元。假设该纳税人 2021 年 12 月份其他业务的增值税应纳税额为 25 万元。请计算该纳税人增值税应纳税额？应如何申报纳税？（纳税人对出租商铺业务选择简易计税方法计税）

【答案】 2016 年 4 月 30 日前取得，选择简易计税方法，不同地：天津预缴，北京申报。

天津税务部门预缴税款 = 10 ÷（1 +5%）×5% = 0.48（万元）。

北京应纳增值税金额 = 10 ÷（1 +5%）×5%（出租业务）+ 25（其他业务）– 0.48（预缴金额）= 25（万元）。

（四）房地产开发企业销售自行开发的房地产项目增值税税务处理

适用：房企销售自行开发的房地产项目（包括土地开发和房屋开发）（见表 2 – 32）。

表 2 – 32　　　　　　房地产开发企业销售自行开发的房地产项目增值税税务处理

	一般纳税人		小规模纳税人
计税方法	适用一般计税方法	选择简易计税方法（老项目）	简易计税方法（新项目、老项目）
采取预收款方式销售预缴税款	税额 = 预收款 ÷（1 +9%）×3%（预征率）		税额 = 预收款 ÷（1 +5%）×3%（预征率）
申报税款	增值税 = 含税销售额 ÷（1 +9%）×9% – 进项税额 – 预缴税款		增值税 = 含税销售额 ÷（1 +5%）×5% – 预缴税款

	一般纳税人	小规模纳税人
含税销售额的确定	含税销售额＝全部价款和价外费用－当期允许扣除的土地价款	含税销售额＝全部价款和价外费用

表2－32中，当期允许扣除的土地价款按照以下公式计算：

当期允许扣除的土地价款＝（当期销售房地产项目建筑面积÷房地产项目可供销售建筑面积）×支付的土地价款

其中"支付的土地价款"，是指向政府、土地管理部门或受政府委托收取土地价款的单位直接支付的土地价款，包括土地受让人向政府部门支付的征地和拆迁补偿费用、土地前期开发费用和土地出让收益、取得土地时向其他单位或个人支付的拆迁补偿费等。上述允许扣除的土地价款，应当取得省级以上（含省级）财政部门监（印）制的财政票据。

"房地产项目可供销售建筑面积"，指房地产项目可以出售的总建筑面积，不包括销售房地产项目时未单独作价结算的配套公共设施的建筑面积。

【例题2－31·计算题·2020年】某房地产开发公司是增值税一般纳税人，2020年5月，拟对其开发的位于市区的写字楼项目进行土地增值税清算。2020年3月，该项目全部销售完毕，共计取得含税销售收入42 000万元。该公司对项目选择简易计税方法计缴增值税。计算该项目应缴纳的增值税税额。

【答案】应缴纳增值税＝42 000÷（1＋5%）×5%＝2 000（万元）。

考点收纳盒

需要预缴情形和预缴税款的计算见表2－33：

表2－33　　　　　　　　　　需要预缴情形和预缴税款

需要预缴情形	预缴税款的计算
跨县、市提供建筑服务	一般计税方法：（总包款－分包款）÷（1＋9%）×2% 简易计税方法：（总包款－分包款）÷（1＋3%）×3%
房开企业采取预收款方式销售自行开发的房地产	一般计税方法：预收款÷（1＋9%）×3% 简易计税方法：预收款÷（1＋5%）×3%
非房企销售的不动产所在地与机构所在地不一致	一般计税方法：全额或差额÷（1＋5%）×5% 简易计税方法：全额或差额÷（1＋5%）×5%
出租的不动产所在地与机构所在地不一致	一般计税方法：含税销售额÷（1＋9%）×3% 简易计税方法：含税销售额÷（1＋5%）×5%或1.5%

（五）金融机构开展个人实物黄金交易业务增值税计征方法（2022年新增）

（1）对于金融机构从事的实物黄金交易业务，实行金融机构各省级分行和直属一级分行所属地市级分行、支行按照规定的预征率预缴增值税，由省级分行和直属一级分行统一清算缴

纳的办法。

①发生实物黄金交易行为的分理处、储蓄所等应按月计算实物黄金的销售数量、金额，上报其上级支行。

②各支行、分理处、储蓄所应依法向机构所在地主管国家税务局申请办理税务登记。各支行应按月汇总所属分理处、储蓄所上报的实物黄金销售额和本支行的实物黄金销售额，按照规定的预征率计算增值税预征税额，向主管税务机关申报缴纳增值税。

$$预征税额 = 销售额 \times 预征率$$

③各省级分行和直属一级分行应向机构所在地主管国家税务局申请办理税务登记，申请认定增值税一般纳税人资格。按月汇总所属地市分行或支行上报的实物黄金销售额和进项税额，按照一般纳税人方法计算增值税应纳税额，根据已预征税额计算应补税额，向主管税务机关申报缴纳。

$$应纳税额 = 销项税额 - 进项税额$$
$$应补税额 = 应纳税额 - 预征税额$$

当期进项税额大于销项税额的，其留抵税额结转下期抵扣，预征税额大于应纳税额的，在下期增值税应纳税额中抵减。

④从事实物黄金交易业务的各级金融机构取得的进项税额，应当按照现行规定划分不可抵扣的进项税额，作进项税额转出处理。

⑤预征率由各省级分行和直属一级分行所在地省级国家税务局确定。

（2）金融机构所属分行、支行、分理处、储蓄所等销售实物黄金时，应当向购买方开具国家税务总局统一监制的普通发票，不得开具银行自制的金融专业发票，普通发票领购事宜由各分行、支行办理。

（3）金融机构从事经其行业主管部门允许的贵金属交易业务，可比照销售个人实物黄金，实行统一清算缴纳的方法；已认定为增值税一般纳税人的金融机构，可根据《增值税专用发票使用规定》及相关规定领购、使用增值税专用发票。

考点 11 简易计税方法下的应纳税额计算（★★）

（一）适用范围

小规模纳税人。

一般纳税人发生特定的应税销售行为可以选择或必须适用简易计税方法。

（二）计算公式

$$应纳税额 = 销售额（不含增值税）\times 征收率$$

其中：不含税销售额 = 含税销售额 ÷ (1 + 征收率)。

【例题 2-32·单选题】某汽修厂为增值税小规模纳税人，2021 年 5 月取得修理收入为 400 000 元；处置使用过的举升机一台，取得收入 15 000 元。汽修厂 5 月份应缴纳增值税（　　）元（提示：不考虑疫情期间的税收优惠）。

A. 8 347.21　　　　B. 11 941.75　　　　C. 12 071.76　　　　D. 9 010.03

【答案】B

【解析】应纳增值税 = 400 000 ÷ (1 + 3%) × 3% + 15 000 ÷ (1 + 3%) × 2% = 11 941.75（元）。

考点12 进口货物增值税税务处理（★★）

（一）征税范围、纳税人、税率及应纳税额计算（见表2 - 34）

表2 - 34 征税范围、纳税人、税率及应纳税额计算

征税范围	申报进入我国海关境内的货物
纳税人	进口货物的收货人（承受人）或办理报关手续的单位和个人
适用税率	进口环节的"货物"税率同国内"货物"税率（13%、9%），不适用于征收率
应纳税额的计算	按照组成计税价格和规定的税率计算应纳税额。 组成计税价格 = 关税完税价格 + 关税 + 消费税 = （关税完税价格 + 关税）÷ (1 - 消费税税率) = 关税完税价格 × (1 + 关税税率) ÷ (1 - 消费税税率) 应纳税额 = 组成计税价格 × 税率

【提示】

①即使是小规模纳税人、非企业单位和个人，也要按照组成计税价格和适用税率计算应纳税额。

②纳税人进口货物取得的海关进口增值税专用缴款书，是计算增值税进项税额的唯一依据。

③在进口环节的应纳增值税时，不得抵扣任何税额，即发生在我国境外的各种税金。

【例题2 - 33·计算题】某具有进出口经营权的企业，2021年8月从国外进口货物一批，关税完税价格85 500元人民币，增值税税率13%，关税税率为10%，计算进口环节应纳增值税税额。

【答案】进口环节应缴纳增值税 = 85 500 × (1 + 10%) × 13% = 12 226.5（元）。

（二）跨境电子商务零售进口增值税税收政策（见表2 - 35）

表2 - 35 跨境电子商务零售进口增值税税收政策

纳税义务人		购买跨境电子商务零售进口商品的个人
代收代缴义务人		电子商务企业、电子商务交易平台企业或物流企业
计征限额		跨境电子商务零售进口商品的单次交易限值为人民币5 000元，个人年度交易限值为人民币26 000元
税率	限额以内	关税：税率暂设为0。 进口环节增值税、消费税：取消免征税额，暂按法定应纳税额的70%征收
	超过限额	完税价格超过5 000元单次交易限值但低于26 000元年度交易限值，且订单下仅一件商品时，可以自跨境电商零售渠道进口，按照货物税率全额征收关税和进口环节增值税、消费税，交易额计入年度交易额，但年度交易总额超过年度限值的，应按一般贸易管理

考点13 税收优惠（★★★）

（一）《增值税暂行条例》规定的免税项目

（1）农业生产者销售的自产农产品；

农业生产者，包括从事农业生产的单位和个人。农业产品是指种植业、养殖业、林业、牧业、水产业生产的各类植物、动物的初级产品。

①对单位和个人销售的外购农产品，以及单位和个人外购农产品生产、加工后销售的仍属于规定范围的农业产品，不属于免税的范围，正常征税。

②纳税人采取"公司＋农户"经营模式从事畜禽饲养，纳税人收回再销售畜禽，免征增值税。

（2）避孕药品和用具；

（3）古旧图书；

（4）直接用于科学研究、科学试验和教学的进口仪器和设备（注意"直接"）；

（5）外国政府、国际组织无偿援助的进口物资和设备（没有外国公司和外国个人）；

（6）由残疾人的组织直接进口供残疾人专用的物品（注意"组织"）；

（7）销售自己使用过的物品（注意：这里仅指自然人，单位不享受这一优惠）。

（二）财政部、国家税务总局规定的其他免征项目

1. 资源综合利用产品和劳务增值税优惠政策

纳税人申请增值税即征即退政策时，应同时符合下列条件（2022年新增）：

（1）纳税人在境内收购的再生资源，应按规定从销售方取得增值税发票；适用免税政策的，应按规定从销售方取得增值税普通发票。销售方为依法依规无法申领发票的单位或者从事小额零星经营业务的自然人，应取得销售方开具的收款凭证及收购方内部凭证。或者税务机关代开的发票。本款所称小额零星经营业务是指自然人从事应税项目经营业务的销售额不超过增值税按次起征点的业务。

纳税人从境外收购的再生资源，应按规定取得海关进口增值税专用缴款书，或者从销售方取得具有发票性质的收款凭证、相关税费缴纳凭证。

（2）纳税人应建立再生资源收购台账，留存备查。

（3）销售综合利用产品和劳务，不属于国家发展和改革委《产业结构调整指导目录》中的淘汰类、限制类项目。

（4）销售综合利用产品和劳务，不属于生态环境部《环境保护综合名录》中的"高污染、高环境风险"产品或重污染工艺。

（5）综合利用的资源，属于生态环境部《国家危险废物名录》列明的危险废物的，应当取得省级或市级生态环境部门颁发的《危险废物经营许可证》，且许可经营范围包括该危险废物的利用。

（6）纳税信用级别不为C级或D级。

已享受增值税即征即退政策的纳税人，自不符合上述规定的条件以及《目录》规定的技术标准和相关条件的当月起，不再享受本即征即退政策。

（7）纳税人申请享受即征即退政策时，申请退税税款所属期前6个月（含所属期当期）不得发生下列情形：

①因违反生态环境保护的法律法规受到行政处罚（警告、通报批评或单次10万元以下罚款、没收违法所得、没收非法财物除外；单次10万元以下含本数，下同）。

②因违反税收法律法规被税务机关处罚（单次10万元以下罚款除外），或发生骗取出口退税、虚开发票的情形。

已享受增值税即征即退政策的纳税人，出现上述情形的，自处罚决定作出的当月起6个月内不得享受即征即退政策。如纳税人连续12个月内发生两次以上上述情形，自第二次处罚决定作出的当月起36个月内不得享受即征即退政策。相关处罚决定被依法撤销、变更、确认违法或者确认无效的，符合条件的纳税人可以重新申请办理退税事宜。

2. 免征蔬菜流通环节的增值税

（1）对从事蔬菜批发、零售的纳税人销售的蔬菜免征增值税。

（2）纳税人既销售蔬菜又销售其他增值税应税货物的，应分别核算蔬菜和其他增值税应税货物的销售额；未分别核算的，**不得享受蔬菜增值税免税政策**。

（3）蔬菜经处理、装罐、密封、杀菌或无菌包装而制成的各种蔬菜罐头不享受免征增值税税收优惠。

3. 小规模纳税人的税收优惠（2022年调整）

小规模纳税人发生增值税应税销售行为，合计月销售额不超过15万元（以1个季度为纳税期的，季度销售额未超过45万元），其销售货物、劳务、服务、无形资产取得的销售额，免征增值税。

（1）小规模纳税人月销售额超过15万元，但扣除本期发生的销售不动产的销售额后未超过15万元的，其销售货物、劳务、服务、无形资产取得的销售额免征增值税；

（2）适用增值税差额征税政策的小规模纳税人，以差额后的销售额确定是否可以享受上述规定的免征增值税政策。

4. 其他

（1）其他个人采取一次性收取租金形式出租不动产取得的租金收入，可在租赁期内平均分摊，分摊后月租金收入未超过15万元的，免征增值税。

（2）社会团体收取的会费，免征增值税。

（3）自2019年1月1日起至2022年12月31日，对单位或者个体工商户将自产、委托加工或购买的货物通过公益性社会组织、县级及以上人民政府及其组成部门和直属机构，或直接无偿捐赠给目标脱贫地区的单位和个人，免征增值税。

（4）自2019年6月1日起至2025年12月31日为社区提供养老、托育、家政等服务的机构，提供社区养老、托育、家政服务取得的收入免征增值税。

（三）"营改增"规定的税收优惠政策（见表2-36）

表2-36　　　　　　　　　"营改增"规定的税收优惠政策

民生相关（老幼病残死结婚教育）	①养老机构提供的养老服务； ②托儿所、幼儿园提供的保育和教育服务； ③医疗机构提供的医疗服务； ④残疾人福利机构提供的育养服务、**残疾人员本人为社会提供的服务**； ⑤殡葬服务； ⑥婚姻介绍服务；

续表

民生相关 （老幼病残死 结婚教育）	⑦从事学历教育的学校提供的教育服务（不包括职业培训机构）； ⑧政府举办的从事学历教育的高等、中等和初等学校（不含下属单位），举办进修班、培训班取得的全部归该学校所有的收入； ⑨政府举办的职业学校设立的主要为在校学生提供实习场所，并由学校出资自办、由学校负责经营管理、经营收入归学校所有的企业，从事"现代服务"（不含融资租赁服务、广告服务和其他现代服务）、"生活服务"（不含文化体育服务、其他生活服务和桑拿、氧吧）业务活动取得的收入； ⑩境外教育机构与境内从事学历教育的学校开展中外合作办学，提供学历教育服务取得的收入免征增值税
宗教文化体育	①纪念馆、博物馆、文化馆、文物保护单位管理机构、美术馆、展览馆、书画院、图书馆在自己的场所提供文化体育服务取得的**第一道门票收入**； ②寺院、宫观、清真寺和教堂举办文化、宗教活动的门票收入； ③福利彩票、体育彩票的发行收入
个人提供服务	①学生勤工俭学提供的服务； ②家政服务企业由员工制家政服务员提供家政服务取得的收入； ③个人转让著作权
利息收入	①国家助学贷款； ②国债、地方政府债； ③中国人民银行对金融机构的贷款； ④住房公积金管理中心用住房公积金在指定的委托银行发放的个人住房贷款； ⑤外汇管理部门在从事国家外汇储备经营过程中，委托金融机构发放的外汇贷款； ⑥金融同业往来利息收入； ⑦统借统还业务中，企业集团或企业集团中的核心企业以及集团所属财务公司按不高于支付给金融机构的借款利率水平或者支付的债券票面利率水平，向企业集团或者集团内下属单位收取的利息，统借方向资金使用单位收取的利息，高于支付给金融机构借款利率水平或者支付的债券票面利率水平的，应全额缴纳增值税
金融商品转让	①香港市场投资者（包括单位和个人）通过沪港通和深港通买卖上海证券交易所和深圳证券交易所上市A股；内地投资者（包括单位和个人）通过沪港通买卖香港联交所上市股票； ②对香港市场投资者通过基金互认买卖内地基金份额； ③证券投资基金管理人运用基金买卖股票、债券； ④个人从事金融商品转让业务； ⑤对社保基金会、社保基金投资管理人在运用社保基金投资过程中，提供贷款服务取得的全部利息及利息性质的收入和金融商品转让收入
保险	①保险公司开办的一年期以上人身保险产品取得的保费收入； ②再保险服务； ③国际航运保险业务
担保	符合条件的担保机构从事中小企业信用担保或者再担保业务取得的收入3年内免征增值税
国家财政	①行政单位之外的其他单位收取的符合规定条件的政府性基金和行政事业性收费； ②国家商品储备管理单位及其直属企业承担商品储备任务，从中央或者地方财政取得的利息补贴收入和价差补贴收入； ③纳税人取得的财政补贴收入，与其销售货物、劳务、服务、无形资产、不动产的**收入或者数量直接挂钩**的，应按规定计算缴纳增值税。纳税人取得的其他情形的财政补贴收入，不属于增值税应税收入，不征收增值税； ④各党派、共青团、工会、妇联、中科协、青联、台联、侨联收取党费、团费、会费，以及政府间国际组织收取会费，属于非经营性活动，不征收增值税

续表

军队相关	军队空余房产租赁收入
科技、农业相关	①农业机耕、排灌、病虫害防治、植物保护、农牧保险以及相关技术培训业务，家禽、牲畜、水生动物的配种和疾病防治； ②将土地使用权转让给农业生产者用于农业生产； ③纳税人提供技术转让、技术开发和与之相关的技术咨询、技术服务
运输、邮政	①纳税人提供的直接或间接国际货物运输代理服务； ②中国邮政集团公司及其所属邮政企业提供的邮政普遍服务和邮政特殊服务； ③中国邮政集团公司及其所属邮政企业为金融机构代办金融保险业务取得的代理收入
土地、不动产相关	①个人销售自建自用住房； ②土地所有者出让土地使用权和土地使用者将土地使用权归还给土地所有者； ③涉及家庭财产分割的个人无偿转让不动产、土地使用权，包括： a. 离婚财产分割； b. 无偿赠与配偶、父母、子女、祖父母、外祖父母、孙子女、外孙子女、兄弟姐妹；无偿赠与对其承担直接抚养或者赡养义务的抚养人或者赡养人； c. 房屋产权所有人死亡，法定继承人、遗嘱继承人或受遗赠人依法取得房屋产权

【例题 2-34·多选题·2015 年】下列行为免征增值税的有（　　　）。

A. 个人转让著作权

B. 残疾人个人提供应税服务

C. 福利彩票的发行收入

D. 会计师事务所提供管理咨询服务

【答案】ABC

【解析】选项 D，按照现代服务缴纳增值税。

（四）增值税即征即退项目（见表 2-37）

表 2-37　　　　　　　　　　　　　增值税即征即退项目

软件产品	增值税一般纳税人销售自行开发生产的软件产品，按 13% 税率征收增值税后，对其增值税实际税负超过 3% 的部分实行即征即退（包括将进口软件产品进行本地化改造后对外销售）
管道运输	一般纳税人提供管道运输服务，对其增值税实际税负超过 3% 的部分实行增值税即征即退

【例题 2-35·计算题】某软件开发企业为增值税一般纳税人，2021 年 9 月销售自产软件产品取得不含税收入 300 万元，购进办公用品，取得增值税专用发票，注明金额 152.94 万元，本月领用其中 40%，该软件开发企业当月实际缴纳的增值税为多少？

【答案】9 万元。

【解析】

①应纳的增值税 $=300 \times 13\% - 152.94 \times 13\% = 19.12$（万元）。

②实际税负的 3% $=300 \times 3\% = 9$（万元），超过 9 万元的部分即征即退，所以实际缴纳 9 万元，需要退税 10.12 万元（19.12 -9）。

考点 14　出口和跨境业务增值税的退（免）税和征税（★★）

（一）出口货物、劳务和跨境应税行为增值税退（免）税基本政策（见表 2 – 38）

表 2 – 38　　　出口货物、劳务和跨境应税行为增值税退（免）税基本政策

政策类型		含义
①退（免）税	出口免税并退税（零税率）	免销项税额、退进项税额
②免税	出口免税不退税	免销项税额、不退进项税额
③征税	出口不免税也不退税	视同内销货物征税

（二）出口货物、劳务和跨境应税行为增值税退（免）税政策

1. 适用增值税退（免）税政策的范围（见表 2 – 39）

表 2 – 39　　　　　　适用增值税退（免）税政策的范围

出口企业出口货物	出口企业，是指依法办理工商登记、税务登记、对外贸易经营者备案登记，自营或委托出口货物的单位或个体工商户，以及依法办理工商登记、税务登记但未办理对外贸易经营者备案登记，委托出口货物的生产企业
生产企业或其他单位视同出口的货物范围	①出口企业对外援助、对外承包、境外投资的出口货物； ②出口企业经海关报关进入国家批准的出口加工区、保税物流园区、保税港区、综合保税区、珠澳跨境工业区（珠海园区）（以下统称特殊区域）等特殊区域并销售给特殊区域内单位或境外单位、个人的货物； ③免税品经营企业销售的货物，比如免税店等； ④出口企业或其他单位销售给用于国际金融组织或外国政府贷款国际招标建设项目的中标机电产品； ⑤出口企业或其他单位销售给国际运输企业用于国际运输工具上的货物； ⑥出口企业或其他单位销售给特殊区域内生产企业耗用且不向海关报关而输入特殊区域的水（包括蒸汽）、电力、燃气等
生产企业视同出口自产货物的条件	持续经营以来从未发生骗取出口退税、虚开增值税专用发票或农产品收购发票、接受虚开增值税专用发票（善意取得虚开增值税专用发票除外）行为且同时符合下列条件的生产企业出口的外购货物，可视同自产货物适用增值税退免税政策： ①已取得增值税一般纳税人资格； ②已持续经营 2 年及 2 年以上； ③纳税信用等级 A 级； ④上一年度销售额 5 亿元以上； ⑤外购出口的货物与本企业自产货物同类型或具有相关性
出口企业对外提供加工修理修配劳务	对外提供加工修理修配劳务，是指对进境复出口货物或从事国际运输的运输工具进行的加工修理修配

2. 增值税退（免）税办法（见表2－40）

表2－40　　　　　　　　增值税退（免）税办法

退（免）税办法	适用企业和情况		基本政策规定
	企业类型	具体情况	
免抵退税	生产企业	①出口自产货物和视同自产货物及对外提供加工修理修配劳务；②列名生产企业出口非自产货物	免征增值税，相应的进项税额抵减应纳增值税税额（不包括适用增值税即征即退、先征后退政策的应纳增值税税额），未抵减完的部分予以退还
免退税	外贸企业或其他单位	①不具有生产能力的出口企业（以下称外贸企业）或其他单位出口货物、劳务；②外贸企业外购服务或者无形资产出口；③外贸企业外购研发服务和设计服务	免征增值税，相应的进项税额予以退还

　　境内的单位和个人提供适用增值税零税率应税服务的，可以放弃适用增值税零税率，选择免税或按规定缴纳增值税。放弃适用增值税零税率后，36个月不得再申请适用增值税零税率。

3. 出口退税率

　　我国增值税出口退税率分为13%、10%、9%、6%和零税率。

　　一般情况下，出口货物的退税率为其适用税率，如13%、9%。

4. 增值税"免、抵、退"税和免退税的计算

（1）生产企业出口货物、劳务、服务和无形资产的增值税免抵退税的计算方法。

　　我们还是按照前面的那幅图来分析一下：

　　首先，我们要明白按照"免、抵、退"税计算退税额，退税率和国内增值税的征收率有差额（见图2－11、图2－12、图2－13）。

图2－11　计算方法示意图

图2－12　计算方法示意图

Step 01

当期应纳税额=当期销项税额−（当期进项税额−当期不得免征和抵扣的税额）

当期不得免征和抵扣税额=（当期外销额FOB−当期免税购进原材料价格）×（征税率−退税率）

Step 02

（最高限额）当期免抵退税额=（当期出口货物离岸价格×外汇人民币牌价−当期免税购进原材料价格）×出口货物退税率

Step 03

①当期期末留抵税额（即当期应纳税额为负数的金额）≤当期免抵退税额时

当期应退税额=当期期末留抵税额

当期免抵税额=当期免抵退税额−当期应退税额

②当期期末留抵税额＞当期免抵退税额时

当期应退税额=当期免抵退税额

当期免抵税额=0

图2−13 计算方法示意图

【例题2−36·计算题】某自营出口的生产企业为增值税一般纳税人，出口货物的征税税率为13%，退税税率为10%，2019年5月的有关经营业务为：购进原材料一批，取得的增值税专用发票注明的价款200万元，外购货物准予抵扣的进项税额26万元通过认证。上月末留抵税款3万元，本月内销货物不含税销售额100万元，收款113万元存入银行，本月出口货物的销售额折合人民币200万元。试计算该企业当期的"免、抵、退"税额。

【答案】

①当期"免、抵、退"税不得免征和抵扣税额=200×（13%−10%）=6（万元）。

②当期应纳税额=100×13%−（26−6）−3=−10（万元）。

③出口货物"免、抵、退"税额=200×10%=20（万元）。

④当期期末留抵税额≤当期"免、抵、退"税额时：当期应退税额=当期期末留抵税额

即该企业当期应退税额=10万元。

⑤当期免抵税额=当期"免、抵、退"税额−当期应退税额

当期免抵税额=20−10=10（万元）。

【例题2−37·计算题】某自营出口的生产企业为增值税一般纳税人，出口货物的征税税率为13%，退税税率为10%。2019年7月有关经营业务为：购原材料一批，取得的增值税专用发票注明的价款400万元，外购货物准予抵扣的进项税额52万元通过认证。上期期末留抵税款5万元。本月内销货物不含税销售额100万元，收款113万元存入银行。本月出口货物的销售额折合人民币200万元。试计算该企业当期的"免、抵、退"税额。

【答案】

①当期"免、抵、退"税不得免征和抵扣税额=200×（13%−10%）=6（万元）。

②当期应纳税额=100×13%−（52−6）−5=13−46−5=−38（万元）。

③出口货物"免、抵、退"税额=200×10%=20（万元）。

④当期应退税额=20万元。

⑤当期免抵税额 = 20 - 20 = 0（万元）。

⑥6 月期末留抵结转下期继续抵扣税额 = 18（38 - 20）万元。

（2）外贸企业出口货物、劳务和应税行为增值税免、退税的计算方法（免、退）。

商贸企业采取的"免、退"政策，就比较简单，还是先看图 2 - 14：

货价：100万元　税：13万元　A　→　货价：200万元　税：26万元　B　→　出口　C　→　国外

图 2 - 14　商贸企业退税

从图 2 - 14 中可以看出商贸企业的退税非常简单，直接是"购买价格 × 税率"即可以求出退税额。在图 2 - 14 中的 C 企业就是退还 26 万元即可。

$$增值税应退税额 = 增值税退（免）税计税依据 × 出口货物退税率$$

【例题 2 - 38 · 计算题】某进出口公司 2019 年 6 月购进牛仔布委托加工成服装出口，取得牛仔布增值税发票一张，注明计税金额 10 000 元；取得服装加工费计税金额 2 000 元，受托方将原材料成本并入加工修理修配劳务费用并开具了增值税专用发票。假设增值税出口退税率为 13%。计算当期应退的增值税税额。

【答案】应退增值税 = （10 000 + 2 000）× 13% = 1 560（元）。

（三）出口货物、劳务和跨境应税行为增值税免税政策

1. 出口企业或其他单位出口规定的货物

（1）增值税小规模纳税人出口的货物；

（2）避孕药品和用具；

（3）古旧图书；

（4）软件产品；

（5）含黄金、铂金成分的货物，钻石及其饰品；

（6）国家计划内出口的卷烟；

（7）以旅游购物贸易方式报关出口的货物；

（8）非出口企业委托出口的货物；

（9）农业生产者自产农产品（免税）；

（10）来料加工复出口的货物；

（11）特殊区域内的企业出口的特殊区域内的货物；

（12）以人民币现金作为结算方式的边境地区出口企业从所在省（自治区）的边境口岸出口到接壤国家的一般贸易和边境小额贸易出口货物。

2. 境内的单位和个人提供的下列跨境应税服务免征增值税

（1）工程项目在境外的建筑服务和工程监理服务；

（2）工程、矿产资源在境外的工程勘察勘探服务；

（3）会议展览地点在境外的会议展览服务；

（4）存储地点在境外的仓储服务；

（5）标的物在境外使用的有形动产租赁服务；

（6）为出口货物提供的邮政服务、收派服务、保险服务；

（7）在境外提供的广播影视节目（作品）的播映服务；

（8）在境外提供的文化体育服务、教育医疗服务、旅游服务；

（9）向境外单位销售的广告投放地在境外的广告服务；

（10）向境外单位提供或销售的完全在境外消费的下列应税服务：电信服务、知识产权服务、物流辅助服务（仓储服务、收派服务除外）、鉴证咨询服务、专业技术服务、商务辅助服务、无形资产（技术除外）；

（11）为境外单位之间的货币资金融通及其他金融业务提供的直接收费金融服务，且该服务与境内的货物、无形资产和不动产无关；

（12）属于以下情形的国际运输服务：

①以无运输工具承运方式提供的国际运输服务；

②以水路、公路、航空运输方式提供国际运输服务但未取得相关许可证的；

纳税人发生跨境应税行为免征增值税的，应单独核算跨境应税行为的销售额，准确计算不得抵扣的进项税额，其免税收入不得开具增值税专用发票。

【提示】跨境销售服务免税和跨境销售服务适用零税率的区别，做题时一定要遵照原文，切记不可想当然进行选择。

（四）外国驻华使（领）馆及其馆员在华购买货物和服务增值税退税管理（见表2-41）

表2-41　　外国驻华使（领）馆及其馆员在华购买货物和服务增值税退税管理

适用对象	外国驻华使（领）馆的外交代表（领事官员）及行政技术人员（除中国公民或者在中国永久居留的人员）
适用范围	实行增值税退税政策的货物与服务范围，包括按规定征收增值税、属于合理自用范围内的生活办公类货物和服务（含修理修配劳务，下同）
不适用情形	①购买非合理自用范围内的生活办公类货物和服务； ②购买货物单张发票销售金额（含税价格）不足800元人民币（自来水、电、燃气、暖气、汽油、柴油除外），购买服务单张发票销售金额（含税价格）不足300元人民币； ③个人购买货物和服务（除车辆和房租外），每人每年申报退税的销售金额（含税价格）超过18万元人民币的部分； ④增值税免税货物和服务
退税计算	申报退税的应退税额，为增值税发票上注明的税额。 增值税发票上未注明税额的，按下列公式计算应退税额： 应退税额＝发票金额（含增值税）÷（1＋增值税适用税率）×增值税适用税率

（五）境外旅客购物离境退税政策（见表2-42）

表2-42　　　　境外旅客购物离境退税政策

退税政策	离境退税政策是指境外旅客在离境口岸离境时，对其在退税商店购买的退税物品退还增值税的政策
适用主体	境外旅客：指在我国境内连续居住不超过183天的外国人和港澳台同胞

续表

退税物品	是指由境外旅客本人在退税商店购买且符合退税条件的个人物品，但不包括禁止、限制出境物品和退税商店销售的适用增值税免税政策的物品等
退税条件（同时符合）	①同一境外旅客同一日在同一退税商店购买的退税物品金额达到 500 元人民币； ②退税物品尚未启用或消费； ③离境日距退税物品购买日不超过 90 天； ④所购退税物品由境外旅客本人随身携带或随行托运出境
退税率	①适用税率为 13% 的退税物品，退税率为 11%； ②适用税率为 9% 的退税物品，退税率为 8%
退税计算	应退增值税税额 = 退税物品销售发票金额（含税金额）× 退税率
退税方式	退税方式有两种：现金退税和银行转账退税； 未超过 10 000 元：自行选择退税方式； 超过 10 000 元：银行转账退税

考点15　征收管理（★★）

（一）纳税义务发生时间（见表 2-43）

表 2-43　　　　　　　　　　　纳税义务发生时间

	项目	纳税义务发生时间
一般规定	发生应税销售行为	为收讫销售款或取得索取销售款凭据的当天；先开具发票的，为开具发票的当天
	进口货物	为报关进口的当天
	代扣代缴	为纳税人增值税纳税义务发生的当天
具体规定	直接收款方式	不论货物是否发出，均为收到销售款或者取得索取销售款凭据的当天
	托收承付和委托银行收款方式	发出货物并办妥托收手续的当天
	赊销和分期收款方式	书面合同约定的收款日期的当天，无书面合同的或者书面合同没有约定收款日期的，为货物发出的当天
	预收货款方式（货物）	①货物发出的当天； ②生产销售生产工期超过 12 个月的大型机械设备、船舶、飞机等货物，为收到预收款或者书面合同约定的收款日期的当天
	委托其他纳税人代销	①收到代销单位的代销清单或者收到全部或者部分货款的当天； ②未收到代销清单及货款的，为发出代销货物满 180 天的当天
	销售劳务	提供劳务同时收讫销售款或者取得索取销售款的凭据的当天
	视同销售货物行为（代销业务除外）	移送的当天

续表

项目		纳税义务发生时间
具体规定	提供租赁服务采取预收款方式	收到预收款的当天
	从事金融商品转让	金融商品所有权转移的当天
	视同销售服务、无形资产或不动产	服务、无形资产、不动产转让完成的当天或者不动产权属变更的当天

（二）纳税期限

增值税的纳税期限分别为 1 日、3 日、5 日、10 日、15 日、1 个月或者 1 个季度。纳税人的具体纳税期限，由主管税务机关根据纳税人应纳税额的大小分别核定。不能按照固定期限纳税的，可以按次纳税。

纳税人以 1 个月或者 1 个季度为 1 个纳税期的，自期满之日起 15 日内申报纳税；以 1 日、3 日、5 日、10 日或者 15 日为 1 个纳税期的，自期满之日起 5 日内预缴税款，于次月 1 日起 15 日内申报纳税并结清上月应纳税款。

扣缴义务人解缴税款的期限，依照前两款规定执行。

以 1 个季度为纳税期限的规定仅适用于以下情况：

（1）小规模纳税人；

（2）银行、财务公司、信托投资公司、信用社；

（3）财政部、国家税务总局规定的其他纳税人。

进口货物，应当自海关填发进口增值税专用缴款书之日起 15 日内缴纳税款。

（三）纳税地点（见表 2 -44）

表 2 -44 纳税地点

纳税人		纳税地点
固定业户	一般情况	机构所在地
	总分机构不在同一县（市）	分别向各自所在地申报纳税，但在同一省（区、市）范围内的，经审批同意，可以由总机构汇总向总机构所在地申报纳税
	到外县（市）经营	①向其机构所在地报告外出经营事项，并向其机构所在地申报纳税；②未报告的，应当向销售地或者劳务发生地申报纳税；③仍未申报纳税的，由其机构所在地补征税款
非固定业户		①向销售地或者劳务发生地申报纳税；②未申报纳税的，由其机构所在地或者居住地补征税款
进口货物		报关地海关
扣缴义务人		其机构所在地或者居住地

【例题 2 - 39 · 单选题】下列关于增值税纳税地点的表述，错误的是（　　）。

A. 固定业户销售应税服务，应当向其机构所在地的主管税务机关申报纳税

B. 扣缴义务人应当向其机构所在地或者居住地的主管税务机关申报缴纳其扣缴的税款

C. 固定业户提供应税行为，总机构和分支机构不在同一县（市）的，应当由总机构汇总向总机构所在地主管税务机关申报纳税

D. 进口货物，应当向报关地海关申报纳税

【答案】C

【解析】总机构和分支机构不在同一县（市）的，应当分别向各自所在地的主管税务机关申报纳税；经批准，可以由总机构汇总向总机构所在地的主管税务机关申报纳税。

考点 16　增值税专用发票开具范围（★）

（1）一般纳税人发生应税销售行为，应向购买方开具专用发票。

（2）商业企业一般纳税人零售的烟、酒、食品、服装、鞋帽（不包括劳保专用部分）、化妆品等消费品不得开具专用发票。

（3）增值税小规模纳税人需要开具专用发票的，可向主管税务机关申请代开。

（4）销售免税货物不得开具专用发票，法律、法规及国家税务总局另有规定的除外。

恭喜你，
已完成第二章的学习

扫码免费进 >>>
2022年CPA带学群

很多人一辈子总是在等，等将来，等不忙，等下次，等有时间，等有条件，等有钱了。可是后来，等没了选择，等来了遗憾。愿你不再等待。

第三章　消费税法

考情雷达

　　本章是税法考试的重点章节，整体难度略低于增值税，考试题型涉及客观题，计算问答题，历年题目比较套路化，总体分值大概是在 10 分左右。

　　2022 年变化情况：本章无实质性变化。

考点地图

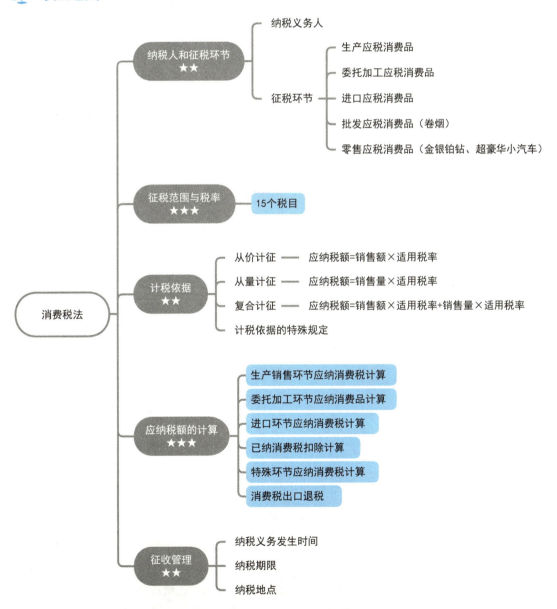

消费税法
- 纳税人和征税环节 ★★
  - 纳税义务人
  - 征税环节
    - 生产应税消费品
    - 委托加工应税消费品
    - 进口应税消费品
    - 批发应税消费品（卷烟）
    - 零售应税消费品（金银铂钻、超豪华小汽车）
- 征税范围与税率 ★★★
  - 15个税目
- 计税依据 ★★
  - 从价计征 —— 应纳税额=销售额×适用税率
  - 从量计征 —— 应纳税额=销售量×适用税率
  - 复合计征 —— 应纳税额=销售额×适用税率+销售量×适用税率
  - 计税依据的特殊规定
- 应纳税额的计算 ★★★
  - 生产销售环节应纳消费税计算
  - 委托加工环节应纳消费品计算
  - 进口环节应纳消费税计算
  - 已纳消费税扣除计算
  - 特殊环节应纳消费税计算
  - 消费税出口退税
- 征收管理 ★★
  - 纳税义务发生时间
  - 纳税期限
  - 纳税地点

【消费税预备知识】

一句话说消费税：为了调节消费和保护环境对某些高消费产品或污染环境的商品额外征收的一道税（见表3－1）。

表3－1　　　　　　　　　　　　消费税预备知识

消费税特点	①征税范围具有选择性——15个税目；②一般情况下，征税环节具有单一性——生产、委托加工、进口环节征收，但有特殊零售环节和批发环节；③平均税率水平比较高且税负差异大；④计税方法具有灵活性	
消费税与增值税的关系	区别	①征收范围不同；②两税与价格的关系不同；③纳税环节不同；④计税方法不同
	联系（交叉关系）	①两税都对货物征收；②两税在特定环节同时缴纳；③对于从价定率征收消费税的应税消费品，同时征收消费税和增值税，两税的计税依据一致

考点1　纳税人和征税环节（★★）

（一）纳税义务人

中华人民共和国境内生产、委托加工和进口应税消费品的单位和个人，以及国务院确定的销售《消费税暂行条例》规定的应税消费品的其他单位和个人，为消费税的纳税义务人。

（二）征税环节（见图3－1）

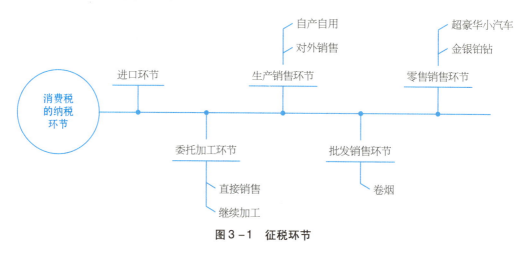

图3－1　征税环节

1. 生产应税消费品

生产应税消费品销售是消费税征收的主要环节，因为一般情况下，消费税具有**单一环节**征税的特点，对于大多数消费税应税消费品，在生产环节征税后，流通环节不用再缴纳消费税（见表3－2）。

表 3-2　　　　　　　　　　　生产应税消费品

情形	是否缴纳税款	
生产	销售时缴纳	
自产自用	用于连续生产应税消费品	不缴纳
	用于连续生产非应税消费品	移送时征收消费税
	用于在建工程、管理部门、非生产机构、提供劳务、馈赠、赞助、集资、广告、样品、职工福利、奖励等方面	

2. 委托加工应税消费品

委托加工是指委托方提供原料和主要材料，受托方只收取加工费和代垫部分辅助材料加工的应税消费品。

【提示】这里所说的委托加工一定是委托方自己提供原料和主要材料，受托方只收取加工费和代垫部分辅助材料，否则就不是委托加工，而是生产应税消费品。

比如，受托方提供原材料生产、受托方将原材料卖给委托方再接受加工、受托方以委托方名义购进原材料生产，这些都不属于委托加工。

3. 进口应税消费品

单位和个人进口属于消费税征税范围的货物，在进口环节要缴纳消费税。该环节的消费税由海关代征。

4. 批发应税消费品（卷烟）

（1）卷烟在批发环节加征一道消费税，消费税税率统一为 11% 加 0.005 元/支（250 元/标准箱、1 元/标准条）。

（2）烟草批发企业之间销售的，不缴纳消费税。

（3）批发企业在计算应纳税额时不得扣除已含的生产环节的消费税税款。

（4）纳税人兼营卷烟批发和零售业务的，应当分别核算批发和零售环节的销售额、销售数量；未分别核算的，按照全部销售额、销售数量计征批发环节消费税。

5. 零售应税消费品（金银铂钻、超豪华小汽车）

（1）零售金银首饰（适用的税率 5%）。

在零售环节征收消费税的金银首饰（以下简称"金银铂钻"）包括：

①金基、银基合金首饰以及金、银和金基、银基合金的镶嵌首饰；

②钻石及钻石饰品；

③铂金首饰。

（2）零售超豪华小汽车（税率 10%）。

超豪华小汽车，在生产（进口）环节征收消费税基础上，在零售环节加征消费税。将超豪华小汽车销售给消费者的单位和个人为超豪华小汽车零售环节纳税人。

▶ 📧 考点收纳盒

1. 纳税环节角度（见表 3-3）

表3-3 纳税环节角度

纳税环节	具体内容	纳税人
生产环节	生产环节	生产者
	委托加工环节	委托方
进口环节	境外→境内	进口的单位/个人
批发环节	批发商→零售商	卷烟批发商
零售环节	金银铂钻	零售商
	超豪华小汽车	零售商

2. 纳税次数角度（见表3-4）

表3-4 纳税次数角度

纳税次数	应税消费品	纳税环节
单环节纳税	金银铂钻	零售环节
	一般消费品	生产/委托加工/进口环节，其他环节不纳税
双环节纳税	卷烟	生产/委托加工/进口环节＋批发环节
	超豪华小汽车	生产/委托加工/进口环节＋零售环节

【例题3-1·单选题·2018年】下列应税消费品中，除在生产销售环节征收消费税外，还应在批发环节征收消费税的是（　　）。

A. 卷烟
B. 超豪华小汽车
C. 高档手表
D. 高档化妆品

【答案】A

【解析】选项A正确，卷烟双环节纳税，为生产/委托加工/进口环节和批发环节。选项B错误，超豪华小汽车双环节纳税，为生产/委托加工/进口环节和零售环节。选项CD错误，均为单环节纳税，在生产/委托加工/进口环节。

考点2　征税范围与税率（★★★）

学习本节你需要注意：

（1）消费税共有15个税目，准确区分15种税目。

（2）注意个别税目的特殊规定，注重记忆不属于消费税征税范围的项目列举。

（3）税率基本不用记忆，题目都会给，但需要大家知道哪些是从价计征、哪些是从量计征、哪些是复合计征（见表3-5）。

表 3-5　　　　　　　　　　　　　　税目及税率表

税目				税率
烟	卷烟	甲类卷烟，每条不含增值税≥70 元	批发环节加征 11% +0.005 元/支	56% +0.003 元/支
		乙类卷烟，每条不含增值税 <70 元		36% +0.003 元/支
	雪茄烟			36%
	烟丝			30%
酒	白酒			20% +0.5 元/500 克（或者 500 毫升）
	啤酒（含果啤）	甲类，每吨出厂价（含包装物及包装物押金）不含增值税≥3 000 元		250 元/吨
		乙类，每吨出厂价（含包装物及包装物押金）不含增值税 <3 000 元。【提示】饮食业、商业、娱乐业举办的啤酒屋（啤酒坊）利用啤酒生产设备生产的啤酒，也按此税目征收消费税		220 元/吨
	黄酒			240 元/吨
	其他酒（调味料酒不征收）（葡萄酒属于此类）			10%
高档化妆品	①包括高档美容、修饰类化妆品、高档护肤类化妆品和成套化妆品；②高档美容、修饰类化妆品和高档护肤类化妆品指生产（进口）环节销售（完税）价格（不含增值税）在 10 元/毫升（克）或 15 元/片（张）及以上的美容、修饰类化妆品和护肤类化妆品；③舞台、戏剧、影视演员化妆用的上妆油、卸妆油、油彩，不属于本税目的征收范围			15%
贵重首饰及珠宝玉石	金银首饰、铂金首饰、钻石及钻石饰品（如黄金项链、钻戒）			零售环节 5%
	①其他贵重首饰和珠宝玉石（如珍珠、碧玺、琥珀、珊瑚等）；②宝石坯是经采掘、打磨、初级加工的珠宝玉石半成品，对宝石坯应按规定征收消费税			生产环节 10%
鞭炮、焰火	体育上用的发令纸、鞭炮药引线，不征收消费税			15%
成品油	包括汽油、柴油、石脑油、溶剂油、航空煤油、润滑油、燃料油（航空煤油暂缓征收）			题目告知（从量）
摩托车	气缸容量 250 毫升（不含）以下的小排量摩托车不征收消费税			题目告知
小汽车	乘用车	包含驾驶员，≤9 个座位		题目告知（从价）
	中轻型商用客车	包含驾驶员，10≤N≤23 个座位		5%
	超豪华小汽车	每辆售价≥130 万元（不含增值税）的乘用车和中轻型商用客车		10%（零售环节加征）
	①不包括大型商用客车、大货车、大卡车；②电动汽车、沙滩车、雪地车、卡丁车、高尔夫球车不征收消费税			—

续表

税目		税率
高尔夫球及球具	包括高尔夫球、高尔夫球杆及高尔夫球包（袋）、高尔夫球杆的杆头、杆身和握把	10%
高档手表	销售价格（不含增值税）每只≥10 000 元的各类手表	20%
游艇	长度大于 8 米（含）小于 90 米（含）	10%
木制一次性筷子	包括各种规格的木制一次性筷子和未经打磨、倒角的木制一次性筷子	5%
实木地板	①实木地板、实木指接地板、实木复合地板和实木装饰板；②未涂饰地板（白坯板、素板）和漆饰地板	5%
电池	包括原电池、蓄电池、燃料电池、太阳能电池和其他电池	4%
涂料	对施工状态下挥发性有机物含量低于 420 克/升（含）的涂料免征消费税	4%

记忆口诀

男人：烟酒车油高尔夫

女人：首饰珠宝化妆品

恋爱：烟花游轮送手表

结婚：筷子地板电涂料

【提示】

①不同种类卷烟支、条、箱的定额税率（见表 3 - 6）。

表 3 - 6　　　　　　　　不同种类卷烟支、条、箱的定额税率

税目	比例税率	定额税率		
		每支	每标准条（每条 200 支）	每箱（每箱 250 条）
甲类卷烟	56%	0.003 元/支	0.6 元/条	150 元/箱
乙类卷烟	36%	0.003 元/支	0.6 元/条	150 元/箱
批发环节	11%	0.005 元/支	1 元/条	250 元/箱

②白酒同时采用复合计税方法。白酒的比例税率为 20%，定额税率需要掌握计量单位之间的换算（见表 3 - 7）。

表 3 - 7　　　　　　　　白酒同时采用复合计税方法

计量单位	500 克或 500 毫升	1 千克（1 000 克）	1 吨（1 000 千克）
单位税额	0.5 元	1 元	1 000 元

【例题 3-2·单选题·2020 年】下列产品中，属于消费税征税范围的是（　　）。

A. 卡丁车 　　　　　　　　　　 B. 铅蓄电池

C. 医用酒精 　　　　　　　　　 D. 电动汽车

【答案】B

【解析】卡丁车、医用酒精、电动汽车不属于消费税征税范围。

【例题 3-3·多选题·2019 年】下列商品属于消费税征收范围的是（　　）。

A. 高尔夫车 　　　　　　　　　 B. 橡胶填充油

C. 溶剂油原料 　　　　　　　　 D. 鞭炮药引线

【答案】BC

【解析】溶剂油属于成品油，是消费税的征税范围。橡胶填充油、溶剂油原料属于溶剂油征收范围。

考点 3　计税依据（★★）

（一）从价计征

销售额为纳税人销售应税消费品向购买方收取的**全部价款和价外费用（具体规定同增值税）**。

应税消费品的计税依据＝含增值税的销售额÷(1＋增值税税率或征收率)

【提示】

①白酒生产企业向商业销售单位收取的品牌使用费，应并入白酒的销售额中缴纳消费税。

②对于从价定率计征的应税消费品连同包装销售的，不论包装物是否单独计价，均应计入应税消费品的销售额中征收消费税。

▶ 💬 考点收纳盒

包装物押金的处理见表 3-8：

表 3-8　　　　　　　　　　　　　　　包装物押金的处理

押金种类	收取时，未逾期	逾期时
一般应税消费品的包装物押金	不缴增值税，不缴消费税	缴纳增值税，缴纳消费税（押金需换算为不含税价）
酒类产品包装物押金（除啤酒、黄酒外）	缴纳增值税、消费税（押金需换算为不含税价）	不再缴纳增值税、消费税
啤酒、黄酒包装物押金	不缴增值税，不缴消费税	只缴纳增值税，不缴纳消费税（因为从量征收）

【例题 3-4·计算题】大华实木地板生产企业为增值税一般纳税人，2020 年 8 月生产实木复合地板 75 万平方米，销售给甲企业 27 万平方米，取得含税销售额 160 万元、送货收入 8 万元（运输业务不单独核算）。计算应缴纳的消费税（实木复合地板消费税税率 5%）。

【答案】销售实木复合地板应缴纳的消费税税额 = (160 + 8) ÷ (1 + 13%) × 5% = 7.43（万元）。

【例题 3-5·多选题·2020 年】消费税纳税人销售货物一并收取的下列款项中，应计入消费税计税依据的有（   ）。

A. 增值税税款

B. 承运方运输发票开给购货方收回的代垫运费

C. 销售白酒收取的包装物押金

D. 价外收取的返还利润

【答案】CD

【解析】选项 AB 不应计入到计税依据中。

（二）从量计征

（1）销售应税消费品的，为应税消费品的销售数量（不是生产数量）。

（2）自产自用应税消费品的，为应税消费品的移送使用数量。

（3）委托加工应税消费品的，为纳税人收回的应税消费品数量。

（4）进口的应税消费品为海关核定的应税消费品进口征税数量。

【提示】实行从量定额计税的，消费税的计算只与销售数量有关，与销售价格无关，不存在通过组成计税价格计算消费税的问题。

（三）复合计征

卷烟、白酒采用复合计税的方法。

$$应纳税额 = 销售额 × 比例税率 + 销售数量 × 单位税额$$

【例题 3-6·计算题】某酒厂为增值税一般纳税人，主要生产白酒。2021 年 7 月销售白酒 65 000 斤，取得不含销售额 110 000 元；另外，收取粮食白酒品牌使用费 5 100 元；本月销售白酒收取包装物押金 9 200 元。计算该酒厂本月应纳消费税税额。

【答案】白酒应纳消费税 = 65 000 × 0.5 + 110 000 × 20% + 5 100 ÷ 1.13 × 20% + 9 200 ÷ 1.13 × 20% = 57 030.97（元）

（四）计税依据的特殊规定（见表 3-9）

表 3-9   计税依据的特殊规定

非独立核算门市部销售	纳税人通过自设非独立核算门市部销售的自产应税消费品，应按门市部对外销售额或者销售数量征收消费税

续表

换抵投		纳税人用于换取生产资料、消费资料、投资入股、抵偿债务的应税消费品，按照同类应税消费品的最高销售价格计算消费税
金银首饰销售额	既售金银又售非金银	①对既销售金银首饰，又销售非金银首饰的，应分别核算 ②划分不清楚的或者不能分别核算的，在生产环节销售的，一律从高征收（不分别核算就得用高的税率计算交税，有惩罚性的意味） ③在零售环节销售的，一律按金银首饰征收（不分别核算本来在该环节不缴纳消费税的也按金银首饰交税）
	成套销售	金银首饰和其他产品组成成套消费品销售的，应按销售额全额征收消费税
	连同包装物销售	金银首饰连同包装物销售的，无论包装是否单独计价，也无论会计上如何核算，均应并入金银首饰的销售额，计征消费税
	以旧换新	纳税人采用以旧换新方式销售金银首饰，应按实际收取的不含增值税的全部价款确定计税依据征收消费税

【提示】
①增值税中的各种视同销售情形，均用近期同类应税销售行为的平均价格计税。
②消费税中除"换抵投"外的其他视同销售情形，用近期同类应税销售行为的平均价格计税。

【例题3-7·计算题】某汽车生产企业为增值税一般纳税人，主要从事小汽车生产和改装业务，2021年9月经营如下业务：

（1）将生产的800辆汽车分两批出售，其中300辆增值税专用发票注明金额4 500万元，税额为585万元，500辆增税专用发票注明金额6 500万元，税额845万元。

（2）将生产的100辆小汽车用于换取生产资料，以成本12万元每辆互相开具增值税专用发票注明金额1 200万元，税额156万元。

其他资料：该企业生产的小汽车的消费税税率为5%。

要求：
①业务（1）应纳消费税计算。
②业务（2）处理以及应纳消费税计算。

【答案】
①应纳消费税=（4 500+6 500）×5%=550（万元）。
②第一批单价=4 500/300=15（万元），第二批单价=6 500/500=13（万元），最高单价15万元，应纳消费税=15×100×5%=75（万元）。

【提示】其他视同销售业务，按同类平均价计税，平均单价=（4 500+6 500）/800=13.75（万元）。

考点4 应纳税额的计算（★★★）

（一）生产销售环节应纳消费税计算

1. 直接对外销售

直接对外销售应税消费品涉及三种方法（见表3-10）。

表 3 - 10　　　　　　　　直接对外销售应税消费品的 3 种计税方法

3 种计税方法	计税公式
从价定率计税	应纳税额 = **销售额** × 比例税率
从量定额计税（啤酒、黄酒、成品油）	应纳税额 = **销售数量** × 单位税额
复合计税（白酒、卷烟）	应纳税额 = 销售额 × 比例税率 + 销售数量 × 单位税额

2. 自产自用（见表 3 - 11）

表 3 - 11　　　　　　　　　　自产自用

连续生产应税消费品		纳税人自产自用的应税消费品，用于连续生产应税消费品的，不纳税
		比如，卷烟厂生产出烟丝，烟丝已是应税消费品，卷烟厂再用生产出的烟丝连续生产卷烟，这时候，用于连续生产卷烟的烟丝就不用缴纳消费税，待卷烟销售的时候再缴税，以防止重复纳税
用于其他方面	内容	①用于生产非应税消费品 ②用于在建工程、管理部门、非生产机构、提供劳务，以及用于馈赠、赞助、集资、广告、样品、职工福利、奖励等
	税务处理	于移送使用时纳税
		①按照纳税人生产的同类消费品的销售价格计算纳税 ②如果当月没有销售，应按照同类消费品上月或最近月份的销售价格计算 ③没有同类消费品销售价格的，按照**组成计税价格**计算纳税

组成计税价格计算公式（见表 3 - 12）

表 3 - 12　　　　　　　　　组成计税价格计算公式

征税方式	消费税	增值税	成本利润率
从价定率	组成计税价格 =（成本 + 利润）÷（1 - 消费税比例税率）		**按消费税中应税消费品的成本利润率**
从量定额	按销售数量征消费税	成本 + 利润 + 消费税税额	
复核计税	组成计税价格 =（成本 + 利润 + 自产自用数量 × 消费税定额税率）÷（1 - 消费税比例税率）		

【例题 3 - 8·计算题】 某化妆品公司 2021 年 9 月将一批自产的高档化妆品用作职工福利，其生产成本为 8 800 元。

（1）如果同类产品售价为 18 000 元，计算该批高档化妆品应缴纳的消费税税额和增值税销项税额。

（2）如果该高档化妆品无同类产品市场销售价格，已知其成本利润率为 5%，计算该批高档化妆品应缴纳的消费税税额和增值税销项税额。（消费税税率为 15%）

【答案】

①有同类销售价格 18 000 元。

应纳消费税税额 = 18 000 × 15% = 2 700（元）。

增值税销项税额 = 18 000 × 13% = 2 340（元）。

②无同类产品售价

组成计税价格 = 8 800 × (1 + 5%) ÷ (1 − 15%) = 10 870.59（元）。

应纳消费税税额 = 10 870.59 × 15% = 1 630.59（元）。

增值税销项税额 = 10 870.59 × 13% = 1 413.18（元）。

【例题 3 – 9 · 计算题】某啤酒厂 2021 年 2 月自产啤酒 10 吨，无偿提供给某啤酒节，已知每吨成本 1 000 元，无同类产品售价。计算该厂应纳消费税和增值税销项税额。（消费税单位税额为 250 元/吨，啤酒成本利润率为 10%）

【答案】

应纳消费税 = 10 × 250 = 2 500（元）。

应纳增值税 = [10 × 1 000 × (1 + 10%) + 2 500] × 13% = 1 755（元）。

【例题 3 – 10 · 单选题 · 2014 年】某地板企业为增值税一般纳税人，2021 年 1 月销售自产地板两批：第一批 800 箱取得不含税收入 160 万元，第二批 500 箱取得不含税收入 113 万元；另将同型号地板 200 箱赠送福利院，300 箱发给职工作为福利。实木地板消费税税率为 5%。该企业当月应缴纳的消费税为（　　）万元。

A. 16.8 　　　　　　B. 18.9 　　　　　　C. 18.98 　　　　　　D. 19.3

【答案】B

【解析】用于赠送福利院和发放给职工做福利的地板应视同销售计算缴纳消费税，计税依据为纳税人当月销售同类地板的加权平均销售价格。该企业当月应缴纳的消费税 = (160 + 113) × 5% + (160 + 113) ÷ (800 + 500) × (200 + 300) × 5% = 18.9（万元）。

考点收纳盒

生产销售环节消费税处理（见表 3 – 13）。

表 3 – 13　　　　　　　　　　　　生产销售环节消费税处理

行为	纳税环节	计税依据		生产领用抵扣税额
出厂销售	出厂销售环节	从价定率：不含增值税的销售额		符合条件的，在计算出当期应纳消费税税款中，按生产领用量抵扣外购或委托加工收回的应税消费品的已纳消费税税额
		从量定额：销售数量		
		复合计税：不含增值税的销售额、销售数量		
自产自用	用于连续生产应税消费品的不纳税	不涉及		
	用于生产非应税消费品、在建工程、管理部门、非生产机构、提供劳务、馈赠、赞助、集资、职工福利、奖励等方面的，在移送时纳税	从价定率：同类消费品售价或组成计税价格		
		从量定额：移送使用数量		
		复合计税：同类消费品售价或组成计税价格、移送使用数量		

（二）委托加工环节应税消费品计算（见表3－14）

表3－14   委托加工环节应税消费品计算

定义		委托方提供原料和主要材料，受托方只收取加工费和代垫部分辅助材料加工的应税消费品！其他一律不是委托加工
税款缴纳	一般	受托方在向委托方交货时代收代缴消费税
	委托个人加工	委托个人（含个体工商户）加工的应税消费品，由委托方收回后缴纳消费税
	未代缴的处理	对于受托方没有按规定代收代缴的，不能因此免除委托方补缴税款的责任，对委托方要补征税款。要对受托方处以应代收代缴税款50%以上3倍以下的罚款
应纳税额计算	一般情况	按照受托方同类消费品的销售价格计算纳税
	特例	没有同类消费品销售价格的，按照组成计税价格计算纳税
	从价计征	组成计税价格＝（材料成本＋加工费）÷（1－比例税率） 应纳税额＝组成计税价格×比例税率
	复核计税	组成计税价格＝（材料成本＋加工费＋委托加工数量×定额税率）÷（1－比例税率） 应纳税额＝组价×比例税率＋委托加工数量×定额税率
收回出售	含义	委托加工的应税消费品，受托方已代收代缴消费税，委托方将收回的应税消费品又出售的
	税务处理 直接出售	不再缴纳消费税
	加价出售	缴纳消费税，并准予扣除受托方已代收代缴的消费税

📬 彬哥解读

　　①材料成本是委托方所提供加工材料的实际成本（包括材料成本和将材料运往委托方加工地的运费），不含增值税金额；加工费包括代垫辅助材料的成本，但是不包括随加工费收取的增值税和代收代缴的消费税。

　　②如果是以免税农产品为原料生产应税消费品，材料成本＝收购价×（1－扣除率）＋运费。

【例题3－11·计算题】M市烟草集团公司属增值税一般纳税人，持有烟草批发许可证，3月购进已税烟丝800万元（不含增值税），委托M企业加工甲类卷烟500箱，M企业按每箱0.1万元收取加工费（不含税），当月M企业按正常进度投料加工生产卷烟200箱交由集团公司收回。计算M企业当月应代收代缴的消费税。（烟丝消费税率为30%，甲类卷烟消费税为56%加150元/箱）

【答案】代收代缴的消费税 = (800 × 200 ÷ 500 + 0.1 × 200 + 200 × 0.015) ÷ (1 − 56%) × 56% + 200 × 0.015 = 439.55（万元）。

【例题 3 − 12 · 计算题】甲卷烟厂为增值税一般纳税人，2021 年 8 月，甲厂提供烟叶委托乙卷烟厂加工一批烟丝，烟叶成本 120 万元；乙厂收取不含增值税加工费 20 万元、代垫部分辅助材料的不含增值税费用 5 万元；烟丝当月完工并交付甲厂，乙厂无同类烟丝销售。甲厂将委托加工收回烟丝的 20% 直接销售，取得销售额 58 万元。计算销售烟丝应缴纳的消费税额。（烟丝消费税税率 30%）

【答案】委托加工代收代缴消费税计税价格 = (120 + 20 + 5) ÷ (1 − 30%) = 207.14（万元）。

207.14 × 20% = 41.43（万元）< 58（万元），销售额大于计税价格，应缴纳消费税。

应纳消费税额 = 58 × 30% − 41.43 × 30% = 4.97（万元）。

【例题 3 − 13 · 单选题 · 2014 年】甲企业为增值税一般纳税人，2021 年 8 月外购一批木材，取得增值税专用发票注明价款 50 万元、税额 6.5 万元；将该批木材运往乙企业委托其加工木制一次性筷子，取得税务局代开的小规模纳税人增值税专用发票注明运费 1 万元、税额 0.03 万元，支付不含税委托加工费 5 万元。假定乙企业无同类产品对外销售，木制一次性筷子消费税税率为 5%。乙企业当月应代收代缴的消费税为（　　）万元。

A. 2.62　　　　　　　　　　B. 2.67
C. 2.89　　　　　　　　　　D. 2.95

【答案】D

【解析】委托加工的应税消费品，受托方没有同类消费品销售价格的，按照组成计税价格计算代收代缴的消费税，实行从价定率办法计算纳税的组成计税价格计算公式：组成计税价格 = (材料成本 + 加工费) ÷ (1 − 比例税率)，本题支付的运费应计入材料成本中，作为材料成本的一部分在计算代收代缴的消费税的时候加上。乙企业当月应代收代缴的消费税 = (50 + 1 + 5) ÷ (1 − 5%) × 5% = 2.95（万元）。

（三）进口环节应纳消费税计算

应纳税额 = 组成计税价格 × 消费税税率

①从价定率：组成计税价格 = (关税完税价格 + 关税) ÷ (1 − 消费税比例税率)；
②从量定额：按海关核定的进口数量征收消费税；
③复合计税：组成计税价格 = (关税完税价格 + 关税 + 进口数量 × 消费税定额税额) ÷ (1 − 消费税比例税率)。

【例题 3 − 14 · 单选题 · 2014 年 A 卷】某贸易公司 2020 年 7 月以邮运方式从国外进口一批高档化妆品，经海关审定的货物价格为 30 万元、邮费 1 万元。当月将该批化妆品销售

取得不含税收入 55 万元。该批高档化妆品关税税率为 15%，消费税税率也为 15%。该公司当月应缴纳的消费税为（　　）万元。

A. 9　　　　　　　B. 12.86　　　　　　C. 14.79　　　　　　D. 6.29

【答案】D

【解析】将进口化妆品在国内销售的，进口环节需要计算缴纳消费税，但是进口后的销售环节不需要再计算缴纳消费税。邮运的进口货物，应当以邮费作为运输及其相关费用、保险费。该公司当月应缴纳消费税 = (30 + 1) × (1 + 15%) ÷ (1 − 15%) × 15% = 6.29（万元）。

考点收纳盒

自产、委托加工、进口应税消费品的计税依据总结（见表 3 − 15）。

表 3 − 15　　　　　　　　自产、委托加工、进口应税消费品的计税依据总结

		自产自用环节	委托加工环节	进口环节
第一顺位		纳税人生产的同类消费品的销售价格	受托方同类应税消费品的销售价格	—
第二顺位	从价定率	(成本 + 利润) ÷ (1 − 消费税比例税率)	(材料成本 + 加工费) ÷ (1 − 消费税比例税率)	(关税完税价格 + 关税) ÷ (1 − 消费税比例税率)
	复合计税	(成本 + 利润 + 自产自用数量 × 消费税定额税率) ÷ (1 − 消费税比例税率)	(材料成本 + 加工费 + 委托加工收回数量 × 消费税定额税率) ÷ (1 − 消费税比例税率)	(关税完税价格 + 关税 + 进口数量 × 消费税定额税率) ÷ (1 − 消费税比例税率)

（四）已纳消费税扣除计算

为了避免重复征税，现行消费税规定，用外购应税消费品和委托加工收回的应税消费品继续生产应税消费品销售的，可以将外购应税消费品和委托加工收回应税消费品已缴纳的消费税给予扣除。

1. 外购（进口）或委托加工收回的应税消费品已纳税款的扣除

由于某些应税消费品是用外购已缴纳消费税的应税消费品连续生产出来的，在对这些连续生产出来的应税消费品计算征税时，税法规定应按当期生产领用数量计算准予扣除外购的应税消费品已纳的消费税税款。扣除范围包括：

（1）外购或委托加工收回的已税烟丝生产的卷烟；

（2）外购或委托加工收回的已税高档化妆品生产的高档化妆品；

（3）外购或委托加工收回的已税珠宝玉石生产的贵重首饰及珠宝玉石；

（4）外购或委托加工收回的已税鞭炮焰火生产的鞭炮焰火；

（5）外购或委托加工收回的已税杆头、杆身和握把为原料生产的高尔夫球杆；

（6）外购或委托加工收回的已税木制一次性筷子为原料生产的木制一次性筷子；

（7）外购或委托加工收回的已税实木地板为原料生产的实木地板；

（8）外购或委托加工收回的已税汽油、柴油、石脑油、燃料油、润滑油用于连续生产应税成品油（没有溶剂油）。

【提示】

①没有"**酒、小汽车、游艇、电池、涂料、手表、摩托车**"7项；

②从葡萄酒生产企业购进、进口葡萄酒连续生产应税葡萄酒允许抵扣（仅限于外购）；

③**同类消费品才能抵扣。**

2. 扣税环节：生产环节（零售、委托加工不扣税）

对于在零售环节缴纳消费税的金银首饰（含镶嵌首饰）、钻石及钻石饰品，在计税时一律不得扣除外购、委托加工收回的珠宝、玉石的已纳消费税。

对自己不生产应税消费品，而只是购进后再销售应税消费品的工业企业，其销售的高档化妆品、鞭炮焰火和珠宝玉石，凡不能构成最终消费品直接进入消费品市场，而需进一步生产加工的，应当征收消费税，同时允许扣除上述外购应税消费品的已纳税款。

3. 计算方法

（1）外购（进口）已税消费品按生产领用量抵扣已纳消费税。

当期准予扣除的外购应税消费品已纳税款 = 当期准予扣除的外购应税消费品买价

× 外购应税消费品适用税率

其中：当期准予扣除的外购应税消费品买价 =（期初库存 + 当期购进 − 期末库存）的外购应税消费品的买价（买价不含增值税）

（2）委托加工应税消费品按照生产领用数量抵扣已纳消费税。

当期准予扣除的委托加工应税消费品已纳税款 = 期初库存的委托加工应税消费品已纳税款

+ 当期收回的委托加工应税消费品已纳税款

− 期末库存的委托加工应税消费品已纳税款

【例题 3 − 15·计算题】 某卷烟生产企业，某月初库存应税烟丝金额 50 万元，当月又外购应税烟丝金额 500 万元（不含增值税），月末库存烟丝金额 30 万元，其余被当月生产卷烟领用。请计算卷烟厂当月准许扣除的外购烟丝已缴纳的消费税税额。（烟丝消费税税率为 30%）

【答案】 当期准许扣除的外购烟丝买价 = 50 + 500 − 30 = 520（万元）

当月准许扣除的外购烟丝已缴纳的消费税税额 = 520 × 30% = 156（万元）。

【例题 3 − 16·计算题】 某卷烟厂从甲企业购进烟丝，取得增值税专用发票，注明价款 50 万元；使用 60% 用于生产 A 牌卷烟（甲类卷烟）；本月销售 A 牌卷烟 80 箱（标准箱），取得不含增值税销售额 400 万元。甲类卷烟消费税税率为 56% 加 150 元/箱、烟丝消费税税率为 30%。计算当月该卷烟厂应纳消费税税额。

【答案】 当月该卷烟厂应纳消费税税额 =（400 × 56% + 150 × 80 ÷ 10 000）− 50 × 60% × 30% = 216.2（万元）。

【例题 3 − 17·计算题·2017 年】 甲礼花厂 2021 年 6 月发生如下业务：

（1）委托乙厂加工一批焰火，甲厂提供原料成本不含增值税 37.5 万元，当月乙厂将加工完毕的焰火交付甲厂，开具专票，注明收取加工费 5 万元。

（2）将委托加工收回的焰火 60% 用于销售，取得不含增值税销售额 38 万元，将其余的 40% 用于连续生产 A 型组合焰火。

（3）将生产的 A 型组合焰火的 80% 以分期收款方式对外销售，合同约定不含增值税销售额 36 万元，6 月 28 日收取货款的 70%，7 月 28 日收取货款的 30%，当月货款尚未收到，另将剩余的 20% 赠送给客户。

其他相关资料：焰火消费税税率为 15%。

要求：

①计算业务（1）中乙厂代收代缴的消费税。

②业务（2）中用于销售的焰火是否应缴纳消费税，并说明理由，如果需要缴纳，计算应缴纳的消费税。

③计算业务（3）中赠送客户焰火计征消费税计税依据的金额。

④计算业务（3）中准予扣除的已纳消费税税款。

⑤计算业务（3）中应缴纳的消费税。

【答案】

①消费税计税价格 = (37.5 + 5) ÷ (1 − 15%) = 50（万元）。

乙厂应代收代缴的消费税 = 50 × 15% = 7.5（万元）。

②需要交纳消费税。

委托加工业务消费税计税价格 = 50 × 60% = 30（万元），低于售价 38 万元，为加价销售，需要缴纳消费税。应纳消费税 = 38 × 15% − 7.5 × 60% = 5.7 − 4.5 = 1.2（万元）。

③赠送客户计征消费税的计税依据的金额 = 36 ÷ 80% × 20% = 9（万元）。

④应按生产领用数量抵扣已纳消费税；准予扣除的已纳消费税 = 7.5 × 40% = 3（万元）。

⑤纳税人采取分期收款结算方式的，消费税纳税义务发生时间为书面合同约定的收款日期的当天。业务（3）中 6 月份应纳消费税 = 36 × 70% × 15% + 9 × 15% − 3 = 2.13（万元）。

7 月份应纳消费税 = 36 × 30% × 15% = 1.62（万元）；

应纳消费税合计 = 2.13 + 1.62 = 3.75（万元）。

（五）特殊环节应纳消费税计算

1. 卷烟批发环节应纳税额的计算（见表 3 − 16）

表 3 − 16   卷烟批发环节应纳税额的计算

纳税义务人	从事卷烟批发的单位和个人（纳税人之间销售的卷烟不缴纳消费税）
计税方法	从价从量复合计征
税率	11% + 0.005 元/支（250 元/箱）
计税依据	①纳税人应将卷烟销售额与其他商品销售额分开核算，未分开核算的，一并征收消费税 ②纳税人兼营卷烟批发和零售的，应分别核算销售额、销售数量；未分别核算的，全部计征批发环节消费税
纳税地点	卷烟批发企业的机构所在地，总机构与分支机构不在同一地区的，由总机构申报纳税
税款扣除	批发企业在计算纳税时不得扣除已含的生产环节的消费税税款

【例题 3 - 18 · 计算题】卷烟批发企业甲 2021 年 10 月批发销售卷烟 500 箱，其中批发给卷烟批发企业乙 300 箱、零售专卖店 150 箱、个体烟摊 50 箱。每箱不含增值税批发价格为 13 000 元。甲企业应缴纳的消费税为多少元？

【答案】甲企业应缴纳的消费税 = 13 000 × (150 + 50) × 11% + (150 + 50) × 250 = 336 000 (元)。

2. 超豪华小汽车零售环节应纳税额计算（见表 3 - 17）

表 3 - 17　　　　　　　　　　超豪华小汽车零售环节应纳税额计算

征税范围	每辆零售价格 130 万元（不含增值税）及以上的乘用车和中轻型商用客车	
纳税人	将超豪华小汽车销售给消费者的单位和个人	
税率	10%	
应纳税额	经销商销售给消费者	应纳税额 = 零售环节销售额（不含增值税）× 10%
	国内汽车生产企业直接销售给消费者	应纳税额 = 生产环节销售额（不含增值税）×（生产环节税率 + 10%）

（六）消费税出口退税（见表 3 - 18）

表 3 - 18　　　　　　　　　　消费税出口退税

出口免税并退税	有出口经营权的外贸企业购进应税消费品直接出口 外贸企业受其他外贸企业委托代理出口应税消费品
出口免税不退税	有出口经营权的生产性企业自营出口 生产企业委托外贸企业代理出口自产的应税消费品
出口不免税不退税	除生产企业、外贸企业外的其他企业，具体是指一般商贸企业，这类企业委托外贸企业代理出口应税消费品

【例题 3 - 19 · 单选题 · 2019 年】下列出口应纳税消费品的行为中，适用消费税免税不退税政策的是（　　）。

A. 商业批发企业委托外贸企业代理出口卷烟

B. 有出口经营权的酒厂出口自产白酒

C. 有出口经营权的外贸企业购进高档化妆品直接出口

D. 外贸企业受其他外贸企业委托代理出口实木地板

【答案】B

【解析】选项 A 错误，不免税也不退税；选项 CD 错误，出口免税并退税。

考点5 征收管理（★★）

（一）纳税义务发生时间（基本同增值税）（见表3-19）

表3-19　　　　　　　　　纳税义务发生时间（基本同增值税）

情形		纳税义务发生时间
纳税人销售应税消费品	赊销和分期收款	书面合同约定的收款日期的当天；没有约定收款日期或者无书面合同的，为发出应税消费品的当天
	预收货款结算方式	发出应税消费品的当天
	托收承付和委托银行收款方式	发出应税消费品并办妥托收手续的当天
	采取其他结算方式	收讫销售款或者取得索取销售款凭据的当天
纳税人自产自用的应税消费品		移送使用的当天
纳税人委托加工的应税消费品		纳税人提货的当天
纳税人进口的应税消费品		报关进口的当天

【例题3-20·单选题】某市一高尔夫球具生产企业（增值税一般纳税人）2021年9月1日以分期收款方式销售一批球杆，价税合计为135.6万元，合同约定客户于9月5日、11月5日各支付50%价款，9月5日按照约定收到50%的价款，但并未给客户开具发票。已知高尔夫球具消费税税率为10%。该企业9月就该项业务应缴纳的消费税为（　　）万元。

A. 6　　　　　　B. 12　　　　　　C. 0　　　　　　D. 6.78

【答案】A

【解析】应纳消费税 =135.6÷(1+13%)×50%×10% =6（万元）。

（二）纳税期限

消费税的纳税期限分别为1日、3日、5日、10日、15日、1个月或者1个季度。其中以1个月或以1个季度为1个纳税期的，自期满之日起15日内申报纳税；以1日、3日、5日、10日或者15日为1个纳税期的，自期满之日起5日内预缴税款，于次月1日起至15日内申报纳税并结清上月应纳税款。

纳税人进口应税消费品的，应当自海关填发海关进口消费税专用缴款书之日起15日内缴纳税款。

（三）纳税地点（见表3-20）

表3-20　　　　　　　　　　　　　　　纳税地点

纳税环节	纳税地点
销售及自产自用应税消费品	纳税人机构所在地或者居住地
委托加工（除受托方为个人）	受托方机构所在地或居住地
进口	报关地海关

续表

纳税环节	纳税地点
到外县（市）销售或者委托外县（市）代销	①向机构所在地或者居住地主管税务机关 ②总机构和分支机构所在地不在同一县（市）的，但在同一省（自治区、直辖市）级范围的，经省（自治区、直辖市）财政厅（局）、税务局审批同意，可以由总机构汇总向总机构所在地的主管税务机关申报缴纳消费税

【例题 3-21·多选题·2016 年】甲企业从境外进口一批化妆品，下列关于该业务缴纳消费税的表述中正确的有（　　）。

A. 甲企业应向报关地海关申报缴纳消费税

B. 甲企业应当自海关填发进口消费税专用缴款书之日起 15 日内缴纳税款

C. 海关代征的消费税应分别入中央库和地方库

D. 甲企业使用该进口已税化妆品生产化妆品准许扣除进口环节缴纳的消费税

【答案】ABD

【解析】选项 C 错误，海关代征的消费税应入中央库。

恭喜你，
已完成第三章的学习

扫码免费进 >>>
2022年CPA带学群

每当你想放弃的时候就回忆一下当初为什么想考CPA。驱使自律的核心决不是像苦行僧似的"克制欲望"，能够促使我们坚持的，恰恰是"激发欲望"。

CHAPTER FOUR

第四章　企业所得税法

考情雷达

本章同增值税一样，均是非常重要的章节，考核题型广，并且最后一道综合分析题一定是来自企业所得税。企业所得税本身这个税种就具有一定的综合性，所以经常会结合增值税、房产税、城建税等跨章节出综合题。另外，企业所得税应纳税所得额是在会计核算基础上进行纳税调整得出的，因此需要考生具备一些基础的会计知识。本章分值大概在 20 分左右。

2022 年变化情况：整体变化不大：1. 新增：(1) 新增企业取得政府财政资金的收入时间确认；(2) 新增企业通过公益性群众团体用于符合法律规定的公益慈善事业捐赠支出，准予按税法规定在计算应纳税所得额时扣除的规定；(3) 新增支持新型冠状病毒感染的捐赠税收政策；(4) 新增可转换债券转换为股权投资的税务处理；(5) 新增受疫情影响较大的困难行业企业 2020 年度发生的亏损，最长结转年限由 5 年延长至 8 年；(6) 新增企业所得税核定征收改为查账征收后有关资产的税务处理；(7) 新增文物、艺术品资产的税务处理；(8) 新增制造业企业研究开发费用加计扣除政策；(9) 新增对疫情防控重点保障物资生产企业购置设备一次性扣除的规定。2. 调整：调整小微企业认定标准和优惠政策。3. 删除：(1) 删除高新技术企业中小企业开发费用加计扣除政策；(2) 删除地方政府债券利息所得免征企业所得税的优惠；(3) 删除房地产开发企业所得税预缴税款的处理。

考点地图

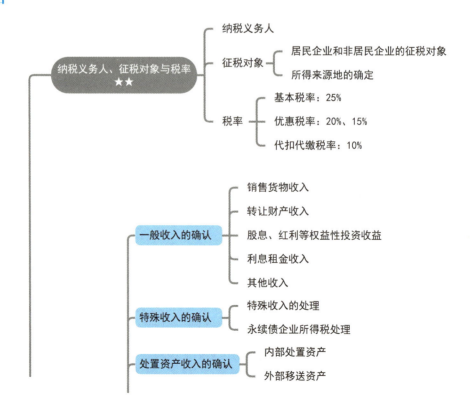

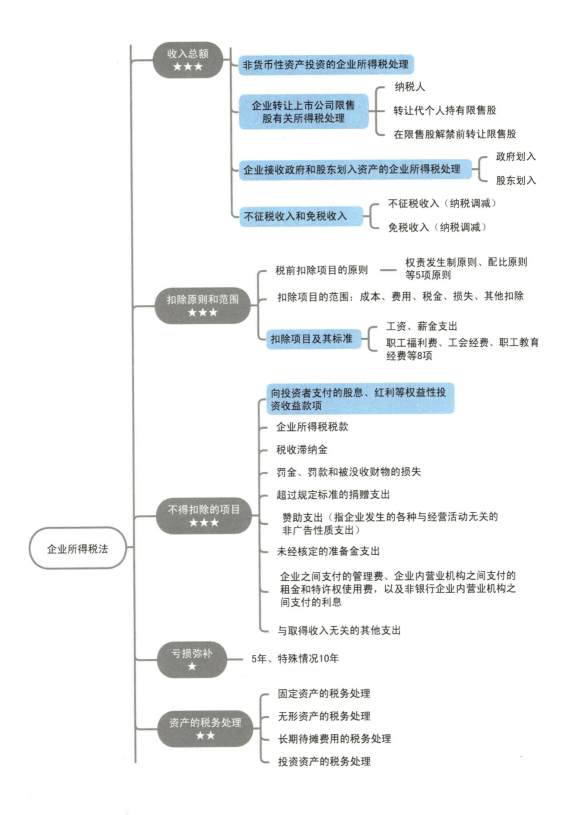

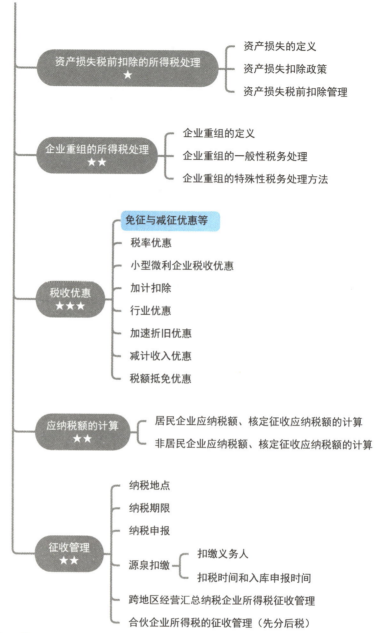

【企业所得税预备知识】

企业所得税是对我国境内的企业和其他取得收入的组织的生产经营所得和其他所得征收的一种税。

1. 如何求企业所得税的应纳税额？

应纳税额 = 应纳税所得额 × 适用税率 − 减免税额 − 抵免税额

其中，减免税额和抵免税额主要考察税收优惠的规定，考试中并不涉及大量计算，因此企业所得税的核心为应纳税所得额的计算。

2. 那如何求应纳税所得额（见图 4 − 1）？

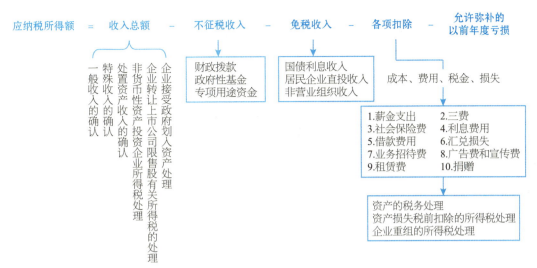

图 4－1 应纳税所得额的计算

其中，重点就在于**各项扣除项目**，而扣除项里面也不是每个都是重点，常考点（也可以说必考点）包括：三费（职工福利费、工会经费、职工教育经费）、业务招待费、广告费和业务宣传费、借款费用、公益性捐赠等。

考点1 **纳税义务人、征税对象与税率（★★）**

（一）纳税义务人

在中华人民共和国境内，企业和其他取得收入的组织（以下统称"企业"）为企业所得税的纳税人。

要注意的是，**个人独资企业、合伙企业不是企业所得税的纳税人**。

缴纳企业所得税的企业分为**居民企业**和**非居民企业**，分别承担不同的纳税责任。

（1）居民企业，是指依法在中国**境内成立**，或者依照外国（地区）法律成立但**实际管理机构在中国境内**的企业。

（2）非居民企业，是指依照外国（地区）法律成立**且**实际管理机构不在中国境内，但在中国境内**设立机构、场所**的，或者在中国境内未设立机构、场所，但**有来源于中国境内所得**的企业。

【例题4－1·多选题·2008年】依据企业所得税法的规定，判定居民企业的标准有（　　）。

A. 登记注册地标准　　　　　　B. 所得来源地标准

C. 经营行为实际发生地标准　　D. 实际管理机构所在地标准

【答案】AD

（二）征税对象

企业所得税的征税对象包括**生产经营所得、其他所得和清算所得**。

1. 居民企业和非居民企业的征税对象

居民企业：来源于中国境内、境外的所得。

非居民企业：来源于中国境内的所得以及发生在中国境外但与其在中国境内所设机构、场所有实际联系的所得。

2. 所得来源地的确定（见表4-1）

表4-1　　　　　　　　　　　　　　所得来源地的确定

所得方式		来源地确定
销售货物所得		交易活动发生地
提供劳务所得		劳务发生地
转让财产所得	不动产	不动产所在地
	动产	转让动产的企业或者机构、场所所在地
	权益性投资资产	被投资企业所在地
股息、红利等权益性投资所得		分配所得的企业所在地
利息所得、租金所得、特许权使用费所得		负担、支付所得的企业或者机构、场所所在地 负担、支付所得的个人的住所地

【例题4-2·多选题·2019年】下列关于所得来源地确定方法的表述中，符合企业所得税法规定的有（　　）。

A. 提供劳务所得按照劳务发生地确定

B. 特许权使用费所得按照收取特许权使用费所得的企业所在地确定

C. 股息所得按照分配股息的企业所在地确定

D. 动产转让所得按照转让动产的企业所在地确定

【答案】ACD

【解析】选项B错误，特许权使用费所得，按照负担、支付所得的企业或者机构、场所所在地确定，或者按照负担、支付所得的个人的住所地确定。

【例题4-3·多选题·2012年】注册地与实际管理机构所在地均在法国的某银行，取得的下列各项所得中，应按规定缴纳我国企业所得税的有（　　）。

A. 转让位于我国的一处不动产取得的财产转让所得

B. 在香港证券交易所购入我国某公司股票后取得的分红所得

C. 在我国设立的分行为我国某公司提供理财咨询服务取得的服务费收入

D. 在我国设立的分行为位于日本的某电站提供流动资金贷款取得的利息收入

【答案】ABCD

【解析】非居民企业在中国境内未设立机构、场所的，应当就其来源于中国境内的所得缴纳企业所得税。

选项A正确：不动产所在地在境内，属于来源于境内的所得，应在我国缴纳企业所得税。

选项B正确：权益性投资所得，分配所得的企业所在地在境内，属于来源于境内的所得，应在我国缴纳企业所得税。

　　选项 C 正确：属于境内的分行提供的劳务，劳务的发生地在境内，属于来源于境内的所得，应在我国缴纳企业所得税。

　　选项 D 正确：在我国境内设立机构、场所的非居民企业取得的发生在中国境外，但与其所设机构、场所有实际联系的所得，应在我国缴纳企业所得税。

（三）税率

　　企业所得税的纳税人不同，适用的税率也不同（见表 4-2）。

表 4-2　　　　　　　　　　　　　　　　　税率

种类	税率	适用范围
基本税率	25%	居民企业 在中国境内设有机构、场所且所得与机构、场所有关联的非居民企业
优惠税率	20%	符合条件的小型微利企业
	15%	国家重点扶持的高新技术企业 技术先进型服务企业
代扣代缴税率	10%	适用于在中国境内未设立机构、场所的，或者虽设立机构、场所但取得的所得与其所设机构、场所没有实际联系的非居民企业

考点2　收入总额（★★★）

（一）一般收入的确认

　　1. 收入的分类及其含义（见表 4-3）

表 4-3　　　　　　　　　　　　　收入的分类及其含义

销售货物收入（营业收入）		指企业销售商品、产品、原材料、包装物、低值易耗品以及其他存货取得的收入
转让财产收入（不属于营业收入）	含义	企业转让固定资产、生物资产、无形资产、股权、债权等取得的收入
	企业清算	被清算企业的股东分得的剩余资产的金额，按如下方式确认收入： ①相当于被清算企业累计未分配利润和累计盈余公积中按该股东所占股份比例计算的部分，应确认为股息所得； ②剩余资产减除股息所得后的余额超过或低于股东投资成本的部分，应确认为股东的投资转让所得或损失
	企业撤资	投资企业从被投资企业撤回或减少投资，按如下方式确认收入： ①相当于初始出资的部分，应确认为投资收回； ②相当于被投资企业累计未分配利润和累计盈余公积按减少实收资本比例计算的部分，应确认为股息所得； ③其余部分确认为投资资产转让所得
股息、红利等权益性投资收益（不属于营业收入）		被投资企业将股权（票）溢价所形成的资本公积转为股本的，不作为投资方企业的股息、红利收入，投资方企业也不得增加该项长期投资的计税基础

续表

利息收入（属 于营业收入）	（贷款业务—营业收入，非贷款业务—投资收益或者财务费用） 按照合同约定的债务人应付利息的日期确认收入的实现
租金收入（属 于营业收入）	如果交易合同或协议中规定租赁期限跨年度，且租金提前一次性支付的，根据收入与费用配比原则，出租人可对上述已确认的收入，在租赁期内，**分期均匀计入相关年度收入**
其他收入（不 属于营业收入）	企业取得的其他收入，包括企业资产溢余收入、逾期未退包装物押金收入、确实无法偿付的应付款项、已作坏账损失处理后又收回的应收款项、债务重组收入、补贴收入、违约金收入、汇兑收益等

2. 收入确认时间（见表4-4）

表4-4 收入确认时间

收入类型	收入实现的确认时间
销售货物收入	主要风险和报酬转移
提供劳务收入	按照完工进度（完工百分比）确认
转让财产收入—转让股权	转让股权收入应于协议生效且完成股权变更手续时
股息、红利等权益性投资收益	被投资方作出利润分配决定的日期
利息、租金、特许权使用费收入	合同约定应付利息、租金、特许权使用费的日期
接受捐赠收入	实际收到捐赠资产的日期
其他收入	除另有规定外，均应一次性计入确认收入的年度

🖥 关联贴纸

租金收入涉及不同税种的确认时间（见表4-5）

表4-5 租金收入涉及不同税种的确认时间

项目	确认时间
增值税	收到预收款时，增值税纳税义务发生
房产税	租金收入按年计算缴纳房产税
印花税	按合同所载金额计算缴纳印花税
企业所得税	在租赁期内，分期均匀计入相关年度收入
会计	

【举例1】大海公司2020年撤回对某企业的股权投资取得95万元，其中含原投资成本60万元，另含相当于被投资公司累计未分配利润和累计盈余公积按减少实收资本比例计算的部分25万元。计算撤回投资的纳税调整额。

【答案】撤资时，相当于被投资公司累计未分配利润和累计盈余公积按减少实收资本比例计算的部分，免税。

应调减应纳税所得额=25（万元）

确认应纳税所得额=95-60-25=10（万元）

【举例2】2021年8月，我国居民企业甲公司投资居民企业乙公司1 000万元，获得乙公司40%股权，2021年末，乙公司清算，甲公司分得剩余财产2 100万元，其中包含累计未分配利润和累计盈余公积比例计算的部分300万元，甲公司应如何计算股权转让所得？

【答案】甲公司初始投资=1 000（万元）

甲公司应确认为股息的所得=300（万元）

甲公司转让股权所得=2 100-1 000-300=800（万元）

【例题4-4·多选题】企业取得的下列各项收入中，应缴纳企业所得税的有（　　）。

A. 债务重组收入

B. 逾期未退包装物押金收入

C. 企业转让股权收入

D. 已做坏账损失处理后又收回的应收账款

【答案】ABCD

【解析】四项答案均正确。

（二）特殊收入的确认

1. 特殊收入的处理（见表4-6）

表4-6　　　　　　　　　　　　　特殊收入的处理

情形	处理
分期收款方式销售货物	合同约定的收款日期确认收入
非货币性资产交换及货物、财产、劳务流出企业	企业发生非货币性资产交换，以及将货物、财产、劳务用于捐赠、偿债、赞助、集资、广告、样品、职工福利或者利润分配等用途，应当视同销售货物、转让财产或提供劳务
采用售后回购方式销售商品	①销售的商品按售价确认收入，回购的商品作为购进商品处理； ②不符合销售收入确认条件的，如以销售商品方式进行融资，收到的款项应确认为负债，回购价格大于原售价的，差额应在回购期间确认为利息费用
以旧换新销售商品的	按销售商品收入确认条件确认收入，回收的商品作为购进商品处理
商业折扣条件销售	企业为促进商品销售而在商品价格上给予的价格扣除属于商业折扣，商品销售涉及商业折扣的，应当按照扣除商业折扣后的金额确定销售商品收入金额
现金折扣条件销售	债权人为鼓励债务人在规定的期限内付款而向债务人提供的债务扣除属于现金折扣，应当按扣除现金折扣前的金额确定销售商品收入金额，在实际发生时作为财务费用扣除
折让方式销售	企业因售出商品的质量不合格等原因而在售价上给予的减让属于销售折让；企业因售出商品质量、品种不符合要求等原因而发生的退货属于销售退回。已确认收入的应当在发生当期冲减当期销售商品收入
买一赠一方式组合销售	不属于捐赠，应将总的销售金额按各项商品的公允价值的比例来分摊确认各项的销售收入
取得政府财政资金收入（2022年新增）	企业按照市场价格销售货物、提供劳务服务等，凡由政府财政部门根据企业销售货物、提供劳务服务的数量、金额的一定比例给予全部或部分资金支付的，应当按照权责发生制原则确认收入。 除上述情形外，企业取得的各种政府财政支付，如财政补贴、补助、补偿、退税等，应当按照实际取得收入的时间确认收入

2. 永续债企业所得税处理

投资方：取得的永续债利息收入属于股息、红利性质，按照现行企业所得税政策相关规定进行处理。发行方：支出的利息不得在企业所得税税前扣除。

（三）处置资产收入的确认（见表4-7）

表4-7 处置资产收入的确认

性质	内部处置资产	外部移送资产
特征	所有权未发生改变	所有权发生改变
常见情形	①将资产用于生产、制造、加工另一产品； ②改变资产形状、结构或性能； ③改变资产用途（如自建商品房转为自用或经营）； ④将资产在总机构及其分支机构之间转移； ⑤上述两种或两种以上情形的混合； ⑥其他不改变资产所有权属的用途	①用于市场推广或销售； ②用于交际应酬； ③用于职工奖励或福利； ④用于股息分配； ⑤用于对外捐赠； ⑥其他改变资产所有权属的用途

【提示】

①判断原则：资产所有权属在形式和实质上是否发生变化。

②将资产用于市场推广、用于交际应酬、其他改变资产所有权属的用途视同销售征收企业所得税，但是会计不能确认收入（销售产品会计确认收入）。

📺 考点收纳盒

增值税、消费税、企业所得税对比（见表4-8）。

表4-8 增值税、消费税、企业所得税对比

行为	增值税	消费税	企业所得税
将自产应税消费品连续生产应税消费品	×	×	×
将自产应税消费品连续生产非应税消费品	×	√	×
自产应税消费品在境内总机构与分支机构之间转移，用于销售（同一县市的除外）	√	√	×
将自产应税消费品用于赞助、集资、广告、样品、职工福利、奖励	√	√	√
将自产应税消费品用于换取生产资料和消费资料、投资入股、抵偿债务	√（平均）	√（最高）	√（公允）

【例题4-5·单选题·2013年】企业处置资产的下列情形中，应视同销售确认企业所得税应税收入的是（　　）。

A. 将资产用于股息分配

B. 将资产用于生产另一产品

C. 将资产从总机构转移至分支机构

D. 将资产用途由自用转为经营性租赁

【答案】A

（四）非货币性资产投资的企业所得税处理

非货币性资产，是指现金、银行存款、应收账款、应收票据以及准备持有至到期的债券投资等货币性资产以外的资产（见表4-9）。

表4-9　　　　　　　　非货币性资产投资的企业所得税处理

投资方	转让所得	对非货币性资产进行评估并按评估后的公允价值扣除计税基础后的余额
	收入实现	投资协议生效并办理股权登记手续时
	税务处理	居民企业以非货币性资产对外投资确认的非货币性资产转让所得可以在**不超过5年期限**内，**分期均匀计入**相应年度的应纳税所得额，按规定计算缴纳企业所得税
被投资方	计税基础	按非货币性资产的公允价值确定
取得后转让		企业在对外投资5年内转让上述股权或投资收回的，应停止执行递延纳税政策，并就递延期内尚未确认的非货币性资产转让所得，在转让股权或投资收回当年的企业所得税年度汇算清缴时，一次性计算缴纳企业所得税

【举例3】某水泥生产企业为增值税一般纳税人，2021年10月用一批自产水泥对外投资，产品成本为1 000万元，同类产品的不含税售价为1 200万元，该企业已按会计准则作账务处理。

要求：对上述非货币性资产转让所得进行税务处理。

【答案】

①增值税销项税额=1 200×13%=156（万元）；

②2021年会计损益=1 200-1 000=200（万元）；

③企业所得税相关处理（见表4-10）：

表4-10　　　　　　　　企业所得税相关处理

年度	纳税调整的所得额	投资成本（计税基础）
2021	+40	1 000+40=1 040
2022	+40	1 040+40=1 080
2023	+40	1 080+40=1 120
2024	+40	1 120+40=1 160
2025	+40	1 160+40=1 200

（五）企业转让上市公司限售股有关所得税处理（见表4-11）

表4-11　　　　　　　　企业转让上市公司限售股有关所得税处理

纳税人	转让限售股取得收入的企业（包括转让个人出资企业代持的限售股）
转让代个人持有限售股	能够提供完整、真实的原值凭证，能够准确计算原值的 限售股转让所得=限售股转让收入-（限售股原值+合理税费）
	不能够提供完整、真实的原值凭证，不能准确计算该限售股原值的 限售股转让所得=限售股转让收入×（1-15%）
	依法院判决、裁定等原因，通过证券登记结算公司，企业将其代持的个人限售股直接变更到实际所有人名下的，不视同转让限售股

续表

在限售股解禁前转让限售股	①企业应按减持在证券登记结算机构登记的限售股取得的全部收入，计入企业当年度应税收入计算纳税； ②企业持有的限售股在解禁前已签订协议转让给受让方，但未变更股权登记、仍由企业持有的，企业实际减持该限售股取得的收入，依规定纳税后，其余额转付给受让方的，受让方不再纳税

关联贴纸

转让限售股增值税处理

①持有期间：非保本收益，不征收增值税。

②转让环节：差额计税征收增值税。

【例题4-6·单选题·2016年】某企业转让代个人持有的限售股，取得转让收入68万元，但不能提供真实的限售股原值凭证。该企业就限售股转让应缴纳的企业所得税是（　　）万元。

A. 13.6　　　　B. 14.45　　　　C. 15.3　　　　D. 12.75

【答案】B

【解析】应纳税额=68×(1-15%)×25%=14.45（万元），选项B正确。

（六）企业接收政府和股东划入资产的企业所得税处理（见表4-12）

表4-12　　　　企业接收政府和股东划入资产的企业所得税处理

划入方式		税务处理
政府划入	投资划入　作为国家资本金（包括资本公积）	属于非货币性资产的，其计税基础应按政府确定的接收价值确定
	无偿划入且指定专门用途　作为不征税收入	按政府确定的接收价值计算不征税收入
	其他无偿划入　确定应税收入	先按政府确定的接收价值计入当期收入，政府没有确定接收价值的，按资产的公允价值计算确定应税收入
股东划入	合同、协议约定作为资本金（包括资本公积）	在会计上已做实际处理的，不计入企业的收入总额，企业应按公允价值确定该项资产的计税基础
	作为收入处理	按公允价值计入收入总额，计算缴纳企业所得税，同时按公允价值确定该项资产的计税基础

（七）不征税收入和免税收入

应税收入=收入总额-不征税收入-免税收入

1. 不征税收入（纳税调减）

（1）财政拨款。

（2）依法收取并纳入财政管理的行政事业性收费、政府性基金。

（3）国务院规定的其他不征税收入，是指企业取得的，由国务院财政、税务主管部门规定专项用途并经国务院批准的财政性资金。

财政性资金，指企业取得的来源于政府及有关部门的财政补助、补贴、贷款贴息以及其他各类财政专项资金。包括直接减免的增值税和即征即退、先征后退、先征后返的各种税收，但不包括企业按规定取得的出口退税款。

【提示】不征税收入由于其收入不能计入应纳税所得额，所以不征税收入用于支出所形成的费用，不得在计算应纳税所得额时扣除；用于支出所形成的资产，其计算的折旧、摊销不得在计算应纳税所得额时扣除。

2. 免税收入（纳税调减）

（1）国债利息收入（见表 4 - 13）。

表 4 - 13　　　　　　　　　　　　　　　国债利息收入

具体情形	税务处理
企业从发行者直接投资购买国债持有至到期	从发行者取得的国债利息收入，全额免征企业所得税
企业到期前转让国债	其持有期间尚未兑付的国债利息收入，免征企业所得税 国债利息收入 = 国债金额 × （适用年利率 ÷ 365）× 持有天数 国债金额：按照国债发行面值或发行价格确定
	转让国债收益（损失）= 企业转让或到期兑付国债取得的价款 - 购买国债成本 - 持有期间尚未兑付的国债利息收入 - 交易过程中相关税费 企业转让国债取得的收益（损失）应计算纳税

【举例 4】甲企业购入的年利率 4.0% 的一年期国债 2 000 万元，持有 180 天时以 2 058 万元转让。请问，该笔交易的应纳税所得额是多少？

【答案】首先，计算出国债利息收入：国债利息收入 = 国债金额 × （适用年利率 ÷ 365）× 持有天数 = 2 000 × （4.0% ÷ 365）× 180 = 39. 45（万元）；

其次，国债利息收入免税，国债转让收入应计入应纳税所得额。

该笔交易的应纳税所得额 = 2 058 - 2 000 - 39. 45 = 18. 55（万元）。

（2）符合条件的居民企业之间的股息、红利等权益性投资收益，是指居民企业直接投资于其他居民企业取得的投资收益。

（3）在中国境内设立机构、场所的非居民企业从居民企业取得与该机构、场所有实际联系的股息、红利等权益性投资收益。

该收益（投资收益）不包含连续持有居民企业公开发行并上市流通的股票不足 12 个月取得的投资收益。

【提示】未上市的居民企业之间的投资，不受一年期限限制。

（4）符合条件的非营利组织的收入——非营利组织的非营利收入。

符合条件的非营利组织下列收入为免税收入：

①接受其他单位或者个人捐赠的收入；

②除《中华人民共和国企业所得税法》第七条规定的财政拨款以外的其他政府补助收入，但不包括因政府购买服务取得的收入；

③按照省级以上民政、财政部门规定收取的会费；

④不征税收入和免税收入孳生的银行存款利息收入；

⑤财政部、国家税务总局规定的其他收入。

【例题 4-7·多选题·2009 年】依据企业所得税优惠政策，下列收入中，属于免税收入的有（　　）。

A. 企业购买国债取得的利息收入

B. 非营利组织从事营利性活动取得的收入

C. 在境内设立机构的非居民企业从非上市居民企业取得与该机构有实际联系的红利收入

D. 在中国境内设立机构的非居民企业连续持有上市公司股票不足 12 个月取得的投资收益

【答案】AC

考点 3　扣除原则和范围（★★★）

（一）税前扣除项目的原则

包括：权责发生制原则、配比原则、相关性原则、确定性原则、合理性原则。

（二）扣除项目的范围

企业实际发生的与取得收入有关的、合理的支出（成本、费用、税金、损失、其他支出）准予扣除。

（1）**成本**是指企业销售商品、提供劳务、转让固定资产、无形资产的成本。

（2）**费用**主要是指企业每一个纳税年度在生产、经营商品及提供劳务等过程中发生的销售费用、管理费用和财务费用，已计入成本的有关费用除外。

其中：销售费用需要注意广告费、业务宣传费是否超支，销售佣金是否符合对象、方式、比例等规定。

管理费用需要注意业务招待费是否超支，保险费是否符合标准。

财务费用需要注意利息费用是否超过标准，借款费用资本化与费用化的区分。

（3）**税金**，是指企业发生的除企业所得税和允许抵扣的增值税以外的各项税金及附加。税金有两种处理方式：一是当期直接扣除；二是计入了资产的成本，慢慢扣除。下面给大家列举出来，不是让大家记忆，稍微了解即可（见表 4-14）。

表 4-14　　　　　　　　　　税金

是否扣除	扣除方式	税金
允许扣除	作为税金扣除	消费税、城建税、教育费附加、资源税、土地增值税、房产税、车船税、城镇土地使用税、印花税、出口关税、环境保护税
	计入相关资本	契税、车辆购置税、进口关税、耕地占用税、不得抵扣的进项税

续表

是否扣除	扣除方式	税金
不得扣除		增值税
		企业所得税、企业为职工负担的个人所得税

（4）**损失**是指企业在生产经营活动中发生的固定资产和存货的盘亏、毁损、报废损失，转让财产损失，呆账损失，坏账损失，自然灾害等不可抗力因素造成的损失以及其他损失。

（5）**其他支出**是指除成本、费用、税金、损失外，企业在生产经营活动中发生的与生产经营活动有关的、合理的支出。

（三）扣除项目及其标准（纳税调增）（见表4-15）

表4-15　　　　　　　　　　扣除项目及其标准

扣除项目	扣除标准
工资、薪金支出	据实扣除。包括工资、奖金、津贴、补贴、年终加薪、加班工资等
职工福利费	工资薪金总额的14%，包括： ①企业内设福利部门（食堂、浴室、医务所、托儿所等）的设备、设施、人员工资社保等； ②为职工卫生保健、生活、住房、交通等所发放的各项补贴和非货币性福利； ③丧葬补助费、抚恤费、安家费、探亲假路费等其他福利等
工会经费	工资薪金总额的2%
职工教育经费	工资薪金总额的8%，超过部分，准予在以后年度结转扣除
社会保险费	①基本"四险一金"可扣除，补充养老保险和补充医疗保险在规定范围内可扣除； ②企业特殊工种职工的人身安全保险费可扣除，符合规定可扣除的商业保险准予扣除； ③企业为投资者或职工支付的商业保险费，不得扣除； ④企业购买的财产保险可扣除
借款费用	企业在生产经营活动中发生的合理的不需要资本化的借款费用，准予扣除；资本化的金额计入资本成本，不得在发生当期扣除
利息费用	①不超过银行同类贷款利息的数额可以据实扣除； ②如果是关联企业的借款，因为利息可以税前扣除，可以避税，为了防止"实股明债"，规定了债股比，金融企业是"5:1"，非金融企业是"2:1"
公益性捐赠支出	①不得超过"年度利润总额（会计利润）"的12%，准予当年扣除；超过12%的部分，准予结转以后三年内扣除； ②不能直接捐赠（指直接将捐赠给予受赠者），要通过公益性社会团体和县级以上人民政府及其组成部门进行捐赠； ③包括：救助困难社会群体和个人；教科文卫体事业；环境保护、公共设施建设；其他社会公共和福利事业； ④用于目标脱贫地区的扶贫捐赠支出，据实扣除
业务招待费	①两个标准：一是实际发生额的60%。二是当年销售（营业）收入的5‰； ②销售收入是"主营业务收入+其他业务收入+视同销售收入"； ③企业筹办期间，发生与筹办有关的招待费，按实际发生额的60%扣除

扣除项目	扣除标准
广告费和业务宣传费	①标准：销售（营业）收入的15%； ②超过部分，可在以后纳税年度结转扣除； ③企业在筹建期间，发生的广告费和业务宣传费支出，可按实际发生额计入企业筹办费，并按有关规定在税前扣除； ④自2021年1月1日至2025年12月31日，对化妆品制造或销售、医药制造和饮料制造（不含酒类）企业发生的广告费和业务宣传费支出，不超过当年销售收入的30%准予扣除，超过部分，准予以后年度结转扣除； ⑤烟草企业的烟草广告费和业务宣传支出，一律不得在计算应纳税所得额时扣除
保险费	企业参加财产保险，按规定缴纳的保险费，可以扣除
手续费和佣金支出	①财产保险企业按全部保费收入扣除退保金后余额的18%，财产保险超额部分，允许结转以后年度扣除； ②其他企业，按收入金额的5%； ③企业以现金等非转账方式支付的手续费及佣金，不得扣除（委托个人代理除外）； ④企业不得将手续费及佣金支出计入回扣、业务提成、返利、进场费等费用

1. 工资、薪金支出（见表4－16）

表4－16　　　　　　　　　　工资、薪金支出

基本原则	合理的工资、薪金支出准予据实扣除
	合理的工资、薪金，是指企业按照股东大会、董事会、薪酬委员会或相关管理机构制定的工资薪金制度规定实际发放给员工的工资薪金
雇佣非正式员工	企业因雇用季节工、临时工、实习生、返聘离退休人员以及接受外部劳务派遣用工所实际发生的费用，应区分为工资薪金支出和职工福利费支出，并按《企业所得税法》规定在企业所得税前扣除 属于工资薪金支出的，准予计入企业工资薪金总额的基数，作为计算其他各项相关费用扣除的依据
劳务派遣用工费用	直接支付给劳务派遣公司的费用：作为劳务费支出
	直接支付给员工个人的费用：作为工资薪金支出和职工福利费支出 其中，属于工资薪金支出的费用，准予计入企业工资薪金总额的基数，作为计算其他各项相关费用扣除的依据
上市公司股权激励	股权激励计划实行后立即可行权：实际行权时公允价格和实际支付价格的差额计入工资薪金
	股权激励计划实行后需要等待的：①在等待期的每个资产负债表日，会计上是要确认费用的，但是税法不认可，因为税法坚持实际支付原则； ②等到可行权日之后，按照每年实际行权的数量，根据公允价值和实际行权支付的价格的差额确认工资薪金支出，可以税前扣除

2. 职工福利费、工会经费、职工教育经费（见表4－17）

表4－17　　　　　　　职工福利费、工会经费、职工教育经费

种类	标准	当年不足抵扣，以后是否还可继续抵扣
职工福利费	工资薪金的14%	×
工会经费	工资薪金的2%	×
职工教育经费	工资薪金的8%	√

（1）软件生产企业发生的职工教育经费中的职工培训费用，**可以全额在企业所得税前扣除**。软件生产企业应准确划分职工教育经费中的职工培训费支出，对于不能准确划分的，以及准确划分后职工教育经费中扣除职工培训费用的余额，一律按照工资薪金总额8%的比例扣除。

（2）核力发电企业为培养核电厂操纵员发生的培养费用，**可作为企业的发电成本在税前扣除**。企业应将核电厂操纵员培训费与员工的职工教育经费严格区分，单独核算，员工实际发生的职工教育经费支出不得计入核电厂操纵员培训费直接扣除。

【举例5】某软件生产企业为居民企业，2021年实际发生的工资支出500万元，职工福利费支出90万元，职工教育经费60万元，其中职工培训费用支出40万元，2021年该企业计算应纳税所得额时，应调增应纳税所得额的金额是多少？

【答案】职工福利费扣除的限额：$500 \times 14\% = 70$（万元），所以90万元中有20万元不得扣除，应调增20万元；

职工教育经费中的职工培训费支出40万元可以全额扣除，剩下的不能超过实际工资支出的8%；$500 \times 8\% = 40$（万元），所以剩下的20万元可全额扣除；

因此，应调整应纳税所得额为20万元。

3. 保险费（见表4-18）

表4-18　　　　　　　　　　　　保险费

种类		扣除标准
财产保险		可以扣除
企业为职工购买的保险	基本保险	按规定标准缴纳的部分可以扣除
	补充保险	在规定范围内可扣除
	商业保险	①企业特殊工种职工的人身安全保险费可扣除，符合规定可扣除的商业保险费准予扣除； ②其他商业保险不得扣除

4. 利息费用（见表4-19）

表4-19　　　　　　　　　　　　利息费用

扣除方式	适用范围		扣除标准
据实扣除	①非金融企业向金融企业借款的利息支出； ②金融企业的各项存款利息支出； ③金融企业的同业拆借利息支出； ④企业经批准发行债券的利息支出		按实际发生数据实扣除
限额扣除	利率限制	①非金融企业向无关联关系的非金融企业借款的利息支出； ②向无关联关系的自然人借款的利息支出	不超过按照金融企业同期同类贷款利率计算的数额的部分可据实扣除，超过部分不得扣除

续表

扣除方式		适用范围	扣除标准
限额扣除	利率限制 + 本金限制	①向**关联**方借款的利息支出；②向**股东**或其他与企业有关联关系的自然人借款的利息支出。【提示】企业能证明关联方相关交易活动符合独立交易原则的，或者该企业的实际税负不高于境内关联方的，实际支付给关联方的利息支出，在计算应纳税所得额时准予扣除	①利率限制：金融企业同期同类贷款利率；②本金限制（债股比）：金融企业为 5∶1 其他企业为 2∶1

【举例6】某公司2021年度"财务费用"账户中利息包含2笔，一笔为以年利率8%向银行借入的9个月期的生产用周转资金300万元的借款利息；另一笔为10.5万元的向非金融企业借入的与银行借款同期的生产用周转资金100万元的借款利息。该公司2021年度在计算应纳税所得额时可扣除的利息费用是多少？

【答案】可扣除的银行利息费用 =300×8%÷12×9=18（万元）；向非金融企业借入款项可扣除的利息费用限额=100×8%÷12×9=6（万元）<10.5万元，只可按照限额扣除。可税前扣除的利息费用合计=18+6=24（万元）。

【举例7】某电器生产企业为增值税一般纳税人，接受境内关联企业甲公司权益性投资金额2 000万元。2021年以年利率6%向甲公司借款5 000万元，支付利息300万元计入财务费用，金融机构同期同类贷款利率为5%。该企业实际税负高于甲公司，并无法提供资料证明其借款活动符合独立交易原则。计算利息支出应调整的应纳税所得额。

【答案】

债股比例为5 000÷2 000=2.5，大于标准比例2；

准予税前扣除的借款利息=2 000×2×5%=200（万元）；

纳税调增所得额=300-200=100（万元）；

5. 业务招待费（60%，5‰）（见表4-20）

表4-20　　　　　　　　　业务招待费

扣除标准	孰低原则	①实际发生额的60%；②当年销售（营业）收入的5‰
	销售收入	①包括：销售货物收入、劳务收入、利息收入、租金收入、特许权使用费收入、视同销售收入等，但不得扣除现金折扣。即：会计"主营业务收入"+会计"其他业务收入"+税法"视同销售收入"②不包括：增值税税额；③业务招待费、广告费税前扣除限额的依据相同
	超过部分	**当年不能扣除的部分，以后年度不得继续抵扣**
特殊规定	筹建期间	发生的与筹办活动有关的业务招待费支出，可按实际发生额的60%计入企业筹办费，并按有关规定在税前扣除
	股权投资企业	对从事股权投资业务的企业（包括集团公司总部、创业投资企业等），其从被投资企业所分配的股息、红利以及股权转让收入，可按规定比例计算业务招待费扣除限额

【举例8】甲企业2021年销售货物收入5 000万元，出租包装物收入500万元，将本企业的一批存货送给合作伙伴，该批存货的公允价值是800万元，出售固定资产取得收入300万元，捐赠收入20万元，甲企业当年实际发生业务招待费50万元，该企业当年可在所得税前列支的业务招待费金额是多少？

【答案】计算招待费的扣除限额的基数 = 5 000 + 500 + 800 = 6 300（万元）；

因为基数包括：主营业务收入、其他业务收入和视同销售收入

"业务招待费"有两个标准：一是发生额的60%；二是销售（营业）收入的5‰；

发生额的60%：50 × 60% = 30（万元）；

销售（营业）收入的5‰：6 300 × 5‰ = 31.5（万元）。

所以扣除金额应该是30万元！

6. 广告费和业务宣传费（15%）（见表4 – 21）

表4 – 21　　　　　　　　　　　　　　广告费和业务宣传费

一般规定	扣除标准	不超过当年销售（营业）收入15%的部分，允许扣除
	超过部分	准予在以后纳税年度结转扣除
特殊规定	筹建期间	可按实际发生额计入企业筹办费，并按有关规定在税前扣除
	特殊企业	自2021年1月1日起~2025年12月31日止，对化妆品制造或销售、医药制造和饮料制造（不含酒类制造）企业发生的广告费和业务宣传费支出，不超过当年销售收入30%的部分，准予扣除 超过部分，准予在以后纳税年度结转扣除
	不得扣除	①烟草企业的烟草广告费和业务宣传费支出，一律不得在计算应纳税所得额时扣除； ②非广告性质的赞助支出不得税前扣除

【举例9】甲企业2021年销售商品收入5 000万元，视同销售收入1 000万元，出售固定资产收入100万元，当年发生广告费和业务宣传费980万元，请问能够扣除的金额是多少？

【答案】扣除的金额 = （5 000 + 1 000）× 15% = 900（万元）。

7. 公益性捐赠支出（会计利润的12%）（见表4 – 22）

表4 – 22　　　　　　　　　　　　　　公益性捐赠支出

扣除限额	不超过年度利润总额（指会计利润）12%的部分准予扣除
超过部分	准予以后3年内在计算应纳税所得额时结转扣除
捐赠要求	捐赠必须通过公益性社会团体或县级以上人民政府及其部门，公益性群众团体直接捐赠不得扣除 直接捐赠是指直接将捐赠给予受捐赠者
特殊规定	自2019年1月1日至2022年12月31日，企业通过公益性社会组织或者县级（含县级）以上人民政府及其组成部门和直属机构，用于目标脱贫地区的扶贫捐赠支出，准予在计算企业所得税应纳税所得额时据实扣除

【举例10】甲企业在2021年营业收入3 000万元，营业成本2 200万元，税金及附加100万元，发生的"三费"合计400万元，营业外收入100万元，营业外支出80万元（其中，符合规定的非扶贫公益性捐赠支出60万元），2020年尚未弥补完的亏损仍有20万元结转到

2021 年弥补。求 2021 年甲企业应纳税所得额是多少？

【答案】

计算会计利润：3 000 − 2 200 − 100 − 400 + 100 − 80 = 320（万元）；

捐赠扣除限额 = 320 × 12% = 38.4（万元）；

当年应纳税所得额 = 320 +（60 − 38.4）− 20 = 321.6（万元）。

8. 资产损失

（1）企业当期发生的固定资产和流动资产盘亏、毁损净损失，由其提供清查盘存资料经主管税务机关审核后，准予扣除；

$$税前可扣除的资产损失资产成本 + 转出进项责任人赔偿保险赔款$$

（2）企业因资产盘亏、毁损、报废等原因不得从销项税额中抵扣的进项税额，应视同企业资产损失，准予与资产损失一起在所得税前按规定扣除。

9. 手续费及佣金支出

（1）企业发生的与其经营活动有关的手续费及佣金支出有计算基数和开支比例限制（见表 4 − 23）。

表 4 − 23 手续费及佣金支出

扣除方式	企业类型	扣除规定
扣除限额	保险企业	不超过当年全部保费收入扣除退保金等后余额的 18%（含本数）的部分，在计算应纳税所得额时准予扣除；超过部分，允许结转以后年度扣除
	电信企业	在发展客户、拓展业务过程中向经纪人、代办商支付的手续费及佣金的，不超过企业当年收入总额 5% 部分，准予扣除
	其他企业	按与具有合法经营资格中介服务机构或个人所签订服务协议或合同确认的收入金额的 5% 计算限额
据实扣除	从事代理服务企业	从事代理服务、主营业务收入为手续费、佣金的企业（如证券、期货、保险代理等企业），其为取得该类收入而实际发生的营业成本（包括手续费和佣金支出），准予在企业所得税前据实扣除

（2）除委托个人代理外，企业以现金等非转账方式支付的手续费及佣金不得在税前扣除。

（3）企业不得将手续费和佣金支出计入回扣、业务提成、返利、进场费等费用。

（4）资本化的手续费不得当期扣除：企业已计入固定资产、无形资产等相关资产的手续费及佣金支出，应当通过折旧、摊销等方式分期扣除，不得在发生当期直接扣除。

10. 支持新型冠状病毒感染的肺炎疫情捐赠税收政策（2022 年新增）

（1）企业通过公益性社会组织或者县级以上人民政府及其部门等国家机关，捐赠用于应对新型冠状病毒感染的肺炎疫情的现金和物品，允许在计算应纳税所得额时全额扣除。

（2）企业直接向承担疫情防治任务的医院捐赠用于应对新型冠状病毒感染的肺炎疫情的物品，允许在计算应纳税所得额时全额扣除。

（3）捐赠人凭承担疫情防治任务的医院开具的捐赠接收函办理税前扣除事宜。

11. 关于可转换债券为股权投资的税务处理（2022 年新增）

（1）购买方企业的税务处理

①购买方企业购买可转换债券，在其持有期间按照约定利率取得的利息收入，应当依法申

报缴纳企业所得税；

②购买方企业可转换债券转换为股票时，将应收未收利息一并转为股票的，该应收未收利息即使会计上未确认收入，税收上也应当作为当期利息收入申报纳税；转换后以该债券购买价、应收未收利息和支付的相关税费为该股票投资成本。

（2）发行方企业的税务处理

①发行方企业发生的可转换债券的利息，按照规定在税前扣除；

②发行方企业按照约定将购买方持有的可转换债券和应付未付利息一并转为股票的，其应付未付利息视同已支付，按照规定在税前扣除。

考点4　不得扣除的项目（★★★）

计算应纳税所得额时不得扣除的项目（纳税调增）：

（1）向投资者支付的股息、红利等权益性投资收益款项；

（2）企业所得税税款；

（3）税收滞纳金；

（4）罚金、罚款和被没收财物的损失；

（5）超过规定标准的捐赠支出；

（6）赞助支出（指企业发生的各种与经营活动无关的非广告性质支出）；

（7）未经核定的准备金支出（指不符合国务院财政、税务主管部门规定而提取的各项资产减值准备、风险准备等准备金）；

（8）企业之间支付的管理费、企业内营业机构之间支付的租金和特许权使用费，以及非银行企业内营业机构之间支付的利息；

（9）与取得收入无关的其他支出。

> 【例题4-8·单选题·2017年】下列支出在计算企业所得税应纳税所得额时，准予按规定扣除的是（　　）。
> A. 企业之间发生的管理费支出
> B. 企业筹建期间发生的广告费支出
> C. 企业内营业机构之间发生的特许权使用费支出
> D. 企业内营业机构之间发生的租金支出
> 【答案】B
> 【解析】选项ACD错误，企业之间支付的管理费、企业内营业机构之间支付的租金和特许权使用费，以及非银行企业内营业机构之间支付的利息，不得在企业所得税前扣除。

考点5　亏损弥补（★）

（1）可弥补的亏损是税法口径应纳税所得额的负数，五年内可以弥补。同时，境外营业机构的亏损不得抵减境内营业机构的盈利。

【提示】这个五年内可以弥补，是指亏损年度后面连续五年，不是指盈利年度的五年，也就是五年内不能弥补完的亏损，以后不得再弥补。

（2）当年具备高新技术企业或科技型中小企业资格的企业，其具备资格年度之前 5 个年度发生的尚未弥补完的亏损，准予结转以后年度弥补，最长结转年限由 5 年延长至 10 年。

（3）（2022 年新增）受疫情影响较大的困难行业企业 2020 年度发生的亏损，最长结转年限由 5 年延长至 8 年。

困难行业：包括交通运输、餐饮、住宿、旅游（指旅行社及相关服务、游览景区管理两类）四大类。困难行业企业 2020 年度主营业务收入须占收入总额（剔除不征税收入和投资收益）的 50% 以上。

【举例 11】大海商贸企业 2012 年成立至 2018 年的 7 年间弥补亏损前的应纳税所得额情况，如表 4 - 24 所示：

表 4 - 24　　　　　　　　　　　　　应纳税所得额情况

项目	2012 年	2013 年	2014 年	2015 年	2016 年	2017 年	2018 年
亏损弥补前的应纳税所得额	-100	20	-20	30	10	30	90

计算 2018 年应纳税所得额是多少？

【答案】2012 年应纳税所得额为 -100 万元，可以用未来 5 年的盈利弥补。2013 ~ 2017 年盈利年份的盈利 = 20 + 30 + 10 + 30 = 90（万元），故 2012 年的亏损可用这 5 年中盈利年份的盈利进行弥补，且弥补后仍有剩余。

2018 年时，2012 年的亏损额已经超过了可弥补年限，故 2018 年的盈利不能再弥补 2012 年的亏损，但这个时候，我们可以用来弥补 2014 年的亏损。

2018 年应纳税额 = (90 - 20) × 25% = 17.5（万元）。

考点6　资产的税务处理（★★）

所谓资产的税务处理，是指这些资产以什么形式计入费用的问题，比如通过折旧、摊销等。

所谓资产的计税基础，可以简单地理解为税法中资产的账面价值。

（一）固定资产的税务处理

1. 固定资产折旧的范围

固定资产不得计算折旧扣除包括：

（1）房屋、建筑物以外未投入使用的固定资产；

（2）以经营租赁方式租入的固定资产；

（3）以融资租赁方式租出的固定资产；

（4）已足额提取折旧仍继续使用的固定资产；

（5）与经营活动无关的固定资产；

（6）单独估价作为固定资产入账的土地（摊销）；

（7）其他不得计算折旧扣除的固定资产。

【提示】税法规定的折旧范围跟会计规定有些不一样，不要混淆。比如会计规定所有资产都要折旧，但是税法规定"房屋、建筑物以外未投入使用的固定资产不用折旧"。

【例题 4-9·单选题·2009 年】依据企业所得税的相关规定，下列表述中，正确的是（　　）。

A. 企业未使用的房屋和建筑物，不得计提折旧

B. 企业以经营租赁方式租入的固定资产，应当计提折旧

C. 企业盘盈的固定资产，以该固定资产的原值为计税基础

D. 企业自行建造的固定资产，以竣工结算前发生的支出为计税基础

【答案】D

【解析】

选项 A 错误，企业未使用的房屋和建筑物，也要计提折旧。

选项 B 错误，企业以经营租赁方式租入的固定资产，不得计提折旧。

选项 C 错误，企业盘盈的固定资产，应该以重置成本作为计税基础。

2. 固定资产折旧的计提方法（次月）

（1）企业应当自固定资产投入使用月份的次月起计算折旧；停止使用的固定资产，应当自停止使用月份的次月起停止计算折旧。

（2）企业应当根据固定资产的性质和使用情况，合理确定固定资产的预计净残值。固定资产的预计净残值一经确定，不得变更。

（3）固定资产按照直线法计算的折旧，准予扣除。

3. 固定资产折旧的计提年限

除国务院财政、税务主管部门另有规定外，固定资产计算折旧的最低年限如下：

（1）房屋、建筑物，为 20 年；

（2）飞机、火车、轮船、机器、机械和其他生产设备，为 10 年；

（3）与生产经营活动有关的器具、工具、家具等，为 5 年；

（4）飞机、火车、轮船以外的运输工具，为 4 年；

（5）电子设备，为 3 年。

4. 固定资产折旧的企业所得税处理

（1）企业按会计规定提取的固定资产减值准备，不得税前扣除，其折旧仍按税法规定的固定资产计税基础计算扣除。

（2）税法与会计折旧年限差异处理：

①会计年限＜税法最低年限，会计折旧费＞税法折旧费：差额纳税调增；

②会计年限＞税法最低年限，会计折旧费＜税法折旧费：按会计折旧年限计算扣除；

③会计年限已满，税法最低年限未到且税收折旧尚未足额扣除，尚未足额扣除的折旧可在剩余年限继续扣除，会计折旧费 0＜税法折旧费：差额纳税调减。

（3）企业按税法规定实行加速折旧的，其按加速折旧办法计算的折旧额可全额在税前扣除。

5. 企业所得税核定征收改为查账征收后有关资产的税务处理（2022 年新增）

（1）企业能够提供资产购置发票的，以发票载明金额为计税基础；不能提供资产购置发票的，可以凭购置资产的合同（协议）、资金支付证明、会计核算资料等记载金额，作为计税基础。

（2）企业核定征税期间投入使用的资产，改为查账征税后，按照税法规定的折旧、摊销年限，扣除该资产投入使用年限后，就剩余年限继续计提折旧、摊销额并在税前扣除。

6. 文物、艺术品资产的税务处理（2022年新增）

企业购买的文物、艺术品用于收藏、展示、保值增值的，作为投资资产进行税务处理。文物、艺术品资产在持有期间，计提的折旧、摊销费用，不得在税前扣除。

（二）无形资产的税务处理

在计算应纳税所得额时，企业按照规定计算的无形资产摊销费用，准予扣除。

1. 下列无形资产不得计算摊销费用扣除

（1）自行开发的支出已在计算应纳税所得额时扣除的无形资产；

（2）自创商誉；

（3）与经营活动无关的无形资产；

（4）其他不得计算摊销费用扣除的无形资产。

2. 无形资产的摊销

直线法计算；摊销年限不得低于10年。

（三）长期待摊费用的税务处理

长期待摊费用，是指企业发生的应在1个年度以上或几个年度进行摊销的费用。在计算应纳税所得额时，企业发生的下列支出作为长期待摊费用，按照规定摊销的，准予扣除。

（1）已足额提取折旧的固定资产的改建支出。

（2）租入固定资产的改建支出。

（3）固定资产的大修理支出。

（4）其他应当作为长期待摊费用的支出。

其中，企业所得税法所指固定资产的大修理支出，是指同时符合下列条件的支出：

（1）修理支出达到取得固定资产时的计税基础50%以上。

（2）修理后固定资产的使用年限延长2年以上。

其他应当作为长期待摊费用的支出，自支出发生月份的次月起，分期摊销，摊销年限不得低于3年。

【例题4-10·多选题·2017年】下列支出中，可作为长期待摊费用核算的有（　　）。

A. 固定资产的大修理支出

B. 租入固定资产的改建支出

C. 已足额提取折旧的固定资产的改建支出

D. 接受捐赠固定资产的改建支出

【答案】ABC

（四）投资资产的税务处理

投资资产，是指企业对外进行权益性投资和债权性投资而形成的资产。

1. 投资资产成本的扣除方法

企业对外投资期间，投资资产的成本在计算应纳税所得额时不得扣除，企业在转让或者处置投资资产时，投资资产的成本准予扣除。

2. 投资企业撤回或减少投资的税务处理（见表4-25）

表4-25　　　　　　　　投资企业撤回或减少投资的税务处理

项目	所得类型	税务处理
初始投资成本	投资收回	不征收企业所得税
被投资企业累计未分配利润和累计盈余公积按减少实收资本比例计算的部分	股息所得	征收企业所得税（符合条件的居民企业的股息、红利等权益性投资收益，则免税）
其余部分	投资资产转让所得	征收企业所得税

被投资企业发生的经营亏损，由被投资企业按规定结转弥补；投资企业不得调整减低其投资成本，也不得将其确认为投资损失。

考点7　资产损失税前扣除的所得税处理（★）

（一）资产损失的定义

资产损失，是指企业在生产经营活动中实际发生的、与取得应税收入有关的资产损失，包括现金损失，存款损失，坏账损失，贷款损失，股权投资损失，固定资产和存货的盘亏、毁损、报废、被盗损失，自然灾害等不可抗力因素造成的损失以及其他损失。

（二）资产损失扣除政策（见表4-26）

表4-26　　　　　　　　资产损失扣除政策

损失项目	损失原因	可确认损失
现金损失	短缺	短缺额减除责任人赔偿后的余额
货币性存款	存入的法定机构依法破产、清算或政府责令停业、关闭	确定不能收回的部分确认损失
坏账损失——除贷款类债权外的应收、预付账款	①债务人依法宣告破产、关闭、解散、被撤销，或者被依法注销、吊销营业执照，其清算财产不足清偿的；②债务人死亡，或者依法被宣告失踪、死亡，其财产或者遗产不足清偿的；③债务人逾期3年以上未清偿，且有确凿证据证明已无力清偿债务的；④与债务人达成债务重组协议或法院批准破产重整计划后，无法追偿的；⑤因自然灾害、战争等不可抗力导致无法收回的；⑥国务院财政、税务主管部门规定的其他条件	减除可收回金额后确认
股权投资损失	①被投资方依法宣告破产、关闭、解散、被撤销，或者被依法注销、吊销营业执照的；②被投资方财务状况严重恶化，累计发生巨额亏损，已连续停止经营3年以上，且无重新恢复经营改组计划的；③对被投资方不具有控制权，投资期限届满或者投资期限已超过10年，且被投资单位因连续3年经营亏损导致资不抵债的；④被投资方财务状况严重恶化，累计发生巨额亏损，已完成清算或清算期超过3年以上的	减除可收回金额后确认的无法收回的股权投资，可以作为股权投资损失在计算应纳税所得额时扣除

续表

损失项目	损失原因	可确认损失
固定资产或存货	企业盘亏	以该固定资产的账面净值或存货的成本减除责任人赔偿后的余额
	企业被盗	以该固定资产的账面净值或存货的成本减除保险赔款和责任人赔偿后的余额
	企业毁损、报废	以该固定资产的账面净值或存货的成本减除残值、保险赔偿和责任人赔偿后的余额
其他	①企业因存货盘亏、毁损、报废、被盗等原因不得从增值税销项税额中抵扣的进项税额，可以与存货损失一起在计算应纳税所得额时扣除； ②企业在计算应纳税所得额时已经扣除的资产损失，在以后纳税年度全部或者部分收回时，其收回部分应当作为收入计入收回当期的应纳税所得额； ③企业境内、境外营业机构发生的资产损失应当分开核算，对境外营业机构由于发生资产损失而产生的亏损，不得在计算境内应纳税所得额时扣除	

（三）资产损失税前扣除管理

（1）实际资产损失：指企业在实际处置、转让上述资产过程中发生的合理损失——在实际发生且会计上已作损失处理的年度申报扣除。

（2）法定资产损失：指企业虽未实际处置、转让上述资产，但符合规定条件计算确认的损失——企业证据资料证明该项资产已符合法定资产损失确认条件，且会计上已作损失处理的年度申报扣除。

考点8 企业重组的所得税处理（★★）

彬哥解读

所谓企业重组，这是一个很宽泛的概念，本考点要解决的问题就是企业重组可能影响的应纳税所得额问题，举例简单说明一下本章可能涉及的难点：

假设A企业收购B企业，B企业的账面价值是4 000万元，但是公允价值为6 000万元，假设A企业按照公允价值6 000万元进行收购，这时B企业的股东盈利2 000万元，需要缴纳税款，同时A企业收购的B企业的计税基础是6 000万元。

那么假设满足一定的条件，可以免税合并，这时B企业的股东无须就2 000万元的盈利缴纳税款，A企业收购的B企业的计税基础是原来的账面价值，为4 000万元。

由上面的分析我们可以看出，我们需要知道几个事情：

（1）什么是免税合并，免税合并的构成条件；

（2）对于每种类型的企业重组的一些特殊规定。

（一）企业重组的定义

是指企业在日常经营活动以外发生的法律结构或经济结构重大改变的交易，包括：企业法律形式改变、债务重组、股权收购、资产收购、合并、分立等。

（二）企业重组的一般性税务处理

所谓一般性税务处理就是指正常交易的税务处理，双方以公允价值为基础进行交易，卖方就收益需要计入应纳税所得额缴税，买方买入的资产要以公允价值作为计税基础（见表4－27）。

表4－27　企业重组的一般性税务处理

企业性质改变	改变方式	企业由法人转变为个人独资企业、合伙企业等非法人组织 将登记注册地转移至中华人民共和国境外（包括港澳台地区）
	税务处理	应视同企业进行清算、分配，股东重新投资成立新企业 企业的全部资产以及股东投资的计税基础均应以公允价值为基础确定
企业债务重组	形式	非货币性资产清偿债务	应当分解为转让相关非货币性资产、按非货币性资产公允价值清偿债务两项业务
		债权转股权	应当分解为债务清偿和股权投资两项业务
	税务处理	债务人	支付的债务清偿额＜债务计税基础的差额：债务重组所得
		债权人	收到的债务清偿额＜债权计税基础的差额：债务重组损失
股权、资产收购重组	①被收购方应确认股权、资产转让所得或损失； ②收购方取得股权或资产的计税基础应以公允价值为基础确定； ③被收购企业的相关所得税事项原则上保持不变		
企业合并	①合并企业应按公允价值确定接受被合并企业各项资产和负债的计税基础； ②被合并企业及其股东都应按清算进行所得税处理； ③被合并企业的亏损不得在合并企业结转弥补		
企业分立	①被分立企业对分立出去的资产应按公允价值确认资产转让所得或损失； ②分立企业应按公允价值确认接受资产的计税基础； ③被分立企业继续存在时，其股东取得的对价应视同被分立企业分配进行处理； ④被分立企业不再继续存在时，被分立企业及其股东都应按清算进行所得税处理； ⑤企业分立相关企业的亏损不得相互结转弥补		

【举例12】A企业与B公司达成债务重组协议，A企业以一批库存商品抵偿所欠B公司半年前发生的债务165万元，该批库存商品的账面成本为130万元，市场不含税销售价为140万元。

【答案】

①财产转让所得＝140－130＝10（万元）；

②债务重组收入——税法中"其他收入"＝165－140－140×13%＝6.8（万元）；

③该项重组业务应纳企业所得税＝（10＋6.8）×25%＝4.2（万元）。

【例题4－11·多选题·2017年】下列关于企业股权收购重组的一般性税务处理的表述中，正确的有（　　　）。

A. 被收购方应确认股权的转让所得或损失

B. 被收购企业的相关所得税事项原则上保持不变

C. 收购方取得被收购方股权的计税基础以被收购股权的原有计税基础确定

D. 收购方取得股权的计税基础应以公允价值为基础确定

【答案】ABD

【解析】企业重组一般性税务处理办法下，企业股权收购、资产收购重组交易，相关交易应按以下规定处理：①被收购方应确认股权、资产转让所得或损失；②收购方取得股权或资产的计税基础应以公允价值为基础确定；③被收购企业的相关所得税事项原则上保持不变。

（三）企业重组的特殊性税务处理方法

1. 企业重组同时符合下列条件的，适用特殊性税务处理规定：

（1）具有合理的商业目的，且不以减少、免除或者推迟缴纳税款为主要目的。

（2）被收购、合并或分立部分的资产或股权比例符合规定的比例（50%）。

（3）企业重组后的连续12个月内不改变重组资产原来的实质性经营活动。

（4）重组交易对价中涉及股权支付金额符合规定比例（85%）。

（5）企业重组中取得股权支付的原主要股东，在重组后连续12个月内，不得转让所取得的股权。

2. 企业重组符合规定的5个条件的，交易各方对其交易中的股权支付部分的税务处理：

（1）可以采用特殊性税务处理的情形（见表4-28）。

表4-28　　　　　　　　　　可以采用特殊性税务处理的情形

债务重组	一般情况	债务重组确认的应纳税所得额占该企业当年应纳税所得额的50%以上，可以在5个纳税年度的期间内，均计入各年度的应纳税所得额
	债转股	暂不确认所得或损失，股权投资的计税基础以原债权的计税基础确定
股权收购		收购企业购买的股权不低于被收购企业全部股权的50%，且收购企业在该股权收购发生时的股权支付金额不低于其交易支付总额的85%
资产收购		受让企业收购的资产不低于转让企业全部资产的50%，且受让企业在该资产收购发生时的股权支付金额不低于其交易支付总额的85%
合并		企业股东在该企业合并发生时取得的股权支付金额不低于其交易支付总额的85%，以及同一控制下且不需要支付对价的企业合并
分立		被分立企业所有股东按原持股比例取得分立企业的股权，分立企业和被分立企业均不改变原来的实质经营活动，且被分立企业股东在该企业分立发生时取得的股权支付金额不低于其交易支付总额的85%

（2）特殊性处理的方式（见表4-29）。

表 4 - 29　　　　　　　　　　　　　　　　特殊性处理的方式

类型	具体规定
股权支付部分	暂不确认有关资产的转让所得或损失，按原计税基础确认资产或负债的计税基础
非股权支付部分	按公允价值确认资产的转让所得或损失，按公允价值确认资产或负债的计税基础
非股权支付对应的资产转让所得或损失 = (被转让资产的公允价值 - 被转让资产的计税基础) × (非股权支付金额 ÷ 被转让资产的公允价值)——以公允价值计算比例	

【举例 13】甲公司将 80% 持股的某子公司股权全部转让，取得股权对价 300 万元，取得现金对价 20 万元。该笔股权的历史成本为 200 万元，转让时的公允价值为 320 万元。该子公司的留存收益为 50 万元。此项重组业务已办理了特殊重组备案手续。计算上述业务的纳税调整额。

【答案】

①非股权支付额比例 = 20 ÷ 320 = 6.25%；

②非股权支付对应的资产转让所得 = (320 - 200) × (20 ÷ 320) = 7.5（万元）；

③纳税调减所得额 = (320 - 200) - 7.5 = 112.5（万元）。

【举例 14】甲公司共有股权 1 000 万股，为了将来有更好的发展，将 80% 的股权让乙公司收购，然后成为乙公司的子公司。假定收购日甲公司每股资产的计税基础为 7 元，每股资产的公允价值为 9 元。在收购对价中乙公司以股权形式支付 6 480 万元，以银行存款支付 720 万元。甲公司此项业务的应纳税所得额为多少？

【答案】甲公司取得非股权支付额对应的资产转让所得计算思路如下：

①从股权收购比重以及股权支付金额占交易额的比重看是否适用于特殊税务处理；

股权收购比重 = 80%，大于规定的 50%；股权支付金额占交易额的比重 = 6 480 ÷ (6 480 + 720) = 90%，大于规定的 85%；适用企业重组的特殊性税务处理方法。

②计算公允价值中的高于原计税基础的增加值 = 1 000 × 80% × (9 - 7) = 1 600（万元）；

③计算非股权支付比例 = 720 ÷ (6 480 + 720) = 10%；

④甲公司取得股权支付额对应的所得不确认损益，但是非股权支付额对应的收益应确认资产转让所得 = 1 600 × 10% = 160（万元）。

（3）企业合并、分立过程中亏损的处理（见表 4 - 30）。

表 4 - 30　　　　　　　　　　　　企业合并、分立过程中亏损的处理

类型		税务处理
企业合并	一般情况	被合并企业的亏损不得在合并企业结转弥补
	特殊情况	可由合并企业弥补的被合并企业亏损的限额 = 被合并企业净资产公允价值 × 截至合并业务发生当年年末国家发行的最长期限的国债利率
企业分立	一般情况	企业分立相关企业的亏损不得相互结转弥补
	特殊情况	被分立企业未超过法定弥补期限的亏损额可按分立资产占全部资产的比例进行分配，由分立企业继续弥补

【举例 15】甲企业合并乙企业，采用特殊性税务处理，乙企业尚未弥补的亏损 100 万元，乙企业资产账面价值 800 万元，公允价值 900 万元，负债 400 万元。截至合并业务发生当年年末国家发行的最长期限的国债利率为 4%。可由合并后的甲企业弥补的亏损是多少？

【答案】

乙企业净资产公允价值 ＝ 900 － 400 ＝ 500（万元）

可由合并后的甲企业弥补的亏损限额 ＝ 500 × 4% ＝ 20（万元）

实际弥补 20 万元

如果甲企业尚未弥补的亏损 15 万元，则可以由合并后的甲企业弥补的亏损为 15 万元。

考点9 税收优惠（★★★）

（一）免征与减征优惠（见表 4－31）

表 4－31   免征与减征优惠

免征	从事农、林、牧、渔业项目的所得	
减半征收	①花卉、茶以及其他饮料作物和香料作物的种植；②海水养殖、内陆养殖	
三免三减半	自项目取得第一笔生产经营收入所属纳税年度起，1~3 年免征企业所得税，4~6 年减半征收	
	公共基础设施	企业从事国家重点扶持的公共基础设施项目的投资经营的所得
	环境保护、节能节水	从事符合条件的环境保护、节能节水项目的所得
技术转让所得	一般规定	一个纳税年度内，居民企业转让技术所有权所得不超过 500 万元的部分，免征企业所得税；超过 500 万元的部分，减半征收企业所得税。技术转让所得 ＝ 技术转让收入 － 技术转让成本 － 相关税费
		【提示】技术转让收入是指当事人履行技术转让合同后获得的价款，不包括销售或转让设备、仪器、零部件、原材料等非技术性投入
	不享受减免情形	居民企业从直接或间接持有股权之和达到 100% 的关联方取得的技术转让所得

【举例 16】甲企业转让一专利权，取得收入 900 万元，其专利权账面净值为 300 万元，不考虑相关税费，请问甲企业就这笔专利权转让确认的征税收入是多少？

【答案】转让技术所得 ＝ 900 － 300 ＝ 600（万元）

【解析】600 万元的所得中的 500 万元免税，超过 500 万元的部分减半征税，因此，只需要就 50 万元征税。

【例题 4－12·单选题·2013 年】企业从事下列项目取得的所得中，减半征收企业所得税的是（   ）。

A. 饲养家禽 　　　　　　　　　B. 远洋捕捞

C. 海水养殖 　　　　　　　　　D. 种植中药材

【答案】C
【解析】选项 ABD 免征企业所得税。

（二）税率优惠（见表 4 - 32）

表 4 - 32　　　　　　　　　　　　　　　　税率优惠

15%	高新技术企业	国家重点扶持的高新技术企业减按 15% 的税率征收企业所得税。 高新技术企业资格期满当年，在通过重新认定前，其企业所得税暂按 15% 的税率预缴，在年底前仍未取得高新技术企业资格的，应按规定补缴相应期间的税款
	技术先进型服务企业	全国范围内对经认定的技术先进型服务企业，减按 15% 的税率征收企业所得税
	从事污染防治的第三方企业	自 2019 年 1 月 1 日起至 2021 年 12 月 31 日，对符合条件的从事污染防治的第三方企业，减按 15% 的税率征收企业所得税
	海南自由贸易港企业　一般情况	自 2020 年 1 月 1 日起至 2024 年 12 月 31 日，对注册在海南自由贸易港并实质性运营的鼓励类产业企业，减按 15% 的税率征收企业所得税
	海南自由贸易港企业　特例免税	对在海南自由贸易港设立的旅游业、现代服务业、高新技术产业企业新增境外直接投资取得的所得，免征企业所得税
10%	非居民企业　一般情况	在中国境内未设立机构、场所的，或者虽设立机构、场所但取得的所得与所设机构、场所没有实际联系的企业，减按 10% 的税率征收企业所得税
	非居民企业　特例免税	非居民企业取得下列所得免征企业所得税： ①外国政府向中国政府提供贷款取得的利息所得； ②国际金融组织向中国政府和居民企业提供优惠贷款取得的利息所得

【例题 4 - 13 · 多选题 · 2014 年 A 卷】下列利息所得中，免征企业所得税的有（　　　）。
A. 外国政府向中国政府提供贷款取得的利息所得
B. 国际金融组织向中国政府提供优惠贷款取得的利息所得
C. 国际金融组织向中国居民企业提供优惠贷款取得的利息所得
D. 外国银行的中国分行向中国居民企业提供贷款取得的利息所得
【答案】ABC
【解析】非居民企业取得下列所得免征企业所得税：
①外国政府向中国政府提供贷款取得的利息所得（选项 A 正确）。
②国际金融组织向中国政府和居民企业提供优惠贷款取得的利息所得（选项 BC 正确）。
③经国务院批准的其他所得。

（三）小型微利企业税收优惠（2022 年调整）

小型微利企业减按 20% 的税率征收企业所得税。小型微利企业的条件如表 4 - 33 所示。

1. 认定标准（见表4-33）

表4-33　　　　　　　　　　　认定标准

认定标准	具体要求（同时满足）
企业性质	只限居民企业
行业要求	从事国家非限制和禁止行业
盈利水平	年度应纳税所得额≤300万元
从业人数	≤300人
资产总额	≤5 000万元

（1）从业人数，包括与企业建立劳动关系的职工人数和企业接受的劳务派遣用工人数。

（2）从业人数和资产总额指标应按企业全年的季度平均值确定，计算公式为：

$$季度平均值=（季初值+季末值）÷2$$
$$全年季度平均值=全年各季度平均值之和÷4$$

2. 小型微利企业的税额计算（见表4-34）

表4-34　　　小型微利企业的税额计算（2019年1月1日~2021年12月31日）

年应纳税所得额	优惠	税额计算
低于100万元（含）的部分	所得额减按25%	应纳税额=所得额×25%×20%
超过100万元但不超过300万元的部分	所得额减按50%	应纳税额=所得额×50%×20%
提示：分段计算，0~100万元~300万元，各段相加。		

（2022年新教材调整）2021年1月1日至2022年12月31日，对小型微利企业和个体工商户年应纳税所得额不超过100万元的部分，在现行优惠政策基础上，再减半征收所得税。即减按12.5%计入应纳税所得额，按20%的税率缴纳企业所得税。

【例题4-14·单选题·2020年】某企业成立于2019年5月，其财务人员于2020年4月向聘请的注册会计师咨询可享受企业所得税优惠政策的小型微利企业认定标准。财务人员的下列表述中，符合税法规定的是（　　）。

A. 小型微利企业优惠政策可适用于限制性行业

B. 年度中间开业的小型微利企业从下一实际经营期开始确定相关指标

C. 计算小型微利企业从业人数指标时不包括企业接受的劳务派遣人数

D. 小型微利企业资产总额指标按企业全年的季度平均值确定

【答案】D

【解析】选项A错误，小微企业应从事国家非限制和禁止行业的企业；

选项B错误，年度中间开业或者终止经营活动的，以其实际经营期作为一个纳税年度确定相关指标；

选项 C 错误，从业人数包括与企业建立劳动关系的职工人数和企业接受劳务派遣用工人数；

选项 D 正确，从业人数和资产总额指标，应按企业全年的季度平均值确定。

【例题 4 - 15·单选题·2020 年】某公司 2019 年从业人数 130 人，资产总额 2 000 万元，年度应纳税所得额 210 万元，则该公司当年应纳企业所得税为（　　）万元。

A. 10.5 　　　　 B. 52.5 　　　　 C. 16 　　　　 D. 42

【答案】C

【解析】该企业符合小型微利企业的条件，应纳企业所得税 = 100 × 25% × 20% + (210 - 100) × 50% × 20% = 5 + 11 = 16（万元）。

（四）加计扣除（见表 4 - 35）

表 4 - 35　　　　　　　　　　　　　加计扣除

研发费用	一般企业	基本要求	研究开发费用，未形成无形资产计入当期损益的，在按规定据实扣除的基础上，按照本年度实际发生额的 75% 加计扣除；形成无形资产的，按照无形资产成本的 175% 在税前摊销	
		研发费用范围	①人员人工费用；②直接投入费用；③折旧费用；④无形资产摊销；⑤新产品设计费、新工艺规程制定费、新药研制的临床试验费、勘探开发技术的现场试验费；⑥其他相关费用	
		特殊事项	企业委托给外单位研发	由委托方按照规定计算加计扣除，受托方不得再进行加计扣除
			企业共同合作开发的项目	由合作方就自身实际承担的研发费用分别计算加计扣除
	制造业企业（2022 年新增）	研发费用未形成无形资产计入当期损益的，在按规定据实扣除的基础上，自 2021 年 1 月 1 日起，再按实际发生额的 100% 在税前加计扣除；形成无形资产的，自 2021 年 1 月 1 日起，按照无形资产成本的 200% 在税前扣除		
	委托境外企业	企业委托境外研究开发费用，按照费用实际发生额的 80% 计入研发费用，不超过境内符合条件的 2/3 的部分，可以税前加计扣除		
安置残疾人员	企业安置残疾人员所支付工资费用的加计扣除，是指企业安置残疾人员的，在按照支付给残疾职工工资据实扣除的基础上，按照支付给残疾职工工资的 100% 加计扣除			

【举例 17】企业研究开发费用一共 2 000 万元，其中研究阶段的支出 500 万元，开发阶段可资本化的支出 1 500 万元。

【答案】

未形成无形资产计入管理费用，当期扣除 = 500 + 500 × 75% = 875（万元）；

形成无形资产，假如分 10 年分摊，当期扣除 = 1 500 ÷ 10 × 175% = 262.5（万元）。

【举例 18】 某企业用于新产品研发的费用 2 000 万元（含委托境外研发机构研发支出 800 万元），计算应调整的应纳税所得额是多少？

【答案】 委托境外研发费用 800 × 80% = 640（万元），未超过境内研发费用 2 000 - 800 = 1 200 万元的 2/3（即 800 万元），可计算加计扣除。

应调减应纳税所得额 = (2 000 - 800) × 75% + 800 × 80% × 75% = 1 380（万元）。

（五）行业优惠（见表 4 - 36）

表 4 - 36　　　　　　　　　　行业优惠

创投企业	享受主体	创投企业
	投资对象	初创科技型企业
	投资方式	股权投资方式直接投资
	投资期限	两年以上
	抵减所得	按照投资额的 70% 抵减创投企业的应纳税所得额
	抵减所得的年份	股权持有满 2 年的当年起，不足抵扣的可结转以后年度抵扣

【例题 4 - 16·单选题】 甲企业 2019 年 11 月 1 日向乙企业（初创科技型企业）投资 200 万元，股权持有至 2021 年 12 月 31 日。甲企业 2021 年度经营所得 500 万元，则应纳税所得额为（　　）万元。

A. 500　　　　B. 360　　　　C. 350　　　　D. 300

【答案】 B

【解析】 该企业可抵减的应纳税所得额为 200 × 70% = 140（万元），则应纳税所得额 = 500 - 140 = 360（万元）。

（六）加速折旧优惠（见表 4 - 37）

表 4 - 37　　　　　　　　　　加速折旧优惠

加速折旧方法	缩短折旧年限方法	最低折旧年限不得低于规定折旧年限的 60%
	加速折旧方法	可以采取双倍余额递减法或者年数总和法
加速折旧范围		①由于技术进步，产品更新换代较快的固定资产；②常年处于强震动、高腐蚀状态的固定资产
加速折旧规定		①对所有行业 2014 年 1 月 1 日后新购进的专门用于研发的仪器、设备，单位价值不超过 100 万元的，允许一次性计入当期成本费用在计算应纳税所得额时扣除，不再分年度计算折旧；单位价值超过 100 万元的，可缩短折旧年限或采取加速折旧的方法；②对所有行业持有的单位价值不超过 5 000 元的固定资产，允许一次性计入当期成本费用在计算应纳税所得额时扣除，不再分年度计算折旧，对轻工、纺织、机械、汽车四个领域重点行业企业 2015 年 1 月 1 日后新购进的固定资产，允许缩短折旧年限或采取加速折旧方法；③企业在 2018 年 1 月 1 日至 2020 年 12 月 31 日期间新购进的设备、器具（指除房屋、建筑物以外的固定资产），单位价值不超过 500 万元的，允许一次性计入当期成本费用在计算应纳税所得额时扣除，不再分年度计算折旧；单位价值超过 500 万元的，仍按相关规定执行；④（2022 年新增）对疫情防控重点保障物资生产企业为扩大产能新购置的相关设备，允许一次性计入当期成本费用在企业所得税税前扣除

【例题 4-17·多选题·2015 年】下列企业于 2019 年 1 月 1 日后购进的固定资产，在计算企业所得税应纳税所得额时，可以一次性计入成本费用扣除的有（　　　）。

A. 商场购进价值为 4 500 元的二维码打码器

B. 小型微利饮料厂购进价值为 20 万元生产用的榨汁机

C. 集成电器生产企业购进价值为 120 万元专用于研发的分析仪

D. 小型微利信息技术服务公司购进价值为 80 万元研发用的服务器群组

【答案】ABCD

【解析】选项 A 正确，对所有行业企业持有的单位价值不超过 5 000 元的固定资产，允许一次性计入当期成本费用在计算应纳税所得额时扣除，不再分年度计算折旧。

选项 BCD 正确，对所有行业企业 2018 年 1 月 1 日至 2020 年 12 月 31 日新购进的仪器、设备，单位价值不超过 500 万元的，允许一次性作为成本费用在税前扣除。

（七）减计收入优惠

企业综合利用资源，生产符合国家产业政策规定的产品所取得的收入，减按 90% 计入收入总额。

（八）税额抵免优惠

企业购置并实际使用符合规定的环境保护、节能节水、安全生产等专用设备的，该专用设备投资额的 10% 可以从企业当年的**应纳税额中抵免**；当年不足抵免的，可以在以后 5 个纳税年度结转抵免。

企业购置上述设备在 5 年内转让、出租的，应停止享受企业所得税优惠，并补缴已经抵免的企业所得税税款。

考点 10　应纳税额的计算（★★）

应纳税额计算见表 4-38。

表 4-38　　　　　　　　　　　　　　　应纳税额计算

居民企业应纳税额的计算	应纳税额 = 应纳税所得额 × 适用税率 - 减免税额 - 抵免税额 应纳税所得额有两种计算方法：直接计算法和间接计算法	
	直接计算法	应纳税所得额 = 收入总额 - 不征税收入 - 免税收入 - 各项扣除 - 弥补以前年度亏损
	间接计算法	应纳税所得额 = 会计利润总额 ± 纳税调整项目金额 考试的时候我们一般采用间接计算法
居民企业核定征收应纳税额的计算	应纳税额 = 应纳税所得额 × 适用税率 其中，应纳税所得额的计算方法两个： ①应纳税所得额 = 应税收入额 × 应税所得率； ②应纳税所得额 = 成本（费用）支出额 ÷（1 - 应税所得率）× 应税所得率	

续表

非居民企业应纳税额的计算	扣缴企业所得税应纳税额＝应纳税所得额×实际征收率
非居民企业所得税核定征收办法	①应纳税所得额＝收入总额×经税务机关核定的利润率； ②应纳税所得额＝成本费用总额÷（1－经税务机关核定的利润率）×经税务机关核定的利润率； ③应纳税所得额＝经费支出总额÷（1－经税务机关核定的利润率）×经税务机关核定的利润率

（一）居民企业应纳税额的计算

居民企业应缴纳所得税额等于应纳税所得额乘以适用税率，计算公式为：

应纳税额＝应纳税所得额×适用税率－减免税额－抵免税额

1. 直接计算法

在直接计算法下，企业每一纳税年度的收入总额减除不征税收入、免税收入、各项扣除以及允许弥补的以前年度亏损后的余额为应纳税所得额。计算公式：

应纳税所得额＝收入总额－不征税收入－免税收入－各项扣除金额－允许弥补的以前年度亏损

2. 间接计算法

在间接计算法下，是在会计利润总额的基础上加或减按照税法规定调整的项目金额后，即为应纳税所得额。计算公式为：

应纳税所得额＝会计利润总额±纳税调整项目金额

注意：纳税调整项目主要包括以下两个方面：

①企业的财务会计处理和税收规定不一致的应予以调整的金额；

②税法规定扣除标准与会计规定不一致的应予以调整的金额。

【举例19】 某工业企业为居民企业，2020年度发生经营业务如下：

全年取得产品销售收入5 600万元，发生产品销售成本4 000万元；其他业务收入800万元，其他业务成本694万元；取得购买国债的利息收入40万元；缴纳非增值税销售税金及附加300万元；发生的管理费用760万元，其中新技术的研究开发费用60万元、业务招待费用70万元；发生财务费用200万元；取得直接投资其他居民企业的权益性收益34万元（已在投资方所在地按15%的税率缴纳了所得税）；取得营业外收入100万元，发生营业外支出250万元（其中含非扶贫公益捐赠38万元）。

要求：计算该企业2020年应纳的企业所得税。

【答案】

①利润总额＝5 600＋800＋40＋34＋100－4 000－694－300－760－200－250＝370（万元）；

②国债利息收入免征企业所得税，应调减应纳税所得额40万元；

③研究开发费调减应纳税所得额＝60×75%＝45（万元）；

④按实际发生业务招待费的60%计算＝70×60%＝42（万元）；

按销售（营业）收入的5‰计算＝（5 600＋800）×5‰＝32（万元）；

按照规定税前扣除限额应为32万元，实际应调增应纳税所得额＝70－32＝38（万元）；

⑤取得直接投资其他居民企业的权益性收益属于免税收入，应调减应纳税所得额34万元；

⑥捐赠扣除标准＝370×12%＝44.4（万元）；

实际捐赠额 38 万元小于扣除标准 44.4 万元，可按实际捐赠数扣除，不做纳税调整；

⑦应纳税所得额 = 370 − 40 − 45 + 38 − 34 = 289（万元）；

⑧该企业 2020 年应缴纳企业所得税 = 289 × 25% = 72.25（万元）。

（二）居民企业核定征收应纳税额的计算

税务机关采用下列方法核定征收企业所得税：

（1）参照当地同类行业或者类似行业中经营规模和收入水平相近的纳税人的税负水平核定；

（2）按照应税收入额或成本费用支出额定率核定；

（3）按照耗用的原材料、燃料、动力等推算或测算核定；

（4）按照其他合理方法核定。

采用上述所列某一种方法不足以正确核定应纳税所得额或应纳税额的，可以同时采用两种以上的方法核定。采用两种以上方法测算的应纳税额不一致时，可按测算的应纳税额从高核定。

采用应税所得率方式核定征收企业所得税的，应纳所得税额计算公式如下：

$$应纳所得税额 = 应纳税所得额 × 适用税率$$
$$应纳税所得额 = 应税收入额 × 应税所得率$$
$$或：应纳税所得额 = 成本（费用）支出额 ÷ (1 − 应税所得率) × 应税所得率$$

【例题 4−18·单选题·2011 年】某批发兼零售的居民企业，2020 年度自行申报营业收入总额 350 万元、成本费用总额 370 万元，当年亏损 20 万元。经税务机关审核，该企业申报的收入总额无法核实，成本费用核算正确。假定对该企业采取核定征收企业所得税，应税所得率为 8%，该居民企业 2020 年度应缴纳企业所得税（　　）万元。

A. 7.00 　　　　　　　　　　 B. 7.40

C. 7.61 　　　　　　　　　　 D. 8.04

【答案】D

【解析】该居民企业 2020 年度应缴纳企业所得税 = 370 ÷ (1 − 8%) × 8% × 25% = 8.04（万元）。

（三）非居民企业应纳税额的计算

非居民企业在中国境内未设立机构、场所的，或者虽设立机构、场所但取得的所得与其所设机构、场所没有实际联系的，应当就其来源于中国境内的所得缴纳企业所得税。其应纳税所得额按照下列方法计算：

（1）股息、红利等权益性投资收益和利息、租金、特许权使用费所得：收入全额。

（2）转让财产所得：收入全额减除财产净值后的余额。

财产净值是指财产的计税基础减除已经按照规定扣除的折旧、折耗、摊销、准备金等后的余额。

（3）其他所得：参照前两项规定的方法计算。

【例题 4-19·单选题·2019 年】在中国境内未设立机构、场所的非居民企业，计算企业所得税应纳税所得额，所用的下列方法中，符合税法规定的是（　　　）。

A. 租金所得以租金收入减去房屋折旧为应纳税所得额

B. 股息所得以收入全额为应纳税所得额

C. 特许权使用费所得以收入减去特许权摊销费用为应纳税所得额

D. 财产转让所得以转让收入减去财产原值为应纳税所得额

【答案】B

【解析】选项 AC 错误，租金和特许权使用费所得以收入全额为应纳税所得额；选项 D 错误，财产转让所得以转让收入减去财产净值为应纳税所得额。

（四）非居民企业所得税核定征收办法

非居民企业因会计账簿不健全，资料残缺难以查账，或者其他原因不能准确计算并据实申报其应纳税所得额的，税务机关有权采取一定方法核定其应纳税所得额（见表 4-39）。

表 4-39　　　　　　　　　　非居民企业所得税核定征收办法

核定方法	适用状况及计算公式
按收入总额核定	适用能够正确核算收入或通过合理方法推定收入总额，但不能正确核算成本费用的非居民企业 应纳税所得额＝收入总额×经税务机关核定的利润率
按成本费用核定	适用于能够正确核算成本费用，但不能正确核算收入总额的非居民企业 应纳税所得额＝成本费用总额÷（1－经税务机关核定的利润率）×经税务机关核定的利润率
按经费支出换算收入核定	适用于能够正确核算经费支出总额，但不能正确核算收入总额和成本费用的非居民企业 应纳税所得额＝经费支出总额÷（1－经税务机关核定的利润率）×经税务机关核定的利润率

考点 11　征收管理（★★）

（一）纳税地点（见表 4-40）

表 4-40　　　　　　　　　　纳税地点

居民企业	注册地在境内	企业登记注册地为纳税地点
	注册地在境外	实际管理机构所在地为纳税地点
	境内设立不具有法人资格的营业机构	汇总计算并缴纳
非居民企业	境内设立机构、场所	机构、场所所在地为纳税地点 （机构、场所取得的来源于境内的所得以及发生在境外但与该机构、场所有实际联系的所得）
	境内设立两个和两个以上机构、场所	经税务机关批准，可以选择由其主要机构、场所汇总缴纳企业所得税

续表

非居民企业	未设立机构、场所的	扣缴义务人所在地为纳税地点
	虽设立机构、场所但取得的收入跟机构、场所没有实际联系	

（二）纳税期限

（1）企业所得税按年计征，分月或者分季预缴，年终汇算清缴，多退少补；

（2）企业所得税的纳税年度采用公历年制，企业在一个纳税年度中间开业，或者由于合并、关闭等原因终止经营活动，使该纳税年度的实际经营期不足 12 个月的，应当以其实际经营期为一个纳税年度；

（3）企业清算时，应当以清算期为一个纳税年度；

（4）企业应当自年度终了之日起 5 个月内，向税务机关报送年度企业所得税纳税申报表，并汇算清缴，结清应缴应退税款；

（5）企业在年度中间终止经营活动的，应当自实际经营终止之日起 60 日内，向税务机关办理当期企业所得税汇算清缴。

（三）纳税申报

企业应当自月份或者季度终了之日起 15 日内，向税务机关报送预缴企业所得税纳税申报表，预缴税款。企业在报送企业所得税纳税申报表时，应当按照规定附送财务会计报告和其他有关资料。

（四）源泉扣缴

1. 扣缴义务人

（1）对非居民企业在中国境内未设立机构、场所的，或者虽设立机构、场所但取得的所得与其所设机构、场所没有实际联系的所得应缴纳的所得税，实行源泉扣缴，以支付人为扣缴义务人。

（2）对非居民企业在中国境内取得工程作业和劳务所得应缴纳的所得税，税务机关可以指定工程价款或者劳务费的支付人为扣缴义务人。

2. 扣税时间和入库申报时间

扣缴义务人每次代扣的税款，应当自代扣之日起 7 日内缴入国库。

（五）跨地区经营汇总纳税企业所得税征收管理

1. 基本原则

属于中央与地方共享范围的跨省市总分机构企业缴纳的企业所得税，按照统一规范、兼顾总机构和分支机构所在地利益的原则，实行"统一计算、分级管理、就地预缴、汇总清算、财政调库"的处理办法。

2. 税款预缴

企业应由总机构统一计算企业应纳税所得额和应纳所得税额，并分别由总机构、分支机构按月或按季就地预缴（见图 4-2）。

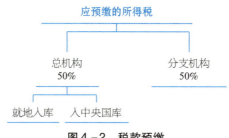

图 4 - 2　税款预缴

（1）分支机构分摊税款比例。

总机构在每月或每季终了之日起 10 日内，按照上年度各省市分支机构的营业收入、职工薪酬和资产总额三个因素计算各分支机构应分摊所得税款的比例，三因素的权重依次为 0.35、0.35、0.30。

当年新设立的分支机构第二年起参与分摊；当年撤销的分支机构自办理注销税务登记之日起不参与分摊。

（2）计算公式。

①某分支机构分摊税款 = 所有分支机构分摊税款总额 × 该分支机构分摊比例

所有分支机构分摊税款总额 = 汇总纳税企业当期应纳所得税额 × 50%

②某分支机构分摊税款 = 所有分支机构分摊税款总额 × 该分支机构分摊比例

某分支机构分摊比例 =（该分支机构营业收入 ÷ 各分支机构营业收入之和）× 0.35 +（该分支机构职工薪酬 ÷ 各分支机构职工薪酬之和）× 0.35 +（该分支机构资产总额 ÷ 各分支机构资产总额之和）× 0.30

【举例 20】甲公司总机构设在我国首都北京，还设有独立经营职能的分支机构以及 A、B 两省省城设的二级分支机构。2021 年第一季度共应预缴企业所得税 3 000 万元。有关资料如表 4 - 41 所示。

表 4 - 41　　　　　　　　　　　相关资料

机构	营业收入	职工工资	资产总额
投资分支机构	20 000	200	11 000
A 省二级机构	—	—	—
B 省二级机构	—	—	—
合计	116 000	1 340	52 000

要求：计算该投资分支机构第一季度预缴企业所得税金额。

【答案】投资分支机构第一季度的分摊比例 = 0.35 ×（20 000 ÷ 116 000）+ 0.35 ×（200 ÷ 1 340）+ 0.3 ×（11 000 ÷ 52 000）= 17.60%；

投资分支机构第一季度预缴企业所得税 = 3 000 × 50% × 17.60% = 264（万元）。

（六）合伙企业所得税的征收管理（先分后税）（见表 4 –42）

表 4 –42　　　　　　合伙企业所得税的征收管理（先分后税）

纳税义务人	合伙企业的每一个合伙人	
纳税种类	合伙人是自然人	缴纳个人所得税
	合伙人是法人和其他组织	缴纳企业所得税
所得范围	合伙企业的生产经营所得和其他所得	
确定应纳税所得额的原则	合伙协议	按照合伙协议约定的分配比例确定
	合伙人协商决定	合伙协议未约定或者约定不明确的，按照合伙人协商决定的分配比例确定
	实缴出资比例	协商不成的，按照合伙人实缴出资比例确定
	平均分配	无法确定出资比例的，以全部生产经营所得和其他所得，按照合伙人数量平均计算每个合伙人的应纳税所得额
亏损处理	合伙人是法人和其他组织的，合伙人在计算其缴纳企业所得税时，不得用合伙企业的亏损抵减其盈利	

恭喜你，
已完成第四章的学习

扫码免费进 >>>
2022年CPA带学群

太多的焦虑、自我怀疑和不快乐，在于没有正确处理信息。要学会从信息中获取价值，而不是仅仅让太多的信息塞满你的脑袋。

第五章 个人所得税法

考情雷达

本章是历年注册会计师考试税法考试的重点章节。自2019年个人所得税法新修订之后，此税种成为近几年比较热门的税种，每年计算问答题都会涉及一道个人所得税的题目。除此之外，本章还会涉及客观题。平均分值在10分左右。

2022年变化情况：整体变化不大。1. 新增：（1）新增个体工商户应纳税所得额税收优惠政策；（2）新增创新层挂牌公司通过公开发行股票进入北交所上市后，投资北交所上市公司涉及的个人所得税、印花税相关政策。2. 调整：（1）调整全年一次性奖金个人所得税税收优惠政策期限；（2）调整全员全额扣缴申报纳税的教材顺序。

考点地图

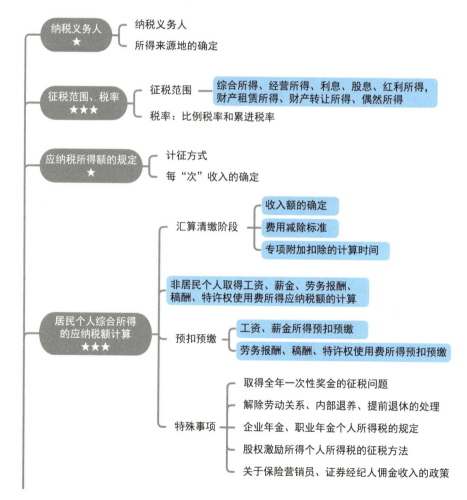

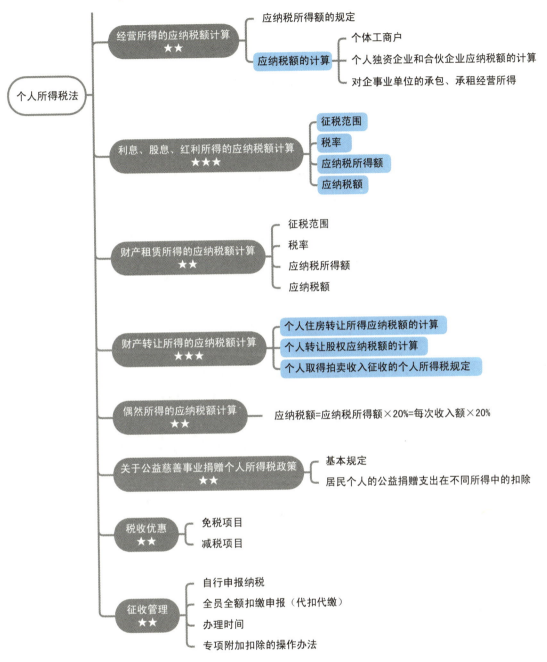

【个人所得税预备知识】

个人所得税，是以自然人及具有自然人性质的企业取得的各种应税所得作为征税对象而征收的一种所得税。

个人所得税的税制模式有三种：

（1）分类征收制，就是将纳税人不同来源、性质的所得项目，分别规定不同的税率征税；

（2）综合征收制，是对纳税人全年的各项所得加以汇总，就其总额进行征税；

（3）混合征收制，是对纳税人不同来源、性质的所得先分别按照不同的税率征税，然后

将全年的各项所得进行汇总征税。

我国个人所得税已初步建立了分类与综合相结合的征收模式，即混合征收制。

个人所得税应纳税额概述（见表5–1）。

表5–1　个人所得税应纳税额概述

征税范围		税率	应纳税所得额	应纳税额的计算
综合所得	工资薪金、劳务报酬、特许权使用费、稿酬	七级超额累进税率	全年收入额－60 000元－专项扣除－享受的专项附加扣除－享受的其他扣除 ①工资、薪金所得全额计入收入额；②劳务报酬所得、特许权使用费所得，收入额为实际取得的劳务报酬、特许权使用费收入的80%；③稿酬所得的收入额在扣除20%费用基础上，再减按70%计算，即稿酬所得的收入额为实际取得稿酬收入的56%	应纳税额＝应纳税所得额×适用税率－速算扣除数
经营所得		五级超额累进税率	年度收入－成本、费用、损失等	应纳税额＝应纳税所得额×适用税率－速算扣除数
利息、股息、红利所得		20%	每次收入额	应纳税额＝每次收入额×20%
财产租赁所得		20%	①每次收入不超过4 000元的：应纳税所得额＝每次（月）收入额－准予扣除项目－修缮费用（800元为限）－800②每次收入超过4 000元的：应纳税所得额＝[每次（月）收入额－准予扣除项目－修缮费用（800元为限）]×(1-20%)	应纳税额＝应纳税所得额×20%
财产转让所得		20%	应纳税所得额＝收入总额－财产原值－合理费用	应纳税额＝应纳税所得额×20%
偶然所得		20%	每次收入额	应纳税额＝每次收入额×20%

考点1　纳税义务人（★）

（一）纳税义务人

个人所得税的纳税义务人，包括中国公民、个体工商户、个人独资企业、合伙企业投资者、在中国有所得的外籍人员（包括无国籍人员）和香港、澳门、台湾同胞。

我们可以将所有的纳税义务人分为居民个人和非居民个人（见表5–2）。

表5–2　居民个人和非居民个人

分类	居民个人	在中国境内有住所，或者无住所而在一个纳税年度内在中国境内累计居住满183天的个人，应就其来源于境内外的所得在中国缴纳个人所得税
	非居民个人	不符合居民个人判定标准的纳税义务人，应就其来源于中国境内的所得在中国缴纳个人所得税

续表

判定标准	"境内"的规定	指中国大陆地区，不包含香港、澳门和台湾地区
	在中国境内有住所的个人	指因户籍、家庭、经济利益关系，而在中国境内习惯性居住的个人。何谓习惯性居住，它是指个人因学习、工作、探亲等原因消除之后，没有理由在其他地方继续居留时，所要回到的地方，而不是指实际居住或在某一特定时期内的居住地。比如在国外留学1年，虽然未在国内居住，但是依然是居民个人
	居住时间的确定	居住累计满183天，是指在一个纳税年度内（即公历1月1日起至12月31日止），在中国境内累计居住满183天

（二）所得来源地的确定

所得的来源地和所得的支付地不是一个概念。

下列所得，不论支付地点是否在中国境内，均为来源于中国境内的所得：

（1）因任职、受雇、履约等而在中国境内提供劳务取得的所得；

（2）将财产出租给承租人在中国境内使用而取得的所得；

（3）转让中国境内的不动产等财产或者在中国境内转让其他财产取得的所得；

（4）许可各种特许权在中国境内使用而取得的所得；

（5）从中国境内的企业、事业单位、其他组织以及居民个人取得的利息、股息、红利所得。

【例题5-1·单选题·2018年】个人取得的下列所得中，应确定为来源于中国境内所得的是（　　）。

A. 在境外开办教育培训取得的所得

B. 拥有的专利在境外使用而取得的所得

C. 从境外上市公司取得的股息所得

D. 将境内房产转让给外国人取得的所得

【答案】D

考点2　征税范围、税率（★★★）

混合征收制下，要准确判定纳税人所得的适用税目（9个），以确定正确的计税方法（见表5-3）。

表5-3　　　　　　　　　　　　　混合制计征方式

混合制模式	税目	非居民个人计征方式	居民个人计征方式
综合征收（居民个人适用）	①工资、薪金所得	按月分项计算	按月、按次预扣预缴；年终合并汇算清缴
	②劳务报酬所得	按次分项计算	
	③稿酬所得		
	④特许权使用费所得		

续表

混合制模式	税目	非居民个人计征方式	居民个人计征方式
分类征收	⑤经营所得	按年分项计算	按年计算，按季预缴，自行申报
	⑥财产租赁所得	按次分项计算	按月计算，代扣代缴
	⑦利息、股息、红利所得		按次计算，代扣代缴
	⑧财产转让所得		
	⑨偶然所得		

（一）综合所得

1. 征收范围

（1）工资、薪金所得（见表5-4）。

表5-4　　　　　　　　　　　　　工资、薪金所得

含义	指个人因任职或者受雇而取得的工资、薪金、奖金、年终加薪、劳动分红、津贴、补贴以及与任职或者受雇有关的其他所得
征收范围	①公司职工取得的用于购买企业国有股权的劳动分红； ②出租汽车经营单位对出租车驾驶员采取单车承包或承租方式运营，出租车驾驶员从事客货营运取得的收入； ③退休人员再任职取得的收入，在减除按个人所得税法规定的费用扣除标准后的余额（退休人员工资免税）； ④单位为员工购买商业性补充养老保险
不予征税	个人取得津贴、补贴、不计入工资、薪金所得的项目，不予征税： ①独生子女补贴； ②执行公务员工资制度未纳入基本工资总额的补贴、津贴差额和家属成员的副食品补贴； ③托儿补助费； ④差旅费津贴、误餐补助； ⑤外国来华留学生，领取的生活津贴费、奖学金
特例	外籍个人符合居民个人条件的津贴	在2019年1月1日至2021年12月31日期间，外籍个人符合居民个人条件的，可以选择享受个人所得税专项附加扣除，也可以选择享受住房补贴、语言训练费、子女教育费等津补贴免税优惠政策，但不得同时享受。外籍个人一经选择，在一个纳税年度内不得变更。 自2022年1月1日起，外籍个人不再享受住房补贴、语言训练费、子女教育费等津补贴免税优惠政策，应按规定享受专项附加扣除。 外籍个人以非现金形式或实报实销形式取得的住房补贴、伙食补贴、搬迁费、洗衣服，可以享受免税优惠

【提示】工资、薪金所得，强调"任职或受雇"取得，而个人兼职取得的收入应按照"劳务报酬所得"项目缴纳个人所得税。如大学教授受邀担任节目点评嘉宾或主持一场讲座，所得报酬应算作兼职收入而非工资薪金。

（2）劳务报酬所得、稿酬所得、特许权使用费所得（见表5-5）。

表 5-5   **劳务报酬所得、稿酬所得、特许权使用费所得**

劳务报酬所得	含义	指个人独立从事非雇用的设计、装潢、安装等劳务报酬的所得
	征收范围	①对非雇员免收差旅费、旅游费的营销业绩奖励（雇员按照"工资、薪金所得"征税）； ②个人兼职（非雇用关系）取得的收入； ③个人担任公司董事、监事，且不在公司任职、受雇，取得的董事费收入； ④保险营销员、证券经纪人取得的佣金收入。 计税方法：以不含增值税的收入减除20%的费用后的余额为收入额，收入额减去展业成本以及附加税费后，并入当年综合所得，计算缴纳个人所得税。保险营销员、证券经纪人展业成本按照收入额的25%计算
稿酬所得	含义	个人因其作品以图书、报刊形式出版、发表而取得的所得
	征收范围	作者去世后，对取得其遗作稿酬的个人，按稿酬所得征收个人所得税
特许权使用费	含义	指个人提供专利权、商标权、著作权、非专利技术以及其他特许权的使用权取得的所得。提供著作权的使用权取得的所得，不包括稿酬所得
	征收范围	作者将自己的文字作品手稿原件或复印件拍卖取得的所得：按照特许权使用费所得征税（其他财产：财产转让所得）。 ①稿酬所得强调的是"以图书、报刊"形式公开发行，而不以图书、报刊形式出版、发表的翻译、审稿、书画所得归为劳务报酬所得。 ②任职于报纸、杂志等单位的记者、编辑等专业人员，因在本单位的报纸、杂志上发表作品而取得的所得，按"工资、薪金所得"征收个人所得税

2. 税率

综合所得适用七级超额累进税率，税率为3%~45%（见表5-6）。

表 5-6   **综合所得个人所得税税率表**

级数	累计预扣预缴应纳税所得额	税率（%）	速算扣除数（元）
1	不超过36 000元的	3	0
2	超过36 000~144 000元的部分	10	2 520
3	超过144 000~300 000元的部分	20	16 920
4	超过300 000~420 000元的部分	25	31 920
5	超过420 000~660 000元的部分	30	52 920
6	超过660 000~960 000元的部分	35	85 920
7	超过960 000元的部分	45	181 920

个人所得税预扣率表（居民个人工资、薪金所得预扣预缴适用）（见表5-7）。

表 5-7   **个人所得税预扣率表**

级数	全年含税应纳税所得额	预扣率（%）	速算扣除数（元）
1	不超过36 000元的	3	0
2	超过36 000~144 000元的部分	10	2 520
3	超过144 000~300 000元的部分	20	16 920

续表

级数	全年含税应纳税所得额	预扣率（%）	速算扣除数（元）
4	超过 300 000~420 000 元的部分	25	31 920
5	超过 420 000~660 000 元的部分	30	52 920
6	超过 660 000~960 000 元的部分	35	85 920
7	超过 960 000 元的部分	45	181 920

【提示】上述税率/预扣率表考试会给出。重点是考生要知道如何运用。

（二）经营所得

1. 征税范围（见表 5-8）

表 5-8　　　　　　　　　　　　　　　　　征税范围

征税范围	①个体工商户从事生产、经营活动取得的所得； ②个人独资企业投资人、合伙企业的个人合伙人来源于境内注册的个人独资企业、合伙企业生产、经营的所得； ③个人依法从事办学、医疗、咨询以及其他有偿服务活动取得的所得； ④个人对企业、事业单位承包经营、承租经营以及转包、转租取得的所得； ⑤个人从其他生产、经营活动取得的所得（比如彩票代销、个体出租车运营的出租车驾驶员取得的收入）		
特例辨析	个人承租、承包经营所得	对经营成果拥有所有权	经营所得
		对经营成果不拥有所有权	工资薪金所得
	出租车司机所得	出租车属于个人所有	经营所得
		出租车属于出租汽车经营单位所有	工资、薪金所得
	个体工商户和从事生产、经营的个人，取得与生产、经营活动无关的其他应税所得	原则	分别按照其他应税项目纳税
		例如取得银行存款的利息所得、对外投资取得的股息所得	股息、利息、红利所得
	以企业资金为本人、家庭成员及其相关人员支付与企业生产经营无关的消费性支出及购买汽车、住房等财产性支出	购买者为个人独资企业、合伙企业的个人投资者	经营所得
		购买者为公司的个人投资者	利息、股息、红利所得
		购买者为企业其他人员	工资薪金所得

【例题 5-2·多选题·2020 年】从事生产经营的个人取得的下列所得中，应按照"经营所得"项目计征个税的有（　　　）。

A. 提供有偿咨询服务的所得

B. 从事彩票代销业务的所得

C. 资金存入银行的利息所得

D. 从事个体出租车运营的所得

【答案】ABD

【解析】选项 C 属于利息、股息、红利所得。

2. 税率

经营所得适用五级超额累进税率，税率为5%~35%（见表5-9）。

表5-9　　　　　　　　　　　　　税率

级数	全年含税应纳税所得额	税率（%）	速算扣除数（元）
1	不超过30 000元的	5	0
2	超过30 000~90 000元的部分	10	1 500
3	超过90 000~300 000元的部分	20	10 500
4	超过300 000~500 000元的部分	30	40 500
5	超过500 000元的部分	35	65 500

【提示】上述税率表考试会告知。

（三）利息、股息、红利所得

1. 征税范围

个人拥有债权、股权而取得的利息、股息、红利所得。

个人取得的国债利息收入、国家发行的金融债券利息收入和储蓄存款利息，免税。

▶ 💻 考点收纳盒

①纳税年度内个人投资者从其投资企业（个人独资企业、合伙企业除外）借款，在该纳税年度终了后既不归还又未用于企业生产经营的税务处理（见表5-10）。

表5-10　　　　　　　　　　　　　税务处理

所得人	税务处理
法人企业的投资者、家庭成员等	利息、股息、红利所得
非法人企业（个人独资、合伙企业）的投资者、家庭成员等	经营所得
本单位职工	工资薪金所得

②沪港通+深港通投资、内地与香港基金互认业务（见表5-11）。

表5-11　　　　　沪港通+深港通投资、内地与香港基金互认业务

投资人	不同所得	个人所得税
内地投资者	股票转让差价所得、通过基金互认买卖香港基金份额取得的转让差价	免税
	H股、非H股股息红利；通过基金互认从香港基金分配取得的收益	20%纳税（H股上市公司、中国结算代扣，不实行差别化待遇）
香港市场投资者（含企业和个人）	转让差价所得；通过基金互认买卖内地基金份额取得的转让差价	免税
	股息红利所得；通过基金互认从内地基金分配取得的收益	10%纳税（不实行差别化待遇）

【例题 5−3·单选题·2016 年】某内地个人投资者于 2015 年 6 月通过沪港通投资在香港联交所上市的 H 股股票，取得股票转让差价所得和股息红利所得。下列有关对该投资者股票投资所得计征个人所得税的表述中，正确的是（　　）。

A. 股票转让差价所得按照 10% 的税率征收个人所得税

B. 股息红利所得由 H 股公司按照 10% 的税率代扣代缴个人所得税

C. 取得的股息红利由中国证券登记结算有限责任公司按照 20% 的税率代扣代缴个人所得税

D. 股票转让差价所得免予征收个人所得税

【答案】D

【解析】股票转让差价暂免征收个人所得税；内地个人投资者通过沪港通交易市场 H 股取得的股息红利，H 股公司向中国证券登记结算公司申请，H 股公司按照 20% 的税率代扣个人所得税。

2. 税率：20%

（四）财产租赁所得

财产租赁所得，指个人出租不动产、机器设备、车船以及其他财产取得的所得。

税率：20%、10%。

（五）财产转让所得（见表 5−12）

表 5−12　　　　　　　　　　　　　财产转让所得

含义	个人转让有价证券、股权、合伙企业中的财产份额、不动产、机器设备、车船以及其他财产取得的所得		
免税情形	个人转让上市公司股票取得的所得暂免征收个人所得税		
税率	20%		
量化资产股份转让的处理	职工个人以股份形式取得但不拥有所有权	仅作为分红依据	不征收
	职工个人以股份形式取得并拥有所有权	取得时	暂缓征收个人所得税
		转让时	按"财产转让所得"纳税 应纳税所得额＝转让收入额−取得时实际支付的费用支出和合理转让费用后的余额

（六）偶然所得

1. 征税范围（见表 5−13）

表 5−13　　　　　　　　　　　　　征税范围

个人中奖所得	单张有奖发票奖金所得不超过800元（含800元）的	暂免
	单张有奖发票奖金所得超过800元的	全额按"偶然所得"纳税

续表

社会福利奖券、体育彩票中奖所得	一次中奖收入**不超过 10 000 元的**	暂免
	一次中奖收入超过 10 000 元的	**全额**按"偶然所得"纳税

房屋赠与	一般情况	无偿赠与他人的	受赠人按"**偶然所得**"纳税
	特殊情况	①无偿赠与配偶、父母、子女、祖父母、外祖父母、孙子女、外孙子女、兄弟姐妹；②无偿赠与对其承担直接抚养或者赡养义务的抚养人或赡养人；③房屋产权所有人死亡，依法取得房屋产权的法定继承人、遗嘱继承人或者受遗赠人	**对当事双方不征收个人所得税**

企业促销展业赠送礼品	①企业通过价格折扣、折让方式向个人销售商品（产品）和提供服务；②企业在向个人销售商品（产品）和提供服务的同时给予赠品，如通信企业对个人购买手机赠话费、入网费，或者购话费赠手机等；③企业对累积消费达到一定额度的个人按消费积分反馈礼品	**不征收**
	①企业在业务宣传、广告等活动中，随机向本单位以外的个人赠送礼品，对个人取得的礼品所得；②企业在年会、座谈会、庆典以及其他活动中向本单位以外的个人赠送礼品，对个人取得的礼品所得；③企业对累积消费达到一定额度的顾客，给予额外抽奖机会，个人的获奖所得	**按照"偶然所得"纳税，税款由赠送礼品的企业代扣代缴**

2. 税率：20%

考点收纳盒

个人所得税税率汇总（见表 5-14）。

表 5-14　　　　　　　　个人所得税税率汇总

应税所得项目	税率形式
工资、薪金所得	七级超额累进税率 3% ~ 45%（考试会给）
劳务报酬所得	
稿酬所得	
特许权使用费所得	
经营所得	五级超额累进税率 5% ~ 35%（考试会给）
财产租赁所得	比例税率 20%（考试不会给）
利息、股息、红利所得	
财产转让所得	
偶然所得	

考点 3 应纳税所得额的规定（★）

在本节只讲次数的确定和应纳税所得额的其他规定，后面在应纳税额的计算中介绍费用扣除标准。

（一）计征方式（见表 5 - 15）

表 5 - 15　　　　　　　　　　　　　　计征方式

计征方式	纳税义务人	所得类型
按年计征	居民个人	综合所得
	居民个人 + 非居民个人	经营所得
按月计征	非居民个人	工资、薪金所得
按次计征	非居民个人	劳务报酬所得
		稿酬所得
		特许权使用费所得
	居民个人 + 非居民个人	财产租赁所得
		财产转让所得
		利息、股息、红利所得
		偶然所得

【例题 5 - 4·单选题·2018 年】个人取得的下列所得中，适用按年征收个人所得税的是（　　）。

A. 经营家庭旅馆取得的所得

B. 将房产以年租的方式出租取得的租金所得

C. 转让房产取得的所得

D. 转让持有期满一年的股票取得的所得

【答案】A

（二）每"次"收入的确定（见表 5 - 16）

表 5 - 16　　　　　　　　　　　　每"次"收入的确定

所得项目	"次"的判断
劳务报酬所得、稿酬所得、特许权使用费所得（适用于：非居民个人代扣代缴，居民个人预扣预缴）	属于一次性收入的，以取得该项收入为一次
	属于同一事项连续性收入的，以一个月内取得的收入为一次
财产租赁所得	以一个月内取得的收入为一次
利息、股息、红利所得	以支付利息、股息、红利时取得的收入为一次
偶然所得	以每次取得该项收入为一次

> **彬哥解读**
>
> 稿酬所得"次"的具体判断：
>
> ①同一作品再版：应视为另一次稿酬所得计征个人所得税。
>
> ②同一作品连载＋出版：应视为两次稿酬所得征税，即连载作为一次，出版作为另一次。
>
> ③同一作品在报刊上连载：以连载完成后取得的所有收入合并为一次，计征个人所得税。
>
> ④同一作品在出版和发表时，以预付稿酬或分次支付稿酬等形式取得的收入，应合并计算为一次。
>
> ⑤同一作品出版、发表后，因添加印数而追加稿酬的，应与以前出版、发表时取得的稿酬合并计算为一次，计征个人所得税。
>
> ⑥在两处或两处以上出版、发表或再版同一作品而取得的稿酬所得，则可分别就各处取得的所得或再版所得计征个人所得税。

【例题 5 – 5 · 单选题 · 2011 年】作家李先生从 2021 年 3 月 1 日起在某报刊连载一小说，每期取得报社支付的收入 300 元，共连载 110 期（其中 3 月份 30 期）。9 月份将连载的小说结集出版，取得稿酬 48 600 元。下列各项关于李先生取得上述收入缴纳个人所得税的表述中，正确的是（　　）。

A. 小说连载每期取得的收入应由报社按劳务报酬所得代扣代缴个人所得税 60 元

B. 小说连载取得收入应合并为一次，由报社按稿酬所得代扣代缴个人所得税 3 696 元

C. 3 月份取得的小说连载收入应由报社按稿酬所得于当月代扣代缴个人所得税 1 800 元

D. 出版小说取得的稿酬缴纳个人所得税时允许抵扣其在报刊连载时已缴纳的个人所得税

【答案】B

【解析】小说连载取得收入应合并为一次，由报社按稿酬所得代扣代缴个人所得税 = $300 \times 110 \times (1 - 20\%) \times 70\% \times 20\% = 3\ 696$（元）。

考点4　居民个人综合所得的应纳税额计算（★★★）

居民个人综合所得应纳税额缴纳时间见表 5 – 17。

表 5 – 17　　　　　　　　　　居民个人综合所得应纳税额计算

所得项目	预扣预缴阶段	汇算清缴阶段
工资薪金所得	按月预扣预缴	年终汇算清缴
劳务报酬所得	按次预扣预缴	
稿酬所得		
特许权使用费所得		

（一）汇算清缴阶段

居民个人取得的综合所得，以每年收入额减除费用60 000 元以及专项扣除、专项附加扣除和依法确定的其他扣除后的余额，为应纳税所得额。（一个纳税年度扣除不完的，不结转以后年度扣除）。

应纳税额 = 全年应纳税所得额 × 适用税率 – 速算扣除数

= （全年收入额 – 60 000 元 – 专项扣除 – 享受的专项附加扣除 – 享受的其他扣除）

× 适用税率 – 速算扣除数

1. 收入额的确定

综合所得中，每一项目的收入额的确定是不一样的，具体如下：

（1）工资、薪金所得全额计入收入额。

（2）劳务报酬所得、特许权使用费所得，以实际取得的收入减除20% 的费用后的余额为收入额。也就是收入额为实际取得的劳务报酬、特许权使用费收入的80% 。

（3）稿酬所得，以实际取得的收入减除20% 的费用后的余额为收入额，再减按70% 计算，即稿酬所得的收入额为实际取得稿酬收入的56% 。

（4）个人兼有不同的劳务报酬所得，应当分别减除费用，计算缴纳个人所得税。

2. 费用减除标准

（1）基本费用，每年60 000 元。

（2）专项扣除，个人按国家规定的范围和标准缴纳的"三险一金"。

（3）专项附加扣除（6 项），包括子女教育、继续教育、大病医疗、住房贷款利息或者住房租金、赡养老人等支出，具体范围、标准和实施步骤由国务院确定，并报全国人民代表大会常务委员会备案。专项附加扣除标准如表5 – 18 所示。

表5 – 18　　　　　　　　　　专项附加扣除项目标准

扣除项目	标准
子女教育	①纳税人年满3 岁的子女接受学前教育和学历教育的相关支出，按照每个子女每月1 000 元（每年12 000 元）的标准定额扣除。 ②父母可以选择由其中一方按100% 扣除，也可以选择由双方分别按50% 扣除
继续教育	①纳税人在中国境内接受学历（学位）继续教育的支出，在学历（学位）教育期间按照每月400 元（每年4 800 元）定额扣除。同一学历（学位）继续教育的扣除期限不超过48 个月（4 年）； ②纳税人接受技能人员职业资格继续教育、专业技术人员职业资格继续教育支出，在取得相关证书的当年，按照3 600 元定额扣除； ③个人接受本科及以下学历（学位）继续教育，符合税法规定扣除条件的，可以选择由其父母扣除，也可以选择由本人扣除
大病医疗	①在一个纳税年度内，纳税人发生的与基本医保相关的医药费用支出，扣除医保报销后个人负担累计超过15 000 元的部分，由纳税人在办理年度汇算清缴时，在80 000 元限额内据实扣除； ②纳税人发生的医药费用支出可以选择由本人或者其配偶扣除；未成年子女发生的医药费用支出可以选择由其父母一方扣除。纳税人及其配偶、未成年子女发生的医药费用支出，应按前述规定分别计算扣除额

续表

扣除项目	标准
住房贷款利息	①纳税人本人或配偶，单独或共同使用商业银行或住房公积金个人住房贷款，为本人或其配偶购买中国境内住房，发生的首套住房贷款利息（购买住房享受首套住房贷款利率的住房贷款）支出，在实际发生贷款利息的年度，按照每月1 000元（每年12 000元）的标准定额扣除，扣除期限最长不超过240个月（20年）。纳税人只能享受一套首套住房贷款利息扣除； ②经夫妻双方约定，可以选择由其中一方扣除，具体扣除方式在确定后，一个纳税年度内不得变更； ③夫妻双方婚前分别购买住房发生的首套住房贷款利息支出，婚后可以选择其中一套购买的住房，由购买方按100%扣除，也可以由夫妻双方对各自购买的住房分别按50%扣除
住房租金	纳税人在主要工作城市没有自有住房而发生的住房租金支出，可以按照以下标准定额扣除： ①直辖市、省会（首府）城市、计划单列市以及国务院确定的其他城市，扣除标准为每月1 500元（每年18 000元）。除上述所列城市外，市辖区户籍人口超过100万人的城市，扣除标准为每月1 100元（每年13 200元）；市辖区户籍人口不超过100万人的城市，扣除标准为每月800元（每年9 600元）； ②夫妻双方主要工作城市相同的，只能由一方扣除住房租金支出； ③住房租金支出由签订租赁住房合同的承租人扣除； ④纳税人及其配偶在一个纳税年度内不得同时分别享受住房贷款利息专项附加扣除和住房租金专项附加扣除
赡养老人	纳税人赡养一位及以上被赡养人的赡养支出，统一按以下标准定额扣除： 条件：被赡养人是指年满60岁的父母，以及子女均已去世的年满60岁的祖父母、外祖父母； ①纳税人为独生子女的，按照每月2 000元（每年24 000元）的标准定额扣除； ②纳税人为非独生子女的，由其与兄弟姐妹分摊每月2 000元（每年24 000元）的扣除额度，每人分摊的额度最高不得超过每月1 000元（每年12 000元）。可以由赡养人均摊或者约定分摊，也可以由被赡养人指定分摊

（4）依法确定的其他扣除，包括个人缴付符合国家规定的企业年金、职业年金，个人购买符合国家规定的商业健康保险、税收递延型商业养老保险的支出，以及国务院规定可以扣除的其他项目。

对个人购买符合规定的商业健康保险产品的支出，允许在当年（月）计算应纳税所得额时予以税前扣除，扣除限额为2 400元/年（200元/月）。

3. 专项附加扣除的计算时间（见表5-19）

表5-19　　　　　　　　　　　专项附加扣除的计算时间

项目		计算时间
子女教育	学前教育阶段	子女年满3周岁当月至小学入学前一个月
	学历教育	子女接受全日制学历教育入学的当月至全日制学历教育结束的当月
继续教育	学历（学位）继续教育	在中国境内接受学历（学位）继续教育入学的当月至学历（学位）继续教育结束的当月，同一学历（学位）继续教育的扣除期限最长不得超过48个月
	职业资格继续教育	为取得相关证书的当年（技能人员职业资格继续教育、专业技术人员职业资格继续教育）
大病医疗		医疗保障信息系统记录的医药费用实际支出的当年
住房贷款利息		贷款合同约定开始还款的当月至贷款全部归还或贷款合同终止的当月，扣除期限最长不得超过240个月

续表

项目	计算时间
住房租金	为租赁合同（协议）约定的房屋租赁期开始的当月至租期结束的当月 提前终止合同（协议）的，以实际租赁期限为准
赡养老人	为被赡养人年满60周岁的当月至赡养义务终止的年末

【提示】上述规定的学历教育和学历（学位）继续教育的期间，包含因病或其他非主观原因休学但学籍继续保留的休学期间，以及施教机构按规定组织实施的寒暑假等假期。

【举例1】假定某居民个人纳税人2020年扣除"三险一金"后共取得含税工资收入12万元，除住房贷款专项附加扣除外，该纳税人不享受其余专项附加扣除和税法规定的其他扣除。计算其当年应纳个人所得税税额。

【答案】

全年应纳税所得额 = 120 000 - 60 000 - 12 000 = 48 000（元）

应纳税额 = 48 000 × 10% - 2 520 = 2 280（元）

【举例2】假定某居民个人纳税人为独生子女，2020年缴完社保和住房公积金后共取得税前工资收入20万元，劳务报酬1万元，稿酬1万元。该纳税人有两个小孩且均由其扣除子女教育专项附加，纳税人的父母健在且均已年满60岁。计算其当年应纳个人所得税税额。

【答案】

全年应纳税所得额 = [200 000 + 10 000 × (1 - 20%) + 10 000 × (1 - 20%) × 70%] - 60 000 - 12 000 × 2 - 24 000 = 213 600 - 108 000 = 105 600（元）

应纳税额 = 105 600 × 10% - 2 520 = 8 040（元）

【例题5-6·单选题·2019年】下列关于个人所得税专项附加扣除时限的表述中，符合税法规定的是（ ）。

A. 住房贷款利息，扣除时限最长不得超过120个月

B. 同一学历继续教育，扣除时限最长不得超过24个月

C. 技能人员职业资格继续教育，扣除时间为取得相关证书的当年

D. 大病医疗，扣除时间为医疗保障信息系统记录的医药费用实际支出的次年

【答案】C

（二）非居民个人取得工资、薪金、劳务报酬、稿酬、特许权使用费所得应纳税额的计算（见表5-20）

表5-20　　　　　　　　　　　　应纳税额计算

应税项目	计征方式	应纳税所得额
工资、薪金所得	按月代扣代缴	每月收入额减除费用5 000元 应纳税所得额 = 每月收入 - 5 000 【提示】无专项扣除、专项附加扣除等

续表

应税项目	计征方式	应纳税所得额
劳务报酬所得	按次代扣代缴	每次收入额，扣除20% 应纳税所得额＝每次收入×（1－20%） 【提示】无定额扣除，稿酬所得减按70%
特许权使用费所得		
稿酬所得		

非居民个人从我国境内取得综合所得适用的税率见表5－21。

表5－21　　　　　非居民个人从我国境内取得综合所得适用的税率表

级数	全月含税应纳税所得额	税率（%）	速算扣除数（元）
1	不超过3 000元的	3	0
2	超过3 000～12 000元的部分	10	210
3	超过12 000～25 000元的部分	20	1 410
4	超过25 000～35 000元的部分	25	2 660
5	超过35 000～55 000元的部分	30	4 410
6	超过55 000～80 000元的部分	35	7 160
7	超过80 000元的部分	45	15 160

【举例3】假定某外商投资企业中工作的美国专家（假设为非居民纳税人），2020年2月取得由该企业发放的含税工资收入10 400元人民币，此外还从别处取得劳务报酬5 000元人民币。请计算当月其应纳个人所得税税额。

【答案】

该非居民个人当月工资、薪金所得应纳税额＝（10 400－5 000）×10%－210＝330（元）

该非居民个人当月劳务报酬所得应纳税额＝5 000×（1－20%）×10%－210＝190（元）

当月该非居民个人应纳个人所得税税额＝330＋190＝520（元）

（三）预扣预缴

扣缴人向居民个人支付应税款项时，应当预扣或者代扣税款（见表5－22）。

表5－22　　　　　　　　　　预扣预缴

各项所得	计征方式	适用预缴率	预扣预缴所得额
工资、薪金所得	按月	工薪预扣预缴税率表	工薪收入－5 000元－专项扣除－专项附加扣除（每月每人最多4项）－其他扣除
劳务报酬所得	按次	20%、30%、40%	（1）每次收入≤4 000元：扣除800元 （2）每次收入>4 000元：扣除收入的20% 【提示】稿酬所得减按70%
特许权使用费所得	按次	20%	
稿酬所得	按次	20%	

1. 工资、薪金所得预扣预缴

扣缴义务人向居民个人支付时，应当按照累计预扣法计算预扣税款，并按月办理扣缴申报。

具体计算公式如下：

（1）累计预扣预缴应纳税所得额＝累计收入－累计免税收入－累计减除费用－累计专项扣除－累计专项附加扣除－累计依法确定的其他扣除

（2）本期应预扣预缴税额＝（累计预扣预缴应纳税所得额×预扣率－速算扣除数）－累计减免税额－累计已预扣预缴税额

其中：累计减除费用，按照 5 000 元/月乘以纳税人当年截至本月在本单位的任职受雇月份数计算。

个人所得税预扣率表（居民个人工资、薪金所得预扣预缴适用）（见表 5－23）。

表 5－23   个人所得税预扣率表

级数	全年含税应纳税所得额	预扣率（%）	速算扣除数（元）
1	不超过 36 000 元的	3	0
2	超过 36 000 ~ 144 000 元的部分	10	2 520
3	超过 144 000 ~ 300 000 元的部分	20	16 920
4	超过 300 000 ~ 420 000 元的部分	25	31 920
5	超过 420 000 ~ 660 000 元的部分	30	52 920
6	超过 660 000 ~ 960 000 元的部分	35	85 920
7	超过 960 000 元的部分	45	181 920

【举例 4】某居民个人 2021 年每月取得工资收入 10 000 元，每月缴纳社保费用和住房公积金 1 500 元，该居民个人全年均享受住房贷款利息专项附加扣除，请计算该居民个人的工资薪金扣缴义务人 2021 年每月代扣代缴的税款金额。

【答案】

①1 月：累计预扣预缴应纳税所得额＝累计收入－累计免税收入－累计基本减除费用－累计专项扣除－累计专项附加扣除－累计依法确定的其他扣除＝10 000－5 000－1 500－1 000＝2 500（元）

本期应预扣预缴税额＝2 500×3%－0＝75（元）

②2 月：累计预扣预缴应纳税所得额＝累计收入－累计免税收入－累计基本减除费用－累计专项扣除－累计专项附加扣除－累计依法确定的其他扣除＝20 000－10 000－3 000－2 000＝5 000（元）

本期应预扣预缴税额＝（5 000×3%－0）－累计减免税额－累计已预扣预缴税额＝150－75＝75（元）

③2021 年 12 月：累计预扣预缴应纳税所得额＝累计收入－累计免税收入－累计基本减除费用－累计专项扣除－累计专项附加扣除－累计依法确定的其他扣除＝120 000－60 000－18 000－12 000＝30 000（元）

本期应预扣预缴税额＝（30 000×3%－0）－累计减免税额－累计已预扣预缴税额＝900－75×11＝75（元）

2. 劳务报酬、稿酬、特许权使用费所得预扣预缴

扣缴义务人向居民个人支付劳务报酬所得、稿酬所得、特许权使用费所得时，应当按照以

下方法按次或者按月预扣预缴税款。

（1）预扣预缴税额计算公式。

劳务报酬所得应预扣预缴税额＝预扣预缴应纳税所得额×预扣率－速算扣除数

稿酬所得、特许权使用费所得应预扣预缴税额＝预扣预缴应纳税所得额×20%

（2）预扣预缴应纳税所得额的确定（见表5－24）。

表5－24　　　　　　　　预扣预缴应纳税所得额的确定

收入	费用	预扣收入额（预扣应纳税所得额）
每次收入≤4 000 元	800 元	收入－800
每次收入＞4 000 元	20%	收入×（1－20%）

【提示】稿酬所得的收入额减按70%计算。

（3）预扣率。

稿酬所得、特许权使用费所得：20%。

劳务报酬所得：适用居民个人劳务报酬所得预扣预缴率表（见表5－25）。

表5－25　　　　　居民个人劳务报酬所得预扣预缴率表（考试不会给出）

级数	每次应纳税所得额	预扣率（%）	速算扣除数（元）
1	不超过20 000 元的部分	20	0
2	超过20 000～50 000 元的部分	30	2 000
3	超过50 000 元的部分	40	7 000

【提示】劳务、稿酬、特许权使用费，在年度终了计算的时候，运用综合所得七级税率。但在预扣预缴时，这些所得有各自的税率及扣除标准，因此做题的时候，一定仔细读题。

【举例5】歌星刘某一次取得表演收入40 000 元，扣除20%的费用后，应纳税所得额为32 000 元。请计算其应预扣预缴个人所得税税额。

【答案】应预扣预缴税额＝40 000×（1－20%）×30%－2 000＝7 600（元）

【举例6】某作家为居民个人，2021 年3 月取得一次未扣除个人所得税的稿酬收入20 000 元，请计算其应预扣预缴的个人所得税税额。

【答案】应预扣预缴税额＝20 000×（1－20%）×70%×20%＝2 240（元）

（四）特殊事项

1. 取得全年一次性奖金的征税问题（2022 年调整）（见表5－26、表5－27）

一次性奖金也包括年终加薪、实行年薪制和绩效工资的单位根据考核情况兑现的年薪和绩效工资。（注意半年奖、季度奖、加班奖、先进奖、考勤奖等，一律与当月工资、薪金收入合并）

表 5 - 26 取得全年一次性奖金的征税问题

2023 年 12 月 31 日前	①不并入当年综合所得，单独计算纳税； ②可以选择并入当年综合所得计算纳税
2023 年 12 月 31 日之后	居民个人取得全年一次性奖金，应并入当年综合所得计算缴纳个税

计税方法：

（1）商数 = 居民个人取得的全年一次性奖金 ÷ 12

（2）按月度税率表找适用税率和速算扣除数；

（3）应纳税额 = 全年一次性奖金 × 税率 - 速算扣除数。

表 5 - 27 按月换算后的综合所得税率表

级数	月应纳税所得额	税率（%）	速算扣除数（元）
1	不超过 3 000 元的	3	0
2	超过 3 000 ~ 12 000 元的部分	10	210
3	超过 12 000 ~ 25 000 元的部分	20	1 410
4	超过 25 000 ~ 35 000 元的部分	25	2 660
5	超过 35 000 ~ 55 000 元的部分	30	4 410
6	超过 55 000 ~ 80 000 元的部分	35	7 160
7	超过 80 000 元的部分	45	15 160

【举例 7】假定我国居民个人李某 2020 年在我国境内 1 ~ 12 月每月的税后工资为 5 200 元，12 月 31 日又一次性领取年终含税奖金 60 000 元。请计算李某取得年终奖金应缴纳的个人所得税。

【答案】

①年终奖金适用的税率和速算扣除数为：

按 12 个月分摊后，每月的奖金 = 60 000 ÷ 12 = 5 000（元），适用的税率和速算扣除数分别为 10%、210 元。

②年终奖应纳税额 = 年终奖金收入 × 适用的税率 - 速算扣除数 = 60 000 × 10% - 210 = 6 000 - 210 = 5 790（元）

2. 解除劳动关系、内部退养、提前退休的处理（见表 5 - 28）

表 5 - 28 解除劳动关系、内部退养、提前退休的处理

项目	所得税处理		
解除劳动关系	企业依法宣告破产，职工取得的一次性安置收入		免征个人所得税
	个人与用人单位解除劳动关系取得一次性补偿收入（包括用人单位发放的经济补偿金、生活补助费和其他补助费）	在当地上年职工平均工资 3 倍数额以内的部分	免征个税
		超过 3 倍数额的部分	不并入当年综合所得，单独适用年度综合所得税率表，计算纳税

续表

项目	所得税处理
内部退养	个人办理内部退养手续后从原任职单位取得的一次性收入，应按办理内部退养手续后至法定离退休年龄之间的所属月份进行平均，并与领取当月的工资薪金合并后，减除当月费用扣除标准，以余额为基数确定适用税率； 再将当月工资薪金加上取得的一次性收入（所有内退收入＋当月工资薪金），减去费用扣除标准，按适用税率计征个人所得税
提前退休	个人办理提前退休手续而取得的一次性补贴收入，应按照办理提前退休手续至法定离退休年龄之间实际年度数平均分摊，确定适用税率和速算扣除数，单独适用综合所得税率表，计算纳税 应纳税额＝{[（一次性补贴收入÷办理提前退休手续至法定退休年龄的实际年度数）－费用扣除标准]×适用税率－速算扣除数}×办理提前退休手续至法定退休年龄的实际年度数

【提示】提前退休取得的收入不跟当月"工资、薪金"合并纳税，如果提前退休当月还收到正常的工资，那应该分别就工资和提前退休取得的一次性补贴收入分别纳税。

【举例8】2021年3月，某单位增效减员与在单位工作了10年的张三解除劳动关系，张三取得一次性补偿收入15.5万元，当地上年职工平均工资30 000元，则张三该项收入应纳的个人所得税是多少？

【答案】具体计算过程：

①计算免征额＝30 000×3＝90 000（元）

②查找综合税率表可知，超过3倍的部分，也就是65 000（155 000－90 000）元部分，适用税率10%。

③应纳个人所得税＝65 000×10%－2 520＝3 980（元）。

【举例9】王某于2021年1月办理内退手续（比正常退休提前3年），取得单位发给的一次性收入36 000元。当月及未来正式退休前，每月从原单位领取基本工资5 300元，则其取得一次性收入当月应纳个人所得税是多少？

【答案】计算过程：

①将一次性收入按办理内部退养手续至法定离退休年龄之间的所属月份进行平均：36 000÷36＝1 000（元）。

②与当月工资所得合并找适用税率：1 000（平均结果）＋5 300（当月工资）－5 000（基本扣除）＝1 300（元）；适用3%的税率。

③当月应纳个人所得税＝（36 000＋5 300－5 000）×3%＝1 089（元）。

【举例10】杨某2021年2月因身体原因提前3年退休，企业按照统一标准发放给杨某一次性补贴210 000元。杨某应就该项一次性补贴缴纳的个人所得税为多少？

【答案】应纳税额＝{[（一次性补贴收入÷办理提前退休手续至法定退休年龄的实际年度数）－费用扣除标准]×适用税率－速算扣除数}×办理提前退休手续至法定退休年龄的实际年度数＝[（210 000÷3－60 000）×3%]×3＝900（元）。

3. 企业年金、职业年金个人所得税的规定

企业年金是指企业及其职工按照规定，在依法参加基本养老保险的基础上，自愿建立的补充养老保险制度（见表5－29）。

表 5 – 29 企业年金、职业年金个人所得税的规定

时间节点			税务处理
缴费时	标准内	单位缴费部分（国家标准）	计入个人账户时暂不缴纳个人所得税
		个人缴费部分（不超过本人缴费工资计税基数的 4% 标准内的部分）	暂从个人当期的应纳税所得额中扣除
	超过标准	单位缴费和个人缴费部分	并入个人当期的工资、薪金所得征税
投资运营收益	分配计入个人账户时，个人暂不缴纳个人所得税		
领取年金时	按月领取	适用月度税率表计算纳税	按"工资、薪金所得"纳税，不并入综合所得，全额单独计算应纳税款
	按季领取	平均分摊计入各月，按每月领取额适用月度税率表计算纳税	
	按年领取	适用年度综合所得税率表计算纳税	
	一次性领取	个人因出境定居而一次性领取的年金个人账户资金，或个人死亡后，其指定受益人或法定继承人一次性领取的，适用年度综合所得税率表计算纳税	
		除上述特殊原因外一次性领取的，适用月度税率表计算纳税	

【提示】企业年金个人缴费工资计税基数为本人上一年度月平均工资。月平均工资超过职工工作地所在设区城市上一年度职工月平均工资 300% 以上的部分，不计入个人缴费工资计税基数。

【举例 11】刘某退休后每月退休工资 8 000 元，每月还领取企业年金 850 元。计算每月应纳税额是多少？

【答案】

每月退休工资免税，领取的企业年金缴纳个人所得税 = 850 × 3% = 25.5（元）

4. 股权激励所得个人所得税的征税方法

（1）对于个人从上市公司（含境内、外上市公司）取得的股票期权形式所得，由上市公司或其境内机构（扣缴义务人）按照"工资、薪金所得"计算征收个人所得税。

（2）股票期权授予的思路（见表 5 – 30）。

表 5 – 30 股票期权授予的思路

项目	不可公开交易股票期权	可公开交易股票期权
授予日	不用征税的，因为在授予日并没有得到收益	作为员工授权日所在月份的所得，按工资薪金计算缴纳个税
等待期	不用征税，因为在等待期也没有得到实际的好处，但是如果在等待期内将"认股权证或者股票期权"这种权利给转让了，那就要按照"工资、薪金所得"计征所得税	—

续表

项目	不可公开交易股票期权	可公开交易股票期权
行权前转让	以股票期权的转让净收入，作为工资、薪金所得	转让该股票期权所取得的所得——财产转让所得
行权日	员工可以以优惠的价格购买股票，优惠价格跟市场价格的差额要计入"工资、薪金所得"计征所得税	不再计算缴纳个税
行权后转让股票	个人将行权后的境内上市公司股票再进行转让而取得的所得，暂不征收个人所得税	
行权后分配股息	在行权后，行权人就持有了股票，员工因拥有股权而参与企业税后利润分配取得的所得，应按照"利息、股息、红利所得"计征个人所得税（差别化待遇）	

转让国内上市公司的股票不用缴纳个人所得税，转让境外上市公司的股票需要缴纳个人所得税。

（3）股权激励应纳税额计算。

股票期权形式的工资、薪金应纳税所得额 ＝（行权股票的每股市场价 － 员工取得该股票期权支付的每股施权价）× 股票数量

应纳税额 ＝ 股权激励收入 × 适用税率 － 速算扣除数

其中，每股施权价，指员工行使股票期权购买股票实际支付的每股价格。

【提示】

①个人在纳税年度内取得股票期权所得的，在2021年12月31日前，该部分收入不并入当年综合所得，全额单独适用综合所得税率表。

②居民个人一个纳税年度内取得两次以上（含两次）股权激励的，应合并按上述公式计税。

【举例12】某企业员工王城月薪7 000元，公司按照股权激励计划授予其股票期权（该期权不可公开交易），承诺王城在企业工作自2020年2月至2021年1月须履行工作义务12个月，则可以以每股1元的面值购买该企业股票80 000股。2020年2月王城得到期权时不对此行为纳税；2021年1月王城行权时，该股票市价每股2.5元，计算2021年2月王城月薪和行权所得应纳的个人所得税是多少？

【答案】

王城7 000元月薪应纳税：（7 000 － 5 000）× 3% ＝ 60（元）

王城股票行权应纳税所得额 ＝ 80 000 ×（2.5 － 1）＝ 120 000（元）

查年度综合所得税率表得知，适用税率10%，速算扣除数为2 520元

行权应单独计算税额 ＝ 120 000 × 10% － 2 520 ＝ 9 480（元）

王城当月共纳个人所得税 ＝ 60 ＋ 9 480 ＝ 9 540（元）。

【举例13】2021年6月A上市公司高管王某在公司的股票期权激励计划中得到可公开交易的股票期权200 000股，每股施权价8元，授权日每股市场价格为12元。计算王某股票期权授权时应纳的个人所得税。

【答案】授权时应纳税所得额 ＝（12 － 8）× 200 000 ＝ 800 000（元）

应纳税额 = 800 000 × 35% − 85 920 = 194 080（元）。

5. 关于保险营销员、证券经纪人佣金收入的政策（见表5－31）

表5－31　　　　　　　　关于保险营销员、证券经纪人佣金收入的政策

所属税目	劳务报酬所得
计税方法	扣缴义务人向保险营销员、证券经纪人支付佣金收入时，应该按照工资薪金的累计预扣法计算预扣税款（不是按次预缴）
收入额计算	收入额 = 不含增值税的收入 × (1 − 20%) × (1 − 25%) − 城建税及附加 其中：20% 为费用扣除额 25% 为展业成本（按照收入额的 25% 计算）

【提示】

①保险营销员、证券经纪人取得的佣金收入，虽属于劳务报酬所得，但是在预扣预缴个税时，不是按次预扣预缴，而是按照工资薪金的累计预扣法预扣预缴；

②保险营销员、证券经纪人取得的佣金收入，在计入综合所得时，不仅需要减除 20% 的费用，还要扣除收入额 25% 的展业成本以及相应的城建税及附加。

【举例14】2021 年保险营销员赵某取得不含增值税的佣金收入 30 万元，不考虑相关税费。计算 2021 年赵某收入应计入综合所得的金额。

【答案】应纳税所得额 = 30 × (1 − 20%) × (1 − 25%) = 18（万元）

考点5　经营所得的应纳税额计算（★★）

经营所得的应纳税额计算见图5－1：

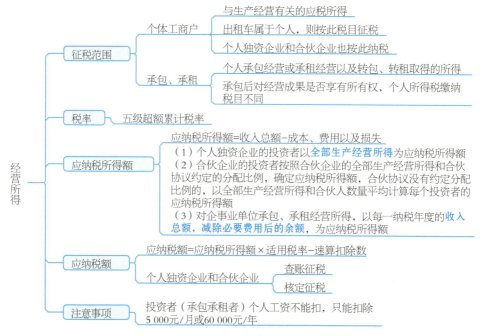

图5－1　经营所得应纳税额计算

（一）应纳税所得额的规定

以每一纳税年度的收入总额减除成本、费用以及损失后的余额，为应纳税所得额。

年应纳税所得额＝年收入总额－成本、费用及损失

应纳税额＝全年应纳税所得额×适用税率－速算扣除数

（二）应纳税额的计算

1. 个体工商户

个体工商户的生产、经营所得，以每一纳税年度的收入总额，减除成本、费用、税金、损失、其他支出以及允许弥补的以前年度亏损后的余额，为应纳税所得额。

应纳税额＝（全年收入总额－成本、费用以及损失）×适用税率－速算扣除数

【2022年新增】自2021年1月1日至2022年12月31日，对个体工商户年应纳税所得额不超过100万元的部分，在现行优惠政策基础上，减半征收个人所得税。个体工商户不区分征收方式，均可享受。

减免税额＝（个体工商户经营所得应纳税所得额不超过100万元部分的应纳税额－其他政策减免税额×个体工商户经营所得应纳税所得额不超过100万元部分÷经营所得应纳税所得额）×（1－50%）

扣除项目中关注：

（1）个体工商户生产经营活动中，应当分别核算生产经营费用和个人、家庭费用。**对于生产经营与个人、家庭生活混用难以分清的费用，其40%视为与生产经营有关费用，准予扣除。**

（2）个体工商户**业主的工资薪金支出不得税前扣除。**其费用扣除标准，确定为**60 000元/年。**

（3）个体工商户实际支付给从业人员的、合理的工资薪金支出，准予扣除。

（4）个体工商户按照国家标准为其业主和从业人员缴纳的"五险一金"，准予扣除。

（5）职工教育经费是按工资薪金总额的**2.5%**的标准内据实扣除。

（6）公益性捐赠，捐赠额**不超过其应纳税所得额30%**的部分可以据实扣除。捐赠要通过公益性社会团体或者县级以上人民政府及其部门，若是个体工商户直接对受益人的捐赠则不得扣除。

（7）个体工商户研究开发新产品、新技术、新工艺所发生的开发费用，以及研究开发新产品、新技术而购置单台价值**在10万元以下**的测试仪器和试验性装置的购置费准予直接扣除；单台价值在10万元以上（含10万元）的测试仪器和试验性装置，按固定资产管理，不得在当期直接扣除。

【提示】不得扣除项目：

①个人所得税税款；

②税收滞纳金；

③罚金、罚款和被没收财物的损失；

④不符合扣除规定的捐赠支出；

⑤赞助支出；

⑥用于个人和家庭的支出；

⑦与生产经营无关的其他支出；

⑧业主为本人或为从业人员支付的商业保险费。

【举例15】某小型运输公司系个体工商户，账证健全，2021 年 12 月取得经营收入为 320 000 元，准许扣除的当月成本、费用（不含业主工资）及相关税金共计 250 600 元。1～11 月累计应纳税所得额 88 400 元（未扣除业主费用减除标准），1～11 月累计预缴个人所得税 10 200 元。除生产经营所得外，业主本人没有其他收入，且 2021 年全年均享受赡养老人一项专项附加扣除。不考虑专项扣除和符合税法规定的其他扣除，请计算该个体工商户就 2021 年度汇算清缴时应申请个人所得税退税额。

【答案】纳税人取得经营所得，按年计算个人所得税，由纳税人在月度或季度终了后 15 日内，向经营管理所在地主管税务机关办理预缴纳税申报；在取得所得的次年 3 月 31 日前，向经营管理所在地主管税务机关办理汇算清缴。因此，按照税收法律、法规和文件规定，先计算全年应纳税所得额，再计算全年应纳税额。并根据全年应纳税额和当年已预缴税额计算出当年度应补（退）税额。

全年应纳税所得额 = 320 000 − 250 600 + 88 400 − 60 000 − 24 000 = 73 800（元）

全年应缴纳个人所得税 =（73 800 × 10% − 1 500）× 50% = 2 940（元）

该个体工商户 2022 年度应申请的个人所得税退税额 = 10 200 − 2 940 = 7 260（元）

【例题 5 −7·单选题·2015 年】个体工商户发生的下列支出中，允许在个人所得税税前扣除的是（　　）。

A. 用于家庭的支出

B. 非广告性质赞助支出

C. 已缴纳的增值税税款

D. 生产经营过程中发生的财产转让损失

【答案】D

【解析】个体工商户下列支出不得扣除：个人所得税税款；税收滞纳金；罚金、罚款和被没收财物的损失；不符合扣除规定的捐赠支出；赞助支出（选项 B）；用于个人和家庭的支出（选项 A）；与取得生产经营收入无关的其他支出；国家税务总局规定不准扣除的支出。

2. 个人独资企业和合伙企业应纳税额的计算

（1）查账征收（见表 5 −32）。

表 5 −32　　　　　　　　　　　　　查账征收

应纳税额	①应纳税所得额 = 全年收入总额 − 成本、费用及损失 − 投资者本人费用扣除； ②应纳税额 = 应纳税所得额 × 税率 − 速算扣除数
投资者本人费用扣除	①费用扣除标准统一确定为 60 000 元/年（5 000 元/月）； ②投资者的工资不得在税前扣除
生活费混用	①投资者及其家庭发生的生活费用不允许在税前扣除。 ②投资者及其家庭发生的生活费用与企业生产经营费用混合在一起，并且难以划分的，全部视为投资者个人及其家庭发生的生活费用，不允许在税前扣除。 【提示】个体工商户生产经营和个人、家庭生活混用难以分清的费用，其 40% 视为与生产有关费用，准予扣除

续表

兴办多个企业	①投资者兴办两个或两个以上企业的，根据规定准予扣除的个人费用，由投资者选择在其中一个企业的生产经营所得中扣除； ②投资者兴办两个或两个以上企业的，企业的年度经营亏损不能跨企业弥补
2022年新增	自2022年1月1日起，持有股权、股票、合伙企业财产份额等权益性投资的个人独资企业、合伙企业，一律适用查账征收方式计征个人所得税。 独资企业、合伙企业应自持有上述权益性投资之日起30日内，主动向税务机关报送持有权益性投资的情况

（2）核定征收（见表5-33）。

表5-33　　　　　　　　　　　　核定征收

适用情形	①企业依照国家有关规定应当设置但未设置账簿的 ②企业虽设置账簿，但账目混乱或者成本资料、收入凭证、费用凭证残缺不全，难以查账的 ③纳税人发生纳税义务，未按照规定的期限办理纳税申报，经税务机关责令限期申报，逾期仍不申报的
计算公式	①应纳税额＝应纳税所得额×适用税率 ②应纳税所得额＝收入总额×应税所得率＝成本费用支出额÷（1－应税所得率）×应税所得率
禁用要求	①实行核定征收的投资者，不能享受个人所得税的优惠政策 ②对律师事务所、会计师事务所、税务师事务所、资产评估和房地产估价等鉴证类中介机构，不得实行核定征收个人所得税

▶ 💬 考点收纳盒

个体工商户、个人独资企业生活费税务处理（见表5-34）。

表5-34　　　　　　　　　个体工商户、个人独资企业生活费税务处理

主体	具体情况	税务处理
个体工商户	混用费用	40%视为与生产经营有关费用，准予扣除
	单纯个人、家庭费用	不得扣除
个人独资企业	混用费用	
	单纯投资者、家庭费用	

3. 对企事业单位的承包、承租经营所得

应纳税额＝应纳税所得额×适用税率－速算扣除数

其中，应纳税所得额＝全年收入总额－成本、费用以及损失

收入总额是指纳税义务人按照承包经营、承租经营合同规定分得的经营利润。

承租者、承包者的个人工资不能减除，但是可以每年减除60 000元。

【举例16】2020年12月1日，某个人与事业单位签订承包合同经营招待所，承包期为3年。2021年招待所实现承包经营利润250 000元（未扣除含承包人工资报酬），按合同规定承包人每年应从经营利润中上缴承包费30 000元。请计算承包人2021年应纳个人所得税税额。

【答案】2021年应纳税所得额＝承包经营利润－上缴费用－每月必要费用扣减合计＝

250 000 − 30 000 − 60 000 = 160 000（元）

　　该承包人 2021 年应缴纳个人所得税 = 160 000 × 20% − 10 500 = 21 500（元）

考点6　利息、股息、红利所得的应纳税额计算（★★★）

【提示】国债利息、国家发行的金融债券利息、居民储蓄存款利息免税。

📺 考点收纳盒

　　沪港、深港股票市场交易互联互通机制试点个人所得税的规定（见表 5−35）。

表 5−35　　　　沪港、深港股票市场交易互联互通机制试点个人所得税的规定

投资者类型		股息红利	股票转让
内地个人投资者投资联交所股票	投资 H 股	H 股公司按照 20% 的税率代扣个人所得税	暂免征收
	投资非 H 股	中国结算按照 20% 的税率代扣个人所得税	
香港市场个人投资者投资沪（深）交所上市 A 股		由上市公司按照 10% 的税率扣所得税（暂不执行差别化征税政策）	

考点7　财产租赁所得的应纳税额计算（★★）

　　财产租赁所得应纳税额计算（见表 5−36）。

表 5−36　　　　　　　　财产租赁所得应纳税额计算

	征收范围	包括个人出租不动产、机器设备、车船以及其他财产取得的所得
财产租赁所得	税率	①一般税率：20% ②个人出租住房：暂减按 10% 税率征收
	应纳税所得额	①每次收入≤4 000 元：每次收入额 − 财产租赁过程中缴纳的税费 − 由纳税人负担的租赁财产实际开支的修缮费用（800 元为限）− 800 ②每次收入 >4 000 元：（每次收入额 − 财产租赁过程中缴纳的税费 − 由纳税人负担的租赁财产实际开支的修缮费用（800 元为限））×（1 − 20%）
	应纳税额	应纳税额 = 应纳税所得额 × 20%

　　（1）财产租赁所得，以 1 个月内取得的收入为一次，以每次收入额为应纳税所得额。

　　（2）扣除项目（顺序）

　　①在确定财产租赁的应纳税所得额时，纳税人在出租财产过程中缴纳的房产税、城建税、教育费附加，可持完税（缴款）凭证，从其财产租赁收入中扣除。

　　②个人转租房屋，其向房屋出租方支付的租金，凭房屋租赁合同和合法支付凭据允许在计算个人所得税时，从该项转租收入中扣除。

　　③允许扣除的修缮费用，以每次 800 元为限。一次扣除不完的，准予在下一次继续扣除，直到扣完。

　　④税法规定的费用扣除标准（定额 800 元或定率 20%）。

　　（3）对个人按市场价格出租的居民住房取得的所得，暂减按 10% 的税率征收个人所得税。

> **关联贴纸**
>
> 个人出租住房减按 1.5% 缴纳增值税（月 10 万元以下免税）；个人出租住房适用 4% 房产税税率。

【举例 17】刘某于 2021 年 1 月将其自有的面积为 150 平方米的公寓按市场价出租给张某居住。刘某每月取得租金收入 4 500 元，全年租金收入 54 000 元。计算刘某全年租金收入应缴纳的个人所得税（不考虑其他税费）。

【答案】财产租赁收入以每月内取得的收入为一次，按市场价出租给个人居住适用 10% 的税率，因此，刘某每月及全年应纳税额为：

每月应纳税额 = 4 500 × (1 − 20%) × 10% = 360（元）。

全年应纳税额 = 360 × 12 = 4 320（元）。

【举例 18】接上例，若当年 2 月因下水道堵塞找人修理，发生修理费用 1 000 元，有维修部门的正式收据，计算 2 月和 3 月的应纳税额。

【答案】

2 月应纳税额 = (4 500 − 800 − 800) × 10% = 290（元）。

3 月应纳税额 = (4 500 − 200) × (1 − 20%) × 10% = 344（元）。

【举例 19】彭某将租入的一幢住房转租，原租入租金 3 000 元（有可靠凭据），转租收取租金 4 500 元，出租财产每月实际缴纳税金 210 元（有完税凭证），计算其每月应纳个税税额。

【答案】每月应纳个人所得税 = (4 500 − 210 − 3 000 − 800) × 10% = 490 × 10% = 49（元）。

考点 8　财产转让所得的应纳税额计算（★★★）

财产转让所得应纳税额计算（见表 5 − 37）

表 5 − 37　财产转让所得应纳税额计算

财产转让所得	征税范围： （1）指个人转让有价证券、股权、不动产、合伙企业中的财产份额、机器设备、车船以及其他财产取得的所得。 （2）特殊情况 ①股票转让所得：暂不征税； ②量化资产股份转让：分情况
	税率：20%
	应纳税所得额 = 收入总额 − 财产原值 − 合理税费
	应纳税额 = 应纳税所得额 × 20%
	具体规定：个人住房转让所得、个人转让股权、个人取得拍卖收入

（一）个人住房转让所得应纳税额的计算

应纳税额 = （转让收入 − 房屋原值 − 合理税费）× 20%

1. 相关要求（见表 5 − 38）

表 5 –38	相关要求
房屋原值	商品房：实际支付的房价款和缴纳的相关税费； 自建住房：实际发生的建造费用及建造和取得产权时实际缴纳的相关税费
转让过程中缴纳的税金	在转让住房时实际缴纳的增值税、城市维护建设税、教育费附加、土地增值税、印花税等税金
合理费用	纳税人按照规定实际支付的住房装修费用、住房贷款利息、手续费、公证费等费用，**凭有关部门出具的有效证明据实扣除**

【举例 20】某个人建房一幢，造价 360 000 元，支付其他费用 50 000 元。该个人建成后将房屋出售，售价 600 000 元，在售房过程中按规定支付交易费等相关税费 35 000 元，其应纳个人所得税税额的计算过程为：

【答案】（1）应纳税所得额 = 财产转让收入 – 财产原值 – 合理费用 = 600 000 – (360 000 + 50 000) – 35 000 = 155 000（元）

（2）应纳税额 = 155 000 × 20% = 31 000（元）

2. 个人销售无偿受赠不动产再转让的应纳税额计算

应纳税所得额 = (收入总额 – 原捐赠人取得该房屋的实际购置成本 – 赠与和转让过程中的合理税费) × 20%

【举例 21】某外国籍公民甲先生在中国境内无住所，2012 年 7 月受境外公司委派至境内乙公司任职，此后一直在中国境内居住。2014 年 10 月以 160 万元的价格，转让一套两年前无偿受赠获得的房产。原捐赠人取得该套房产的实际购置成本为 95 万元，受赠及转让房产过程中已缴纳的税费为 10 万元。计算甲先生 10 月转让受赠房产时计缴个人所得税的应纳税所得额。（2012 年改编）

【答案】转让受赠房产的应纳税所得额 = 160 – 95 – 10 = 55（万元）

（二）个人转让股权应纳税额的计算

1. 计税依据的确定

应纳税所得额 = 股权转让收入 – (股权原值 + 合理费用)

2. 个人转让限售股

应纳税所得额 = 限售股转让收入 – (限售股原值 + 合理税费)

如果纳税人未能提供完整、真实的限售股原值凭证的，不能准确计算限售股原值的，主管税务机关一律按限售股转让收入的 15% 核定限售股原值及合理税费。

3. 主管税务机关可以核定股权转让收入的情形

（1）申报的股权转让收入明显偏低且无正当理由的；

（2）未按照规定期限办理纳税申报，经税务机关责令限期申报，逾期仍不申报的；

（3）转让方无法提供或拒不提供股权转让收入的有关资料；

（4）其他应核定股权转让收入的情形。

4. 符合下列情形之一，视为股权转让收入明显偏低

（1）申报的股权转让收入低于股权对应的净资产份额的；

（2）申报的股权转让收入低于初始投资成本或低于取得该股权所支付的价款及相关税费的；

（3）申报的股权转让收入低于相同或类似条件下同一企业同一股东或其他股东股权转让收入的；

（4）申报的股权转让收入低于相同或类似条件下同类行业的企业股权转让收入的；

（5）不具合理性的无偿让渡股权或股份；

（6）主管税务机关认定的其他情形。

5.股权转让收入虽明显偏低，但视为有正当理由的情形

（1）能出具有效文件，证明被投资企业因国家政策调整，生产经营受到重大影响，导致低价转让股权；

（2）继承或将股权转让给其能提供具有法律效力身份关系证明的配偶、父母、子女、祖父母、外祖父母、孙子女、外孙子女、兄弟姐妹以及对转让人承担直接抚养或者赡养义务的抚养人或者赡养人；

（3）相关法律、政府文件或企业章程规定，并有相关资料充分证明转让价格合理且真实的本企业员工持有的不能对外转让股权的内部转让；

（4）股权转让双方能够提供有效证据证明其合理性的其他合理情形。

【例题5-8·多选题·2018年】个人转让股权的下列情形中，税务机关可以核定股权转让收入的有（ ）。

A. 因遭遇火灾而无法提供股权转让收入的相关资料

B. 转让方拒不向税务机关提供股权转让收入的有关资料

C. 申报的股权转让收入明显偏低但有正当理由

D. 未按规定期限申报纳税，且超过税务部门责令申报期限仍未申报

【解析】ABD

考点收纳盒

个人转让全国中小企业股份转让系统（以下简称"新三板"）挂牌公司股票有关个人所得税政策（见表5-39）。

表5-39 个人所得税政策

转让对象	计税规则
转让非原始股	①非原始股是指个人在新三板挂牌公司挂牌后取得的股票，以及由上述股票孳生的送、转股 ②对个人转让新三板挂牌公司非原始股取得的所得，暂免征收个人所得税
转让原始股	①原始股是指个人在新三板挂牌公司挂牌前取得的股票，以及在该公司挂牌前和挂牌后由上述股票孳生的送、转股 ②对个人转让新三板挂牌公司原始股取得的所得，按照"财产转让所得"，适用20%的比例税率征收个人所得税

【2022年新增】新三板精选层公司转为北交所上市公司，以及创新层挂牌公司通过公开发行股票进入北交所上市后，投资北交所上市公司涉及的个人所得税、印花税相关政策，暂按照

现行新三板适用的税收规定执行。

（三）个人取得拍卖收入征收的个人所得税规定

1. 是否属于"财产转让所得"项目

（1）作者将自己的文字作品手稿原件或复印件拍卖取得的所得，按照"特许权使用费"所得项目计算缴纳个人所得税。

$$应纳税额 = (转让收入额 - 800\ 元或\ 20\%) \times 20\%$$

（2）个人拍卖除文字作品原稿及复印件外的其他财产，按照"财产转让所得"项目计算缴纳个人所得税。

$$应纳税额 = (转让收入额 - 财产原值和合理费用) \times 20\%$$

2. 财产原值，是指售出方个人取得该拍卖品的价格（以合法有效凭证为准）。

（1）通过商店、画廊等途径购买的，为购买该拍卖品时**实际支付**的价款；

（2）通过拍卖行拍得的，为拍得该拍卖品**实际支付**的价款及缴纳的相关税费；

（3）通过祖传收藏的，为其**收藏**该拍卖品而发生的费用；

（4）通过赠送取得的，为其**受赠**该拍卖品时发生的相关税费；

（5）通过其他形式取得的，参照以上原则确定财产原值。

纳税人如不能提供合法、完整、准确的财产原值凭证，不能正确计算财产原值的，按**转让收入额的 3% 征收率**计算缴纳个人所得税；拍卖品为经文物部门认定是**海外回流文物**的，按**转让收入额的 2%** 征收率计算缴纳个人所得税。

【举例 22】王先生通过拍卖市场拍卖祖传字画一幅，拍卖收入 56 000 元，不能提供字画原值凭据。拍卖收入应缴纳个人所得税多少。

【答案】拍卖收入应缴纳个人所得税 = 56 000 × 3% = 1 680（元）。

考点 9　偶然所得的应纳税额计算（★★）

偶然所得，以每次收入为一次。偶然所得应缴纳的个人所得税税款，由发奖单位或机构代扣代缴。

$$应纳税额 = 应纳税所得额 \times 20\% = 每次收入额 \times 20\%$$

考点 10　关于公益慈善事业捐赠个人所得税政策（★★）

个人通过中华人民共和国境内公益性社会组织、县级以上人民政府及其部门等国家机关，向教育、扶贫、济困等公益慈善事业的捐赠（以下简称"公益捐赠"），发生的公益捐赠支出，可以按照个人所得税法有关规定在计算应纳税所得额时扣除。

1. 基本规定

捐赠额未超过纳税人申报的应纳税所得额 30% 的部分，可从其应纳税所得额中扣除。

部分捐赠可以全额扣除。

2. 居民个人的公益捐赠支出在不同所得中的扣除（见表 5 - 40）

表5-40　　　　　　　　　居民个人的公益捐赠支出在不同所得中的扣除

分类	税目	公益捐赠的处理
综合所得	工资薪金所得（可选择其中之一）	①在预扣时扣除（按累计预扣法计算扣除限额）； ②在年度汇算清缴时扣除
	劳务、稿酬、特许权使用费	预扣预缴时不扣除，统一在年度汇算时扣除
分类所得	经营所得	可以选择在预缴税款时扣除，也可以选择在当年汇算清缴时扣除
	财产转让、财产租赁、利息股息红利、偶然所得	在捐赠当月取得的分类计算的所得额中扣除。当月分类所得应扣除未扣除的公益捐赠支出，可按规定追补扣除

彬哥解读

①居民个人根据各项所得的收入、公益捐赠支出、适用税率等情况，自行决定在综合所得、分类所得、经营所得中扣除的公益捐赠支出的顺序。

②个人同时发生按30%扣除和全额扣除的公益捐赠支出，自行选择扣除次序。

③居民个人取得全年一次性奖金、股权激励等所得，且按规定采取不并入综合所得而单独计税方式处理。

④经营所得中扣除的公益捐赠支出：可以选择在预缴税款时扣除，也可以选择在汇算清缴时扣除；但采取核定征收方式的，不扣除公益捐赠支出。

【举例23】王某是一家企业的外部董事，2021年取得董事费8万元，当即拿出2万元通过政府捐赠给受灾地区，其应纳税所得额为多少？（不考虑其他收入和附加扣除）

【答案】属于劳务报酬所得。不考虑捐赠的应纳税所得额 $= 8 \times (1 - 20\%) = 6.4$（万元）。捐赠限额 $= 6.4 \times 30\% = 1.92$（万元）；捐赠超限额，只能按照限额扣减。

应纳税所得额 $= 6.4 - 1.92 = 4.48$（万元）

考点11　税收优惠（★★）

（一）免税项目（见表5-41）

表5-41　　　　　　　　　　　　　　　　免税项目

奖金、津贴	①省级人民政府、国务院部委和中国人民解放军军以上单位，以及外国组织颁发的科学、教育、技术、文化、卫生、体育、环境保护等方面的奖金； ②按照国家统一规定发给的补贴、津贴、福利费、抚恤金、救济金； ③生育妇女按规定取得的生育津贴、生育医疗费或其他属于生育保险性质的津贴、补贴； ④个人举报、协查各种违法、犯罪行为而获得的奖金
股息、利息	①国债和国家发行的金融债券利息，以及地方政府发行的债券利息； ②对居民储蓄存款利息； ③外籍个人从外商投资企业取得的股息、红利所得； ④个人从公开发行和转让市场取得的上市公司股票： a. 持股期限超过1年的，股息红利所得暂免征收个人所得税 b. 持股期限在1个月以上至1年（含1年）的，暂减按50%计入应纳税所得额 c. 持股期限在1个月以内（含1个月）的，其股息红利所得全额计入应纳税所得额

续表

保险	①保险赔款； ②工伤职工及其近亲属按照规定取得的工伤保险待遇； ③个人投资者从投保基金公司取得的行政和解金
工资	①按照国家统一规定发给干部、职工的安家费、退职费、退休工资、离休工资、离休生活补助费； ②符合条件的外籍专家取得的工资、薪金所得
军人	军人的转业费、复员费
住房	①个人转让自用达 5 年以上 并且是唯一的家庭生活居住用房取得的所得； ②对被拆迁人按照国家规定的标准取得的拆迁补偿款
手续费	个人办理代扣代缴税款手续，按规定取得的扣缴手续费
防疫	自 2020 年 1 月 1 日起： ①对参加疫情防治工作的医务人员和防疫工作者按照政府规定标准取得的临时性工作补助和奖金，免征个人所得税； ②单位发给个人用于预防新型冠状病毒感染的肺炎药品、医疗用品和防护用品等实物（不包括现金），不计入工资、薪金收入，免征个人所得税
其他	①依照我国有关法律规定应予免税的各国驻华使馆、领事馆的外交代表、领事官员和其他人员的所得； ②对个体工商户或个人，以及个人独资企业和合伙企业从事种植业、养殖业、饲养业和捕捞业（以下简称"四业"），取得的"四业"所得暂不征收个人所得税； ③对个人转让上市公司股票取得的所得暂免征收个人所得税； ④乡镇企业的职工和农民取得的青苗补偿费，暂不征收个人所得税； ⑤其他经国务院财政部门批准免税的所得

（二）减税项目

（1）个人投资者持有 2019～2023 年发行的铁路债券取得的利息收入，减按 50% 计入应纳税所得额计算征收个人所得税。税款由兑付机构在向个人投资者兑付利息时代扣代缴。

（2）自 2019 年 1 月 1 日起至 2023 年 12 月 31 日，一个纳税年度内在船航行时间累计满 183 天的远洋船员，其取得的工资、薪金收入减按 50% 计入应纳税所得额，依法缴纳个人所得税。

（3）自 2021 年 1 月 1 日起至 2022 年 12 月 31 日，对个体工商户年应纳税所得额不超过 100 万元的部分，在现行优惠政策基础上，减半征收个人所得税。个体工商户不区分征收方式，均可享受。

（4）有下列情形之一的，可以减征个人所得税：

①残疾、孤老人员和烈属的所得。

②因严重自然灾害造成重大损失的。

③国务院可以规定其他减税情形，报全国人民代表大会常务委员会备案。

【例题 5 – 9·单选题·2017 年】国内某大学教授取得的下列所得中，免予征收个人所得税的是（　　）。

A. 因任某高校兼职教授取得的课酬

B. 按规定领取原提存的住房公积金

C. 因拥有持有期不足 1 年的某上市公司股票取得的股息

D. 被学校评为校级优秀教师获得的资金

【答案】B

【解析】选项 AD：照章缴纳个人所得税。选项 C：2015 年 9 月 8 日以后，个人从公开发行和转让市场取得的上市公司股票，持股期限超过 1 年的，股息红利所得暂免征收个人所得税；持股期限在 1 个月以上至 1 年（含 1 年）的，暂减按 50% 计入应纳税所得额；持股期限在 1 个月以内（含 1 个月）的，其股息红利所得全额计入应纳税所得额。

考点 12　征收管理（★★）

（一）自行申报纳税

自行申报纳税，是由纳税人自行在税法规定的纳税期限内，向税务机关申报取得的应税所得项目和数额，如实填写个人所得税纳税申报表，并按照税法规定计算应纳税额，据此缴纳个人所得税的一种方法。

1. 有下列情形之一的，纳税人应当依法办理纳税申报：

（1）取得综合所得需要办理汇算清缴；

（2）取得应税所得没有扣缴义务人；

（3）取得应税所得，扣缴义务人未扣缴税款；

（4）取得境外所得；

（5）因移居境外注销中国户籍；

（6）非居民个人在中国境内从两处以上取得工资、薪金所得；

（7）国务院规定的其他情形。

2. 取得综合所得需要办理汇算清缴的纳税申报（见表 5 – 42）

表 5 – 42　　　　　取得综合所得需要办理汇算清缴的纳税申报

需要汇算清缴	无须汇算清缴
取得综合所得且符合下列情形之一的纳税人，应当依法办理汇算清缴： ①从两处以上取得综合所得，且综合所得年收入额减除专项扣除后的余额超过 6 万元。 ②取得劳务报酬所得、稿酬所得、特许权使用费所得中一项或者多项所得，且综合所得年收入额减除专项扣除的余额超过 6 万元。 ③纳税年度内预缴税额低于应缴税额。 ④纳税人申请退税	依据税法规定，纳税人在 2020 年度已依法预缴个人所得税且符合下列情形之一的，无须办理年度汇算： ①纳税人年度汇算需补税但年度综合所得收入不超过 12 万元的； ②纳税人年度汇算需补税金额不超过 400 元的； ③纳税人已预缴税额与年度应纳税额一致或者不申请年度汇算退税的

3. 纳税申报期限（见表 5 –43）

表 5 –43　　　　　　　　　　　　　纳税申报期限

纳税人情况	申报期限
综合所得	取得所得的次年 3 月 1 日至 6 月 30 日内向单位所在地主管税务机关办理纳税申报
经营所得	月度或季度终了后 15 日内办理纳税申报 取得所得的次年 3 月 31 日前，向经营管理所在地主管税务机关办理汇算清缴

（二）全员全额扣缴申报（代扣代缴）

扣缴义务人向个人支付应税款项时，应当依照个人所得税法规定预扣或者代扣税款，按时缴库，并专项记载备查。

（1）扣缴义务人，是指向个人支付所得的单位或者个人。

（2）代扣代缴的范围包括个人所得税法中的工资薪金所得、劳务报酬所得、稿酬所得、特许权使用费所得、利息股息红利所得、财产租赁所得、财产转让所得、偶然所得。

（3）代扣代缴期限：扣缴义务人每月或每次所扣的税款，应当在次月 15 日内缴入国库。

（三）办理时间

纳税人办理 2021 年度综合所得汇算的时间为 2022 年 3 月 1 日至 6 月 30 日。在中国境内无住所的纳税人在 2022 年 3 月 1 日前离境的，可以在离境前办理年度汇算。

【举例 24】某居民个人 2020 年 1 月领取工资 1 万元、个人缴付"三险一金" 2 000 元，假设没有专项附加扣除，预缴个税 90 元；2019 年其他月份每月工资为 4 000 元，无须预缴个税。

从 2020 年全年来看，因该居民个人纳税人 2019 年年收入额不足 6 万元无须缴税，因此预缴的 90 元税款可以申请退还。

【举例 25】某居民个人纳税人 2020 年每月工资 1 万元、个人缴付"三险一金" 2 000 元，有两个上小学的孩子，按规定可以每月享受 2 000 元（全年 24 000 元）的子女教育专项附加扣除。但因其在预缴环节未填报，使得计算个税时未减除子女教育专项附加扣除，其 2020 年全年预缴个税 1 080 元。

该居民纳税人在年度汇算时填报了相关信息后可补充扣除 24 000 元，扣除后全年应纳个税 360 元，按规定其可以申请退税 720 元。

【举例 26】某居民个人纳税人 2020 年每月固定从一处取得劳务报酬 1 万元，适用 20% 预扣率后预缴个税 1 600 元，全年共 19 200 元；2019 年全年算账，当年取得劳务报酬共 12 万元，减除 6 万元费用（不考虑其他扣除）后，适用 3% 的综合所得税率，2020 年度应纳税款 1 080 元。因此，可申请 18 120 元退税。

（四）专项附加扣除的操作办法

享受子女教育、继续教育、住房贷款利息或者住房租金、赡养老人专项附加扣除的纳税人，自符合条件开始，可以向支付工资、薪金所得的扣缴义务人提供上述专项附加扣除有关信息，由扣缴义务人在预扣预缴税款时，按其在本单位本年可享受的累计扣除额办理扣除；也可以在次年 3 月 1 日至 6 月 30 日内，向汇缴地主管税务机关办理汇算清缴申报时扣除。

　　一个纳税年度内，纳税人在扣缴义务人预扣预缴税款环节未享受或未足额享受专项附加扣除的，可以在当年内向支付工资、薪金的扣缴义务人申请在剩余月份发放工资、薪金时补充扣除，也可以在次年 3 月 1 日至 6 月 30 日内，向汇缴地主管税务机关办理汇算清缴时申报扣除。

　　纳税人、扣缴义务人应当将《扣除信息表》及相关留存备查资料，保存**五年**。

恭喜你，
已完成第五章的学习

扫码免费进 >>>
2022年CPA带学群

读书和学习是需要付出很多时间和精力的事情，但也是为自己积攒能力、为未来增添底气的必经之路。

第六章 城市维护建设税法和烟叶税法

考情雷达

本章是小税种，非重点章节，内容简单，易于理解，考核难度低，常与增值税和消费税结合出题。分值不高，平均分值在 3～5 分。2022 年变化情况：本章无实质性变化。

考点地图

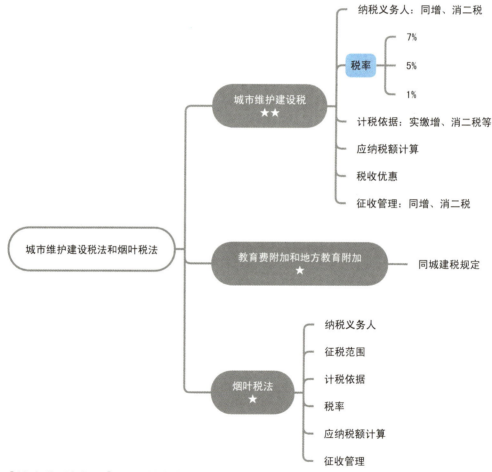

【城建税预备知识】城建税特点：

（1）税款专款专用——城市公用事业和公共设施的维护和建设；

（2）属于一种附加税；

（3）根据城镇规模设计不同的比例税率。

考点1　城市维护建设税（★★）

城市维护建设税（见表6－1）。

表6－1　　　　　　　　　　　　　　　城市维护建设税

纳税义务人	从事经营活动，缴纳增值税、消费税的单位和个人			
扣缴义务人	增值税、消费税的代扣代缴、代收代缴义务人同时也是城建税的代扣代缴、代收代缴义务人			
税率	方式	采用地区差别比例税率		
	纳税人所在地	市区	县城、建制镇	不在城市市区、县城、建制镇的
	税率	7%	5%	1%
计税依据	包含项目	①纳税人实际向税务机关缴纳的"两税"； ②纳税人被税务机关查补的"两税"		
	不包含项目	①纳税人进口环节被海关代征的增值税、消费税税额； ②非税款项（被加收的滞纳金、罚款等）； ③城建税应当按照规定扣除期末留抵退税退还的增值税税额		
	其他规定	①计税依据是实际缴纳的税额，而不是应纳税额； ②城建税随同"两税"的减免而减免； ③对出口产品退还增值税、消费税的，不退还已缴纳的城建税		
税额计算	**应纳税额＝纳税人实际缴纳的增值税、消费税税额×适用税率**			
税收优惠	①根据国民经济和社会发展的需要，国务院对重大公共基础设施、特殊产业和群体以及重大突发事件应对等情形可以规定减征或者免征城市维护建设税，报全国人民代表大会常务委员会备案； ②对"两税"实行先征后返、先征后退、即征即退办法的，除另有规定外，对随"两税"附征的城建税和教育费附加，一律不予退（返）还			
征收管理	纳税地点	纳税人缴纳"两税"的地点		
	纳税期限	分别与"两税"的纳税期限一致		
	纳税义务发生时间	与"两税"的纳税义务发生时间一致		

【提示】城建税税率同增值税税率一样需要记忆，而且考生要会通过地区来判断城建税税率。在考题中，往往第一句话就会提示城建税税率，例如"某市企业""某县企业"，所以考生在做主观题的时候，要注意考题的第一句话。

【例题6－1·单选题·2016年】企业缴纳的下列税额中，应作为城市维护建设税计税依据的是（　　）。

A. 消费税税额　　　　　　　　　B. 房产税税额

C. 城镇土地使用税税额　　　　　D. 关税税额

【答案】A

【例题6-2·多选题·2014年】 下列关于城市维护建设税计税依据的表述中，正确的有（　　）。

A. 免征"两税"时应同时免征城市维护建设税

B. 对出口产品退还增值税的，不退还已缴纳的城市维护建设税

C. 纳税人被查补"两税"时应同时对查补的"两税"补缴城市维护建设税

D. 纳税人违反"两税"有关税法被加收的滞纳金应计入城市维护建设税的计税依据

【答案】 ABC

【解析】 选项D错误，纳税人违反"两税"有关税法而加收的滞纳金和罚款，是税务机关对纳税人违法行为的经济制裁，不作为城建税的计税依据。

【例题6-3·单选题·2014年】 位于县城的甲企业2021年5月实际缴纳增值税350万元（其中包括进口环节增值税50万元）、消费税530万元（其中包括由位于市区的乙企业代收代缴的消费税30万元）。则甲企业本月应向所在县城税务机关缴纳的城市维护建设税为（　　）。

A. 40万元　　　　B. 41.5万元　　　　C. 42.50万元　　　　D. 44.00万元

【答案】 A

【解析】 甲企业本月应向所在县城税务机关缴纳的城市维护建设税=（350-50+530-30）×5%=40（万元）。选项A正确。

【例题6-4·单选题·2020年】 下列关于城市维护建设税税务处理的表述中，符合税法规定的是（　　）。

A. 国家重大水利工程基金免征城市维护建设税

B. 退还出口产品的增值税应同时退还已缴纳的城市维护建设税

C. 海关进口产品代征的消费税应同时代征城市维护建设税

D. 实行增值税期末留抵退税的纳税人，不得从城市维护建设税的计税依据中扣除退还的增值税税额

【答案】 A

【解析】 选项BC错误，城建税进口不征，出口不退；选项D错误，实行增值税期末留抵退税的纳税人，应当从城市维护建设税的计税依据中扣除退还的增值税税额。

考点2 教育费附加和地方教育附加（★）

教育费附加和地方教育附加是我国财政性教育经费的两大来源。

教育费附加和地方教育附加一般都是跟着城市维护建设税一起征收，所以相关规定基本一致。

其相关规定见表6-2：

表 6 – 2　　　　　　　　　　　　　　　　相关规定

要素	教育费附加	地方教育附加
征税对象	实际缴纳增值税、消费税的单位和个人	
计税依据	实际缴纳的增值税、消费税税额	
计征比例	3%	2%
计算公式	实际缴纳的"两税"×3%	实际缴纳的"两税"×2%
纳税期限	与"两税"同时缴纳	
税收优惠	①进口不征，出口不退 ②对国家重大水利工程建设基金免征教育费附加 ③由于减免增值税、消费税而发生的退税，可同时退还已征收的教育费附加 ④对按月缴纳的月销售额或营业额不超过 10 万元（按季度不超过 30 万元）的纳税人，免征教育费附加、地方教育附加	

考点3　烟叶税法（★）

烟叶税是以纳税人收购烟叶的收购金额为计税依据征收的一种税（见表 6 – 3）。

表 6 – 3　　　　　　　　　　　　　　　　烟叶税

纳税义务人		在中华人民共和国境内依法收购烟叶的单位
征税范围		晾晒烟叶、烤烟叶
计税依据		纳税人收购烟叶实际支付的价款总额
税率		20%
应纳税额		应纳烟叶税税额 = 实际支付价款总额 × 税率（20%） 其中： ①实际支付的价款总额 = 收购价款 + 价外补贴 = 收购价款 × （1 + 10%）； ②10% 为规定的价外补贴
征收管理	纳税地点	向烟叶收购地主管税务机关申报纳税
	纳税义务发生时间	纳税人收购烟叶的当天
	纳税期限	按月计征，纳税人应当自纳税义务发生月终了之日起 15 日内申报纳税

【例题 6 – 5·单选题·2017 年】某烟草公司 2017 年 8 月 8 日到邻县收购烟草收购价款 88 万元，另向烟农支付了价外补贴 10 万元，下列纳税事项的表述中，正确的是（　　）。

A. 烟草公司 8 月收购烟叶应缴纳烟叶税 19.6 万元

B. 烟草公司 8 月收购烟叶应缴纳烟叶税 17.6 万元

C. 烟草公司收购烟叶的纳税义务发生时间是 8 月 8 日

D. 烟草公司应向公司所在地主管税务机关申报缴纳烟叶税

【答案】C

【解析】应该缴纳的烟叶税 = 88 × （1 + 10%）× 20% = 19.36（万元），选项 AB 错误；烟叶税的纳税义务发生时间为纳税人收购烟叶的当天，即 8 月 8 日，选项 C 正确；烟草公司应当在收购地（邻县）申报缴纳烟叶税，选项 D 错误。

【例题6-6·多选题·2019年】2019年7月，甲市某烟草公司向乙县某烟叶种植户收购了一批烟叶，收购价款90万元，价外补贴9万元。下列关于烟叶税征收处理表述中，符合税务规定的有（　　）。

A. 纳税人为烟叶种植户

B. 应在次月15日内申报纳税

C. 应在乙县主管税务机关申报纳税

D. 应纳税额为19.8万

【答案】BCD

【解析】选项A错误，纳税人应该是烟草公司，即收购方纳税。

恭喜你，
已完成第六章的学习

扫码免费进 >>>
2022年CPA带学群

没有人天生强大，只有经过一次次失败、丧气、跌倒，然后再站起来。就这样重复着，我们在逐渐变强大。尽管注会非常之难，请切勿心急，哪怕是庞然大物，曾经也是无名小卒。

第七章　关税法和船舶吨税法

考情雷达

本章属于相对重要一章，尤其是关税。除单选题、多选题之外，关税还容易与进口环节增值税、消费税在主观题中进行考核。平均分值在 5 分左右。2022 年变化情况：修改跨境电子商务零售进口税收政策中计征限额的表述。

考点地图

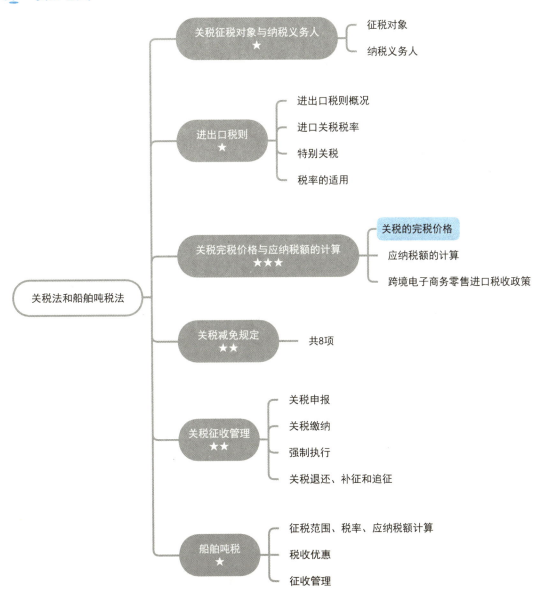

考点1　关税征税对象与纳税义务人（★）

关税征税对象和纳税义务人见表7-1。

表7-1　　　　　　　　　　　关税征税对象与纳税义务人

征税对象	准许进出境的货物和物品
纳税义务人	①进口货物的收货人； ②出口货物的发货人； ③进出境物品的所有人或者推定的所有人

考点2　进出口税则（★）

所谓进出口税则，主要是为了解决关税的税率问题，由于关税税率非常多，所以不可能记忆，那么本节就是掌握进出口关税到底有哪些种类的税率，以及对税率的应用。

（一）进出口税则概况

进出口税则是一国政府根据国家关税政策和经济政策，通过一定的立法程序制定公布实施的进出口货物和物品应税的关税税率表。

（二）进口关税税率

目前我国进口税则设有最惠国税率、协定税率、特惠税率、普通税率、配额税率共五种税率，一定时期内可实行暂定税率。

（三）特别关税

包括报复性关税、反倾销税与反补贴税、保障性关税。征收特别关税的货物、适用国别、税率、期限和征收办法，由国务院关税税则委员会决定，海关总署负责实施。

（四）税率的适用

税率的运用即依照不同的情形，适用不同的税率（见表7-2）。

表7-2　　　　　　　　　　　税率的适用

具体情况	适用税率
进出口货物	应当适用海关接受该货物申报进口或者出口之日实施的税率
进口货物到达之前，经海关核准先行申报的	应当适用装载该货物的运输工具申报进境之日实施的税率
进口转关运输货物	应当适用指运地海关接受该货物申报进口之日实施的税率；货物运抵指运地前，经海关核准先行申报的，应当适用装载该货物的运输工具抵达指运地之日实施的税率
出口转关运输货物	应当适用启运地海关接受该货物申报出口之日实施的税率
实行集中申报的进出口货物（经海关批准）	应当适用每次货物进出口时海关接受该货物申报之日实施的税率
因超过规定期限未申报而由海关依法变卖的进口货物	其税款计征应当适用装载该货物的运输工具申报进境之日实施的税率

续表

具体情况	适用税率
因纳税义务人违反规定需要追征税款的进出口货物	应当适用违反规定的行为发生之日实施的税率；行为发生之日不能确定的，适用海关发现该行为之日实施的税率
已申报进境并放行的保税货物、减免税货物、租赁货物或者已申报进出境并放行的暂时出境货物	有下列情形之一需缴纳税款的，应当适用海关接受纳税义务人再次填写报关单申报办理纳税及有关手续之日实施的税率： ①保税货物经批准不复运出境的； ②保税仓储货物转入国内市场销售的； ③减免税货物经批准转让或者移作他用的； ④可暂不缴纳税款的暂时进出境货物，不复运出境或者进境的； ⑤租赁进口货物，分期缴纳税款的
补征和退还进出口货物关税	应当按照前述规定确定适用的税率

考点3　关税完税价格与应纳税额的计算（★★★）

（一）关税的完税价格

完税价格是指货物的计税价格。关税的完税价格由海关以该货物的成交价格为基础审查确定。

1. 一般进口货物的完税价格

（1）以成交价格为基础的完税价格。

正常情况下，进口货物采用以成交价格为基础的完税价格。进口货物的完税价格包括货物的货价、货物运抵我国境内输入地点**起卸前**的运输及相关费用、保险费（见图7-1）。

图7-1　以成交价格为基础的完税价格

（2）对实付或应付价格进行调整的有关规定（见表7-3）。

表7-3　　　　　　　　　对实付或应付价格进行调整的有关规定

计入完税价格的因素	不计入完税价格的因素
①买方负担的佣金和经纪费（除购货佣金）； ②买方负担的包装材料和包装劳务费用、与货物视为一体的容器费用； ③与进口货物有关的且构成进口条件的特许权使用费； ④卖方直接或间接从买方对该货物进口后销售、处置或使用所得中获得的收益	①向自己的采购代理人支付的劳务费用、买方负担的购货佣金； ②货物进口后发生的建设、安装、装配、维修和技术援助费用，但保修费用除外； ③货物运抵境内输入地点起卸之后的运输费用、保险费用和其他相关费用； ④进口关税和进口海关代征税及其他国内税； ⑤为在境内复制进口货物而支付的复制权费用； ⑥境内外技术培训及境外考察费用

【例题 7 – 1 · 多选题 · 2014 年 A 卷】下列税费中，应计入进口货物关税完税价格的有（   ）。

A. 进口环节缴纳的消费税

B. 单独支付的境内技术培训费

C. 由买方负担的境外包装材料费用

D. 由买方负担的与该货物视为一体的容器费用

【答案】CD

【解析】选项 A 错误，进口关税、进口环节海关代征税及其他国内税，都不计入完税价格；选项 B 错误，境内外技术培训及境外考察费用不计入完税价格。

【例题 7 – 2 · 单选题 · 2020 年】在以成交价格估价方法确定进口货物完税价格时，下列各项费用应计入完税价格的是（   ）。

A. 进口环节代征的增值税

B. 在进口货物价款中单独列明的设备进口后发生的安装费用

C. 由买方负担的包装材料费用

D. 在进口货物价款中单独列明的进口货物运抵境内输入地点起卸后发生的运输费

【答案】C

【解析】选项 A 错误，进口关税、进口环节海关代征税及其他国内税，都不计入完税价格；选项 B 错误，进口后只有发生的保修费用计入完税价格；选项 D 错误，进口货物运抵境内输入地点起卸后发生的运输及相关费用、保险费，不计入完税价格。

（3）进口货物完税价格中运输及相关费用、保险费的计算（见表 7 – 4）。

表 7 – 4　　　　　　　　进口货物完税价格中运输及相关费用、保险费的计算

情形	运输费	保险费
一般情形	按照买方实际支付或者应当支付的费用计算	按照实际支付的费用计算
相关费用无法确定（保险费未实际发生）	按照该进口货物进口同期的正常运输成本审查确定	按照"货价加运费"两者总额的 3‰
运输工具自驾进口	不再另行计入运输及相关费用	—
邮运进口	以邮费作为运输费及其相关费用、保险费	

【例题 7 – 3 · 单选题 · 2019 年】某进出口公司 2021 年 8 月进口摩托车 20 辆，成交价共计 27 万元，该公司另支付入关前的运费 4 万元，保险费无法确定，摩托车关税税率 25%，该公司应缴纳的关税为（   ）万元。

A. 6.78　　　　　　B. 6.75　　　　　　C. 7.77　　　　　　D. 7.75

【答案】C

【解析】进口货物的保险费无法确定或者未实际发生，海关应当按照"货价加运费"两者总额的3‰计算保险费。关税完税价格 = 27 + 4 + (27 + 4) × 3‰ = 31.09（万元），关税 = 关税完税价格 × 税率 = 31.09 × 25% = 7.77（万元），选项C正确。

（4）进口货物海关估价方法。

如果进口货物的成交价格不符合规定条件或成交价格不能确定的，海关依次以下列方法确定的价格为基础估定完税价格：

①相同货物成交价格估价方法；

②类似货物成交价格估价方法；

③倒扣价格估价方法；

④计算价格估价方法；

⑤其他合理方法。

海关在采用合理估价方法确定进口货物的完税价格时，不得使用以下价格：

①境内生产的货物在境内的销售价格；

②可供选择的价格中较高的价格；

③货物在出口地市场的销售价格；

④以计算价格估价方法规定之外的价值或费用计算的相同或者类似货物价格；

⑤出口到第三国或地区的货物的销售价格；

⑥最低限价或武断、虚构的价格。

2. 特殊进口货物的完税价格（见表7-5）

表7-5   特殊进口货物的完税价格

情形		完税价格
运往境外修理的货物（出境时报明，并在海关规定期限内复运进境的）		以境外修理费和物料费为基础审查确定
运往境外加工的货物（出境时报明，并在海关规定期限内复运进境的）		以境外加工费、料件费、复运进境的运输及相关费用、保险费为基础审查确定
暂时进境的货物		按照一般进口货物完税价格确定的有关规定，审查确定
租赁方式进口的货物	以租金方式对外支付的租赁货物	在租赁期间以海关审定的租金作为完税价格，利息应当予以计入
	留购的租赁货物	以海关审定的留购价格作为完税价格
	承租人申请一次性缴纳税款	可以选择按照"进口货物海关估价方法"的相关内容确定完税价格，或者按照海关审查确定的租金总额作为完税价格
留购的进口货样、展览品和广告陈列品		以海关审定的留购价格作为完税价格
予以补税的减免税货物		由海关监管使用的减免税进口货物，在监管年限内转让或移作他用需要补税的，应当以海关审定的该货物原进口时的价格，扣除折旧部分价值作为完税价格
不存在成交价格的进口货物		由海关与纳税人进行价格磋商后，按照"进口货物海关估价方法"的规定，估定完税价格
进口软件介质		应当以介质本身的价值或者成本为基础审查确定完税价格

3. 出口货物的完税价格（见图 7-2）

其中，不包含以下三项：
（1）出口关税；
（2）离岸后运保费；
（3）在货物价款中单独列明的由卖方承担的佣金。

图 7-2 出口货物的完税价格

【例题 7-4·单选题·2010 年】下列各项中，应计入出口货物完税价格的是（   ）。

A. 出口关税税额

B. 单独列明的支付给境外的佣金

C. 货物在我国境内输出地点装载后的运输费用

D. 货物运至我国境内输出地点装载前的保险费

【答案】D

（二）应纳税额的计算

关税应纳税额计算有如下公式：

①从价计税　关税税额 = 应税进（出）口货物数量 × 单位完税价格 × 适用税率

②从量计税　关税税额 = 应税进（出）口货物数量 × 单位货物税额

③复合计税　关税税额 = 应税进（出）口货物数量 × 单位货物税额
　　　　　　　　　　　+ 应税进（出）口货物数量 × 单位完税价格 × 适用税率

④滑准税　　关税税额 = 应税进（出）口货物数量 × 单位完税价格 × 滑准税税率

【例题 7-5·综合·2019 年】某市一家进出口公司为增值税一般纳税人，2019 年 7 月发生以下业务：从国外进口中档护肤品一批，该批货物在国外的买价为 200 万元人民币，由进出口公司支付的购货佣金 10 万元人民币，运抵我国海关卸货前发生的运输费为 30 万元人民币，保险费无法确定。该批货物已报关，取得海关开具的增值税专用缴款书。

已知进口护肤品的关税税率为 10%，增值税税率为 13%。

要求：

①计算上述业务应缴纳的进口关税。

②计算上述业务应缴纳的进口环节增值税。

【答案】

①关税完税价格 = （200 + 30）+（200 + 30）× 3‰ = 230.69（万元）

关税应纳税额 = 230.69 × 10% = 23.07（万元）

②增值税应纳税额 = （230.69 + 23.07）× 13% = 32.99（万元）

（三）跨境电子商务零售进口税收政策

跨境电子商务零售进口商品按照货物征收关税和进口环节增值税、消费税（见表7-6）。

表7-6　　　　　　　　　　跨境电子商务零售进口税收政策

纳税义务人		购买跨境电子商务零售进口商品的个人
代收代缴义务人		电子商务企业、电子商务交易平台企业或物流企业
关税完税价格		实际交易价格（包括货物零售价格、运费和保险费）作为完税价格
计征限额		跨境电子商务零售进口商品的单次交易限值为人民币5 000元，个人年度交易限值为人民币26 000元
税率	限额以内	关税：税率暂设为0； 进口环节增值税、消费税：取消免征税额，暂按法定应纳税额的70%征收
	超过限额	下列情形按照一般贸易方式全额征税（2022年调整）： 完税价格超过5 000元单次交易限值低于26 000元年度交易限值，且订单下仅一件商品时，可以自跨境电商零售渠道进口，按照货物税率全额征收关税和进口环节增值税、消费税、交易额计入年度交易总额，但年度交易总额超过年度交易限值的，应按一般贸易管理

【例题7-6·多选题·2017年】跨境电子商务零售进口商品按照货物征收关税，下列企业可以作为代收代缴义务人的有（　　）。

A. 物流企业　　　　　　　　B. 商品生产企业

C. 电子商务交易平台企业　　D. 电子商务企业

【答案】ACD

【解析】电子商务企业、电子商务交易平台企业或物流企业可作为代收代缴义务人。

考点4　关税减免规定（★★）

《中华人民共和国海关法》和《中华人民共和国进出口关税条例》明确规定，下列进口货物、物品予以减免关税：

（1）关税税额在人民币50元以下的一票货物，可免征关税；

（2）无商业价值的广告品和货样，可免征关税；

（3）外国政府、国际组织无偿赠送的物资，可免征关税；

（4）进出境运输工具装载的途中必需的燃料、物料和饮食用品，可予免税。

（5）在海关放行前损失的货物，可免征关税。

（6）在海关放行前遭受损坏的货物，可以根据海关认定的受损程度减征关税。

（7）我国缔结或者参加的国际条约规定减征、免征关税的货物、物品，按照规定予以减免关税。

（8）法律规定减征、免征关税的其他货物、物品。

【例题 7-7·多选题·2019 年】下列进口的货物中，免征关税的有 (   )。

A. 无商业价值的广告品

B. 在海关放行前损失的货物

C. 外国政府无偿援助的物资

D. 国际组织无偿赠送的货物

【答案】 ABCD

考点 5　关税征收管理（★★）

关税征收管理（见表 7-7）。

表 7-7　　　　　　　　　　　关税征收管理

关税申报		进口货物：应自运输工具申报进境之日起 **14 日内**。 出口货物：应自货物运抵海关监管区后、装货的 **24 小时以前**
关税缴纳	缴纳期限	自海关填发税款缴款书之日起 **15 日内**缴纳关税
	延期情形	关税纳税义务人因不可抗力或者在国家税收政策调整的情形下，不能按期缴纳税款的，经依法提供税款担保后，可以延期缴纳税款，但最多不得超过 **6 个月**
强制执行	征收滞纳金	滞纳金自关税缴纳期限届满滞纳之日起，至纳税义务人缴纳关税之日止，按滞纳税款**万分之五**的比例按**日**征收，休息日或法定节假日不予扣除。具体计算公式为： 关税滞纳金金额 = 滞纳关税税额 × 滞纳金征收比率 × 滞纳天数
	强制征收	如纳税义务人自缴纳税款期限届满之日起 **3 个月**仍未缴纳税款，经海关关长批准，海关可以采取强制扣缴、变价抵缴等强制措施
关税退还	海关发现	海关多征的关税，海关发现应立即退回
	纳税人发现	纳税人自纳税之日起 1 年内书面申请退税并加算银行同期活期存款利息
关税补征	造成原因	非因纳税人违反海关规定造成短征关税
	时效	自缴纳税款或货物、物品放行之日起 1 年内
关税追征	造成原因	纳税人违反海关规定造成短征关税
	时效	自纳税人应纳税之日起 3 年内追征
	滞纳金	按日加收万分之五的滞纳金

【例题 7-8·单选题·2006 年】某公司进口一批货物，海关于 2020 年 3 月 1 日填发税款缴款书，但公司迟至 3 月 27 日才缴纳 500 万元的关税。海关应征收关税滞纳金 (   )。

A. 2.75 万元　　　　　　　　　　B. 3 万元

C. 6.5 万元　　　　　　　　　　 D. 6.75 万元

【答案】 B

【解析】滞纳12天，海关应征收关税滞纳金 = 500 × 12 × 0.5‰ = 3（万元）。选项B正确。

【例题7-9·多选题·2016年】下列措施中属于《中华人民共和国海关法》赋予海关可以采取的强制措施有（　　）。

A. 变价抵缴
B. 强制扣缴
C. 补征税额
D. 征收关税滞纳金

【答案】ABD

【例题7-10·单选题·2020年】因纳税人违反规定而造成的少征关税，海关可以自纳税人缴纳税款或者货物、物品放行之日起的一定期限内追征。这一期限是（　　）年。

A. 1
B. 10
C. 5
D. 3

【答案】D

考点6　船舶吨税（★）

（一）征税范围、税率、应纳税额计算（见表7-8）

表7-8　　　　　　　　　　征税范围、税率、应纳税额计算

征税范围		自中国境外港口进入境内港口的船舶（以下简称"应税船舶"）
税率	优惠税率	①中华人民共和国国籍的应税船舶； ②船籍国（地区）与中华人民共和国签订含有相互给予船舶税费最惠国待遇条款的条约或者协定的应税船舶
	普通税率	除了适用优惠税率的船舶之外的其他应税船舶
应纳税额	计税依据	按照船舶净吨位和吨税执照期限征收
	计算公式	**应纳税额 = 船舶净吨位 × 定额税率（元）** 净吨位，是指由船籍国（地区）政府授权签发的船舶吨位证明书上标明的净吨位
	特例	拖船和非机动驳船，分别按照相同净吨位船舶税率的50%计征税款

【举例1】有净吨位为9 000吨的某国货轮"维多利亚"号，停靠在我国天津新港装卸货物。纳税人自行选择30天期缴纳船舶吨税。船舶吨税税率为2.9元/净吨位，现计算应征的船舶吨税。

【答案】船舶吨税的计算公式为：吨税应纳税额 = 船舶净吨位 × 定额税率

应征船舶吨税 = 9 000 × 2.9 = 26 100（元）。

（二）税收优惠（见表 7 -9）

表 7 -9　　　　　　　　　　　　税收优惠

免税优惠	①应纳税额在人民币 50 元以下的船舶； ②自境外以购买、受赠、继承等方式取得船舶所有权的初次进口到港的空载船舶； ③吨税执照期满后 24 小时内不上下客货的船舶； ④非机动船舶（不包括非机动驳船）； ⑤捕捞、养殖渔船； ⑥避难、防疫隔离、修理、改造、终止运营或者拆解，并不上下客货的船舶； ⑦军队、武装警察部队专用或者征用的船舶； ⑧警用船舶； ⑨依照法律规定应当予以免税的外国驻华使领馆、国际组织驻华代表机构及其有关人员的船舶； ⑩国务院规定的其他船舶
延期优惠	在吨税执照期限内，应税船舶发生下列情形之一的，海关按照实际发生的天数批注延长吨税执照期限： ①避难、防疫隔离、修理，并不上下客货的船舶； ②军队、武装警察部队征用

【例题 7 -11·多选题·2014 年 B 卷】 下列船舶中，免征船舶吨税的有（　　）。

A. 养殖渔船

B. 非机动驳船

C. 军队征用的船舶

D. 应纳税额为人民币 100 元的船舶

【答案】 AC

【解析】 选项 A 正确，捕捞、养殖渔船免征船舶吨税；选项 B 错误，非机动船舶（不包括非机动驳船）免征船舶吨税；选项 C 正确，军队、武装警察部队专用或者征用的船舶免征船舶吨税；选项 D 错误，应纳税额在人民币 50 元以下的船舶免征船舶吨税。

【例题 7 -12·多选题·2020 年】 应税船舶在吨税执照期限内发生的下列情形中，海关可按照实际发生的天数批注延长吨税执照期限的有（　　）。

A. 避难并不上下客货的　　　　　　B. 防疫隔离不上下客货的

C. 补充供给不上下旅客的　　　　　D. 武装警察部队征用的

【答案】 ABD

【解析】 选项 C 错误，补充供给不上下旅客的应税船舶，不享受船舶吨税延期优惠。

（三）征收管理（见表 7 -10）

表 7 -10　　　　　　　　　　　　征收管理

事项	规定
征收机关	吨税由海关负责征收，海关征收吨税应当制发缴款凭证
纳税义务发生时间	应税船舶进入港口的当日

续表

事项		规定
多缴税款的退还	海关发现	应当在 24 小时内通知应税船舶办理退还手续，并加算银行同期活期存款利息
	应税船舶发现	可以自缴纳税款之日起 3 年内以书面形式要求海关退还多缴的税款，并加算银行同期活期存款利息
补征		海关发现少征或者漏征的，自应税船舶应当缴纳税款之日起 1 年内补征
追征		应税船舶违反规定造成少征或者漏征的，自应当缴纳税款之日起 3 年内追征，并自应当缴纳税款之日起按日加征少征或者漏征税款 0.5‰的税款滞纳金

恭喜你，
已完成第七章的学习

扫码免费进 >>>
2022年CPA带学群

当你不再痛苦的时候，也许你超越了，也许你就此平庸了。对于拥有巨大痛苦的人，

欢愉是短暂与廉价的，因为真正驱使你变强的，是痛苦。

CHAPTER EIGHT

第八章　资源税法和环境保护税法

考情雷达

因为 2020 年国家对资源税法进行重大改革，近几年资源税法考核分值会适当提升。除了会考核客观题之外，资源税还会与增值税出现在主观题中。本章平均分值在 5 分左右，属于相对重要章节。2022 年变化情况：本章无实质性变化。

考点地图

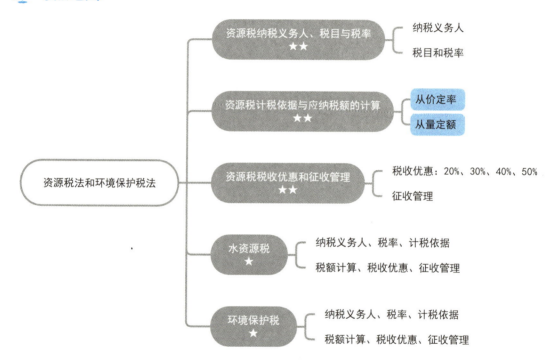

考点1　资源税纳税义务人、税目与税率（★★）

资源税是对在我国领域及管辖的其他海域开发应税资源的单位和个人课征的一种税，属于对自然资源开发课税的范畴。

（一）纳税义务人

在中华人民共和国领域及管辖的其他海域开发应税资源的单位和个人，为资源税的纳税人。（资源税规定对在境内开采或生产征收资源税，故对进口应税产品不征收资源税）

（二）税目和税率

1. 税目

资源税的征税范围共有 5 个税目，可按不同计征方式分类，详见表 8 - 1。

表 8 – 1 税目

税目		征税对象	税率
能源矿产	原油（不包含人造石油）	原矿	比例税率（个别可以选择定额税率）
	天然气、页岩气、天然气水合物	原矿	
	煤（包括原煤和以未税原煤加工的洗选煤）、油页岩、天然沥青	原矿或者选矿	
	煤层气、铀、钍、地热	原矿	
金属矿产	黑色金属：铁、锰、铬等	原矿或者选矿	
	有色金属：铜、铅、锌等		
非金属矿产	矿物类：高岭土、石灰岩、磷、石墨等	原矿或者选矿	
	岩石类：大理岩、花岗岩、白云岩等		
	宝石类：宝石、玉石、玛瑙、黄玉等		
水气矿产	二氧化碳气、硫化氢气、氦气、氡气	原矿	
	矿泉水		
盐	钠盐、钾盐、镁盐、锂盐	选矿	
	天然卤水	原矿	
	海盐	—	

2. 税率

（1）资源税包括从价定率和从量定额两种征收方式，所以采用的税率是比例税率和定额税率。

（2）纳税人开采或者生产不同税目应税产品的，应当分别核算，未分别核算，从高适用税率。

（3）纳税人开采或生产同一税目下适用不同税率应税产品的，应当分别核算，未分别核算，从高适用税率。

考点2 **资源税计税依据与应纳税额的计算（★★）**

（一）从价定率（见表8–2）

应纳税额＝销售额×适用税率

表 8 – 2 从价定率

销售额	指纳税人销售应税产品向购买方收取的全部价款，但不包括收取的增值税销项税额（价外费用的规定跟增值税一致）
运杂费的扣减	计入销售额中的相关运杂费，凡取得增值税发票或其他合法有效凭据的，准予从销售额中扣除。相关运杂费是指应税产品从坑口或者洗选（加工）地到车站、码头或者购买方指定地点的运杂费用、建设基金以及随运销产生的装卸、仓储、港杂费用

续表

特殊情形下销售额的确定	纳税人申报的应税产品销售额明显偏低且无正当理由的,或者有自用应税产品行为而无销售额的	可以按下列方法和顺序确定其应税产品销售额: ①按纳税人最近时期同类产品的平均销售价格确定; ②按其他纳税人最近时期同类产品的平均销售价格确定; ③按后续加工非应税产品销售价格,减去后续加工环节的成本利润后确定; ④按应税产品组成计税价格确定: 组成计税价格 = 成本 × (1 + 成本利润率) ÷ (1 − 资源税税率); ⑤按其他合理方法确定	
	外购应税产品购进金额、购进数量的扣减	纳税人外购应税产品与自采应税产品混合销售或者混合加工为应税产品销售的,在计算应税产品销售额或者销售数量时,准予扣减外购应税产品的购进金额或者购进数量; 当期不足扣减的,可结转下期扣减(核算扣减,应当依据外购应税产品的增值税发票、海关进口增值税专用缴款书或者其他合法有效凭据)	
		以外购原矿与自采原矿混合为原矿销售	直接扣减外购原矿或者外购选矿产品的购进金额或者购进数量
		以外购选矿产品与自产选矿产品混合为选矿产品销售	
		以外购原矿与自采原矿混合洗选加工为选矿产品销售	准予扣减的外购应税产品购进金额(数量) = 外购原矿购进金额(数量) × (本地区原矿适用税率 ÷ 本地区选矿产品适用税率)

【举例 1】 某煤炭企业将外购 100 万元原煤与自采 200 万元原煤混合洗选加工为选煤销售,选煤销售额为 450 万元。当地原煤税率为 3%,选煤税率为 2%,在计算应税产品销售额时,时,准予扣减的外购应税产品购进金额 = 外购原煤购进金额 × (本地区原煤适用税率 ÷ 本地区选煤适用税率) = 100 × (3% ÷ 2%) = 150(万元)。

> 💬 **彬哥解读**
>
> ①纳税人开采或者生产应税产品自用的,应当缴纳资源税;但是,自用于连续生产应税产品的,不缴纳资源税;
>
> ②纳税人自用应税产品应当缴纳资源税的情形,包括纳税人以应税产品用于非货币性资产交换、捐赠、偿债、赞助、集资、投资、广告、样品、职工福利、利润分配或者连续生产非应税产品等。

【例题 8−1 · 单选题 · 2012 年】 某油田 2021 年 10 月共计开采原油 8 000 吨,当月销售原油 6 000 吨,取得销售收入(不含增值税)18 000 000 元,同时还向购买方收取违约金 22 600 元、优质费 5 650 元;支付运输费用 20 000 元(不含增值税)。已知销售原油的资源税税率为 6%,则该油田 10 月缴纳的资源税为(   )元。

A. 1 080 000　　　 B. 1 080 250　　　 C. 1 081 200　　　 D. 1 081 500

【答案】D

【解析】原油属于从价定率计算资源税的应税产品，以其销售额乘以适用的比例税率计算征收资源税，其中销售额为纳税人销售应税产品向购买方收取的全部价款和价外费用，但不包括收取的增值税。该油田 10 月缴纳的资源税 = [18 000 000 + (22 600 + 5 650) ÷ (1 + 13%)] × 6% = 1 081 500（元）。

（二）从量定额

1. 计税依据

从量定额以应税产品的销售数量为计税依据。

销售数量，包括纳税人开采或者生产应税产品的实际销售数量和自用于应当缴纳资源税情形的应税产品数量。只有地热、石灰岩、其他粘土、砂石、矿泉水、天然卤水可以从量定额征收。

2. 应纳税额的计算

$$应纳税额 = 课税数量 \times 单位税额$$

考点 3 资源税税收优惠和征收管理（★★）

（一）税收优惠（见表 8-3）

表 8-3 税收优惠

免征		①开采原油以及油田范围内运输原油过程中用于加热的原油、天然气； ②煤炭开采企业因安全生产需要抽采的煤成（层）气； ③青藏铁路公司及其所属单位运营期间自采自用的砂、石等材料
减征	减征 20%	从低丰度油气田开采的原油、天然气
	减征 30%	高含硫天然气、三次采油和从深水油气田开采的原油、天然气
		从衰竭期矿山开采的矿产品
		页岩气
	减征 40%	稠油、高凝油
	减征 50%	①对充填开采置换出来的煤炭； ②对增值税小规模纳税人可以在 50% 的税额幅度内减征
省、自治区、直辖市人民政府决定的减税或者免税		①纳税人开采或者生产应税产品过程中，因意外事故或者自然灾害等原因遭受重大损失的； ②纳税人开采共伴生矿、低品位矿、尾矿

【例题 8-2·单选题·2020 年】下列开采资源的情形中，依法免征资源税的是（　　　）。

A. 开采稠油

B. 煤炭开采企业因安全生产需要抽采的煤层气

C. 从衰竭期矿山开采的矿产品

D. 开采页岩气

【答案】B

【解析】选项 A 错误，开采稠油减征 40% 资源税；选项 C 错误，从衰竭期矿山开采的矿产品减征 30% 资源税；选项 D 错误，对页岩气资源税减征 30%。

（二）征收管理（见表 8 - 4）

表 8 - 4　　　　　　　　　　　　　征收管理

纳税义务 发生时间	纳税人销售自产应税产品	收讫销售款或者取得索取销售款凭据的当天
	纳税人自产自用应税产品	移送应税产品的当天
纳税期限	①资源税按月或者按季申报缴纳，应当自月度或者季度终了之日起 15 日内，向税务机关办理纳税申报并缴纳税款； ②不能按固定期限计算缴纳的，可以按次申报缴纳	
纳税地点	应税产品开采地或者海盐的生产地缴纳	
征收机关	①一般规定：税务机关征收； ②特殊规定：海上开采的原油和天然气，由海洋石油税务管理机构征收管理	

考点4　水资源税（★）

为推进资源全面节约和循环利用，北京、天津、山西、内蒙古、河南、山东、四川、陕西、宁夏 9 个省、自治区、直辖市纳入水资源税改革试点，由征收水资源费改为征收水资源税（见表 8 - 5）。

表 8 - 5　　　　　　　　　　　　　水资源税

纳税义务人		直接取用地表水、地下水的单位和个人，包括直接从江、河、湖泊（含水库）和地下取用水资源的单位和个人	
	特例	下列情形，不缴纳水资源税： ①农村集体经济组织及其成员从本集体经济组织的水塘、水库中取用水的； ②家庭生活和零星散养、圈养畜禽饮用等少量取用水的； ③水利工程管理单位为配置或者调度水资源取水的； ④为保障矿井等地下工程施工安全和生产安全必须进行临时应急取用（排）水的； ⑤为消除对公共安全或者公共利益的危害临时应急取水的； ⑥为农业抗旱和维护生态与环境必须临时应急取水的	
税率		由试点省份省级人民政府统筹考虑本地区情况，在规定的最低平均税额基础上分类确定具体适用税额	
计税依据		实行从量计征	
		一般取用水	实际取用水量
		采矿和工程建设疏干排水	排水量
		水力发电和火力发电贯流式（不含循环式）冷却取用水	实际发电量
税额计算		①一般取用水应纳税额 = 实际取用水量 × 适用税额； ②疏干排水应纳税额 = 实际取用水量 × 适用税额； ③水力发电和火力发电贯流式（不含循环式）冷却取用水应纳税额 = 实际发电量 × 适用税额	

续表

税收优惠	①规定限额内的农业生产取用水，免征； ②取用污水处理再生水，免征； ③除接入城镇公共供水管网以外，军队、武警部队通过其他方式取用水的，免征； ④抽水蓄能发电取用水，免征； ⑤采油排水经分离净化后在封闭管道回注的，免征； ⑥财政部、税务总局规定的其他免征或者减征水资源税情形	
征收管理	纳税义务发生时间	取用水资源的当日
	申报时间	自纳税期满或者纳税义务发生之日起15日内申报纳税
	征收机关	生产经营所在地的主管税务机关

考点5　环境保护税（★）

（一）纳税义务人、征税范围（见表8-6）

表8-6　　　　纳税义务人、征税范围

纳税义务人	在中华人民共和国领域和中华人民共和国管辖的其他海域，直接向环境排放应税污染物的企业事业单位和其他生产经营者	
征税范围	一般	大气污染物、水污染物、固体废物和噪声等应税污染物
	特例	有下列情形之一的，不属于直接向环境排放污染物，不缴纳相应污染物的环境保护税： ①企业事业单位和其他生产经营者向依法设立的污水集中处理、生活垃圾集中处理场所排放应税污染物的。（超过国家和地方规定的排放标准向环境排放应税污染物的，应当缴纳环境保护税）； ②企业事业单位和其他生产经营者在符合国家和地方环境保护标准的设施、场所贮存或者处置固体废物的。（不符合国家和地方环境保护标准的，应当缴纳环境保护税）； ③达到省级人民政府确定的规模标准并且有污染物排放口的畜禽养殖场，应当依法缴纳环境保护税，但依法对畜禽养殖场废弃物进行综合利用和无害化处理

（二）税率

环境保护税实行定额税率。税目、税额依照《环境保护税税目税额表》执行，见表8-7。

表8-7　　　　税率

税目		计税单位	数额	备注
大气污染物		每污染当量	1.2~12元	—
水污染物		每污染当量	1.4~14元	—
固体废物	煤矸石	每吨	5元	—
	尾矿	每吨	15元	
	危险废物	每吨	1 000元	
	冶炼渣、粉煤灰、炉渣、其他固体废物（含半固态、液态废物）	每吨	25元	

续表

税目		计税单位	数额	备注
噪声	工业噪声	超标1~3分贝	每月350元	①一个单位有不同地点作业场所的，应当分别计算应纳税额，合并计征； ②昼、夜均超标的环境噪声，昼、夜分别计算应纳税额，累计计征； ③声源一个月内超标不足15天的，减半计算应纳税额
		超标4~6分贝	每月700元	
		超标7~9分贝	每月1 400元	
		超标10~12分贝	每月2 800元	
		超标13~15分贝	每月5 600元	
		超标16分贝以上	每月11 200元	

【例题8-3·单选题·2020年】下列各种噪声中，属于环境保护税征税范围的是（　　）。

A. 建筑噪声　　　　B. 工业噪声　　　　C. 生活噪声　　　　D. 交通噪声

【答案】B

【解析】环境保护税征税范围包括应税大气污染物、水污染物、固体废物和噪声（指工业噪声）。

（三）计税依据、应纳税额的计算（见表8-8）

表8-8　　　　　　　　　计税依据和应纳税额的计算

污染物种类	计税依据	应纳税额计算
大气污染物 水污染物	污染物排放量折合的污染当量数	应纳税额=污染当量数×具体适用税额 污染当量数=该污染物的排放量÷该污染物的污染当量值
固体废物	固体废物的排放量	应纳税额=固体废物排放量×具体适用税额 固体废物排放量=当期固体废物的产生量-当期固体废物的综合利用量-当期固体废物的贮存量-当期固体废物的处置量
噪声	超过国家规定标准的分贝数	应纳税额=超过国家规定标准的分贝数对应的具体适用税额

▶ 彬哥解读

①每一排放口或者没有排放口的应税大气污染物，按照污染当量数从大到小排序，对前三项污染物征收环境保护税。

②每一排放口的应税水污染物，按照《中华人民共和国环境保护税法》所附《应税污染物和当量值表》，区分第一类水污染物和其他类水污染物，按照污染当量数从大到小排序，对第一类水污染物按照前五项征收环境保护税，对其他类水污染物按照前三项征收环境保护税。

1. 大气污染物应纳税额的计算

应税大气污染物应纳税额为污染当量数乘以具体适用税额。计算公式为：

$$大气污染物的应纳税额=污染当量数×适用税额$$

【举例2】某企业 2018 年 3 月向大气直接排放二氧化硫、氟化物各 100 千克、一氧化碳 200 千克、氯化氢 80 千克，假设当地气污染物每污染当量税额 1.2 元，该企业只有一个排放口。其应纳税额是多少？

【答案】

第一步：计算各污染物的污染当量数。

二氧化硫污染当量数 $=100 \div 0.95 = 105.26$

氟化物污染当量数 $=100 \div 0.87 = 114.94$

一氧化碳污染当量数 $=200 \div 16.7 = 11.98$

氯化氢污染当量数 $=80 \div 10.75 = 7.44$

第二步：按污染当量数排序。

氟化物污染当量数（114.94）>二氧化硫污染当量数（105.26）>一氧化碳污染当量数（11.98）>氯化氢污染当量数（7.44）。

该企业只有一个排放口，排序选取计税前三项污染物为：氟化物、二氧化硫、一氧化碳。

第三步：计算应纳税额。

应纳税额 $=(114.94 + 105.26 + 11.98) \times 1.2 = 278.62$（元）

2. 水污染物应纳税额的计算

（1）适用监测数据法的水污染物应纳税额的计算。

适用监测数据法的水污染物（包括第一类水污染物和第二类水污染物）的应纳税额为污染当量数乘以具体适用税额。计算公式为：

$$水污染物的应纳税额 = 污染当量数 \times 适用税额$$

【举例3】甲化工厂是环境保护税纳税人，该厂仅有 1 个污水排放口且直接向河流排放污水，已安装使用符合国家规定和监测规范的污染物自动监测设备。检测数据显示，该排放口 2018 年 2 月共排放污水 6 万吨（折合 6 万立方米），应税污染物为六价铬，浓度为 0.5mg/L。请计算该化工厂 2 月应缴纳的环境保护税（该厂所在省的水污染物税率为 2.8 元/污染当量，六价铬的污染当量值为 0.02 千克）。

【答案】

计算污染当量数：六价铬污染当量数 $=$ 排放总量 $\times$ 浓度值 $\div$ 当量值 $=60\,000\,000 \times 0.5 \div 1\,000\,000 \div 0.02 = 1\,500$

应纳税额 $=1\,500 \times 2.8 = 4\,200$（元）

（2）适用抽样测算法的水污染物应纳税额的计算（见表 8-9）。

表 8-9　　　　　　　适用抽样测算法的水污染物应纳税额的计算

情形	应纳税额计算
规模化禽畜养殖业排放的水污染物	应纳税额 = 禽畜养殖数量 ÷ 污染当量值 × 具体适用税额
小型企业和第三产业排放的水污染物	应纳税额 = 污水排放量（吨）÷ 污染当量值（吨）× 适用税额
医院排放的水污染物	应纳税额 = 医院床位数 ÷ 污染当量值 × 适用税额 应纳税额 = 污水排放量 ÷ 污染当量值 × 适用税额

【举例4】某养殖场，2018 年 2 月养牛存栏量为 500 头，污染当量值为 0.1 头，假设当地

水污染物适用税额为每污染当量 2.8 元，当月应纳环境保护税税额为多少？

【答案】水污染物当量数 = 500 ÷ 0.1 = 5 000

应纳税额 = 5 000 × 2.8 元 = 14 000（元）

【举例 5】某餐饮公司，通过安装水流量计测得 2018 年 2 月排放污水量为 60 吨，污染当量值为 0.5 吨。假设当地水污染物适用税额为每污染当量 2.8 元，计算当月应纳环境保护税税额。

【答案】水污染物当量数 = 60 ÷ 0.5 = 120

应纳税额 = 120 × 2.8 元 = 336（元）

【举例 6】某县医院，床位 56 张，每月按时消毒，无法计量月污水排放量，污染当量值为 0.14 床，假设当地水污染物适用税额为每污染当量 2.8 元，计算当月应纳环境保护税税额。

【答案】水污染物当量数 = 56 ÷ 0.14 = 400

应纳税额 = 400 × 2.8 元 = 1 120（元）

3. 固体废物应纳税额的计算

应税固体废物的应纳税额为固体废物排放量乘以具体适用税额，其排放量为当期应税固体废物的产生量减去当期应税固体废物的贮存量、处置量、综合利用量的余额。计算公式为：

应税固体废物的应纳税额 =（当期固体废物的产生量 − 当期固体废物的综合利用量 − 当期固体废物的贮存量 − 当期固体废物的处置量）× 适用税额

【举例 7】假设某企业 2018 年 3 月产生尾矿 1 000 吨，其中综合利用的尾矿 300 吨（符合国家相关规定），在符合国家和地方环境保护标准的设施贮存 300 吨。请计算该企业当月尾矿应缴纳的环境保护税。（尾矿环保税适用税额：15 元/吨）

【答案】环境保护税应纳税额 =（1 000 − 300 − 300）× 15 = 6 000（元）

4. 噪声应纳税额的计算

应税噪声的应纳税额为超过国家规定标准的分贝数对应的具体适用税额

【举例 8】假设某工业企业只有一个生产场所，只在昼间生产，边界处声环境功能区类型为 1 类，生产时产生噪声为 60 分贝，《工业企业厂界环境噪声排放标准》规定 1 类功能区昼间的噪声排放限值为 55 分贝，当月超标天数为 18 天。请计算该企业当月噪声污染应缴纳的环境保护税。

【答案】超标分贝数：60 − 55 = 5（分贝）

根据《环境保护税税目税额表》，可得出该企业当月噪声污染应缴纳环境保护税 700 元。

（四）税收优惠（见表 8 − 10）

表 8 − 10　　　　　　　　　　　　税收优惠

暂免征收	①农业生产（不包括规模化养殖）排放应税污染物； ②机动车、铁路机车、非道路移动机械、船舶和航空器等流动污染源排放应税污染物； ③依法设立的城乡污水集中处理、生活垃圾集中处理场所排放相应应税污染物，不超过国家和地方规定的排放标准的； ④纳税人综合利用的固体废物，符合国家和地方环境保护标准的； ⑤国务院批准免税的其他情形
减征	纳税人排放应税大气污染物或者水污染物　　浓度值低于国家和地方规定的污染物排放标准 30% 的，减按 75% 征收 　　浓度值低于国家和地方规定的污染物排放标准 50% 的，减按 50% 征收

【例题 8-4·单选题·2018 年】下列情形中，属于直接向环境排放污染物从而应缴纳环境保护税的是（   ）。

A. 企业在符合国家和地方环境保护标准的场所处置固体废物的

B. 事业单位向依法设立的生活垃圾集中处理场所排放应税污染物的

C. 企业向依法设立的污水集中处理场所排放应税污染物的

D. 依法设立的城乡污水集中处理场所超过国家和地方规定的排放标准排放应税污染物的

【答案】D

【解析】依法设立的城乡污水集中处理、生活垃圾集中处理场所排放相应应税污染物，不超过国家和地方规定的排放标准的，暂免征收环境保护税。超过国家和地方排放标准的，应按照相关规定征收税款。

（五）征收管理

（1）征管方式：采用"企业申报、税务征收、环保协同、信息共享"的征管方式。

（2）纳税义务发生时间：纳税人**排放应税污染物的当日**。

（3）申报时间：环境保护税**按月计算，按季申报缴纳**。

（4）纳税地点：纳税人应当向应税**污染物排放地**的税务机关申报缴纳环境保护税。

恭喜你，
已完成第八章的学习

扫码免费进 >>>
2022年CPA带学群

我们经常高估了十年后能做的事，却低估了一年内能做的事。常常幻想十年以后功成名就，荣耀加身，却很难把每一天的24个小时过好。

第九章 城镇土地使用税法和耕地占用税法

CHAPTER NINE

考情雷达

本章为非重点章节，命题主要以单选题和多选题为主，主观题容易与企业所得税结合。平均分值 3 分左右。2022 年变化情况：本章无实质性变化。

考点地图

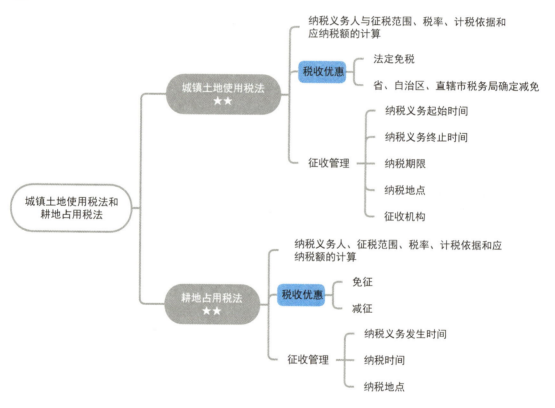

考点 1　城镇土地使用税法（★★）

城镇土地使用税是以国有土地为征税对象，对拥有土地使用权的单位和个人征收的一种税。

（一）纳税义务人与征税范围、税率、计税依据和应纳税额的计算（见表 9 - 1）

表 9 - 1　　　　纳税义务人与征税范围、税率、计税依据和应纳税额的计算

纳税义务人	在城市、县城、建制镇、工矿区范围内使用土地的单位和个人
征税范围	城市、县城、建制镇和工矿区内的国家所有和集体所有的土地。农村土地无须缴纳

续表

税率	城镇土地使用税采用定额税率，即采用有幅度的差别税额，每类税额幅度最高税额是最低税额的 20 倍 ①大城市 1.5 元～30 元； ②中等城市 1.2 元～24 元； ③小城市 0.9 元～18 元； ④县城、建制镇、工矿区 0.6 ～12 元	【特殊规定】 经济落后地区，城镇土地使用税的适用税额标准可适当降低，但降低额不得超过上述规定最低税额标准的 30%。经济发达地区的适用税额标准可以适当提高，但须报财政部批准
计税依据	以纳税义务人实际占用的土地面积为计税依据	【特殊规定】 地下建筑用地征税：对征税范围内单独建造的地下建筑用地，暂按应征税款的 50% 征收城镇土地使用税
税额计算	**全年应纳税额 = 实际占用应税土地面积（平方米）×适用税额**	

纳税义务人实际占用土地面积按下列方法确定（见表 9 - 2）：

表 9 - 2　　　　　　　　　纳税义务人实际占用土地面积详细规定

优先级顺序	详细规定
测定面积	由省、自治区、直辖市人民政府确定的单位组织测定土地面积的，以测定的面积为准
证书确认的面积	尚未组织测量，但纳税人持有政府部门核发的土地使用证书的，以证书确认的土地面积为准
先申报再调整	尚未核发土地使用证书的，应由纳税人申报土地面积，据以纳税，等到核发土地使用证以后再作调整

【例题 9 - 1·单选题·2017 年】 某企业 2021 年度拥有位于市郊的一宗地块，其地上面积为 1 万平方米，单独建造的地下建筑面积为 4 千平方米（已取得地下土地使用权证）。该市规定的城镇土地使用税税率为 2 元/平方米。则该企业 2021 年度就此地块应缴纳的城镇土地使用税为（　　）万元。

A. 0.8　　　　　B. 2　　　　　C. 2.8　　　　　D. 2.4

【答案】 D

【解析】 对在城镇土地使用税征税范围内单独建造的地下建筑用地，按规定征收城镇土地使用税。其中，已取得地下土地使用权证的，按土地使用权证确认的土地面积计算应征税款。并且单独建造的地下建筑用地暂按应征税款的 50% 征收城镇土地使用税。该企业 2021 年度此地块应缴纳的城镇土地使用税 = 1×2 + 0.4×2×50% = 2.4（万元）。

（二）税收优惠（见表 9 - 3）

表 9 - 3　　　　　　　　　　　　　税收优惠

法定免征	①国家机关、人民团体、军队自用的土地（办公用地和公务用地）； ②由国家财政部门拨付事业经费的单位自用的土地（如学校的教学楼、操场、食堂等用地）； ③宗教寺庙、公园、名胜古迹自用的土地； ④市政街道、广场、绿化地带等公共用地； ⑤直接用于农、林、牧、渔业的生产用地；

续表

法定免征	⑥对非营利性医疗机构、疾病控制机构和妇幼保健机构等卫生机构和非营利性科研机构自用的土地; ⑦对国家拨付事业经费和企业办的学校、托儿所、幼儿园自用的房产、土地; ⑧免税单位无偿使用纳税单位的土地,免征城镇土地使用税。**纳税单位无偿使用免税单位的土地,纳税单位照章缴纳。纳税单位和免税单位共同使用的,按照所占建筑面积的比例分摊;** ⑨企业的铁路专用线、公路等用地,在厂区以外、与社会公用地段未加隔离的,暂免征收; ⑩**企业厂区以外的公共绿化用地和向社会开放的公园用地;** ⑪盐场的盐滩、盐矿的矿井用地; ⑫物流企业自有(自用或出租)或承租的大宗商品仓储设施用地,减按所属土地等级适用税额标准的50%计征城镇土地使用税
省、自治区、直辖市 税务局确定减免	①个人所有的居住房屋及院落用地; ②房产管理部门在房租调整改革前经租的居民住房用地; ③免税单位职工家属的宿舍用地; ④集体和个人办的各类学校、医院、托儿所、幼儿园用地

彬哥解读

①宗教寺庙、公园、名胜古迹自用的土地,只包括宗教仪式以及宗教人士生活用地及公共参观游览的用地及管理单位的办公用地。**不包括在上述地点设置的其他场所占地,比如:影剧院、饮食部、茶社等占用的土地。**

②直接用于农、林、牧、渔业的生产用地,生产用地指的是直接从事种植养殖、饲养的专业用地,**不包括农副产品加工场地和生活办公用地。**

【例题9-2·单选题·2014年】下列土地中,免征城镇土地使用税的是（　　　）。

A. 营利性医疗机构自用的土地　　　　B. 公园内附设照相馆使用的土地

C. 生产企业使用海关部门的免税土地　D. 公安部门无偿使用铁路企业的应税土地

【答案】D

【解析】选项A错误,对于非营利性医疗机构、疾病控制机构和妇幼保健机构等卫生机构自用的土地,免征城镇土地使用税;选项B错误,公园自用的土地免征城镇土地使用税,但是公园中附设的营业单位,如影剧院、饮食部、茶社、照相馆等使用的土地不免税;选项C错误、选项D正确,免税单位无偿使用纳税单位的土地,免征城镇土地使用税,纳税单位无偿使用免税单位的土地,纳税单位应照章缴纳城镇土地使用税。

【例题9-3·单选题·2013年】某国家级森林公园,2021年共占地2 000万平方米,其中行政管理部门办公用房占地0.1万平方米,所属酒店占地1万平方米,索道经营场所占地0.5万平方米。公园所在地城镇土地使用税税率2元/平方米,该公园2021年应缴纳的城镇土地使用税为（　　　）万元。

A. 1　　　　　　　　B. 2　　　　　　　　C. 3　　　　　　　　D. 3.2

【答案】C

【解析】该公园 2021 年度应缴纳城镇土地使用税 = (1 + 0.5) × 2 = 3（万元）。

（三）征收管理（见表 9 - 4）

表 9 - 4　　　　　　　　　　　　　　　征收管理

纳税义务起始时间	购置新建商品房	房屋交付使用之次月起
	购置存量房	房地产权属登记机关签发房屋权属证书之次月起
	出租、出借房地产	交付出租、出借房产之次月起
	以出让或转让方式有偿取得土地使用权的	由受让方从合同约定交付土地时间的次月起缴纳城镇土地使用税；合同未约定交付土地时间的，由受让方从合同签订的次月起缴纳城镇土地使用税
	新征用的耕地	批准征用之日起满一年时
	新征用的非耕地	批准征用次月起
纳税义务终止时间	纳税人因土地权利状态发生变化而依法终止土地使用税的纳税义务的，其应纳税款的计算应截止到土地权利发生变化的当月末	
纳税期限	按年计算，分期缴纳，具体纳税期限由省、自治区、直辖市人民政府确定	
纳税地点	土地所在地	
征收机构	土地所在地的税务机关	

> **【例题 9 - 4·多选题·2017 年】** 下列关于城镇土地使用税纳税义务发生时间的表述中，正确的有（　　）。
>
> A. 纳税人新征用的非耕地，自批准征用次月起缴纳城镇土地使用税
> B. 纳税人购置新建商品房，自房屋交付使用之次月起缴纳城镇土地使用税
> C. 纳税人新征用的耕地，自批准征用之日起满 6 个月时开始缴纳城镇土地使用税
> D. 纳税人出租房产，自合同约定应付租金日期的次月起缴纳城镇土地使用税
>
> **【答案】** AB
> **【解析】** 选项 C 错误，纳税人新征用的耕地，自批准征用之日起满 1 年时开始缴纳城镇土地使用税。选项 D 错误，纳税人出租、出借房产，自交付出租、出借房产之次月起缴纳城镇土地使用税。

考点 2　耕地占用税法（★★）

耕地占用税，即占用耕地从事非农业生产需要缴纳的税。

（一）纳税义务人、征税范围、税率、计税依据和应纳税额的计算（见表 9 - 5）

表 9 - 5　　　　　　纳税义务人、征税范围、税率、计税依据和应纳税额的计算

纳税义务人	占用耕地建设建筑物、构筑物或者从事非农业建设的单位或者个人
征税范围	①包括用于建设建筑物、构筑物或从事非农业建设的国家所有和集体所有的耕地； ②耕地指从事农业种植的土地，包括菜地、花圃、苗圃、茶园、果园、桑园等园地和其他种植经济林木的土地；占用鱼塘及其他农用土地建房或从事其他非农业建设，也视同占用耕地，依法征收耕地占用税； ③建设直接为农业生产服务的生产设施占用上述农用地的，不征收耕地占用税

续表

税率	一般规定	实行地区差别幅度定额税率。人均耕地面积越少，单位税额越高
	特殊规定	①在人均耕地低于0.5亩的地区，省、自治区、直辖市可以根据当地经济发展情况，适用税额可以适当提高，但最多不得超过当地适用税额的50%；②占用基本农田的，应当按照适用税额加征150%
计税依据	一般规定	纳税人实际占用的属于耕地占用税征税范围的土地面积
	具体规定	①实际占用耕地，包括经批准占用的耕地面积和未经批准占用的耕地面积；②临时占用耕地，应当依照规定缴纳耕地占用税。纳税人在批准临时占用耕地的期限内恢复所占用耕地原状的，全额退还已经缴纳的耕地占用税；③纳税人临时占用耕地，是指经批准，在一般不超过2年内临时使用耕地并且没有修建永久性建筑物的行为
税额计算		耕地占用税以纳税人实际占用的应税土地面积为计税依据，以每平方米土地为计税单位，按照规定的适用税额标准计算应纳税额，实行一次性征收。**应纳税额=应税土地面积（平方米）×适用定额税率** 加按150%征收耕地占用税的计算公式为：**应纳税额=应税土地面积×适用税额×150%**

关联贴纸

城镇土地使用税相应规定：经济落后地区，土地使用税的适用税额标准可适当降低，但降低额不得超过规定最低税额的30%。经济发达地区的适用税额标准可以适当提高，但须报财政部批准。

【例题9-5·多选题·2011年】 根据耕地占用税有关规定，下列各项土地中属于耕地的有（　　）。

A. 果园　　　　B. 花圃　　　　C. 茶园　　　　D. 菜地

【答案】 ABCD

【解析】 耕地占用税的征税范围是耕地，所谓耕地是指种植农业作物的土地，包括菜地、园地。其中，园地包括花圃、苗圃、茶园、果园、桑园和其他种植经济林木的土地。

（二）税收优惠（见表9-6）

表9-6　　　　　　　　　　税收优惠

免征	①军事设施占用耕地；②学校、幼儿园、社会福利机构、医疗机构占用耕地（无国家机关）；③农村烈士遗属、因公牺牲军人遗属、残疾军人以及符合农村最低生活保障条件的农村居民，在规定用地标准内新建自用住宅
减征	**减按每平方米2元的税额征收** **铁路线路、公路线路、飞机场跑道、停机坪、港口、航道、水利工程占用耕地。** 根据实际需要，国务院财政、税务主管部门商国务院有关部门并报国务院批准后，可以对以上情形免征或者减征耕地占用税

续表

减征	减半征收	农村居民在规定标准以内占用耕地新建住宅，按照当地适用税额减半征收耕地占用税。其中，农村居民经批准搬迁，新建自用住宅占用耕地不超过原宅基地面积的部分，免征耕地占用税

　　免征或者减征耕地占用税后，纳税人改变原占地用途，不再属于免征或者减征耕地占用税情形的，应当按照当地适用税额补缴耕地占用税。

> 【例题9-6·单选题·2017年】下列占用耕地的行为中，免征耕地占用税的是（　　）。
> A. 公立医院占用耕地 　　　　　　B. 铁路线路占用耕地
> C. 农村居民新建住宅占用耕地 　　D. 民用飞机场跑道占用耕地
> 【答案】A
> 【解析】选项BD错误，铁路线路、公路线路、飞机场跑道、停机坪、港口、航道占用耕地，减按每平方米2元的税额征收耕地占用税。选项C错误，农村居民在规定标准以内占用耕地新建住宅，按照当地适用税额减半征收耕地占用税。

（三）征收管理

　　（1）纳税义务发生时间：纳税人收到自然资源主管部门办理占用耕地手续的书面通知的当日。

　　（2）申报时间：纳税人应当自纳税义务发生之日起30日内申报缴纳耕地占用税。

　　（3）纳税地点：耕地所在地申报纳税。

恭喜你，
已完成第九章的学习

扫码免费进 >>>
2022年CPA带学群

我始终坚信，对人生意义的坚持，要远远盖过肉体与精神的小小磨难。所以，好好学习好好生活，好好努力去完成自己想做的事情。

CHAPTER TEN
第十章 房产税法、契税法和土地增值税法

🎯 考情雷达

本章属于相对重要章节，尤其是土地增值税，经常会出计算问答题。平均分值大约在 10 分左右。2022 年变化情况：整体变化不大，主要集中在契税。1. 新增：契税税收优惠政策；2. 调整：契税计税规则；3 删除：部分房地产的税收优惠政策。

🧭 考点地图

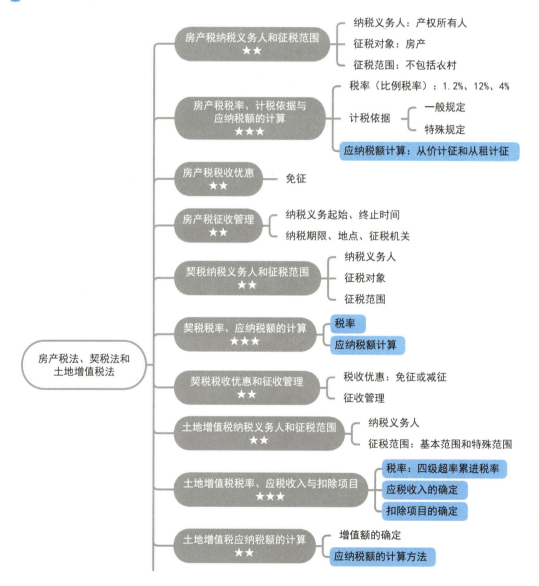

房产税、契税法和土地增值税法

- **房产税纳税义务人和征税范围** ★★
  - 纳税义务人：产权所有人
  - 征税对象：房产
  - 征税范围：不包括农村
- **房产税税率、计税依据与应纳税额的计算** ★★★
  - 税率（比例税率）：1.2%、12%、4%
  - 计税依据
    - 一般规定
    - 特殊规定
  - 应纳税额计算：从价计征和从租计征
- **房产税税收优惠** ★★
  - 免征
- **房产税征收管理** ★★
  - 纳税义务起始、终止时间
  - 纳税期限、地点、征税机关
- **契税纳税义务人和征税范围** ★★
  - 纳税义务人
  - 征税对象
  - 征税范围
- **契税税率、应纳税额的计算** ★★★
  - 税率
  - 应纳税额计算
- **契税税收优惠和征收管理** ★★
  - 税收优惠：免征或减征
  - 征收管理
- **土地增值税纳税义务人和征税范围** ★★
  - 纳税义务人
  - 征税范围：基本范围和特殊范围
- **土地增值税税率、应税收入与扣除项目** ★★★
  - 税率：四级超率累进税率
  - 应税收入的确定
  - 扣除项目的确定
- **土地增值税应纳税额的计算** ★★
  - 增值额的确定
  - 应纳税额的计算方法

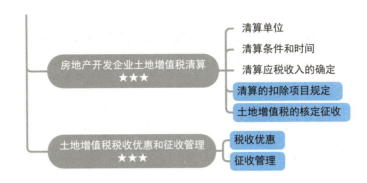

考点1 房产税纳税义务人和征税范围（★★）

房产税纳税义务人和征税范围（见表10-1）。

表10-1   房产税纳税义务人和征税范围

纳税义务人	一般情形	征税范围内房屋产权所有人	
	特殊情形	产权属于国家所有	经营管理单位缴纳
		产权属于集体和个人所有	集体单位和个人纳税
		产权出典	承典人纳税
		产权所有人、承典人不在房产所在地	房产代管人或者使用人纳税
		产权未确定及租典纠纷未解决	
		无租使用其他单位房产	使用人纳税（按照房产余值）
征税对象	房产		
征税范围	城市、县城、建制镇、工矿区，**不包括农村**		

【例题10-1·单选题·2014年】下列房屋及建筑物中，属于房产税征税范围的是（　　）。

A. 农村的居住用房

B. 建在室外的露天游泳池

C. 个人拥有的市区经营性用房

D. 尚未使用或出租而待售的商品房

【答案】C

【解析】选项A错误，房产税的征税范围不包括农村；选项B错误，建在室外的露天泳游池不属于房产，不征收房产税；选项D错误，房地产开发企业建造的商品房，在出售前，不征收房产税，但对出售前房地产开发企业已使用或出租、出借的商品房应按规定征收房产税。

考点2 房产税税率、计税依据与应纳税额的计算（★★★）

（一）税率（比例税率）（见表10-2）

表10-2 税率（比例税率）

情形	税率
从价计征	1.2%
从租计征	12%
对个人出租住房，不区分用途	4%（优惠政策）
企事业单位、社会团体以及其他组织向个人、专业化规模化住房租赁企业出租住房的	

【知识链接】增值税：个人出租住房，应按照5%的征收率减按1.5%计算应纳税额。

（二）计税依据（见表10-3）

表10-3 计税依据

从价计征	一般规定		按房产原值一次减除10%~30%后的余值计征
		房产原值	①房产原值是"账簿"中的房屋原价（不是折旧后的价值）；②无论会计上如何核算，房产原值都应当包含地价，包括为取得土地使用权支付的地价款、开发土地发生的成本费用等；③房产原值应当包含与房屋不可分割的各种附属设备或一般不单独计算价值的配套设施。例如给排水、采暖、消防、中央空调、电气及智能化楼宇设备
	特殊规定	宗地容积率低于0.5	按房产建筑面积的2倍计算土地面积并据此确定计入房产原值的地价
		房屋改扩建	要相应增加房屋的原值
		以房产投资联营	实质上承担风险的，按照余值从价计征 实际上属于出租的，按照租金从租计征
		融资租赁房屋	自合同约定开始日的次月起（合同未约定开始日的，由承租人自合同签订的次月起）按照计税余值进行交税
		地下建筑物	①如果是跟地上建筑物连为一体的地下建筑物，那么就跟地上建筑物一样纳税；②如果是独立的地下建筑物，那就可以再进行一定的折算，其中工业用途房产，以房屋原价的50%~60%作为应税房产原值，商业和其他用途的房产以房屋原价70%~80%作为应税房产原值
从租计征	一般规定		按房产出租的租金收入计征
	特殊规定		①以劳务或者其他形式为报酬抵付房租收入的，应根据当地同类房产的租金水平确定；②有免收租金期限的，免收租金期间由产权所有人按照房产原值缴纳房产税

🔖 关联贴纸

地下建筑用地的城镇土地使用税：对在城镇土地使用税征税范围内单独建造的地下建筑用地，暂按应征税款的50%征收城镇土地使用税。

【例题10-2·计算题】某独立工业用途地下室，原价是100万元，政府允许按照70%计算应税房产原值，扣除比例为20%，计算房产税应纳税额是多少？

【答案】房产税的应纳税金额 =100×70%×（1-20%）×1.2% =0.672（万元）

（三）应纳税额计算（见表10-4）

表10-4　　　　　　　　　　应纳税额计算

计税方法	计税依据	税率	税额计算公式
从价计征	房产余值	1.2%	全年应纳税额 =应税房产原值×（1-扣除比例）×1.2%
从租计征	房屋租金	12%（4%）	全年应纳税额 =租金收入×12%（或4%）

彬哥解读

考生们要注意，这里1.2%税率是年税率，算出的是年税额。如果纳税人是年中取得房产，这个时候需要进行换算，换算成对应月份的税款金额。而12%和4%就是比例税率，不是年税率。

【例题10-3·单选题·2013年】甲公司2021年年初房产原值为8 000万元，3月与乙公司签订租赁合同，约定自2021年4月起将原值500万元房产租赁给乙公司，租期3年，月租金2万元，2021年4~6月为免租使用期间。甲公司所在地计算房产原值减除比例为30%，甲公司2021年度应缴纳的房产税为（　　）万元。

A. 65.49　　　　B. 66.21　　　　C. 66.54　　　　D. 67.26

【答案】C

【解析】对出租房产，租赁双方签订的租赁合同约定有免收租金期限的，免收租金期间由产权所有人按照房产原值缴纳房产税。

本题中：

4~6月为免租期，由产权所有人甲公司按房产原值缴纳。

1~6月应纳房产税 =8 000×（1-30%）×6÷12×1.2% =33.6（万元）；

6~12月，出租房产应纳房产税 =2×6×12% =1.44（万元）；自用房产应纳房产税 =（8 000-500）×（1-30%）×6÷12×1.2% =31.5（万元）。

合计应纳房产税 =33.6+1.44+31.5 =66.54（万元）。

选项C正确。

【例题10-4·多选题·2020年】下列关于房产税计税依据的表述中，符合税法规定的有（　　）。

A. 融资租赁房屋的，以房产余值计算缴纳房产税

B. 纳税人对原有房屋进行改建、扩建的，要相应增加房屋的原值

C. 房屋出典的，由承典人按重置成本计算缴纳房产税

D. 经营租赁房屋的，以评估价格计算缴纳房产税

【答案】 AB

【解析】 选项 C 错误，房屋出典的，由承典人依照房产余值缴纳房产税；选项 D 错误，房屋出租的，以房产租金收入为房产税的计税依据。

【例题 10 – 5·单选题】 2021 年某企业支付 8 000 万元取得 20 万平方米的土地使用权，新建厂房建筑面积 6 万平方米，工程成本 2 000 万元，2021 年底竣工验收，对该企业征收房产税的房产原值是（　　）万元。

A. 2 000

B. 6 400

C. 6 800

D. 10 000

【答案】 C

【解析】 房产原值包括地价款和开发土地发生的成本费用。宗地容积率低于 0.5 的，按房产建筑面积的 2 倍计算土地面积并据此确定计入房产原值的地价。该厂容积率为 6 ÷ 20 = 0.3 < 0.5，因此计入房产原值的地价款 = 8 000 × (6 × 2 ÷ 20) = 4 800（万元）。该企业征收房产税的房产原值 = 4 800 + 2 000 = 6 800（万元）。选项 C 正确。

【例题 10 – 6·单选题】 某上市公司 2020 年以 5 000 万元购得一处高档会所，然后加以改建，支出 500 万元在后院新建一露天泳池，支出 500 万元新增中央空调系统，拆除 200 万元的照明设施，再支付 500 万元安装智能照明和楼宇声控系统，会所于 2020 年底改建完毕并对外营业。当地规定计算房产原值减除比例为 30%，2021 年该会所应缴纳房产税（　　）万元。

A. 42

B. 48.72

C. 50.4

D. 54.6

【答案】 B

【解析】 2021 年应缴纳房产税 = (5 000 + 500 − 200 + 500) × (1 − 30%) × 1.2% = 48.72（万元）。选项 B 正确。

考点3　房产税税收优惠（★★）

（1）国家机关、人民团体、军队自用的房产免征房产税。但上述免税单位的出租房产以及非自身业务使用的生产、营业用房，不属于免税范围。

（2）由国家财政部门拨付事业经费的单位（如学校、医疗卫生单位、托儿所、幼儿园等），本身业务范围内使用的房产免征房产税。

（3）宗教寺庙、公园、名胜古迹自用的房产免征房产税。**但宗教寺庙、公园、名胜古迹中附设的营业单位，如影剧院、饮食部、茶社、照相馆等所使用的房产及出租的房产，不属于免税范围，应照章纳税。**

（4）个人所有非营业用的房产免征房产税。**对个人拥有的营业用房或者出租的房产，不**

属于免税房产，应照章纳税。

（5）经财政部批准免税的其他房产。

①非营利性医疗机构、疾病控制机构和妇幼保健机构等卫生机构自用房产，免征房产税。

②按政府规定价格出租的**公有住房和廉租住房**，暂免征收房产税。

③**经营公租房的租金收入，免征房产税。**

（6）企业办的各类学校、医院、托儿所、幼儿园自用房产，免征房产税。

（7）纳税人因房屋大修导致连续停用半年以上的，在房屋大修期间免征房产税。

（8）纳税单位与免税单位共同使用的房屋，按各自使用的部分分别征收或免征房产税。

（9）房地产开发企业建造的商品房，在出售前不征收房产税。但出售前房地产开发企业已使用或出租、出借的商品房，应按规定征收房产税。

（10）为社区提供养老、托育、家政等服务的机构自用或其通过承租、无偿使用等方式取得并用于提供社区养老、托育、家政服务的房产免征房产税。

考点4 房产税征收管理（★★）

房产税征收管理（见表10-5）。

表10-5 房产税征收管理

纳税义务起始时间	将原有房产用于生产经营	**从生产经营之月起** （只有这一个"当月"，其他都是次月）
	自行新建房屋用于生产经营	从建成之次月起
	委托施工企业建设的房屋	从办理验收手续的次月起
	购置新建商品房	自房屋交付使用之次月起
	购置存量房	自办理房屋权属转移、变更登记手续，房地产权属登记机关签发房屋权属证书之次月起
	出租、出借房产	自交付出租、出借房产之次月起
	房地产开发企业自用、出租、出借本企业建造的商品房	自房屋使用或交付之次月起
纳税义务终止时间	纳税人因房产的实物或权利状态发生变化而依法终止房产税纳税义务的，其应纳税款的计算应截止到房产的实物或权利发生变化的**当月末**	
纳税期限	实行**按年**计算，**分期缴纳**的征收办法 具体纳税期限由省、自治区、直辖市人民政府确定	
纳税地点	**房产所在地**	
征收机关	对房产不在同一地方的纳税人，应按**房产的坐落地点**分别向房产所在地的税务机关缴纳	

> **彬哥解读**
>
> 纳税义务起始时间中的"当月或者次月"是指以前不缴纳房产税（比如正在建造，还未购买），然后开始缴纳房产税的时间是"当月和次月"；如果当年一直缴纳房产税，只是前面几个月按照计税余值，后面几个月从租计征，这种情况不是这里所说的纳税义务起始时间的问题，按照实际的时间处理即可。

【例题10-7·单选题·2015年】 下列关于房产税纳税义务发生时间的表述中，正确的是（   ）。

A. 纳税人出租房产，自交付房产之月起缴纳房产税

B. 纳税人自行新建房屋用于生产经营，从建成之月起缴纳房产税

C. 纳税人将原有房产用于生产经营，从生产经营之月起缴纳房产税

D. 房地产开发企业自用本企业建造的商品房，自房屋使用之月起缴纳房产税

【答案】 C

【解析】 选项A：纳税人出租房产，自交付出租房产之次月起，缴纳房产税；选项B：纳税人自行新建房屋用于生产经营，从建成之次月起缴纳房产税；选项D：房地产开发企业自用本企业建造的商品房，自房屋使用之次月起，缴纳房产税。

考点5　契税纳税义务人和征税范围（★★）

契税纳税义务人和征税范围（见表10-6）。

表10-6　　　　　　　　　　　　　　契税纳税义务人和征税范围

纳税义务人	在中华人民共和国境内转移土地、房屋权属，承受的单位和个人	
征税对象	中华人民共和国境内转移土地、房屋权属	
征税范围	国有土地使用权出让	受让者应向国家缴纳出让金
	土地使用权转让	土地使用权的转让不包括土地承包经营权和土地经营权的转移
	房屋买卖（2022年调整）	①以作价（入股）、偿还债务等应交付经济利益的方式转移土地、房屋权属的，参照土地使用权出让、出售或房屋买卖确定契税适用税率、计税依据等； ②以划转、奖励等没有价格的方式转移土地、房屋权属的，参照土地使用权或房屋赠与确定契税适用税率、计税依据等； 税务机关核定计税价格，应参照市场价格，采用房地产价格评估等方法合理确定。 以自有房产作股投入本人独资经营的企业，免纳契税； ③买房拆料或翻建新房，应照章征收契税
	房屋赠与	①房屋的受赠人要按规定缴纳契税； ②对于继承法规定的法定继承人继承土地、房屋权属的，不征收契税； ③非法定继承人根据遗嘱承受死者生前的土地房屋权属，要征收契税
	房屋互换	—

【提示】 房屋赠与这里要注意，对于法定继承人，只有通过继承取得房屋权属，不征收契

税。若是通过赠与取得，还是要缴纳契税的。

【例题10-8·单选题·2015年】下列行为中，应缴纳契税的是（　　）。

A. 法定继承人继承房产

B. 企业以自有房产等价交换另一企业的房产

C. 个人以自有房产投入本人独资经营的企业

D. 企业以自有房产投资于另一企业并取得相应的股权

【答案】D

【解析】选项ABC均不缴纳契税。

考点6　契税税率、应纳税额的计算（★★★）

（一）税率

契税实行3%～5%的幅度比例税率。（具体由省、自治区、直辖市人民政府确定）

对个人购买90平方米及以下且属于家庭唯一住房的普通住房，减按1%的税率征收契税。

（二）应纳税额计算（2022年调整）（见表10-7）

$$应纳税额 = 计税依据 \times 税率$$

表10-7　　应纳税额计算

情形		计税依据
出售和买卖		转移合同成交价格
赠与及其他没有价格的转移		参照市场价格核定
土地使用权、房屋互换		价格差额（支付差价的一方交税） 等价计税依据为零 【提示】适用于不动产之间互换
土地使用权出让		土地出让金、土地补偿费、安置补助费等支付的对价
土地使用权及所附建筑物、构筑物等转让		承受方应交付的总价款
承受已装修房屋		承受方应交付的总价款（包括装修费）
划拨方式取得土地使用权	先以划拨方式取得，后改为出让方式重新取得	补缴土地出让金
	先以划拨方式取得，经批准转让房地产，划拨土地性质改为出让的	补缴土地出让金 + 转移合同成交价格
	先以划拨方式取得，经批准转让房地产，划拨土地性质未发生改变的	转移合同成交价格
房屋附属设施	不涉及土地使用权和房屋所有权转移变动	不征收
	承受的房屋附属设施单独计价	按照适用税率征收
	承受的房屋附属设施与房屋统一计价	适用与房屋相同税率

【例题10-9·单选题·2017年】 赠与房屋时，确定契税计税依据所参照的价格或价值是（　　）。

    A. 房屋原值　　　　B. 摊余价值　　　　C. 协议价格　　　　D. 市场价格

【答案】 D

【解析】 土地使用权赠与、房屋赠与，契税的计税依据由征收机关参照土地使用权出售、房屋买卖的市场价格核定。

【例题10-10·单选题·2020年】 居民甲将一套价值100万元的一室居住房与居民乙交换为一套两室居住房，并补给居民乙50万元的换房补偿款，当地契税税率是4%，应缴纳的契税为（　　）万元。

    A. 0　　　　　　　B. 4　　　　　　　C. 2　　　　　　　D. 6

【答案】 C

【解析】 个人交换房产，交换价格不等时，由多交付货币或实物支付差价的一方缴纳契税。应缴纳契税=50×4%=2（万元）。选项C正确。

考点7　契税税收优惠和征收管理（★★）

契税税收优惠和征收管理见表10-8。

表10-8　　　　　　　　　　　　　　契税税收优惠和征收管理

税收优惠	免征	①国家机关、事业单位、社会团体、军事单位承受土地、房屋用于办公、教学、医疗、科研和军事设施； ②非营利性的学校、医疗机构、社会福利机构承受土地、房屋权属用于办公、教学、医疗、科研、养老、救助； ③承受荒山、荒地、荒滩土地使用权，并用于农、林、牧、渔业生产； ④婚姻关系存续期间夫妻之间变更土地、房屋权属； ⑤夫妻因离婚分割共同财产发生土地、房屋权属（2022年新增）； ⑥法定继承人通过继承土地、房屋权属； ⑦依法规定应当予以免税的外国驻华使馆、领事馆和国际组织驻华代表机构承受土地、房屋权属； **【提示】** 以下均为2022年新增： ⑧城镇职工按规定第一次购买公有住房。 公有制单位为解决职工住房而采取集资建房方式建成的普通住房或由单位购买的普通商品住房，经县级以上地方人民政府房改部门批准、按照国家房改政策出售给本单位职工的，如属职工首次购买住房，比照公有住房免征契税； ⑨外国银行分行按照相关规定改制为外商独资银行（或其分行），改制后的外商独资银行（或其分行）承受原外国银行分行的房屋权属的； ⑩军队离退休干部住房由国家投资建设，军队和地方共同承担建房任务，其中军队承建部分完工后应逐步移交地方政府管理，免征军建离退休干部住房及附属用房移交地方政府管理所涉及的契税； ⑪信达、华融、长城和东方资产管理公司接受相关国有银行的不良债权，借款方以土地使用权、房屋所有权抵充贷款本息； ⑫财政部从中国建设银行、中国工商银行、中国农业银行、中国银行（以下简称国有商业银行）无偿划转了部分资产（包括现金、投资、固定资产及随投资实体划转的贷款）给中国信达资产管理公司、中国华融资产管理公司、中国长城资产管理公司和中国东方资产管理公司（以下简称金融资产管理公司），作为其组建时的资本金。上述金融资产管理公司按财政部核定的资本金数额，接收上述国有商业银行的资产，在办理过户手续时，免征契税；

续表

免征		⑬经中国人民银行依法决定撤销的金融机构及其分设于各地的分支机构，包括被依法撤销的商业银行，信托投资公司、财务公司、金融租赁公司、城市信用社和农村信用社，在清算过程中催收债权时，接收债务方土地使用权、房屋所有权发生的权属转移免征契税； ⑭对廉租住房经营管理单位购买住房作为廉租住房、经济适用住房经营管理单位回购经济适用住房继续作为经济适用住房房源的，免征契税； ⑮对金融租赁公司开展售后回租业务，承受承租人房屋、土地权属的，照章征税。对售后回租合同期满，承租人回购原房屋、土地权属的，免征契税； ⑯棚户区改造中，经营管理单位回购已分配的改造安置住房继续作为改造安置房源的； ⑰进行股份合作制改革后的农村集体经济组织承受原集体经济组织的土地、房屋权属；农村集体经济组织以及代行集体经济组织职能的村民委员会，村民小组进行清产核资收回集体资产而承受土地、房屋权属； ⑱对易地扶贫搬迁贫困人口按规定取得的安置住房； ⑲2021年1月1日至2023年12月31日，公租房经营管理单位购买住房作为公租房； ⑳2021年1月1日至2023年12月31日，饮水工程运营管理单位为建设饮水工程承受土地使用权； ㉑2019年6月1日至2025年12月31日，为社区提供养老、托育、家政等服务的机构，承受房屋、土地用于提供社区养老、托育、家政服务
税收优惠	免征或减征（省、自治区、直辖市可以决定）	①因土地、房屋被县级以上人民政府征收、征用，重新承受土地、房屋权属； ②因不可抗力灭失住房，重新承受住房权属
	2022年新增契税其他税收优惠政策	①对个人购买家庭唯一住房（家庭成员范围包括购房人、配偶以及未成年子女，下同），面积为90平方米及以下的，减按1%的税率征收契税；面积为90平方米以上的，减按1.5%的税率征收契税； 对个人购买家庭第二套改善性住房，面积为90平方米及以下的，减按1%的税率征收契税；面积为90平方米以上的，减按2%的税率征收契税。 家庭第二套改善性住房是指已拥有一套住房的家庭，购买的家庭第二套住房。（北京市、上海市、广州市、深圳市不实施该项规定，采用当地规定的契税税率3%） ②自2021年1月1日起至2023年12月31日，为支持企业、事业单位改制重组，优化市场环境，契税优惠政策规定如下： a. 企业改制。 企业按照《中华人民共和国公司法》有关规定整体改制，包括非公司制企业改制为有限责任公司或股份有限公司，有限责任公司变更为股份有限公司，股份有限公司变更为有限责任公司，原企业投资主体存续并在改制（变更）后的公司中所持股权（股份）比例超过75%，且改制（变更）后公司承继原企业权利、义务的，对改制（变更）后公司承受原企业土地、房屋权属，免征契税。 b. 事业单位改制。 事业单位按照国家有关规定改制为企业，原投资主体存续并在改制后企业中出资（股权、股份）比例超过50%的，对改制后企业承受原事业单位土地、房屋权属，免征契税。 c. 公司合并。 两个或两个以上的公司，依照法律规定、合同约定，合并为一个公司，且原投资主体存续的，对合并后公司承受原合并各方土地、房屋权属，免征契税。 d. 公司分立。 公司依照法律规定、合同约定分立为两个或两个以上与原公司投资主体相同的公司，对分立后公司承受原公司土地、房屋权属，免征契税。 e. 企业破产。 企业依照有关法律法规规定实施破产，债权人（包括破产企业职工）承受破产企业抵偿债务的土地、房屋权属，免征契税；对非债权人承受破产企业土地、房屋权属，凡按照《中华人民共和国劳动法》等国家有关法律法规政策妥善安置原企业全部职工规定，与原企业全部职工签订服务年限不少于3年的劳动用工合同的，对其承受所购企业土地、房屋权属，免征契税；与原企业超过30%的职工签订服务年限不少于3年的劳动用工合同的，减半征收契税。 f. 资产划转。 对承受县级以上人民政府或国有资产管理部门按规定进行行政性调整、划转国有土地、房屋权属的单位，免征契税。

税收优惠	2022 年新增契税其他税收优惠政策	同一投资主体内部所属企业之间土地、房屋权属的划转，包括母公司与其全资子公司之间，同一公司所属全资子公司之间，同一自然人与其设立的个人独资企业、一人有限公司之间土地、房屋权属的划转，免征契税。 母公司以土地、房屋权属向其全资子公司增资，视同划转，免征契税。 g. 债权转股权。 经国务院批准实施债权转股权的企业，对债权转股权后新设立的公司承受原企业的土地、房屋权属，免征契税。 h. 划拨用地出让或作价出资。 以出让方式或国家作价出资（入股）方式承受原改制重组企业、事业单位划拨用地的，不属上述规定的免税范围，对承受方应按规定征收契税。 i. 公司股权（股份）转让。 在股权（股份）转让中，单位、个人承受公司股权（股份），公司土地、房屋权属不发生转移，不征收契税。 上述所称企业、公司，是指依照我国有关法律法规设立并在中国境内注册的企业、公司。所称投资主体存续，是指原改制重组企业、事业单位的出资人必须存在于改制重组后的企业，出资人的出资比例可以发生变动。所称投资主体相同，是指公司分立前后出资人不发生变动，出资人的出资比例可以发生变动
征收管理	纳税义务发生时间	纳税人签订土地、房屋权属转移合同的当天 纳税人取得其他具有土地、房屋权属转移合同性质凭证的当日
	纳税期限	在依法办理土地、房屋权属登记手续前申报缴纳契税
	纳税地点	土地、房屋所在地

【例题 10−11·单选题·2019 年】 下列房产转让的情形中，产权承受方免于缴纳契税的是（   ）。

A. 以获奖方式承受土地、房屋权属

B. 将房产赠与非法定继承人

C. 以自有房产投资入股本人独资经营的企业

D. 以预付集资建房款方式承受土地、房屋权属

【答案】 C

【解析】 以自有房产作股投入本人独资经营的企业，免纳契税。

【例题 10−12·多选题·2010 年】 居民甲将其拥有的一处房产给居民乙，双方签订房屋权属转移合同并按规定办理了房屋产权过户手续。下列关于契税和印花税的表述中，正确的有（   ）。

A. 作为交易的双方，居民甲和居民乙均同时负有印花税和契税的纳税义务

B. 契税的计税依据为房屋权属转移合同中确定的房产成交价格

C. 契税纳税人应在该房产的所在地交纳契税，印花税的纳税人应在签订合同时就地纳税

D. 契税纳税人的纳税义务在房屋权属转移合同签订的当天发生，印花税纳税人的纳税义务在房屋权属转移合同签订时发生

【答案】 BCD

【解析】 选项 A 错误，契税是由承受房屋权属的个人缴纳，本题中，乙作为房屋承受方要缴纳契税，而甲作为房屋出售方，不缴纳契税。

考点8　土地增值税纳税义务人和征税范围（★★）

（一）纳税义务人

土地增值税的纳税义务人是**转让**国有土地使用权、地上建筑物及其附着物并取得收入的单位和个人。

（二）征税范围

1. 属于征税范围的情况

土地增值税是对转让国有土地使用权及其地上建筑物和附着物的行为征税，不包括国有土地使用权出让所取得的收入。

土地增值税的基本征税范围包括：

（1）转让国有土地使用权；

（2）地上建筑物及其附着物连同国有土地使用权一并转让；

（3）存量房地产买卖。

> **🖥 彬哥解读**
>
> 出让国有土地使用权是土地使用权的一级市场买卖，也就是国家作为卖家，不征收土地增值税，因为国家给自己缴纳土地增值税，相当于把钱从左口袋倒到右口袋，是无用之功；但企业和个人从一级市场取得土地使用权之后再转让，这就属于土地增值税征税范围了。

2. 特殊征税范围

土地增值税的特殊征税范围包括（见图10-1）：

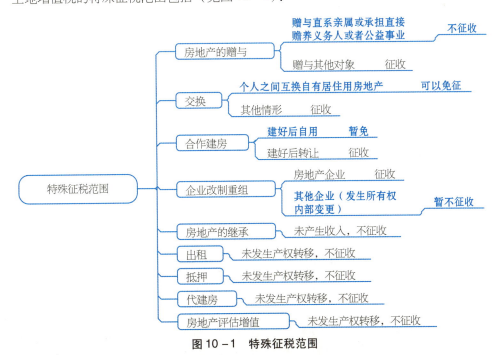

图10-1　特殊征税范围

【例题10-13·单选题·2020年】下列行为中,属于土地增值税征税范围的是(　　)。

A. 企业间的房屋置换

B. 某企业通过福利机构将一套房产无偿赠与养老院

C. 某人将自有的一套闲置住房出租

D. 某人将自有房产无偿赠与子女

【答案】A

【解析】选项BD错误,房产无偿用于公益事业捐赠或者赠与直系亲属,不属于土地增值税征税范围。选项C错误,出租行为未发生房产的权属转移,不发生土地增值税的纳税义务,不征收土地增值税。

▶ 📩 考点收纳盒

不同税种赠与免税情形(见表10-9)。

表10-9　　　　　　　　　　　　　　不同税种赠与免税情形

税种	免税情形	征税情形
增值税	①涉及家庭财产分割的个人无偿转让不动产、土地使用权免税。家庭财产分割,包括下列情形:离婚财产分割;无偿赠与配偶、父母、子女、祖父母、外祖父母、孙子女、外孙子女、兄弟姐妹; ②无偿赠与对其承担直接抚养或者赡养义务的抚养人或者赡养人; ③房屋产权所有人死亡,法定继承人、遗嘱继承人或者受遗赠人依法取得房屋产权	赠与其他人
土地增值税	房地产的继承、赠与给直系亲属或承担直接赡养义务人或公益事业	赠与给其他对象
个人所得税	①房屋产权所有人将房屋产权无偿赠与配偶、父母、子女、祖父母、外祖父母、孙子女、外孙子女、兄弟姐妹; ②房屋产权所有人将房屋产权无偿赠与对其承担直接抚养或者赡养义务的抚养人或赡养人; ③房屋产权所有人死亡,依法取得房屋产权的法定继承人、遗嘱继承人或者受遗赠人	赠与其他人
契税	法定继承人通过继承取得	赠与都征税

考点9　土地增值税税率、应税收入与扣除项目(★★★)

(一)税率

土地增值税采用四级超率累进税率,是我国唯一一个采用超率累进税率的税种(见表10-10)。

表10-10　　　　　　　　　　　　土地增值税四级超率累进税率表

单位:%

级数	增值额与扣除项目金额的比率	税率	速算扣除系数
1	不超过50%的部分	30	0
2	超过50%~100%的部分	40	5
3	超过100%~200%的部分	50	15
4	超过200%的部分	60	35

（二）应税收入的确定

　　土地增值税纳税人转让房地产取得的应税收入（不含增值税收入），应包括转让房地产的全部价款及有关的经济收益。从收入的形式来看，主要包括以下三类：货币收入、实物收入、其他收入。

（三）扣除项目的确定（见表10-11）

表10-11　　　　　　　　　　　　　　　扣除项目的确定

转让方式	扣除项目	具体项目
直接转让土地使用权	扣除项目（2项）	①取得土地使用权所支付的金额； ②与转让土地使用权有关的税金
转让新建房屋	房地产企业（5项）	①取得土地使用权所支付的金额； ②房地产开发成本； ③房地产开发费用； ④与转让房地产有关的税金； ⑤财政部规定的其他扣除项目（仅针对房地产）
	非房地产企业（4项）	
存量房的买卖	扣除项目（3项）	①房屋及建筑物的评估价格； ②取得土地使用权所支付的地价款和按国家统一规定缴纳的有关费用； ③转让环节缴纳的税金

1. 新房扣除项目（见表10-12）

表10-12　　　　　　　　　　　　　　　新房扣除项目

扣除项目	具体规定	
取得土地使用权所支付的金额	①取得土地使用权支付的地价款； ②在取得土地使用权时按国家统一规定缴纳的有关费用，是指按国家统一规定缴纳的有关登记、过户手续费和契税等（不含印花税）	
房地产开发成本	包括土地征用及拆迁补偿费（包括耕地占用税）、前期工程费、建筑安装工程费、基础设施费、公共配套设施费、开发间接费用等	
房地产开发费用	能按转让房地产项目计算分摊利息并提供金融机构证明	允许扣除的房地产开发费用＝利息＋（取得土地使用权所支付的金额＋房地产开发成本）×5%以内
	不能按房地产项目计算分摊利息或不能提供金融机构证明	允许扣除的房地产开发费用＝（取得土地使用权所支付的金额＋房地产开发成本）×10%以内
	对利息的要求	①不能超过按商业银行同类同期银行贷款利率计算的金额； ②不包括加息、罚息
与转让房地产有关的税金	城市维护建设税、教育费附加、地方教育附加、印花税	
财政部规定的其他扣除项目	适用范围：从事房地产开发的新建房转让 可加计扣除＝（取得土地使用权所支付的金额＋房地产开发成本）×20% ①该项政策是房地产企业专属，非房地产企业不得享受； ②如果房地产企业直接转让土地使用权，则不得加计扣除	

> **彬哥解读**
>
> ①扣除项目计算时，要按比例扣除（与开发比例、销售收入比例匹配）。
>
> ②在计算开发费用时，**不论题目中告诉销售费用、管理费用、财务费用为多少，都不使用这三种费用的数据，而是按照上述表格中两种方法来计算。**
>
> ③**注意房地产企业和非房地产企业可以扣除的税金是不一样的，因为对于房地产企业，印花税已经计入管理费用，故在扣除税金中，不再包括印花税。**

可扣除税金
- 房地产企业　城建税、教育费附加、地方教育附加
- 非房地产企业　城建税、教育费附加、地方教育附加、印花税

【例题10-14·计算题】某房地产开发企业取得土地使用权所支付的金额为3 000万元，房地产开发成本为8 000万元，向金融机构借入贷款支出利息900万元（能提供贷款证明且可以合理分摊），其中超过国家规定上浮幅度的金额为200万元。该省规定能提供金融机构贷款证明且可以合理分摊利息支出的，其他房地产开发费用的计算扣除比例为5%。计算该房地产企业允许扣除的房地产开发费用为多少万元？

【答案】该企业允许扣除的房地产开发费用 = (900 - 200) + (3 000 + 8 000) × 5% = 1 250（万元）。

2. 旧房的扣除（见表10-13）

表10-13　　　　　　　　　　　　　　旧房的扣除

扣除项目		具体规定
旧房及建筑物的评估价格	有评估价格	评估价格 = 重置成本价 × 成新度折扣率 重置成本价：指对旧房及建筑物，按转让时的建材价格及人工费用计算，建造同样面积、层次、结构、建设标准的新房及建筑物所需花费的成本费用
	无评估价格，但有购房发票	按发票所载金额并从购买年度起至转让年度止每年加计5%计算扣除 评估价格 = 发票所载金额 × (1 + 年限 × 5%) ①计算扣除项目时"每年"按购房发票所载日期起至售房发票开具之日止，每满12个月计一年；超过一年，未满12个月但超过6个月的，可以视同为一年； ②对纳税人购房时缴纳的契税，凡能提供契税完税凭证的，准予作为"与转让房地产有关的税金"予以扣除，但不作为加计5%的基数
	无评估价格，无购房发票	税务机关实行核定征收
支付的地价款或出让金		对取得土地使用权时未支付地价款或不能提供已支付的地价款凭据的，在计征土地增值税时不允许扣除
转让环节缴纳的税费		按国家统一规定缴纳的有关费用和转让环节缴纳的税金，包括印花税、城市维护建设税、教育费附加、地方教育附加、契税，不包括增值税

考点收纳盒

转让房地产过程中税款的缴纳（见表10-14）。

表10-14　　　　　　　　　　　转让房地产过程中税款的缴纳

转让方	增值税、城建税、教育费附加、印花税、土地增值税、企业（或个人）所得税
承受方	契税、印花税

【例题10-15·计算题】某企业2021年12月销售一栋旧办公楼，取得不含税收入2 000万元，缴纳印花税1万元，其他允许税前扣除的税金为40万元。该办公楼无法取得评估价格，但企业提供了购房发票，该办公楼购于2019年1月，发票上注明购进价格为1 200万元，缴纳契税36万元（取得契税完税凭证）。企业上述业务可扣除的金额是多少？

【答案】销售旧办公楼：按购房发票金额加扣的金额=1 200×5%×3=180（万元）；扣除项目金额合计=1 200+180+40+1+36=1 457（万元）。

考点10　土地增值税应纳税额的计算（★★）

$$应纳税额=增值额×税率-总扣除×速算扣除系数$$

（一）增值额的确定

$$土地增值额=转让收入-扣除项目金额$$

纳税人有下列情形之一的，按照房地产评估价格计算征收：

（1）隐瞒、虚报房地产成交价格；

（2）提供的扣除项目金额不实；

（3）转让房地产的成交价格低于房地产评估价格，又无正当理由。

（二）应纳税额的计算方法

计算土地增值税的步骤和公式，如图10-2所示。

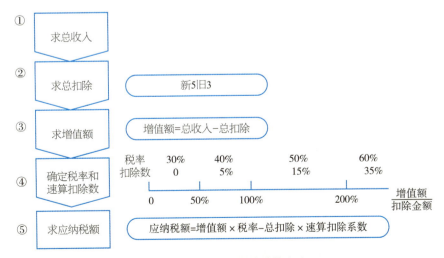

图10-2　应纳税额的计算方法

【例题10-16·计算题】 某房地产开发公司出售其2016年4月30日前建造的一栋普通标准住宅，取得不含税销售收入1 000万元（假设城建税税率为7%，教育费附加征收率为3%，地方教育费附加征税率为2%）。该公司为建造普通标准住宅而支付的地价款为100万元，建造此楼投入了300万元的房地产开发成本（其中：土地征用及拆迁补偿费40万元，前期工程费40万元，建筑安装工程费100万元，基础设施费80万元，开发间接费用40万元），由于该房地产开发公司同时建造别墅等住宅，对该普通标准住宅所用的银行贷款利息支出无法分摊，该地规定房地产开发费用的计提比例为10%。计算该普通标准住宅土地增值税的应纳税额。

【答案】

确定转让房地产的收入为1 000万元

确定转让房地产的扣除项目金额：

①取得土地使用权所支付的地价款100万元。

②房地产开发成本300万元。

③房地产开发费用：（100+300）×10%=40（万元）。

④增值税：1 000×5%=50（万元）

与转让房地产有关的税金为：城市维护建设税：50×7%=3.5（万元），教育费附加：50×3%=1.5（万元），地方教育附加：50×2%=1（万元）；

⑤从事房地产开发的加计扣除金额为：（100+300）×20%=80（万元）。

⑥转让房地产的扣除项目金额为：100+300+40+3.5+1.5+1+80=526（万元）。

转让房地产的增值额为：1 000-526=474（万元）；

增值额与扣除项目的比率为：474÷526=90.11%；

应纳土地增值税税额=474×40%-526×5%=163.3（万元）。

【例题10-17·计算题】 某工业企业转让一幢20世纪90年代建造的厂房，当时造价100万元，无偿取得土地使用权。如果按现行市场价的材料、人工费计算，建造同样的房子需600万元，该房子为七成新，按500万元出售，支付有关税费共计27.5万元。计算企业转让旧房应缴纳的土地增值税税额。

【答案】

①评估价格=600×70%=420（万元）。

②允许扣除的税金27.5万元。

③扣除项目金额合计=420+27.5=447.5（万元）。

④增值额=500-447.5=52.5（万元）。

⑤增值率=52.5÷447.5×100%=11.73%。

⑥应纳税额=52.5×30%=15.75（万元）。

房地产开发企业土地增值税清算（★★★）

（一）清算单位

土地增值税以国家有关部门审批的房地产开发项目为单位进行清算，对于分期开发的项目，以分期项目为单位清算。

开发项目中同时包含普通住宅和非普通住宅的，应分别计算增值额。

（二）清算条件和清算时间（见表 10 – 15）

表 10 – 15　　　　　　　　　　　清算条件和清算时间

	谁清算	清算条件	清算时间
应当清算	纳税人应当清算	①房地产开发项目全部竣工、完成销售的； ②整体转让未竣工决算房地产开发项目的； ③直接转让土地使用权的	满足条件之日起 90 日内到主管税务机关办理
可以清算	税务机关可要求纳税人清算	①已竣工验收的房地产开发项目，已转让的房地产建筑面积占整个项目可售建筑面积的比例在 85% 以上，或该比例虽未超过 85%，但剩余的可售建筑面积已经出租或自用的； ②取得销售（预售）许可证满三年仍未销售完毕的； ③纳税人申请注销税务登记但未办理土地增值税清算手续的； ④省税务机关规定的其他情况	接到主管税务机关下发的清算通知起 90 日内到主管税务机关办理清算

【例题 10 –18·单选题·2018 年】下列情形中，纳税人应当进行土地增值税清算的是（　　）。

A. 直接转让土地使用权的

B. 取得销售许可证满 1 年仍未销售完毕的

C. 转让未竣工结算房地产开发项目 50% 股权的

D. 房地产开发项目尚未竣工但已销售面积达到 50% 的

【答案】A

【解析】纳税人应当进行土地增值税的清算情形：①房地产开发项目全部竣工、完成销售的；②整体转让未竣工决算房地产开发项目的；③直接转让土地使用权的。

（三）清算应税收入的确认

（1）清算时，已全额开具商品房销售发票的，按照发票所载金额确认收入；未开具发票或未全额开具发票的，以签订的销售合同所载售房金额及其他收益确认收入。

（2）房地产开发企业将开发产品用于职工福利、奖励、对外投资、分红、偿债、换取非货币性资产等，发生所有权转移时应视同销售房地产。

（3）房地产开发企业将开发的部分房地产转为企业自用或用于出租等商业用途时，如果产权未发生转移，不征收土地增值税，在清算时不列收入，不扣除相应的成本和费用。

（四）清算的扣除项目规定（见表10-16）

表10-16　清算的扣除项目规定

据实扣除	开发项目配套公共设施	配套的居委会和派出所用房、会所、停车场（库）、物业管理场所、变电站、热力站、水厂、文体场馆、学校、幼儿园、托儿所、医院、邮电通信等公共设施：①建成后产权属于全体业主所有的，其成本、费用可以扣除；②建成后无偿移交给政府、公用事业单位用于非营利性社会公共事业的，其成本、费用可以扣除；③建成后有偿转让的，应计算收入，并准予扣除成本、费用
	销售已装修的房屋	**装修费用**可以计入房地产开发成本
	扣留的质量保证金	根据合同约定，**扣留**建筑安装施工企业一定比例的工程款，作为开发项目的质量保证金，**建筑安装施工企业就质量保证金对房地产开发企业开具发票的，按发票所载金额予以扣除**
	拆迁安置	①回迁户补差价款：房地产开发企业支付给回迁户的补差价款，计入拆迁补偿费；回迁户支付给房地产开发企业的补差价款，应抵减本项目拆迁补偿费；②货币安置拆迁：房地产开发企业凭合法有效凭据计入拆迁补偿费
核定扣除		前期工程费、建筑安装工程费、基础设施费、开发间接费用的凭证或资料不符合清算要求或不实的
不可扣除		扣除取得土地使用权所支付的金额、房地产开发成本、费用及与转让房地产有关税金，须提供合法有效凭证；不能提供合法有效凭证的，不予扣除
	预提费用	**除另有规定外，不得扣除**
	质量保证金	建筑安装施工企业就扣留的质量保证金对房地产开发企业未开具发票的，扣留的质保金不得计算扣除
	土地闲置费	**逾期开发缴纳的土地闲置费不得扣除**

【例题10-19·单选题·2014年】房地产开发企业进行土地增值税清算时，下列各项中，允许在计算增值额时扣除的是（　　）。

A. 加罚的利息

B. 已售精装修房屋的装修费用

C. 逾期开发土地缴纳的土地闲置费

D. 未取得建筑安装施工企业开具发票的扣留质量保证金

【答案】B

【解析】选项B正确，房地产开发企业销售已装修的房屋，其装修费用可以计入房地产开发成本扣除；选项ACD错误，均属于土地增值税清算时不能扣除的项目。

（五）土地增值税的核定征收

房地产开发企业有下列情形之一的，税务机关可以参照与其开发规模和收入水平相近的当地企业的土地增值税税负情况，按不低于预征率的征收率核定征收土地增值税的五种行为：

210

（1）依照法律、行政法规的规定应当设置但未设置账簿的；

（2）擅自销毁账簿或者拒不提供纳税资料的；

（3）虽设置账簿，但账目混乱或者成本资料、收入凭证、费用凭证残缺不全，难以确定转让收入或扣除项目金额的；

（4）符合土地增值税清算条件，未按照规定的期限办理清算手续，经税务机关责令限期清算，逾期仍不清算的；

（5）申报的计税依据明显偏低，又无正当理由的。

核定的征收率：核定征收率原则上不得低于5%，各省级税务机关要结合本地实际，区分不同房地产类型制定核定征收率。

考点12 土地增值税税收优惠和征收管理（★★★）

（一）税收优惠

（1）建造普通标准住宅出售，增值额未超过扣除项目金额20%的，免税。

（2）因国家建设需要依法征用、收回的房地产，免征土地增值税。

（3）因城市实施规划、国家建设的需要而搬迁，由纳税人自行转让原房地产的，免征土地增值税。

（4）对企事业单位、社会团体以及其他组织转让旧房作为公租房房源，且增值额未超过扣除项目金额20%的，免税。

（5）对个人销售住房，暂免征收土地增值税。

【例题10-20·单选题·2013年】下列情形中，可以享受免征土地增值税税收优惠政策的是（　　）。

A. 企业间互换办公用房

B. 企业转让一栋房产给政府机关用于办公

C. 房地产开发企业将建造的商品房作价入股某酒店

D. 居民因省政府批准的文化园项目建设需要而自行转让房地产

【答案】D

【解析】选项ABC错误，要照章征收土地增值税，不享受免征土地增值税税收优惠政策。

（二）征收管理

1. 纳税地点（见表10-17）

表10-17　　　　　　　　　　　　　　纳税地点

纳税人	转让的房地产坐落地与其机构（居住）所在地是否一致	纳税地点
法人	一致	办理税务登记的原管辖税务机关
	不一致	房地产坐落地税务机关

续表

纳税人	转让的房地产坐落地与其机构（居住）所在地是否一致	纳税地点
自然人	一致	住所所在地税务机关
	不一致	房地产坐落地税务机关

2. 纳税期限

合同签订后 **7 日内，**到房地产所在地主管税务机关申报纳税。

恭喜你,
已完成第十章的学习

扫码免费进 >>>
2022年CPA带学群

别指望自己"下次再努力"了。那些不断苛求下次的人，总会被命运反复羞辱，却毫无还手之力。

CHAPTER ELEVEN

第十一章 车辆购置税法、车船税法和印花税法

考情雷达

本章属于非重点章节，相对来说比较重要的是印花税。本章平均分值8分左右。2022年变化情况：1.调整：修改了购买自用应税车辆计税价格的规定。2.删除：（1）删除购置挂车减半征收的政策。（2）删除车船税相关优惠政策。（3）删除印花税相关优惠政策。

考点地图

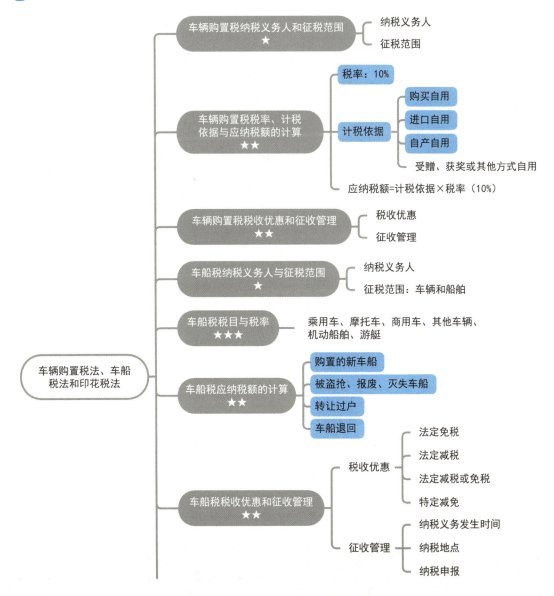

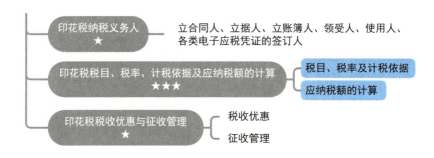

印花税纳税义务人 ★ —— 立合同人、立据人、立账簿人、领受人、使用人、各类电子应税凭证的签订人

印花税税目、税率、计税依据及应纳税额的计算 ★★★ —— 税目、税率及计税依据 / 应纳税额的计算

印花税税收优惠与征收管理 ★ —— 税收优惠 / 征收管理

考点 1　车辆购置税纳税义务人和征税范围（★）

车辆购置税是以在我国境内购置规定车辆为课税对象、在特定的环节向车辆购置者征收的一种税。

（一）纳税义务人

车辆购置税的纳税人，指在我国境内购置应税车辆的单位和个人。

其中购置是指：购买、进口、自产、受赠、获奖或者其他方式取得并自用应税车辆的行为。

> **【例题 11-1·多选题·2020 年】**下列方式取得的车辆中，应缴纳车辆购置税的有（　　）。
>
> A. 购置的二手汽车
> B. 自产自用的汽车
> C. 进口自用的汽车
> D. 以获奖方式取得的自用汽车
>
> **【答案】**BCD
>
> **【解析】**二手车无需缴纳车辆购置税。

（二）征税范围

车辆购置税以列举的车辆为征税对象，未列举的车辆不纳税。其征税范围包括汽车、有轨电车、汽车挂车、排气量超过 150 毫升的摩托车。

【提示】地铁、轻轨等城市轨道交通车辆、装载机、平地机、挖掘机、推土机等轮式专用机械车以及起重机、叉车、电动摩托车，不属于应税车辆。

💻 考点收纳盒

车辆购置税与增值税、消费税应税行为辨析（见表 11-1）。

表 11-1　　　　　　车辆购置税与增值税、消费税应税行为辨析

行为		增值税	消费税	车辆购置税
用于销售、捐赠、投资、偿债	自产、进口小汽车	√	√	×
	自产、进口大卡车、大货车	√	×	×
自用	进口小汽车	√	√	√
	进口卡车、货车、电车、挂车、农用运输车	√	×	√
	购置、受赠、获奖、接受投资小汽车、卡车、货车、电车、挂车、农用运输车等车辆	×	×	√

车辆购置税税率、计税依据与应纳税额的计算（★★）

（一）税率

我国车辆购置税实行统一比例税率，税率为10%。

（二）计税依据与应纳税额的计算（见表11-2）

车辆购置税实行从价定率的方法计算应纳税额，计算公式为：

$$应纳税额 = 计税依据 × 税率（10\%）$$

表11-2　　　　　　　　　　计税依据与应纳税额计算

情形	计税依据	
购买自用 （2022年调整）	购买应税车辆时支付给销售者的全部价款和价外费用	
	不并入计税价格的项目	不包括销售方代办保险等而向购买方收取的保险费，以及向购买方收取的代购买方缴纳的车辆购置税、车辆牌照费
进口自用	组成计税价格 = 关税完税价格 + 关税 + （消费税）	
	纳税人进口自用应税车辆，指纳税人直接从境外进口或者委托代理商进口自用的应税车辆，不包括在境内购买的进口车辆	
自产自用	按照纳税人生产的同类应税车辆的销售价格确定，不包括增值税税款	
受赠、获奖或其他方式自用	纳税人以受赠、获奖或者其他方式取得自用应税车辆的计税价格，按照购置应税车辆时相关凭证载明的价格确定，不包括增值税税款	

【例题11-2·多选题】某机关2021年4月购车一辆，随购车支付的下列款项中，应并入计税依据征收车辆购置税的有（　　）。

A. 政府部门的行政性收费　　　　　　B. 增值税税款

C. 零部件价款　　　　　　　　　　　D. 车辆装饰费

【答案】CD

【解析】选项A错误，政府部门的行政性收费，不属于销售者的价外费用范围，不应并入计税价格计算缴纳车辆购置税；选项B错误，纳税人购买自用应税车辆的计税依据为纳税人购买应税车辆而支付给销售方的全部价款和价外费用（不含增值税）。

【例题11-3·单选题·2013年】2021年8月王某从汽车4S店购置了一辆排气量为1.8升的乘用车，支付购车款（含增值税）226 000元并取得"机动车销售统一发票"，支付代收保险费5 000元并取得保险公司开具的票据，支付购买工具件价款（含增值税）1 000元并取得汽车4S店开具的普通发票。王某应缴纳的车辆购置税为（　　）元。

A. 20 000　　　　B. 20 088.5　　　　C. 20 512.82　　　　D. 24 000

【答案】B

【解析】购买者随购买车辆支付的工具件和零部件价款应作为购车价款的一部分，并入计税依据中征收车辆购置税。王某应缴纳的车辆购置税 = （226 000 + 1 000）÷（1 + 13%）× 10% = 20 088.5（元）。选项 B 正确。

【例题 11 - 4·单选题】某汽车销售公司 2021 年 3 月进口 8 辆小轿车，海关审定的关税完税价格为 30 万元/辆，本月销售 4 辆，取得含税销售额 240 万元；1 辆用于抵偿债务，合同约定的价格为 60 万元；3 辆企业自用。该公司应纳车辆购置税（   ）万元。（小轿车关税税率 20%，消费税税率为 9%）

A. 10 　　　　 B. 11.87 　　　　 C. 12.63 　　　　 D. 24.89

【答案】B

【解析】该汽车销售公司应缴纳车辆购置税 = 3 ×（30 + 30 × 20%）÷（1 - 9%）× 10% = 11.87（万元）。选项 B 正确。

考点3　车辆购置税税收优惠和征收管理（★★）

（一）税收优惠

（1）外国驻华使馆、领事馆和国际组织驻华机构及其外交人员自用车辆免税；

（2）中国人民解放军和中国人民武装警察部队列入装备订货计划的车辆免税；

（3）悬挂应急救援专用号牌的国家综合性消防救援车辆免税；

（4）设有固定装置的非运输专用作业车辆免税；

（5）城市公交企业购置的公共汽电车辆免税；

（6）回国服务的在外留学人员用现汇购买 1 辆个人自用国产小汽车免税；

（7）长期来华定居专家进口 1 辆自用小汽车免税；

（8）防汛部门和森林消防部门用于指挥、检查、调度、报汛（警）、联络的由指定厂家生产的设有固定装置的指定型号的车辆免税；

（9）自 2021 年 1 月 1 日至 2022 年 12 月 31 日，对购置的新能源汽车免征车辆购置税。免征车辆购置税的新能源汽车，指纯电动汽车、插电式混合动力（含增程式）汽车、燃料电池汽车。对免征车辆购置税的新能源汽车，通过发布《免征车辆购置税的新能源汽车车型目录》实施管理；

（10）原公安现役部队和原武警黄金、森林、水电部队改制后换发地方机动车牌证的车辆（公安消防、武警森林部队执行灭火救援任务的车辆除外），一次性免税。

【例题 11 - 5·单选题】我国车辆购置税实行法定减免税，下列不属于车辆购置税减免税范围的是（   ）。

A. 外国驻华使馆、领事馆和国际组织驻华机构及其外交人员自用车辆

B. 回国服务的留学人员用人民币现金购买 1 辆个人自用国产小汽车

C. 设有固定装置的非运输专用作业车辆

D. 长期来华定居专家进口的 1 辆自用小汽车

【答案】B

【解析】回国服务的在外留学人员用现汇购买 1 辆个人自用国产小汽车免税。

（二）征收管理

征收管理见表 11 - 3。

表 11 - 3　　　　　　　　　　　　征收管理

纳税申报	纳税义务发生时间	纳税人购置应税车辆的当日
	纳税期限	自纳税义务发生之日起 60 日内申报缴纳
	申报制度	一车一申报
	纳税地点	①需要办理车辆登记注册手续的纳税人，向车辆登记地的主管税务机关申报纳税； ②不需要办理车辆登记注册手续的纳税人，单位纳税人向其机构所在地的主管税务机关申报纳税，个人纳税人向其户籍所在地或者经常居住地的主管税务机关申报纳税
退税制度	情形	已征车辆购置税的车辆退回车辆生产或销售企业
	计算公式	应退税额 = 已纳税额 ×（1 - 使用年限 ×10%） 使用年限的计算方法是，自纳税人缴纳税款之日起，至申请退税之日止
车辆性质变化	情形	已经办理免税、减税手续的车辆，因转让、改变用途等原因不再属于免税、减税范围的
	纳税义务人	受让人/车辆所有人
	计算公式	应纳税额 = 初次办理纳税申报时确定的计税价格 ×（1 - 使用年限 ×10%）×10% - 已纳税额

【例题 11 -6·单选题】某公司购置一辆国产车自用，购置时因符合免税条件而未缴纳车辆购置税。购置使用 4 年后免税条件消失，若该车辆初次办理纳税申报时计税价格是 25 万元，则该公司应缴纳车辆购置税为（　　）万元。

A. 1. 5　　　　　B. 2. 28　　　　　C. 2. 5　　　　　D. 3. 8

【答案】A

【解析】应纳税额 =25 ×（1 -4 ×10%）×10% =1. 5（万元）。选项 A 正确。

考点4　车船税纳税义务人与征税范围（★）

（一）纳税义务人

车船税的纳税义务人，是指在中华人民共和国境内的车辆、船舶（以下简称车船）的所有人或者管理人。

（二）征税范围

征税范围是车船税法所附税目税额表规定的车辆和船舶。

车船税的征税范围包括：

（1）依法应当在车船管理部门登记的机动车辆和船舶。

（2）依法不需要在车船管理部门登记、在单位内部场所行驶或者作业的机动车辆和船舶。

（3）境内单位和个人租入外国籍船舶的，不征收车船税。境内单位和个人将船舶出租到境外的，依法征收车船税。

考点5　车船税税目与税率（★★★）

车船税实行定额税率。车辆的具体适用税额由省、自治区、直辖市人民政府依照《车船税税目税额表》规定的税额幅度和国务院的规定确定。

船舶的具体适用税额由国务院在《车船税税目税额表》规定的税额幅度内确定（见表11－4）。

表11－4　　　　　　　　车船税税目与税率

税目		计税单位	备注
乘用车（排气量）		每辆	核定载客人数9人（含）以下
摩托车		每辆	—
商用车	客车	每辆	核定载客人数9人（包括电车）以上
	货车	整备质量每吨	①包括半挂牵引车、挂车、客货两用汽车、三轮汽车和低速载货汽车等；②挂车按照货车税额50%计算
其他车辆		整备质量每吨	不包括拖拉机
机动船舶		净吨位每吨	拖船、非机动驳船分别按机动船舶税额的50%计算
游艇		艇身长度每米	—

【提示】

①拖船：发动机功率每1千瓦＝净吨位0.67吨计征。

②车船税法及其实施条例涉及的整备质量、净吨位、艇身长度等计税单位，有尾数的一律按照含尾数的计税单位据实计算车船税应纳税额。计算得出的应纳税额小数点后超过两位的可四舍五入保留两位小数。

【例题11－7·单选题·2016年】下列关于车船税计税单位确认的表述中，正确的是（　　）。

A. 摩托车按"排气量"作为计税单位

B. 游艇按"净吨位每吨"作为计税单位

C. 专业作业车按"整备质量每吨"作为计税单位

D. 商用货车按"每辆"作为计税单位

【答案】C

【解析】选项 A 错误，摩托车按"每辆"作为计税单位；选项 B 错误，游艇按"艇身长度每米"作为计税单位；选项 D 错误，商用货车按"整备质量每吨"作为计税单位。

考点6 车船税应纳税额的计算（★★）

车船税应纳税额的计算（见表 11 – 5）。

表 11 –5　　　　　　　　　　车船税应纳税额的计算

购置的新车船	纳税时间	从当月开始纳税
	计算公式	年应纳税额 = 计税单位 × (年) 固定税额 应纳税额 = (年应纳税额 ÷ 12) × 应纳税月份数 应纳税月份数 = 12 – 纳税义务发生时间 (取月份) + 1
被盗抢、报废、灭失车船		①在一个纳税年度内，已完税的车船被盗抢、报废、灭失的，纳税人可以凭有关管理机关出具的证明和完税凭证，向纳税所在地的主管税务机关申请退还自被盗抢、报废、灭失月份起至该纳税年度终了期间的税款。 ②已办理退税的被盗抢车船失而复得的，纳税人应当从公安机关出具相关证明的当月起计算缴纳车船税
	纳税时间	上述两种情况，应该缴纳的车船税都是从当月起算。 注意这一点，这是计算题中的关键性细节
转让过户	情形	已缴纳车船税的车船在同一纳税年度内办理转让过户的
	规定	不另纳税，也不退税
车船退回	情形	已经缴纳车船税的车船，因质量原因，车船被退回生产企业或者经销商的
	规定	可以向纳税所在地主管税务机关申请退还自退货月份起至该纳税年度终了期间的税款

【例题 11 – 8·单选题·2014 年】某机械制造厂 2021 年拥有货车 3 辆，每辆货车的整备质量均为 1.499 吨；挂车 1 部，其整备质量为 1.2 吨；小汽车 2 辆。已知货车车船税税率为整备质量每吨年基准税额 16 元，小汽车车船税税率为每辆年基准税额 360 元。该厂 2021 年度应纳车船税为（　　　）元。

A. 441.6

B. 792

C. 801.55

D. 811.2

【答案】C

【解析】货车车船税 = 1.499 × 3 × 16 = 71.95（元）

小汽车车船税 = 2 × 360 = 720（元）

挂车按照货车税额的 50% 计算纳税。挂车车船税 = 1.2 × 16 × 50% = 9.6（元）

该机械制造厂 2021 年应纳的车船税 = 71.95 + 720 + 9.6 = 801.55（元）。

选项 C 正确。

【例题11-9·单选题】 某航运公司2021年拥有机动船4艘，每艘净吨位为3 000吨；拖船1艘，发动机功率为1 800千瓦。其所在省车船税计税标准为净吨位201~2 000吨的，每吨4元；2 001~10 000吨的，每吨5元。该航运公司2021年应缴纳车船税（　　）元。

A. 60 000　　　　　　　　　　　　B. 62 412

C. 63 600　　　　　　　　　　　　D. 65 400

【答案】 B

【解析】 机动船车船税=3 000×5×4=60 000（元）

拖船1千瓦=净吨位0.67吨，拖船每艘净吨位=1 800×0.67=1 206（吨）

拖船按船舶税额的50%计算。拖船车船税=1 206×4×50%=2 412（元）

车船税=60 000+2 412=62 412（元）。选项B正确。

【例题11-10·单选题】 宏发公司2021年3月25日购入一辆载货商用车，当月办理机动车辆权属证书，并办理车船税完税手续。此车整备质量为8吨，每吨年税额80元。该车于5月3日被盗，经报案，于10月30日追回。则该公司就该车2021年实际应缴纳的车船税为（　　）元。

A. 230　　　　B. 266.67　　　　C. 420　　　　D. 800

【答案】 B

【解析】 该车3月25日购入，故从3月份开始缴纳车船税，于5月3日被盗，则从5月开始申请退税，于10月30日追回，则从10月开始继续缴纳车船税。2021年需缴纳车船税的月份为3~4月和10~12月。该公司就该车2021年实际应缴纳的车船税=8×80×（2+3）÷12=266.67（元）。选项B正确。

考点7　车船税税收优惠和征收管理（★★）

车船税税收优惠和征收管理（见表11-6）。

表11-6　　　　　　　　　　　　车船税税收优惠和征收管理

税收优惠	法定免税	①捕捞、养殖渔船； ②军队、武装警察部队专用的车船； ③警用车船； ④依照法律规定应当予以免税的外国驻华使领馆、国际组织驻华代表机构及其有关人员的车船； ⑤新能源车船：纯电动商用车、燃料电池商用车和插电式（含增程式）混合动力汽车； ⑥国家综合性消防救援车辆由部队号牌改挂应急救援专用号牌的，一次性免征改挂当年车船税
	法定减税	对节能汽车，减半征收
	法定减税或免税	省、自治区、直辖市人民政府根据当地实际情况，可以对公共交通车船，农村居民拥有并主要在农村地区使用的摩托车、三轮汽车和低速载货汽车定期减征或者免征车船税

续表

税收优惠	特定减免	经批准临时入境的外国车船和香港特别行政区、澳门特别行政区、台湾地区的车船，不征收车船税
征收管理	纳税义务发生时间	取得车船所有权或者管理权的当月
	纳税地点	车船的登记地或者车船税扣缴义务人所在地
	纳税申报	按年申报、分月计算、一次性缴纳

【提示】纯电动乘用车、燃料电池乘用车不属于车船税征税范围，不征收车船税。

【例题 11 - 11·单选题·2020 年】下列车船中，可以免征车船税的是（　　）。

A. 机动驳船

B. 纯天然气动力船舶

C. 客货两用汽车

D. 混凝土搅拌运输车

【答案】B

【解析】纯天然气动力船舶符合免征车船税的新能源船舶。

【例题 11 - 12·单选题·2012 年】下列关于车船税纳税申报的表述中，正确的是（　　）。

A. 按月申报，分期缴纳

B. 按季申报，分期缴纳

C. 按半年申报，分期缴纳

D. 按年申报，分月计算，一次性缴纳

【答案】D

【解析】车船税按年申报，分月计算，一次性缴纳。

▶ 考点收纳盒

车船税和车辆购置税的区别（见表 11 - 7）。

表 11 - 7　车船税和车辆购置税的区别

	车辆购置税	车船税
征税对象	车辆	车辆和船舶
征税频次	一次征收	每年征收
税率	从价定率（10%）	从量定额
是否可以退税	可以，但是仅限于车辆退货的时候退税，或者交错了退税	可以，被盗、报废、灭失、退货都可以退税

考点8 **印花税纳税义务人（★）**

印花税的纳税义务人，是在中国境内书立、使用、领受印花税法所列举的凭证并应依法履行纳税义务的单位和个人，分为：立合同人、立据人、立账簿人、领受人、使用人和电子凭证签订人共6种。

（1）立合同人。各类合同的当事人，即对凭证有直接权利义务关系的单位和个人。

（2）立据人。订立产权转移书据的单位和个人。

（3）立账簿人。设立并使用营业账簿的单位和个人。

（4）领受人。领取或接受并持有权利、许可证照的单位和个人。

（5）使用人。在国外书立领受、在国内使用应税凭证的单位和个人。

（6）各类电子应税凭证的签订人。即以电子形式签订的各类应税凭证的当事人。

【提示】纳税人是订立合同的双方，并不包括担保人、证人、鉴定人等第三方。

考点9 **印花税税目、税率、计税依据及应纳税额的计算（★★★）**

印花税税目、税率、计税依据及应纳税额计算（见表11-8）。

表11-8   印花税税目、税率、计税依据及应纳税额计算

税率档次		应用税目或项目
比例税率	0.05‰	借款合同
	0.3‰	购销合同、建筑安装工程承包合同、技术合同
	0.5‰	加工承揽合同、建设工程勘察设计合同、货物运输合同、产权转移书据、营业账簿中记载资金的账簿
	1‰	财产租赁合同、仓储保管合同、财产保险合同
5元定额税率		权利、许可证照和营业账簿中的其他账簿

【提示】在上海证券交易所、深圳证券交易所、全国中小企业股份转让系统买卖、继承、赠与优先股所书立的股权转让书据，均依书立时实际成交金额，由出让方按1‰的税率计算缴纳证券（股票）交易印花税。

（一）税目、税率及计税依据

1. 购销合同（税率0.3‰）

（1）购销合同包括各种购销类的合同，也包括出版单位和发行单位之间订立的图书、报纸、期刊和音像制品的应税凭证，例如订购单、订书单等；

（2）也包括发电厂与电网之间、电网与电网之间签订的购售电合同；

（3）电网与用户之间签订的供用电合同不属于印花税列举征税的凭证；

（4）购销合同的计税依据为合同记载的购销金额。采用以货换货方式进行商品交易签订的合同，应按合同所载的购、销合计金额计税贴花。

2. 加工承揽合同（0.5‰）

（1）加工承揽合同的计税依据是加工或承揽收入的金额；

（2）受托方提供原材料的加工、定做合同，材料和加工费分别记载的，分别按购销合同和加工承揽合同贴花；未分别记载的，全部金额依照加工承揽合同贴花；（从高原则）

（3）委托方提供原料或主要材料的加工合同，按照合同中规定的受托方的加工费收入和提供的辅助材料金额之和，按加工承揽合同贴花。

【例题 11－13·计算题】大海高新技术企业与广告公司签订广告制作合同 1 份，分别记载加工费 4 万元，广告公司提供的原材料 8 万元。计算高新技术企业应当缴纳的印花税。

【答案】广告公司为受托方，受托方提供原材料，原材料金额按"购销合同"计税。

应纳税额 = 40 000 × 0.5‰ + 80 000 × 0.3‰ = 44（元）

3. 建设工程勘察设计合同（税率 0.5‰）

建设勘察设计合同的计税依据为收取的费用。

4. 建筑安装工程承包合同（0.3‰）

（1）包括建筑、安装工程承包合同。承包合同，包括总承包合同、分包合同和转包合同；

（2）建筑安装工程承包合同的计税依据为承包金额；

（3）施工单位将自己承包的建设项目，分包或者转包给其他施工单位所签订的分包合同或者转包合同，应按新的分包合同或转包合同所载金额计算应纳税额（见图 11－1）。

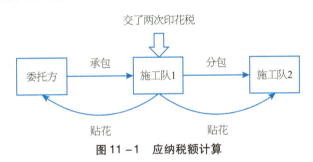

图 11－1　应纳税额计算

【例题 11－14·计算题】某建筑公司签订一份价值 5 000 万元的建筑施工合同，将其中的 500 万元分包给第三人，请问应纳印花税多少？

【答案】应纳印花税 = （5 000 + 500）× 0.3‰ = 1.65（万元）

【解析】施工单位将自己承包的建设项目，分包或者转包给其他施工单位所签订的分包合同或者转包合同，应按新的分包合同或转包合同所载金额计算应纳税额。

5. 财产租赁合同（1‰）

（1）包括企业、个人出租门店、柜台等签订的合同；

（2）财产租赁合同的计税依据是租赁金额；经计算，税额不足 1 元的，按 1 元贴花。

6. 货物运输合同（0.5‰）

计税依据为取得的运输费金额（即运费收入），不包括所运货物的金额、装卸费用和保险费。

7. 仓储保管合同（1‰）

仓储保管合同的计税依据是收取的仓储保管费用。

8. 借款合同（0.05‰）

（1）银行及其他金融组织与借款人（不包括银行同业拆借）所签订的合同，以及只填开借据并作为合同使用、取得银行借款的借据；

（2）融资租赁合同属于借款合同；

（3）借款合同具体规定见表 11 −9：

表 11 −9　　　　　　　　　　　借款合同具体规定

具体形式	计税方法
一项信贷业务既签订借款合同，又一次或分次填开借据的	以借款合同所载金额为依据计税贴花
一项信贷业务只填开借据作为合同使用的	以借据所载金额为依据计税贴花
流动资金周转性借款合同，一般按年（期）签订，规定最高限额，借款人在规定期限和最高限额内随借随还	以其规定的最高限额为依据，在签订时贴花一次；在期限内随借随还不签订新合同的，不再另贴印花
借款方以财产做抵押，取得抵押贷款的合同	按借款合同贴花
借款方因无力偿还借款而将抵押财产转移给贷款方	就双方签订的产权转移书据，按产权转移书据的规定计税贴花
银行及其他金融组织融资租赁业务签订的融资租赁合同	按合同所载租金总额，暂按借款合同计税
银团借款	各方分别在所执正本上，按各自的借款金额计税贴花
基建贷款按年度用款计划分年签订借款合同，最后一年按总概算签订借款总合同，总合同的借款金额包括各个分合同的借款金额	按分合同分别贴花，最后签订的总合同，只就借款总额扣除分合同借款金额后的余额计税贴花

9. 财产保险合同（1‰）

财产保险合同的计税依据为支付（收取）的保险费，不包括所保财产的金额。

10. 技术合同（0.3‰）

（1）一般的法律、会计、审计等方面的咨询不属于技术咨询，其所立合同不贴印花；

（2）技术合同的计税依据为合同所载的价款、报酬或使用费，研究开发经费不作为计税依据。

11. 产权转移书据（0.5‰）

包括财产所有权和版权、商标专用权、专利权、专有技术使用权等转移书据和专利实施许可合同、土地使用权出让合同、土地使用权转让合同、商品房销售合同等权利转移合同。

产权转移书据的计税依据为所载金额。

【提示】专利权的转让和专利实施许可合同属于产权转移书据。

12. 营业账簿

（1）记载资金的账簿：计税依据是"实收资本"和"资本公积"的合计金额，比例税率0.5‰。

（2）其他账簿：包括日记账簿和各明细分类账簿，计税依据为应税凭证件数，定额税率5元/件。

【提示】2018 年 5 月 1 日起，对纳税人设立的资金账簿按实收资本和资本公积合计金额征收的印花税减半；2018 年 5 月 1 日起，对纳税人按件征收的其他账簿免征印花税。

13. 权利、许可证照（5 元）

包括政府部门发给的房屋产权证、工商营业执照、商标注册证、专利证、土地使用证。计税依据为应税凭证件数。

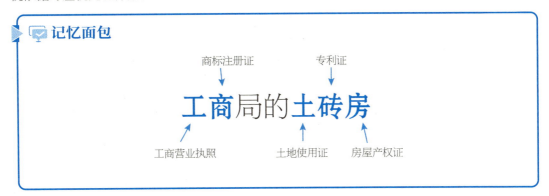

14. 特殊规定

（1）从 2008 年 9 月 19 日起，对证券交易印花税政策进行调整，由双边征收改为单边征收。

（2）上述凭证以"金额""收入""费用"作为计税依据的，应当全额计税，不得做任何扣除。

（3）应纳税额不足 1 角的免纳印花税；1 角以上的分位四舍五入到角。

（4）签订时无法确定计税金额的合同先定额贴花 5 元，待结算实际金额时补贴印花税票。

（5）订立的合同不论是否兑现或是否按期兑现，均应依合同金额贴花。

（二）应纳税额的计算

纳税人的应纳税额，根据应税凭证的性质，分别按比例税率或定额税率计算，公式为：

$$应纳税额 = 应税凭证计税金额（或应税凭证件数）\times 适用税率$$

【例题 11 - 15·单选题·2012 年】下列关于印花税计税依据的表述中，正确的是（   ）。

A. 技术合同的计税依据包括研究开发经费

B. 财产保险合同的计税依据包括所保财产的金额

C. 货物运输合同的计税依据包括货物装卸费和保险费

D. 记载资金账簿的计税依据为"实收资本"和"资本公积"的合计金额

【答案】D

【解析】选项 A 错误，技术合同只就合同所载的报酬金额计税，研究开发经费不作为计税依据；选项 B 错误，财产保险合同的计税依据为支付（收取）的保险费，不包括所保财产的金额；选项 C 错误，货物运输合同的计税依据为取得的运输费金额，不包括所运货物的金额、装卸费和保险费。

【例题 11-16·多选题·2018 年】下列各项中，应按照"产权转移书据"税目缴纳印花税的有（   ）。

A. 股权转让合同
B. 专利实施许可合同
C. 商品房销售合同
D. 专利申请权转让合同

【答案】ABC

【解析】选项 D 错误，专利申请权转让合同，按照"技术合同"税目缴纳印花税。

【例题 11-17·单选题·2020 年】货物运输合同中，计征印花税的是（   ）。

A. 运输收入
B. 运输收入加保险费和所运输货物的金额
C. 运输收入加保险费和装卸费
D. 运输收入加保险费、装卸费和所运输货物的金额

【答案】A

【解析】货物运输合同的计税依据为取得的运输费金额（即运费收入），不包括所运货物的金额、装卸费和保险费等。

【例题 11-18·单选题·2019 年】甲企业与运输公司签订货物运输合同，记载装卸费 20 万元，保险费 10 万元，运输费 30 万元，则甲企业按"货物运输合同"税目计算缴纳印花税的计税依据为（   ）万元。

A. 40
B. 30
C. 60
D. 50

【答案】B

【解析】货物运输合同的计税依据为取得的运输费金额（即运费收入），不包括所运货物的金额、装卸费和保险费等。

考点 10 印花税税收优惠与征收管理（★）

印花税税收优惠与征收管理（见表 11-10）。

表 11-10　　　　　　　　　　印花税税收优惠与征收管理

税收优惠 （免税）	①已缴纳印花税凭证的副本或者抄本； ②无息、贴息贷款合同； ③房地产管理部门与个人签订的用于生活居住的租赁合同； ④农牧业保险合同； ⑤公租房经营管理单位建造管理公租房涉及的印花税； ⑥在其他住房项目中配套建设公租房，根据政府部门提供的相关材料，可以按照公租房建筑面积占总建筑面积的比例免征建造、管理公租房涉及的印花税； ⑦对全国社会保障基金理事会、全国社会保障基金投资管理人管理的全国社会保障基金转让非上市公司股权，免征全国社会保障基金理事会、全国社会保障基金投资管理人应缴纳的印花税； ⑧为贯彻落实《国务院关于加快棚户区改造工作的意见》，对改造安置住房经营管理单位、开发商与改造安置住房相关的印花税以及购买安置住房的个人涉及的印花税自 2013 年 7 月 4 日起予以免征； ⑨自 2018 年 5 月 1 日起，对按 0.5‰ 税率贴花的资金账簿减半征收印花税，对按件贴花 5 元的其他账簿免征印花税

续表

征收管理	纳税方法	①自行贴花办法； ②汇贴（一份凭证应纳税额超过 500 元的）或汇缴（同一类应税凭证需频繁贴花的）办法； ③委托代征办法
	纳税环节	书立或领受时贴花（合同签订时、账簿启用时和证照领受时）
	纳税地点	就地纳税

【例题 11 −19 · 单选题】某地产项目中有 30% 为配套的公租房，开发公司与建筑公司签订的建筑合同总金额 3 000 万元，则该开发公司应纳印花税为（　　）万元。

A. 1

B. 0.63

C. 0.9

D. 1.2

【答案】B

【解析】该企业应纳印花税 = 3 000 × 0.3‰ × (1 − 30%) = 0.63（万元）。选项 B 正确。

恭喜你，
已完成第十一章的学习

扫码免费进 >>>
2022年CPA带学群

人生真的要比想象中短的多，想做的事稍微一拖，可能这辈子就没机会了。

第十二章 国际税收税务管理实务

考情雷达

本章属于相对重要章节。不太同于其他实体税种的学习，本章不具有税率、征税对象这些税法要素的知识，难度较大。平均分值6分左右。2022年变化情况：整体变化不大，新增：（1）新增对外付汇税务备案的相关规定。（2）新增预约定价简易程序。

考点地图

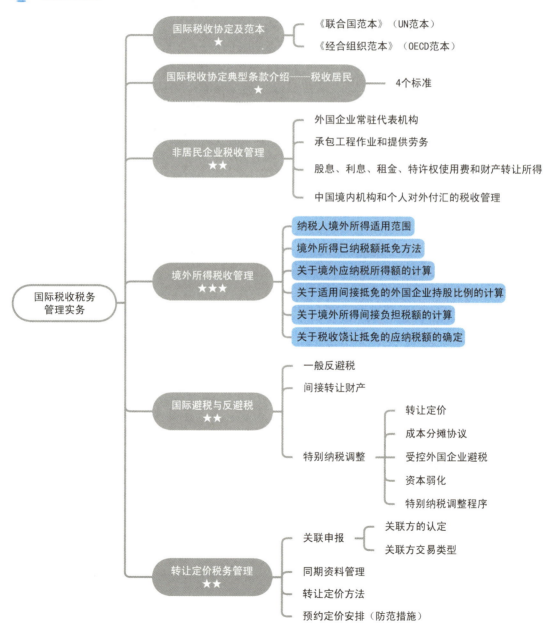

考点1　国际税收协定及范本（★）

世界上最早的国际税收协定是比利时和法国于 1843 年签订的。20 世纪 60 年代《经合组织范本》和《联合国范本》两个国际税收协定范本产生。

自国际税收协定产生以来，在国际上影响最大的两个范本是《经合组织范本》和《联合国范本》。

两者在总体构架上基本一致，但它们之间存在重要的差异，主要表现在（见表 12－1）：

表 12－1　　　　　　　　　　　　国际税收协定及范本

《联合国范本》（UN 范本）	发展中国家多以此为依据。较为注重扩大收入来源国的税收管辖权
《经合组织范本》（OECD 范本）	虽在某些方面承认收入来源国的优先征税权，但其主导思想所强调的是居民税收管辖权

考点2　国际税收协定典型条款介绍——税收居民（★）

国际税收协定典型条款介绍（见表 12－2）。

表 12－2

项目		具体规定
双重居民身份下最终居民身份的判定	个人最终居民身份的归属	先后顺序： ①永久性住所； ②重要利益中心； ③习惯性居处； ④国籍
	公司和其他团体最终居民身份的归属	应认定是"实际管理机构"所在国的居民

【提示】以上两种情况如果不能达成一致意见，双方协商。

【例题 12－1·单选题·2017 年】下列关于双重居民身份下最终居民身份判定标准的排序中，正确的是（　　）。
A. 永久性住所、重要利益中心、习惯性居处、国籍
B. 重要利益中心、习惯性居处、国籍、永久性住所
C. 国籍、永久性住所、重要利益中心、习惯性居处
D. 习惯性居处、国籍、永久性住所、重要利益中心
【答案】A

考点3　非居民企业税收管理（★★）

我国现行税法规定，非居民企业是指依照外国（地区）法律成立且实际管理机构不在中

国境内，但在中国境内设立机构、场所的，或者在中国境内未设立机构、场所，但有来源于中国境内所得的企业。

（一）外国企业常驻代表机构

1. 税务登记管理

（1）代表机构应当自领取工商登记证件（或有关部门批准）之日起30日内，向所在地主管税务机关申报办理税务登记；

（2）代表机构税务登记内容发生变化或驻在期届满、提前终止业务活动的，应按规定向主管税务机关申报办理变更税务登记或注销登记；代表机构应在办理注销登记前，就其清算所得依法缴纳企业所得税。

2. 账簿凭证管理

3. 企业所得税

代表机构应在季度终了之日起15日内向主管税务机关据实申报缴纳企业所得税。

对账簿不健全，不能准确核算收入或成本费用，以及无法按照规定据实申报的代表机构，税务机关有权采取两种方式核定其应纳税所得额——代表机构的核定利润率不应低于15%。

（1）按收入总额核定应纳税所得额。

$$应纳企业所得税额 = 收入总额 × 核定利润率 × 企业所得税税率$$

（2）按经费支出换算收入核定应纳税所得额。

$$应纳税所得额 = 本期经费支出额 ÷ (1 - 核定利润率) × 核定利润率$$

$$应纳企业所得税额 = 应纳税所得额 × 企业所得税税率（25%）$$

4. 其他税种

5. 税务申报要求

代表机构的纳税地点是机构、场所所在地。

采取据实申报方式的代表机构应该在季度终了之日起15日内向主管税务机关申报缴纳企业所得税。

（二）承包工程作业和提供劳务

（1）境外单位在境内承包工程作业和提供劳务属于增值税应税劳务或应税服务范围，且在境内设有经营机构的，应当按照规定适用一般计税方法或者简易计税方法计算并自行申报缴纳增值税。

如果境外单位在境内未设有经营机构，则以购买方为增值税扣缴义务人。

$$应扣缴税额 = 购买方支付的价款 ÷ (1 + 税率) × 税率$$

（2）企业所得税：查账征收、核定征收（见表12-3）。

表12-3　　　　企业所得税：查账征收、核定征收

核定应纳税所得额	应纳税所得
按收入总额	应纳税所得额 = 收入总额 × 核定利润率
按成本费用	应纳税所得额 = 成本费用总额 ÷ (1 - 核定利润率) × 核定利润率
按经费支出换算收入	应纳税所得额 = 经费支出总额 ÷ (1 - 核定利润率) × 核定利润率

（三）股息、利息、租金、特许权使用费和财产转让所得

对非居民企业取得来源于中国境内的股息、红利等权益性投资收益和利息、租金、特许权使用费所得、转让财产所得以及其他所得应当缴纳的企业所得税，实行源泉扣缴，以支付人为扣缴义务人，减按10%的税率征收企业所得税。

（1）应纳税额计算（见表12-4）。

$$扣缴企业所得税应纳税额 = 应纳税所得额 \times 实际征收率$$

表12-4　　　　　　　　　　　　　　　应纳税额计算

应纳税所得额	解释
股息、红利等权益性投资收益和利息、租金、特许权使用费所得	以收入全额为应纳税所得额，不得扣除税法规定之外的税费支出
转让财产所得	以收入全额减除财产净值后的余额为应纳税所得额
其他所得	参照前两项规定的方法计算应纳税所得额

彬哥解读

①收入全额，指非居民企业向支付人收取的全部价款和价外费用。

②财产净值，指有关资产、财产的计税基础减除已经按照规定扣除的折旧、折耗、摊销、准备金等后的余额。

（2）扣缴税款要求。

扣缴义务人应当自扣缴义务发生之日起7日内向扣缴义务人所在地主管税务机关申报和解缴代扣税款。

（3）其他规定：2018年1月1日起，对境外投资者从中国境内居民企业分配的利润，直接投资于非禁止外商投资的项目和领域，凡符合规定条件的，实行递延纳税政策，暂不征收预提所得税。

其中，直接投资包括境外投资者以分得利润进行的增资、新建、股权收购等权益性投资行为，但不包括新增、转增、收购上市公司股份（符合条件的战略投资除外）。

（四）中国境内机构和个人对外付汇的税收管理

1. 对外付汇需要进行税务备案的情形

境内机构和个人向境外单笔支付等值5万美元以上（不含等值5万美元，下同）的下列外汇资金：

（1）境外机构或个人从境内获得的包括运输、旅游、通信、建筑安装及劳务承包、保险服务、金融服务、计算机和信息服务、专有权利使用和特许、体育文化和娱乐服务、其他商业服务、政府服务等服务贸易收入；

（2）境外个人在境内的工作报酬，境外机构或个人从境内获得的股息、红利、利润、直接债务利息、担保费以及非资本转移的捐赠、赔偿、税收、偶然性所得等收益和经常转移收入；

（3）境外机构或个人从境内获得的融资租赁租金、不动产的转让收入、股权转让所得以及外国投资者其他合法所得。

2. 对外付汇无须进行税务备案的情形（**2022 年新增**）

（1）境内机构在境外发生的差旅、会议、商品展销等各项费用。

（2）境内机构在境外代表机构的办公经费，以及境内机构在境外承包工程的工程款。

（3）境内机构发生在境外的进出口贸易佣金、保险费、赔偿款。

（4）进口贸易项下境外机构获得的国际运输费用。

（5）保险项下保费、保险金等相关费用。

（6）从事运输或远洋渔业的境内机构在境外发生的修理、油料、港杂等各项费用。

（7）境内旅行社从事出境旅游业务的团费以及代订、代办的住宿、交通等相关费用。

（8）亚洲开发银行和世界银行集团下属的国际金融公司从我国取得的所得或收入，包括投资合营企业分得的利润和转让股份所得、在华财产（含房产）出租或转让收入以及贷款给我国境内机构取得的利息。

（9）外国政府和国际金融组织向我国提供的外国政府（转）贷款（含外国政府混合（转）贷款）和国际金融组织贷款项下的利息。

（10）外汇指定银行或财务公司自身对外融资，如境外借款、境外同业拆借、海外代付以及其他债务等项下的利息。

（11）我国省级以上国家机关对外无偿捐赠援助资金。

（12）境内证券公司或登记结算公司向境外机构或境外个人支付其依法获得的股息、红利、利息收入及有价证券卖出所得收益。

（13）境内个人境外留学、旅游、探亲等因私用汇。

（14）境内机构和个人办理服务贸易、收益和经常转移项下退汇。

（15）外国投资者以境内直接投资合法所得在境内再投资。

（16）财政预算内机关、事业单位、社会团体非贸易非经营性付汇业务。

（17）国家规定的其他情形。

【例题 12 - 2·单选题·2018 年】 境内机构对外支付下列外汇资金时，须办理和提交《服务贸易等项目对外支付税务备案表》的是（　　）。

  A. 境内机构在境外承包工程的工程款

  B. 境内机构在境外发生的商品展销费用

  C. 进口贸易项下境外机构获得的国际运输费用

  D. 我国区县级国家机关对外无偿捐赠援助资金

【答案】 D

考点4　境外所得税收管理（★★★）

居民企业以及非居民企业在中国境内设立的机构、场所，取得的已在境外缴纳的所得税税额，可以从其当期应纳税额中抵免，抵免限额为该项所得依照税法计算的应纳税额；超过抵免限额的部分，可以在以后 5 个年度内，用每年度抵免限额抵免当年应抵税额后的余额进行抵补。

（一）纳税人境外所得适用范围（见表12-5）

表12-5　　　　　　　　　　　　纳税人境外所得适用范围

企业性质	抵免范围
居民企业	①其取得的境外企业所得直接缴纳的税额； ②间接负担的境外企业所得税性质的税额
非居民企业（在中国境内设立的机构（场所））	就其取得的发生在境外、但与该机构（场所）有实际联系的所得直接缴纳的境外企业所得税性质的税额

（二）境外所得已纳税额抵免方法

1. 抵免方法

境外税额抵免分为直接抵免和间接抵免（见表12-6）。

表12-6　　　　　　　　　　　　抵免方法

抵免方法	适用范围
直接抵免	企业直接作为纳税人就其境外所得在境外缴纳的所得税额在我国应纳税额中抵免。 ①企业就来源于境外的营业利润所得在境外所缴纳的企业所得税；（总分公司）； ②来源于或发生于境外的股息、红利等权益性投资所得、利息、租金、特许权使用费、财产转让等所得在境外被源泉扣缴的预提所得税（母子公司）
间接抵免	境外企业就分配股息前的利润缴纳的外国所得税额中由我国居民企业就该项分得的股息性质的所得间接负担的部分，在我国的应纳税额中抵免（母子公司）

2. 抵免计算项目

（1）确定境内应纳税所得额和分国（地区）别的境外应纳税所得额；

（2）分国（地区）别的可抵免境外所得税税额；

企业来源于中国境外的所得依照境外税收法律以及相关规定应当缴纳并已经实际缴纳的企业所得税性质的税款。

（3）分国（地区）别的境外所得税的抵免限额；

（4）将抵免限额与境外已纳税额比较，按较小一方抵免——确定实际抵免税额。

"多不退，少要补"。

分国不分项，不分国不分项。

3. 抵免限额的计算

境外所得税税款扣除限额公式：

抵免限额=境内、境外所得按税法计算的应纳税总额×来源于某国（地区）的应纳税所得额÷境内、境外应纳税所得总额。

该公式可以简化成：

抵免限额=来源于某国的（税前）应纳税所得额×我国税率

（三）关于境外应纳税所得额的计算（见表 12－7）

表 12－7　　　　　　关于境外应纳税所得额的计算

一般情况	①境外税前所得＝境外所得＋该项境外所得直接缴纳的境外所得税额 ②境外税前所得＝分回收益÷（1－预提所得税税率）
股息、红利所得	境外股息、红利所得＝境外股息、红利税后净所得＋直接缴纳税款＋间接负担的税额
境外应纳税所得额＝境外税前所得－计算企业应纳税所得总额时已按税法规定扣除的有关成本费用中与境外所得有关的部分进行对应调整扣除	

【举例1】某境内公司企业所得税税率为 25%，2020 年取得境内应纳税所得额 160 万元，境外应纳税所得额 50 万元，在境外已缴纳企业所得税 10 万元。计算该企业 2020 年度该公司汇总纳税时实际应缴纳企业所得税。

【答案】境外缴纳企业所得税的抵免限额＝50×25%＝12.5（万元），在境外已缴纳企业所得税 10 万，那么此部分境外已经缴纳的企业所得税 10 万可以全额抵免，汇总纳税时实际应缴纳企业所得税＝（160＋50）×25%－10＝42.5（万元）

如果分开计算：

①境内所得应纳税：160×25%＝40（万元）。

②境外所得抵免限额：50×25%＝12.5（万元），境外缴纳低于限额，应补税 2.5 万元。

所以境内外所得应当缴纳 42.5 万元。

【举例2】某企业 2020 年来自境外 A 国的已纳所得税因超过抵免限额尚未扣除的余额为 1 万元，2021 年在我国境内所得 160 万元，来自 A 国税后所得 20 万元，在 A 国已纳所得税额 5 万元，其在我国汇总缴纳多少所得税？

【答案】2021 年境内、外所得总额＝160＋20＋5＝185（万元）。

境内外总税额＝185×25%＝46.25（万元）。

2021 年 A 国扣除限额＝（20＋5）×25%＝6.25（万元）。

在我国汇总纳税＝46.25－5－1＝40.25（万元）。

如果分开计算：

①境内所得应纳税：160×25%＝40（万元）。

②境外所得抵免限额：（20＋5）×25%＝6.25（万元），境外缴纳税额 5 万元低于限额，应补税 1.25 万元，所以境内外应纳税＝40＋1.25－1＝40.25（万元）。

（四）关于适用间接抵免的外国企业持股比例的计算

企业在境外取得的股息所得，在按规定计算该企业境外股息所得的可抵免所得税额和抵免限额时，由该企业直接或间接持有 20% 以上股份的外国企业，限于按照规定持股方式确定的五层外国企业（见表 12－8）。

表 12－8　　　　关于适用间接抵免的外国企业持股比例的计算

第一层	企业直接持有 20% 以上股份的外国企业
第二层～第五层	单一上一层外国企业直接持有 20% 以上股份，且由该企业直接持有或通过一个或多个符合规定持股方式的外国企业间接持有总和达到 20% 以上股份的外国企业

（五）关于境外所得间接负担税额的计算

取得境外投资收益实际间接负担的税额，指根据直接或者间接持股方式合计持股 20% 以上（含 20%）的规定层级的外国企业股份，由此应分得的股息、红利等权益性投资收益中，从最低一层外国企业起逐层计算的属于由上一层企业负担的税额。

$$\text{本层企业所纳税额属于由上一层企业负担的税额}=\dfrac{\left(\begin{array}{c}\text{本层企业就利润和投资}\\\text{收益所实际缴纳的税款}\end{array}+\begin{array}{c}\text{符合由本层企业}\\\text{间接负担的税额}\end{array}\right)\times\begin{array}{c}\text{本层企业向一家}\\\text{上层企业分配的股息}\end{array}}{\text{本层企业所得税后利润额}}$$

> **彬哥解读**
>
> ①本层企业是指实际分配股息（红利）的境外被投资企业；
>
> ②本层企业就利润和投资收益所实际缴纳的税额是指，本层企业按所在国税法就利润缴纳的企业所得税和在被投资方所在国就分得的股息等权益性投资被源泉扣缴的预提所得税；
>
> ③由本层企业间接负担的税额是指该层企业由于从下一层企业分回股息（红利）而间接负担的由下一层企业就其利润缴纳的企业所得税税额；
>
> ④本层企业向一家上一层企业分配的股息（红利）是指该层企业向上一层企业实际分配的扣缴预提所得税前的股息（红利）数额；
>
> ⑤本层企业所得税后利润额是指该层企业实现的利润总额减去就其利润实际缴纳的企业所得税后的余额。

【例题 12 -3 · 计算问答题 · 2016 年】 我国居民企业甲在境外进行了投资，相关投资架构及持股比例如下图：

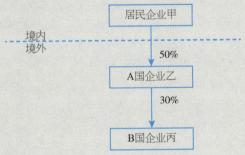

2015 年经营及分配状况如下：

（1）B 国企业所得税税率为 30%，预提所得税税率为 12%，丙企业应纳税所得总额 800 万元，丙企业将部分税后利润按持股比例进行了分配。

（2）A 国企业所得税税率为 20%，预提所得税税率为 10%，乙企业应纳税所得总额（该应纳税所得总额已包含投资收益还原计算的间接税款）1 000 万元，其中来自丙企业的投资收益 100 万元，按照 12% 的税率缴纳 B 国预提所得税 12 万元；乙企业在 A 国享受税收抵免后实际缴纳税款 180 万元，乙企业将全部税后利润按持股比例进行了分配。

（3）居民企业甲适用的企业所得税税率 25%，其来自境内的应纳税所得额为 2 400 万元。

要求：根据上述资料，按照下列序号回答问题，如有计算需计算出合计数。

①简述居民企业可适用境外所得税收抵免的税额范围。

②判断企业丙分回企业甲的投资收益能否适用间接抵免优惠政策并说明理由。

③判断企业乙分回企业甲的投资收益能否适用间接抵免优惠政策并说明理由。

④计算企业乙所纳税额属于由企业甲负担的税额。

⑤计算企业甲取得来源于企业乙投资收益的抵免限额。

⑥计算企业甲取得来源于企业乙投资收益的实际抵免额。

【答案】

①居民企业可以就其取得的境外所得直接缴纳和间接负担的境外企业所得税性质的税额进行抵免。

②企业丙不能适用间接抵免优惠政策，由于企业甲对于企业丙的持股比例为15%（50%×30%），未达到20%的要求。

适用间接抵免优惠政策的，指直接或间接持有20%以上股份的外国企业。

③企业乙可以适用间接抵免优惠政策，由于企业甲对于企业乙的持股比例为50%，达到了20%的要求。

对于第一层企业：单一居民企业直接持有20%以上股份的外国企业；可以适用间接抵免的优惠政策。

④由甲企业负担的税额＝（180＋12＋0）×50%＝96（万元）；

本层企业所纳税额属于由上一层企业负担的税额＝（本层企业就利润和投资收益所实际缴纳的税款＋符合由本层企业间接负担的税额）×本层企业向一家上层企业分配的股息÷本层企业所得税后利润额；

由题目可知：本层企业（乙企业）就利润和投资收益所实际缴纳的税款＝180万元；符合由本层企业间接负担的税额（对于丙企业的预提所得税）＝12万元；本层企业向一家上层企业分配的股息÷本层企业所得税后利润额＝乙企业将全部税后利润按持股比例进行了分配＝50%；

甲企业负担的税额＝（180＋12）×50%＝96（万元）。

⑤甲企业境内应纳税所得额＝2 400（万元）；

甲企业负担乙企业的应纳税所得额＝96（万元）；

甲企业来源于乙企业分配的利润所得额＝（1 000－180－12）×50%＝404（万元）；

企业甲应纳税总额＝[2 400＋404＋96]×25%＝[2 400＋500]×25%＝2 900×25%＝725（万元）；

抵免限额＝中国境内、境外应纳税总额×来源于某国的应纳税所得额÷中国境内、境外应纳税所得总额＝725×（404＋96）÷2 900＝125（万元）；

或者直接计算 [（1 000－180－12）×50%＋96]×25%＝125（万元）。

⑥可抵免境外税额＝直接税额＋间接负担税额；

直接税额为甲企业取得境外乙企业股息所预提的税额＝（1 000－180－12）×50%×10%＝40.4（万元）；

间接负担税额为境外乙企业所纳税额属于由甲企业负担的税额＝96（万元）；

可抵免境外税额＝96＋40.4＝136.4（万元）；

136.4＞125，实际抵免额为125万元。

（六）关于税收饶让抵免的应纳税额的确定

居民企业从与我国政府订立税收协定（或安排）的国家（地区）取得的所得，按照该国（地区）税收法律享受了免税或减税待遇，且该免税或减税的数额按照税收协定规定应视同已缴税额在中国的应纳税额中抵免的，该免税或减税数额可作为企业实际缴纳的境外所得税额用于办理税收抵免。

考点5　国际避税与反避税（★★）

（一）一般反避税

一般反避税是对企业实施的不具有合理商业目的而获取税收利益的避税安排，实施的特别纳税调整。

其中，税收利益是指减少、免除或者推迟缴纳企业所得税应纳税额。

避税安排具有以下特征：

（1）以获取税收利益为唯一目的或者主要目的；

（2）以形式符合税法规定，但与其经济实质不符的方式获取税收利益。

不适用一般反避税的情况：

（1）与跨境交易或者支付无关的安排；

（2）涉嫌逃避缴纳税款、逃避追缴欠税、骗税、抗税以及虚开发票等税收违法行为。

企业的安排属于转让定价、成本分摊、受控外国企业、资本弱化等其他特别纳税调整范围的，应当首先适用其他特别纳税调整相关规定。

企业的安排属于受益所有人、利益限制等税收协定执行范围的，应当首先适用税收协定执行的相关规定。

（二）间接转让财产

非居民企业通过实施不具有合理商业目的的安排，间接转让中国居民企业股权等财产，规避企业所得税纳税义务的，应按照《企业所得税法》的有关规定，重新定性该间接转让交易，确认为直接转让中国居民企业股权等财产。

【例题12-4·计算问答题·2018年】甲公司为一家注册在香港的公司，甲公司通过其在开曼群岛设立的特殊目的公司SPV公司，在中国境内设立了一家外商投资企业乙公司。SPV公司是一家空壳公司，自成立以来不从事任何实质业务，没有配备资产和人员，也没有取得经营性收入。甲公司及其子公司相关股权架构示意如下，持股比例均为100%。

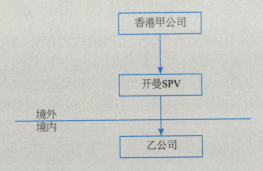

乙公司于 2017 年发生了如下业务：

（1）5 月 5 日，通过 SPV 公司向甲公司分配股息 1 000 万元。

（2）7 月 15 日，向甲公司支付商标使用费 1 000 万元、咨询费 800 万元，7 月 30 日向甲公司支付设计费 5 万元。甲公司未派遣相关人员来中国提供相关服务。

（3）12 月 20 日，甲公司将 SPV 公司的全部股权转让给另一中国居民企业丙公司，丙公司向甲公司支付股权转让价款 8 000 万元。

其他相关资料：假设 1 美元折合 6.5 元人民币。

要求：根据上述资料，按照下列序号回答问题，如有计算需计算出合计数。

①计算乙公司向 SPV 公司分配股息时应代扣代缴的企业所得税。

②计算乙公司应代扣代缴的增值税。

③计算乙公司向甲公司支付商标使用费、咨询费、设计费应代扣代缴的企业所得税。

④指出乙公司上述对外支付的款项中，需要办理税务备案手续的项目有哪些？并说明理由。

⑤判断甲公司转让 SPV 公司的股权是否需要在中国缴纳企业所得税？并说明理由。

【答案】

①应扣缴的企业所得税 = 1 000 × 10% = 100（万元）。

②乙公司应代扣代缴的增值税 =（1 000 + 800 + 5）÷（1 + 6%）× 6% = 102.17（万元）。

③应扣缴企业所得税 = 1 000 ÷（1 + 6%）× 10% = 94.34（万元）。

④需要备案的项目有：分配股息、支付商标使用费、咨询费。

境内机构和个人向境外单笔支付等值 5 万美元以上的特定种类外汇资金，应向所在地主管税务机关进行税务备案。设计费没有超过 5 万美元，无须进行税务备案。

⑤需要在中国缴纳企业所得税。

理由：根据《关于非居民企业间接转让财产企业所得税若干问题的公告》，间接转让中国居民股权等财产，规避企业所得税纳税义务的，应按照《企业所得税法》的有关规定，确认为直接转让中国居民企业股权财产，需要在中国缴纳企业所得税。

（三）特别纳税调整

1. 转让定价

转让定价也称划拨定价，即交易各方之间确定的交易价格，通常是指关联企业之间内部转让交易所确定的价格，通常不同于一般市场价格。

2. 成本分摊协议

企业与其关联方签署成本分摊协议，共同开发、受让无形资产，或者共同提供、接受劳务。

（1）参与方使用成本分摊协议所开发或受让的无形资产不需另支付特许权使用费；

（2）涉及劳务的成本分摊协议一般适用于集团采购和集团营销策划；

（3）企业应自与关联方签订成本分摊协议之日起 30 日内，向主管税务机关报送成本分摊协议副本。

（4）企业与其关联方签署成本分摊协议，有下列情形之一的，其自行分摊的成本不得税前扣除：

①不具有合理商业目的和经济实质；

②不符合独立交易原则；

③没有遵循成本与收益配比原则；

④未按有关规定备案或准备、保存和提供有关成本分摊协议的同期资料；

⑤自签署成本分摊协议之日起经营期限少于 20 年。

（5）成本分摊协议特殊事项文档应当在关联交易发生年度次年 6 月 30 之前准备完毕，应当自税务机关要求之日起 30 日内提供。

3. 受控外国企业避税

受控外国企业，指由居民企业，或者由居民企业和居民个人（以下统称中国居民股东）控制的设立在实际税负低于 25% 所得税法法定税率水平 50%（即 12.5%）的国家（地区），并非出于合理经营需要对利润不作分配或减少分配的外国企业。

免于调整的情形：中国居民企业股东能够提供资料证明其控制的外国企业满足以下条件之一的，可免于将外国企业不作分配或减少分配的利润视同股息分配额，计入中国居民企业股东的当期所得：

（1）设立在国家税务总局指定的非低税率国家（地区）；

（2）主要取得积极经营活动所得；

（3）年度利润总额低于 500 万元人民币。

4. 资本弱化

企业从其关联方接受的债权性投资与权益性投资的比例超过规定标准而发生的利息支出，不得在计算应纳税所得额时扣除。

（1）关联方债权性投资与其权益性投资比例为：

①金融企业，为 5：1。

②其他企业，为 2：1。

（2）相关交易活动符合独立交易原则的；或该企业的实际税负不高于境内关联方的，其实际支付给境内关联方的利息支出，在计算应纳税所得额时准予扣除。

（3）企业自关联方取得的不符合规定的利息收入应按照有关规定缴纳企业所得税。

不得扣除利息支出 = 年度实际支付的全部关联方利息 × (1 − 标准比例 ÷ 关联债资比例)

【举例3】某企业因向母公司借款 2 000 万元按年利率 9%（金融机构同期同类贷款利率为 6%）支付利息 180 万元，该企业不能证明此笔交易符合独立交易原则。母公司适用 15% 的企业所得税税率且在该企业的权益性投资金额为 800 万元。计算该企业不得扣除的利息支出。

【答案】

①本金制约：关联债资比例 = 2 000 ÷ 800 = 2.5；

不得扣除利息支出 = 180 × (1 − 2 ÷ 2.5) = 36（万元）；

②利率制约：不得扣除利息支出 = 1 600 × (9% − 6%) = 48（万元）；

③不得扣除利息支出合计 = 36 + 48 = 84（万元）；

5. 特别纳税调整程序

税务机关以风险管理为导向，对企业实施特别纳税调整监控管理，发现企业存在特别纳税调整风险的，可以向企业送达《税务事项通知书》，提示其存在的税收风险。企业收到特别纳税调整风险提示或者发现自身存在特别纳税调整风险的，可以自行调整补税。企业自行调整补

税的，税务机关仍可按照有关规定实施特别纳税调查调整。企业要求税务机关确认关联交易定价原则和方法等特别纳税调整事项的，税务机关应当启动特别纳税调查程序。

税务机关实施特别纳税调查，应重点关注具有以下风险特征的企业：

（1）关联交易数额较大或类型较多；

（2）存在长期亏损、微利或跳跃性盈利；

（3）低于同行业利润水平；

（4）利润水平与其所承担的功能风险不相匹配，或分享的收益与分摊的成本不相配比；

（5）与低税国家（地区）关联方发生关联交易；

（6）未按规定进行关联申报或准备同期资料；

（7）从其关联方接受的债权性投资与权益性投资的比例超过规定标准；

（8）由居民企业，或者由居民企业和中国居民控制的设立在实际税负低于12.5%的国家（地区）的企业，并非由于合理的经营需要而对利润不作分配或者减少分配；

（9）实施其他不具有合理商业目的的税收筹划或者安排。

暂不作为特别纳税调整的调查对象：

（1）经预备会谈与税务机关达成一致意见，已向税务机关提交《预约定价安排谈签意向书》，并申请预约定价安排追溯适用以前年度的企业。

（2）已向税务机关提交《预约定价安排续签申请书》的企业。

考点6　转让定价税务管理（★★）

（一）关联申报

1. 关联方的认定

关联方是指与企业有下列关联关系之一的企业、其他组织或者个人：

（1）在资金、经营、购销等方面存在直接或者间接的控制关系；

（2）直接或者间接地同为第三者控制；

（3）在利益上具有相关联的其他关系。

2. 关联交易类型

（1）有形资产使用权或者所有权的转让；

（2）金融资产的转让；

（3）无形资产使用权或者所有权的转让；

（4）资金融通；

（5）劳务交易。

（二）同期资料管理（见表12-9）

表12-9　　　　　　　　　　　　同期资料管理

项目	具体规定
分类	同期资料包括主体文档、本地文档和特殊事项文档
应当准备主体文档的条件	符合下列条件之一的企业： ①年度发生跨境关联交易，且合并该企业财务报表的最终控股企业所属企业集团已准备主体文档； ②年度关联交易总额超过10亿元

续表

项目		具体规定
应当准备本地文档的条件		年度关联交易金额符合下列条件之一的企业： ①有形资产所有权转让金额（来料加工业务按照年度进出口报关价格计算）超过 2 亿元； ②金融资产转让金额超过 1 亿元； ③无形资产所有权转让金额超过 1 亿元； ④其他关联交易金额合计超过 4 000 万元
特殊事项文档	分类	包括成本分摊协议特殊事项文档和资本弱化特殊事项文档
	内容	①企业签订或者执行成本分摊协议的，应当准备成本分摊协议特殊事项文档； ②企业关联债资比例超过标准比例需要说明符合独立交易原则的，应当准备资本弱化特殊事项文档
豁免情形		①企业仅与境内关联方发生关联交易的，可以不准备主体文档、本地文档和特殊事项文档； ②企业执行预约定价安排的，可以不准备预约定价安排涉及关联交易的本地文档和特殊事项文档
时限	准备时限	主体文档应当在企业集团最终控股企业会计年度终了之日起 12 个月内准备完毕
		本地文档和特殊事项文档应当在关联交易发生年度次年 6 月 30 日之前准备完毕
	提供时限	同期资料应当自税务机关要求之日起 30 日内提供； 企业因不可抗力无法按期提供同期资料的，应当在不可抗力消除后 30 日内提供同期资料
	保存时限	同期资料应当自税务机关要求的准备完毕之日起保存 10 年； 企业合并、分立的，应当由合并、分立后的企业保存同期资料
其他要求		同期资料应当使用中文，并标明引用信息资料的出处来源； 同期资料应当加盖企业印章，由法定代表人或者法定代表人授权的代表签章
		企业依照有关规定进行关联申报、提供同期资料及有关资料的，税务机关实施特别纳税调查补征税款时，可以按照税款所属纳税年度中国人民银行公布的与补税期间同期的人民币贷款基准利率加收利息

【例题 12-5·单选题·2018 年】关联交易同期资料中的主体文档，应当在企业集团最终控股企业会计年度终了之日起一定期限内准备完毕。这一期限为（　）个月。

A. 15　　　　B. 18　　　　C. 12　　　　D. 24

【答案】C

（三）转让定价方法

企业发生关联交易以及税务机关审核、评估关联交易均应遵循独立交易原则，选用合理的转让定价方法。

转让定价方法包括可比非受控价格法、再销售价格法、成本加成法、交易净利润法、利润分割法和其他符合独立交易原则的方法（见表 12-10）。

表 12-10　　　　转让定价方法

方法	含义	适用范围
可比非受控价格法	可比非受控价格法以非关联方之间进行的与关联交易相同或者类似业务活动所收取的价格作为关联交易的公平成交价格	所有类型的关联交易

续表

方法	含义	适用范围
再销售价格法	再销售价格法以关联方购进商品再销售给非关联方的价格减去可比非关联交易毛利后的金额作为关联方购进商品的公平成交价格	再销售者未对商品进行改变外形、性能、结构或更换商标等实质性增值加工的简单加工或单纯购销业务
成本加成法	成本加成法以关联交易发生的合理成本加上可比非关联交易毛利后的金额作为关联交易的公平成交价格	有形资产使用权或者所有权的转让、资金融通、劳务交易等关联交易
交易净利润法	交易净利润法以可比非关联交易的利润指标确定关联交易的利润。利润指标包括息税前利润率、完全成本加成率、资产收益率、贝里比率等	不拥有重大价值无形资产企业的有形资产使用权或者所有权的转让和受让、无形资产使用权受让以及劳务交易等关联交易
利润分割法	根据企业与其关联方对关联交易合并利润（实际或者预计）的贡献计算各自应该分配的利润额	企业及其关联方均对利润创造具有独特贡献，业务高度整合且难以单独评估各方交易结果的关联交易
其他方法	包括成本法、市场法和收益法等资产评估方法，以及其他能够反映利润与经济活动发生地和价值创造地相匹配原则的方法	—

（四）预约定价安排（防范措施）

（1）预约定价安排是指企业就其未来年度关联交易的定价原则和计算方法，向税务机关提出申请，与税务机关按照独立交易原则协商、确认后达成的协议。按照参与的国家税务主管当局的数量，预约定价安排可以分为单边、双边和多边三种类型。

（2）预约定价简易程序（2022 年新增）。

①简易程序包括申请评估、协商签署和监控执行 3 个阶段。企业在主管税务机关向其送达受理申请的《税务事项通知书》之日所属纳税年度前 3 个年度，每年度发生的关联交易金额 4 000 万元人民币以上，并符合下列条件之一的，可以申请适用简易程序。

第一，已向主管税务机关提供拟提交申请所属年度前 3 个纳税年度的、符合《国家税务总局关于完善关联申报和同期资料管理有关事项的公告》（2016 年第 42 号）规定的同期资料；

第二，自企业提交申请之日所属纳税年度前 10 个年度内，曾执行预约定价安排，且执行结果符合安排要求的；

第三，自企业提交申请之日所属纳税年度前 10 个年度内，曾受到税务机关特别纳税调查调整且结案的。

②企业应当向主管税务机关提出适用简易程序的申请，主管税务机关分析评估后，决定是否受理。

恭喜你，
已完成第十二章的学习

扫码免费进 >>>
2022年CPA带学群

必须独立做题独立考试，感受崩溃，然后不断进步。

第十三章　税收征收管理法

🎯 考情雷达

本章是税法程序法体系中的开篇之章，从本章开始就要学习程序法知识。本章难度不大，但是文字政策比较多，同样要求考生记忆的内容也比较多。本章属于注册会计师考试非重点章节，平均分值为3分左右。

2022年变化情况如下：1. 新增：（1）新增纳税信用修复的情形；（2）新增重大税收违法失信主体信息公布管理内容。2. 删除：删除外出经营报验登记。

🛰️ 考点地图

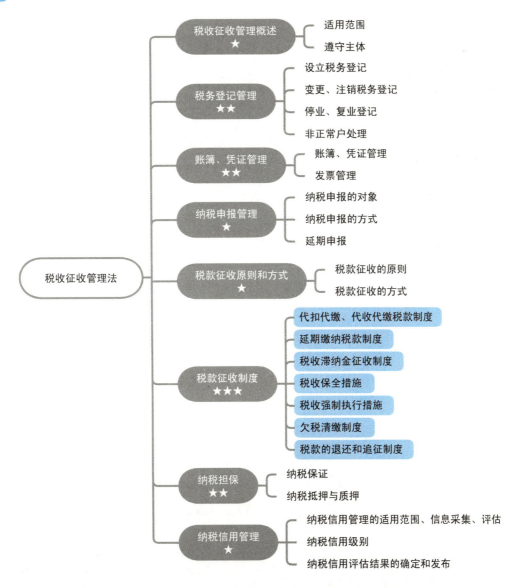

考点 1　税收征收管理概述（★）

税收征收管理概述（见表 13-1）。

表 13-1　税收征收管理概述

适用范围	适用《税收征收管理法》	凡依法由税务机关征收的各种税收
	不适用《税收征收管理法》	海关征收的关税及代征的增值税、消费税
		由税务机关征收的一部分政府收费，如教育费附加
遵守主体	税务行政主体	税务机关
	税务行政管理相对人	纳税人、扣缴义务人和其他有关单位

【例题 13-1·单选题·2018 年】下列税费的征收管理，适用《中华人民共和国税收征收管理法》的是（　　）。

A. 房产税　　　　　　　　　B. 地方教育附加
C. 关税　　　　　　　　　　D. 海关代征消费税

【答案】A

【解析】《中华人民共和国税收征收管理法》的适用范围是税务机关征收的各种税收。由海关征收的关税及代征的增值税、消费税，不属于《中华人民共和国税收征收管理法》的适用范围。

考点 2　税务登记管理（★★）

税务登记是税务机关对纳税人实施税收管理的首要环节和基础工作。

我国税务登记种类大体包括：设立税务登记；变更、注销税务登记；停业、复业登记等。

（一）设立税务登记

企业在外地设立的分支机构和从事生产、经营的场所，个体工商户和从事生产、经营的事业单位（以下统称为从事生产、经营的纳税人），向生产、经营所在地税务机关申报办理税务登记（见表 13-2）。

表 13-2　设立税务登记

适用纳税人	登记时限	受理的税务机关
从事生产经营的纳税人	①领取工商营业执照的，自领取营业执照之日起 30 日内；②未办理工商营业执照但经有关部门批准设立的，应当自有关部门批准设立之日起 30 日内；③未办理工商营业执照也未经有关部门批准设立的，应当自纳税义务发生时间之日起 30 日内	生产、经营地或者纳税义务发生地主管税务机关

续表

适用纳税人	登记时限	受理的税务机关
从事生产经营的纳税人	④有独立的生产经营权、在财务上独立核算并定期向发包人或者出租人上交承包费或租金的承包承租人，应当自承包承租合同签订之日起 30 日内	其承包承租业务发生地税务机关申报办理税务登记
	⑤境外企业在中国境内承包建筑、安装、装配、勘探工程和提供劳务的，应当自项目合同或协议签订之日起 30 日内	向项目所在地税务机关申报办理税务登记
其他纳税人	自纳税义务发生之日起 30 日内	纳税义务发生地主管税务机关
扣缴义务人	自扣缴义务发生之日起 30 日内	向所在地的主管税务机关

【提示】其他纳税人不包括国家机关、个人和无固定生产、经营场所的流动性农村小商贩。

【例题 13－2·单选题·2013 年】下列关于税务登记时限的表述中，正确的是（　　）。

A. 从事生产经营的纳税人，应当自领取营业执照之日起 10 日内办理税务登记

B. 从事生产经营以外的纳税人，应当自纳税义务发生之日起 15 日内办理税务登记

C. 税务登记内容发生变化的，应当自变更营业执照之日起 20 日内办理变更税务登记

D. 境外企业在中国境内提供劳务的，应当自项目合同签订之日起 30 日内办理税务登记

【答案】D

【解析】选项 A 错误，从事生产、经营的纳税人，应当自领取营业执照之日起 30 日内，向生产、经营地或者纳税义务发生地的主管税务机关申报办理税务登记；选项 B 错误，从事生产经营以外的纳税人，应当自纳税义务发生之日起 30 日内，持有关证件向所在地主管税务机关申报办理税务登记；选项 C 错误，纳税人税务登记内容发生变化的，应当自工商行政管理机关或者其他机关办理变更登记之日起 30 日内，持有关证件向原税务登记机关申报办理变更税务登记。

（二）变更、注销税务登记

1. 变更登记（先工商，后税务）

纳税人税务登记内容发生变化时向税务机关申报办理税务登记手续。

【提示】改变住所和经营地点，只有不涉及主管税务机关变动才能够变更登记，如果涉及了主管税务机关的变动，那就需要办理注销登记，然后重新办理开业登记。

2. 注销登记（先税务，后工商）

（1）适用范围：纳税人发生解散、破产、撤销以及其他情形，依法终止纳税义务；被吊销营业执照或者被其他机关予以撤销登记的；因住所、经营地点变动，涉及改变税务登记机关。

（2）纳税人办理注销税务登记前，应当向税务机关提交相关证明文件和资料，结清应纳税款、多退（免）税款、滞纳金和罚款，缴销发票、税务登记证件和其他税务证件，经税务机关核准后，办理注销税务登记手续——申报清税。

（3）在办理税务注销时，对未处于税务检查状态、无欠税（滞纳金）及罚款、已缴销增值税专用发票及税控专用设备，且符合下列情形之一的纳税人，可以采取"承诺制"容缺办理，即纳税人在办理税务注销时，若资料不齐，可在其作出承诺后，税务机关即时出具清税文书。

①纳税信用级别为 A 级和 B 级的纳税人。

②控股母公司纳税信用级别为 A 级的 M 级纳税人。

③省级人民政府引进人才或经省级以上行业协会等机构认定的行业领军人才等创办的企业。

④未纳入纳税信用级别评价的定期定额个体工商户。

⑤未达到增值税纳税起征点的纳税人。

纳税人应按承诺的时限补齐资料并办结相关事项。若未履行承诺的，税务机关将对其法定代表人、财务负责人纳入纳税信用 D 级管理。

【例题 13 - 3·多选题·2019 年】在办理税务注销时，对未处于税务检查状态、无欠税及罚款、已缴销增值税专用发票及税控专用设备，且符合下列情形之一的纳税人，可以采取"承诺制"容缺办理的有（　　）。

A. 纳税信用级别为 B 级的纳税人

B. 未达到增值税纳税起征点的纳税人

C. 省级人民政府引进人才创办的企业

D. 控股母公司纳税信用级别为 B 级的 M 级纳税人

【答案】ABC

【例题 13 - 4·单选题·2018 年】下列情形中，纳税人应当注销税务登记的是（　　）。

A. 纳税人改变生产经营方式的

B. 纳税人被市场监管部门吊销营业执照的

C. 纳税人改变名称的

D. 纳税人改变住所和经营地点未涉及改变原主管税务机关的

【答案】B

【解析】选项 ACD 应当办理变更税务登记。

（三）停业、复业登记（见表 13 - 3）

表 13 - 3　　　　　　　　　　　　停业、复业登记

适用对象	实行定期定额征收方式的个体工商户需要停业
登记要求	应当在停业前向税务机关申报办理停业登记 应当于恢复生产经营之前，向税务机关申报办理复业登记
期限	停业期限不得超过 1 年
税款缴纳	在停业期间发生纳税义务的，应当依法申报缴纳税款

（四）非正常户处理

（1）纳税人负有纳税申报义务，但连续 3 个月所有税种均未进行纳税申报的，税收征管系统自动将其认定为非正常户，并停止其《发票领用簿》和发票的使用。

（2）对欠税的非正常户，追征税款及滞纳金。

（3）已认定为非正常户的纳税人，就其逾期未申报行为接受处罚、缴纳罚款，并补办纳

税申报的，税收征管系统自动解除非正常状态，无须纳税人专门申请解除。

考点3 账簿、凭证管理（★★）

账簿、凭证管理见表13-4。

表13-4 账簿、凭证管理

账簿、凭证管理	账簿设置	从事生产经营的纳税人	应自领取营业执照或发生纳税义务之日起15日内设置账簿
		扣缴义务人	应当自扣缴义务发生之日起10日内，按照所代扣、代收的税种，分别设置代扣代缴、代收代缴税款账簿
	电算化要求		纳税人使用计算机记账的，应当在使用前将会计电算化系统的会计核算软件、使用说明书及有关资料报送主管税务机关**备案**
	账簿记录		账簿、会计凭证和报表应当使用中文。民族自治地方可以同时使用当地通用的一种民族文字
	账簿、凭证保管期限		账簿、记账凭证、报表、完税凭证、发票、出口凭证以及其他有关涉税资料应当保存**10年**
发票管理	主管机关		**税务机关是发票的主管机关**，负责发票的印制、领购、开具、取得、保管、缴销的管理和监督
	印制单位		增值税专用发票由国务院税务主管部门指定的企业印制；其他发票按照国务院税务主管部门的规定，分别由省、自治区、直辖市税务局指定企业印制。未经规定的税务机关指定，不得印制发票
	开具使用		发票不得跨省、直辖市、自治区使用
	保管期限		已开具的发票存根联和发票登记簿，应当保存五年，保存期满，报经税务机关查验后销毁

考点4 纳税申报管理（★）

纳税申报是指纳税人按照税法规定的期限和内容，向主管税务机关提交有关纳税事项书面报告的法律行为（见表13-5）。

表13-5 纳税申报管理

纳税申报的对象		①负有纳税义务的单位和个人（包括在纳税期内没有应纳税款的纳税人、**享有减税、免税待遇的纳税人**）；②扣缴义务人
纳税申报的方式	主要方式	①直接申报；②邮寄申报；③数据电文
	其他方式	简易申报、简并征期等（只适用于实行定期定额缴纳税款的纳税人）

续表

延期申报	①经核准延期办理纳税申报的，应当在纳税期内按照上期实际缴纳的税额或者税务机关核定的税额预缴税款，并在核准的延期内办理纳税结算； ②延期申报不等于延期纳税

【例题13-5·单选题·2011年】下列各项关于纳税申报管理的表述中，正确的是（　　）。

A. 扣缴人不得采取邮寄申报的方式

B. 纳税人在纳税期内没有应纳税款的，不必办理纳税申报

C. 实行定期定额缴纳税款的纳税人可以实行简易申报、简并征期等申报纳税方式

D. 主管税务机关根据纳税人实际情况及其所纳税种确定的纳税申报期限不具有法律效力

【答案】C

【解析】选项A错误，扣缴人可以采取邮寄申报的方式。选项B错误，纳税人在纳税期内没有应纳税款的，也需要办理纳税申报。选项D错误，主管税务机关根据纳税人实际情况及其所纳税种确定的纳税申报期限具有法律效力。

考点5 税款征收原则和方式（★）

（一）税款征收的原则

（1）税务机关是征税的唯一行政主体的原则。

（2）税务机关只能依照法律、行政法规的规定征收税款。

（3）税务机关不得违反法律、行政法规的规定开征、停征、多征、少征、提前征收或者延缓征收税款或者摊派税款。

（4）税务机关征收税款必须遵守法定权限和法定程序。

（5）税务机关征收税款或者扣押、查封商品、货物或者其他财产时，必须向纳税人开具完税凭证或开付扣押、查封的收据或清单。

（6）税款、滞纳金、罚款统一由税务机关上缴国库。

（7）税款优先。

【提示】税款优先原则，具体有三个方面的优先：

①税收优先于无担保债权。

②税款与有担保债权按时间先后论优先级（实际上是平等关系）：纳税人发生欠税在前的，税收优先于抵押权、质权和留置权的执行。

③税收优先于罚款、没收非法所得。

（二）税款征收的方式

（1）查账征收——财务会计制度较为健全，认真履行纳税义务的纳税单位。

（2）查定征收——账册不健全，但能控制原材料或进销货的纳税单位。

（3）查验征收——经营品种比较单一，经营地点、时间和商品来源不固定的纳税单位。

（4）定期定额征收——无完整考核依据的小型纳税单位。

（5）委托代征税款——小额、零星税源的征收。

（6）邮寄纳税——有能力按期纳税，但采用其他方式不方便的纳税人。

（7）其他方式。

考点6　税款征收制度（★★★）

（一）代扣代缴、代收代缴税款制度

税务机关按照规定付给扣缴义务人代扣、代收手续费。代扣、代收税款手续费只能由县（市）以上税务机关统一办理退库手续，不得在征收税款过程中坐支。

（二）延期缴纳税款制度（见表13－6）

表13－6　　　　　　　　　　　　　延期缴纳税款制度

特殊困难的主要内容	①因不可抗力，导致纳税人发生较大损失，正常生产经营活动受到较大的影响；②当期货币资金在扣除应付职工工资、社会保险费后，不足以缴纳税款的
批准机关	省、自治区、直辖市税务局
期限	最长不得超过3个月，同一笔税款不得滚动审批
滞纳金制度	批准延期内免予加收滞纳金

【例题13－6·单选题·2017年】下列关于延期缴纳税款的表述中，正确的是（　　）。

A. 批准的延期期限内加收滞纳金

B. 延期缴纳的同一笔税款不得滚动审批

C. 延期缴纳税款的期限最长不得超过30天

D. 延期缴纳税款必须经县级税务机关批准

【答案】B

【解析】选项A错误，税务机关不予批准的延期纳税，从缴纳税款期限届满次日起加收滞纳金。经批准的延期纳税，在批准的延期期限内免予加收滞纳金。选项B正确，同一笔税款不得滚动审批。选项CD错误，纳税人因特殊困难不能按期缴纳税款的，经省、自治区、直辖市税务局批准，可延期缴纳税款，但最长不得超过3个月。

（三）税收滞纳金征收制度（见表13－7）

表13－7　　　　　　　　　　　　　税收滞纳金征收制度

前提	纳税人未按照规定期限缴纳税款。扣缴义务人未按照规定期限解缴税款
程序	先由税务机关发出催缴税款通知书，责令限期缴纳
征收比例	从滞纳税款之日起，按日加收滞纳税款0.5‰的滞纳金。滞纳金＝滞纳税款×滞纳天数×0.5‰
天数规定	规定的税款缴纳期限届满次日至纳税人、扣缴义务人实际缴纳或者解缴税款之日止

（四）税收保全措施

税收保全措施是指税务机关对可能由于纳税人的行为或者某种客观原因，致使以后税款的征收不能保证或难以保证的案件，采取限制纳税人处理或转移商品、货物或其他财产的措施（见表 13－8）。

表 13－8　　　　　　　　　　税收保全措施

适用对象	只适用于从事生产、经营的纳税人； **不包括非从事生产、经营的纳税人，也不包括扣缴义务人和纳税担保人**
前提	①纳税人有逃避纳税义务的行为； ②必须在规定的纳税期之前和责令限期缴纳应纳税款的限期内 **（所以税收保全措施是一项预防措施）**
法定程序	①责令纳税人提前缴纳税款； ②责成纳税人提供纳税担保； ③未提供纳税担保的，可采取税收保全措施； ④纳税人按期限缴纳了税款的，税务机关应当自收到税款或银行转回的完税凭证之日起 1 日内解除税收保全
措施	冻结存款：书面通知纳税人开户银行或其他金融机构冻结纳税人相当于应纳税款的存款 扣押查封：扣押、查封纳税人的价值相当于应纳税款的商品、货物或其他财产（含房地产、现金、有价证券等） 审批单位：县以上税务局（分局）局长
扣押物品范围	下列财产不在税收保全措施的范围之内： ①个人及其所扶养家属维持生活必需的住房和用品； ②单价 5 000 元以下的其他生活用品； 生活必需的住房和用品不包括：机动车辆、金银饰品、古玩字画、豪华住宅或者一处以外的住房
金额限定	①冻结纳税人的存款不是全部存款，只就相当于纳税人应纳税款的数额； ②扣押查封商品、货物或者其他财产的价值，还应当包括滞纳金和扣押、查封、保管、拍卖、变卖的费用
时间	税收保全措施的期限一般不得超过 6 个月； 重大案件需要延长的，应当报国家税务总局批准
终止	对实施税收保全措施后，纳税人在规定期限内完税的，**税务机关必须立即解除税收保全措施；如果超过限定的期限纳税人仍不缴纳税款的，经税务局局长批准，终止保全措施，转入强制执行措施**

（五）税收强制执行措施

税收强制执行措施是指当事人不履行法律、行政法规规定的义务，有关国家机关采用法定的强制手段，强迫当事人履行义务的行为（见表 13－9）。

表 13－9　　　　　　　　　　税收强制执行措施

适用对象	①从事生产经营的纳税人； ②扣缴义务人； ③纳税担保人
原则	税务机关采取税收强制执行措施时，必须坚持告诫在先的原则

续表

审批	县以上税务局（分局）局长	
措施	直接扣款	书面通知其开户银行或其他金融机构从其存款中扣缴税款
	扣押、查封、拍卖、变卖	扣押、查封、依法拍卖或变卖其价值相当于应纳税款的商品、货物或其他财产，以拍卖或变卖所得抵缴税款
注意事项	措施相关	实施扣押、查封、拍卖或者变卖等强制执行措施时，必须通知被执行人或者其成年家属到场，否则不得直接采取措施。如果执行人或者家属拒不到场的，不影响执行。同时应当通知有关单位和基层组织，他们作为执行措施的见证人，也是税务机关执行工作的协助人
	金额限定	采取措施应当以应纳税额和滞纳金为限（**必要的生产工具，供养家属的生活必需品不能采取措施，应保留**）
	财产保管	①对有产权证件的动产或者不动产，税务机关可以责令当事人将产权证交税务机关保管；②对于查封的商品等财产，税务机关可以指令被执行人负责保管，保管责任由被执行人承担（**继续使用不会减少价值的，可以允许被执行人继续使用，但是在使用过程中因为过错造成损失的，被执行人应承担责任**）
	财产处置	①对于不可分割的超过采取措施金额的财产，且在没有其他可供强制执行财产的情况下，可以整体进行拍卖，以抵缴税款、滞纳金、罚款等费用（**抵缴后剩余部分应当在 3 日内退还被执行人**）；②应采取措施查封、扣押的商品变价时一般采取拍卖的形式，无法拍卖或者不适合拍卖的，可以交由商业企业代为销售，也可以责令纳税人限期处理。如果是国家禁止自由买卖的，应当由有关单位按照规定的价格收购

▶ 💻 考点收纳盒

税收保全措施和强制执行措施的对比（见表 13-10）。

表 13-10　　　　　　　　　　税收保全措施和强制执行措施的对比

项目	税收保全措施——预防措施	强制执行措施——补救措施
对象	从事生产经营的纳税人	从事生产经营的纳税人、扣缴义务人、纳税担保人
前提	未提供纳税担保	告诫在先原则——责令限期缴纳，逾期仍未缴纳
审批	县以上税务局（分局）局长	
措施	冻结存款；扣押查封——以应纳税款为限	从存款中扣缴税款；扣押、查封、依法拍卖或变卖

【例题 13-7·单选题·2020 年】 下列关于税务机关在实施税收保全措施时应注意事项的表述中，符合税法规定的是（　　）。

A. 经税务所长批准后即能施行

B. 可由 1 名税务人员单独执行货物查封

C. 税务机关可通知纳税人开户银行冻结其大于应纳税款的存款

D. 解除保全措施的时间是收到税款或银行转回的完税凭证之日起 1 日内

【答案】D

【解析】选项A错误，经县以上税务局（分局）局长批准才可以采取税收保全措施；选项B错误，税务机关执行扣押、查封商品、货物或其他财产时，应当由两名以上税务人员执行，并通知被执行人；选项C错误，税收保全措施的行为之一是书面通知纳税人开户银行或其他金融机构冻结纳税人的金额"相当于"应纳税款的存款。

【例题13-8·单选题·2012年】对下列企业或个人，税务机关可以采取税收保全措施的是（　　）。

　A. 扣缴义务人　　　　　　　　　B. 纳税担保人
　C. 从事生产经营的纳税人　　　　D. 非从事生产经营的纳税人

【答案】C

【解析】可以采取税收保全措施的纳税人仅限于从事生产、经营的纳税人，不包括非从事生产、经营的纳税人，也不包括扣缴义务人和纳税担保人。

【例题13-9·多选题·2009年】下列关于税收强制执行措施的表述中，正确的有（　　）。

　A. 税收强制执行措施不适用于扣缴义务人
　B. 作为家庭唯一代步工具的轿车，不在税收强制执行的范围之内
　C. 税务机关采取强制执行措施时，必须对纳税人未缴纳的滞纳金同时强制执行
　D. 税务机关采取强制执行措施时，必须坚持告诫在先的原则

【答案】CD

【解析】选项A错误，税收强制执行不仅适用于从事生产、经营的纳税人，还适用于扣缴义务人和纳税担保人。选项B错误，作为家庭使用的轿车，也在强制执行的范围内。

（六）欠税清缴制度（见表13-11）

表13-11　　　　　　　　　　　　欠税清缴制度

主要措施	说明
严格控制欠缴税款的审批权限	权限集中在省、自治区、直辖市的税务局
限期缴税时限	税务机关发出限期缴纳税款通知书，责令缴纳或者解缴税款的最长期限不得超过15日
建立欠税清缴制度	①离境清税制度； ②建立改制纳税人欠税的清缴制度； ③大额欠税处分财产报告制度。欠缴税款数额在5万元以上的纳税人，在处分其不动产或者大额资产之前，应当向税务机关报告； ④税务机关可以对欠缴税款的纳税人行使代位权、撤销权； ⑤建立欠税公告制度

【例题 13 - 10 · 单选题 · 2003 年】根据《税收征收管理法》及其实施细则的规定，欠缴税款数额较大的纳税人在处分其不动产或者大额资产之前，应当向税务机关报告。欠缴税款数额较大是指欠缴税款在（　　　）。

A. 3 万元以上　　　　　　　　　B. 5 万元以上

C. 10 万元　　　　　　　　　　　D. 20 万元以上

【答案】B

（七）税款的退还和追征制度（见表 13 - 12）

表 13 - 12　　　　　　　　　　　　　　税款的退还和追征制度

种类	原因	措施
退还	纳税人超过应纳税额缴纳的税款	①税务机关发现后应当立即退还； ②纳税人自结算缴纳税款之日起 3 年内发现的，可以向税务机关要求退还多缴的税款并加算银行同期存款利息
追征	因税务机关责任导致未缴或少缴	税务机关在 3 年内可要求补缴，但是不得加收滞纳金
	因纳税人、扣缴义务人计算失误导致	税务机关在 3 年内可以追征税款、滞纳金；有特殊情况可以延长到 5 年；特殊情况：纳税人或者扣缴义务人因计算错误等失误，未缴或少缴、未扣或少扣、未收或少收税款，累计数额在 10 万元以上的
	逃避缴纳税款抗税、骗税	不受时间限制

📩 考点收纳盒

征管法、关税税款退还、补征、追征对比：

（1）退还（见表 13 - 13）。

表 13 - 13　　　　　　　　　　　　　　退还

项目	情形	时限	退还的范围
征管法	税务机关发现	立即退还	多缴的税款
	纳税人发现	自缴纳税款之日起 3 年内，书面申请退税	多缴的税款 + 银行同期活期存款利息
关税	海关发现	立即退还	多缴的税款
	纳税人发现	自缴纳税款之日起 1 年内，书面申请退税	多缴的税款 + 银行同期活期存款利息

（2）补征和追征（见表 13 - 14）。

表 13 - 14　　　　　　　　　　补征和追征

项目	补征情形	时间及补征范围	追征情形	时间及追征范围
征管法	税务机关的责任，致使未缴或少缴税款	3 年内补征税款	纳税人、扣缴义务人计算等失误	3 年内追征税款 + 滞纳金
				有特殊情况的（累计数额在 10 万元以上），追征期可以延长到 5 年
			对逃避缴纳税款、抗税、骗税的	无限期追征税款 + 滞纳金
关税	非因纳税人违反海关规定造成的短征关税	1 年内补征税款	纳税人违反海关规定造成短征关税	3 年内追征税款 + 滞纳金

【例题 13 -11·单选题·2010 年】下列关于税款追征的表述中，正确的是（　　）。

A. 因税务机关责任，致使纳税人少缴税款的，税务机关在 3 年内可要求纳税人补缴税款，但不加收滞纳金

B. 因税务机关责任，致使纳税人少缴税款的，税务机关在 3 年内可要求纳税人补缴税款并按银行同期利率加收滞纳金

C. 对于纳税人偷税、抗税和骗取税款的，税务机关在 20 年内可以追征税款、滞纳金；有特殊情况的，追征期可延长到 30 年

D. 因纳税人计算等失误，未缴或者少缴税款的，税务机关在 3 年内可以追征税款、滞纳金；有特殊情况的，追征期可延长到 10 年

【答案】A

【例题 13 -12·单选题·2014 年】下列关于退还纳税人多缴税款的表述中，正确的是（　　）。

A. 纳税人发现多缴税款但距缴款日期已超过 3 年的，税务机关不再退还多缴税款

B. 税务机关发现多缴税款的，在退还税款的同时，应一并计算银行同期存款利息

C. 税务机关发现多缴税款但距缴款日期已超过 3 年的，税务机关不再退还多缴税款

D. 纳税人发现当年预缴企业所得税款超过应缴税额的，可要求退款并加计银行同期存款利息

【答案】A

【解析】选项 A 正确，纳税人自结算缴纳税款之日起 3 年内发现的，可以向税务机关要求退还多缴的税款并加算银行同期存款利息，税务机关及时查实后应当立即退还；选项 B 错误，税务机关发现的，没有加算银行同期存款利息的规定；选项 C 错误，纳税人超过应纳税额缴纳的税款，税务机关发现后应当立即退还，没有时间的限制；选项 D 错误，当年预缴企业所得税款超过应缴税额的，汇算清缴时不加算银行同期存款利息。

考点7 纳税担保（★★）

纳税担保，是指经税务机关同意或确认，纳税人或其他自然人、法人、经济组织以保证、抵押、质押的方式，为纳税人应当缴纳的税款及滞纳金提供担保的行为。

企业用于纳税担保的财产、权利的价值，不得低于应当缴纳的税款、滞纳金，并考虑相关的费用。纳税担保的财产价值不足以抵缴税款、滞纳金的，税务机关应当向提供担保的纳税人或纳税担保人继续追缴。

纳税担保范围包括税款、滞纳金和实现税款、滞纳金的费用。费用包括抵押、质押登记费用、质押保管费用，以及保管、拍卖、变卖担保财产等相关费用支出。

纳税担保的方法有三种：纳税保证、纳税抵押、纳税质押。

（一）纳税保证（见表13-15）

表13-15   纳税保证

纳税保证人	含义	在中国境内具有纳税担保能力的自然人、法人或者其他经济组织
	不能作为保证人的情况	①有逃避缴纳税款、抗税、骗税、逃避追缴欠税行为被税务机关、司法机关追究过法律责任未满2年的； ②因有税收违法行为正在被税务机关立案处理或涉嫌刑事犯罪被司法机关立案侦查的； ③纳税信誉等级被评为C级以下的； ④在主管税务机关所在地的市（地、州）没有住所的自然人或税务登记不在本市（地、州）的企业； ⑤无民事行为能力或限制民事行为能力的自然人； ⑥与纳税人存在担保关联关系的； ⑦有欠税行为的
	不能作为保证人的单位	①国家机关、学校、幼儿园、医院等事业单位、社会团体不得作为纳税保证人； ②企业法人的职能部门不得作为纳税保证人
保证责任		纳税保证为连带责任保证，纳税人和纳税保证人对所担保的税款及滞纳金承担连带责任

【例题13-13·多选题·2015年】具有特殊情形的企业不得作为纳税保证人，下列各项属于该特殊情形的有（   ）。

A. 有欠税行为的

B. 与纳税人存在担保关联关系的

C. 纳税信用等级被评为C级以下的

D. 因有税收违法行为正在被税务机关立案处理的

【答案】ABCD

（二）纳税抵押与质押（见表13－16）

表13－16　　　　　　　　　　　　纳税抵押与质押

纳税抵押	可抵押财产	①抵押人所有的房屋和其他地上定着物； ②抵押人所有的机器、交通运输工具和其他财产； ③抵押人依法有权处分的国有房屋和其他地上定着物； ④抵押人依法有权处分的国有的机器、交通运输工具和其他财产； ⑤经设区的市、自治州以上税务机关确认的其他可以抵押的合法财产
	不可抵押财产	①土地所有权； ②土地使用权，上述抵押范围规定的除外； ③学校、幼儿园、医院等以公益为目的的事业单位、社会团体、民办非企业单位的教育设施、医疗卫生设施和其他社会公益设施。学校、幼儿园、医院等以公益为目的的事业单位、社会团体，可以其教育设施、医疗卫生设施和其他社会公益设施以外的财产为其应缴纳税款及滞纳金提供抵押； ④所有权、使用权不明或者有争议的财产； ⑤依法被查封、扣押、监管的财产； ⑥依法定程序确认为违法、违章的建筑物； ⑦法律、行政法规规定禁止流通的财产或者不可转让的财产； ⑧经设区的市、自治州以上税务机关确认的其他不予抵押的财产
纳税质押	动产质押	现金以及其他除不动产以外的财产
	权利质押	汇票、支票、本票、债券、存款单等权利凭证

【例题13－14·单选题·2020年】下列各项财产中，可以设定纳税抵押的是（　　）。

A. 土地所有权　　　　　　　　　　B. 依法被查封的财产

C. 依法定程序确认为违章的建筑物　　D. 依法有权处分的国有房屋

【答案】D

【解析】选项ABC均为不得抵押的财产。

考点8　纳税信用管理（★）

（一）纳税信用管理的适用范围、信息采集、评估（见表13－17）

表13－17　　　　　　　纳税信用管理的适用范围、信息采集、评估

适用范围		①已办理税务登记，从事生产、经营并适用查账征收的企业纳税人； ②从首次在税务机关办理涉税事宜之日起时间不满一个评价年度的企业（评价年度是指公历年度，即1月1日至12月31日）； ③评价年度内无生产经营业务收入的企业； ④适用企业所得税核定征收办法的企业； ⑤非独立核算分支机构自愿参与纳税信用评价
信息采集	采集机构	由国家税务总局和省税务机关组织实施
	采集时间	按月采集

续表

信用评估	年度评价指标得分	采用扣分方式： 近3个评价年度内存在非经常性指标信息的，从100分起评； 近3个评价年度内没有非经常性指标信息的，从90分起评
	直接判级	适用于有严重失信行为的纳税人
		评价周期为一个纳税年度
		有下列情形之一的纳税人，不参加本期的评价： ①纳入纳税信用管理时间不满一个评价年度的； ②因涉嫌税收违法被立案查处尚未结案的； ③被审计、财政部门依法查出税收违法行为，税务机关正在依法处理，尚未办结的； ④已申请税务行政复议、提起行政诉讼尚未结案的

（二）纳税信用级别（见表13-18）

表13-18   纳税信用级别

级别划分	纳税信用级别设A、B、M、C、D五级，注意D级； D级纳税信用为年度评价指标得分不满40分或者直接判级确定的
不能评为A级的情形	①实际生产经营期不满3年的； ②上一评价年度纳税信用评价结果为D级的； ③非正常原因一个评价年度内增值税连续3个月或者累计6个月零申报、负申报的； ④不能按照国家统一的会计制度规定设置账簿，并根据合法、有效凭证核算，向税务机关提供准确税务资料的
直接判为D级的情形	①存在逃避缴纳税款、逃避追缴欠税、骗取出口退税、虚开专票等行为，经判决构成涉税犯罪的； ②存在前项所列行为，未构成犯罪，但逃避缴纳税款金额10万元以上且占各税种应纳税总额10%以上，或者存在逃避追缴欠税、骗取出口退税、虚开专票等税收违法行为，已缴纳税款、滞纳金、罚款的； ③在规定期限内未按税务机关处理结论缴纳或者足额缴纳税款、滞纳金和罚款的； ④以暴力、威胁方法拒不缴纳税款或者拒绝、阻挠税务机关依法实施税务稽查执法行为的； ⑤存在违反增值税发票管理规定或者违反其他发票管理规定的行为，导致其他单位或者个人未缴、少缴或者骗取税款的； ⑥提供虚假申报材料享受税收优惠政策的； ⑦骗取国家出口退税款，被停止出口退（免）税资格未到期的； ⑧有非正常户记录或者由非正常户直接责任人员注册登记或者负责经营的； ⑨由D级纳税人的直接责任人员注册登记或者负责经营的； ⑩存在税务机关依法认定的其他严重失信情形的

（三）纳税信用评估结果的确定和发布

（1）税务机关每年4月确定上一年度纳税信用评价结果，并为纳税人提供自我查询服务。

（2）税务机关对纳税人的纳税信用级别实行动态调整。

（3）纳税人对纳税信用评价结果有异议的，可填写《纳税信用复评（核）申请表》申请复评，主管税务机关应自受理申请之日15个工作日内按前述纳税信用评估规定处理，并向纳税人反馈纳税信用复评信息或提供复评结果的自我查询服务。

【例题13-15·单选题·2019年】下列关于纳税信用管理的表述中，符合规定的是（　　）。

A. 按年进行纳税信用信息采集

B. 税务机关每年3月确定上一年度纳税信用评价结果

C. 以直接判级进行纳税信用评价适用于有严重失信行为的纳税人

D. 纳税年度内因涉嫌税收违法被立案查处尚未结案的纳税人，也参加本期评价

【答案】C

（四）纳税信用修复（2022年新增）

（1）纳入纳税信用管理的企业纳税人，符合下列条件之一的，可在规定期限内向主管税务机关申请纳税信用修复：

①纳税人发生未按法定期限办理纳税申报、税款缴纳、资料备案等事项且已补办的。

②未按税务机关处理结论缴纳或者足额缴纳税款、滞纳金和罚款，未构成犯罪，纳税信用级别被直接判为D级的纳税人，在税务机关处理结论明确的期限届满后60日内足额缴纳、补缴的。

③纳税人履行相应法律义务并由税务机关依法解除非正常户状态的。

④破产企业或其管理人在重整或和解程序中，已依法缴纳税款、滞纳金、罚款，并纠正相关纳税信用失信行为的。

⑤因确定为重大税收违法失信主体，纳税信用直接判为D级的纳税人，失信主体信息已按照国家税务总局相关规定不予公布或停止公布，申请前连续12个月没有新增纳税信用失信行为记录的。

⑥由纳税信用D级纳税人的直接责任人员注册登记或者负责经营，纳税信用关联评价为D级的纳税人，申请前连续6个月没有新增纳税信用失信行为记录的。

⑦因其他失信行为纳税信用直接判为D级的纳税人，已纠正纳税信用失信行为、履行税收法律责任，申请前连续12个月没有新增纳税信用失信行为记录的。

⑧因上一年度纳税信用直接判为D级，本年度纳税信用保留为D级的纳税人，已纠正纳税信用失信行为、履行税收法律责任或失信主体信息已按照国家税务总局相关规定不予公布或停止公布，申请前连续12个月没有新增纳税信用失信行为记录的。

（2）自2021年度纳税信用评价起，税务机关按照"首违不罚"相关规定对纳税人不予行政处罚的，相关记录不纳入纳税信用评价。

（五）重大税收违法失信主体信息公布管理（2022年新增）

1. 失信主体的确定

（1）伪造、变造、隐匿、擅自销毁账簿、记账凭证，或者在账簿上多列支出或者不列、少列收入，或者经税务机关通知申报而拒不申报或者进行虚假的纳税申报，不缴或者少缴应纳税款100万元以上，且任一年度不缴或者少缴应纳税款占当年各税种应纳税总额10%以上的，或者采取前述手段，不缴或者少缴已扣、已收税款，数额在100万元以上的；

（2）欠缴应纳税款，采取转移或者隐匿财产的手段，妨碍税务机关追缴欠缴的税款，欠缴税款金额100万元以上的；

（3）骗取国家出口退税款的；

（4）以暴力、威胁方法拒不缴纳税款的；

（5）虚开增值税专用发票或者虚开用于骗取出口退税、抵扣税款的其他发票的；

（6）虚开增值税普通发票 100 份以上或者金额 400 万元以上的；

（7）私自印制、伪造、变造发票，非法制造发票防伪专用品，伪造发票监制章的；

（8）具有偷税、逃避追缴欠税、骗取出口退税、抗税、虚开发票等行为，在稽查案件执行完毕前，不履行税收义务并脱离税务机关监管，经税务机关检查确认走逃（失联）的；

（9）为纳税人、扣缴义务人非法提供银行账户、发票、证明或者其他方便，导致未缴、少缴税款 100 万元以上或者骗取国家出口退税款的；

（10）税务代理人违反税收法律、行政法规造成纳税人未缴或者少缴税款 100 万元以上的；

（11）其他性质恶劣、情节严重、社会危害性较大的税收违法行为。

2. 信息公布

税务机关应当在失信主体确定文书送达后的次月 15 日内，向社会公布下列信息：

（1）失信主体基本情况；

（2）失信主体的主要税收违法事实；

（3）税务处理、税务行政处罚决定及法律依据；

（4）确定失信主体的税务机关；

（5）法律、行政法规规定应当公布的其他信息。

税务机关应当通过国家税务总局各省、自治区、直辖市、计划单列市税务局网站向社会公布失信主体信息，根据本地区实际情况，也可以通过税务机关公告栏、报纸、广播、电视、网络媒体等途径以及新闻发布会等形式向社会公布。

税务机关对按本办法规定确定的失信主体，纳入纳税信用评价范围的，按照纳税信用管理规定，将其纳税信用级别判为 D 级，适用相应的 D 级纳税人管理措施。

失信主体信息自公布之日起满 3 年的，税务机关在 5 日内停止信息公布。

3. 提前停止公布

失信信息公布期间，符合下列条件之一的，失信主体或者其破产管理人可以向作出确定失信主体决定的税务机关申请提前停止公布失信信息：

（1）按照《税务处理决定书》《税务行政处罚决定书》缴清（退）税款、滞纳金、罚款，且失信主体失信信息公布满六个月的；

（2）失信主体破产，人民法院出具批准重整计划或认可和解协议的裁定书，税务机关依法受偿的；

（3）在发生重大自然灾害、公共卫生、社会安全等突发事件期间，因参与应急抢险救灾、疫情防控、重大项目建设或者履行社会责任作出突出贡献的。

恭喜你，
已完成第十三章的学习

扫码免费进 >>>
2022年CPA带学群

如果学习只研究，不固化，其实你之前的思考都无用。

CHAPTER FOURTEEN

第十四章　税务行政法制

考情雷达

　　本章属于程序法体系的另一章内容，主要介绍行政处罚、行政复议、行政诉讼等内容。本章属于非重点章节，主要以客观题为主，平均分值在 2 分左右。2022 年变化情况：本章无实质性变化。

考点地图

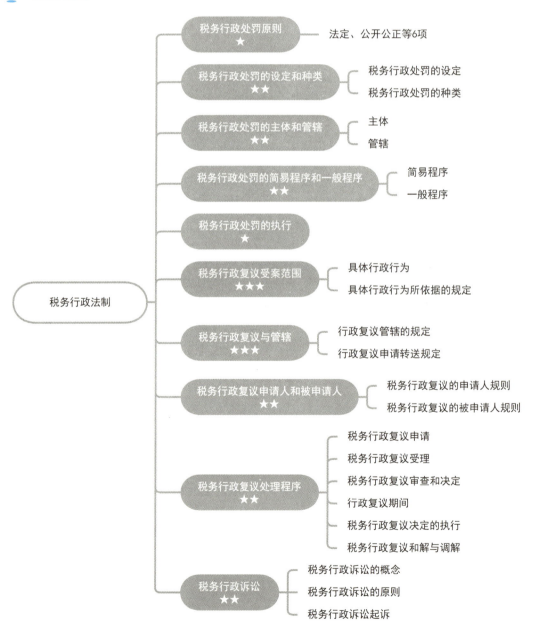

考点1　税务行政处罚原则（★）

税务行政处罚是指公民、法人或者其他组织有违反税收征收管理秩序的违法行为，尚未构成犯罪，依法应当承担行政责任的，由税务机关给予的行政处罚（见图14-1）。

图14-1　税务行政处罚原则

考点2　税务行政处罚的设定和种类（★★）

（一）税务行政处罚的设定（见表14-1）

表14-1　　　　　　　　　　　　　　　税务行政处罚的设定

部门	设定形式	限定	
全国人大及常委会	法律	无	
国务院	行政法规	限制人身自由除外	
国家税务总局	规章	非经营活动中违法	**设定罚款不得超过1 000元**
		经营活动中违法	①有违法所得的，设定罚款不得超过违法所得的3倍，且最高限额30 000元； ②没有违法所得的，最高限额10 000元
省、自治区、直辖市和计划单列市及以下级别税务机关	不可设定	只能对上述级别的处罚具体化	

（二）税务行政处罚的种类

现行税务行政处罚种类主要有：

（1）罚款。

（2）没收财物违法所得。

（3）停止出口退税权。

（4）法律、法规和规章规定的其他行政处罚。

> **【例题14-1·单选题·2020年】**下列关于税务行政处罚权设定的表述中，符合税法规定的是（　　）。
>
> A. 省级税务机关可以设定罚款
>
> B. 市级税务机关可以设定警告
>
> C. 国务院可以设定各种税务行政处罚
>
> D. 税务行政规章对非经营活动中的违法行为设定罚款不得超过1 000元
>
> **【答案】**D

【解析】 选项 AB 错误，国家税务总局可以通过规章的形式设定警告和罚款；税务局及其以下各级税务机关制定的税收法律、法规、规章以外的规范性文件，在税收法律、法规、规章规定给予行政处罚的行为、种类和幅度的范围内作出具体规定，是一种执行税收法律、法规、规章的行为，不是对税务行政处罚的设定。选项 C 错误，国务院可以通过行政法规的形式设定除限制人身自由以外的税务行政处罚。

【例题 14 -2·多选题·2017 年】 根据现行税务行政处罚规定，下列属于税务行政处罚的有（　　）。

A. 行政罚款　　　　　　　　　　B. 停止出口退税权

C. 加收滞纳金　　　　　　　　　D. 没收财物违法所得

【答案】 ABD

【解析】 税务行政处罚的主要类型有：①罚款；②没收财物违法所得；③停止出口退税权。

考点 3　税务行政处罚的主体和管辖（★★）

税务行政处罚的主体和管辖（见表 14 -2）。

表 14 -2　　　　　　　　　税务行政处罚的主体和管辖

项目	具体规定
主体	税务行政处罚的实施主体主要是县以上的税务机关
	各级税务机关的内设机构、派出机构不具处罚主体资格，不能以自己的名义实施税务行政处罚
	税务所可以实施罚款额在 2 000 元以下的税务行政处罚，这是《征管法》对税务所的特别授权
管辖	税务行政处罚由当事人税收违法行为发生地的县（市、旗）以上税务机关管辖

考点 4　税务行政处罚的简易程序和一般程序（★★）

税务行政处罚的简易程序和一般程序（见表 14 -3）

表 14 -3　　　　　　　　　税务行政处罚的简易程序和一般程序

简易程序	基本特征		当场填写《税务行政处罚决定书》
	适用条件		①案情简单、事实清楚、违法后果比较轻微且有法定依据，应当给予处罚的违法行为；②给予的处罚较轻，仅适用于对公民处以 50 元以下和对法人或者其他组织处以 1 000 元以下罚款的违法案件
一般程序	适用条件		情节比较复杂，处罚比较重的案件
	程序	调查与审查	
		听证	①听证是指税务机关在对当事人某些违法行为作出处罚决定之前，按照一定形式听取调查人员和当事人意见的程序；②听证的范围是对公民作出 2 000 元以上或者对法人或其他组织作出 10 000 元以上罚款的案件
		决定	

【例题 14 - 3 · 单选题 · 2011 年】下列案件中，属于税务行政处罚听证的范围是（　　）。
- A. 对法人作出 1 万元以上罚款的案件
- B. 对公民作出 1 000 元以上罚款的案件
- C. 对法人作出没收非法所得处罚的案件
- D. 对法人作出停止出口退税权处罚的案件

【答案】A

考点5　税务行政处罚的执行（★）

税务机关对当事人作出罚款行政处罚决定的，当事人应当在收到行政处罚决定书之日起 15 日内缴纳罚款，到期不缴纳的，税务机关可以对当事人每日按罚款数额的 3% 加处罚款。

考点6　税务行政复议受案范围（★★★）

（一）具体行政行为（见表 14 - 4）

表 14 - 4　　　　　　　　　　具体行政行为

税务行政复议的受案范围		限于税务机关作出的税务具体行政行为
（1）征税行为		①确认纳税主体、征税对象、征税范围、减税、免税、退税、抵扣税款、适用税率、计税依据、纳税环节、纳税期限、纳税地点和税款征收方式等具体行政行为； ②征收税款、加收滞纳金； ③扣缴义务人、受税务机关委托的单位和个人作出的代扣代缴、代收代缴、代征行为
（2）行政许可、行政审批行为		—
（3）发票管理行为		包括发售、收缴、代开发票等
（4）税收保全措施、强制执行措施	税收保全措施	①书面通知银行或者其他金融机构冻结纳税人存款； ②扣押、查封商品、货物或者其他财产
	强制执行措施	①书面通知银行或者其他金融机构从当事人存款中扣缴税款； ②拍卖所扣押、查封商品、货物或者其他财产以抵缴税款
（5）行政处罚行为		①罚款；②没收财物和违法所得；③停止出口退税权
（6）不依法履行下列职责的行为		颁发税务登记；开具、出具完税凭证、外出经营活动税收管理证明；行政赔偿；行政奖励；其他不依法履行职责的行为
（7）资格认定行为； （8）不依法确认纳税担保行为； （9）政府信息公开工作中的具体行政行为； （10）纳税信用等级评定行为； （11）通知出入境管理机关阻止出境行为； （12）其他具体行政行为		

【提示】除了第1项征税行为必须先复议后起诉之外,其他2~12项是可复议可诉讼的。

(二) 具体行政行为所依据的规定

申请人认为税务机关的具体行政行为所依据的下列规定不合法,对具体行政行为申请行政复议时,可以一并向行政复议机关提出对有关规定的审查申请;申请人对具体行政行为提出行政复议申请时不知道该具体行政行为所依据的规定的,可以在行政复议机关作出行政复议决定以前提出对该规定的审查申请:

(1) 国家税务总局和国务院其他部门的规定;

(2) 其他各级税务机关的规定;

(3) 地方各级人民政府的规定;

(4) 地方人民政府工作部门的规定。

上述规定不包括规章。

【例题14-4·多选题·2019年】纳税人对税务机关作出的下列行政行为不服时,可以申请行政复议,也可以直接向人民法院提起行政诉讼的有 (   )。

A. 收缴发票行为

B. 阻止出境行为

C. 暂停免税办理

D. 没收违法所得

【答案】ABD

【例题14-5·单选题·2017年】纳税人对税务机关作出的下列行政行为中,应当先向行政复议机关申请复议后,才可以向人民法院提起行政诉讼的是 (   )。

A. 税收保全措施

B. 强制执行措施

C. 没收违法所得

D. 计税依据确认

【答案】D

【解析】对具体征税行为不服时,先复议再诉讼。征税行为包括纳税主体、征税对象、征税范围、加收滞纳金、计税依据等。

考点7 税务行政复议与管辖 (★★★)

(一) 行政复议管辖的规定 (见表14-5)

表14-5 行政复议管辖的规定

项目	情形	复议机关
基本规定	对各级税务局的具体行政行为不服的	向其上一级**税务局**申请行政复议
	对国家税务总局的具体行政行为不服的	向国家税务总局申请行政复议。 对行政复议决定不服的,申请人可以向人民法院提起行政诉讼,也可以向国务院申请裁决。国务院的裁决为最终裁决 **(国务院的裁决是最终裁决,不能再提起诉讼)**

续表

项目	情形	复议机关
基本规定	对计划单列市税务局的具体行政行为不服的	向**国家税务总局**申请行政复议
	对税务所（分局）、各级税务局的稽查局的具体行政行为不服的	向其所属税务局申请行政复议
其他规定	①对两个以上税务机关共同作出的具体行政行为不服的	共同上一级**税务**机关
	②对税务机关与其他行政机关共同作出的具体行政行为不服的	共同上一级**行政**机关
	③对被撤销的税务机关在撤销以前所作出的具体行政行为不服的	继续行使其职权的税务机关的上一级税务机关
	④对税务机关作出逾期不缴纳罚款加处罚款的决定不服的	向作出行政处罚决定的税务机关申请行政复议。但是对已处罚款和加处罚款都不服的，一并向作出行政处罚决定的税务机关的上一级税务机关申请行政复议

（二）行政复议申请转送规定

申请人向具体行政行为发生地的县级地方人民政府提交行政复议申请的，由接受申请的县级地方人民政府依照下列规则予以转送（见表14-6）。

表14-6　　　　　　行政复议申请转送规定

情形	复议机关
对县级以上地方人民政府依法设立的派出机关的具体行政行为不服的	向设立该派出机关的人民政府申请行政复议
对政府工作部门依法设立的派出机构依照法律、法规或者规章规定，以自己的名义作出的具体行政行为不服的	向设立该派出机构的部门或者该部门的本级地方人民政府申请行政复议
对法律、法规授权的组织的具体行政行为不服的	分别向直接管理该组织的地方人民政府、地方人民政府工作部门或者国务院部门申请行政复议
对两个或者两个以上行政机关以共同的名义作出的具体行政行为不服的	向其共同上一级行政机关申请行政复议
对被撤销的行政机关在撤销前所作出的具体行政行为不服的	向继续行使其职权的行政机关的上一级行政机关申请

【例题14-6·多选题·2016年】下列申请行政复议的表述中，符合税务行政复议管辖规定的有（　　）。

A. 对国家税务总局的具体行政行为不服的，向国家税务总局申请行政复议

B. 对各级税务局的具体行政行为不服的，向其上一级税务局申请行政复议

C. 对税务分局的具体行政行为不服的，向其所属税务局申请行政复议

D. 对税务机关作出逾期不缴纳罚款加处罚款的决定不服的，向作出行政处罚的税务机关申请复议

【答案】ABCD

考点8　税务行政复议申请人和被申请人（★★）

（一）税务行政复议的申请人规则（见表14-7）

表14-7　　　　　　　　　　　税务行政复议的申请人规则

组织形式	申请人或代表
合伙企业	以核准登记的企业为申请人，由执行合伙事务的合伙人代表该企业参加行政复议
其他合伙组织	由合伙人共同申请行政复议
上述以外的不具备法人资格的其他组织	该组织的主要负责人代表该组织参加行政复议；没有主要负责人的，由共同推选的其他成员代表该组织参加行政复议
股份制企业的股东大会、股东代表大会、董事会认为税务具体行政行为侵犯企业合法权益的	可以以企业的名义申请行政复议
有权申请行政复议的公民死亡的	其近亲属可以申请行政复议
有权申请行政复议的公民为无行为能力人或者限制行为能力人	其法定代理人可以代理申请行政复议
有权申请行政复议的法人或者其他组织发生合并、分立或终止的	承受其权利义务的法人或者其他组织可以申请行政复议
申请人以外的公民、法人或者其他组织与被审查的税务具体行政行为有利害关系的	可以向行政复议机关申请作为第三人参加行政复议；复议机关可以通知其作为第三人参加行政复议；第三人不参加行政复议，不影响行政复议案件的审理

【例题14-7·单选题·2019年】下列可以作为税务行政复议申请人的是（　　）。

A. 有权申请行政复议的公民死亡的，其近亲属

B. 有权申请行政复议的股份制企业，其董事会

C. 有权申请行政复议的合伙企业，其任一合伙人

D. 与被审查的税务具体行政行为有利害关系的第三人

【答案】A

【解析】选项B错误，股份制企业的股东大会、股东代表大会、董事会认为税务具体行政行为侵犯企业合法权益的，可以以企业的名义申请行政复议。选项C错误，合伙企业申请行政复议的，应当以核准登记企业为申请人，由执行合伙事务的合伙人代表该企业参加行政

复议；其他合伙组织申请行政复议的，由合伙人共同申请行政复议。选项D错误，行政复议机关认为申请人以外的公民、法人或者其他组织与被审查的具体行政行为有利害关系的，可以通知其作为第三人参加行政复议。

（二）税务行政复议的被申请人规则（见表14-8）

表14-8   税务行政复议的被申请人规则

行政行为的作出	被申请人
申请人对具体行政行为不服申请行政复议的	作出该具体行政行为的税务机关为被申请人
申请人对扣缴义务人的扣缴税款行为不服的	主管该扣缴义务人的税务机关为被申请人
对税务机关委托的单位和个人的代征行为不服的	委托税务机关为被申请人
税务机关与法律、法规授权的组织以共同的名义作出具体行政行为的	税务机关和法律、法规授权的组织为共同被申请人
税务机关与其他组织以共同名义作出具体行政行为的	税务机关为被申请人
税务机关依照法律、法规和规章规定，经上级税务机关批准作出具体行政行为	批准机关为被申请人
申请人对经重大税务案件审理程序作出的决定不服的	审理委员会所在税务机关为被申请人
税务机关设立的派出机构、内设机构或者其他组织，未经法律、法规授权，以自己名义对外作出具体行政行为的	税务机关为被申请人

【提示】以上行为均需注意代表与代理的限制规定，被申请人不得委托本机关以外人员参加行政复议。

考点9 税务行政复议处理程序（★★）

（一）税务行政复议申请（见表14-9）

表14-9   税务行政复议申请

申请时间	知道税务机关作出具体行政行为之日起的60日之内	
申请方式	可以书面申请或口头申请	
复议与诉讼的顺序问题	对征税行为的争议	按税务机关规定缴纳税款、滞纳金或提供担保，复议是诉讼的必经前置程序
	对其他行为争议	复议不是诉讼的必经前置程序

（二）税务行政复议受理（见表14-10）

表14-10 税务行政复议受理

前提条件	行政复议和行政诉讼不能同时进行	
应当受理的情形	①属于税务行政复议规则规定的行政复议范围； ②在法定申请期限内提出； ③有明确的申请人和符合规定的被申请人； ④申请人与具体行政行为有利害关系； ⑤有具体的行政复议请求和理由； ⑥属于收到行政复议申请的行政复议机关的职责范围； ⑦其他行政复议机关尚未受理同一行政复议申请，人民法院尚未受理同一主体就同一事实提起的行政诉讼	
受理时间	收到行政复议申请后，应当在5日内进行审查，决定是否受理	
不受理的处理	决定不予受理或者受理后超过复议期限不作答复的，以及纳税人及其他当事人对行政复议决定不服的，可以自收到不予受理决定书之日起或行政复议期满之日起、接到复议决定书之日起15日内，依法向人民法院提起行政诉讼	
行政行为是否停止	基本原则	行政复议期间具体行政行为不停止执行
	特例	有下列情形之一的，可以停止执行： ①被申请人认为需要停止执行的； ②行政复议机关认为需要停止执行的； ③申请人申请停止执行，行政复议机关认为其要求合理，决定停止执行的； ④法律规定停止执行的

（三）税务行政复议审查和决定

（1）行政复议机关应当自受理行政复议申请之日起7日内，将行政复议申请书副本或行政复议申请笔录复印件发送被申请人；

被申请人应当自收到申请书副本或者申请笔录复印件之日起10日内，提出书面答复，并提交当初作出具体行政行为的证据、依据和其他有关材料。

（2）行政复议中止和终止（见表14-11）。

表14-11 行政复议中止和终止

行政复议中止	行政复议终止
①作为申请人的公民死亡，其近亲属尚未确定是否参加行政复议的； ②作为申请人的公民丧失参加行政复议的能力，尚未确定法定代理人参加行政复议的； ③作为申请人的法人或者其他组织终止，尚未确定权利义务承受人的	行政复议中止情形中①②③，满60日行政复议中止的原因未消除的，行政复议终止
④作为申请人的公民下落不明或者被宣告失踪的； ⑤申请人、被申请人因不可抗力，不能参加行政复议的； ⑥行政复议机关因不可抗力原因暂时不能履行工作职责的； ⑦案件涉及法律适用问题，需要有权机关作出解释或者确认的； ⑧案件审理需要以其他案件的审理结果为依据，而其他案件尚未审结的； ⑨其他需要中止行政复议的情形	①申请人要求撤回行政复议申请，行政复议机构准予撤回的； ②作为申请人的公民死亡，没有近亲属，或者其近亲属放弃行政复议权利的； ③作为申请人的法人或者其他组织终止，其权利义务的承受人放弃行政复议权利的； ④经行政复议机构准许达成和解的； ⑤行政复议申请受理后，发现其他行政复议机关已经先于本机关受理，或者人民法院已经受理的

【例题14-8·单选题·2018年】税务行政复议期间发生的下列情形中,应当终止行政复议的是(   )。

A. 作为申请人的公民下落不明

B. 作为申请人的公民死亡且没有近亲属

C. 案件涉及法律适用问题,需要有权机关作出解释

D. 作为申请人的法人终止且尚未确定权利义务承受人

【答案】B

【解析】选项ACD为应当中止行政复议的情形。

(四) 行政复议期间

复议机关应当自受理申请之日起60日内作出行政复议决定。情况复杂,经行政复议机关负责人批准可适当延期,并告知申请人和被申请人,但延期不得超过30日。

行政复议决定书一经送达,即发生法律效力。

(五) 税务行政复议决定的执行

申请人、第三人逾期不起诉又不履行行政复议决定的,或者不履行最终裁决的行政复议决定的,按照下列规定分别处理(见表14-12)。

表14-12　　　　　　　　　　　　税务行政复议决定的执行

维持具体行政行为的行政复议决定	由作出具体行政行为的税务机关依法强制执行,或者申请人民法院强制执行
变更具体行政行为的行政复议决定	由复议机关依法强制执行,或者申请人民法院强制执行

(六) 税务行政复议和解与调解(见表14-13)

表14-13　　　　　　　　　　　　税务行政复议和解与调解

调解前提	申请人和被申请人在行政复议机关作出行政复议决定以前可以达成和解,行政复议机关也可以调解
事项	①行使自由裁量权作出的具体行政行为,如行政处罚、核定税额、确定应税所得率等; ②行政赔偿; ③行政奖励; ④存在其他合理性问题的具体行政行为
调解要求	①尊重申请人和被申请人的意愿; ②在查明案件事实的基础上进行; ③遵循客观、公正和合理原则; ④不得损害社会公共利益和他人合法权益
结果	经行政复议机构准许和解终止行政复议的,申请人不得以同一事实和理由再次申请行政复议

【例题14-9·多选题·2013年】税务行政复议机关可以对某些税务行政复议事项进行调解。以下符合税务行政复议调解要求的有(   )。

A. 遵循客观、公正和合理的原则

B. 尊重申请人和被申请人的意愿

C. 在查明案件事实的基础上进行

D. 不得损害社会公共利益和他人合法权益

【答案】ABCD

考点 10 **税务行政诉讼（★★）**

（一）税务行政诉讼的概念

税务行政诉讼的被告必须是税务机关或经法律法规授权的行使税务行政管理权的组织，而不是其他行政机关或组织。

税务行政诉讼解决的争议发生在税务行政管理过程中。

因税款征纳发生的争议，复议是诉讼的必经前置程序。

（二）税务行政诉讼的原则

1. 人民法院特定主管原则

2. 合法性审查原则

3. 不适用调解原则

4. 起诉不停止执行原则

5. 税务机关负举证责任原则

6. 由税务机关负责赔偿原则

【例题 14 - 10·多选题·2015 年】下列原则中，属于税务行政诉讼原则的有（   ）。

A. 合法性审查原则   B. 不适用调解原则

C. 纳税人负举证责任原则   D. 由税务机关负责赔偿原则

【答案】ABD

（三）税务行政诉讼起诉（见表 14 - 14）

表 14 - 14   税务行政诉讼起诉

项目	具体规定
起诉的单向性	在税务行政诉讼等行政诉讼中，起诉权是单向性的权利，税务机关不享有起诉权，只有应诉权，即税务机关只能作为被告，与民事诉讼不同，作为被告的税务机关不能反诉
纳税人、扣缴义务人等税务管理相对人在提起税务行政诉讼时必须符合的条件	①原告是认为具体行政行为侵犯其合法权益的公民、法人或者其他组织； ②有明确的被告； ③有具体的诉讼请求和事实、法律根据； ④属于人民法院的受案范围和受诉人民法院管辖
起诉时限	对税务机关的征税行为提起诉讼，必须先经过复议，对复议决定不服的，可以在接到复议决定书之日起 15 日内向人民法院起诉； 对其他具体行政行为不服的，当事人可以在接到通知或者知道之日起 15 日内直接向人民法院起诉

续表

项目	具体规定
起诉时限	税务机关作出具体行政行为时，未告知公民、法人或者其他组织起诉期限的，起诉期限从公民、法人或者其他组织知道或者应该知道起诉期限之日起计算，但从知道或者应当知道行政行为内容之日起最长不得超过1年

【例题14－11·单选题·2018年】在税务行政诉讼中，税务机关可享有的权利是（　　）。

A. 起诉权　　　　B. 应诉权　　　　C. 反诉权　　　　D. 撤诉权

【答案】B

【解析】在税务行政诉讼等行政诉讼中，起诉权是单向性的权利，税务机关不享有起诉权，只有应诉权，即税务机关只能作为被告，与民事诉讼不同，作为被告的税务机关不能反诉。

恭喜你，
已完成第十四章的学习

扫码免费进 >>>
2022年CPA带学群

功成名就只是"一朝分娩"，这之前的蛰伏才是"十月怀胎"。人生能走多远，说到底还是看逆境中咬牙坚持的能力。

2022

21天突破

CPA 注册会计师全国统一考试应试指导

李彬教你考注会 ®

TAXATION LAWS

税法

习题册

李彬 编著　BT教育 组编

中国财经出版传媒集团
经济科学出版社

前言 ✒

解题能力是应试的核心，虽然这么多年来考生们已达成了"真题为王"的共识，但面对如何刷题、如何掌握命题规律、如何切实提升考试成绩，这些问题仍然一脸茫然。

为此，我们进行了反复的内测试验，最终凝结成了新版习题册，该书与 BT 教育 21 天突破主教材的考点制接轨，将前十年真题全部按照考点进行专项整合，考生可根据做题情况直接定位自身的薄弱环节，查漏补缺。

除此之外，我们还一改传统"只言片语"的题目解析形式，将解析进行了全面翔实的补充，彻底解决大家看不懂、做不会的困扰。2022 年我们还增添了【抢分技巧】【审题思路】等实用性超强的板块，助大家彻底消化每道真题，迅速提分。

1. 考点制分割，重点分级

为了凸显应试理念，帮考生快速、高效地完成通关目标，我们一改官方教材的章/节格局，一律以「考点」为任务单元进行全面重组，对每个考点进行了专门解读，并将该考点所对应的历年真题按此类目悉数列入。

此外，我们还根据真题考频对考点重要性进行了标星分级，★越多，代表其重要性越强，轻重缓急，一目了然。

2. 解析更为详细

与传统习题册的简略版解析不同，为了让同学们对真题有更深入独到的见解，充分提升得分能力，我们将解析进行了丰富优化，对每道题的解读都追求精深而细致，彻底吃透解题原理。

历年真题中，对于相同考点的考查方法往往趋于一致，我们将类似的考法还进行了延伸总结，帮助大家一通百通，全面躲避出题人埋下的各类陷阱。

3. 主观题审题思路

主观题是绝大多数考生的重灾区，尤其是纯文字题，在海量的案例材料中，很难做到精准定位，继而掌握正确的做题思路。为此我们在每段主观题题干旁都给出了破题指导，完善大家的审题思路，规范大家的做题过程。

4. 题码检索

除了纸质真题册外，我们还有线上题库 App，考生可追踪刷题数据，智能组卷练习，还能对往日错题进行打包回顾。建议大家先下载"BT 教育"App，以后遇到不会的题目，直接在

题库中搜索该题的【题码】，就能找到对应的答案和解析，而且还能查看每道题目的名师视频解析，帮你彻底吃透真题。

5. 拓展真题

　　本书已收录了近五年的精华真题，实乃每章必刷真题，如果考生们想追求更扎实的训练效果，请扫码获取近十年拓展真题，对知识点进行进一步消化。

扫码免费领取题库＋随书附送讲义资料

目 录
CONTENTS

习题

答案

习题

01 第一章　税法总论

「考情分析」

考点	星级	近十年考频	2012年	2013年	2014年	2015年	2016年	2017年	2018年	2019年	2020年	2021年
1. 税收与税法的概念、税收法律关系	★	2					√				√	
2. 税法原则	★★★	7			√	√	√	√	√	√	√	
3. 税法要素	★★	5		√		√	√	√		√		
4. 税收立法与我国税法体系	★★	2							√		√	
5. 税收执法	★★★	2							√		√	
6. 税务权利与义务、涉税专业服务机构涉税业务内容、国际重复征税	★	2				√				√		

「考点1」税收与税法的概念、税收法律关系（★）

1. 「2016年·单选题·题码149958」

下列权力中，作为国家征税依据的是（　　）。

A. 财产权力　　　　B. 管理权力　　　　C. 政治权力　　　　D. 社会权力

2. 「2010年·单选题·题码149959」

下列关于税收法律关系的表述中，正确的是（　　）。

A. 税法是引起法律关系的前提条件，税法可以产生具体的税收法律关系

B. 税收法律关系中权利主体双方法律地位并不平等，双方的权利义务也不对等

C. 代表国家行使征税职责的各级国家税务机关是税收法律关系中的权利主体之一

D. 税收法律关系总体上与其他法律关系一样，都是由权利主体、权利客体两方面构成

「考点2」税法原则（★★★）

「2019年·单选题·题码149983」

某税务稽查局2019年6月对辖区内一家企业进行纳税检查时，发现该企业2018年6月新增的注册资金按万分之五的税率缴纳了印花税，检查结束后检查人员告知该企业可去申请退还印花税已缴纳金额的50%。该检查人员的这一做法遵循的税法适用原则是（　　）。

A. 税收公平原则　　　　　　　　　B. 法律不溯及既往原则

C. 税收效率原则　　　　　　　　　D. 新法优于旧法原则

「考点 3」 税法要素 （★★）

1. 「2017 年·单选题·题码 149998」

   下列税法要素中，规定具体征税范围、体现征税广度的是（   ）。

   A. 税率　　　　　B. 税目　　　　　C. 纳税环节　　　　　D. 征税对象

2. 「2016 年·单选题·题码 149999」

   下列税法要素中，能够区别一种税与另一种税的重要标志是（   ）。

   A. 征税对象　　　B. 纳税地点　　　C. 纳税环节　　　　　D. 纳税义务人

3. 「2013 年·多选题·题码 150000」

   下列税种中，采用比例税率征收的有（   ）。

   A. 耕地占用税　　　　　　　　　　B. 城镇土地使用税

   C. 城市维护建设税　　　　　　　　D. 车辆购置税

「考点 4」 税收立法与我国税法体系 （★★）

1. 「2020 年·多选题·题码 150001」

   下列税种中，由全国人民代表大会或其常务委员会通过，以国家法律形式发布实施的有（   ）。

   A. 资源税　　　　B. 环境保护税　　C. 车辆购置税　　　　D. 增值税

2. 「2016 年·多选题·题码 150002」

   税收立法程序是税收立法活动中必须遵循的法定步骤，目前我国税收立法程序经过的主要阶段有（   ）。

   A. 提议阶段　　　B. 审议阶段　　　C. 通过阶段　　　　　D. 公布阶段

「考点 5」 税收执法 （★★★）

1. 「2020 年·单选题·题码 150003」

   现行证券交易印花税收入在中央政府与地方政府之间划分的比例是（   ）。

   A. 100% 归中央政府

   B. 中央政府分享 97%，地方政府分享 3%

   C. 中央政府与地方政府各分享 50%

   D. 100% 归地方政府

2. 「2020 年·多选题·题码 150004」

   下列各项中，属于中央政府与地方政府共享收入的有（   ）。

   A. 土地增值税　　B. 资源税　　　　C. 企业所得税　　　　D. 个人所得税

3. 「2018 年·单选题·题码 150005」

   下列税种中，其收入全部作为中央政府固定收入的是（   ）。

   A. 耕地占用税　　B. 个人所得税　　C. 车辆购置税　　　　D. 企业所得税

「考点6」税务权利与义务、涉税专业服务机构涉税业务内容、国际重复征税（★）

1. 「2019 年·多选题·题码 150013」

   下列涉税服务内容，会计师事务所可以从事的有（　　）。

   A. 税务咨询　　　　　B. 税务顾问　　　　　C. 纳税审查　　　　　D. 税收策划

2. 「2015 年·多选题·题码 150014」

   我国纳税人依法享有纳税人权利，下列属于纳税人权利的有（　　）。

   A. 依法申请减税

   B. 控告税务人员的违法违纪行为

   C. 对税务机关作出的决定享有申辩权

   D. 要求税务机关为纳税人的商业秘密保密

02 第二章 增值税法

「考情分析」

考点	星级	近十年考频	2012年	2013年	2014年	2015年	2016年	2017年	2018年	2019年	2020年	2021年
1. 征税范围	★★★	9	√	√	√	√		√	√	√	√	√
2. 纳税义务人和扣缴义务人	★	3	√						√			√
3. 税率和征收率	★★★	6				√	√	√	√		√	√
4. 计税方法	★★	3				√	√				√	
5. 销项税额的计算	★★★	8	√	√	√	√		√	√		√	
6. 进项税额和应纳税额的计算	★★★	8	√		√	√		√	√	√	√	√
7. 特定应税行为的增值税计征方法	★★★	6				√	√	√	√	√		
8. 进口货物、出口和跨境业务增值税税务处理	★★	4	√			√	√		√			
9. 税收优惠	★★★	6		√		√	√			√	√	√
10. 征收管理和增值税专用发票开具范围	★	2				√		√				

「考点1」征税范围（★★★）

1. 「2021 年·单选题·题码 156847」

纳税人在境内向境内企业或个人提供的下列服务中，免征增值税的是（　　）。

A. 科技公司转让域名

B. 邮政部门提供邮政代理服务

C. 电信公司提供卫星电视信号落地转接

D. 证券投资基金管理人运用基金买卖股票

2. 「2020 年·单选题·题码 150016」

下列增值税应税服务项目中，应按照"租赁服务"计征增值税的是（　　）。

A. 融资性售后回租　　　　　　B. 提供会议场地及配套服务

C. 航空运输的湿租业务　　　　D. 写字楼广告位出租

3. 「2020 年·单选题·题码 150017」

增值税一般纳税人发生的下列行为中，不得抵扣进项税额的是（　　）。

A. 将外购货物对外投资　　　　B. 将外购货物用于免税项目

C. 将外购货物无偿赠送给客户　　D. 将外购货物用于抵偿债务

4. 「2019 年·单选题·题码 150018」

出租车公司向使用本公司自有出租车的司机收取的管理费用，应缴纳增值税。该业务属于增值税征税范围中的（　　）。

 A. 陆路运输服务   B. 居民日常服务

 C. 物流辅助服务   D. 商务辅助服务

5. 「2018 年·多选题·题码 150022」

金融企业提供金融服务取得的下列收入中，按"贷款服务"缴纳增值税的有（　　）。

 A. 以货币资金投资收取的保底利润

 B. 融资性售后回租业务取得的利息收入

 C. 买入返售金融商品利息收入

 D. 金融商品持有期间取得的非保本收益

6. 「2017 年·单选题·题码 150019」

企业发生的下列行为中，需要计算缴纳增值税的是（　　）。

 A. 取得存款利息

 B. 获得保险赔偿

 C. 取得中央财政补贴（与销售收入或数量无关）

 D. 收取包装物租金

「考点 2」纳税义务人和扣缴义务人（★）

「2018 年·单选题·题码 150033」

下列承包经营的情形中，应以发包人为增值税纳税人的是（　　）。

 A. 以承包人名义对外经营，由承包人承担法律责任的

 B. 以发包人名义对外经营，由发包人承担法律责任的

 C. 以发包人名义对外经营，由承包人承担法律责任的

 D. 以承包人名义对外经营，由发包人承担法律责任的

「考点 3」税率和征收率（★★★）

1. 「2020 年·单选题·题码 150042」

增值税一般纳税人发生的下列应税行为中，适用 6% 税率计征增值税的是（　　）。

 A. 提供建筑施工服务

 B. 通过省级土地行政主管部门设立的交易平台转让补充耕地指标

 C. 出租 2020 年新购入的房产

 D. 销售非现场制作食品

2. 「2018 年·单选题·题码 150043」

境内单位和个人发生的下列跨境应税行为中，适用增值税零税率的是（　　）。

 A. 向境外单位转让的完全在境外使用的技术

 B. 向境外单位提供的完全在境外消费的电信服务

C. 在境外提供的广播影视节目播映服务

D. 无运输工具承运业务的经营者提供的国际运输服务

「考点4」 计税方法 （★★）

1. 「2020 年·单选题·题码 150044」

增值税一般纳税人发生的下列行为中，可以采用简易计税方法计征增值税的是 （   ）。

A. 销售矿泉水   B. 销售沥青混凝土

C. 以清包工方式提供建筑服务   D. 出租 2016 年 5 月 1 日后取得的不动产

2. 「2017 年·多选题·题码 150045」

增值税一般纳税人发生的下列业务中，可以选择适用简易计税方法的有 （   ）。

A. 提供装卸搬运服务   B. 提供文化体育服务

C. 提供公共交通运输服务   D. 提供税务咨询服务

3. 「2017 年·多选题·题码 150046」

下列应税货物或应税服务中，一般纳税人可以选择适用增值税简易计税方法计税的有
（   ）。

A. 提供仓储服务   B. 自来水厂销售自产自来水

C. 商业银行提供贷款服务   D. 为甲供工程提供的建筑服务

4. 「2016 年·多选题·题码 150047」

增值税一般纳税人销售自产的下列货物中，可选择按照简易办法计算缴纳增值税的有
（   ）。

A. 用微生物制成的生物制品   B. 以水泥为原料生产的水泥混凝土

C. 生产建筑材料所用的砂土   D. 县级以下小型火力发电单位生产的电力

「考点5」 销项税额的计算 （★★★）

1. 「2018 年·单选题·题码 150052」

下列行为在计算增值税销项税额时，应按照差额确定销售额的是 （   ）。

A. 商业银行提供贷款服务

B. 企业逾期未收回包装物不再退还押金

C. 转让金融商品

D. 直销员将从直销企业购买的货物销售给消费者

2. 「2017 年·单选题·题码 150053」

对下列增值税应税行为计算销项税额时，按照全额确定销售额的是 （   ）。

A. 贷款服务   B. 金融商品转让

C. 一般纳税人提供客运场站服务   D. 经纪代理服务

3. 「2015 年·单选题·题码 150054」

甲贸易公司为增值税一般纳税人，2021 年 6 月以不含税价格为 15 万元的苹果与乙公司不
含税价格为 8 万元的罐头进行交换，差价款由乙公司以银行存款支付，双方均向对方开具

增值税专用发票，假定当月取得的相关票据均符合税法规定，并在当月抵扣进项税，甲贸易公司当月应缴纳增值税（　　）万元。

A. 0.31　　　　　　B. 1.50　　　　　　C. 2.40　　　　　　D. 1.12

4. 「2014 年·单选题·题码 150055」

某船运公司为增值税一般纳税人，2021 年 6 月购进船舶配件取得的增值税专用发票上注明价款 360 万元、税额 46.8 万元；开具普通发票取得的含税收入包括国内运输收入 1 287.6 万元、期租业务收入 255.3 万元、打捞收入 116.6 万元。该公司 6 月应缴纳的增值税为（　　）万元。

A. 36.33　　　　　B. 69.77　　　　　C. 87.20　　　　　D. 88.26

5. 「2014 年·多选题·题码 150056」

某船运公司为增值税一般纳税人并具有国际运输经营资质，2021 年 7 月取得的含税收入包括货物保管收入 40.28 万元、装卸搬运收入 97.52 万元、国际运输收入 355.2 万元、国内运输收入 754.8 万元。该公司计算的下列增值税销项税额，正确的有（　　）。

A. 货物保管收入的销项税额 2.28 万元

B. 装卸搬运收入的销项税额 9.66 万元

C. 国际运输收入的销项税额 35.2 万元

D. 国内运输收入的销项税额 62.32 万元

「考点 6」进项税额和应纳税额的计算（★★★）

1. 「单选题·题码 150063」

甲企业符合增值税一般纳税人标准，应当办理一般纳税人资格登记而未办理，本月不含税销售额为 1 000 万元，适用税率 9%，本月购进商品 300 万元，适用税率 13%，则本月应纳增值税税额为（　　）万元。

A. 59　　　　　　　B. 77　　　　　　　C. 90　　　　　　　D. 119

2. 「单选题·题码 150064」

某卷烟厂（一般纳税人）2021 年 10 月收购烟叶生产卷烟，收购凭证上注明价款 50 万元和价外补贴 5 万元。该批烟叶当月即用于生产卷烟，该卷烟厂 10 月份收购烟叶可抵扣的进项税额为（　　）万元。

A. 6.5　　　　　　B. 7.15　　　　　　C. 7.26　　　　　　D. 6.6

3. 「单选题·题码 150065」

2021 年 11 月，某企业（增值税一般纳税人）向农业生产者收购一批其自产的农产品作为原材料生产应税货物（适用 9% 税率），在农产品收购发票上注明价款 100 000 元，委托运输公司运送该批货物回企业，支付运费并取得运输业增值税专用发票，运费不含税金额 1 200 元，该企业此项业务可抵扣增值税进项税（　　）元。

A. 13 000　　　　B. 13 140　　　　C. 9 108　　　　D. 11 132

4. 「单选题·题码 150066」

某果汁加工厂为增值税一般纳税人（全部生产 9% 税率货物），2021 年 10 月，外购的一批

免税农产品因管理不善全部毁损，账面成本 22 640 元（其中包含交通运输费 2 620 元），外购库存的一批包装物因发生自然灾害全部毁损，账面成本 32 000 元，农产品和包装物的进项税额均已抵扣，该加工厂 2021 年 10 月应转出进项税额（   ）元。

A. 2 988.51　　　　B. 2 215.8　　　　C. 8 380.6　　　　D. 8 716.4

5. 「单选题·题码 150067」

某食品厂为增值税一般纳税人（只生产 13% 税率货物），2021 年 10 月从农民手中购进小麦（本月用于制造食品）。收购发票上注明买价 5 万元，支付运费，取得增值税专用发票，注明金额为 0.6 万元。本月销售黄豆制品等，取得不含税销售额 20 万元，假定当月取得的相关票据均符合税法规定并在当月计算抵扣进项税，该厂当月应纳增值税（   ）万元。

A. 3.4　　　　B. 2.046　　　　C. 1.68　　　　D. 0.72

6. 「单选题·题码 150068」

某商业企业为增值税一般纳税人，2021 年 1 月购进高档化妆品一批，取得增值税专用发票注明价款 30 000 元，增值税 3 900 元。该企业将其中的 70% 作为礼品赠送给关系单位，其余的 30% 用于职工福利。该企业没有同类产品售价，对上述业务的税务处理，表述错误的是（   ）。

A. 购进高档化妆品可以抵扣的进项税额为 3 900 元

B. 作为礼品赠送的 70%，属于增值税视同销售，销项税额为 2 730 元

C. 用于职工福利的 30%，不属于视同销售，不可以抵扣进项税

D. 购进高档化妆品不可以抵扣的进项税为 1 170 元

7. 「单选题·题码 150070」

某农机生产企业为增值税一般纳税人。2021 年 8 月，该企业销售农机整机产品，开具的增值税专用发票上注明金额 1 000 万元；销售农机零配件，取得含税收入 180 万元；购进原材料取得的增值税专用发票上注明税额 48 万元，取得的一般纳税人运输公司开具的增值税专用发票上注明运费 10 万元，取得的发票均已在当月通过主管税务机关认证或比对。该企业当月应纳增值税（   ）万元。

A. 68.82　　　　B. 72.89　　　　C. 124.56　　　　D. 61.81

8. 「单选题·题码 150071」

北京市某公司为增值税一般纳税人，专门从事认证服务。2021 年 8 月发生如下业务：16 日，取得某项认证服务收入价税合计为 106 万元。18 日，购进一台经营用设备，取得增值税专用发票注明金额 20 万元，增值税为 2.6 万元；支付运输费用，取得增值税专用发票注明金额 0.5 万元，增值税为 0.045 万元。20 日，支付广告服务费，取得增值税专用发票注明金额 5 万元，增值税为 0.3 万元。28 日，销售 2007 年 12 月购进的一台固定资产，售价 0.206 万元。请计算该公司本月应纳增值税税额（   ）万元。

A. 3.06　　　　B. 11.08　　　　C. 2.48　　　　D. 3.05

9. 「单选题·题码 150072」

对商业企业向供货方收取的与商品销售量、销售额挂钩的各种返还收入，均应按照平销返利行为的有关规定（   ）。

A. 冲减当期增值税进项税金　　　　　　B. 计算销项税

C. 冲减当期增值税销项税　　　　　　　D. 计入营业外收入不征增值税

「考点7」 特定应税行为的增值税计征方法 （★★★）

1. 「2015年·单选题·题码150164」

某公司2021年8月将自有办公用房出租并一次性预收两年的租金收入48万元，该办公用房9月交付承租人使用，公司出租不动产选择简易计税方法，则该公司8月应缴纳的增值税为（　　）万元。

A. 4.8　　　　　B. 2.4　　　　　C. 4.36　　　　　D. 2.29

2. 「单选题·题码150165」

下列关于房地产开发企业的增值税事项，不正确的是（　　）。

A. 房地产开发企业的一般纳税人，出租其2016年5月1日后自行开发的与机构所在地不在同一县（市）的房地产项目，应按照2%的预征率在不动产所在地主管税务机关预缴税款后，向机构所在地主管税务机关进行纳税申报

B. 房地产开发企业的小规模纳税人，出租自行开发的房地产项目，按照5%的征收率计算应纳税额

C. 房地产开发企业的一般纳税人销售自行开发的房地产老项目，可以选择简易计税方法按照5%的征收率计税。一经选择简易计税方法计税的，36个月内不得变更为一般计税方法

D. 房地产开发企业的一般纳税人采取预收款方式销售自行开发的房地产项目，应在收到预收款时按照3%的预征率预缴增值税

3. 「单选题·题码150166」

下列关于不动产的增值税处理，不正确的是（　　）。

A. 纳税人取得不动产或不动产在建工程的进项税额，可一次性抵扣

B. 一般纳税人转让其2016年4月30日前从外部取得的不动产，适用税率为9%

C. 小规模纳税人转让自建的不动产，应向不动产所在地主管税务机关预缴税款，向机构所在地主管税务机关申报纳税

D. 个人出租住房应按照5%的征收率减按1.5%计算应纳税额

4. 「多选题·题码150167」

下列关于"营改增"后提供建筑服务的说法，正确的有（　　）。

A. 一般纳税人以清包工方式提供的建筑服务，可以选择适用简易计税方法计税

B. 一般纳税人跨县（市）提供建筑服务，适用一般计税方法计税的，纳税人应以取得的全部价款和价外费用扣除支付的分包款后的余额，按照3%的预征率预缴税款

C. 一般纳税人跨县（市）提供建筑服务，选择适用简易计税方法计税的，应以取得的全部价款和价外费用扣除支付的分包款后的余额为销售额，按照3%的征收率计算应纳税额

D. 一般纳税人为甲供工程提供的建筑服务，可以选择适用简易计税方法计税

「考点8」进口货物、出口和跨境业务增值税税务处理 (★★)

1. 「2016 年·单选题·题码 150175」

   某自营出口的生产企业为增值税的一般纳税人,出口货物的征税率为 13%,退税率为 9%。2021 年 5 月购进原材料一批,取得的增值税的专用发票注明金额 500 万元,税额 65 万元。5 月内销货物取得不含税销售额 150 万元,出口货物取得销售额折合人民币 200 万元,上月增值税留抵税额 10 万元,该企业当期"免、抵、退"税不得免征和抵扣税额为 (   ) 万元。

   A. 8　　　　　　　B. 20　　　　　　　C. 6　　　　　　　D. 26

2. 「2006 年·单选题·题码 150176」

   某生产企业为增值税一般纳税人,2021 年 6 月外购原材料取得防伪税控机开具的进项税额专用发票,注明进项税额137.7 万元并通过主管税务机关认证。当月内销货物取得不含税销售额 150 万元,外销货物取得收入 115 万美元(美元与人民币的比价为 1:8),该企业适用增值税税率13%,出口退税率为 9%。该企业 6 月应退的增值税为 (   ) 万元。

   A. 118.2　　　　　B. 119.6　　　　　C. 81.4　　　　　D. 96.30

3. 「单选题·题码 150177」

   某境外人士甲某于 2021 年 3 月到中国旅游,总共购买 3 000 元的商品(含税,其税率为 9%),符合离境退税政策,离境可以退税的金额为 (   ) 元。

   A. 420　　　　　　B. 270　　　　　　C. 240　　　　　　D. 330

4. 「单选题·题码 150178」

   北京某外贸公司 2021 年 8 月购进及出口情况如下:第一次购进电风扇 500 台,单价 150 元/台;第二次购进电风扇 200 台,单价 148 元/台(均已取得增值税专用发票);将两次外购的电风扇 700 台报关出口,离岸单价 20 美元/台,此笔出口已收汇并做销售处理。(美元与人民币比价为 1:6.8,退税率为 9%)该笔出口业务应退增值税为 (   ) 元。

   A. 8 568　　　　　B. 9 414　　　　　C. 15 106　　　　　D. 17 782

5. 「单选题·题码 150179」

   某工业企业为增值税一般纳税人,某月进口原材料一批,关税完税价格折合人民币 120 000 元。委托某运输公司将原材料从报关地运到企业,取得的运输单位开具的增值税专用发票上注明运费 5 000 元。原材料已经验收入库。已知原材料进口关税税率为 50%,增值税税率为 13%,则该企业进口环节应向海关缴纳的增值税为 (   ) 元。

   A. 30 000　　　　　B. 29 300　　　　　C. 23 400　　　　　D. 20 400

「考点9」税收优惠 (★★★)

1. 「2019 年·多选题·题码 150198」

   下列金融业务中,免征增值税的有 (   )。

   A. 金融机构间的转贴现业务

   B. 人民银行对金融机构提供贷款业务

C. 融资租赁公司从事融资性售后回租业务

D. 商业银行提供国家助学贷款业务

2. 「2015 年·多选题·题码 150199」

下列行为免征增值税的有 （　　）。

A. 个人转让著作权

B. 残疾人个人提供应税服务

C. 个人销售自建自用住房

D. 会计师事务所提供管理咨询服务

3. 「单选题·题码 150197」

下列行为不属于免征增值税的是 （　　）。

A. 古旧图书

B. 图书馆在自己的场所提供文化服务取得的第一道门票收入

C. 境外机构投资境内债券市场取得的债券利息收入

D. 会计师事务所提供管理咨询服务

「考点 10」征收管理和增值税专用发票开具范围 （★）

1. 「2017 年·单选题·题码 150210」

下列增值税纳税人中，以 1 个月为纳税期限的是 （　　）。

A. 商业银行　　　B. 财务公司　　　C. 信托投资公司　　　D. 保险公司

2. 「单选题·题码 150211」

下列关于一般纳税人的登记管理，表述不正确的是 （　　）。

A. 年应税销售额，是指纳税人在连续不超过 12 个月或四个季度的经营期内累计应征增值税销售额

B. 年应税销售额包括纳税申报销售额、稽查查补销售额、纳税评估调整销售额

C. 纳税人偶然发生的销售无形资产的销售额不计入应税行为年应税销售额

D. 年应税销售额超过规定标准的其他个人可以成为一般纳税人

3. 「单选题·题码 150212」

纳税人销售货物时，下列情况中可以开具增值税专用发票的是 （　　）。

A. 购货方购进免税药品要求开具专用发票

B. 消费者个人购进电脑要求开具专用发票

C. 商业零售化妆品

D. 境内易货贸易

4. 「多选题·题码 150213」

下列关于增值税纳税义务发生时间的说法正确的有 （　　）。

A. 采取直接收款方式销售货物的，为货物发出的当天

B. 委托商场销售货物，为商场售出货物的当天

C. 将委托加工货物无偿赠与他人的，为货物移送的当天

D. 进口货物，为报关进口的当天

主观题部分

1. 「2020 年·综合题·题码 151619」

位于县城的某文化创意企业为增值税一般纳税人，2019 年 8 月经营业务如下：

❶ 向境内客户提供广告服务，不含增值税总价款为 200 万元，采取分期收款结算方式，按照书面合同约定当月客户应支付 60% 的价款。款项未收到，未开具发票。

❷ 为境内客户提供创意策划服务，采取直接收款结算方式，开具的增值税专用发票注明价款为 3 000 万元，由于对方资金紧张，当月收到价款的 50%。

❸ 购买办公楼一栋，订立的产权转移书据金额 1 000 万元，取得增值税专用发票注明金额 1 000 万元，税额 90 万元，该办公楼的 1/4 用于集体福利，其余为企业管理部门使用。购买计算机一批，取得增值税专用发票注明金额 100 万元，税额 13 万元，其中的 20% 奖励给员工，剩余的用于企业经营。

❹ 为客户支付境内机票款，取得注明旅客身份信息的航空电子客票行程单，票价 2 万元，燃油附加费 0.18 万元、机场建设费 0.03 万元。

❺ 员工境内出差，取得注明旅客身份信息的铁路客票，票面金额 5.995 万元，另取得未注明旅客身份的出租车客票 1.03 万元。

❻ 取得银行贷款 200 万元，支付与该笔贷款直接相关的手续费用 2 万元；支付与贷款业务无关的银行咨询费 10.6 万元（含增值税），并取得增值税专用发票；支付实际应酬费 5 万元和餐饮费 2 万元。

❼ 进口小汽车一辆用于接待客户。小汽车的关税完税价格为 44 万元。取得海关进口增值税专用缴款书。

「其他相关资料」产权转移书据印花税税率为 0.5‰，进口小汽车关税税率为 15%，消费税税率 12%，上述业务所涉及的进项税相关票据均已申报抵扣。

「要求」根据上述资料。按下列顺序计算回答题。如有计算需计算出合计数。

（1）计算业务❶的销项税额。

（2）计算业务❷的销项税额。

（3）计算业务❸该企业购买办公楼应缴纳的印花税。

（4）计算业务❸当期允许抵扣的进项税额。

（5）判断业务❹该企业为客户支付境内机票款是否属于"国内旅客运输服务"允许抵扣进项税额的范围，并说明理由。

（6）计算业务❺该企业当期允许抵扣的进项税额。

（7）计算业务❻该企业当期允许抵扣的进项税额。

（8）计算业务❼该企业进口小汽车应缴纳的车辆购置税。

（9）计算业务❼该企业进口小汽车应缴纳的增值税。

2. 「2020 年·综合题·题码 151633」

位于市区的某餐饮企业为增值税一般纳税人。2019 年 12 月经营业务如下：

❶ 当月取得餐饮服务收入价税合计 848 万元，通过税控系统实际开票价款为 390 万元。

❷ 将一家经营不善的餐厅连同所有资产、负债和员工一并打包转让给某个体工商户，取得

转让对价 100 万元。

❸ 向居民张某租入一家门面房用于餐厅经营，合同约定每月租金为 3 万元，租期为 12 个月，签约后已在本月一次性支付全额租金。

❹ 当月向消费者发行餐饮储值卡 3 000 张，取得货币资金 300 万元；当月消费者使用储值卡购买了该餐饮企业委托外部工厂生产的点心礼盒，确认不含税收入 100 万元。

❺ 将其拥有的某上市公司限售股在解禁流通后对外转让，相关收入和成本情况如下：

股数	初始投资成本（元/股）	IPO 发行价（元/股）	售价（元/股）
500 000	1.20	6.82	10.00

❻ 转让其拥有的一个餐饮品牌的连锁经营权，取得不含税收入 300 万元。

「其他相关资料」财产租赁合同的印花税税率为 0.1%。

「要求」根据上述材料，按照下列顺序计算回答问题，如有计算需计算出合计数。

（1）计算业务❶的销项税额。

（2）判断业务❷是否需要缴纳增值税，并说明理由。

（3）判断业务❸张某个人出租房屋是否可以享受增值税免税待遇，并说明理由。

（4）计算业务❸餐饮企业应缴纳的印花税。

（5）计算业务❹的销项税额。

（6）计算业务❺的销项税额。

（7）计算业务❻的销项税额。

3. 「2019 年·综合题·题码 151646」

位于市区的某集团总部为增值税一般纳税人，2019 年 7 月经营业务如下：

❶ 销售一批货物，价税合计 2 260 万元，因购货方在两天内付款，给予现金折扣，实际收取 2 100 万元。

❷ 向境外客户提供完全在境外消费的咨询服务，取得 30 万元。

❸ 向境内客户提供会展服务，取得价税合计金额 424 万元。

❹ 将一栋位于市区的办公楼对外出租，预收半年的租金价税合计 105 万元，该楼于 2015 年购入，选择简易方法计征增值税。

❺ 购买银行非保本理财产品取得收益 300 万元。

❻ 处置使用过的一台设备，当年采购该设备时按规定未抵扣进项税额，取得含税金额 1.03 万元，按购买方要求开具增值税专用发票。

❼ 转让位于市区的一处厂房，取得含税金额 1 040 万元，该厂房 2010 年购入，购置价 200 万元，能够提供购房发票，选择简易方法计征增值税。

❽ 进口一台厢式货车用于运营，关税完税价格为 100 万元。

❾ 当期的其他进项税额如下：购进一批原材料，取得增值税专用发票注明税额 180 万元；发生其他无法准确划分用途的支出，取得增值税专用发票注明税额 19.2 万元。

「其他相关资料」销售货物增值税税率 13%，进口厢式货车的关税税率为 15%，进口业务

当月取得海关进口增值税专用缴款书,上述业务涉及的相关票据均已申报抵扣。

「要求」根据上述资料,按照下列顺序计算回答问题,如有计算需计算出合计数。

(1)计算业务❶的销项税额。

(2)判断业务❷是否需要缴纳增值税,并说明理由。

(3)计算业务❸的销项税额。

(4)计算业务❹应缴纳的增值税额。

(5)判断业务❺是否需要缴纳增值税,并说明理由。

(6)计算业务❻应缴纳的增值税额。

(7)计算业务❼应缴纳的增值税额。

(8)计算业务❽进口厢式货车应缴纳的关税、车辆购置税和增值税税额。

(9)根据业务❾计算当期不可抵扣的进项税额。

(10)回答主管税务机关是否有权对企业按月计算得出的不可抵扣进项税额进行调整,如果有权调整,应如何调整。

(11)计算当期应向主管税务机关缴纳的增值税额。

(12)计算当期应缴纳的城市维护建设税额和教育费附加、地方教育附加。

4. 「2018 年 · 综合题 · 题码 151661」

位于某县城的甲设备生产企业为增值税一般纳税人,2019 年 6 月经营业务如下:

❶ 销售一批设备,合同约定不含税价款 690 万元,按合同约定本月底收取货款的 50%,下个月底收取余下的 50%,本月尚未收到货款;采取直接收款方式销售设备,取得价税合计金额 550 万元;以预收货款的方式销售设备,取得预收款 350 万元,设备尚未发出。

❷ 购进生产用原材料,取得增值税专用发票上注明的价款 420 万元、税额 54.6 万元,支付一级、二级公路过路费,取得收费公路通行费增值税电子普通发票,发票上注明的税额为 380 元。

❸ 购进一批建筑材料,用于新建生产车间,取得增值税专用发票上注明的价款 85 万元、税额 11.05 万元。支付与贷款直接相关的手续费,取得增值税专用发票注明价款 8 000 元、税额 480 元。

❹ 从境外乙公司进口一台检测仪器,关税完税价格 130 万元人民币,取得海关进口增值税专用缴款书,乙公司派技术人员为甲企业提供技术培训,收取相关服务费为 4.5 万元人民币,乙公司境内未设有经营机构,甲企业已代扣代缴相应税款并取得完税凭证。

❺ 将生产出的新型设备投资于丙公司,该设备无同类产品市场价,生产成本为 450 万元。

❻ 进口 1 辆小汽车用于管理部门使用,小汽车关税完税价格 30 万元人民币。

❼ 购进两辆货车,取得机动车销售统一发票上注明的价款 24 万元、税额 3.12 万元,其中一辆用于生产经营,另一辆既用于生产经营,同时也为职工食堂提供运输服务。

「其他相关资料」购销货物增值税税率为 13%,成本利润率为 10%,进口小汽车关税税率 25%,消费税税率 40%,进口检测仪器关税税率 8%。涉及相关票据均合规并在当月抵扣。上期无留抵税额。

「要求」根据上述资料,按照下列顺序计算回答问题,如有计算需计算出合计数。

(1)计算业务❶的销项税额。

（2）计算业务❷的进项税额。

（3）判断业务❸的进项税额是否准予抵扣，如果准予扣除，计算当期准予抵扣的进项税额。

（4）计算业务❹进口环节缴纳的增值税额和代扣代缴的增值税额。

（5）计算业务❺的销项税额。

（6）计算业务❻应缴纳的进口环节的增值税额和消费税额。

（7）计算业务❼准予抵扣的进项税额。

（8）计算当月的销项税额。

（9）计算当月的进项税额。

（10）计算当月的应纳增值税税额。

（11）计算当月的城建税税额。

（12）计算当月的教育费附加和地方教育附加的合计数。

（13）计算当月应该缴纳的车辆购置税。

5. 「2018 年·综合题·题码 151675」

某市一家进出口公司为增值税一般纳税人，2019 年 7 月发生以下业务：

❶ 从国外进口中档护肤品一批，该批货物在国外的买价为 200 万元人民币，由进出口公司支付的购货佣金 10 万元人民币，运抵我国海关卸货前发生的运输费为 30 万元人民币，保险费无法确定。该批货物已报关，取得海关开具的增值税专用缴款书。

❷ 从境内某服装公司采购服装一批，增值税专用发票上注明的价款和税金分别为 80 万元和 10.4 万元。当月将该批服装全部出口，离岸价格为 150 万元人民币。

❸ 将 2017 年购置的一处位于外省市区的房产出租，取得收入（含增值税）109 万元。

❹ 在公司所在地购置房产一处，会计上按固定资产核算，取得的增值税专用发票上注明的价款和税金分别为 1 500 万元和 135 万元。

❺ 从某境外公司承租仪器一台，支付租金（含增值税）169.5 万元人民币。该境外公司所属国未与我国签订税收协定，且未在我国设有经营机构，也未派人前来我国。

❻ 当月将业务❶购进的护肤品 98% 销售，取得不含增值税的销售收入 300 万元，2% 作为本公司职工的福利并发放。

「其他相关资料」销售货物、提供有形动产租赁的增值税税率为 13%，出口的退税率为 13%，不动产租赁的增值税税率为 9%，进口护肤品的关税税率为 10%，期初留抵税额为 0，相关票据均已比对认证。

「要求」根据上述资料，按照下列顺序计算回答问题，如有计算需计算出合计数。

（1）计算业务❶应缴纳的进口关税。

（2）计算业务❶应缴纳的进口环节增值税。

（3）计算业务❷的出口退税额。

（4）计算业务❸在不动产所在地应预缴的增值税和应预缴的城市维护建设税。

（5）计算业务❹当月允许抵扣的进项税额。

（6）计算业务❺应扣缴的增值税。

（7）计算业务❺应扣缴的企业所得税。

（8）计算业务❻的增值税销项税额。

6.「2016 年·综合题·题码 151695」

位于市区的某动漫软件公司为增值税一般纳税人，2019 年 7 月经营业务如下：

❶ 进口一台机器设备，国外买价折合人民币 640 000 元，运抵我国入关地前支付的运费折合人民币 42 000 元、保险费折合人民币 38 000 元，入关后运抵企业所在地，取得运输公司开具的增值税专用发票，注明运费 16 000 元，税额 1 440 元。

❷ 支付给境外某公司特许权使用费，扣缴相应税款并取得税收缴款凭证，合同约定的特许权使用费的金额为人民币 1 000 000 元（含按税法规定应由该动漫软件公司代扣代缴的税款）。

❸ 购进一辆小汽车自用，取得的税控机动车销售统一发票上注明车辆金额为 190 000 元、装饰费 10 000 元，税额合计 26 000 元。

❹ 支付公司员工工资 300 000 元，支付办公用矿泉水水费，取得增值税专用发票，发票注明金额 5 000 元、税额 650 元。

❺ 将某业务单元的实物资产以及相关联的债权、负债和劳动力一并转出，收取转让款 5 000 000 元。

❻ 销售自行开发的动漫软件，取得不含税销售额 4 000 000 元，其中有 800 000 元尚未开具发票。

「其他相关资料」进口机器设备关税税率为 12%，涉及相关票据均在当期申报抵扣。期初留抵税额为 0。

「要求」根据上述资料，按照下列顺序计算回答问题，如有计算需计算出合计数。

（1）计算业务❶应缴纳的进口关税。

（2）计算业务❶应缴纳的进口环节增值税。

（3）计算业务❷应代扣代缴的增值税。

（4）计算业务❷应代扣代缴的预提所得税。

（5）计算当月增值税进项税额。

（6）计算当月增值税销项税额。

（7）计算享受"即征即退"政策后实际缴纳的增值税税款。

（8）分别计算该公司应缴纳的城市维护建设税、教育费附加和地方教育附加（不含代扣代缴的税款）。

（9）计算该公司应缴纳的车辆购置税。

7.「2015 年·综合题·题码 151708」

位于县城的某运输公司为增值税一般纳税人，具备国际运输资质，2019 年 7 月经营业务如下：

❶ 国内运送旅客，按售票统计取得价税合计金额 174.4 万元；运送旅客至境外，按售票统计取得价税合计金额 52.32 万元。

❷ 运送货物，开具增值税专用发票注明运输收入金额 260 万元、装卸收入金额 18 万元。

❸ 提供仓储服务，开具增值税专用发票注明仓储收入金额 70 万元、装卸收入金额 6 万元。

❹ 修理、修配各类车辆，开具普通发票注明价税合计金额 30.51 万元。

❺ 销售使用过的未抵扣进项税额的货运汽车 6 辆，开具普通发票注明价税合计金额 24.72 万元。

❻ 进口轻型商用客车 3 辆自用，经海关核定的成交价共计 57 万元，运抵我国境内输入地点起卸前的运费 6 万元，保险费 3 万元。

❼ 购进小汽车 4 辆自用，每辆单价 16 万元，取得销售公司开具的增值税专用发票注明金额 64 万元、税额 8.32 万元，另支付销售公司运输费用，取得运输业增值税专用发票注明运费金额 4 万元、税额 0.36 万元。

❽ 购进汽油取得增值税专用发票注明金额 10 万元、税额 1.3 万元，90% 用于公司运送旅客，10% 用于公司接送员工上下班，购进矿泉水一批，取得增值税专用发票注明金额 2 万元，税额 0.26 万元，70% 赠送给公司运送的旅客，30% 用于公司集体福利。

「其他相关资料」假定进口轻型商用客车的关税税率为 20%，消费税税率为 5%。该一般纳税人增值税税率为 13% 和 9%，若适用简易计税情形，则优先选择简易计税方法计算。

「要求」根据上述资料，按照下列顺序计算回答问题，如有计算需计算出合计数。

（1）计算业务❶的销项税额。

（2）计算业务❷应缴纳的增值税。

（3）计算业务❸应缴纳的增值税。

（4）计算业务❹的销项税额。

（5）计算业务❺应缴纳的增值税。

（6）计算业务❻进口轻型商用客车应缴纳的增值税。

（7）计算业务❼购进小汽车可抵扣的进项税额。

（8）计算业务❽购进汽油、矿泉水可抵扣的进项税额。

8. 「2014 年·计算分析题·题码 151720」

位于县城的某石油企业为增值税一般纳税人，2019 年 9 月发生以下业务：

❶ 进口原油 5 000 吨，支付买价 2 000 万元、运抵我国境内输入地点起卸前的运输费用 60 万元，保险费无法确定。

❷ 开采原油 9 000 吨，其中当月销售 6 000 吨，取得不含税销售收入 2 700 万元，同时还向购买方收取延期付款利息 3.39 万元；取得运输业增值税专用发票注明的运费 9 万元、税额 0.81 万元。

「其他相关资料」增值税税率为 13% 和 9%，假定原油的资源税税率为 10%、进口关税税率为 1%，相关票据已通过主管税务机关比对认证。

「要求」根据上述资料，按照下列序号计算回答问题，每个问题需计算出合计数。

（1）计算当月进口原油应缴纳的关税。

（2）计算当月进口原油应缴纳的增值税。

（3）计算当月销售原油的增值税销项税额。

（4）计算当月向税务机关缴纳的增值税。

（5）计算当月应缴纳的城市维护建设税、教育费附加和地方教育附加。

（6）计算当月应缴纳的资源税。

03 第三章 消费税法

「考情分析」

考点	星级	近十年考频	2012年	2013年	2014年	2015年	2016年	2017年	2018年	2019年	2020年	2021年
1. 征税环节	★★	4						√	√	√		√
2. 征税范围与税率	★★★	8	√			√	√	√	√	√	√	√
3. 计税依据	★★	10	√	√	√	√	√	√	√	√		√
4. 应纳税额计算	★★★	10	√	√	√	√	√	√	√	√	√	√
5. 征收管理	★★	6		√		√			√	√	√	√

「考点1」 征税环节 (★★)

1. 「2018年·单选题·题码150233」

下列应税消费品中，除了在生产销售环节征收消费税外，还应在批发环节征收消费税的是（　　）。

A. 高档手表　　　　B. 高档化妆品　　　　C. 卷烟　　　　D. 超豪华小汽车

2. 「2017年·单选题·题码150234」

下列消费品中，应在零售环节征收消费税的是（　　）。

A. 钻石　　　　B. 卷烟　　　　C. 镀金首饰　　　　D. 高档手表

「考点2」 征税范围与税率 (★★★)

1. 「2021年·单选题·题码156848」

企业发生的下列经营行为中，应当同时缴纳增值税和消费税的是（　　）。

A. 汽修厂从境外进口轮胎　　　　B. 4S店销售大型商用客车

C. 贸易公司批发卷烟给零售商　　　　D. 金饰加工厂生产批发金基首饰

2. 「2020年·单选题·题码150236」

下列产品中，属于消费税征税范围的是（　　）。

A. 果啤　　　　B. 洗发香波　　　　C. 变压器油　　　　D. 高尔夫车

3. 「2020年·多选题·题码150239」

下列商品中，在零售环节需要缴纳消费税的有（　　）。

A. 金银首饰　　　　B. 高档化妆品　　　　C. 甲类卷烟　　　　D. 超豪华小汽车

4. 「2019年·单选题·题码150237」

下列商品属于消费税征税范围的是（　　）。

A. 酒精　　　　B. 调味料酒　　　　C. 鞭炮药引线　　　　D. 高尔夫球袋

5. 「2019 年·多选题·题码 150240」

　　某商场 2019 年 5 月零售的下列首饰中，应缴纳消费税的有（　　）。

　　A. 珍珠项链　　　　B. 钻石戒指　　　　C. 金银首饰　　　　D. 玛瑙手镯

6. 「2018 年·多选题·题码 150241」

　　下列商品中，目前属于消费税征税范围的有（　　）。

　　A. 变压器油　　　　B. 高尔夫车　　　　C. 铅蓄电池　　　　D. 翡翠首饰

「考点 3」计税依据（★★）

1. 「2020 年·多选题·题码 150264」

　　消费税纳税人销售货物一并收取的下列款项中，应计入消费税计税依据的有（　　）。

　　A. 增值税税款

　　B. 运输发票开给购货方收回的代垫运费

　　C. 销售白酒收取的包装物押金

　　D. 价外收取的返还利润

2. 「2016 年·多选题·题码 150265」

　　以下关于缴纳消费税适用计税依据的表述中，正确的有（　　）。

　　A. 委托加工应税消费品应当首先以受托人同类消费品销售价格作为计税依据

　　B. 换取生产资料的自产应税消费品应以纳税人同类消费品平均价格作为计税依据

　　C. 作为福利发放的自产应税消费品应以纳税人同类消费品最高价格作为计税依据

　　D. 投资入股的自产应税消费品应以纳税人同类应税消费品最高售价作为计税依据

3. 「2012 年·多选题·题码 150266」

　　下列货物中，采用从量定额方法计征消费税的有（　　）。

　　A. 黄酒　　　　　　B. 游艇　　　　　　C. 润滑油　　　　　　D. 雪茄烟

「考点 4」应纳税额计算（★★★）

1. 「2020 年·多选题·题码 150276」

　　纳税人用于下列情形的自产应税消费品，应以同类应税消费品的最高销售价格作为计税依据计征消费税的有（　　）。

　　A. 用于赞助的应税消费品　　　　　　　B. 用于投资入股的应税消费品

　　C. 用于抵偿债务的应税消费品　　　　　D. 用于换取消费资料的应税消费品

2. 「2019 年·单选题·题码 150270」

　　下列出口应税消费品的行为中，适用消费税免税不退税政策的是（　　）。

　　A. 有出口经营权的酒厂出口自产白酒

　　B. 有出口经营权的外贸企业购进高档化妆品直接出口

　　C. 商业批发企业委托外贸企业代理出口卷烟

　　D. 外贸企业受其他外贸企业委托代理出口实木地板

税法

3. 「2017 年·多选题·题码 150277」

纳税人发生的下列行为中，应征收消费税的有（　　）。

A. 酒厂将自产的白酒赠送给客户

B. 烟厂将自产的烟丝用于连续生产卷烟

C. 汽车制造厂将自产的小汽车用于工厂内部的行政部门

D. 原油加工厂将自产的柴油用于调和生产生物柴油

4. 「2016 年·单选题·题码 150271」

某市一高尔夫球具生产企业（增值税一般纳税人）2021 年 9 月 1 日以分期收款方式销售一批球杆，价税合计为 135.6 万元，合同约定客户于 9 月 5 日、11 月 5 日各支付 50% 价款；9 月 5 日按照约定收到 50% 的价款，但并未给客户开具发票。已知高尔夫球具消费税税率为 10%，该企业 9 月就该项业务应缴纳的消费税为（　　）万元。

A. 0　　　　　　　B. 6　　　　　　　C. 12　　　　　　　D. 14.04

5. 「2014 年·单选题·题码 150272」

某地板企业为增值税一般纳税人，2021 年 1 月销售自产实木地板两批：第一批 800 箱取得不含税收入 160 万元，第二批 500 箱取得不含税收入 113 万元；另将同型号实木地板 200 箱赠送福利院，300 箱发给职工作为福利。实木地板消费税税率为 5%。该企业当月应缴纳消费税为（　　）万元。

A. 16.8　　　　　　B. 18.9　　　　　　C. 18.98　　　　　　D. 19.3

6. 「2014 年·单选题·题码 150273」

某贸易公司 2021 年 6 月以邮运方式从国外进口一批高档化妆品，经海关审定的货物价格为 30 万元、邮费 1 万元。当月将该批高档化妆品销售取得不含税收入 55 万元。该批高档化妆品关税税率为 15%、消费税税率为 15%。该公司当月应缴纳的消费税为（　　）万元。

A. 15.28　　　　　　B. 12.86　　　　　　C. 14.79　　　　　　D. 6.29

7. 「2014 年·单选题·题码 150274」

甲企业为增值税一般纳税人，2021 年 5 月外购一批木材，取得的增值税专用发票注明价款 50 万元、税额 6.5 万元；将该批木材运往乙企业委托其加工木制一次性筷子，取得税务局代开的小规模纳税人运输业专用发票注明运费 1 万元、税额 0.03 万元，支付不含税委托加工费 5 万元。假定乙企业无同类产品对外销售，木制一次性筷子消费税税率为 5%。乙企业当月应代收代缴的消费税为（　　）万元。

A. 2.62　　　　　　B. 2.67　　　　　　C. 2.89　　　　　　D. 2.95

8. 「2014 年·单选题·题码 150275」

甲市某汽车企业为增值税一般纳税人，2021 年 6 月在甲市销售自产小汽车 300 辆，不含税售价 18 万元/辆，另收取优质费 2 万元/辆；将 200 辆小汽车发往乙市一经贸公司代销，取得的代销清单显示当月销售 120 辆、不含税售价 18.5 万元/辆（取得相应的销售款）。小汽车消费税税率为 5%，则该汽车企业当月应向甲市税务机关申报缴纳的消费税为（　　）万元。

A. 295.64　　　　　　B. 300　　　　　　C. 407.55　　　　　　D. 411

「考点5」征收管理（★★）

1. 「2016年·单选题·题码150298」

下列关于消费税征收管理的表述中，正确的是（　　）。

A. 消费税由税务局负责征收

B. 消费税收入分别入中央库和地方库

C. 委托个体工商户加工应税消费品应纳的消费税由受托方代扣向其所在地主管税务机关申报缴纳

D. 消费税纳税人总分支机构在同一地级市但不同县的，由市级税务机关审批同意后可汇总缴纳消费税

2. 「2016年·多选题·题码150299」

甲企业从境外进口一批高档化妆品，下列关于该业务征缴消费税的表述中，正确的是（　　）。

A. 甲企业应向报关地海关申报缴纳消费税

B. 海关代征的消费税应分别入中央库和地方库

C. 甲企业应当自海关填发进口消费税专用缴款书之日起15日内缴纳税款

D. 甲企业使用该进口已税高档化妆品生产高档化妆品准许扣除进口环节已缴纳的消费税

3. 「2016年·多选题·题码150300」

根据《消费税暂行条例实施细则》的规定，消费税纳税义务发生时间根据不同情况分别确定为（　　）。

A. 纳税人委托加工的应税消费品，其纳税义务发生时间，为纳税人提货的当天

B. 纳税人进口的应税消费品，其纳税义务发生时间，为报关进口的当天

C. 纳税人采取预收货款结算方式销售应税消费品的，其纳税义务发生时间，为收到预收货款的当天

D. 纳税人自产自用的应税消费品，用于生产非应税消费品的，其纳税义务发生时间为移送使用的当天

主观题部分

1. 「2020年·计算分析题·题码151749」

某涂料生产公司甲为增值税一般纳税人，2020年7月发生如下业务：

❶ 5日以直接收款方式销售涂料取得不含税销售额350万元；以预收货款方式销售涂料取得不含税销售额200万元，本月已发出销售涂料的80%。

❷ 12日赠送给某医院20桶涂料用于装修，将100桶涂料用于换取其他厂家的原材料。当月不含税平均销售价500元/桶，最高不含税销售价540元/桶。

❸ 15日委托某涂料厂乙加工涂料，双方约定由甲公司提供原材料，材料成本80万元，乙厂开具的增值税专用发票上注明加工费10万元（含代垫辅助材料费用1万元）、增值税1.3万元。乙厂无同类产品对外销售。

❹ 28 日收回委托乙厂加工的涂料并于本月售出 80%，取得不含税销售额 85 万元。

「其他相关资料」涂料消费税税率 4%。

「要求」根据上述资料，按照下列序号回答问题，如有计算需计算出合计数。

（1）计算业务❶甲公司应缴纳的消费税。

（2）计算业务❷甲公司应缴纳的消费税。

（3）计算业务❸由乙厂代收代缴的消费税。

（4）说明业务❹甲公司是否应缴纳消费税。如应缴纳，计算消费税应纳税额。

2. 「2019 年·计算分析题·题码 151754」

甲卷烟厂为增值税一般纳税人，2019 年 3 月发生下列业务：

❶ 以直接收款方式销售 A 牌卷烟 80 箱，取得销售额 256 万元。

❷ 以分期收款方式销售 A 牌卷烟 350 箱，销售额 1 330 万元，合同约定当月收取 50% 的货款，实际收到 30%。

❸ 甲厂提供烟叶委托乙卷烟厂加工一批烟丝，烟叶成本 120 万元；乙厂收取加工费 20 万元、代垫部分辅助材料的费用 5 万元；烟丝当月完工并交付甲厂，乙厂无同类烟丝销售。

❹ 甲厂将委托加工收回烟丝的 20% 直接销售，取得销售额 58 万元。

❺ 从丙卷烟厂购入一批烟丝，甲厂用 90 箱 A 牌卷烟抵偿货款；双方均开具了增值税专用发票。

「其他相关资料」A 牌卷烟为甲类卷烟，甲类卷烟消费税税率 56% 加每箱 150 元，烟丝消费税税率 30%，上述销售额和费用均不含增值税。

「要求」根据上述资料，按照下列序号回答问题，如有计算需计算出合计数。

（1）计算业务❶应缴纳的消费税。

（2）计算业务❷应缴纳的消费税。

（3）计算业务❸乙厂应代收代缴的消费税。

（4）回答业务❹应缴纳消费税的理由并计算消费税。

（5）计算业务❺应缴纳的消费税。

3. 「2019 年·计算分析题·题码 151760」

甲卷烟厂为增值税一般纳税人，2019 年 5 月发生下列业务：

❶ 以分期收款方式销售 A 牌卷烟 180 箱，销售额 650 万元，合同约定当月收取货款的 70%，实际收到 40%。采用直接收款方式销售 B 牌卷烟 80 箱，取得销售额 380 万元。

❷ 进口一批烟丝，货物成交价 300 万元，甲卷烟厂另行承担并支付运抵我国口岸前的运费和保险费支出 8 万元。

❸ 将 200 箱 B 牌甲类卷烟移送给下设的非独立核算门市部，门市部当月将其对外销售，取得销售额 900 万元。

❹ 外购一批烟丝，取得增值税专用发票注明的价款 165 万元，税额 21. 45 万元；当月领用 80% 用于连续生产卷烟。

❺ 税务机关检查发现，2019 年 3 月甲厂接受乙厂委托加工一批烟丝，甲厂未代收代缴消费税。已知乙厂提供烟叶的成本 95 万元，甲厂收取加工费 20 万元，乙厂尚未销售收回的

烟丝。

「其他相关资料」以上销售额和费用均不含增值税，A 牌、B 牌卷烟均为甲类卷烟，甲类卷烟增值税税率为 13%，消费税税率为 56% 加每箱 150 元，烟丝消费税税率为 30%，进口烟丝关税税率 10%。

「要求」根据上述资料，按照下列序号回答问题，如有计算需计算出合计数。

（1）计算业务❶当月应缴纳的消费税。

（2）计算业务❷应缴纳的增值税、消费税。

（3）计算业务❸应缴纳的消费税。

（4）计算甲厂国内销售卷烟应缴纳的消费税。

（5）计算乙厂应补缴的消费税额，并指出甲厂未代收代缴消费税应承担的法律责任。

4. 「2018 年·计算分析题·题码 151767」

甲酒厂为增值税一般纳税人，主要经营粮食白酒的生产与销售，2019 年 6 月发生下列业务：

❶ 以自产的 10 吨 A 类白酒换入乙企业的蒸汽酿酒设备，取得乙企业开具的增值税专用发票上注明价款 20 万元、增值税 2.6 万元。已知该批白酒的生产成本为 1 万元/吨，不含增值税平均销售价格为 2 万元/吨，不含增值税最高销售价格为 2.5 万元/吨。

❷ 移送 50 吨 B 类白酒给自设非独立核算门市部，不含增值税售价为 1.5 万元/吨，门市部对外不含增值税售价为 3 万元/吨，并将其全部销售。

❸ 受丙企业委托加工 20 吨粮食白酒，双方约定由丙企业提供原材料，成本为 30 万元，开具增值税专票上注明的加工费 8 万元、增值税 1.04 万元。甲酒厂同类产品不含增值税售价为 2.75 万元/吨。

「其他相关资料」白酒消费税税率为 20% 加 0.5 元/500 克，粮食白酒成本利润率为 10%。

「要求」根据上述资料，按照下列序号回答问题，如有计算需计算出合计数。

（1）计算业务❶应缴纳的消费税税额。

（2）计算业务❷应缴纳的消费税税额。

（3）说明业务❸的消费税纳税义务人和计税依据。

（4）计算业务❸应缴纳的消费税税额。

5. 「2018 年·计算分析题·题码 151773」

甲厂为增值税一般纳税人，主要经营实木地板的生产，2019 年 6 月发生下列业务：

❶ 委托乙厂加工一批白坯板，甲厂提供的原木成本为 1 000 万元，取得的增值税专用发票上注明的加工费 400 万元，增值税 52 万元。甲厂收回白坯板后全部直接对外销售，取得不含税销售额 2 500 万元。乙厂未代收代缴消费税。

❷ 采取分期收款方式销售一批实木地板，合同约定不含税销售额共计 1 500 万元。本月按合同约定已收取 40% 货款，其余货款下月 20 日收取。

❸ 外购一批实木素板，取得的增值税专用发票上注明的价款 1 000 万元、增值税 130 万元。当月期初库存外购素板金额为 500 万元，期末库存外购素板金额为 200 万元。当期领用素板用于加工漆饰地板。

「其他相关资料」实木地板消费税税率为5%。

「要求」根据上述资料，按照下列序号回答问题，如有计算需计算出合计数。

（1）简要说明税法意义上委托加工应税消费品的含义。

（2）回答业务❶中乙厂未履行代收代缴消费税义务应承担的法律责任。

（3）计算业务❶甲厂应补缴的消费税税额。

（4）计算业务❷甲厂应缴纳的消费税税额。

（5）根据业务❸计算甲厂当月可抵扣的消费税税额。

6. 「2017年·计算分析题·题码151779」

甲礼花厂2019年6月发生如下业务：

❶ 委托乙厂加工一批焰火，甲厂提供原材料成本为37.5万元。当月乙厂将加工完毕的焰火交付甲厂，开具增值税专用发票注明收取加工费5万元，乙厂无同类焰火的售价。

❷ 将委托加工收回的焰火60%用于销售，取得不含税销售额38万元，将其余的40%用于连续生产A型组合焰火。

❸ 将生产的A型组合焰火的80%以分期收款方式对外销售，合同约定不含税销售额36万元，6月28日收取货款的70%，7月28日收取货款的30%。当月货款尚未收到。另将剩余的20%焰火赠送给客户。

「其他相关资料」焰火消费税税率为15%。

「要求」根据上述资料，按照下列序号回答问题，如有计算需计算出合计数。

（1）计算业务❶中乙厂应代收代缴的消费税。

（2）判断业务❷中用于销售的焰火是否应缴纳消费税并说明理由，如需缴纳，计算应缴纳的消费税。

（3）计算业务❸中赠送客户焰火计征消费税计税依据的金额。

（4）计算业务❸中准予扣除的已纳消费税税款。

（5）计算业务❸应缴纳的消费税。

7. 「2016年·计算分析题·题码151785」

某汽车生产企业主要从事小汽车生产和改装业务，为增值税一般纳税人，2019年9月经营如下业务：

❶ 将生产的800辆汽车分两批出售，其中300辆开具的增值税专用发票注明金额4 500万元，税额为585万元，500辆开具的增值税专用发票注明金额6 500万元，税额为845万元。

❷ 将生产的100辆小汽车用于换取生产资料，以成本12万元每辆互相开具增值税专用发票，注明金额1 200万元，税额为156万元。

❸ 将生产的10辆小汽车奖励给劳动模范，以成本价计入"应付职工薪酬——应付福利费"。

❹ 从其他生产企业外购5辆小汽车进行底盘改装，取得增值税专用发票，注明金额40万元，税额5.2万元，改装完成后进行出售，并开具增值税专用发票注明金额60万元，税额7.8万元。

「其他相关资料」小汽车消费税税率为5%。

「**要求**」根据上述资料，按照下列序号回答问题，如有计算需计算出合计数。

（1）业务❶应纳消费税。

（2）业务❷处理是否正确，以及应纳消费税。

（3）业务❸处理是否正确，以及应纳消费税。

（4）业务❹应纳消费税。

（5）计算该企业应缴纳的增值税。

8.「**2015 年·计算分析题·题码 151791**」

甲地板厂（以下简称"甲厂"）生产实木地板，2019 年 8 月发生下列业务：

❶ 外购一批实木素板并支付运费，取得的增值税专用发票注明素板金额 50 万元、税额 6.5 万元，取得运输业增值税专用发票注明运费金额 1 万元、税额 0.09 万元。

❷ 甲厂将外购素板 40% 加工成 A 型实木地板，当月对外销售并开具增值税专用发票注明销售金额 40 万元、税额 5.2 万元。

❸ 受乙地板厂（以下简称"乙厂"）委托加工一批 A 型实木地板，双方约定由甲厂提供素板，乙厂支付加工费。甲厂将剩余的外购实木素板全部投入加工，当月将加工完毕的实木地板交付乙厂，开具的增值税专用发票注明收取材料费金额 30.6 万元、加工费 5 万元，甲厂未代收代缴消费税。

「**其他相关资料**」甲厂直接持有乙厂 30% 股份，实木地板消费税税率为 5%。

「**要求**」根据上述资料，按照下列序号回答问题，如有计算需计算出合计数。

（1）判断甲厂和乙厂是否为关联企业并说明理由。

（2）计算业务❷应缴纳的消费税税额。

（3）判断业务❸是否为消费税法规定的委托加工业务并说明理由。

（4）指出业务❸的消费税纳税义务人，计税依据确定方法及数额。

（5）计算业务❸应缴纳的消费税税额。

9.「**2014 年·计算分析题改编·题码 151797**」

张女士为 A 市甲超市（增值税一般纳税人）财务管理人员，她从 2019 年 1 月开始建立家庭消费电子账，6 月从甲超市购买了下列商品：

❶ 高档粉底液一盒，支出 400 元；

❷ 白酒 1 000 克，支出 640 元；

❸ 食品支出 1 010 元，其中：橄榄油 2 500 克，支出 400 元；淀粉 1 000 克，支出 10 元；新鲜蔬菜 50 千克，支出 600 元。同时她对部分商品的供货渠道和价格进行了追溯，主要数据如下表：

「**其他相关资料**」高档化妆品的消费税税率为 15%，白酒消费税税率 20% 加 0.5 元/500 克。

项目	高档粉底液	白酒	橄榄油	淀粉	新鲜蔬菜
供货方	B 市化妆品厂	B 市白酒厂	A 市外贸公司	A 市调料厂	A 市蔬菜公司

项目	高档粉底液	白酒	橄榄油	淀粉	新鲜蔬菜
供货方式	自产自销	自产自销	进口销售	自产自销	外购批发
不含增值税供货价	300 元/盒	260 元/500 克	60 元/500 克	3 元/500 克	3 元/500 克

「要求」根据上述资料，按照下列序号计算回答问题，每问需计算出合计数。

（1）计算甲超市销售给张女士高档粉底液的增值税销项税额。

（2）计算甲超市销售给张女士白酒的增值税销项税额。

（3）计算甲超市销售给张女士食品的增值税销项税额。

（4）计算张女士购买高档粉底液支出中包含的消费税税额，并确定消费税的纳税人和纳税地点。

（5）计算张女士购买白酒支出中包含的消费税税额，并确定消费税的纳税人和纳税地点。

04 第四章　企业所得税法

「考情分析」

考点	星级	近十年考频	2012年	2013年	2014年	2015年	2016年	2017年	2018年	2019年	2020年	2021年
1. 纳税义务人、征税对象与税率、应税收入	★★	10	√	√	√	√	√	√	√	√	√	√
2. 扣除原则和范围、不得扣除的项目、亏损弥补	★★★	10	√	√	√	√	√	√	√	√	√	√
3. 资产的税务处理、资产损失税前扣除的所得税处理	★★	7	√		√	√	√	√	√			√
4. 企业重组的所得税处理	★★	5	√		√		√		√			√
5. 税收优惠和征收管理	★★★	9	√	√		√	√	√	√		√	√
6. 应纳税额的计算	★★	3					√			√		√

「考点1」纳税义务人、征税对象与税率、应税收入（★★）

1.「2021年・单选题・题码156849」

下列关于企业商品销售收入确认的税务处理中，符合企业所得税法规定的是（　　）。

A. 为促进商品销售提供商业折扣的，按扣除商业折扣前的金额确认销售收入

B. 为鼓励债务人在规定期限内付款提供现金折扣的，按扣除现金折扣后的金额确认销售收入

C. 因售出商品品种不符合要求发生销售退回的，在发生销售退回的下一期冲减当期销售商品收入

D. 因售出商品质量原因提供销售折让并已确认销售收入的，在发生销售折让当期冲减当期销售商品收入

2.「2020年・多选题・题码150302」

企业取得的下列各项收入中，应缴纳企业所得税的有（　　）。

A. 企业转让股权收入　　　　　　　　B. 逾期未退包装物押金收入

C. 债务重组收入　　　　　　　　　　D. 已作坏账损失处理后又收回的应收账款

3.「2019年・多选题・题码150303」

下列关于所得来源地确定的表述中，符合企业所得税法规定的有（　　）。

A. 股权转让所得按照转出方所在地确定

B. 销售货物所得按照交易活动发生地确定

C. 不动产转让所得按照不动产所在地确定

D. 特许权使用费所得按照收取特许权使用费所得的企业所在地确定

税法
Taxation Laws

4. 「2016 年·单选题·题码 150301」

企业在境内发生的处置资产的下列情形中，应视同销售确认企业所得税应税收入的是（　　）。

A. 将资产用于职工奖励或福利　　　　B. 将资产用于加工另一种产品

C. 将资产结构或性能改变　　　　　　D. 将资产在总分支机构之间转移

「考点 2」扣除原则和范围、不得扣除的项目、亏损弥补（★★★）

1. 「2019 年·单选题·题码 150320」

企业发生的下列支出中，在计算企业所得税应纳税所得额时准予扣除的是（　　）。

A. 税收滞纳金　　　　　　　　　　　B. 被没收财物的损失

C. 向投资者支付的股息　　　　　　　D. 因延期交货支付给购买方的违约金

2. 「2015 年·单选题·题码 150322」

企业发生的下列支出中，按照企业所得税法的规定可在税前扣除的是（　　）。

A. 税收滞纳金　　　　　　　　　　　B. 非广告性赞助

C. 企业所得税税款　　　　　　　　　D. 按规定缴纳的财产保险费

3. 「2015 年·多选题·题码 150323」

居民企业发生的下列支出中，可在企业所得税税前扣除的有（　　）。

A. 逾期归还银行贷款的罚息　　　　　B. 企业内营业机构之间支付的租金

C. 未能形成无形资产的研究开发费用　D. 以经营租赁方式租入固定资产的租金

4. 「2012 年·多选题·题码 150324」

企业发生的下列支出中，计算企业所得税应纳税所得额时不得扣除的有（　　）。

A. 税收滞纳金

B. 企业所得税税款

C. 计入产品成本的车间水电费用支出

D. 向投资者支付的权益性投资收益款项

「考点 3」资产的税务处理、资产损失税前扣除的所得税处理（★★）

1. 「2017 年·多选题·题码 150327」

下列支出中，可作为长期待摊费用核算的有（　　）。

A. 固定资产的大修理支出

B. 租入固定资产的改建支出

C. 已足额提取折旧的固定资产的改建支出

D. 接受捐赠固定资产的改建支出

2. 「2021 年·多选题·题码 156851」

下列在会计上已作损失处理的除贷款类债权外的应收账款损失中，可在计算企业所得税应纳税所得额时扣除的有（　　）。

A. 债务人死亡后其财产或遗产不足清偿的应收账款损失

B. 债务人逾期 1 年未清偿预计难以收回的应收账款损失

C. 与债务人达成债务重组协议后无法追偿的应收账款损失

D. 债务人被依法吊销营业执照其清算财产不足清偿的应收账款损失

3. 「2012 年·单选题·题码 150326」

甲投资公司 2018 年 10 月将 2 400 万元投资于未公开上市的乙公司，取得乙公司 40% 的股权。2020 年 5 月，甲公司撤回其在乙公司的全部投资，共计从乙公司收回 4 000 万元。撤资时乙公司的累计未分配利润为 600 万元，累计盈余公积为 400 万元。则甲公司撤资应确认的投资资产转让所得为（　　）万元。

A. 0　　　　　　　　B. 400　　　　　　　　C. 1 200　　　　　　　　D. 1 600

「考点 4」企业重组的所得税处理（★★）

1. 「2018 年·单选题·题码 150418」

某居民企业以其持有的一处房产投资设立一家公司，如不考虑特殊性税务处理，下列关于该投资行为涉及的企业所得税处理是（　　）。

A. 以房产的账面价值作为被投资方的计税基础

B. 以房产对外投资确认的转让所得，按 6 年分期均匀计入相应年度的应纳税所得额

C. 以签订投资协议的当天为纳税申报时间

D. 对房产进行评估，并按评估后的公允价值扣除计税基础后的余额确认房产的转让所得

2. 「2017 年·多选题·题码 150419」

下列关于企业股权收购重组的一般性税务处理的表述中，正确的有（　　）。

A. 被收购方应确认股权的转让所得或损失

B. 被收购企业的相关所得税事项原则上保持不变

C. 收购方取得被收购方股权的计税基础以被收购股权的原有计税基础确定

D. 收购方取得股权的计税基础应以公允价值为基础确定

3. 「2016 年·多选题·题码 150420」

企业实施合并重组，适用企业所得税一般性税务处理方法时，下列处理正确的有（　　）。

A. 被合并企业及其股东都应按清算进行所得税处理

B. 合并企业应按账面价值确定接受被合并企业负债的计税基础

C. 被合并企业的亏损不得在合并企业结转弥补

D. 合并企业应按公允价值确定接受被合并企业各项资产的计税基础

「考点 5」税收优惠和征收管理（★★★）

1. 「2020 年·单选题·题码 150445」

企业从事国家重点扶持的公共基础设施项目取得的投资经营所得享受企业所得税"三免三减半"优惠政策的起始时间是（　　）。

A. 项目投资的当年

B. 项目投资开始实现会计利润的当年

C. 项目投资开始缴纳企业所得税的当年

D. 项目投资获得第一笔经营收入的当年

2. 「2020 年·单选题·题码 150446」

某企业成立于 2019 年 5 月，其财务人员 2020 年 4 月向聘请的注册会计师咨询可享受减免企业所得税优惠政策的小型微利企业认定标准。财务人员的下列表述中，符合税法规定的是（　　）。

A. 小型微利企业优惠政策可适用于限制性行业

B. 小型微利从业人数指标按企业全年的季度平均值确定

C. 计算小型微利企业从业人数指标时不包括企业接受的劳务派遣人数

D. 年度中间开业的小型微利企业从下一实际经营期开始确定相关指标

3. 「2018 年·单选题·题码 150448」

一般企业开展研发活动中实际发生的研发费用，在企业所得税税前加计扣除的比例为（　　）。

A. 50%　　　　　B. 75%　　　　　C. 25%　　　　　D. 100%

4. 「2018 年·单选题·题码 150449」

非居民企业取得的下列所得中，应当计算缴纳企业所得税的是（　　）。

A. 国际金融组织向中国政府提供优惠贷款取得利息所得

B. 国际金融组织向中国居民企业提供优惠贷款取得利息所得

C. 外国政府向中国政府提供贷款取得利息所得

D. 外国金融机构向中国居民企业提供商业贷款取得利息所得

5. 「2015 年·多选题·题码 150451」

下列企业于 2018 年 1 月 1 日后购进的固定资产，在计算企业所得税应纳税所得额时，可以一次性计入成本费用扣除的有（　　）。

A. 商场购进价值为 4 500 元的二维码打码器

B. 小型微利饮料厂购进价值为 20 万元生产用的榨汁机

C. 集成电器生产企业购进价值为 120 万元专用于研发的分析仪

D. 小型微利信息技术服务公司购进价值为 80 万元研发用的服务器群组

「考点 6」 应纳税额的计算 （★★）

1. 「2019 年·单选题·题码 150480」

某居民企业 2021 年度境内应纳税所得额为 1 000 万元；设立在甲国的分公司就其境外所得在甲国已纳企业所得税 60 万元，甲国企业所得税税率为 30%。该居民企业 2021 年度企业所得税应纳税所得额是（　　）万元。

A. 940　　　　　B. 1 200　　　　　C. 1 018　　　　　D. 1 060

2. 「2016 年·单选题·题码 150481」

某企业转让代个人持有的限售股，取得转让收入 68 万元，但不能提供真实的限售股原值凭证，该企业就限售股转让应缴纳的企业所得税是（　　）万元。

A. 13.6　　　　B. 14.45　　　　C. 12.75　　　　D. 15.3

3. ［2011 年・单选题・题码 150482］

某批发兼零售的居民企业，2021 年度自行申报营业收入总额 350 万，成本费用总额 370 万，当年亏损 20 万元。经税务机关审核，该企业申报的收入总额无法核实，成本费用总额核算正确。假定对该企业采取核定征收企业所得税，应税所得率为 8%，该居民企业 2021 年度应缴纳企业所得税是（　　）万元。

A. 7.00　　　　B. 7.40　　　　C. 7.61　　　　D. 8.04

4. ［2009 年・单选题・题码 150483］

2021 年某居民企业实现产品销售收入 1 200 万元，视同销售收入 400 万元，债务重组收益 100 万元，发生的成本费用总额 1 600 万元，其中业务招待费支出 20 万元。假定不存在其他纳税调整事项，2021 年度该企业应缴纳企业所得税是（　　）万元。

A. 16.2　　　　B. 16.8　　　　C. 27　　　　D. 28

5. ［单选题・题码 150484］

境外某公司在中国境内设立中介服务机构，被税务机关认定按照经费支出换算收入确定应纳税所得额。2021 年该机构经费支出 224 万元，税务机关核定其利润率 20%，则 2021 年度该境外公司在我国应缴纳企业所得税（　　）万元。

A. 5.25　　　　B. 5.6　　　　C. 12　　　　D. 14

6. ［单选题・题码 150485］

某软件生产企业为居民企业，2021 年实际发生的工资支出 500 万元，职工福利费支出 90 万元，职工教育经费 60 万元，其中职工培训费用支出 40 万元，2021 年该企业计算应纳税所得额时，应调增应纳税所得额为（　　）万元。

A. 67.5　　　　B. 47.5　　　　C. 20　　　　D. 27.5

7. ［单选题・题码 150486］

德国某企业（实际管理机构也在德国）在中国上海设立分支机构，2021 年该分支机构在中国境内取得不含增值税咨询收入 1 000 万元；在北京为某公司培训技术人员，取得北京公司支付的不含增值税培训收入 200 万元；在日本东京取得与该分支机构无实际联系的所得 300 万元。2021 年度该企业应在我国缴纳企业所得税的应纳税收入总额为（　　）万元。

A. 500　　　　B. 1 000　　　　C. 1 200　　　　D. 150

8. ［单选题・题码 150487］

甲生产企业 2021 年 8 月与乙公司达成债务重组协议，甲企业以自产的产品抵偿所欠乙公司一年前发生的债务 280 万元，该产品生产成本 180 万元，市场价值 220 万元。另外甲企业库存产品因管理不善发生非正常损失，账面成本为 15 万元，其中原材料成本 10 万元（对应进项税额已经抵扣），经税务机关批准该损失可以税前扣除。就这两项业务甲企业应纳的企业所得税为（　　）万元。

A. 11.48　　　　B. 12.05　　　　C. 13.78　　　　D. 21.48

主观题部分

1. 「2020 年·综合题·题码 151803」

某鲜奶生产企业甲为增值税一般纳税人，注册资本 1 000 万元，适用企业所得税税率 25%。2019 年度实现营业收入 65 000 万元，自行核算的 2019 年度会计利润为 5 400 万元，2020 年 5 月经聘请的会计师事务所审核后，发现如下事项：

❶ 市政府为支持乳制品行业发展，每户定额拨付财政激励资金 300 万元。企业 2 月收到相关资金，将其全额计入营业外收入并作为企业所得税不征税收入，经审核符合税法相关规定。

❷ 3 月取得 A 股股票分红 20 万元，5 月将该 A 股股票转让，取得转让收入 300 万元，该股票为 2018 年 1 月以 260 万元购买。

❸ 7 月将一台设备按照账面净值无偿划转给 100% 直接控制的子公司，该设备原值 800 万元，已按税法规定计提折旧 200 万元，其市场公允价值 500 万元。该业务符合特殊性重组条件，企业选择采用特殊性税务处理。

❹ 6 月购置一台生产设备支付的不含税价格为 1 600 万元，会计核算按照使用期限 10 年、预计净残值率 5% 计提了累计折旧，由于技术进步原因，企业采用最低折旧年限法在企业所得税税前扣除。

❺ 从位于境内的母公司借款 2 200 万元，按照同期同类金融企业贷款利率支付利息 132 万元。母公司 2019 年为盈利年度，适用企业所得税税率 25%。

❻ 成本费用中含实际发放的合理职工工资 4 000 万元，发生的职工福利费 600 万元、职工教育经费 400 万元，拨缴的工会经费 80 万元已取得合规收据。

❼ 发生业务招待费 400 万元。

❽ 通过县级民政局进行公益性捐赠 700 万元，其中 100 万元用于目标脱贫地区的扶贫捐赠支出。

❾ 企业从 2013 年以来经税务机关审核后的应纳税所得额数据如下表：

年份	2013	2014	2015	2016	2017	2018
应纳税所得额（万元）	−5 000	−1 500	−400	1 000	1 500	2 000

「要求」根据上述资料，按照下列顺序计算回答问题，如有计算需计算出合计数。

（1）判断业务❶是否需要缴纳增值税并说明理由。

（2）计算业务❶应调整的企业所得税应纳税所得额。

（3）判断业务❷取得的股息收入是否需要缴纳企业所得税并说明理由。

（4）计算业务❸子公司接受无偿划转设备的计税基础。

（5）回答企业债务重组特殊性税务处理的备案要求及不履行备案手续的相关后果。

（6）计算业务❹应调整的企业所得税应纳税所得额。

（7）计算业务❺是否需要调整企业所得税应纳税所得额并说明理由。

（8）计算业务❻应调整的企业所得税应纳税所得额。

（9）计算业务❼应调整的企业所得税应纳税所得额。

（10）计算业务❽应调整的企业所得税应纳税所得额。

（11）计算甲企业当年可弥补的以前年度亏损额。

（12）计算甲企业 2019 年应缴纳的企业所得税。

2. 「2020 年·综合题·题码 151816」

　　某饮料生产企业甲为增值税一般纳税人，适用企业所得税税率为 25%。2019 年度实现营业收入 80 000 万元，自行核算的 2019 年度会计利润为 5 600 万元，2020 年 5 月经聘请的会计师事务所审核后，发现如下事项：

❶ 2 月收到市政府支持产业发展拨付的财政激励资金 500 万元，会计处理全额计入营业外收入，企业将其计入企业所得税不征税收入，经审核符合税法相关规定。

❷ 3 月转让持有的部分国债，取得收入 1 285 万元，其中包含持有期间尚未兑付的利息收入 20 万元。该部分国债按照先进先出法确定的取得成本为 1 240 万元。

❸ 5 月接受百分之百控股母公司乙无偿划转的一台设备。该设备原值 3 000 万元，已按税法规定计提折旧 500 万元，其市场公允价值为 2 200 万元。该业务符合特殊性重组条件，企业选择采用特殊性税务处理。

❹ 6 月购置一台生产线支付的不含税价格为 400 万元，会计核算按照使用期限 5 年、预计净残值率 5% 计提了累计折旧，企业选择一次性在企业所得税税前进行扣除。

❺ 发生广告费和业务宣传费用 7 300 万元，其中 300 万元用于冠名的真人秀于 2020 年 2 月制作完成并播放，企业所得税汇算清缴结束前尚未取得相关发票。

❻ 成本费用中含发放的合理职工工资 6 000 万元，发生的职工福利费 900 万元、职工教育经费 500 万元，取得工会经费代收凭据注明的拨缴工会经费 100 万元。

❼ 发生业务招待费 800 万元。

❽ 12 月 1 日签订两项借款合同，向非关联供货商借款 1 000 万元，向银行借款 4 000 万元，未计提印花税。甲企业于 2020 年 3 月 1 日补缴印花税税款及滞纳金，借款合同印花税税率为 0.05‰。

❾ 企业从 2013 年以来经税务机关审核后的应纳税所得额数据如下：

年份	2013	2014	2015	2016	2017	2018
应纳税所得额（万元）	-4 000	-2 000	-600	1 200	1 800	3 000

「要求」根据上述资料，按照下列顺序计算回答问题，如有计算需计算出合计数。

（1）回答税法关于财政性资金计入企业所得税不征税收入的相关条件。

（2）计算业务❶应调整的企业所得税应纳税所得额。

（3）回答企业转让不同时间购买的同一品种国债时，税法规定转让成本的确定方法。

（4）计算业务❷应调整的企业所得税应纳税所得额。

（5）业务❸符合特殊性税务重组，请确认甲公司接受无偿划转设备的计税基础。

（6）计算业务❹应调整的企业所得税应纳税所得额。

（7）计算业务❺应调整的企业所得税应纳税所得额。

（8）计算业务❻应调整的企业所得税应纳税所得额。

（9）计算业务❼业务招待费应调整的企业所得税应纳税所得额。

（10）计算业务❽应调整的企业所得税应纳税所得额。

（11）计算 2019 年企业所得税税前可弥补的亏损额。

（12）计算 2019 年甲企业应缴纳的企业所得税。

3. 「2018 年・综合题・题码 151829」

某制造企业为增值税一般纳税人，自 2017 年起被认定为高新技术企业。其 2019 年度的生产经营情况如下：

❶ 当年销售货物实现销售收入 8 000 万元，对应的成本为 5 100 万元。

❷ 12 月购入新设备，取得增值税普票上注明的金额为 600 万元，当月投入使用并按规定计提折旧。

❸ 通过其他业务收入核算转让 5 年以上非独占许可使用权收入 700 万元，与之相应的成本税费为 100 万元。

❹ 当年发生管理费用 800 万元，其中含新产品研究开发费用 300 万元（已独立核算管理）、业务招待费 80 万元。

❺ 当年发生销售费用 1 800 万元，其中含广告费 1 500 万元。

❻ 当年发生财务费用 200 万元。

❼ 取得国债利息收入 150 万元，企业债券利息收入 180 万元。

❽ 全年计入成本费用的实发合理工资总额 400 万元（含残疾职工工资 50 万元），实际发生职工福利费 120 万元，职工教育经费 33 万元，拨缴工会经费 18 万元。

❾ 当年发生营业外支出共计 130 万元，其中违约金 5 万元，税收滞纳金 7 万元，补缴高管个人所得税 15 万元。

❿ 当年税金及附加科目共列支 200 万元。

「其他相关资料」各扣除项目均已取得有效凭证，相关优惠已办理必要手续。

「要求」根据上述资料，按照下列顺序计算回答问题。

（1）判断 12 月购进新设备的成本能否一次性税前列支并说明理由。

（2）计算当年的会计利润。

（3）计算业务❸中转让非独占许可使用权应纳税所得额调整金额。

（4）计算业务❹中研究开发费及业务招待费应纳税所得额调整金额。

（5）计算业务❺中广告费应纳税所得额调整金额。

（6）计算业务❼涉及的应纳税所得额调整金额。

（7）计算业务❽中工资、职工福利费、工会经费、职工教育经费应纳税所得额调整金额。

（8）计算业务❾涉及的应纳税所得额调整金额。

（9）计算当年该企业的企业所得税应纳税所得额。

（10）计算当年该企业应缴纳的企业所得税。

4. 「2017 年・综合题・题码 151840」

位于某市的一家制造企业，2021 年度会计自行核算取得主营业务收入 68 000 万元、其他业务收入 6 000 万元、营业外收入 4 500 万元、投资收益 1 500 万元，应扣除的主营业务成本 42 000 万元、其他业务成本 3 500 万元、营业外支出 3 200 万元、税金及附加 6 100 万元、管理费用 6 500 万元、销售费用 13 000 万元、财务费用 3 100 万元，当年实现利润总额 2 600 万元，拟申报的企业所得税应纳税所得额与利润总额相等，全年已预缴企业所得税 240 万元。2022 年 2 月经聘请的会计师事务所进行审核，发现该企业 2021 年度自行核算存在以下问题：

❶ 一栋闲置生产车间未申报缴纳房产税和城镇土地使用税，该生产车间占地面积 1 000 平方米，原值 650 万元，已提取折旧 420 万元，车间余值为 230 万元。

❷ 2021 年 12 月 8 日购置办公楼一栋，支付不含增值税的金额 2 200 万元、增值税 110 万元并办妥权属证明，当月已经提取折旧费用 20 万元，但未缴纳契税。

❸ 营业外支出中包含通过公益性社会组织向目标脱贫地区扶贫捐款 360 万元，已经取得该组织开具的合法票据。

❹ 扣除的成本和管理费用中包含了实发工资总额 5 600 万元、职工福利费 920 万元、拨缴的工会经费 120 万元、职工教育经费 160 万元。

❺ 销售费用和管理费用中包含全年发生的广告费 11 300 万元、业务招待费 660 万元。

❻ 财务费用中含向非居民企业借款支付的 6 个月利息费用 130 万元，借款金额为 3 200 万元，当年同期同类银行贷款年利息率为 6%。

❼ 管理费用中含新产品研究开发费用 460 万元。

❽ 投资收益中含取得的国债利息收入 70 万元、直接投资居民企业的股息收入 150 万元。

❾ 其他业务收入中含技术转让收入 2 300 万元，与收入对应的成本和税费共计 1 400 万元。

「其他相关资料」该企业计算房产原值的扣除比例为 20%，城镇土地使用税适用税额 30 元/平方米，契税税率为 4%。

「要求」根据上述资料，按照下列顺序计算回答问题，如有计算需计算出合计数。

（1）分别计算该企业 2021 年度应补缴的城镇土地使用税和房产税。

（2）计算该企业 12 月购置办公楼应缴纳的契税。

（3）计算该企业 2021 年度的利润总额、向脱贫地区捐赠款应调整的应纳税所得额。

（4）计算职工福利费、工会经费和职工教育经费应调整的应纳税所得额。

（5）分别计算广告费用、业务招待费应调整的应纳税所得额。

（6）计算向非居民借款支付利息费用应调整的应纳税所得额。

（7）计算新产品研究开发费用应调整的应纳税所得额。

（8）说明国债利息收入、投资居民企业的股息收入应调整的应纳税所得额。

（9）计算该企业技术转让收入应缴纳的企业所得税。

（10）计算该企业 2021 年度应补缴的企业所得税。

5. 「2016 年・综合题・题码 151851」

某市服装生产企业，为增值税一般纳税人。2019 年度取得销售收入 40 000 万元、投资收益 1 000 万元，发生销售成本 28 900 万元、税金及附加 1 800 万元、管理费用 3 500 万元、销

售费用 4 200 万元、财务费用 1 300 万元，营业外支出 200 万元。企业自行计算实现年度利润总额 1 100 万元。

2020 年初聘请某会计师事务所进行审核，发现以下问题：

❶ 收入、成本中包含转让旧办公楼（于 2016 年 4 月 30 日以前自建）合同记载的不含税收入 1 300 万元、成本 700 万元（其中土地价款 200 万元），但未缴纳转让环节的相关税费。经评估机构评估该办公楼的重置成本为 1 600 万元，成新度折扣率 5 成。

❷ 8 月中旬购买安全生产专用设备（属于企业所得税优惠目录规定范围）一台，取得增值税专用发票注明金额 510 万元、进项税额 66.3 万元，当月投入使用，企业将其费用一次性计入了成本扣除。

❸ 接受非股东单位捐赠原材料一批，取得增值税专用发票注明金额 30 万元、进项税额 3.9 万元，直接记入了"资本公积"账户核算。

❹ 管理费用中含业务招待费用 130 万元。

❺ 成本、费用中含实发工资总额 1 200 万元、职工福利费 180 万元、职工工会经费 28 万元、职工教育经费 40 万元。

❻ 投资收益中含转让国债收益 85 万元，该国债购入面值 72 万元，发行期限 3 年，年利率 5%，转让时持有天数为 700 天。

❼ 营业外支出中含通过当地环保部门向环保设施建设捐款 190 万元并取得合法票据。

「其他相关资料」假设税法规定安全专用设备折旧年限为 10 年，不考虑残值；增值税税率为 13% 和 9%；城市维护建设税税率 7%；产权转移书据印花税税率 0.5‰。

「要求」根据上述资料，按照下列顺序计算回答问题，如有计算需计算出合计数。

（1）计算旧办公楼销售环节应缴纳的城市维护建设税、教育费附加、地方教育附加、印花税和土地增值税。

（2）计算专用设备投入使用当年应计提的折旧费用。

（3）计算该企业 2019 年度的会计利润总额。

（4）计算业务招待费应调整的应纳税所得额。

（5）计算职工福利费、职工工会经费、职工教育经费应调整的应纳税所得额。

（6）计算转让国债应调整的应纳税所得额。

（7）计算公益性捐赠应调整的应纳税所得额。

（8）计算该企业 2019 年度的应纳税所得额。

（9）计算该企业 2019 年度应缴纳的企业所得税。

6. 「2015 年 · 综合题 · 题码 151861」

某上市公司自 2015 年起被认定为高新技术企业，2019 年度取得主营业务收入 48 000 万元、其他业务收入 2 000 万元，营业外收入 1 000 万元，投资收益 500 万元，发生主营业务成本 25 000 万元、其他业务成本 1 000 万元、营业外支出 1 500 万元、税金及附加 4 000 万元，管理费用 3 000 万元，销售费用 10 000 万元，财务费用 1 000 万元，实现年度利润总额 6 000 万元，当年发生的相关具体业务如下：

❶ 广告费支出 8 000 万元。

❷ 业务招待费支出 350 万元。

❸ 实发工资 4 000 万元，当年 6 月 5 日，中层以上员工对公司 2 年前授予的股票期权 500
万股实施行权，行权价每股 6 元，当日该公司股票收盘价每股 10 元，其中高管王某行权
6 万股。

❹ 拨缴职工工会经费 150 万元，发生职工福利费 900 万元，职工教育经费 160 万元。

❺ 专门用于新产品研发的费用 2 000 万元，独立核算管理。

❻ 计提资产减值损失准备金 1 500 万元，该资产减值损失准备金未经税务机关核定。

❼ 公司取得的投资收益中包括国债利息收入 200 万元，购买某上市公司股票分得股息 300
万元，该股票持有 8 个月后卖出。

❽ 获得当地政府财政部门补助的具有专项用途的财政资金 500 万元，已取得财政部门正式
文件，支出 400 万元。

❾ 向民政部门捐款 800 万元用于救助贫困儿童。

「其他相关资料」各扣除项目均已取得有效凭证，相关优惠已办理必要手续。

「要求」根据上述资料，按照下列顺序计算回答问题，如有计算需计算出合计数。

(1) 计算广告费支出应调整的应纳税所得额。
(2) 计算业务招待费支出应调整的应纳税所得额。
(3) 计算应计入成本、费用的工资总额。
(4) 计算工会经费、职工福利费和职工教育经费应调整的应纳税所得额。
(5) 计算研发费用应调整的应纳税所得额。
(6) 计算资产减值损失准备金应调整的应纳税所得额并说明理由。
(7) 计算投资收益应调整的应纳税所得额。
(8) 计算财政补助资金应调整的应纳税所得额并说明理由。
(9) 计算向民政部门捐赠应调整的应纳税所得额。
(10) 计算该公司 2019 年应缴纳企业所得税税额。
(11) 计算高管王某 6 月因股票期权行权应缴纳的个人所得税。

7. 「2014 年·综合题·题码 151873」

位于市区的某制药公司由外商持股 75% 且为增值税一般纳税人，该公司 2019 年主营业务收
入 5 500 万元，其他业务收入 400 万元，营业外收入 300 万元，主营业务成本 2 800 万元，
其他业务成本 300 万元，营业外支出 210 万元，税金及附加 420 万元，管理费用 550 万元，
销售费用 900 万元，财务费用 180 万元，投资收益 120 万元。

当年发生的其中部分具体业务如下：

❶ 向境外股东企业支付全年技术咨询指导费 120 万元。境外股东企业常年派遣指导专员驻
本公司并对其工作成果承担全部责任和风险，对其业绩进行考核评估。

❷ 实际发放职工工资 1 200 万元（其中残疾人员工资 40 万元），发生职工福利费支出 180
万元，拨缴工会经费 25 万元并取得专用收据，发生职工教育经费支出 20 万元，以前年
度累计结转至本年的职工教育经费未扣除额为 5 万元。另为投资者支付商业保险费 10
万元。

❸ 发生广告费支出 800 万元，非广告性质的赞助支出 50 万元。发生业务招待费支出 60 万元。

❹ 从事《国家重点支持的高新技术领域》规定项目的研究开发活动，对研发费用实行专账

管理，发生研发费用支出 100 万元且未形成无形资产。

❺ 对外捐赠货币资金 160 万元（通过县级政府向目标扶贫地区捐赠 20 万元和其他公益捐赠 120 万元，直接向某学校捐赠 20 万元）。

❻ 为治理污水排放，当年购置污水处理设备并投入使用，设备购置价为 550 万元（不含增值税且已作进项税额抵扣）。处理公共污水，当年取得收入 20 万元，相应的成本费用支出为 12 万元。

❼ 撤回对某公司的股权投资取得 100 万元，其中含原投资成本 60 万元，相当于被投资公司累计未分配利润和累计盈余公积按减少实收资本比例计算的部分 10 万元。

「其他相关资料」除非特别说明，各扣除项目均已取得有效凭证，相关优惠已办理必要手续；因境外股东企业在中国境内会计账簿不健全，主管税务机关核定技术咨询指导劳务的利润率为 20% 且指定该制药公司为其税款扣缴义务人；购进的污水处理设备为《环境保护专用设备企业所得税优惠目录》所列设备。

「要求」根据上述资料，按照下列顺序计算回答问题。

（1）分别计算在业务❶中该制药公司应当扣缴的企业所得税、增值税、城市维护建设税、教育费附加及地方教育附加金额。

（2）计算业务❷应调整的应纳税所得额。

（3）计算业务❸应调整的应纳税所得额。

（4）计算业务❹应调整的应纳税所得额。

（5）计算业务❺应调整的应纳税所得额。

（6）计算业务❻应调整的应纳税所得额和应调整的应纳税额。

（7）计算业务❼应调整的应纳税所得额。

（8）计算该制药公司 2019 年应纳企业所得税税额。

8. 「2014 年·综合题·题码 151882」

某位于市区的冰箱生产企业为增值税一般纳税人，2019 年主营业务收入 4 800 万元，其他业务收入 500 万元，营业外收入 800 万元，主营业务成本 2 800 万元，其他业务成本 300 万元，营业外支出 250 万元，税金及附加 400 万元，销售费用 950 万元，管理费用 500 万元，财务费用 180 万元，投资收益 300 万元。

当年发生的其中部分具体业务如下：

❶ 6 月用一批自产的冰箱对外投资，产品成本为 320 万元，同类型冰箱的不含税售价为 500 万元，该企业未作任何账务处理。

❷ 6 月购进一台生产设备并于当月投入使用，购进时取得增值税专用发票，注明价款 150 万元，该企业另外负担不含税的保险费和安装调试费 2 万元。该企业预计设备残值率为 0 且已将计提的折旧费 15 万元计入 2019 年成本费用。企业对该设备采取加速折旧的税收政策。

❸ 实际发放职工工资 1 000 万元（其中残疾人员工资 50 万元），发生职工福利费支出 150 万元，拨缴工会经费 25 万元并取得专用收据，发生职工教育经费支出 20 万元。

❹ 发生广告支出 900 万元、业务招待费支出 80 万元，支付给母公司管理费 60 万元。

❺ 因向母公司借款 2 000 万元按年利率 9%（金融机构同期同类贷款利率为 6%）支付利息

180 万元，该企业不能证明此笔交易符合独立交易原则。母公司适用 15% 的企业所得税税率且在该冰箱生产企业的权益性投资金额为 800 万元。

❻ 从境内 A 公司分回股息 20 万元，A 公司为小型微利企业，适用 20% 的企业所得税税率且其所得减按 50% 计入应纳税所得额；从境外 B 公司分回股息 30 万元，已在所在国缴纳企业所得税，税率为 40%。（不考虑 B 国征收的预提所得税）

❼ 将 80% 持股的某子公司股权全部转让，取得股权对价 300 万元，取得现金对价 20 万元。该笔股权的历史成本为 200 万元，转让时公允价值为 320 万元。该子公司的留存收益为 50 万元。此项重组业务已办理了特殊重组备案手续。

「其他相关资料」增值税税率为 13% 和 9%，除非特别说明，各扣除项目均已取得有效凭证，相关优惠已办理必要手续。

「要求」根据上述资料，按照下列顺序计算回答问题。

（1）计算业务❶应调整的应纳税所得额以及应计算的增值税销项税额。（不考虑其他税费）

（2）计算业务❷应调整的应纳税所得额。

（3）计算业务❸应调整的应纳税所得额。

（4）计算业务❹应调整的应纳税所得额。

（5）计算业务❺应调整的应纳税所得额。

（6）计算业务❻应调整的应纳税所得额和应调整的应纳税额。

（7）计算业务❼应调整的应纳税所得额。

（8）计算该企业 2019 年应纳企业所得税税额。

05 第五章 个人所得税法

「考情分析」

考点	星级	近十年考频	2012年	2013年	2014年	2015年	2016年	2017年	2018年	2019年	2020年	2021年
1. 纳税义务人	★	2			√				√			
2. 征税范围、税率	★★★	6				√	√		√	√	√	√
3. 综合所得应纳税额计算	★★★	10	√	√	√	√		√	√		√	√
4. 分类所得应纳税额计算	★★★	9	√	√	√	√	√				√	√
5. 税收优惠	★★	5			√	√		√		√		
6. 征收管理	★★	2					√		√			

「考点 1」 纳税义务人 （★）

1. 「2018 年·单选题·题码 150571」

个人取得的下列所得中，应确定为来源于中国境内所得的是 （　　）。

A. 在境外开办教育培训取得的所得

B. 拥有的专利在境外使用而取得的所得

C. 从境外上市公司取得的股息所得

D. 将境内房产转让给外国人取得的所得

2. 「2014 年·多选题·题码 150592」

某外籍个人受某外国公司委派于 2021 年 10 月开始赴中国担任其驻华代表处首席代表，截至 2021 年 12 月 31 日未离开中国。该外籍个人 2021 年取得的下列所得中，属于来源于中国境内所得的有 （　　）。

A. 9 月出席境内某经济论坛做主题发言取得的收入

B. 因在中国任职而取得的由境外总公司发放的工资收入

C. 10 月将其拥有的境外房产出租给中国一公司驻该国常设机构取得的租金收入

D. 11 月将其拥有的专利技术许可—境外公司在大陆的分支机构使用取得的收入

「考点 2」 征税范围、税率 （★★★）

1. 「2020 年·单选题·题码 150572」

下列收入应按"劳务报酬所得"项目纳入综合所得缴纳个人所得税的是 （　　）。

A. 退休后再受雇取得的收入　　　B. 在就职单位取得的加班收入

C. 证券经纪人取得的佣金收入　　D. 个人购买彩票取得的中奖收入

2. 「2020 年·单选题·题码 150573」

下列关于企业员工取得与股票期权相关所得计征个人所得税的表述中，符合税法规定

的是（　　）。

A. 员工行权时的施权价与该股票当日收盘价之间的差额，暂不征税

B. 员工行权后的股票再转让取得的收益，应按"工资、薪金所得"纳税

C. 员工接受企业授予的股票期权时，以当日收盘价按"劳务报酬所得"纳税

D. 员工因拥有股权而参与企业税后利润分配取得的所得，应按"利息、股息、红利所得"纳税

3. 「2021 年·多选题·题码 156854」

下列所得应按照"偶然所得"项目计算缴纳个人所得税的有（　　）。

A. 退休人员取得的再任职收入

B. 个人从资产购买方企业取得的不竞争款项

C. 个人从非任职受雇的商家取得随机发放的网络红包

D. 个人在非任职受雇的企业开办的年会中奖获得的奖品

4. 「2020 年·多选题·题码 150593」

从事生产、经营的个人取得的下列所得中，应按照"经营所得"项目计征个人所得税的有（　　）。

A. 提供有偿咨询服务的所得　　　　　　B. 从事彩票代销业务的所得

C. 资金存入银行的利息所得　　　　　　D. 从事个体出租车运营的所得

5. 「2019 年·单选题·题码 150574」

居民个人取得的下列所得，应纳入综合所得计征个人所得税的是（　　）。

A. 偶然所得　　　　　　　　　　　　　B. 特许权使用费

C. 股息红利所得　　　　　　　　　　　D. 财产转让所得

6. 「2019 年·多选题·题码 150594」

居民个人取得的下列收入中，按照劳务报酬项目预扣预缴个人所得税的有（　　）。

A. 保险营销员取得的佣金收入

B. 公司职工取得的用于购买企业国有股权的劳动分红

C. 仅担任董事而不在该公司任职的个人取得的董事费

D. 企业对非雇员以免费旅游形式给予的营销业绩奖励

7. 「2018 年·单选题·题码 150575」

居民个人取得的下列所得中，适用按次征收个人所得税的是（　　）。

A. 个体工商户的经营所得　　　　　　　B. 出租房产取得的租金所得

C. 在公司任职取得的季度奖　　　　　　D. 承包某乡镇企业取得的经营所得

8. 「2016 年·多选题·题码 150595」

下列各项中，应按照"利息、股息、红利所得"项目计征个人所得税的有（　　）。

A. 股份制企业为个人股东购买住房而支出的款项

B. 员工因拥有股权而参与企业税后利润分配取得的所得

C. 员工将行权后的股票再转让时获得的高于购买日公平市场价的差额

D. 股份制企业的个人投资者，在年度终了后既不归还又未用于企业生产经营的借款

 税法
Taxation Laws

9. 「2015 年·单选题·题码 150576」

个人取得的下列所得中，免予征收个人所得税的是（　　）。

A. 企业职工李某领取原提存的住房公积金

B. 王某在单位任职表现突出获得 5 万元总裁特别奖金

C. 徐某因持有当年购买的某上市公司股票取得该上市公司年度分红

D. 退休教授张某受聘另一高校兼职教授每月取得 6 000 元工资

「考点 3」综合所得应纳税额计算（★★★）

1. 「2020 年·单选题·题码 150577」

居民个人取得的下列所得中，在计缴个人所得税时可享受专项附加扣除的是（　　）。

A. 综合所得　　　　　　　　　　B. 财产转让所得

C. 财产租赁所得　　　　　　　　D. 偶然所得

2. 「2019 年·单选题·题码 150578」

下列关于个人所得税专项附加扣除时限的表述中，符合税法规定的是（　　）。

A. 住房贷款利息，扣除时限最长不得超过 120 个月

B. 同一学历继续教育，扣除时限最长不得超过 24 个月

C. 技能人员职业资格继续教育，扣除时间为取得相关证书的当年

D. 大病医疗，扣除时间为医疗保障信息系统记录的医药费用实际支出的次年

3. 「2016 年·单选题·题码 150579」

某作家的一部长篇小说从 2019 年 5 月 1 日起在某报纸副刊上连载，每日刊出一期，至 5 月 31 日结束，共刊出 31 期，每期稿酬 500 元，2019 年 2 月 10 日，该作家取得预付稿酬 3 000 元，开始连载后报社每周支付一次稿酬。至 5 月 31 日已结束全部稿酬。下列关于报社代扣代缴个人所得税的表述中，正确的是（　　）。

A. 应以每周支付稿酬作为一次稿酬据以代扣代缴个人所得税

B. 应以每月实际支付的稿酬作为一次稿酬据以代扣代缴个人所得税

C. 应以预付稿酬作为一次稿酬据以代扣代缴个人所得税

D. 应以实际支付的全部稿酬作为一次稿酬据以代扣代缴个人所得税

4. 「2014 年·单选题·题码 150580」

杨某 2021 年 3 月因身体原因提前 2 年退休，企业按照统一标准发放给杨某一次性补贴 170 000 元。杨某应就该项一次性补贴缴纳的个人所得税为（　　）元。

A. 1 500　　　　B. 4 895　　　　C. 9 900　　　　D. 11 895

5. 「2014 年·单选题·题码 150581」

某市证券经纪人王某于 2021 年 1 月初入职某市一证券公司，试用期 3 个月，试用期间每月佣金 20 万元（含增值税，增值税按 1% 计算）。王某 1 月取得的佣金收入应预扣预缴的个人所得税为（　　）元。

A. 8 837.42　　　　B. 6 948.35　　　　C. 6 593.6　　　　D. 6 608

「考点 4」分类所得应纳税额计算（★★★）

1. 「2021 年·单选题·题码 156850」

个人投资者从基金分配中获得的下列收入中，应由基金管理公司代扣代缴个人所得税的是（　　）。

A. 国债利息收入　　　　　　　　B. 企业债券差价收入

C. 储蓄存款利息收入　　　　　　D. 买卖股票价差收入

2. 「2017 年·单选题·题码 150583」

某个体工商户发生的下列支出中，允许在个人所得税税前扣除的是（　　）。

A. 家庭生活用电支出

B. 直接向某灾区小学的捐赠

C. 已缴纳的城市维护建设税及教育费附加

D. 代公司员工负担的个人所得税税款

3. 「2016 年·单选题·题码 150584」

某内地个人投资者于 2020 年 6 月通过沪港通投资在香港联交所上市的 H 股股票，取得股票转让差价所得和股息红利所得。下列有关对该投资者股票投资所得计征个人所得税的表述中，正确的是（　　）。

A. 股票转让差价所得按照 10% 的税率征收个人所得税

B. 股息红利所得由 H 股公司按照 10% 的税率代扣代缴个人所得税

C. 股票转让差价所得免予征收个人所得税

D. 取得的股息红利由中国证券登记结算有限责任公司按照 20% 的税率代扣代缴个人所得税

4. 「2015 年·单选题·题码 150585」

个体工商户发生的下列支出中，允许在个人所得税税前扣除的是（　　）。

A. 用于家庭的支出　　　　　　　B. 非广告性质赞助支出

C. 已缴纳的增值税税款　　　　　D. 生产经营过程中发生的财产转让损失

「考点 5」税收优惠（★★）

1. 「2020 年·单选题·题码 150586」

个人取得的下列利息收入中，应缴纳个人所得税的是（　　）。

A. 财政部发行国债的利息　　　　B. 国家发行金融债券的利息

C. 企业发行公司债券的利息　　　D. 个人教育储蓄存款的利息

2. 「2020 年·多选题·题码 150587」

下列个人所获得的收入，属于免征个人所得税的有（　　）。

A. 保险理赔金额 5 000 元　　　　B. 商场抽奖所得 500 元

C. 单张发票中奖金额 1 000 元　　D. 退休工资收入 8 000 元

3. 「2019 年·单选题·题码 150588」

下列收入免征个人所得税的是（　　）。

A. 退休人员再任职取得的收入

B. "长江学者奖励计划"特聘教授取得的岗位津贴

C. 提前退休人员取得的一次性补贴收入

D. 员工从破产企业取得的一次性安置费

4.「2017 年·单选题·题码 150589」

国内某大学教授取得的下列所得中，免予征收个人所得税的是（　　）。

A. 因任某高校兼职教授取得的课酬

B. 按规定领取原提存的住房公积金

C. 因拥有持有期不足 1 年的某上市公司股票取得的股息

D. 被学校评为校级优秀教师获得的奖金

5.「2014 年·单选题·题码 150590」

某高校教师 2020 年 8 月所取得的下列收入中，应计算缴纳个人所得税的是（　　）。

A. 国债利息收入　　　　　　　　B. 任职高校发放的误餐补助

C. 为某企业开设讲座取得的酬金　　D. 任职高校为其缴付的住房公积金

「考点 6」征收管理（★★）

1.「2018 年·单选题·题码 150591」

个人取得的下列所得中，适用按年征收个人所得税的是（　　）。

A. 经营家庭旅馆取得的所得　　　　B. 将房产以年租的方式取得的租金所得

C. 转让房产取得的所得　　　　　　D. 转让持有期满一年的股票取得的所得

2.「2016 年·多选题·题码 150597」

下列关于个人所得税税制模式的表述中，正确的有（　　）。

A. 实行分类征收制模式便于征收管理，但不利于平衡纳税人税负

B. 实行综合征收制模式征收管理相对复杂，但有利于平衡纳税人税负

C. 我国目前个人所得税实行分类与综合相结合模式

D. 我国个人所得税税制的改革方向是由分类征收制向分类与综合相结合的模式转变

3.「多选题·题码 150598」

纳税人在 2019 年度已依法预缴个人所得税且符合（　　）情形的，无须办理年度汇算。

A. 纳税人年度汇算需补税但年度综合所得收入不超过 12 万元的

B. 纳税人年度汇算需补税金额不超过 400 元的

C. 纳税人已预缴税额与年度应纳税额一致或者不申请年度汇算退税的

D. 2019 年度已预缴税额大于年度应纳税额且申请退税的

主观题部分

1.「2020 年·计算分析题·题码 151892」

居民个人张某与其妻子在某城市工作并居住。2019 年与个人所得税汇算清缴相关的收入及支出如下：

❶ 全年从单位领取扣除按规定比例缴纳的社保费用和住房公积金后的工资共计 120 000 元，单位已为其预扣预缴个人所得税款 1 404 元。

❷ 出版一部作品，取得出版方分两次向其支付的稿酬 20 000 元。

❸ 每月按首套住房贷款利率为其购于某县城的自有房产偿还房贷 2 000 元。

❹ 在居住城市无自有住房，与其妻子一起租房居住，每月支付房租 3 000 元。

「其他相关资料」张某工作地城市为除直辖市、省会城市、计划单列市及国务院规定其他城市之外的市辖区人口超过 100 万的城市；以上专项附加扣除均由张某 100% 扣除。

附：综合所得个人所得税税率表（部分）

级数	全年应纳税所得额	税率（%）	速算扣除数
1	不超过 36 000 元的部分	3	0
2	超过 36 000 ~ 144 000 元的部分	10	2 520
3	超过 144 000 ~ 300 000 元的部分	20	16 920

「要求」根据上述资料，按照下列序号回答问题，如有计算需计算出合计数。

（1）从税后所得最大化出发，回答张某应选择享受的专项附加扣除并说明理由。

（2）计算出版方支付稿酬所得应预扣预缴的个人所得税款。

（3）计算张某可申请的个人所得税退税款。

（4）张某如需办理 2019 年度个人所得税汇算清缴，回答其可选择哪些办理的渠道及受理的税务机关。

2.「2020 年·计算分析题·题码 151897」

居民个人王某在某省会城市工作，其两个子女分别就读于中学和小学。2019 年王某个人所得税汇算清缴相关的收入及支出如下：

❶ 全年领取扣除按规定比例缴付的社保费用和住房公积金后的工资共计 180 000 元，单位已为其预扣预缴个人所得税款 9 480 元。

❷ 在工作地所在城市无自有住房，租房居住每月支付房租 5 000 元。将其位于另一城市的自有住房出租，每月取得租金收入 4 500 元。

「其他相关资料」以上专项附加扣除均由王某 100% 扣除，王某当年并未向单位报送其专项附加扣除信息；不考虑出租房产涉及的其他税费。

附：综合所得个人所得税税率表（部分）

级数	全年应纳税所得额	税率（%）	速算扣除数
1	不超过 36 000 元的	3	0
2	超过 36 000 ~ 144 000 元的部分	10	2 520
3	超过 144 000 ~ 300 000 元的部分	20	16 920

「要求」根据上述资料，按照下列序号回答问题，如有计算需计算出合计数。

（1）计算王某 2019 年度出租房产应缴纳的个人所得税。

（2）回答王某是否可以享受 2019 年度专项附加扣除，如果可以，回答办理的时间期限和受理税务机关。

（3）计算王某 2019 年度可申请的综合所得退税额。

（4）王某如需办理 2019 年度个人所得税汇算清缴，回答其可选择哪些办理的渠道。

3. 「2019 年 · 计算分析题 · 题码 151902」

居民个人张某为独生子女，父母均已年满 65 周岁，其独生子就读于某小学。2019 年张某收入及部分支出如下：

❶ 每月从单位领取扣除社保费用和住房公积金后的工资 10 000 元，截至 11 月底累计已预扣预缴个人所得税款 330 元。

❷ 取得年终奖 60 000 元，选择单独计税。

❸ 利用业余时间为某公司设计图纸取得劳务报酬 20 000 元。

❹ 每月按首套住房贷款利率偿还房贷 5 000 元。

「其他相关资料」以上专项附加扣除均由张某 100% 扣除。

「要求」根据上述资料，按照下列序号回答问题，如有计算需计算出合计数。

（1）计算 2019 年 12 月张某取得的工资应预扣预缴的个人所得税额。

（2）计算张某取得的年终奖应缴纳的个人所得税额。

（3）计算张某取得的劳务报酬应预扣预缴的个人所得税额。

（4）计算张某取得的 2019 年综合所得应缴纳的个人所得税额。

（5）计算张某就 2019 年综合所得向主管税务机关办理汇算清缴时，应补缴的税款或申请的应退税额。

4. 「2019 年 · 计算分析题 · 题码 151908」

居民个人王某及配偶名下均无房，在某省会城市工作并租房居住，2018 年 9 月开始攻读工商管理硕士。2019 年王某取得收入和部分支出如下：

❶ 每月从单位领取扣除社保费用和住房公积金后的工资 8 000 元，截至 11 月底累计已预扣预缴个人所得税款 363 元。

❷ 取得年终奖 48 000 元，选择单独计税。

❸ 利用业余时间出版一部摄影集，取得稿酬 20 000 元。

❹ 每月支付房租 3 000 元。

「其他相关资料」以上专项附加扣除均由王某 100% 扣除。

「要求」根据上述资料，按照下列序号回答问题，如有计算需计算出合计数。

（1）计算 2019 年 12 月王某取得的工资应预扣预缴的个人所得税额。

（2）计算王某取得的年终奖应缴纳的个人所得税额。

（3）计算王某取得的稿酬所得应预扣预缴的个人所得税额。

（4）计算王某取得的 2019 年综合所得应缴纳的个人所得税额。

（5）计算王某就 2019 年综合所得向主管税务机关办理汇算清缴时，应补缴的税款或申请的应退税额。

5. 「2018 年·计算分析题·题码 151914」

王某为某企业员工，2019 年发生了如下经济行为：

❶ 单位依照国家标准为王某办理了企业年金并缴费 800 元。

❷ 年初取得该企业年金计划分配的上年投资收益 2 000 元，王某将该部分收益存入年金个人账户。

❸ 购买福利彩票中奖 100 万元，在领取奖金时当场通过国家机关向贫困地区捐款 10 万元。

❹ 取得持有期满两年的某 A 股股票分红 6 000 元，另取得持股期 6 个月的另一 A 股股票分红 8 000 元。

「要求」根据上述资料，按照下列序号回答问题，如有计算需计算出合计数。

（1）回答单位为王某缴纳的企业年金是否应在当期缴纳个人所得税并说明理由。

（2）回答王某取得上年企业年金投资收益时是否应在当期缴纳个人所得税并说明理由。

（3）判断王某向贫困地区的捐款是否允许税前全额扣除并说明理由。

（4）计算王某取得的彩票中奖收入应缴纳的个人所得税。

（5）计算王某取得的股票分红收入应缴纳的个人所得税。

6. 「2018 年·计算分析题·题码 151920」

张某为我国居民个人，2019 年发生以下经济行为：

❶ 取得境外某企业支付的专利权使用费 10 万元，该项收入境外纳税 1 万元并取得境外税务机关开具的完税凭证，已知该国与我国之间尚未签订税收协定。

❷ 以市场价 200 万元转让 2008 年购入的家庭唯一普通商品住房，原值 60 万元，转让过程中缴纳税费 0.6 万元。

❸ 拍卖自己的文字作品手稿原件，取得收入 8 000 元。

「要求」根据上述资料，按照下列序号回答问题，如有计算需计算出合计数。

（1）判断张某取得的专利权使用费境外所纳税款是否能在本纳税年度足额抵扣并说明理由。

（2）计算张某从境外取得的专利权使用费在我国应缴纳的个人所得税。

（3）判断张某转让住房是否应缴纳个人所得税并说明理由。

（4）说明张某取得的拍卖收入缴纳个人所得税时适用的所得项目和预扣率。

（5）计算张某取得的拍卖收入应预扣预缴的个人所得税。

7. 「2017 年·计算分析题·题码 151926」

国内某高校张教授 2019 年取得部分收入项目如下：

❶ 5 月出版了一本书稿，获得稿酬 20 000 元。

❷ 9 月教师节期间获得全国教学名师奖，获得教育部颁发的奖金 50 000 元。

❸ 10 月取得 5 年期国债利息收入 8 700 元，一年期定期储蓄存款利息收入 500 元，某上市公司发行的企业债券利息收入 1 500 元。

❹ 11 月因持有两年前购买的某境内上市公司股票 10 000 股，取得该公司股票分红所得

2 000 元，随后将该股票卖出，获得股票转让所得 50 000 元。

❺ 12 月应 A 公司邀请给本公司财务人员培训，取得收入 30 000 元，A 公司未扣缴个人所得税。

「要求」根据上述资料，按照下列序号回答问题，如有计算需计算出合计数。

（1）计算张教授 5 月稿酬所得应预扣预缴的个人所得税。

（2）9 月张教授获得的全国教学名师奖金是否需要纳税，说明理由。如需要，计算应预扣预缴的个税。

（3）10 月张教授取得的利息收入是否需要纳税。如需要，请计算其应纳税额。

（4）11 月张教授股息所得和股票转让所得是否需要纳税，请说明理由。如需要，请计算其应纳税额。

（5）回答 A 公司未履行代扣代缴个人所得税义务应承担的法律责任，税务机关应对该项纳税事项如何进行处理。

8. 「2017 年·计算分析题·题码 151932」

李某是甲企业的中层管理人员，2019 年发生了以下经济行为：

❶ 1 月李某与企业解除劳动合同，取得企业给付的一次性补偿收入 96 000 元（含"三险一金"）。

❷ 1 月李某承包了甲企业的招待所，按照合同规定，招待所的年经营利润（不含工资）全部归李某所有，但是其每年应该上缴承包费 20 000 元。李某每月可从经营收入中支取工资 6 000 元。当年招待所实现经营利润 85 000 元。

❸ 3 月李某将承租的一套住房转租给他人居住。李某承租的住房租金为每月 2 000 元（有房屋租赁合同和合法支付凭据），其转租的租金收入为每月 3 000 元。

❹ 4 月李某应邀为乙培训机构授课，按照合同规定，共计授课 4 次，每次课酬 6 000 元，培训机构已按规定支付了课酬。

「其他相关资料」不考虑专项附加扣除，李某在甲企业的工作年限为 12 年，当地上年职工平均工资为 32 000 元。

「要求」根据上述资料，按照下列序号回答问题，如有计算需计算出合计数。

（1）回答李某取得的一次性补偿收入是否需要缴纳个人所得税并说明理由。

（2）计算李某经营招待所应纳的个人所得税。

（3）回答李某转租住房向房屋出租方支付的租金是否允许在税前扣除及具体规定。

（4）按次序写出转租收入应纳个人所得税的税前扣除项目。

（5）计算李某取得的课酬应代扣代缴的个人所得税。

9. 「2016 年·计算分析题·题码 151938」

王先生 2019 年度取得个人收入项目如下：

❶ 扣除"三险一金"后的每月工资 9 800 元，12 月取得年终奖 72 000 元，年终奖选择单独计税。

❷ 从 1 月 1 日起出租两居室住房用于居住，扣除相关税费后的每月租金所得 6 000 元，全年共计 72 000 元。12 月 31 日出租另一套三居室住房预收 2020 年上半年租金 42 000 元。

❸ 2 月 8 日对 2017 年 1 月公司授予的股票期权 30 000 股行权，每股施权价 8 元，行权当日该股票的收盘价为 15 元。

❹ 10 月 26 日通过拍卖市场拍卖祖传字画一幅，拍卖收入 56 000 元，不能提供字画原值凭据。

❺ 11 月因实名举报某企业的污染行为获得当地环保部门奖励 20 000 元。同时因其参与的一项技术发明获得国家科技进步二等奖，分得奖金 50 000 元。

「其他相关资料」不考虑专项附加扣除。

「要求」根据以上资料，按照下列序号计算回答问题，如有计算需计算出合计数。

（1）计算全年工资所得和年终奖应缴纳的个人所得税。

（2）计算出租两居室住房取得的租金收入应缴纳的个人所得税。

（3）计算股票期权所得应缴纳的个人所得税。

（4）计算拍卖字画收入应缴纳的个人所得税。

（5）回答王先生 11 月获得的奖金应如何缴纳个人所得税并简要说明理由。

06 第六章 城市维护建设税法和烟叶税法

「考情分析」

考点	星级	近十年考频	2012年	2013年	2014年	2015年	2016年	2017年	2018年	2019年	2020年	2021年
1. 城市维护建设税法	★★	6				√	√	√		√	√	√
2. 烟叶税法	★	3						√		√		√

「考点1」城市维护建设税法（★★）

1. 「2019年·单选题·题码151052」

位于某镇的甲企业2019年7月缴纳增值税50万元，其中含进口环节增值税10万元；缴纳消费税30万元，其中含进口环节消费税10万元。甲企业当月应缴纳的城市维护建设税为（　　）万元。

A. 1　　　　　B. 2　　　　　C. 3　　　　　D. 4

2. 「2016年·单选题·题码151053」

企业缴纳的下列税额中，应作为城市维护建设税计税依据的是（　　）。

A. 关税税额　　　　　　　　　B. 消费税税额
C. 房产税税额　　　　　　　　D. 城镇土地使用税税额

3. 「2015年·单选题·题码151054」

位于市区的甲企业2021年7月销售产品缴纳增值税和消费税共计50万元，被税务机关查补增值税15万元并处罚款5万元，甲企业7月应缴纳的城市维护建设税为（　　）万元。

A. 3.25　　　　　B. 3.5　　　　　C. 4.55　　　　　D. 4.9

「考点2」烟叶税法（★）

1. 「2019年·多选题·题码151057」

2021年7月甲市某烟草公司向乙县某烟叶种植户收购了一批烟叶，收购价款100万元，价外补贴10万元。下列关于该笔烟叶交易涉及烟叶税征收管理的表述中，符合税法规定的有（　　）。

A. 应向甲市主管税务机关申报纳税　　　B. 纳税人为烟草公司
C. 应纳税额为22万元　　　　　　　　　D. 应在次月15日内申报纳税

2. 「2017年·单选题·题码151055」

某烟草公司2021年8月8日支付烟叶收购价款88万元，另向烟农支付了价外补贴10万元。该烟草公司8月收购烟叶应缴纳的烟叶税为（　　）万元。

A. 17.6　　　　　B. 19.36　　　　　C. 21.56　　　　　D. 19.6

07 第七章　关税法和船舶吨税法

「考情分析」

考点	星级	近十年考频	2012年	2013年	2014年	2015年	2016年	2017年	2018年	2019年	2020年	2021年
1. 进出口税则	★	2					√			√		
2. 关税完税价格与应纳税额的计算	★★★	7			√	√		√	√	√	√	√
3. 关税税收优惠和征收管理	★★	5			√		√	√		√		
4. 船舶吨税	★	3			√				√		√	

「考点1」进出口税则（★）

1.「2011年·单选题·题码151081」

下列各项关于关税适用税率的表述中，正确的是（　　）。

A. 出口货物，按货物实际出口离境之日实施的税率征税

B. 进口货物，按纳税义务人申报进口之日实施的税率征税

C. 暂时进口货物转为正式进口需予补税时，按其申报暂时进口之日实施的税率征税

D. 查获的走私进口货物需补税时，按海关确认的其实际走私进口日期实施的税率征税

2.「多选题·题码151094」

下列关于我国关税税率运用的表述中，正确的有（　　）。

A. 进出口货物，应当适用海关接受该货物申报进口或者出口之日实施的税率征税

B. 进口货物到达之前，经海关核准先行申报的，应该按照装载此货物的运输工具申报进境之日实施的税率征税

C. 暂时进口货物转为正式进口需予补税时，按其申报正式进口之日实施的税率

D. 出口转关运输货物，应当适用启运地海关接受该货物申报出口之日实施的税率

「考点2」关税完税价格与应纳税额的计算（★★★）

1.「2020年·单选题·题码151082」

下列进口货物价款中单独列明的各项税费，应计入关税完税价格的是（　　）。

A. 境外技术培训费用　　　　　　　B. 设备进口后的保修费用

C. 进口环节海关代征的增值税　　　D. 运抵境内输入地点起卸后发生的运输费

2.「2020年·单选题·题码102914」

在以成交价格估价方法确定进口货物完税价格时，下列各项费用应计入完税价格的是（　　）。

A. 进口环节代征的增值税

B. 在进口货物价款中单独列明的设备进口后发生的安装费用

C. 由买方负担的包装材料费用

D. 在进口货物价款中单独列明的进口货物运抵境内输入地点起卸后发生的运输费

3. 「2020 年·单选题·题码 151084」

在以成交价格估价方法确定进口货物完税价格时，下列各项费用应计入完税价格的是（　　）。

A. 由买方负担的购货佣金

B. 在进口货物价款中单独列明的设备进口后发生的维修费

C. 在进口货物价款中单独列明的设备进口后发生的保修费用

D. 在进口货物价款中单独列明的在境内复制进口货物而支付的费用

4. 「2019 年·单选题·题码 151085」

某进出口公司 2021 年 7 月进口化妆品一批，购买价 34 万元，该公司另支付入关前的运费 3 万元，保险费无法确定。化妆品关税税率为 30%，该公司应缴纳的关税为（　　）万元。

A. 10.20　　　　B. 10.23　　　　C. 11.10　　　　D. 11.13

5. 「2019 年·单选题·题码 151086」

某进出口公司 2021 年 8 月进口摩托车 20 辆，成交价共计 27 万元，该公司另支付入关前的运费 4 万元，保险费无法确定。摩托车关税税率为 25%，该公司应缴纳的关税为（　　）万元。

A. 6.75　　　　B. 7.77　　　　C. 6.78　　　　D. 7.75

6. 「2018 年·多选题·题码 151095」

下列各项税费中，应计入出口货物完税价格的有（　　）。

A. 货物运至我国境内输出地点装载前的保险费

B. 货物运至我国境内输出地点装载前的运输费用

C. 货物出口关税

D. 货价中单独列明的货物运至我国境内输出地点装载后的运输费用

7. 「2017 年·单选题·题码 151087」

下列出口货物成交价格包含的税收和费用中，应计入出口货物关税完税价格的是（　　）。

A. 出口关税税额

B. 单独列明支付给境外的佣金

C. 货物运至我国境内输出地点装载前的运输费用

D. 我国离境口岸至境外口岸之间的保险费

8. 「2017 年·多选题·题码 151096」

跨境电子商务零售进口商品按照货物征收关税，下列企业可以作为代收代缴义务人的有（　　）。

A. 物流企业　　　　　　　　B. 商品生产企业

C. 电子商务交易平台企业　　　D. 电子商务企业

「考点 3」关税税收优惠和征收管理（★★）

1.「2020 年·单选题·题码 151089」

因纳税义务人违反规定而造成的少征关税，海关可以自纳税义务人缴纳税款或者货物、物品放行之日起的一定期限内追征。这期限是（　　）年。

　A. 1　　　　　　　　B. 10　　　　　　　　C. 5　　　　　　　　D. 3

2.「2019 年·多选题·题码 151097」

下列进口的货物或物品中，免征关税的有（　　）。

　A. 无商业价值的广告品　　　　　B. 外国政府无偿援助的物资
　C. 国际组织无偿赠送的货物　　　D. 在海关放行前损失的货物

3.「2016 年·多选题·题码 151098」

下列措施中，属于《海关法》赋予海关可以采取的强制措施有（　　）。

　A. 变价抵缴　　　B. 补征税额　　　C. 强制扣缴　　　D. 征收关税滞纳金

4.「2014 年·单选题·题码 151090」

下列进口货物中，免征进口关税的是（　　）。

　A. 外国企业无偿赠送的物资　　　B. 无商业价值的货样
　C. 在海关放行前遭受损坏的货物　　　D. 关税税额为人民币 80 元的一票货物

5.「2006 年·单选题·题码 151091」

某公司进口一批货物，海关于 2020 年 3 月 1 日填发税款缴款书，但公司迟至 3 月 27 日才缴纳 500 万元的关税。海关应征收关税滞纳金（　　）万元。

　A. 2.75　　　　　　B. 3　　　　　　　　C. 6.5　　　　　　　D. 6.75

「考点 4」船舶吨税（★）

1.「2020 年·多选题·题码 151099」

应税船舶在吨税执照期限内发生的下列情形中，海关可按照实际发生的天数批注延长吨税执照期限的有（　　）。

　A. 避难并不上下客货的　　　　　B. 防疫隔离不上下客货的
　C. 补充供给不上下旅客的　　　　D. 武装警察部队征用的

2.「2018 年·单选题·题码 151092」

下列从境外进入我国港口的船舶中，免征船舶吨税的是（　　）。

　A. 养殖渔船
　B. 非机动驳船
　C. 拖船
　D. 吨税执照期满后 24 小时内上下客货的船舶

3.「2014 年·多选题·题码 151100」

下列船舶中，免征船舶吨税的有（　　）。

A. 养殖渔船   B. 非机动驳船

C. 军队征用的船舶   D. 应纳税额为人民币 100 元的船舶

4. 「单选题·题码 151093」

下列关于船舶吨税征收管理的表述中，符合税法规定的是（   ）。

A. 船舶吨税纳税义务发生时间为应税船舶进入港口的当日

B. 海关发现多征税款的，应当在 24 小时内通知应税船舶办理退还手续，但不用加算银行同期活期存款利息

C. 应税船舶在吨税执照期限内，因税目税率调整而导致适用税率变化的，吨税执照需要重新办理

D. 应税船舶在吨税执照期限内，因修理而导致净吨位变化的，吨税执照需要重新办理

08 第八章 资源税法和环境保护税法

「考情分析」

考点	星级	近十年考频	2012年	2013年	2014年	2015年	2016年	2017年	2018年	2019年	2020年	2021年
1. 资源税纳税义务人、税目与税率	★★	2					√					√
2. 资源税计税依据与应纳税额的计算	★★	6	√	√	√		√	√				√
3. 资源税税收优惠和征收管理、水资源税	★★	3			√				√		√	
4. 环境保护税	★	4							√	√	√	√

「考点1」资源税纳税义务人、税目与税率（★★）

1. 「2016年·多选题·题码151137」

企业生产或开采的下列资源产品中，应当征收资源税的有（　　）。

A. 煤炭开采企业因安全生产需要抽采的煤层气

B. 深水油气田开采的天然气

C. 人造石油

D. 从低丰度油田开采的原油

2. 「2021年·多选题·题码156855」

下列项目中，属于资源税征税范围的有（　　）。

A. 地热　　　　　B. 森林　　　　　C. 草场　　　　　D. 宝石原矿

3. 「2009年·多选题·题码151138」

下列各项中，应征收资源税的有（　　）。

A. 进口的天然气

B. 专门开采的天然气

C. 煤炭开采企业因安全生产需要抽采的煤层气

D. 与原油同时开采的天然气

4. 「单选题·题码151126」

下列企业属于资源税纳税人的是（　　）。

A. 出口铁矿的外贸企业　　　　　B. 开采石灰岩的合资企业

C. 外购原煤销售的商贸企业　　　　　D. 进口有色金属矿原矿的进口公司

5. 「多选题·题码151139」

下列各项中，应征收资源税的有（　　）。

A. 人造石油   B. 未税原煤加工的洗选煤

C. 煤层气   D. 从低丰度油气田开采的原油

「考点2」资源税计税依据与应纳税额的计算（★★）

1. 「2016年·单选题·题码151127」

  某油田开采企业2021年6月销售天然气90万立方米，取得不含增值税收入1 350 000元，另向购买方收取手续费1 785元，延期付款利息2 180元。假设天然气的资源税税率为6%，该企业2021年6月销售天然气应缴纳的资源税为（ ）元。

  A. 135 000 B. 135 150 C. 135 388 D. 81 218.26

2. 「2012年·单选题·题码151128」

  某油田2021年10月共计开采原油8 000吨，当月销售原油6 000吨，取得销售收入（不含增值税）18 000 000元，同时还向购买方收取违约金22 600元、优质费5 650元；支付运输费用20 000元（运输发票已比对）。已知销售原油的资源税税率为6%，则该油田10月缴纳资源税为（ ）元。

  A. 900 000 B. 900 250 C. 901 000 D. 1 081 500

3. 「2010年·单选题·题码151129」

  纳税人开采应税矿产品销售的，其资源税的征税数量为（ ）。

  A. 开采数量 B. 实际产量 C. 计划产量 D. 销售数量

4. 「多选题·题码151140」

  下列选项中，属于资源税征税范围的有（ ）。

  A. 地热   B. 矿泉水   C. 砂石   D. 石灰岩

「考点3」资源税税收优惠和征收管理、水资源税（★★）

1. 「2020年·单选题·题码151131」

  下列开采项目中，依法免征资源税的是（ ）。

  A. 开采稠油

  B. 煤炭开采企业因为安全生产需要抽采煤层气

  C. 从衰竭期矿山开采矿产品

  D. 开采页岩气

2. 「2018年·单选题·题码151132」

  下列关于矿产资源享受资源税减征优惠的说法中，正确的是（ ）。

  A. 对依法通过充填开采方式采出的矿产资源减征40%

  B. 对实际开采年限在15年以上的衰竭期矿山开采的矿产资源减征30%

  C. 铁矿石减按60%征收

  D. 对纳税人开采销售的未与主矿产品销售额分别核算的共伴生矿减征50%

3. 「2014年·单选题·题码151133」

  下列生产或开采的资源产品中，免征收资源税的是（ ）。

A. 海盐

B. 焦煤

C. 煤炭开采企业因安全生产需要抽采的煤层气

D. 与原油同时开采的天然气

4. 「2011 年·多选题·题码 151141」

下列各项关于资源税的表述中，正确的有（　　）。

A. 对出口的应税产品免征资源税

B. 对进口的应税产品不征收资源税

C. 开采原油过程中用于加热的原油免征资源税

D. 开采应税产品过程中因自然灾害有重大损失的可由省级政府减征资源税

5. 「2008 年·多选题·题码 151142」

下列各项中，符合资源税纳税义务发生时间规定的有（　　）。

A. 采取分期收款结算方式的为实际收到款项的当天

B. 采取预收货款结算方式的为发出应税产品的当天

C. 自产自用应税产品的为移送使用应税产品的当天

D. 采取其他结算方式的为收讫销售款或取得索取销售款凭据的当天

6. 「单选题·题码 151134」

位于北京市的某水资源开采企业为增值税一般纳税人，该企业拥有先进的污水处理技术，2021 年 4 月取用污水处理再生水，实际取用水量为 5 000 立方米，再生水量为 3 000 立方米。当地水资源税适用税额标准为每立方米 1.6 元。该企业取用污水处理再生水应缴纳资源税（　　）元。

A. 8 000　　　　　B. 4 800　　　　　C. 3 200　　　　　D. 0

「考点 4」 环境保护税 （★）

1. 「2020 年·多选题·题码 151143」

下列排放物中，属于环境保护税征税范围的有（　　）。

A. 危险废物　　　B. 交通噪声　　　C. 二氧化碳　　　D. 氮氧化物

2. 「2019 年·单选题·题码 151135」

下列应税污染物中，在确定计税依据时只对超过规定标准的部分征收环境保护税的是（　　）。

A. 工业噪声　　　B. 固体废物　　　C. 水污染物　　　D. 大气污染物

3. 「2019 年·多选题·题码 151145」

下列应税污染物中，按照污染物排放量折合的污染当量数作为环境保护税计税依据的有（　　）。

A. 噪声　　　　　B. 大气污染物　　　C. 固体废物　　　D. 水污染物

4. 「2018 年·单选题·题码 46860」

下列情形中，属于直接向环境排放污染物从而应缴纳环境保护税的是（　　）。

A. 企业在符合国家和地方环境保护标准的场所处置固体废物的

B. 事业单位向依法设立的生活垃圾集中处理场所排放应税污染物的

C. 企业向依法设立的污水集中处理场所排放应税污染物的

D. 依法设立的城乡污水集中处理场所超过国家和地方规定的排放标准排放应税污染物的

主观题部分

「2017 年 · 计算分析题 · 题码 151944」

某石化企业为增值税一般纳税人，2021 年 7 月发生以下业务：

❶ 从国外某石油公司进口原油 50 000 吨，支付不含税价款折合人民币 9 000 万元，其中包含包装费及保险费折合人民币 10 万元。

❷ 开采原油 10 000 吨，并将开采的原油对外销售 6 000 吨，取得含税销售额 2 260 万元，同时向购买方收取延期付款利息 2.26 万元、包装费 1.13 万元，另外支付运输费用 6.78 万元。

❸ 用开采的原油 2 000 吨加工生产汽油 1 300 吨。

「其他相关资料」增值税税率为 13% 和 9%；原油的资源税税率为 10%。

「要求」根据上述资料，按照下列序号回答问题，如有计算需计算出合计数。

（1）说明业务❶中该石化企业是否应对从国外某石油公司进口的原油计算缴纳资源税，如需要计算缴纳，计算应缴纳的资源税额。

（2）计算业务❷应缴纳的资源税额。

（3）计算业务❸应缴纳的资源税额。

09 第九章　城镇土地使用税法和耕地占用税法

「考情分析」

考点	星级	近十年考频	2012年	2013年	2014年	2015年	2016年	2017年	2018年	2019年	2020年	2021年
1. 城镇土地使用税法	★★	9	√	√	√	√		√	√	√	√	√
2. 耕地占用税法	★★	8	√	√				√	√	√	√	√

「考点1」城镇土地使用税法（★★）

1. 「2020年·单选题·题码151239」

下列用地中，应缴纳城镇土地使用税的是（　　）。

A. 公园内茶社用地　　　　　　　　B. 养殖业专业用地

C. 部队训练用地　　　　　　　　　D. 盐矿的盐井用地

2. 「2020年·单选题·题码151240」

下列关于城镇土地使用税征收方法的表述中，符合税法规定的是（　　）。

A. 按月计算缴纳　　　　　　　　　B. 按半年计算、分期缴纳

C. 按年计算、分期缴纳　　　　　　D. 按季计算缴纳

3. 「2019年·单选题·题码151241」

某企业2021年初占用土地25 000平方米，其中托儿所占地1 000平方米，其余为生产经营用地；6月购置一栋办公楼，占地2 000平方米。该企业所在地城镇土地使用税年税额6元/平方米，则该企业2021年应缴纳的城镇土地使用税为（　　）元。

A. 144 000　　　　B. 151 000　　　　C. 150 000　　　　D. 156 000

4. 「2019年·多选题·题码151253」

下列关于城镇土地使用税纳税义务发生时间的表述中，符合税法规定的有（　　）。

A. 纳税人出租房产，自交付出租房产之次月起纳税

B. 纳税人购置新建商品房，自房屋交付使用之次月起纳税

C. 纳税人出借房产，自交付出借房产之次月起纳税

D. 纳税人新征用的耕地，自批准征用之次月起纳税

5. 「2018年·多选题·题码151254」

下列土地中，属于法定免缴城镇土地使用税的有（　　）。

A. 个人所有的居住房屋用地　　　　B. 免税单位无偿使用纳税单位的土地

C. 名胜古迹自用土地　　　　　　　D. 国家财政部门拨付事业经费的学校用地

6. 「2017年·单选题·题码151242」

某企业2021年度拥有位于市郊的一宗地块，其地上面积为1万平方米，单独建造的地下建筑面积为4 000平方米（已取得地下土地使用权证）。该市规定的城镇土地使用税税额为2

元/平方米。则该企业 2020 年度就此地块应缴纳的城镇土地使用税为（   ）万元。

A. 0.8   B. 2   C. 2.8   D. 2.4

7. 「2017 年・多选题・题码 151255」

下列关于城镇土地使用税纳税义务发生时间的表述中，正确的有（   ）。

A. 纳税人新征用的非耕地，自批准征用次月起缴纳城镇土地使用税

B. 纳税人购置新建商品房，自房屋交付使用之次月起缴纳城镇土地使用税

C. 纳税人新征用的耕地，自批准征用之日起满 1 年时开始缴纳城镇土地使用税

D. 纳税人出租房产，自合同约定应付租金日期的次月起缴纳城镇土地使用税

8. 「2015 年・单选题・题码 151243」

某市肉制品加工企业 2021 年度占地 60 000 平方米，其中办公占地 5 000 平方米，生猪养殖基地占地 28 000 平方米，肉制品加工车间占地 16 000 平方米，企业内部道路及绿化占地 11 000 平方米。企业所在地城镇土地使用税单位税额每平方米 0.8 元。该企业全年应缴纳城镇土地使用税（   ）元。

A. 16 800   B. 25 600   C. 39 200   D. 48 000

9. 「2015 年・单选题・题码 151244」

某企业在市区拥有一地块，尚未组织测量面积，但持有政府部门核发的土地使用证书。下列关于该企业履行城镇土地使用税纳税义务的表述中，正确的是（   ）。

A. 暂缓履行纳税义务

B. 自行测量土地面积并履行纳税义务

C. 待将来有关部门测定完土地面积后再履行纳税义务

D. 以证书确认的土地面积作为计税依据履行纳税义务

10. 「2014 年・单选题・题码 151245」

下列土地中，免征城镇土地使用税的是（   ）。

A. 营利性医疗机构自用的土地

B. 公园内附设照相馆使用的土地

C. 生产企业无偿使用海关部门的免税土地

D. 公安部门无偿使用铁路企业的应税土地

「考点 2」耕地占用税法（★★）

1. 「2020 年・单选题・题码 151246」

下列关于耕地占用税征收管理的表述中，符合税法规定的是（   ）。

A. 耕地占用税由自然资源主管部门负责征收

B. 占用耕地的个人纳税人应在其户籍所在地缴纳耕地占用税

C. 纳税义务发生时间为纳税人收到自然资源主管部门办理占用耕地手续通知书的次日

D. 未经批准占用耕地的，纳税义务发生时间为自然资源主管部门认定其实际占用耕地的当日

2. 「2019 年·单选题·题码 151247」

下列项目占用耕地,可以直接免征耕地占用税的是 (　　)。

A. 军事设施　　　B. 铁路线路　　　C. 机场跑道　　　D. 港口码头

3. 「2018 年·单选题·题码 151248」

下列单位占用的耕地中,应减征耕地占用税的是 (　　)。

A. 幼儿园　　　　　　　　　　B. 养老院

C. 港口　　　　　　　　　　　D. 省政府批准成立的技工学校

4. 「2017 年·单选题·题码 151249」

下列占用耕地的行为中,免征耕地占用税的是 (　　)。

A. 公立医院占用耕地　　　　　B. 铁路线路占用耕地

C. 农村居民新建住宅占用耕地　D. 民用飞机场跑道占用耕地

5. 「2014 年·单选题·题码 151250」

下列耕地占用的情形中,属于免征耕地占用税的是 (　　)。

A. 医院占用耕地　　　　　　　B. 建厂房占用鱼塘

C. 高尔夫球场占用耕地　　　　D. 商品房建设占用林地

6. 「2013 年·单选题·题码 151251」

村民张某 2021 年起承包耕地面积 3 000 平方米。2021 年将其中 300 平方米用于新建自用住宅 (在规定用地标准以内),其余耕地仍和去年一样使用,即 700 平方米用于种植药材,2 000 平方米用于种植水稻。当地耕地占用税税额为 25 元/平方米,张某应缴纳的耕地占用税为 (　　) 元。

A. 3 750　　　　B. 7 500　　　　C. 12 500　　　　D. 25 000

7. 「2012 年·单选题·题码 151252」

某农户有一处花圃,占地 1200 平方米,2021 年 3 月将其中的 1 100 平方米改造为果园,其余 100 平方米建造住宅 (在标准范围内)。已知该地适用的耕地占用税的定额税额为每平方米 25 元。则该农户应缴纳的耕地占用税为 (　　) 元。

A. 1 250　　　　B. 2 500　　　　C. 15 000　　　　D. 30 000

8. 「2011 年·多选题·题码 151256」

根据耕地占用税有关规定,下列各项土地中属于耕地的有 (　　)。

A. 果园　　　　　B. 花圃　　　　C. 茶园　　　　D. 菜地

10 第十章 房产税法、契税法和土地增值税法

「考情分析」

考点	星级	近十年考频	2012年	2013年	2014年	2015年	2016年	2017年	2018年	2019年	2020年	2021年
1. 房产税纳税义务人和征税范围	★★	4	√	√	√						√	
2. 房产税税率、计税依据与应纳税额的计算	★★★	8	√	√		√	√	√		√	√	√
3. 房产税税收优惠和征收管理	★★	5	√		√	√	√		√			
4. 契税纳税义务人和征税范围	★★	5	√			√		√	√			
5. 契税税率、应纳税额计算	★★★	6		√	√	√	√				√	
6. 契税税收优惠和征收管理	★★	6	√			√		√				
7. 土地增值税纳税义务人和征税范围	★★	6	√			√		√		√	√	√
8. 土地增值税扣除项目和应纳税额的计算	★★★	6	√	√	√	√			√			√
9. 房地产开发企业土地增值税清算	★★★	6		√	√	√	√			√		
10. 土地增值税税收优惠和征收管理	★★★	4	√	√					√			√

「考点1」房产税纳税义务人和征税范围 (★★)

1. 「2020年·单选题·题码151268」

   下列房屋及建筑物中，属于房产税征税范围的是 (   )。

   A. 加油站的遮阳棚   B. 建在室外的露天游泳池

   C. 位于市区的经营性用房   D. 农村的居住用房

2. 「2013年·多选题·题码151298」

   下列情形中，应由房产代管人或者使用人缴纳房产税的有 (   )。

   A. 房屋产权未确定的   B. 房屋租典纠纷未解决的

   C. 房屋承典人不在房屋所在地的   D. 房屋产权所有人不在房屋所在地的

「考点2」房产税税率、计税依据与应纳税额的计算（★★★）

1. 「2020年·单选题·题码151270」

下列经营性房产中，应从租计征房产税的是（　　）。

A. 以融资租赁方式出租的房产

B. 处于免收租金期间内的出租房产

C. 收取固定收入不承担风险的对外投资联营房产

D. 居民住宅内业主共有从事自营业务的经营性房产

2. 「2020年·多选题·题码151299」

下列关于房产税计税依据的表述中，符合税法规定的有（　　）。

A. 融资租赁房屋的，以房产余值计算缴纳房产税

B. 纳税人对原有房屋进行改建、扩建的，要相应增加房屋的原值

C. 房屋出典的，由承典人按重置成本计算缴纳房产税

D. 经营租赁房屋的，以评估价格计算缴纳房产税

3. 「2019年·单选题·题码151317」

下列情形中，应该从价计征房产税的是（　　）。

A. 单位出租地下人防设施的

B. 以劳务为报酬抵付房租的

C. 个人出租房屋用于生产经营的

D. 以居民住宅区内业主共有的经营性房产进行自营的

4. 「2019年·单选题·题码151318」

下列情形中，应该从租计征房产税的是（　　）。

A. 融资租赁租出房产的

B. 以居民住宅区内业主共有的经营性房产进行自营的

C. 接受劳务抵付房租的

D. 具有房屋功能的地下建筑自用的

5. 「2017年·单选题·题码151273」

某企业2021年3月投资1 500万元取得5万平方米的土地使用权，用于建造面积为3万平方米的厂房，建筑成本和费用为2 000万元，2021年底竣工验收并投入使用。对该厂房征收房产税时所确定的房产原值是（　　）万元。

A. 2 900　　　　B. 3 500　　　　C. 5 000　　　　D. 3 800

6. 「2016年·单选题·题码151274」

某工厂企业2021年2月自建的厂房竣工并投入使用，该厂房的原值是8 000万元，其中用于储存物资的独立地下室为800万元，假设房产原值的减除比例为30%，地下室应税原值为房产原值的60%。该企业2021年应缴纳房产税（　　）万元。

A. 53. 76　　　　B. 56　　　　C. 59. 14　　　　D. 61. 60

7.「2015 年・多选题・题码 151300」

下列项目中，应以房产租金作为计税依据征收房产税的有（　　）。

A. 以融资租赁方式租入的房屋

B. 以经营租赁方式租出的房屋

C. 居民住宅区内业主自营的共有经营性房屋

D. 以收取固定收入、不承担联营风险方式投资的房屋

8.「2013 年・单选题・题码 151275」

甲公司 2021 年初房产原值为 8 000 万元，3 月与乙公司签订租赁合同，约定自 2021 年 4 月起将原值 500 万元房产租赁给乙公司，租期 3 年，月租金 2 万元，2021 年 4～6 月为免租使用期间。甲公司所在地计算房产税余值减除比例为 30%，甲公司 2021 年度应缴纳的房产税为（　　）万元。

A. 65. 49　　　　　　　B. 66. 21　　　　　　　C. 66. 54　　　　　　　D. 67. 26

9.「2012 年・单选题・题码 151276」

某上市公司 2020 年以 5 000 万元购得一处高档会所，然后加以改建，支出 500 万元在后院新建一露天泳池，支出 500 万元新增中央空调系统，拆除 200 万元的照明设施，再支付 500 万元安装智能照明和楼宇声控系统，会所于 2020 年底改建完毕并对外营业。当地规定计算房产余值扣除比例为 30%，2021 年该会所应缴纳房产税（　　）万元。

A. 42　　　　　　　B. 48. 72　　　　　　　C. 50. 4　　　　　　　D. 54. 6

10.「2011 年・单选题・题码 151277」

下列各项中，应作为融资租赁房屋房产税计税依据的是（　　）。

A. 房产售价　　　　B. 房产余值　　　　C. 房产原值　　　　D. 房产租金

「考点 3」房产税税收优惠和征收管理（★★）

1.「2018 年・多选题・题码 151301」

下列关于房产税纳税义务发生时间的表述中，正确的有（　　）。

A. 纳税人自行新建房屋用于生产经营，从建成之月起缴纳房产税

B. 纳税人将原有房产用于生产经营，从生产经营之月起缴纳房产税

C. 纳税人出租房产，自交付出租房产之次月起缴纳房产税

D. 房地产开发企业自用本企业建造的商品房，自房屋使用之次月起缴纳房产税

2.「2014 年・多选题・题码 151302」

下列房屋中，免征房产税的有（　　）。

A. 个人拥有的营业用房

B. 公园管理部门自用的办公用房

C. 经营公租房的租金收入

D. 实行全额预算管理的学校出租给企业使用的办公用房

「考点4」契税纳税义务人和征税范围（★★）

1. 「2015年·单选题·题码151278」

下列行为中，应缴纳契税的是（　　）。

A. 婚姻关系存续期间夫妻之间变更房屋权属

B. 企业以自有房产等价交换另一企业的房产

C. 个人以自有房产投入本人独资经营的企业

D. 企业以自有房产投资于另一企业并取得相应的股权

2. 「2012年·多选题·题码151303」

居民甲将一处两居室房屋无偿赠送给他的孙子乙，双方填写签订了"个人无偿赠与不动产登记表"。产权转移等手续办完后乙又将该套房屋与丙的一套三居室住房进行交换，双方签订了房屋交换合同。下列关于甲、乙、丙应纳印花税及契税的表述中，正确的有（　　）。

A. 乙应对接受甲的房屋赠与计算缴纳契税

B. 乙和丙交换房屋应按所交换房屋的市场价格分别计算缴纳契税

C. 甲应对"个人无偿赠与不动产登记表"按产权转移书据税目缴纳印花税

D. 乙应对"个人无偿赠与不动产登记表"与丙签订的房屋交换合同按产权转移书据税目缴纳印花税

「考点5」契税税率、应纳税额计算（★★★）

1. 「2020年·单选题·题码151280」

居民甲将一套价值为100万元的一居室住房与居民乙交换成一套两居室住房，支付给乙换房差价款50万元，当地契税税率为4%。则甲应缴纳的契税为（　　）万元。

A. 0　　　　　　B. 6　　　　　　C. 4　　　　　　D. 2

2. 「2017年·单选题·题码151281」

赠与房屋时，确定契税计税依据所参照的价格或价值是（　　）。

A. 房屋原值　　　B. 摊余价值　　　C. 协议价格　　　D. 市场价格

3. 「2013年·多选题·题码151304」

2013年3月，钱某支付80万元购置一套50平方米住房；2021年8月钱某将该房作价130万元，与孙某价值150万元的住房进行交换，钱某支付孙某差价20万元。当地契税税率为4%，下列关于钱某在房产交换行为中应负纳税义务的表述中，正确的有（　　）。

A. 钱某免缴土地增值税　　　　　　B. 钱某应缴纳契税0.8万元

C. 钱某应缴纳增值税2.5万元　　　　D. 钱某应缴纳契税6万元

4. 「2013年·单选题·题码151282」

2021年2月，刘某将价值为120万元、100万元的两套房产分别赠与其儿子和对其承担直接赡养义务的好友林某，当地契税税率为4%，下列关于该赠与行为缴纳税款的表述中，正确的是（　　）。

A. 林某应就受赠房产缴纳契税 4 万元

B. 刘某儿子应就受赠房产无须缴纳契税

C. 刘某应就赠与林某房产缴纳增值税 5 万元

D. 刘某应就赠与儿子房产缴纳增值税 6 万元

「考点 6」 契税税收优惠和征收管理 （★★）

1. 「2020 年·多选题·题码 151305」

以下列方式取得房屋需要缴纳契税的有 （　　）。

A. 法定继承人继承的房屋

B. 以获奖方式取得的房屋

C. 以偿还债务方式转移房屋权属

D. 经国务院批准实施债转股后的新企业取得的原企业房屋

2. 「2019 年·单选题·题码 151284」

下列房产转让的情形中，产权承受方免予缴纳契税的是 （　　）。

A. 将房产赠与非法定继承人

B. 以偿还债务方式转移房屋权属

C. 以获奖方式承受土地、房屋权属

D. 以自有房产投资入股本人独资经营的企业

3. 「2018 年·单选题·题码 151285」

下列行为中，应当缴纳契税的是 （　　）。

A. 个人以自有房产投入本人独资经营的企业

B. 企业将自有房产与另一企业的房产等价交换

C. 社会福利机构承受房屋用于救助

D. 企业以自有房产投资于另一企业并取得相应的股权

4. 「多选题·题码 151306」

契税纳税义务的发生时间有 （　　）。

A. 签订土地、房屋权属转移合同的当天

B. 签订土地、房屋权属转移合同的次日

C. 取得具有产权转移合同性质凭证的当天

D. 实际取得房地产产权证的当天

「考点 7」 土地增值税纳税义务人和征税范围 （★★）

1. 「2020 年·单选题·题码 151286」

下列行为中，属于土地增值税征税范围的是 （　　）。

A. 企业间的房屋置换

B. 某企业通过福利机构将一套房产无偿赠与养老院

C. 某人将自有的一套闲置住房出租

D. 某人将自有房产无偿赠与子女

2. 「2014 年·单选题·题码 151287」

下列情形中，应当计算缴纳土地增值税的是（   ）。

A. 工业企业向房地产开发企业转让国有土地使用权

B. 房产所有人通过希望工程基金会将房屋产权赠与西部教育事业

C. 甲企业出资金、乙企业出土地，双方合作建房，建成后按比例分房自用

D. 房地产开发企业代客户进行房地产开发，开发完成后向客户收取代建收入

3. 「2012 年·单选题·题码 151288」

下列各项中，属于土地增值税征收范围的是（   ）。

A. 房地产的出租行为
B. 房地产的抵押行为
C. 房地产的重新评估行为
D. 个人互换自有住房的行为

「考点 8」 土地增值税扣除项目和应纳税额计算 （★★★）

1. 「2012 年·多选题·题码 151307」

下列情形中，应按评估价格计征土地增值税的有（   ）。

A. 提供扣除项目金额不实的

B. 隐瞒、虚报房地产成交价格的

C. 房地产开发项目全部竣工完成销售需要进行清算的

D. 转让房地产的成交价格低于房地产评估价格，又无正当理由的

2. 「2009 年·多选题·题码 151308」

转让旧房产，计算其土地增值税增值额时准予扣除的项目有（   ）。

A. 旧房产的评估价格

B. 支付评估机构的费用

C. 建造旧房产的重置成本

D. 转让环节缴纳的增值税以外的各种税费

3. 「单选题·题码 151289」

2021 年 7 月某市房地产开发公司销售其新建商品房一幢，取得不含增值税销售收入 9 000 万元，缴纳增值税 810 万元，已知该公司取得土地使用权所支付的金额为 3 000 万元，开发成本为 1 000 万元，该公司没有按房地产项目计算分摊银行借款利息，已知房地产开发费用扣除比例为 10%，房地产公司按一般计税方法计税。该公司销售商品房应缴纳的土地增值税为（   ）万元。（只考虑城市维护建设税和教育费附加，不考虑地方教育附加）

A. 1 223.55   B. 876.49   C. 1 139.46   D. 1 233.24

4. 「单选题·题码 151290」

A 市房地产开发公司为一般纳税人，2021 年 7 月转让 2019 年自建的写字楼，取得含增值税收入 1 000 万元。土地增值税计算中为取得土地使用权所支付的金额为 50 万元，房地产开发成本为 200 万元，房地产开发费用为 40 万元（经税务机关批准可全额扣除），与转让房地产有关的税金为 9.41 万元（不含增值税和印花税），开发公司选择一般计税方法。该

公司应缴纳的土地增值税为（　　）万元。

A. 233.66 　　　B. 260.70 　　　C. 500 　　　D. 280

「考点9」房地产开发企业土地增值税清算（★★★）

1.「2018年·单选题·题码151291」

下列情形中，纳税人应当进行土地增值税清算的是（　　）。

A. 取得销售许可证满1年仍未销售完毕的

B. 转让未竣工结算房地产开发项目50%股权的

C. 直接转让土地使用权的

D. 房地产开发项目尚未竣工但已销售面积达到50%的

2.「2015年·单选题·题码151292」

下列情形中，纳税人应当进行土地增值税清算的是（　　）。

A. 直接转让土地使用权的

B. 房地产开发项目尚未竣工但已销售面积为50%的

C. 转让未竣工决算房地产开发项目50%股权的

D. 取得销售（预售）许可证满1年仍未销售完毕的

3.「2014年·单选题·题码151347」

房地产开发企业进行土地增值税清算时，下列各项中，允许在计算增值额时扣除的是（　　）。

A. 加罚的利息

B. 已售精装修房屋的装修费用

C. 逾期开发土地缴纳的土地闲置费

D. 未取得建筑安装施工企业开具发票的扣留质量保证金

4.「2010年·单选题·题码151294」

对房地产开发公司进行土地增值税清算时，可作为清算单位的是（　　）。

A. 规划申报项目 　　　　　　　B. 审批备案项目

C. 商业推广项目 　　　　　　　D. 设计建筑项目

5.「2009年·多选题·题码151309」

清算土地增值税时，房地产开发企业开发建造的与清算项目配套的会所等公共设施，其成本费用可以扣除的情形有（　　）。

A. 建成后开发企业转为自用的 　　B. 建成后开发企业用于出租的

C. 建成后有偿转让给其他企业的 　D. 建成后产权属于全体业主的

6.「2007年·单选题·题码151295」

对房地产开发企业进行土地增值税清算时，下列表述正确的是（　　）。

A. 房地产开发企业的预提费用，除另有规定外，不得扣除

B. 房地产开发企业提供的开发间接费用资料不实的，不得扣除

C. 房地产开发企业提供的前期工程费的凭证不符合清算要求的，不得扣除

D. 房地产开发企业销售已装修房屋，可以扣除的装修费用不得超过房屋价值的 10%

「考点 10」 土地增值税税收优惠和征收管理 （★★★）

1. 「2013 年·单选题·题码 151296」

下列情形中，可以享受免征土地增值税税收优惠政策的是 （　　）。

A. 企业间互换办公用房

B. 企业转让一栋房产给政府机关用于办公

C. 房地产开发企业将建造的商品房作价入股某酒店

D. 居民因省政府批准的文化园项目建设需要而自行转让房地产

2. 「2012 年·单选题·题码 151297」

下列项目中，免征土地增值税的是 （　　）。

A. 个人继承的房产 　　　　　　 B. 国有土地使用权的出让

C. 因国家建设被征用的房地产 　 D. 合作建房建成后转让的房地产

主观题部分

1. 「2020 年·计算分析题·题码 151948」

某房地产开发公司是增值税一般纳税人，2020 年 5 月，拟对其开发的位于市区的写字楼项目进行土地增值税清算。该项目资料如下：

❶ 2016 年 1 月以 8 000 万元竞得国有土地一宗，并按规定缴纳契税。

❷ 2016 年 3 月开始动工建设，发生房地产开发成本 15 000 万元，其中包括装修费用 4 000 万元。

❸ 发生利息支出 3 000 万元，但不能提供金融机构贷款证明。

❹ 2020 年 3 月，该项目全部销售完毕，共计取得含税销售收入 42 000 万元。

❺ 该项目已预缴土地增值税 450 万元。

「其他相关资料」契税税率为 5%；利息支出不能提供金融机构贷款证明，当地省政府规定的房地产开发费用的扣除比例为 10%；计算土地增值税允许扣除的有关税金及附加共计 240 万元；该公司对项目选择简易计税方法计缴增值税。

「要求」根据上述资料，按照下列序号回答问题，如有计算需计算出合计数。

（1）说明该项目应进行土地增值税清算的原因。

（2）计算土地增值税时允许扣除的取得土地使用权支付的金额。

（3）计算该项目应缴纳的增值税额。

（4）计算土地增值税时允许扣除的开发费用。

（5）计算土地增值税时允许扣除项目金额的合计数。

（6）计算该房地产开发项目应补缴的土地增值税。

2. 「2019 年·计算分析题·题码 151955」

某房地产开发企业是增值税一般纳税人，拟对其开发的位于市区的一房地产项目进行土地增值税清算，该项目相关信息如下：

❶ 2016 年 1 月以 9 000 万元竞得国有土地一宗，并按规定缴纳契税。

❷ 该项目 2016 年开工建设，《建筑工程施工许可证》注明的开工日期为 2 月 25 日，2018 年 12 月底竣工，发生房地产开发成本 6 000 万元，开发费用 3 400 万元。

❸ 该项目所属幼儿园建成后已无偿移交政府，归属于幼儿园的开发成本 600 万元。

❹ 2019 年 4 月，该项目销售完毕，取得含税销售收入 36 750 万元。

「其他相关资料」契税税率为 4%，利息支出无法提供金融机构证明，当地省政府规定的房地产开发费用的扣除比例为 10%，企业对该项目选择简易计税方法计缴增值税。

「要求」根据上述资料，按照下列序号回答问题，如有计算需计算出合计数。

（1）说明该项目选择简易计税方法计征增值税的理由。

（2）计算该项目应缴纳的增值税额。

（3）计算土地增值税时允许扣除的城市维护建设税额、教育费附加和地方教育附加。

（4）计算土地增值税时允许扣除的开发费用。

（5）计算土地增值税时允许扣除项目金额的合计数。

（6）计算该房地产开发项目应缴纳的土地增值税额。

3. 「2018 年・计算分析题・题码 151962」

某房地产开发公司注册地在甲市，2021 年 7 月对其在乙市开发的一房地产项目进行土地增值税清算，相关资料如下：

❶ 2020 年 3 月，公司经"招拍挂"以 24 000 万元取得该房地产项目土地使用权，缴纳了契税。

❷ 自 2020 年 4 月起，公司对受让土地进行项目开发建设，发生开发成本 15 000 万元、发生与该项目相关的利息支出 3 000 万元，并能提供金融机构的贷款证明。

❸ 2021 年 6 月项目实现全部销售，共取得不含税收入 75 000 万元，允许扣除的有关税金及附加 360 万元，已预缴土地增值税 750 万元。

「其他相关资料」当地适用的契税税率为 5%，省级政府规定其他开发费用的扣除比例为 5%。

「要求」根据上述资料，按照下列序号回答问题，如有计算需计算出合计数。

（1）回答该公司办理土地增值税申报纳税的地点。

（2）计算该公司清算土地增值税时允许扣除的土地使用权支付金额。

（3）计算该公司清算土地增值税时允许扣除项目金额的合计数。

（4）计算该公司清算土地增值税时应补缴的土地增值税。

4. 「2018 年・计算分析题・题码 151968」

某药厂 2021 年 7 月 1 日转让其位于市区的一栋办公大楼，取得不含增值税销售收入 24 000 万元。2010 年建造该办公楼时，为取得土地使用权支付金额 6 000 万元，发生建造成本 8 000 万元。转让时经政府批准的房地产评估机构评估后，确定该办公楼的重置成本价为 16 000 万元，成新度折扣率为 60%，允许扣除的有关税金及附加 1 356 万元。

「要求」根据上述资料，按照下列序号回答问题，如有计算需计算出合计数。

（1）回答药厂办理土地增值税纳税申报的期限。

（2）计算土地增值税时该药厂办公楼的评估价格。

（3）计算土地增值税时允许扣除项目金额的合计数。

（4）计算转让办公楼应缴纳的土地增值税。

5.「2017 年·计算分析题·题码 151973」

2021 年 4 月，税务机关对某房地产开发公司开发的房产项目进行土地增值税清算。该房地产开发公司，提供的资料如下：

❶ 2020 年 6 月以 17 760 万元拍得一宗土地使用权，并缴纳了契税。

❷ 自 2020 年 7 月起，对受让土地 50% 的面积进行一期项目开发，发生开发成本 6 000 万元、管理费用 200 万元、销售费用 400 万元、银行贷款凭证显示利息支出 600 万元，允许扣除的有关税金及附加 290 万元。

❸ 2021 年 3 月该项目实现全部销售，共计取得不含税收入 31 000 万元。

「其他相关资料」当地适用的契税税率为 5%，利息按 5% 比例计算，不考虑土地价款抵减增值税销售额的因素，该项目未预缴土地增值税。

「要求」根据上述资料，按照下列序号回答问题，如有计算需计算出合计数。

（1）简要说明房地产开发成本包含的项目。

（2）简要说明房地产开发费用的扣除标准。

（3）计算该公司清算土地增值税时允许扣除的土地使用权支付金额。

（4）计算该公司清算土地增值税时允许扣除项目金额的合计数。

（5）计算该公司清算土地增值税时应缴纳的土地增值税。

6.「2015 年·计算分析题·题码 151979」

某工业企业为一般纳税人，2021 年 8 月 1 日转让其位于县城的一栋办公楼，取得不含税销售收入 12 000 万元，缴纳增值税 600 万元。2011 年建造该办公楼时，为取得土地使用权支付金额 3 000 万元，发生建造成本 4 000 万元。转让时经政府批准的房地产评估机构评估后，确定该办公楼的重置成本价为 8 000 万元。

「其他相关资料」产权转移书据印花税税率 0.5‰，成新度折扣率 60%。

「要求」根据上述资料，按照下列序号回答问题，如有计算需计算出合计数。

（1）请解释重置成本价的含义。

（2）计算土地增值税时该企业办公楼的评估价格。

（3）计算土地增值税时允许扣除的税金及附加。

（4）计算土地增值税时允许扣除的印花税。

（5）计算土地增值税时允许扣除项目金额的合计数。

（6）计算转让办公楼应缴纳的土地增值税。

7.「2013 年·计算分析题·题码 151986」

2018 年 7 月，某市税务机关拟对辖区内某房地产开发公司开发的房产项目进行土地增值税清算。该房地产开发公司提供该房产开发项目的资料如下：

❶ 2015 年 3 月以 8 000 万元拍得用于该房地产开发项目的一宗土地，并缴纳契税；因闲置 1 年，支付土地闲置费 400 万元。

❷ 2016 年 5 月开始动工建设，发生开发成本 5 000 万元；银行贷款凭证显示利息支出 1 000 万元。

❸ 2017 年 6 月项目已销售可售建筑面积的 80%，共计取得不含税收入 20 000 万元；可售建筑面积的 20% 投资入股某酒店，约定共担风险、共享收益。

❹ 公司已按照 3% 的预征率预缴了土地增值税 600 万元，并聘请税务中介机构对该项目土地增值税进行审核鉴证。税务中介机构提供了鉴证报告。该房地产开发企业选择简易计税方法计算增值税。

「其他相关资料」当地适用契税税率为 5%，规定其他开发费用的扣除比例为 5%。

「要求」根据上述资料，按照要求依次计算回答问题，如有计算需计算出合计数。

（1）简要说明税务机关要求该公司进行土地增值税清算的理由。

（2）计算该公司清算土地增值税时允许扣除的土地使用权支付金额。

（3）计算该公司清算土地增值税时允许扣除的城市维护建设税、教育费附加和地方教育附加。

（4）计算该公司清算土地增值税时补缴的土地增值税。

（5）回答税务机关能否对清算补缴的土地增值税征收滞纳金，简要说明理由。

（6）回答税务机关对税务中介机构出具的鉴证报告，在什么条件下可以采信。

8. 「2012 年·计算分析题·题码 151993」

地处县城的某房地产开发公司是一般纳税人，2021 年 9 月对一处已竣工的房地产开发项目进行验收，可售建筑面积共计 25 000 平方米。该项目的开发和销售情况如下：

❶ 该公司 2018 年 8 月取得土地使用权应支付的土地出让金为 8 000 万元，政府减征了 10%，该公司按规定缴纳了契税。

❷ 该公司为该项目发生的开发成本为 12 000 万元。

❸ 该项目发生开发费用 600 万元，其中利息支出 150 万元，但不能按转让房地产项目计算分摊。

❹ 10 月销售 20 000 平方米的房屋，共计取得不含税收入 40 000 万元。缴纳增值税 3 600 万元。

❺ 将 5 000 平方米的房屋出租给他人使用（产权未发生转移），月租金为 45 万元，租期为 8 个月。

❻ 2021 年 12 月税务机关要求该房地产开发公司对该项目进行土地增值税清算。

「其他相关资料」当地适用的契税税率为 5%，计算土地增值税时开发费用的扣除比例为 10%。

「要求」根据上述资料，回答问题，需计算出合计数。

（1）简要说明税务机关要求该公司进行土地增值税清算的理由。

（2）计算该公司清算土地增值税时允许扣除的土地使用权支付金额。

（3）计算该公司清算土地增值税时允许扣除的开发成本。

（4）计算该公司清算土地增值税时允许扣除的开发费用。

（5）计算该公司清算土地增值税时允许扣除的税金及附加。

（6）计算该公司应缴纳的土地增值税。

9. 「2012 年・计算分析题・题码 152000」

甲企业是一般纳税人，位于 A 市区，2021 年 9 月 1 日转让一处在 B 市的 2019 年 6 月 1 日购置的仓库，其购置和转让情况如下：

❶ 2019 年 6 月 1 日购置该仓库时取得的发票上注明的价款为 500 万元，另支付契税款 20 万元并取得契税完税凭证。

❷ 由于某些原因在转让仓库时未能取得评估价格。

❸ 转让仓库的产权转移书据上记载的金额为不含税 800 万元，并按规定缴纳了转让环节的税金。

「要求」根据上述资料，回答下列问题，需计算出合计数。

（1）计算该企业转让仓库时应缴纳的增值税、城市维护建设税、教育费附加、印花税。

（2）计算该企业转让仓库计征土地增值税时允许扣除的金额。

（3）计算该企业转让仓库应缴纳的土地增值税。

（4）如果该企业转让仓库时既没有取得评估价格，也不能提供购房发票，税务机关应如何进行处理？

11 第十一章 车辆购置税法、车船税法和印花税法

「考情分析」

考点	星级	近十年考频	2012年	2013年	2014年	2015年	2016年	2017年	2018年	2019年	2020年	2021年
1. 车辆购置税纳税义务人和征税范围	★	5	√		√				√		√	√
2. 车辆购置税税率、计税依据与应纳税额计算	★★	6	√	√	√		√			√		√
3. 车辆购置税税收优惠和征收管理	★★	2				√	√					
4. 车船税征税范围、税目与税率、应纳税额的计算	★★	6	√	√	√	√	√					√
5. 车船税税收优惠和征收管理	★★	5	√						√	√	√	√
6. 印花税	★★	9		√	√	√	√	√	√	√		√

「考点1」车辆购置税纳税义务人和征税范围（★）

1. 「2021年·单选题·题码156852」

   下列车辆中，属于车辆购置税征税范围的是（ ）。

   A. 挖掘机　　　　　B. 地铁车辆　　　　　C. 载货汽车　　　　　D. 拖拉机牵引挂车

2. 「2020年·单选题·题码151353」

   下列人员中，属于车辆购置税纳税人的是（ ）。

   A. 应税车辆出口者　B. 应税车辆捐赠者　C. 应税车辆购买者　D. 旧车辆销售者

3. 「2020年·多选题·题码151377」

   以下列方式取得的车辆中，应缴纳车辆购置税的有（ ）。

   A. 购置的二手汽车　　　　　　　　　B. 以受赠方式取得的自用汽车

   C. 自产自用的汽车　　　　　　　　　D. 购买自用的汽车

4. 「2018年·单选题·题码151354」

   下列人员中，属于车辆购置税纳税义务人的是（ ）。

   A. 应税车辆的受赠者　　　　　　　　B. 应税车辆的承租者

   C. 应税车辆的出口者　　　　　　　　D. 应税车辆的拍卖者

「考点2」车辆购置税税率、计税依据与应纳税额计算（★★）

1. 「2019年·单选题·题码151355」

   下列税费中，应计入车辆购置税计税依据的是（ ）。

A. 购车时支付的增值税

B. 购车时支付的已取得公安交管部门票据的临时牌照费

C. 购车时随购车款同时支付的车辆装饰费

D. 购车时支付的已取得保险公司票据的保险费

2. 「2016 年·单选题·题码 151356」

某企业 2021 年 7 月进口载货汽车 1 辆；8 月在国内市场购置载货汽车 2 辆，支付全部价款和价外费用为 75 万元（不含增值税），另支付车辆购置税 7.5 万元，车辆牌照费 0.1 万元，代办保险费 2 万元；8 月受赠小汽车 1 辆。上述车辆全部为企业自用。下列关于该企业计缴车辆购置税依据的表述中，正确的是（　　）。

A. 国内购置载货汽车的计税依据为 84.5 万元

B. 受赠小汽车的计税依据为同类小汽车的市场价格加增值税

C. 进口载货汽车的计税依据为关税完税价格加关税

D. 国内购置载货汽车的计税依据为 77 万元

3. 「2013 年·单选题·题码 151357」

2021 年 6 月王某从汽车 4S 店购置了一辆排气量为 1.8 升的乘用车，支付购车款（含增值税）226 000 元并取得"机动车销售统一发票"，支付代收保险费 5 000 元并取得保险公司开具的票据，支付手续费 1 000 元并取得汽车 4S 店开具的普通发票。王某应缴纳的车辆购置税为（　　）元。

A. 20 000 　　　　 B. 20 088.50 　　　　 C. 20 512.82 　　　　 D. 24 000

4. 「2012 年·单选题·题码 151358」

某公司 2021 年 3 月将其免税购进并自用的小汽车出售给乙公司，取得收入 80 万元，公司于 2017 年 3 月购买该新型小汽车，初次办理纳税申报时确定的计税价格为 150 万元，并办理免税手续。已知该型号小汽车最新核定的同类型新车的最低计税价格为 85 万元，国产车辆使用年限按 10 年计算，则乙公司就该车应缴纳的车辆购置税为（　　）万元。

A. 9 　　　　 B. 10 　　　　 C. 8.5 　　　　 D. 9.5

5. 「2011 年·多选题·题码 151378」

某机关 2021 年 4 月购车一辆，随购车支付的下列款项中，应并入计税依据征收车辆购置税的有（　　）。

A. 政府部门的行政性收费 　　　　　　　　 B. 增值税税款

C. 手续费 　　　　　　　　　　　　　　　 D. 车辆装饰费

「考点 3」 车辆购置税税收优惠和征收管理 （★★）

1. 「单选题·题码 151359」

我国车辆购置税实行法定减免税，下列不属于车辆购置税减免税范围的是（　　）。

A. 外国驻华使馆、领事馆和国际组织驻华机构及其外交人员自用车辆

B. 回国服务的留学人员用人民币现金购买 1 辆个人自用国产小汽车

C. 设有固定装置的非运输专用作业车辆

D. 长期来华定居专家进口的 1 辆自用小汽车

2. 「单选题·题码 151360」

纳税人应当自纳税义务发生之日起（　　）日内申报缴纳车辆购置税。

A. 15　　　　　B. 60　　　　　C. 30　　　　　D. 10

3. 「多选题·题码 151379」

关于车辆购置税的申报与缴纳，下列说法正确的有（　　）。

A. 免税车辆发生转让，不属于免税范围的，纳税人不用重新办理纳税申报

B. 车辆购置税是在应税车辆上牌登记注册前的使用环节征收

C. 车辆购置税的纳税地点为应税车辆登记注册地或纳税人所在地

D. 纳税人购买自用的应税车辆，自购买之日起 30 天内申报纳税

「考点 4」车船税征税范围、税目与税率、应纳税额的计算（★★）

1. [2016 年·单选题·题码 151361]

下列关于车船税计税单位确认的表述中，正确的是（　　）。

A. 商用货车按"每辆"作为计税单位

B. 摩托车按"排气量"作为计税单位

C. 游艇按"净吨位每吨"作为计税单位

D. 专用作业车按"整备质量每吨"作为计税单位

2. 「2015 年·单选题·题码 151362」

下列车船中，应缴纳车船税的是（　　）。

A. 警用车辆　　　　　　　　　B. 养殖渔船

C. 纯电动乘用车　　　　　　　D. 公司拥有的摩托车

3. 「2015 年·单选题·题码 151363」

某企业 2021 年 1 月缴纳了 5 辆客车车船税，其中一辆 9 月被盗，已办理车船税退还手续；11 月由公安机关找回并出具证明，企业补缴了车船税。假定该类型客车年基准税额为 480 元/辆，该企业 2021 年实际缴纳的车船税总计为（　　）元。

A. 1 920　　　　　B. 2 280　　　　　C. 2 320　　　　　D. 2 400

4. 「2014 年·单选题·题码 151364」

某机械制造厂 2021 年拥有货车 3 辆，每辆货车的整备质量均为 1.499 吨；挂车 1 部，其整备质量为 1.2 吨；小汽车 2 辆。已知货车车船税税率为整备质量每吨年基准税额 16 元，小汽车车船税税率为每辆年基准税额 360 元。该厂 2021 年度应纳车船税为（　　）元。

A. 441.6　　　　　B. 792　　　　　C. 801.55　　　　　D. 811.2

5. 「2013 年·单选题·题码 151365」

某船运公司 2021 年度拥有旧机动船 5 艘，每艘净吨位 1 500 吨；拥有拖船 4 艘，每艘发动机功率 3 000 千瓦。2021 年 7 月购置新机动船 6 艘，每艘净吨位 3 000 吨。该公司船舶适用的车船税年税额为：净吨位 201～2 000 吨的，每吨 4 元；净吨位 2 001～10 000 吨的，每吨 5 元，该公司 2021 年度应缴纳的车船税为（　　）元。

A. 95 100   B. 99 000   C. 10 5000   D. 123 000

6. 「2012 年·单选题·题码 151366」

某公司 2021 年 2 月 1 日购入一载货商用车，当月办理机动车辆权属证书，并办理车船税完税手续。此车整备质量为 10 吨，每吨年税额 96 元。该车于 6 月 1 日被盗，经公安机关确认后，该公司遂向税务局申请退税，但在办理退税手续期间，此车又于 9 月 1 日被追回并取得公安机关证明。则该公司就该车 2021 年实际应缴纳的车船税为（ ）元。

A. 240   B. 480   C. 640   D. 880

7. 「2012 年·单选题·题码 151367」

下列关于车船税税率的表述中，正确的是（ ）。

A. 车船税实行定额税率   B. 车船税实行单一比例税率
C. 车船税实行幅度比例税率   D. 车船税实行超额累进税率

「考点 5」车船税税收优惠和征收管理（★★）

1. 「2020 年·单选题·题码 151368」

下列车船中，免征车船税的是（ ）。

A. 洒水车   B. 双燃料轻型商用车
C. 纯天然气动力船舶   D. 非机动驳船

2. 「2018 年·单选题·题码 151369」

下列车船中，免征车船税的是（ ）。

A. 辅助动力帆艇   B. 武警专用车船
C. 半挂牵引车   D. 客货两用汽车

3. 「2018 年、2019 年·多选题·题码 151380」

下列车船中，属于车船税征税范围的有（ ）。

A. 拖拉机   B. 节能汽车   C. 非机动驳船   D. 纯电动乘用车

4. 「2017 年·单选题·题码 151370」

下列车船中，享受减半征收车船税优惠的是（ ）。

A. 纯电动汽车   B. 燃料电池乘用车
C. 符合规定标准的节能汽车   D. 插电式混合动力汽车

5. 「2012 年·单选题·题码 151371」

下列关于车船税纳税申报的表述中，正确的是（ ）。

A. 按月申报，分期缴纳   B. 按季申报，分期缴纳
C. 按半年申报，分期缴纳   D. 按年申报，分月计算，一次性缴纳

「考点 6」印花税（★★）

1. 「2020 年·单选题·题码 151372」

货物运输合同计征印花税的计税依据是（ ）。

A. 运费收入
B. 运费收入加所运货物金额
C. 运费收入加装卸费
D. 运费收入加保险费

2. 「2019 年·单选题·题码 151373」

甲企业与运输公司签订货物运输合同，记载货物价款 100 万元、装卸费 15 万元、运输费 20 万元。甲企业按"货物运输合同"税目计算缴纳印花税的计税依据为（　　）万元。

A. 20　　　　　B. 100　　　　　C. 135　　　　　D. 120

3. 「2018 年·多选题·题码 151381」

下列合同中，应按照"产权转移书据"税目缴纳印花税的有（　　）。

A. 商品房销售合同
B. 专利实施许可合同
C. 股权转让合同
D. 专利申请权转让合同

4. 「2017 年·单选题·题码 151374」

下列合同中，应按照"技术合同"税目征收印花税的是（　　）。

A. 工程项目论证合同
B. 会计制度咨询合同
C. 税务筹划咨询合同
D. 经济法律咨询合同

5. 「2016 年·多选题·题码 151382」

电网公司甲在 2021 年 4 月与发电厂乙签订了购销电合同 1 份，与保险公司丙签订了财产保险合同 1 份，直接与用户签订了供用电合同若干份，另与房地产开发公司丁签订了 1 份购房合同，下列关于甲公司计缴印花税的表述中，正确的有（　　）。

A. 与丙签订的财产保险合同按财产保险合同缴纳印花税
B. 与用户签订的供电合同按购销合同缴纳印花税
C. 与乙签订的购销电合同按购销合同缴纳印花税
D. 与丁签订的购房合同按产权转移书据缴纳印花税

6. 「2015 年·单选题·题码 151375」

下列合同中，应按"购销合同"税目征收印花税的是（　　）。

A. 企业之间签订的土地使用权转让合同
B. 发电厂与电网之间签订的购售电合同
C. 银行与工商企业之间签订的融资租赁合同
D. 开发商与个人之间签订的商品房销售合同

7. 「2015 年·多选题·题码 151383」

我国运输企业甲与国外运输企业乙根据我国境内托运方企业丙的要求签订了 1 份国际货运合同，合同规定由甲负责起运，乙负责境外运输，甲、乙、丙分别持有全程运费结算凭证，下列关于计算缴纳印花税的表述中正确的有（　　）。

A. 甲按本程运费计算缴纳印花税
B. 乙按本程运费计算缴纳印花税
C. 乙按全程运费计算缴纳印花税
D. 丙按全程运费计算缴纳印花税

8. 「2015 年·多选题·题码 151384」

下列证照中，应按"权利、许可证照"税目征收印花税的有（　　）。

A. 专利证书　　　　　　　　　B. 卫生许可证

C. 土地使用证　　　　　　　　D. 工商营业执照

9. 「2014 年·单选题·题码 151376」

某企业 2021 年期初营业账簿记载的实收资本和资本公积余额为 500 万元，当年该企业增加实收资本 120 万元，新建其他账簿 12 本，领受专利局发给的专利证 1 件。该企业上述凭证 2021 年应纳印花税为（　　）元。

A. 65　　　　　　B. 70　　　　　　C. 305　　　　　　D. 3 165

10. 「2014 年·多选题·题码 151385」

下列凭证中，属于印花税征税范围的有（　　）。

A. 银行设置的现金收付登记簿

B. 个人出租门店签订的租赁合同

C. 电网与用户之间签订的供用电合同

D. 出版单位与发行单位之间订立的图书订购单

11. 「2013 年·多选题·题码 151386」

下列合同中，免征印花税的有（　　）。

A. 贴息贷款合同　　　　　　　B. 仓储保管合同

C. 农牧业保险合同　　　　　　D. 建设工程勘察合同

主观题部分

1. 「2014 年·计算分析题·题码 152005」

甲企业 2021 年度发生部分经营业务如下：

❶ 1 月取得国有土地 4 000 平方米，签订了土地使用权出让合同，记载的出让金额为 4 000 万元，并约定当月交付；然后委托施工企业建造仓库，工程 4 月竣工，5 月办妥了验收手续。该仓库在甲企业账簿"固定资产"科目中记载的原值为 5 500 万元。

❷ 3 月该企业因为生产规模扩大，购置了乙企业的仓库 1 栋，产权转移书据上注明的交易价格为 1 200 万元，在企业"固定资产"科目上记载的原值为 1 250 万元，取得了房屋权属证书。

「其他相关资料」已知当地省政府规定的房产税计算余值的扣除比例为 30%，契税税率为 4%，城镇土地使用税税额 20 元/平方米，产权转移书据印花税税率 0.5‰。

「要求」根据上述资料，按照下列序号计算回答问题。

（1）计算业务❶甲企业应缴纳的契税、印花税。

（2）计算业务❷甲企业应缴纳的契税、印花税。

（3）计算业务❷甲企业 2021 年应缴纳的房产税。

2. 「2011 年·计算分析题·题码 152010」

钟老师与他人合资成立的税务师事务所于 2020 年顺利开张，进入 2021 年后发展迅速，场所、车辆皆不够使用，相继采取以下措施：

❶ 5月事务所委托某外贸公司进口九成新凌志小轿车一辆，海关核定关税完税价格为 20 万元人民币，该车已交付事务所使用。

❷ 钟老师将原值 20 万元的一套自有旧居自年初起提供给事务所使用。

「其他相关资料」轿车进口关税适用税率为 25%、消费税适用税率为 5%；计算房屋余值的扣除比例为 30%。

「要求」根据上述资料，按序号回答下列问题，如有计算，每问需计算出合计数。

(1) 计算进口小轿车应缴纳的增值税。

(2) 计算进口小轿车使用环节应缴纳的车辆购置税。

(3) 假设钟老师无偿提供旧居，计算事务所本年应缴纳的房产税。

(4) 假设钟老师出租旧居供事务所职员居住，年租金 5 万元，计算其本年应缴纳的房产税。

(5) 假设钟老师利用旧居为事务所提供仓储保管服务，年保管费 5 万元，计算其本年应缴纳的房产税。

3. 「计算分析题·题码 152016」

某公司主要从事建筑工程机械的生产制造，2021 年发生以下业务：

❶ 签订钢材采购合同一份，采购金额 8 000 万元；签订以货换货合同一份，用库存的 3 000 万元 A 型钢材换取对方相同金额的 B 型钢材；签订销售合同一份，销售金额 15 000 万元。

❷ 公司作为受托方签订甲、乙两份加工承揽合同，甲合同约定：由委托方提供主要材料（金额 300 万元），受托方只提供辅助材料（金额 20 万元），受托方另收取加工费 50 万元；乙合同约定：由受托方提供主要材料（金额 200 万元）并收取加工费 40 万元。

❸ 公司作为受托方签订技术开发合同一份，合同约定：技术开发金额共计 1 000 万元，其中研究开发费用与报酬金额之比为 3∶1。

❹ 公司作为承包方签订建筑安装工程承包合同一份，承包金额 300 万元，公司随后又将其中的 100 万元业务分包给另一单位，并签订相关合同。

❺ 公司新增实收资本 2 000 万元、资本公积 500 万元。

❻ 公司启用其他账簿 10 本。

「其他相关资料」购销合同、加工承揽合同、技术合同、建筑安装工程承包合同的印花税税率分别为 0.3‰、0.5‰、0.3‰、0.3‰；记载资金的营业账簿的印花税税率为 0.5‰。

「要求」根据上述资料，按照下列序号计算回答问题，每问需计算出合计数。

(1) 公司 2021 年签订的购销合同应缴纳的印花税。

(2) 公司 2021 年签订的加工承揽合同应缴纳的印花税。

(3) 公司 2021 年签订的技术合同应缴纳的印花税。

(4) 公司 2021 年签订的建筑安装工程承包合同应缴纳的印花税。

(5) 公司 2021 年新增记载资金的营业账簿应缴纳的印花税。

(6) 公司 2021 年启用其他账簿应缴纳的印花税。

12 第十二章　国际税收税务管理实务

「考情分析」

考点	星级	近十年考频	2012年	2013年	2014年	2015年	2016年	2017年	2018年	2019年	2020年	2021年
1. 国际税收协定、非居民企业税收管理	★★	2						√		√		
2. 境外所得税收管理、国际避税与反避税	★★★	6				√	√		√	√	√	√
3. 转让定价税务管理	★★	4				√			√		√	√

「考点1」国际税收协定、非居民企业税收管理（★★）

1. 「2019年·单选题·题码151397」

境内机构对外付汇的下列情形中，需要进行税务备案的是（　　）。

A. 境内机构在境外发生差旅费10万美元以上的

B. 境内机构发生在境外的进出口贸易佣金5万美元以上的

C. 境内机构在境外发生会议费10万美元以上的

D. 境内机构向境外支付旅游服务费5万美元以上的

2. 「2019年·单选题·题码151398」

在中国境内未设立机构、场所的非居民企业，计算企业所得税应纳税所得额所用的下列方法中，符合税法规定的是（　　）。

A. 股息所得以收入全额为应纳税所得额

B. 财产转让所得以转让收入全额为应纳税所得额

C. 租金所得以租金收入减去房屋折旧为应纳税所得额

D. 特许权使用费所得以收入减去特许权摊销费用为应纳税所得额

3. 「2017年·单选题·题码151399」

下列关于双重居民身份下最终居民身份判定标准的排序中，正确的是（　　）。

A. 永久性住所、重要利益中心、习惯性居处、国籍

B. 重要利益中心、习惯性居处、国籍、永久性住所

C. 国籍、永久性住所、重要利益中心、习惯性居处

D. 习惯性居处、国籍、永久性住所、重要利益中心

「考点2」境外所得税收管理、国际避税与反避税（★★★）

1. 「单选题·题码151402」

A国一居民企业在B国设有一个分公司，总公司在本国取得所得250万元，设在B国的分公司取得所得60万元。分公司按40%的税率向B国缴纳所得税24万元。A国所得税税率

税法
Taxation Laws

为 30%，实行限额抵免法。计算该居民企业应向本国缴纳所得税额（　　）万元。

A. 55 　　　　　　B. 60 　　　　　　C. 70 　　　　　　D. 75

2. 「单选题·题码 151403」

下列情况中，适用《一般反避税办法》的是（　　）。

A. 涉嫌欠税 　　　　　　　　　　B. 涉嫌骗税

C. 跨境间接转让股权 　　　　　　D. 虚开发票

3. 「多选题·题码 151410」

中国居民企业股东能够提供资料证明其控制的外国企业满足规定条件的，可免于将外国企业不作分配或减少分配的利润视同股息分配额，计入中国居民企业股东的当期所得。下列属于规定的条件的有（　　）。

A. 设立在国家税务总局指定的非低税率国家

B. 主要取得积极经营活动所得

C. 年度利润总额低于 500 万元人民币

D. 年度利润总额低于 1 000 万元人民币

4. 「多选题·题码 151411」

企业与其关联方签署成本分摊协议，其自行分摊的成本不得税前扣除的情形有（　　）。

A. 不具有合理商业目的和经济实质

B. 没有遵循成本与收益配比原则

C. 自签署成本分摊协议之日起经营期限少于 30 年

D. 不符合独立交易原则

5. 「多选题·题码 151412」

税务机关实施特别纳税调查应重点选择的企业有（　　）。

A. 长期亏损、微利或跳跃性盈利的企业

B. 高于同行业利润水平的企业

C. 与避税港关联方发生业务往来的企业

D. 未按规定进行关联申报或准备同期资料的企业

「考点 3」转让定价税务管理（★★）

1. 「2018 年·单选题·题码 151404」

关联交易同期资料中的主体文档，应当在企业集团最终控股企业会计年度终了之日起一定期限内准备完毕，这一期限为（　　）个月。

A. 15 　　　　　　B. 18 　　　　　　C. 12 　　　　　　D. 24

2. 「单选题·题码 151407」

通常适用于再销售者未对商品进行改变外形、性能、结构或更换商标等实质性增值加工的简单加工或单纯购销业务的转让定价方法是（　　）。

A. 可比非受控价格法 　　　　　　B. 再销售价格法

C. 成本加成法 　　　　　　　　　D. 交易净利润法

3. 「单选题·题码 151408」

一般适用于不拥有重大价值无形资产企业的有形资产使用权或者所有权的转让和受让、无形资产使用权受让以及劳务交易等关联交易的是（　　）。

A. 交易净利润法　　　　　　　　　B. 利润分割法

C. 成本加成法　　　　　　　　　　D. 再销售价格法

4. 「单选题·题码 151409」

以关联方购进商品再销售给非关联方的价格减去可比非关联交易毛利后的金额，作为关联方购进商品的公平成交价格的转让定价方法是（　　）。

A. 利润分割法　　　　　　　　　　B. 交易净利润法

C. 再销售价格法　　　　　　　　　D. 可比非受控价格法

5. 「多选题·题码 151414」

关联交易的类型包括（　　）。

A. 资产使用权或者所有权的转让　　B. 金融资产的转让

C. 资金融通　　　　　　　　　　　D. 劳务交易

主观题部分

1. 「2020 年·计算问答题·题码 152023」

甲公司为未在我国境内设立机构场所的非居民企业，2021 年发生的与我国境内相关的部分业务如下：

❶ 1 月 20 日，向我国境内乙公司投资 2 000 万元，持有乙公司 10% 的股权。

❷ 3 月 15 日，委托我国境内丙公司，为其一项境外工程项目提供工程监理服务，合同注明价款为人民币 80 万元。

❸ 6 月 20 日，为乙公司的一笔借贷资金提供担保服务，该笔借贷资金占乙公司全部借贷资金的 20%，取得不含增值税担保费收入 20 万元（该笔借贷资金来自非金融机构）。

❹ 12 月 30 日，乙公司按持股比例向甲公司分派股息 10 万元。

「其他相关资料」假设 1 美元折合人民币 7 元。甲公司在中国境内无常设机构，不考虑税收协定因素。

「要求」根据上述资料，按照下列序号回答问题，如有计算需计算出合计数。

（1）判断甲公司和乙公司是否构成关联关系并说明理由。

（2）判断丙公司是否需要缴纳增值税并说明理由。

（3）判断乙公司支付的担保费是否需要进行税务备案并说明理由。

（4）计算业务❹中乙公司应代扣代缴的预提所得税。

2. 「2018 年·计算问答题·题码 152028」

某外国甲公司 2021 年 5 月至 7 月在我国境内承包并完成了一项建筑工程作业，建筑工程的业主为我国乙公司。具体业务情况如下：

❶ 4 月 16 日，甲公司与乙公司签订了建筑承包服务合同，合同约定服务期限为 3 个月，服务收费为人民币 2 200 万元（含增值税）。5 月 1 日，建筑工程项目开工。

❷ 6 月 30 日，按照合同约定及工程进度，乙公司向甲公司支付了该项目 40% 的款项。

❸ 7 月 28 日，乙公司对甲公司的工作成果进行验收，验收通过后确认项目完工。7 月 31 日，按照合同约定，乙公司向甲公司支付其余 60% 的款项。

❹ 此建筑工程项目会计账簿不健全，因此甲公司不能准确计算应纳税所得额，税务机关采用"按收入总额核定应纳税所得额"方法核定其应纳税所得额，核定的利润率为 20%。

「其他相关资料」建筑业的增值税税率为 9%。甲公司在我国境内未设有经营机构，本题不考虑税收协定因素。

「要求」根据上述资料，按照下列序号回答问题，如有计算需计算出合计数。

（1）计算业务❷乙公司应扣缴的增值税。

（2）计算业务❷乙公司应扣缴的企业所得税。

（3）计算业务❸乙公司应扣缴的增值税。

（4）计算业务❸乙公司应扣缴的企业所得税。

3. 「2016 年·计算分析题·题码 152033」

我国居民企业甲在境外进行了投资，相关投资架构及持股比例如下图：

2021 年经营及分配状况如下：

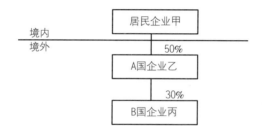

❶ B 国企业所得税税率为 30%，预提所得税税率为 12%，丙企业应纳税所得总额 800 万元，丙企业将部分税后利润按持股比例进行了分配。

❷ A 国企业所得税税率为 20%，预提所得税税率为 10%，乙企业应纳税所得总额（该应纳税所得总额已包含投资收益还原计算的间接税款）1 000 万元，其中来自丙企业的投资收益 100 万元，按照 12% 的税率缴纳 B 国预提所得税 12 万元；乙企业在 A 国享受税收抵免后实际缴纳税款 180 万元，乙企业将全部税后利润按持股比例进行了分配。

❸ 居民企业甲适用的企业所得税税率为 25%，其来自境内的应纳税所得额为 2 400 万元。

「要求」根据上述资料，按照下列序号回答问题，如有计算需计算出合计数。

（1）简述居民企业可适用境外所得税收抵免的税额范围。

（2）判断企业丙分回企业甲的投资收益能否适用间接抵免优惠政策并说明理由。

（3）判断企业乙分回企业甲的投资收益能否适用间接抵免优惠政策并说明理由。

（4）计算企业乙所纳税额属于由企业甲负担的税额。

（5）计算企业甲取得来源于企业乙投资收益的抵免限额。

（6）计算企业甲取得来源于企业乙投资收益的实际抵免额。

13　第十三章　税收征收管理法

「考情分析」

考点	星级	近十年考频	2012年	2013年	2014年	2015年	2016年	2017年	2018年	2019年	2020年	2021年
1. 税收征收管理法概述、税务登记管理	★★	3		√		√			√			
2. 账簿、凭证管理和纳税申报管理	★★	6		√			√	√	√	√		√
3. 税款征收制度	★★★	6	√	√	√			√			√	√
4. 纳税担保	★★	3					√		√			
5. 纳税信用管理、税务检查、法律责任、税务文书电子送达规定	★	5				√		√		√	√	√

「考点 1」 税收征收管理法概述、税务登记管理 （★★）

1. 「2018 年·单选题·题码 151415」

下列税费的征收管理，适用《中华人民共和国税收征收管理法》的是（　　）。

A. 房产税

B. 地方教育附加

C. 关税

D. 海关代征消费税

2. 「2015 年·单选题·题码 151417」

下列税费征收管理，符合《中华人民共和国税收征收管理法》的是（　　）。

A. 关税

B. 房产税

C. 教育费附加

D. 海关代征增值税

3. 「2013 年·单选题·题码 151418」

下列关于税务登记时限的表述中，正确的是（　　）。

A. 从事生产经营的纳税人领取工商营业执照的，应当自领取营业执照之日起 10 日内办理税务登记

B. 从事生产、经营的纳税人未办理工商营业执照也未经有关部门批准设立的，应当自纳税义务发生之日起 15 日内办理税务登记

C. 税务登记内容发生变化的，应当自变更营业执照之日起 20 日内办理变更税务登记

D. 境外企业在中国境内提供劳务的，应当自项目合同或协议签订之日起 30 日内办理税务登记

「考点 2」 账簿、凭证管理和纳税申报管理 （★★）

1. 「2017 年·多选题·题码 151440」

根据《税收征收管理法》规定，下列属于纳税申报对象的有（　　）。

A. 代扣代缴义务人　　　　　　　B. 享受减税的纳税人
C. 纳税期内没有应纳税款的纳税人　　D. 享受免税的纳税人

2. 「2013 年·多选题·题码 151441」

下列纳税申报方式中，符合税收征收管理法规定的有（　　）。

A. 直接申报　　　B. 网上申报　　　C. 邮寄申报　　　D. 口头申报

3. 「2011 年·单选题·题码 151419」

下列各项关于纳税申报管理的表述中，正确的是（　　）。

A. 扣缴人不得采取邮寄申报的方式

B. 纳税人在纳税期内没有应纳税款的，不必办理纳税申报

C. 实行定期定额缴纳税款的纳税人可以实行简易申报、简并征期等申报纳税方式

D. 主管税务机关根据法律、行政法规原则结合纳税人实际情况及其所纳税种确定的纳税申报期限不具有法律效力

4. 「单选题·题码 151420」

账簿、记账凭证、报表、完税凭证、发票、出口凭证以及其他有关涉税资料的保管期限，除另有规定者外，应当保存（　　）年。

A. 5　　　　　B. 10　　　　　C. 15　　　　　D. 20

5. 「单选题·题码 151421」

从事生产、经营的纳税人应当自领取营业执照或者发生纳税义务之日起（　　）日内按照国家有关规定设置账簿。

A. 10　　　　　B. 15　　　　　C. 20　　　　　D. 30

「考点 3」 税款征收制度（★★★）

1. 「2021 年·单选题·题码 156853」

下列有关企业破产清算程序中税收征管的表述中，正确的是（　　）。

A. 企业所欠税款对应的滞纳金按照普通破产债权申报

B. 企业因继续履行合同需要开具发票的，须由税务机关为其代开发票

C. 企业所欠税款、滞纳金、罚款以实际解缴税款之日为截止日计算确定

D. 在人民法院裁定受理破产申请之日至企业注销之日期间，企业应暂缓缴纳相关税款

2. 「2020 年·单选题·题码 151422」

下列关于税务机关在实施税收保全措施时，应注意事项的表述中，符合税法规定的是（　　）。

A. 经税务所长批准后即能施行

B. 解除保全措施的时间是收到税款或银行转回的完税凭证之日起 1 日内

C. 税务机关可通知纳税人开户银行冻结其大于应纳税款的存款

D. 可由 1 名税务人员单独执行货物查封

3. 「2017 年·单选题·题码 151423」

下列关于延期缴纳税款的表述中，正确的是（　　）。

A. 批准的延期期限内加收滞纳金

B. 延期缴纳的同一笔税款不得滚动审批

C. 延期缴纳税款的期限最长不得超过 30 天

D. 延期缴纳税款必须经县级税务机关批准

4. 「2014 年·单选题·题码 151424」

下列关于退还纳税人多缴税款的表述中，正确的是（　　）。

A. 纳税人发现多缴税款但距缴款日期已超过 3 年的，税务机关不再退还多缴税款

B. 税务机关发现多缴税款的，在退还税款的同时，应一并计算银行同期存款利息

C. 税务机关发现多缴税款但距缴款日期已超过 3 年的，税务机关不再退还多缴税款

D. 纳税人发现当年预缴企业所得税款超过应缴税额的，可要求退款并加计银行同期存款利息

5. 「2013 年·单选题·题码 151425」

税务机关采取的下列措施中，属于税收保全措施的是（　　）。

A. 查封纳税人的价值相当于应纳税款的商品或货物

B. 书面通知纳税人的开户银行从其银行存款中扣缴税款

C. 拍卖纳税人其价值相当于应纳税款的商品用以抵缴税款

D. 对纳税人逃避纳税义务的行为处以 2 000 元以上 5 000 元以下的罚款

6. 「2012 年·单选题·题码 151426」

税务机关采取税收保全措施的期限，一般不得超过 6 个月，重大案件需要延长的，应报经批准。有权批准的税务机关是（　　）。

A. 县级税务局　　　B. 市级税务局　　　C. 省级税务局　　　D. 国家税务总局

7. 「2012 年·单选题·题码 151427」

对下列企业或个人，税务机关可以采取税收保全措施的是（　　）。

A. 扣缴义务人　　　　　　　　B. 纳税担保人

C. 从事生产经营的纳税人　　　D. 非从事生产经营的纳税人

8. 「2010 年·单选题·题码 151428」

下列关于税款追征的表述中，正确的是（　　）。

A. 因税务机关责任，致使纳税人少缴税款的，税务机关在 3 年内可要求纳税人补缴税款，但不加收滞纳金

B. 因税务机关责任，致使纳税人少缴税款的，税务机关在 3 年内可要求纳税人补缴税款并按银行同期利率加收滞纳金

C. 对于纳税人偷税、抗税和骗取税款的，税务机关在 20 年内可以追征税款、滞纳金；有特殊情况的，追征期可延长到 30 年

D. 因纳税人计算等失误，未缴或者少缴税款的，税务机关在 3 年内可以追征税款、滞纳金；有特殊情况的，追征期可延长到 10 年

9. 「2010 年·多选题·题码 151442」

下列关于税务机关实施税收保全措施的表述中，正确的有（　　）。

A. 税收保全措施仅限于从事生产、经营的纳税人

B. 只有在事实全部查清，取得充分证据的前提下才能进行

C. 冻结纳税人的存款时，其数额要以相当于纳税人应纳税款的数额为限

D. 个人及其扶养家属维持生活必需的住房和用品，不在税收保全措施的范围之内

10. 「2009 年・单选题・题码 151429」

下列关于税收强制执行措施的表述中，正确的是（   ）。

A. 税收强制执行措施不适用于扣缴义务人

B. 作为家庭唯一代步工具的轿车，不在税收强制执行的范围之内

C. 税务机关采取税收强制执行措施时，可对纳税人未缴纳的滞纳金同时强制执行

D. 税务机关可对未按期缴纳工薪收入个人所得税的个人实施税收强制执行措施

11. 「2003 年・单选题・题码 151430」

根据《税收征收管理法》及其实施细则的规定，欠缴税款数额较大的纳税人在处分其不动产或者大额资产之前，应当向税务机关报告。欠缴税款数额较大是指欠缴税款在（   ）。

A. 3 万元以上　　　B. 5 万元以上　　　C. 10 万元以上　　　D. 20 万元以上

12. 「多选题・题码 151443」

纳税人发生下列（   ）情形，不能按期纳税，经省级税务机关批准，可延期 3 个月纳税。

A. 因不可抗力，导致纳税人发生较大损失，正常经营受较大影响

B. 因客户拖欠货款，导致资金周转困难

C. 因经营不善，长期处于亏损状态

D. 当期货币资金扣除职工工资和社会保险费后，不足以纳税的

「考点 4」 纳税担保 （★★）

1. 「2020 年・单选题・题码 151431」

下列各项财产中，可以设定纳税抵押的是（   ）。

A. 土地所有权　　　　　　　　　　B. 依法被查封的财产

C. 依法定程序确认为违章的建筑物　　D. 依法有权处分的国有房屋

2. 「2016 年・单选题・题码 151432」

纳税人的下列财产或财产权利，不得作为纳税质押品的是（   ）。

A. 房屋　　　　B. 设备　　　　C. 大额存单　　　　D. 定期存款单

3. 「多选题・题码 151445」

根据《税收征收管理法》的有关规定，下列各项中不得作为纳税保证人的有（   ）。

A. 学校　　　　　　　　　　　　B. 医院

C. 无民事行为能力的自然人　　　　D. 纳税信誉等级被评为 D 级的单位

「考点 5」 纳税信用管理、税务检查、法律责任、税务文书电子送达规定 （★）

1. 「2019 年・单选题・题码 151435」

下列关于纳税信用管理的表述中，符合规定的是（   ）。

A. 税务机关每年 2 月确定上一年度纳税信用评价结果

B. 实际生产经营期不满三年的纳税人，本评价年度不能评为 B 级

C. 年度内无生产经营业务收入的企业，不参加本期评价

D. 以直接判级进行纳税信用评价适用于有严重失信行为纳税人

2. 「2019 年·单选题·题码 151436」

下列关于纳税信用管理的表述中，符合规定的是（　　）。

A. 按年进行纳税信用信息采集

B. 税务机关每年 3 月确定上一年度纳税信用评价结果

C. 以直接判级进行纳税信用评价适用于有严重失信行为的纳税人

D. 纳税年度内因涉嫌税收违法被立案查处尚未结案的纳税人也参加本期评价

3. 「2019 年·多选题·题码 151446」

在办理税务注销时，对未处于税务检查状态、无欠税及罚款、已缴销增值税专用发票及税控专用设备，且符合下列情形之一的纳税人，可以采取"承诺制"容缺办理的有（　　）。

A. 纳税信用级别为 B 级的纳税人

B. 控股母公司纳税信用级别为 B 级的 M 级纳税人

C. 未达到增值税纳税起征点的纳税人

D. 省级人民政府引进人才创办的企业

4. 「2016 年·多选题·题码 151447」

下列方法中，属于税务检查方法的有（　　）。

A. 全查法　　　　B. 顺查法　　　　C. 调账检查法　　　　D. 比较分析法

5. 「2014 年·单选题·题码 151450」

下列关于税款扣缴制度的表述中，正确的是（　　）。

A. 代扣税款手续费可以由税务所统一办理退库手续

B. 个人收到的个人所得税扣缴手续费，应计征个人所得税

C. 对扣缴义务人未履行扣缴义务的，可处以应扣未扣税款 50% 以上 3 倍以下的罚款

D. 扣缴义务人履行扣缴义务时，可从所扣缴的税款中减除扣缴手续费后再上交税务机关

6. 「2009 年·多选题·题码 151448」

下列各项中，符合税收征收管理法税款征收有关规定的有（　　）。

A. 税务机关减免税时，必须给纳税人开具承诺文书

B. 税务机关征收税款时，必须给纳税人开具完税凭证

C. 税务机关扣押商品、货物或者其他财产时必须开付收据

D. 税务机关查封商品、货物或者其他财产时必须开付清单

7. 「2009 年·多选题·题码 151449」

下列关于税务机关行使税务检查权的表述中，符合税法规定的有（　　）。

A. 到纳税人住所检查应纳税的商品、货物和其他财产

B. 责成纳税人提供与纳税有关的文件、证明材料和有关资料

C. 到车站检查纳税人托运货物或者其他财产的有关单据凭证和资料

D. 经县税务局局长批准，凭统一格式的检查存款账户许可证，查询案件涉嫌人员的储蓄存款

8. 「2007 年·单选题·题码 151438」

根据《税收征收管理法》规定，扣缴义务人应扣未扣、应收未收税款的，由税务机关向纳税人追缴税款，对扣缴义务人处一定数额的罚款，其罚款限额是（   ）。

A. 2 000 元以下

B. 2 000 元以上 5 000 元以下

C. 应扣未扣、应收未收税款 50% 以上 3 倍以下

D. 应扣未扣、应收未收税款 50% 以上 5 倍以下

9. 「单选题·题码 151439」

纳税人以 1 日、3 日、5 日、10 日或者 15 日为 1 个纳税期的，自期满之日起（   ）日内预缴税款，于次月 1 日起（   ）日内申报纳税并结算上月应纳税款。

A. 5；15   B. 5；10   C. 15；15   D. 15；10

主观题部分

「2015 年·计算分析题·题码 152040」

外国甲公司 2021 年为中国乙公司提供内部控制咨询服务，为此在乙公司所在市区租赁一办公场所，具体业务情况如下：

❶ 1 月 5 日，甲公司与乙公司签订服务合同，确定内部控制咨询服务具体内容，合同约定服务期限为 8 个月，服务收费为人民币 600 万元（含增值税），所涉及的税费由税法确定的纳税人一方缴纳。

❷ 1 月 12 日，甲公司从国外派业务人员抵达乙公司并开始工作，服务全部发生在中国境内。

❸ 9 月 1 日，乙公司对甲公司的工作成果进行验收，通过后确认项目完工。

❹ 9 月 3 日，甲公司所派业务人员全部离开中国。

❺ 9 月 4 日，乙公司向甲公司全额付款。

「其他相关资料」主管税务机关对甲公司采用"按收入总额核定应纳税所得额"的方法计征企业税，并核定利润率为 15%，甲公司用增值税一般计税方法，甲公司为此项目进行的采购均未取得增值税专票。

「要求」根据上述资料，按照下列序号回答问题，如有计算需计算出合计数。

(1) 回答甲公司申请办理税务登记手续的期限。

(2) 回答甲公司申报办理注销税务登记的期限。

(3) 计算甲公司应缴纳的企业所得税。

(4) 计算甲公司应缴纳的增值税。

(5) 计算甲公司应缴纳的城市维护建设税、教育费附加、地方教育附加。

14 第十四章　税务行政法制

「考情分析」

考点	星级	近十年考频	2012年	2013年	2014年	2015年	2016年	2017年	2018年	2019年	2020年	2021年
1. 税务行政处罚的设定和种类	★★	4					√	√			√	√
2. 税务行政处罚的主体和管辖、简易程序和一般程序	★★	3	√		√							√
3. 税务行政复议受案范围、复议与管辖	★★★	5			√		√	√		√	√	
4. 税务行政复议申请人和被申请人、处理程序	★★	5	√	√					√	√	√	
5. 税务行政诉讼	★★	5	√			√			√		√	√

「考点1」 税务行政处罚的设定和种类 （★★）

1. 「2020 年·单选题·题码 151451」

下列关于税务行政处罚权设定的表述中，符合税法规定的是 （　　）。

A. 省级税务机关可以设定罚款

B. 税务行政规章对非经营活动中的违法行为设定罚款不得超过 1 000 元

C. 国务院可以设定各种税务行政处罚

D. 市级税务机关可以设定警告

2. 「2017 年·多选题·题码 151466」

根据现行税务行政处罚规定，下列属于税务行政处罚的有 （　　）。

A. 行政罚款　　　　　　　　　B. 加收滞纳金

C. 没收财物和违法所得　　　　D. 停止出口退税权

3. 「2016 年·单选题·题码 151452」

下列关于税务行政处罚的设定中，正确的是 （　　）。

A. 国务院可以通过法律的形式设定各种税务行政处罚

B. 国家税务总局可以通过规章的形式设定警告和罚款

C. 省税务机关可以设定税务行政处罚的规范性文件

D. 地方人大可以通过法律的形式设定各种税务行政处罚

4. 「2010 年·多选题·题码 151467」

下列关于税务行政处罚设定的表述中，正确的有 （　　）。

A. 国家税务总局对非经营活动中的违法行为，设定罚款不得超过 1 000 元

B. 国家税务总局对非经营活动中有违法所得的违法行为，设定罚款不得超过 5 000 元

C. 国家税务总局对经营活动中没有违法所得的违法行为，设定罚款不得超过 10 000 元

D. 国家税务总局对经营活动中有违法所得的违法行为，设定罚款不得超过违法所得的 3 倍且最高不得超过 30 000 元

5. 「单选题·题码 151453」

下列关于税务行政处罚权的表述中，正确的是（　　）。

A. 省地方税务局可以通过规范性文件的形式设定警告

B. 国家税务总局可以通过规章的形式设定一定限额的罚款

C. 省以下税务局的稽查局不具有税务行政处罚主体资格

D. 作为税务机关派出机构的税务所不具有税务行政处罚主体资格

「考点 2」税务行政处罚的主体和管辖、简易程序和一般程序（★★）

1. 「2014 年·单选题·题码 151454」

税务所可以在一定限额以下实施罚款作为税务行政处罚，该限额为（　　）元。

A. 50　　　　　B. 2 000　　　　　C. 10 000　　　　　D. 50 000

2. 「2014 年·单选题·题码 151455」

下列税务行政处罚情形中，当事人可以在税务机关作出税务行政处罚决定之前要求听证的是（　　）。

A. 某公司被处以 5 000 元罚款　　　　　B. 某中国公民被处以 500 元罚款

C. 某合伙企业被处以 1 500 元罚款　　　　　D. 某非营利组织被处以 15 000 元罚款

3. 「2012 年·单选题·题码 151456」

下列税务机关中，虽然不具有税务处罚主体资格，但可以实施税务行政处罚的是（　　）。

A. 县税务局　　　　　B. 盟税务局

C. 省税务局　　　　　D. 县税务局下属的税务所

4. 「单选题·题码 151457」

下列关于税务行政处罚的说法，正确的是（　　）。

A. 省税务机关可以设定税务行政处罚的规范性文件

B. 税务行政处罚听证的范围是对公民作出 2 000 元以上，或者对法人或者其他组织作出 1 万元以上罚款的案件

C. 税务所可以在特别授权的情况下实施罚款额在 10 000 元以下的税务行政处罚

D. 收缴发票属于税务行政处罚

「考点 3」税务行政复议受案范围、复议与管辖（★★★）

1. 「2020 年·多选题·题码 151468」

申请人对税务机关的下列行政行为不服时可以申请行政复议的有（　　）。

A. 没收财物　　　　　B. 行政赔偿　　　　　C. 行政审批　　　　　D. 发票管理

2. 「2019 年·多选题·题码 151469」

　　纳税人对税务机关作出的下列行政行为不服时，可以申请行政复议，也可以直接向人民法院提起行政诉讼的有（　　）。

　　A. 收缴发票行为　　　　　　　　　B. 没收违法所得

　　C. 阻止出境行为　　　　　　　　　D. 暂停免税办理

3. 「2017 年·单选题·题码 151458」

　　纳税人对税务机关作出的下列行政行为不服时，应当先向行政复议机关申请复议后，才可以向人民法院提起行政诉讼的是（　　）。

　　A. 加收滞纳金　　　　　　　　　　B. 税收保全措施

　　C. 处以税款 50% 的罚款　　　　　　D. 强制执行措施

4. 「2016 年·多选题·题码 151470」

　　下列申请行政复议的表述中，符合税务行政复议管辖规定的有（　　）。

　　A. 对国家税务总局的具体行政行为不服的，向国家税务总局申请行政复议

　　B. 对各级税务局的具体行政行为不服的，向其上一级税务局申请行政复议

　　C. 对税务分局的稽查局的具体行政行为不服的，向其所属税务局申请行政复议

　　D. 对税务机关作出逾期不缴纳罚款加处罚款的决定不服的，向作出行政处罚决定的税务机关申请行政复议

5. 「2016 年·多选题·题码 151471」

　　下列申请行政复议的表述中，符合税务行政复议管辖规定的有（　　）。

　　A. 对国家税务总局的具体行政行为不服的，向国家税务总局申请行政复议

　　B. 对各级税务局的具体行政行为不服的，向其上一级税务局申请行政复议

　　C. 对计划单列市税务局的具体行政行为不服的，向国家税务总局申请行政复议

　　D. 对税务机关与其他行政机关以共同的名义作出的具体行政行为不服的，向共同上一级税务机关申请行政复议

6. 「2014 年·多选题·题码 151472」

　　税务机关实施的下列具体行政行为中，属于行政复议受案范围的有（　　）。

　　A. 代开发票　　　　　　　　　　　B. 税收保全措施

　　C. 纳税信用等级评定　　　　　　　D. 增值税一般纳税人资格认定

7. 「多选题·题码 151473」

　　下列各项属于税务行政复议受案范围或审查范围的有（　　）。

　　A. 国家税务总局制定规章的行为　　B. 税务机关作出的税收保全措施

　　C. 税务机关作出的征税行为　　　　D. 税务机关作出的行政处罚行为

8. 「多选题·题码 151474」

　　下列属于行政复议范围的有（　　）。

　　A. 确认纳税主体　　　　　　　　　B. 代开发票行为

　　C. 没收财物和违法所得　　　　　　D. 停止出口退税权

「考点 4」税务行政复议申请人和被申请人、处理程序（★★）

1. 「2020 年·多选题·题码 151475」

   税务行政复议申请人可以在知道税务机关作出具体行政行为之日起 60 日内提出行政复议申请。下列申请期限计算起点的表述中，正确的有（　　）。

   A. 当场作出具体行政行为的，自具体行政行为作出之日起计算

   B. 具体行政行为依法通过公告形式告知受送达人的，自公告之日起计算

   C. 载明具体行政行为的法律文书直接送达的，自受送达人签收之日起计算

   D. 被申请人能够证明申请人知道具体行政行为的，自证据材料证明其知道具体行政行为之日起计算

2. 「2019 年·单选题·题码 151459」

   下列可以作为税务行政复议申请人的是（　　）。

   A. 有权申请行政复议的公民死亡的，其近亲属

   B. 有权申请行政复议的股份制企业，其董事会

   C. 与被审查的税务具体行政行为有利害关系的第三人

   D. 有权申请行政复议的合伙企业，其任一合伙人

3. 「2018 年·单选题·题码 151460」

   税务行政复议期间发生的下列情形中，应当终止行政复议的是（　　）。

   A. 作为申请人的公民死亡且没有近亲属

   B. 案件涉及法律适用问题，需要有权机关作出解释

   C. 作为申请人的公民下落不明

   D. 作为申请人的法人终止且尚未确定权利义务承受人

4. 「2018 年·多选题·题码 151476」

   对下列事项进行行政复议时，申请人和被申请人在行政复议机关作出行政复议前可以达成和解的有（　　）。

   A. 行政赔偿　　　　B. 行政奖励　　　　C. 行政处罚　　　　D. 核定税额

5. 「2013 年·多选题·题码 151477」

   税务行政复议机关可以对某些税务行政复议事项进行调解。以下符合税务行政复议调解要求的有（　　）。

   A. 遵循客观、公正和合理的原则　　　　B. 尊重申请人和被申请人的意愿

   C. 在查明案件事实的基础上进行　　　　D. 不得损害社会公共利益和他人合法权益

6. 「2012 年·多选题·题码 151478」

   税务行政复议期间发生的下列情形中，可导致行政复议中止的有（　　）。

   A. 作为申请人的公民死亡，其近亲属尚未确定是否参加行政复议的

   B. 作为申请人的法人或者其他组织终止，尚未确定权利义务承受人的

   C. 作为申请人的公民死亡，没有近亲属，或者其近亲属放弃行政复议权利的

   D. 作为申请人的法人或者其他组织终止，其权利义务的承受人放弃行政复议权利的

7. 「单选题·题码 151461」

甲市乙县税务机关丙镇税务所在执法时给予本镇纳税人张某 1 800 元罚款的行政处罚，张某不服，向行政复议机关申请行政复议，则被申请人是（　　）。

A. 甲市税务机关　　B. 乙县税务机关　　C. 丙镇税务所　　D. 乙县人民政府

8. 「多选题·题码 151479」

对于下列情形之一的行政复议申请，行政复议机关不予受理的有（　　）。

A. 不属于行政复议的受案范围

B. 超过法定的申请期限

C. 已向人民法院提起行政诉讼，人民法院已经受理

D. 申请人就纳税问题发生争议，没有按照规定缴清税款、滞纳金，并且没有提供担保或者担保无效

9. 「多选题·题码 151480」

以下关于税务行政复议申请人的表述不符合规定的是（　　）。

A. 股份制企业的股东大会、股东代表大会、董事会认为税务具体行政行为侵犯企业合法权益的，可以以企业的名义申请行政复议

B. 有权申请行政复议的公民死亡的，其亲属不得申请行政复议

C. 同一行政复议案件申请人较多时，应当推选 1~10 名代表参加行政复议

D. 申请人、第三人委托代理人的，应当向行政复议机构提交授权委托书，该授权委托必须是书面委托

「考点 5」 税务行政诉讼（★★）

1. 「2020 年·单选题·题码 151462」

下列各项中，属于税务行政诉讼应遵循的原则是（　　）。

A. 适用调解原则　　　　　　　　B. 起诉可停止执行原则

C. 由税务机关工作人员负责赔偿原则　　D. 税务机关负举证责任原则

2. 「2018 年·单选题·题码 151463」

在税务行政诉讼中，税务机关可享有的权利是（　　）。

A. 应诉权　　　B. 反诉权　　　C. 起诉权　　　D. 撤诉权

3. 「2015 年·单选题·题码 151464」

税务机关作出的下列行政行为，纳税人不服时可以申请行政复议也可以直接向人民法院提起行政诉讼的是（　　）。

A. 罚款　　　B. 加收滞纳金　　　C. 确认抵扣税款　　　D. 确认征税范围

4. 「2012 年·多选题·题码 151481」

下列各项中，属于税务管理相对人在提起税务行政诉讼时必须同时符合的条件有（　　）。

A. 有明确的被告

B. 有具体的诉讼请求和事实、法律依据

C. 属于人民法院的受案范围和受诉人民法院管辖

D. 原告是认为具体税务行为侵犯其合法权益的公民、法人或者其他组织

5. 「2008 年 · 单选题 · 题码 151465」

根据税收征收管理法及其他相关规定，对税务机关的征税行为提起诉讼，必须先经过复议，对复议决定不服的，可以在接到复议决定书之日起的一定时限内向人民法院起诉。下列各项中，符合上述时限规定的是（　　）日。

A. 15　　　　　　B. 30　　　　　　C. 60　　　　　　D. 90

答 案

01 第一章 税法总论·答案

「考点1」税收与税法的概念、税收法律关系（★）

1.【答案】C

【解析】选项C正确。国家征税的依据是政治权力，它有别于按生产要素进行的分配。

2.【答案】C

【解析】

① 选项A错误，税法是引起税收法律关系的前提条件，但税法本身并不能产生具体的税收法律关系。

② 选项B错误，税收法律关系的保护对权利主体双方是平等的。

③ 选项D错误，税收法律关系在总体上与其他法律关系一样，都是由税收法律关系的主体、客体和内容三方面构成的。

「考点2」税法原则（★★★）

【答案】D

【解析】根据规定，自2018年5月1日起，对按万分之五税率贴花的资金账簿减半征收印花税，对按件贴花五元/件的其他账簿免征印花税。本题中，在2019年进行税务检查时，对于2018年6月缴纳的印花税可以根据颁布的减免条例进行申请减免，符合新法优于旧法原则。

「考点3」税法要素（★★）

1.【答案】B

【解析】选项B正确。税目是在税法中对征税对象分类规定的具体的征税项目，反映具体的征税范围，是对课税对象质的界定，体现征税的广度。

2.【答案】A

【解析】选项A正确。征税对象又叫课税对象、征税客体，是指税法规定的对什么征税，也是征纳税双方权利义务共同指向的客体或标的物，又是区别一种税与另一种税的重要标志。

3.【答案】CD

【解析】选项AB错误。耕地占用税、城镇土地使用税属于采取定额税率征收。

「考点4」税收立法与我国税法体系（★★）

1.【答案】ABC

【解析】选项D错误，增值税属于国务院根据全国人大及其常委会授权立法的暂行条例。

2. 【答案】ABCD

【解析】四个选项均正确。我国税收立法程序按步骤主要包括提议、审议、通过和公布三个阶段。

「考点5」税收执法 （★★★）

1. 【答案】A

【解析】选项A正确，根据规定，关于证券交易部分的印花税全部归中央收入。

2. 【答案】BCD

【解析】选项A属于地方政府固定收入。

3. 【答案】C

【解析】选项A错误，属于地方政府固定收入；选项BD错误，属于中央和地方共享收入。

「考点6」税务权利与义务、涉税专业服务机构涉税业务内容、国际重复征税 （★）

1. 【答案】ABCD

【解析】四个选项均正确。涉税专业服务机构涉税业务内容如下：

① 纳税申报代理；

② 一般税务咨询（选项A）；

③ 专业税务顾问（选项B）；

④ 税收策划（选项D）；

⑤ 涉税鉴证；

⑥ 纳税情况审查（选项C）；

⑦ 其他税务事项代理；

⑧ 其他涉税服务。

2. 【答案】ABCD

【解析】四个选项均正确。纳税人的权利（14项）：知情权、保密权（选项D）、税收监督权（选项B）、纳税申报方式选择权、申请延期申报权、申请延期缴纳税款权、申请退还多缴税款权、依法享受税收优惠权（选项A）、委托税务代理权、陈述与申辩权（选项C）、对未出示税务检查证和税务检查通知书的拒绝检查权、税收法律救济权、依法要求听证的权利、索取有关税收凭证的权利。

第二章　增值税法·答案

「考点1」征税范围（★★★）

1.【答案】D

【解析】选项 A，销售无形资产；选项 B，销售邮政服务；选项 C，销售电信服务。

2.【答案】D

【解析】

① 选项 A 错误，融资性售后回租业务，按照金融服务的贷款服务缴纳增值税。

② 选项 B 错误，宾馆、旅馆、旅社、度假村和其他经营性住宿场所提供会议场地及配套服务的活动，按照现代服务业——会议展览服务缴纳增值税。

③ 选项 C 错误，航空运输的湿租业务属于交通运输服务——航空运输服务。

3.【答案】B

【解析】

① 选项 A 错误，将自产、委托加工或者购进的货物作为投资，提供给其他单位或者个体工商户，属于增值税视同销售行为，可以抵扣进项税额。

② 选项 C 错误，将自产、委托加工或者购进的货物无偿赠送给其他单位或者个人，属于增值税视同销售行为，可以抵扣进项税额。

③ 选项 D 错误，外购的货物用于抵偿债务，按正常的销售行为处理，可以抵扣进项税额。

4.【答案】A

【解析】

① 选项 B 错误，居民日常服务，属于生活服务。

② 选项 CD 错误，物流服务、商务辅助服务，属于现代服务。

5.【答案】ABC

【解析】

① 选项 A 正确，以货币资金投资收取的固定利润或者保底利润，按照"贷款服务"缴纳增值税。

② 选项 BC 正确，各种占用、拆借资金取得的收入，包括金融商品持有期间（含到期）利息（保本收益、报酬、资金占用费、补偿金等）收入、信用卡透支利息收入、买入返售金融商品利息收入、融资融券收取的利息收入，以及融资性售后回租、押汇、罚息、票据贴现、转贷等业务取得的利息及利息性质的收入，按照"贷款服务"缴纳增值税。

③ 选项 D 错误，金融商品持有期间（含到期）取得的非保本的上述收益，不属于利息或利息性质的收入，不征收增值税。

6.【答案】D

【解析】

① 选项 A 错误，存款利息不征收增值税。

② 选项 B 错误，被保险人获得的保险赔付不征收增值税。

③ 选项 C 错误，纳税人取得的财政补贴收入，与其销售货物、劳务、服务、无形资产、不动产的收入或者数量直接挂钩的，应按规定计算缴纳增值税。纳税人取得的其他情形的财政补贴收入，不属于增值税应税收入，不征收增值税。

④ 选项 D 正确，属于价外费用，按照货物适用税率缴纳增值税。

「考点2」纳税义务人和扣缴义务人（★）

【答案】B

【解析】选项 B 正确。根据规定，如果以发包人的名义对外经营的，由发包人承担相关法律责任的，发包人为纳税人。而在其他情况下，承包人为纳税人。

「考点3」税率和征收率（★★★）

1.【答案】B

【解析】

① 选项 A 错误，建筑施工服务属于建筑服务，税率为9%。

② 选项 B 正确，纳税人通过省级土地行政主管部门设立的交易平台转让补充耕地指标，按照"销售无形资产"缴纳增值税，税率为6%。

③ 选项 C 错误，属于不动产租赁服务，税率为9%。

④ 选项 D 错误，纳税人现场制作食品并直接销售给消费者，按照"餐饮服务"缴纳增值税。销售非现场制作食品，属于销售货物。

2.【答案】A

【解析】

① 选项 A 正确，向境外单位转让的完全在境外使用的技术，适用增值税零税率。

② 选项 B 错误，向境外单位提供的完全在境外消费的电信服务不属于零税率的范围。

③ 选项 C 错误，向境外单位提供的完全在境外消费的广播影视节目制作和发行服务适用零税率，不包括播映。

④ 选项 D 错误，境内单位和个人以无运输工具承运方式提供的国际运输服务，由境内实际承运人适用增值税零税率；无运输工具承运业务的经营者适用增值税免税政策。

「考点4」计税方法（★★）

1.【答案】C

【解析】

① 选项 A 错误，自来水厂销售自产自来水才可以，销售矿泉水不可以选择按照简易办法。

② 选项 B 错误，自产的商品混凝土（仅限于以水泥为原料生产的水泥混凝土）可选择按照简易办法3%征收率计算缴纳增值税，而题目中为沥青混凝土。

③ 选项 D 错误，出租 2016 年 4 月 30 日前取得的不动产可选择按照简易办法 5% 征收率计算缴纳增值税，而题目中是出租 2016 年 5 月 1 日后取得的不动产。

2. 【答案】ABC

【解析】

① 选项 AB 正确，电影放映服务、仓储服务、装卸搬运服务、收派服务和文化体育服务属于可以选择简易计税方法计税的范围。

② 选项 C 正确，公共交通运输服务，包括轮客渡、公交客运、地铁、城市轻轨、出租车、长途客运、班车属于可以选择简易计税方法计税的范围。

3. 【答案】ABD

【解析】选项 C 错误，商业银行提供贷款服务不属于可以选择适用增值税简易计税方法计税的范围，一般纳税人应按照一般计税方法计税。

4. 【答案】ABC

【解析】选项 D 错误，县级及县级以下小型水力（非火力）发电单位生产的自产电力可选择按照简易办法计算缴纳增值税。

「考点 5」 销项税额的计算（★★★）

1. 【答案】C

【解析】选项 C 正确，金融商品转让，按照卖出价扣除买入价后的余额为销售额。

2. 【答案】A

【解析】选项 A 正确，贷款服务，以提供贷款服务取得的全部利息及利息性质的收入为销售额。

3. 【答案】A

【解析】以物易物双方都应作购销处理，以各自发出的应税销售行为核算销售额并计算销项税额，以各自收到的货物、劳务、服务、无形资产、不动产按规定核算购进金额并计算进项税额。苹果属于农产品，税率9%；罐头属于货物，13%。

应纳增值税 =15 ×9% −8 ×13% =0.31（万元）。选项 A 正确。

4. 【答案】C

【解析】

① 国内运输收入适用交通运输服务，税率为9%。

② 水路运输的程租、期租业务，属于水路运输服务，按照交通运输服务，适用税率为9%。

③ 打捞收入属于现代服务业——物流辅助服务，适用税率为6%。

④ 购进配件取得了增值税专用发票，可以抵扣进项税额。

应纳增值税 = (1 287.6 +255.3) ÷ (1 +9%) ×9% +116.6 ÷ (1 +6%) ×6% −46.8 = 87.20（万元）。选项 C 正确。

5. 【答案】AD

【解析】

① 选项 A 正确，货物保管属于现代服务业——物流辅助服务，税率6%，销项税额 = 40.28 ÷ (1 +6%) ×6% =2.28（万元）。

② 选项 B 错误，装卸搬运属于现代服务业——物流辅助服务，税率6%，销项税额 = 97.52 ÷ (1 +6%) ×6% =5.52（万元）。

③ 选项 C 错误，国际运输服务适用零税率，因此销项税额为 0。

④ 选项 D 正确，国内运输服务，属于交通运输业，税率 9%，销项税额 = 754.8 ÷ (1 + 9%) × 9% = 62.32 （万元）。

「考点 6」进项税额和应纳税额的计算 （★★★）

1. 【答案】C

【解析】 因该企业未办理一般纳税人登记，所以进项税额不得抵扣。应缴纳增值税 = 1 000 × 9% = 90 （万元）。选项 C 正确。

2. 【答案】D

【解析】

① 购进烟叶准予抵扣的增值税进项税额，按照收购烟叶实际支付的价款总额和烟叶税及法定扣除率计算。计算公式为：

烟叶税应纳税额 = 收购烟叶实际支付的价款总额 × 税率 （20%）。

准予抵扣的进项税额 = (收购烟叶实际支付的价款总额 + 烟叶税应纳税额) × 扣除率。

② 计算可抵扣的进项税额。

    a. 实际支付价款 = 收购价款 × (1 + 10%) = 50 × (1 + 10%) = 55 （万元）；

    b. 烟叶税应纳税额 = 55 × 20% = 11 （万元）；

    c. 准予抵扣进项税 = (50 + 5 + 11) × 10% = 6.6 （万元）。选项 D 正确。

3. 【答案】C

【解析】 该企业可计算抵扣进项税额 = 100 000 × 9% + 1 200 × 9% = 9 108 （元）。选项 C 正确。

4. 【答案】B

【解析】

① 农产品账面价值是 20 020 元，农产品的进项税额的扣除采取的是计算扣除，也即收购价格的 91% 属于账面价值，9% 是增值税，增值税进项税额 = (22 640 − 2 620) ÷ 91% × 9% = 1 980 （元），该部分属于因纳税人管理不善原因造成的非正常损失，需要从进项税额中转出。

② 交通运输费的税率是 9%，增值税进项税额是：2 620 × 9% = 235.8 （元），该部分也属于因纳税人管理不善原因造成的非正常损失，需要从进项税额中转出。

③ 自然灾害造成的损失，进项税额可以抵扣，不用转出。

计算应转出进项税额。应转出进项税金额合计 = 1 980 + 235.8 = 2 215.8 （元）。选项 B 正确。

5. 【答案】B

【解析】

① 购进农产品用于生产销售或委托加工 13% 税率的货物，计算进项税额的扣除率为 10%。

② 进项税额：5 × 10% + 0.6 × 9% = 0.554 （万元）。

③ 销项税额：20 × 13% = 2.6 （万元）。

④ 应纳增值税额：2.6 −0.554 =2.046（万元）。选项 B 正确。

6. 【答案】A

【解析】选项 A 表述错误、选项 BC 表述正确。购进货物用于职工福利的30%，不可以抵扣进项税额；作为礼品对外赠送的70%，属于视同销售，要计算增值税，该企业没有同类产品售价，要按照其他纳税人的同类产品售价（即购进价）计算纳税。可以抵扣的进项税额 =3 900 ×70% =2 730（元），销项税额 =30 000 ×70% ×13% =2 730（元）。

选项 D 表述正确，购进高档化妆品不可以抵扣的进项税额 =3 900 −2 730 =1 170（元）。

7. 【答案】D

【解析】

① 生产企业销售农机整机按9%缴纳增值税；销售农机零部件按照13%纳税。

② 销项税额 =1 000 ×9% +180 ÷（1 +13%）×13% =110.71（万元）。

③ 进项税额 =48 +10 ×9% =48.9（万元）。

④ 应纳增值税 =110.71 −48.9 =61.81（万元），选项 D 正确。

8. 【答案】A

【解析】

① 当期销项税额 =106 ÷（1 +6%）×6% =6（万元）；当期进项税额 =2.6 +0.045 +0.3 = 2.945（万元），因此按一般计税方法计算的应纳税额 =6 −2.945 =3.055（万元）。

② 销售以前购进的一台固定资产应按简易计税方法计缴增值税，按简易计税方法计算的应纳税额 =0.206 ÷（1 +3%）×2% =0.004（万元）。

③ 该公司本月应纳增值税税额 =3.055 +0.004 =3.06（万元），选项 A 正确。

9. 【答案】A

【解析】选项 A 正确，对商业企业向供货方收取的与商品销售量、销售额挂钩（如以一定比例、金额数量计算）的各种返还收入，均应按照平销返利行为的有关规定冲减当期增值税进项税额。

「考点7」特定应税行为的增值税计征方法（★★★）

1. 【答案】D

【解析】根据规定，一般纳税人出租不动产（2016 年4 月30 日前取得），可以选择适用简易计税方法，按照5%的征收率计算应纳税额。纳税人提供租赁服务，采取预收款方式的，其增值税纳税义务发生时间为收到预收款的当天。所以一次性收取租金48 万元全额计征增值税。

该公司8 月应缴增值税 =48 ÷（1 +5%）×5% =2.29（万元），选项 D 正确。

2. 【答案】A

【解析】选项 A 说法错误，房地产开发企业的一般纳税人，出租其2016 年5 月1 日后自行开发的与机构所在地不在同一县（市）的房地产项目，应按照3%的预征率在不动产所在地预缴税款后，向机构所在地主管税务机关进行纳税申报。

3.【答案】B

【解析】选项 B 错误，一般纳税人销售 2016 年 4 月 30 日前取得的不动产可选择简易计税方法计税。

4.【答案】ACD

【解析】

① 选项 A 正确，以清包工方式提供的建筑服务可选择按照简易办法 3% 征收率计算缴纳增值税。

② 选项 B 错误，一般纳税人跨县（市、区）提供建筑服务，适用一般计税方法计税的，以取得的全部价款和价外费用扣除支付的分包款后的余额，按照 2% 的预征率计算应预缴税款。

③ 选项 C 正确，一般纳税人跨县（市、区）提供建筑服务，选择适用简易计税方法计税的，以取得的全部价款和价外费用扣除支付的分包款后的余额，按照 3% 的征收率计算应预缴税款。

④ 选项 D 正确，为甲供工程提供的建筑服务可选择按照简易办法 3% 征收率计算缴纳增值税。

「考点 8」进口货物、出口和跨境业务增值税税务处理（★★）

1.【答案】A

【解析】因本月没有免税购进原材料，故当期不得免征和抵扣税额抵减额 =0。

当期不得免征和抵扣税额 = 当期出口货物离岸价 × 外汇人民币折合率 ×（出口货物适用税率 − 出口货物退税率）− 当期不得免征和抵扣税额抵减额 =200 ×（13% −9%）−0 =8（万元），选项 A 正确。

2.【答案】C

【解析】

① 当期销项税额 =150 ×13% =19.5（万元）。

② 计算当期进项税额和不得免征和抵扣的税额。

  a. 因本月没有免税购进原材料，故当期不得免征和抵扣税额抵减额 =0。

  b. 当期不得免征和抵扣税额 = 当期出口货物离岸价 × 外汇人民币折合率 ×（出口货物适用税率 − 出口货物退税率）− 当期不得免征和抵扣税额抵减额 =115 ×8 ×（13% − 9%）−0 =36.8（万元）。

③ 计算当期应纳税额。

当期应纳税额 = 当期销项税额 −（当期进项税额 − 当期不得免征和抵扣税额）=150 × 13% −（137.7 −36.8）= −81.4（万元）<0，故当期留抵 81.4 万元。

④ 计算当期退税限额。

当期"免、抵、退"税额 = 当期出口货物离岸价 × 外汇人民币折合率 × 出口货物退税率 − 当期"免、抵、退"税额抵减额 =115 ×8 ×9% −0 =82.8（万元）。

⑤ 计算当期应退税额/当期留抵税额。

  a. 当期期末留抵税额 81.4 万元 ≤ 当期"免、抵、退"税额 82.8 万元，则当期应退税

额 = 当期期末留抵税额 =81.4 万元；

    b. 当期免抵税额 = 当期"免、抵、退"税额 − 当期应退税额 =82.8 −81.4 =1.4（万元），选项 C 正确。

［注］若当期期末留抵税额 > 当期"免、抵、退"税额，则当期应退税额 = 当期"免、抵、退"税额；当期免抵税额 =0。

3.【答案】C

【解析】适用 13% 税率的境外旅客购物离境退税物品，退税率为 11%；适用 9% 税率的境外旅客购物离境退税物品，退税率为 8%。应退增值税额 = 退税物品销售发票金额（含增值税）× 退税率 =3 000 ×8% =240（元），选项 C 正确。

4.【答案】B

【解析】外贸企业出口货物（委托加工修理修配货物除外）增值税退（免）税的计税依据，为购进出口货物的增值税专用发票注明的金额或海关进口增值税专用缴款书注明的完税价格。

应退增值税 =（500 ×150 +200 ×148）×9% =9 414（元），选项 B 正确。

5.【答案】C

【解析】从报关地到企业的运费不在进口环节缴纳增值税。进口环节应缴纳的增值税税额 =（关税完税价格 + 关税）× 增值税税率 =120 000 ×（1 +50%）×13% =23 400（元），选项 C 正确。

「考点9」税收优惠（★★★）

1.【答案】BD

【解析】

① 选项 A 错误，金融机构开展贴现、转贴现业务，以其实际持有票据期间取得的利息收入作为贷款服务销售额计算缴纳增值税。此前贴现机构已就贴现利息收入全额缴纳增值税的票据，转贴现机构转贴现利息收入继续免征增值税。

② 选项 BD 正确，都属于免征增值税。

③ 选项 C 错误，融资性售后回租是按照金融服务中的贷款服务，计算缴纳增值税。

2.【答案】ABC

【解析】选项 D 错误，管理咨询服务按照鉴证咨询服务缴纳增值税。

3.【答案】D

【解析】选项 D 不属于。会计师事务所提供管理咨询服务应按照鉴证咨询服务缴纳增值税。

「考点10」征收管理和增值税专用发票开具范围（★）

1.【答案】D

【解析】选项 ABC 错误，以 1 个季度为纳税期限的规定适用于小规模纳税人、银行、财务公司、信托投资公司、信用社，以及财政部和国家税务总局规定的其他纳税人。

选项 D 正确，保险公司以 1 个月为纳税期限。

2. 【答案】D

【解析】选项 D 说法错误，不得办理一般纳税人登记的情况：根据政策规定，选择按照小规模纳税人纳税的；年应税销售额超过规定标准的其他个人。

3. 【答案】D

【解析】

① 选项 A 错误，销售免税货物不得开具增值税专用发票，法律、法规及国家税务总局另有规定的除外。

② 选项 BC 错误，商业企业一般纳税人零售的烟、酒、食品、服装、鞋帽（不包括劳保专用部分）、化妆品等消费品不得开具增值税专用发票。个人购买属于零售，不得开具专票。

4. 【答案】CD

【解析】

① 选项 A 错误，采取直接收款方式销售货物，不论货物是否发出，均为收到销售款或取得索取销售款凭据的当天；

② 选项 B 错误，委托其他纳税人代销货物，为收到代销单位的代销清单或者收到全部或部分货款的当天。未收到代销清单及货款的，为发出代销货物满 180 天的当天。

主观题部分

1. 【答案】

（1）业务❶的销项税额 =200 ×60% ×6% =7.2（万元）。

（2）业务❷的销项税额 =3 000 ×6% =180（万元）。

（3）业务❸该企业购买办公楼应缴纳的印花税 =1 000 ×0.5‰ =0.5（万元）。

（4）业务❸当期允许抵扣的进项税额 =90 +13 ×（1 −20%）=100.4（万元）。

（5）不属于。根据规定，纳税人购进国内旅客运输服务，其进项税额允许抵扣，其中"国内旅客运输服务"，仅限于与本单位签订了劳动合同的员工，以及本单位作为用工单位接受的劳务派遣员工发生的国内旅客运输服务。

（6）业务❺该企业当期允许抵扣的进项税额 =5.995 ÷（1 +9%）×9% =0.5（万元）。

（7）业务❻该企业当期允许抵扣的进项税额 =10.6 ÷（1 +6%）×6% =0.6（万元）。

（8）业务❼该企业进口小汽车应缴纳的车辆购置税 =44 ×（1 +15%）÷（1 −12%）×10% =5.75（万元）。

（9）业务❼该企业进口小汽车应缴纳的增值税 =44 ×（1 +15%）÷（1 −12%）×13% =7.48（万元）。

【解析】

（1）采取分期收款方式销售货物的，增值税纳税义务发生时间为书面合同约定的收款日期的当天，无书面合同或书面合同没有约定收款日期的，为货物发出的当天。

（2）纳税人发生应税销售行为的纳税义务发生时间，为收讫销售款项或者取得索取销售款项凭据的当天；先开具发票的，为开具发票的当天。

（3）产权转移书据印花税税率为 0.5‰。

（4）购进不动产兼用于简易计税方法计税项目、免征增值税项目、集体福利或者个人消费的，该进项税额可以全额抵扣。

购进货物用于简易计税方法计税项目、免征增值税项目、集体福利或者个人消费的，该进项税额不得抵扣。故奖励给员工的部分，不得抵扣。

（5）略。

（6）取得注明旅客身份信息的铁路车票，铁路旅客运输进项税额＝票面金额÷（1＋9%）×9%。未注明旅客身份信息的出租车票，不能抵扣进项税额。

（7）购进的货款服务、餐饮服务、居民日常服务和娱乐服务，进项税额不得从销项税额中抵扣；纳税人接受货款服务向货款方支付的与该笔货款直接相关的投融资顾问费、手续费、咨询费等费用，其进项税额不得从销项税额中抵扣，本题中银行咨询费与贷款无关，故其进项税额可以抵扣。

（8）车购税＝关税完税价格×（1＋关税税率）÷（1－消费税税率）×10%。

（9）增值税＝关税完税价格×（1＋关税税率）÷（1－消费税税率）×13%。

【考点】印花税、车辆购置税、城市维护建设税、增值税计税方法

2.【答案】

（1）业务❶的销项税额＝848÷（1＋6%）×6%＝48（万元）。

（2）不需要。根据规定，纳税人在资产重组过程中，通过合并、分立、出售、置换等方式，将全部或部分实物资产以及与其相关联的债权、负债和劳动力一并转让给其他单位和个人，不属于增值税的征税范围，不征收增值税。

（3）可以。根据规定，其他个人采取一次性收取租金形式出租不动产，取得的租金收入，可在对应的租赁期内平均分摊，分摊后的月租金收入未超过15万元的，免征增值税。

（4）业务❸餐饮企业应缴纳的印花税＝3×10 000×12×1‰＝360（元）。

（5）业务❹的销项税额＝100×13%＝13（万元）。

（6）业务❺的销项税额＝（10－6.82）×500 000÷（1＋6%）×6%÷10 000＝9（万元）。

（7）业务❻的销项税额＝300×6%＝18（万元）。

【解析】

（1）纳税人发生应税销售行为，其纳税义务发生时间为收讫销售款项或者取得索取销售款项凭据的当天；故应按收款收入计缴销项税额。

（2）略。

（3）略。

（4）租入门面房签订的合同，按照租赁合同缴纳印花税，税率是1‰。

（5）发售储值卡，收取的300万元，属于预收账款，应按持卡人实际消费确认收入，计算销项税额。

（6）限售股属于金融商品，按照卖出价扣除买入价后的余额作为销售额。

但是，公司首次公开发行股票并上市形成的限售股，以及上市首日至解禁日期间由上述股份孳生的送转股，以该上市公司股票首次公开发行（**IPO**）的发行价为买入价，计算销项税额时，转让收入要换算为不含税收入。

（7）转让连锁经营权属于销售无形资产，增值税税率为6%。

【考点】印花税、增值税计税方法和税收优惠、增值税征收范围、城市维护建设税

3.【答案】

(1) 业务❶的销项税额 =2 260÷(1+13%)×13% =260（万元）。

(2) 不需要缴纳。根据规定，向境外客户提供完全在境外消费的咨询服务免增值税。

(3) 业务❸的销项税额 =424÷(1+6%)×6% =24（万元）。

(4) 业务❹应缴纳的增值税额 =105÷(1+5%)×5% =5（万元）。

(5) 不需要缴纳增值税。根据规定，非保本理财产品的投资收益，不属于利息或利息性质的收入，不征收增值税。

(6) 业务❻应缴纳的增值税额 =1.03÷(1+3%)×3% =0.03（万元）。

(7) 业务❼应缴纳的增值税额 =(1 040-200)÷(1+5%)×5% =40（万元）。

(8) 业务❽进口厢式货车应缴纳关税税额 =100×15% =15（万元）。
应缴纳车辆购置税额 =(100+15)×10% =11.5（万元）。
应缴纳增值税额 =(100+15)×13% =14.95（万元）。

(9) 当期不可抵扣的进项税额 =19.2×(30+100+1+800)÷(2 000+30+400+100+1+800) =5.37（万元）。

(10) 有权进行调整。根据规定，主管税务机关可依据年度数据对不得抵扣的进项税额进行清算。

(11) 当期应缴纳增值税额 =260+24-[180+(19.2-5.37)+14.95]+5+0.03+40 =120.25（万元）。

(12) 当月应缴纳的城市维护建设税额 =120.25×7% =8.42（万元）。
当月应缴纳的教育费附加 =120.25×3% =3.61（万元）。
当月应缴纳的地方教育附加 =120.25×2% =2.41（万元）。
合计 =8.42+3.61+2.41 =14.44（万元）。

【解析】

(1) 现金折扣不得从销售额中减除。

(2) 略。

(3) 会展服务属于现代服务，适用税率6%，424万元应换算为不含税金额计缴销项税额。

(4) 一般纳税人出租其2016年4月30日前取得的不动产，可以选择适用简易计税方法，按照5%的征收率计算应纳税额。

(5) 略。

(6) 对于纳税人销售自己使用过的不得抵扣且没有抵扣过的固定资产，按照简易办法依照3%征收率减按2%征收增值税，不得开具增值税专用发票。如果选择放弃减税，依照3%征收率缴纳增值税，并可以开具增值税专用发票。

(7) 一般纳税人转让其2016年4月30日前取得（不含自建）的不动产，可以选择适用简易计税方法计税，以取得的全部价款和价外费用扣除不动产购置原价或者取得不动产时的作价后的余额为销售额，按照5%的征收率计算应纳税额。

(8) 关税 =关税完税价格×税率。
车辆购置税/增值税 =(关税完税价格+关税)×税率。

（9）一般计税方法的纳税人，兼营简易计税方法计税项目、免征增值税项目而无法划分不得抵扣的进项税额，按照下列公式计算不得抵扣的进项税额。

不得抵扣的进项税额 = 当期无法划分的全部进项税额 × (当期简易计税方法计税项目销售额 + 免征增值税项目销售额) ÷ 当期全部销售额。

（10）略。

（11）略。

（12）该集团总部位于市区，城市维护建设税税率为7%。

【考点】关税、车辆购置税、增值税计税方法和征收管理、城市维护建设税

4.【答案】

（1）业务❶的销项税额 = 690 × 50% × 13% + 550 ÷ (1 + 13%) × 13% = 108.12（万元）。

（2）业务❶的进项税额 = 54.6 + 380 ÷ 10 000 = 54.64（万元）。

（3）根据规定，购进货物和设计服务、建筑服务，用于新建不动产，其进项税额可以一次扣除。纳税人接受贷款服务向贷款方支付的与该笔贷款直接相关的投融资顾问费、手续费、咨询费等费用，其进项税额不得从销项税额中抵扣。当期准予抵扣的进项税额 = 11.05 万元。

（4）业务❹进口环节缴纳的增值税额 = 130 × (1 + 8%) × 13% = 18.25（万元）。

业务❹代扣代缴的增值税额 = 4.5 ÷ (1 + 6%) × 6% = 0.25（万元）。

进口环节缴纳的增值税和代扣代缴的增值税合计金额 = 18.25 + 0.25 = 18.5（万元）。

（5）业务❺的销项税额 = 450 × (1 + 10%) × 13% = 64.35（万元）。

（6）业务❻应缴纳的进口环节的增值税额 = 30 × (1 + 25%) ÷ (1 − 40%) × 13% = 8.13（万元）。

业务❻应缴纳的进口环节的消费税额 = 30 × (1 + 25%) ÷ (1 − 40%) × 40% = 25（万元）。

进口环节的增值税和消费税合计金额 = 8.13 + 25 = 33.13（万元）。

（7）业务❼准予抵扣的进项税额 = 3.12 万元。

（8）当月的销项税额 = 108.12 + 64.35 = 172.47（万元）。

（9）当月的进项税额 = 54.64 + 11.05 + 18.5 + 8.13 + 3.12 = 95.44（万元）。

（10）当月的应纳增值税税额 = 172.47 − 95.44 = 77.03（万元）。

（11）当月的城建税税额 = 77.03 × 5% = 3.85（万元）。

（12）当月的教育费附加和地方教育附加的合计数 = 77.03 × (3% + 2%) = 3.85（万元）。

（13）当月应该缴纳的车辆购置税 = 30 × (1 + 25%) ÷ (1 − 40%) × 10% + 24 × 10% = 8.65（万元）。

【解析】

（1）采取直接收款方式销售货物，不论货物是否发出，均为收到销售款或者取得索取销售款凭据的当天；采取预收货款方式销售货物，为货物发出的当天，设备未发货，所以不缴纳增值税；分期收款方式销售货物，为书面合同约定的收款日期的当天，当月约定收款的50%，应缴纳增值税。

（2）纳税人支付的道路通行费，按照收费公路通行费增值税电子普通发票上注明的增值税

税额抵扣进项税额。

(3) 略。

(4) 进口环节货物的增值税 = 组成计税价格 × 13% = (关税完税价格 + 关税) × 13%。

境外单位或者个人在境内发生应税行为,在境内未设有经营机构的,以购买方为增值税扣缴义务人。

应扣缴税额 = 接受方支付的含税价款 ÷ (1 + 税率) × 税率。

(5) 自有产品对外投资属于视同销售行为,无对外售价的按照纳税人组成计税价格计算缴纳增值税。

组成计税价格 = 成本 × (1 + 成本利润率)。

(6) 进口环节货物的增值税 = 组成计税价格 × 13% = (关税完税价格 + 关税) ÷ (1 − 消费税税率) × 13%。

进口环节货物的消费税 = 组成计税价格 × 消费税税率 = (关税完税价格 + 关税) ÷ (1 − 消费税税率) × 消费税税率。

(7) 购进的固定资产兼用于一般计税方法、简易计税方法、免征增值税项目、集体福利或者个人消费的,进项税额可以按照增值税专用发票上注明的税额全额抵扣。

(8) 略。

(9) 略。

(10) 略。

(11) 该企业位于县城,城建税税率为5%。

(12) 略。

(13) 进口车辆车辆购置税 = 组成计税价格 × 10% = (关税完税价格 + 关税) ÷ (1 − 消费税税率) × 10%。

【考点】增值税计税方法、消费税计税方法、城市维护建设税、车辆购置税

5. 【答案】

(1) 关税完税价格 = 200 + 30 + (200 + 30) × 3‰ = 230.69 (万元)。

关税应纳税额 = 230.69 × 10% = 23.07 (万元)。

(2) 组成计税价格 = 关税完税价格 + 关税 = 230.69 + 23.07 = 253.76 (万元)。

增值税应纳税额 = 组成计税价格 × 税率 = 253.76 × 13% = 32.99 (万元)。

(3) 应退税额 = 80 × 13% = 10.4 (万元)。

(4) 应预缴的增值税 = 含税销售额 ÷ (1 + 9%) × 3% = 109 ÷ (1 + 9%) × 3% = 3 (万元)。

应预缴的城市维护建设税 = 3 × 7% = 0.21 (万元)。

(5) 当月允许抵扣的进项税额 = 135 万元。

(6) 应扣缴增值税 = 169.5 ÷ (1 + 13%) × 13% = 150 × 13% = 19.5 (万元)。

(7) 应扣缴的企业所得税 = 169.5 ÷ (1 + 13%) × 10% = 15 (万元)。

(8) 销项税额 = 300 × 13% = 39 (万元)。

【解析】

(1) 关税完税价格 = 货价 + 运抵口岸的运费 + 保险费,其中,支付的购货佣金 10 万元,不计入关税完税价格。保险费无法确定的,按照"货价 + 运费"两者总额的 3‰ 计算。

（2）进口环节货物的增值税 = 组成计税价格 × 13% = （关税完税价格 + 关税）× 13%。

（3）不具有生产能力的出口企业（以下称外贸企业）或其他单位出口货物、劳务，免征增值税，相应的进项税额予以退还。

（4）一般纳税人出租其 2016 年 5 月 1 日后取得的不动产，适用一般计税方法计税。

不动产所在地与机构所在地不在同一县（市、区）的，纳税人应按照 3% 的预征率向不动产所在地主管税务机关预缴税款，向机构所在地主管税务机关申报纳税。

该房产位于外省市区，则城建税税率为 7%。

（5）根据规定，自 2019 年 4 月 1 日起，纳税人取得不动产或者不动产在建工程的进项税额，可一次抵扣，不再分期抵扣。

（6）应扣缴税额 = 接受方支付的含税价款 ÷（1 + 税率）× 税率；承租机器属于提供有形动产租赁，增值税税率为 13%。

（7）该境外公司属于在中国境内未设立机构、场所的非居民企业，企业所得税税率适用 10%。

（8）外购护肤品作为集体福利发给职工，不视同销售，不计算销项税额。

【考点】增值税计税方法、出口环节增值税的规定、城市维护建设税、关税、企业所得税计税方法

6.【答案】

（1）进口关税 = （640 000 + 42 000 + 38 000）× 12% = 86 400（元）。

（2）进口增值税 = （640 000 + 42 000 + 38 000）×（1 + 12%）× 13% = 104 832（元）。

（3）应代扣代缴的增值税 = 1 000 000 ÷（1 + 6%）× 6% = 56 603.77（元）。

（4）应代扣代缴的预提所得税 = 1 000 000 ÷（1 + 6%）× 10% = 94 339.62（元）。

（5）当月增值税进项税额 = 104 832 + 1 440 + 56 603.77 + 26 000 + 650 = 189 525.77（元）。

（6）当月增值税销项税额 = 4 000 000 × 13% = 520 000（元）。

（7）增值税应纳税额 = 520 000 - 189 525.77 = 330 474.23（元）；

即征即退税款 = 330 474.23 - 4 000 000 × 3% = 210 474.23（元）；

实际缴纳的增值税 = 330 474.23 - 210 474.23 = 120 000（元）。

（8）应缴纳的城市维护建设税 = 330 474.23 × 7% = 23 133.20（元）；

应缴纳的教育费附加 = 330 474.23 × 3% = 9 914.23（元）；

应缴纳的地方教育附加 = 330 474.23 × 2% = 6 609.48（元）。

（9）车辆购置税 = （190 000 + 10 000）× 10% = 20 000（元）。

【解析】

（1）进口货物的关税完税价格包括货物的货价、货物运抵我国境内输入地点起卸前的运输及其相关费用、保险费；不包括境内运费及其相关费用。

（2）进口环节货物的增值税 = 组成计税价格 × 税率 = （关税完税价格 + 关税 + 消费税）× 税率。

（3）特许权使用费按照 6% 税率缴纳增值税，应扣缴税额 = 接受方支付的价款 ÷（1 + 税率）× 税率。

（4）支付给境外某公司的特许权使用费，因境外某公司属于非居民企业，其所得按 10% 税率预提所得税。

（5）略。

（6）纳税人发生应税销售行为的，其纳税义务发生时间为收讫销售款项或者取得索取销售款项凭据的当天；先开具发票的，为开具发票的当天。已经取得的销售额 4 000 000 元，不论是否开票，其纳税义务都已经发生。

纳税人在资产重组过程中，通过合并、分立、出售、置换等方式，将全部或者部分实务资产以及与其相关联的债权、负债和劳动力一并转入给其他单位和个人，不属于增值税的征税范围。

（7）增值税一般纳税人销售其自行开发生产的软件产品，按 13% 税率征收增值税后，对其增值税实际税负超过 3% 的部分实行即征即退政策。

实际税负 = 实际纳税额 ÷ 应税收入。

（8）略。

（9）计算车辆购置税时，支付的车辆装饰费应作为价外费用并入计税依据中计税。

【考点】增值税计税方法和税收优惠、关税、城市维护建设税、车辆购置税、企业所得税应纳税额的计算

7.【答案】

（1）业务❶的销项税额 = 174.4 ÷（1 + 9%）× 9% = 14.4（万元）。

（2）业务❷的应缴纳的增值税税额 = 260 × 9% + 18 × 3% = 23.94（万元）。

（3）业务❸的应缴纳的增值税 =（70 + 6）× 3% = 2.28（万元）。

（4）业务❹的销项税额 = 30.51 ÷（1 + 13%）× 13% = 3.51（万元）。

（5）业务❺应缴纳的增值税 = 24.72 ÷（1 + 3%）× 2% = 0.48（万元）。

（6）关税完税价格 = 57 + 6 + 3 = 66（万元），组成计税价格 =（66 + 66 × 20%）÷（1 − 5%）= 83.37（万元）；

业务❻进口轻型商用客车应缴纳的增值税 = 83.37 × 13% = 10.84（万元）。

（7）业务❼购进小汽车可抵扣的进项税额 = 8.32 + 0.36 = 8.68（万元）。

（8）业务❽购进汽油、矿泉水可抵扣的进项税额 = 1.3 × 90% + 0.26 × 70% = 1.17 + 0.18 = 1.35（万元）。

【解析】

（1）境内载运旅客出境，属于国际运输服务，适用零税率。运输服务增值税税率为 9%。

（2）装卸搬运服务属于现代服务业——物流辅助服务，增值税税率为 6%。

一般纳税人提供装卸搬运服务，可以采用简易计税办法计税；题中要求优先采用简易计税办法。

（3）一般纳税人提供电影放映服务、仓储服务、装卸搬运服务、收派服务和文化体育服务，可以采用简易计税办法计税，按 3% 的征收率计缴销项税额。

（4）修理修配劳务，适用 13% 的税率，价税合计金额换算成不含税金额计缴销项税额。

（5）一般纳税人销售自己使用过的固定资产（未抵扣进项），适用简易办法依照 3% 征收率减按 2% 征收增值税；如果放弃减税，按照简易办法依照 3% 征收率缴纳增值税，并可以开具增值税专用发票。

（6）进口货物的增值税采用关税完税价格计缴，关税完税价格包括货物的货价、货物运抵

我国境内输入地点起卸前的运输及其相关费用、保险费进口环节货物的增值税 = 组成计税价格×13% = (关税完税价格 + 关税) ÷ (1 - 消费税比例税率) ×13%。

(7) 运输费用,因为取得了运输业增值税专用发票,直接按照运输业增值税专用发票上税额计算。

(8) 购进的汽油用于运送旅客,属于企业正常经营业务,其进项税额可以抵扣,购进汽油用于公司接送员工上下班,属于集体福利,其进项税额不能抵扣;购进的矿泉水赠送给公司旅客,属于视同销售,其进项税额可以抵扣,购进的矿泉水用于公司集体福利,其进项税额不能抵扣。

【考点】增值税计税方法、关税计税方法、城市维护建设税、车辆购置税

8.【答案】

(1) 进口原油关税完税价格 = (2 000 + 60) × (1 + 3‰) = 2 066.18 (万元);
进口原油应缴纳的关税 = 关税完税价格×关税税率 = 2 066.18 ×1% = 20.66 (万元)。

(2) 组成计税价格 = 关税完税价格 + 关税 = 2 066.18 + 20.66 = 2 086.84 (万元);
进口原油应缴纳的增值税 = 2 086.84 ×13% = 271.29 (万元)。

(3) 销售原油的增值税销项税额 = [2 700 + 3.39 ÷ (1 + 13%)] ×13% = 351.39 (万元)。

(4) 应向税务机关缴纳的增值税 = 351.39 - 271.29 - 0.81 = 79.29 (万元)。

(5) 应缴纳的城市维护建设税、教育费附加和地方教育附加 = 79.29 × (5% + 3% + 2%) = 7.93 (万元)。

(6) 应缴纳的资源税 = [2 700 + 3.39 ÷ (1 + 13%)] ×10% = 270.3 (万元)。

【解析】

(1) 进口货物的关税完税价格包括货物的货价、货物运抵我国境内输入地点起卸前的运输及其相关费用、保险费;
如果进口货物的保险费无法确定或者未实际发生,海关应当按照"货价加运费"两者总额的3‰计算保险费。

(2) 进口环节增值税应纳税额 = (关税完税价格 + 关税 + 消费税) ×税率。

(3) 向购买方收取延期付款利息作为增值税的价外费用,适用货物本身税率。应换算为不含税收入,计算缴纳销项税额。

(4) 略。

(5) 该石油企业位于县城,故适用城市维护建设税税率为5%。

(6) 向购买方收取延期付款利息作为资源税的价外费用。原油资源税 = 不含税销售额×税率。

【考点】关税计税方法、增值税计税方法、城市维护建设税、资源税计税方法

03 第三章 消费税法·答案

「考点1」征税环节（★★）

1. 【答案】C

   【解析】选项 C 正确，卷烟除了在生产、委托加工、进口环节征收消费税外，还需在批发环节加征一道消费税。

2. 【答案】A

   【解析】

   ① 选项 A 正确、选项 C 错误，在零售环节缴纳消费税的有：

   a. 金银及其镶嵌首饰、铂金首饰、钻石及钻石饰品。

   b. 超豪华小汽车在零售环节加征一道消费税。

   ② 选项 B 错误，卷烟在生产、委托加工、进口以及批发环节缴纳消费税。

   ③ 选项 D 错误，高档手表在生产、委托加工、进口环节缴纳消费税。

「考点2」征税范围与税率（★★★）

1. 【答案】C

   【解析】选项 A，不征收消费税；选项 B，小汽车征收范围包括乘用车、中轻型商用客车和超豪华小汽车等；选项 D，金银首饰、铂金首饰和钻石及钻石饰品仅在零售环节征收一次消费税，在其他环节不再征收消费税。

2. 【答案】A

   【解析】

   ① 选项 B 错误，高档化妆品征收范围包括高档美容、修饰类化妆品、高档护肤类化妆品和成套化妆品。不包括洗发香波。

   ② 选项 C 错误，变压器油、导热类油等绝缘油类产品不属于润滑油，不征收消费税。

   ③ 选项 D 错误，沙滩车、雪地车、卡丁车、高尔夫车不属于消费税征税范围。

3. 【答案】AD

   【解析】选项 B 错误，高档化妆品在生产、委托加工、进口环节征收消费税。选项 C 错误，甲类卷烟在生产、委托加工、进口、批发环节征收消费税。

4. 【答案】D

   【解析】

   ① 选项 A 错误，酒精不属于消费税征税范围。

   ② 选项 B 错误，调味料酒属于调味品，不属于配置酒和泡制酒，对调味料酒不征收消费税。

   ③ 选项 C 错误，体育上用的发令纸、鞭炮药引线，不征收消费税。

5. 【答案】BC

   【解析】

   ① 选项 AD 错误，珍珠项链、玉石手镯属于珠宝玉石首饰，在生产销售、委托加工或者进

口环节缴纳消费税，在商场零售环节不再缴纳消费税。

②选项 BC 正确，金银首饰（金基、银基合金首饰，以及金、银和金基、银基合金的镶嵌首饰）、钻石及钻石饰品、铂金首饰只在零售环节缴纳消费税。

6.【答案】CD

【解析】选项 A 错误，变压器油、导热类油等绝缘油类产品不属于润滑油，不征收消费税。

选项 B 错误，沙滩车、雪地车、卡丁车、高尔夫车不属于消费税征税范围。

「考点3」计税依据（★★）

1.【答案】CD

【解析】

①选项 A 错误，增值税是价外税，应税消费品的销售额，不包括应向购货方收取的增值税税款。

②选项 B 错误，价外费用不包括同时符合以下条件的代垫运输费用：承运部门的运输费用发票开具给购买方的；纳税人将该项发票转交给购买方的。

2.【答案】AD

【解析】选项 B 错误，纳税人用于换取生产资料和消费资料、投资入股和抵偿债务等方面的应税消费品，应当以纳税人同类应税消费品的最高销售价格作为计税依据计算消费税。

选项 C 错误，纳税人自产自用的应税消费品，凡用于其他方面，应当纳税的，按照纳税人生产的同类消费品的销售价格计算纳税，无同类消费品售价的按组成计税价格计税。

3.【答案】AC

【解析】选项 AC 正确，消费税税目中，只有啤酒、黄酒、成品油采用从量定额征收消费税。

「考点4」应纳税额计算（★★★）

1.【答案】BCD

【解析】选项 A 错误、选项 BCD 正确，纳税人用于换取生产资料和消费资料、投资入股和抵偿债务等方面的应税消费品，应当以纳税人同类应税消费品的最高销售价格作为计税依据计算消费税。

2.【答案】A

【解析】

①选项 BD 错误，适用出口免税并退税：有出口经营权的外贸企业购进应税消费品直接出口，以及外贸企业受其他外贸企业委托代理出口应税消费品。

②选项 C 错误，适用出口不免税也不退税：除生产企业、外贸企业外的其他企业，具体是指一般商贸企业，这类企业委托外贸企业代理出口应税消费品一律不予退（免）税，因为商业批发企业属于除生产企业、外贸企业外的其他企业。

3.【答案】AC

【解析】选项 BD 错误，纳税人自产自用的应税消费品，用于连续生产应税消费品的，不征收消费税。

4. 【答案】B

【解析】

① 纳税人采取分期付款结算方式的，其纳税义务为书面合同约定的收款日期的当天，书面合同没有约定收款日期或者无书面合同的，为发出应税消费品的当天。

② 故该纳税人纳税义务时间为 9 月 5 日，不论是否开票，都要缴纳消费税。

③ 9 月应纳消费税 $= 135.6 \div (1 + 13\%) \times 50\% \times 10\% = 6$（万元）。选项 B 正确。

5. 【答案】B

【解析】

① 销售实木地板应纳消费税 $= (160 + 113) \times 5\% = 13.65$（万元）。

② 赠送和发放福利应纳消费税 $= (200 + 300) \times (160 + 113) \div (800 + 500) \times 5\% = 5.25$（万元）。

③ 当月应纳消费税 $= 13.65 + 5.25 = 18.9$（万元）。选项 B 正确。

6. 【答案】D

【解析】

① 邮运的进口货物，应当以邮费作为运输及其相关费用、保险费。关税完税价格 $= 30 + 1 = 31$（万元）。

② 进口的应税消费品，于报关进口时缴纳消费税；实行从价定率办法计算纳税的组成计税价格，其计算公式为：组成计税价格 $=$（关税完税价格 $+$ 关税）$\div$（$1 -$ 消费税比例税率）$= 31 \times (1 + 15\%) \div (1 - 15\%) = 41.94$（万元）。

③ 应纳税额 $=$ 组成计税价格 $\times$ 消费税比例税率 $= 41.94 \times 15\% = 6.29$（万元）。

④ 将进口化妆品在国内销售的，进口环节需要计算缴纳消费税，但是进口后的销售环节不需要再计算缴纳消费税。

7. 【答案】D

【解析】

① 委托加工的应税消费品，按照受托方的同类消费品的销售价格计算纳税。没有同类消费品销售价格的，按照组成计税价格计算纳税。

② 实行从价定率办法计算纳税的组成计税价格，其计算公式为：组成计税价格 $=$（材料成本 $+$ 加工费）$\div$（$1 -$ 比例税率）。

③ 本题支付的运费应计入材料成本中，作为材料成本的一部分，则组成计税价格 $= (50 + 1 + 5) \div (1 - 5\%) = 58.95$（万元）。

④ 当月应代收代缴的消费税 $= 58.95 \times 5\% = 2.95$（万元）。选项 D 正确。

8. 【答案】C

【解析】

① 纳税人到外县（市）销售或者委托外县（市）代销自产应税消费品的，于应税消费品销售后，向机构所在地或者居住地主管税务机关申报纳税，本题委托代销的应在甲市税务机关申报缴纳消费税。

② 在甲市销售应向甲市税务机关申报缴纳消费税 $= [300 \times 18 + 300 \times 2 \div (1 + 13\%)] \times 5\% =$

$(5\,400+530.97)\times5\%=296.55$（万元）。

③ 在乙市代销应向甲市税务机关申报缴纳消费税 $=120\times18.5\times5\%=111$（万元）。

④ 该汽车企业当月应向甲市税务机关申报缴纳消费税 $=296.55+111=407.55$（万元）。

选项 C 正确。

「考点5」征收管理（★★）

1.【答案】 A

【解析】

① 选项 B 错误，中央政府固定收入包括消费税（含进口环节由海关代征的部分）、车辆购置税、关税、船舶吨税和由海关代征的进口环节增值税等。

② 选项 C 错误，委托加工的应税消费品，除受托方为个人外，由受托方向机构所在地或者居住地的主管税务机关解缴消费税税款。

③ 选项 D 错误，纳税人的总机构与分支机构不在同一县（市），但在同一省（自治区、直辖市）范围内，经省（自治区、直辖市）财政厅（局）、税务局审批同意，可以由总机构汇总向总机构所在地的主管税务机关申报缴纳消费税。

2.【答案】 ACD

【解析】 选项 B 错误，中央政府固定收入包括消费税（含进口环节由海关代征的部分）、车辆购置税、关税、船舶吨税和由海关代征的进口环节增值税等。

3.【答案】 ABD

【解析】 选项 C 错误，纳税人采取预收货款结算方式的，纳税义务发生时间为发出应税消费品的当天。

主观题部分

1.【答案】

（1）业务❶甲公司应缴纳的消费税 $=(350+200\times80\%)\times4\%=20.4$（万元）。

（2）业务❷甲公司应缴纳的消费税 $=(20\times500+100\times540)\times4\%=2\,560$（元）。

（3）业务❸由乙厂代收代缴的消费税 $=(80+10)\div(1-4\%)\times4\%=3.75$（万元）。

（4）应缴纳消费税。乙厂计税依据 $=(80+10)\div(1-4\%)\times80\%=75$（万元），消费税应纳税额 $=(85-75)\times4\%=0.4$（万元）。

【解析】

（1）纳税人以直接收款方式销售应税消费品，纳税义务发生时间为收讫销售款或者取得索取销售款凭据的当天；纳税人采取预收货款结算方式销售应税消费品的，其纳税义务的发生时间为发出应税消费品的当天。

（2）纳税人用于换取生产资料、消费资料、投资入股、抵偿债务的应税消费品，按照同类应税消费品的最高销售价格计算消费税。

（3）委托加工的应税消费品，按照受托方的同类消费品的销售价格计算纳税，没有同类消费品销售价格的，按照组成计税价格计算纳税。实行从价定率办法计算纳税的组成计

税价格，其计算公式为：组成计税价格＝（材料成本＋加工费）÷（1－比例税率）。

（4）委托方以高于受托方的计税价格出售的，需按规定申报缴纳消费税，在计税时准予扣除受托方已代收代缴的消费税。

【考点】消费税纳税义务时间、消费税计税方法、消费税计税依据

2.【答案】

（1）业务❶应缴纳的消费税 ＝256 ×56% ＋80 ×150 ÷10 000 ＝144. 56（万元）。

（2）业务❷应缴纳的消费税 ＝（1 330 ×56% ＋350 ×150 ÷10 000）×50% ＝375. 03（万元）。

（3）业务❸乙厂应代收代缴的消费税 ＝（120 ＋20 ＋5）÷（1 －30%）×30% ＝62. 14（万元）。

（4）委托加工收回烟丝受托方计税价格的 20% ＝（120 ＋20 ＋5）÷（1 －30%）×20% ＝207. 14 ×20% ＝41. 43（万元），对外销售58 万元高于受托方计税价格，因此要按规定申报缴纳消费。业务❹应缴纳消费税 ＝58 ×30% －41. 43 ×30% ＝4. 97（万元）。

（5）A 牌卷烟每箱最高销售价格 ＝1 330 ÷350 ＝3. 8（万元）。

业务❺应缴纳的消费税额 ＝90 ×3. 8 ×56% ＋90 ×150 ÷10 000 ＝192. 87（万元）。

【解析】

（1）纳税人以直接收款方式销售应税消费品，纳税义务发生时间为收讫销售款或者取得索取销售款凭据的当天。

卷烟的消费税计征方式为复合计税方法。

（2）纳税人采取赊销和分期收款结算方式的，纳税义务时间为书面合同约定的收款日期的当天，书面合同没有约定收款日期或者无书面合同的，为发出应税消费品的当天。

（3）委托加工的应税消费品，按照受托方的同类消费品的销售价格计算纳税；没有同类消费品销售价格的，按照组成计税价格计算纳税。组成计税价格 ＝（材料成本 ＋加工费）÷（1 －比例税率）。

（4）委托加工的应税消费品在提取货物时已由受托方代收代缴了消费税，委托方将收回的应税消费品，以不高于受托方的计税价格出售的，不再缴纳消费税；委托方以高于受托方的计税价格出售的，需按规定申报缴纳消费税，在计税时准予扣除受托方已代收代缴的消费税。

（5）纳税人用于换取生产资料、消费资料、投资入股、抵偿债务的应税消费品，按照同类应税消费品的最高销售价格计算消费税。

【考点】消费税计税方法、消费税纳税义务发生时间、消费税计税依据

3.【答案】

（1）业务❶当月应缴纳的消费税 ＝（650 ×56% ＋180 ×150 ÷10 000）×70% ＋380 ×56% ＋80 ×150 ÷10 000 ＝470. 69（万元）。

（2）进口烟丝的组成计税价格 ＝（300 ＋8）×（1 ＋10%）÷（1 －30%）＝484（万元）；
进口环节应缴纳的消费税 ＝484 ×30% ＝145. 2（万元）；
进口环节应缴纳的增值税 ＝484 ×13% ＝62. 92（万元）；
业务❷合计应缴纳的增值税、消费税额 ＝145. 2 ＋62. 92 ＝208. 12（万元）。

（3）业务❸应缴纳的消费税 =900 ×56% +200 ×150 ÷10 000 =507（万元）。

（4）业务❹中应缴纳的消费税 =470. 69 +507 –165 ×30% ×80% =938. 09（万元）。

（5）乙厂应补缴的消费税 =（95 +20）÷（1 –30%）×30% =49. 29（万元）。

受托方未按照规定代收代缴消费税的（受托方为个人的除外），对受托方处以应代收代缴税款50% 以上 3 倍以下的罚款。

【解析】

（1）纳税人采取赊销和分期收款结算方式的，消费税纳税义务的发生时间为书面合同约定的收款日期的当天，书面合同没有约定收款日期或者无书面合同的，为发出应税消费品的当天。

（2）进口环节计算税费时，最基础的是计算出组成计税价格。组成计税价格 =（关税完税价格 +关税）÷（1 –比例消费税税率）。

（3）纳税人通过自设非独立核算门市部销售的自产应税消费品，应按门市部对外销售额或者销售数量征收消费税。

（4）将外购烟丝用于连续生产卷烟的，属于已纳消费税可抵扣的范围，按照生产领用量抵扣外购烟丝已纳的消费税。

（5）委托加工的应税消费品提货时受托方没有按规定代收代缴消费税，委托方要补缴税款。收回的应税消费品尚未销售或不能直接销售的，按照组成计税价格计税补缴。受托方未按照规定代收代缴消费税的（受托方为个人的除外），对受托方处以应代收代缴税款50% 以上 3 倍以下的罚款。

【考点】消费税纳税义务发生时间、消费税计税方法、消费税计税依据、消费税征收管理

4.【答案】

（1）业务❶应缴纳的消费税 =2.5 ×10 ×20% +10 ×2 000 ×0.5 ÷10 000 =6（万元）。

（2）业务❷应缴纳的消费税 =3 ×50 ×20% +50 ×2 000 ×0.5 ÷10 000 =35（万元）。

（3）业务❸的消费税纳税义务人是丙企业，计税依据为受托方甲酒厂的同类消费品的销售价格。

（4）业务❸应缴纳的消费税 =2.75 ×20 ×20% +20 ×2 000 ×0.5 ÷10 000 =13（万元）。

【解析】

（1）纳税人用于换取生产资料、消费资料、投资入股、抵偿债务的应税消费品，按同类应税消费品的最高销售价格计算消费税。

（2）纳税人通过自设非独立核算门市部销售的自产应税消费品，应按门市部对外销售额或销售数量征收消费税。

（3）① 消费税的委托加工是指，委托方提供原料和主要材料，受托方只收取加工费和代垫部分辅助材料加工的应税消费品。对于确实属于委托方提供原料和主要材料，受托方只收取加工费和代垫部分辅助材料加工的应税消费品，税法规定，由受托方在向委托方交货时代收代缴消费税。受托方就是法定的代收代缴义务人，委托方为纳税义务人。

② 委托加工的应税消费品，按照受托方的同类消费品的销售价格计算纳税。

③ 题目中丙企业作为委托方，提供原材料，而甲企业作为受托方，只收取加工费，符

合消费税的委托加工。故消费税纳税义务人为委托方丙企业，计税依据为甲企业的同类消费品的销售价格。

（4）委托加工的应税消费品，按照受托方同类消费品的销售价格计算纳税。

【考点】消费税计税方法、消费税征收管理

5.【答案】

（1）委托加工应税消费品是指委托方提供原料和主要材料，受托方只收取加工费和代垫部分辅助材料加工的应税消费品。

（2）在消费税的委托加工业务中，在对委托方进行税务检查中，如果发现受其委托加工应税消费品的受托方没有代收代缴税款，根据规定，对受托方处以应代收代缴税款50%以上3倍以下的罚款。

（3）业务❶应补缴的消费税税额 = 2 500 × 5% = 125（万元）。

（4）6月应缴纳的消费税 = 1 500 × 40% × 5% = 30（万元）。

7月应缴纳的消费税 = 1 500 × 60% × 5% = 45（万元）。

（5）业务❸中准予抵扣的已纳消费税税额 =（500 + 1 000 − 200）× 5% = 1 300 × 5% = 65（万元）。

【解析】

（1）略。

（2）略。

（3）委托方补缴税款的计税依据是：若在检查时，收回的应税消费品已经直接销售的，按销售额计税；收回的应税消费品尚未销售或不能直接销售的（如收回后用于连续生产等），按组成计税价格计税。

（4）纳税人采取赊销和分期收款结算方式的，纳税义务发生时间为书面合同约定的收款日期的当天，书面合同没有约定收款日期或者无书面合同的，为发出应税消费品的当天。

（5）当期准予扣除的外购应税消费品已纳税款 = 当期准予扣除的外购应税消费品买价 × 外购应税消费品适用税率。

当期准予扣除的外购应税消费品买价 = 期初库存的外购应税消费品的买价 + 当期购进的应税消费品的买价 − 期末库存的外购应税消费品的买价。

【考点】消费税征税环节、消费税计税方法、消费税征收管理

6.【答案】

（1）乙厂应代收代缴的消费税 =（37.5 + 5）÷（1 − 15%）× 15% = 50 × 15% = 7.5（万元）。

（2）用于销售的焰火应缴纳消费税销售部分对应的已代收代缴消费税的计税依据 =（37.5 + 5）÷（1 − 15%）× 60% = 30（万元）< 38万元。

应纳消费税 = 38 × 15% − 7.5 × 60% = 1.2（万元）。

（3）业务❸中赠送客户焰火计征消费税计税依据 = 36 ÷ 80% × 20% = 9（万元）。

（4）业务❸中准予扣除的已纳消费税税款 = 7.5 × 40% = 3（万元）。

（5）6月应纳消费税 = 36 × 70% × 15% + 9 × 15% − 3 = 2.13（万元）。

7月应纳消费税 = 36 × 30% × 15% = 1.62（万元）。

业务❸合计应缴纳消费税 = 2.13 + 1.62 = 3.75（万元）。

【解析】

(1) 甲厂提供原材料，乙厂负责加工，符合消费税中委托加工的定义。委托加工的应税消费品，按照受托方的同类消费品的销售价格计算纳税，没有同类消费品销售价格的，按照组成计税价格计算纳税。焰火属于从价定率的消费品，由于乙厂无同类焰火的售价，故组成计税价格=（材料成本+加工费）÷（1-消费税比例税率）。

(2) 委托加工的应税消费品在提取时已由受托方代收代缴了消费税，委托方以高于受托方的计税价格出售的，需按照规定申报缴纳消费税，在计税时准予扣除受托方已代收代缴的消费税。

(3) 将自产焰火用于馈赠，属于视同销售，应缴纳消费税，有同类消费品的销售价格的，应按照纳税人生产的同类消费品的不含增值税的销售价格计算纳税。

(4) 委托加工的应税消费品因为已由受托方代收代缴消费税，因此，委托加工收回后用于连续生产应税消费品，属于准予扣除已纳税款消费品的范围的，可以按照当期生产领用数量抵扣已纳消费税。以委托加工收回的已税鞭炮、焰火为原料生产的鞭炮、焰火属于已纳消费税税款准予扣除的范围。

(5) 纳税人采取分期收款结算方式的，消费税纳税义务发生时间为书面合同约定收款日期当天。

纳税人自产自用的应税消费品，除用于连续生产应税消费品外，凡用于其他方面的（生产非应税消费品、在建工程、管理部门、非生产机构、提供劳务，以及用于馈赠、赞助、集资、广告、样品、职工福利、奖励等方面），于移送使用时缴纳消费税。

【考点】消费税征税范围、消费税征税环节、消费税计税方法、消费税征收管理

7.【答案】

(1) 业务❶应纳消费税=（4 500+6 500）×5%=550（万元）。

(2) 业务❷处理错误。应按同类平均售价计算增值税，按最高售价计算消费税。
同类平均售价=（4 500+6 500）÷800=13.75（万元/辆）；最高售价=4 500÷300=15（万元/辆）；应纳消费税=15×100×5%=75（万元）。

(3) 业务❸处理错误。未计算视同销售的增值税和消费税以及确认收入。应纳消费税=13.75×10×5%=6.88（万元）。

(4) 应纳消费税=60×5%=3（万元）。

(5) 应纳增值税=585+845+（100+10）×13.75×13%+7.8-156-5.2=1 473.23（万元）。

【解析】

(1) 略。

(2) 纳税人用于换取生产资料和消费资料、投资入股和抵偿债务等方面的应税消费品，应当以纳税人同类应税消费品的最高销售价格作为计税依据计算消费税，以平均销售价格作为计税依据计算增值税。

(3) ① 纳税人自产自用的应税消费品，用于职工奖励的，于移送使用时缴纳增值税和消费税；
② 企业将资产用于职工奖励或福利，因资产所有权属已发生改变而不属于内部处置资

产，应按规定视同销售确定收入。属于企业自制的资产，应按企业同类资产同期对外销售的平均销售价格确定销售收入。

（4）外购的小汽车已纳消费税税款不准予扣除。

（5）略。

【考点】消费税计税方法、增值税计税方法

8.【答案】

（1）甲厂和乙厂为关联企业。

理由：根据规定，如果一方直接或间接持有另一方的股份总和达到25%或以上，即视为具有关联关系，本题中甲厂直接持有乙厂30%股份，所以甲厂和乙厂为关联企业。

（2）业务❷应缴纳的消费税 =40 ×5% −50 ×5% ×40% =2 −1 =1（万元）。

（3）业务❸不是消费税法规定的委托加工业务。

理由：按税法规定，委托加工应税消费品是指委托方提供原料和主要材料，受托方只收取加工费和代垫部分辅助材料加工的应税消费品。本题中主要材料是由受托方（甲厂）提供的，不能视为委托加工，属于甲厂销售自产实木地板。

（4）业务❸的纳税人为甲厂。该业务的实质是甲厂销售自产实木地板，销售价格按照甲厂最近时期同类实木地板的销售价格确定，即按照业务❷对外销售价格确定。

计税依据 =40 ÷40% ×60% =60（万元）。

（5）业务❸应缴纳的消费税 =60 ×5% −50 ×5% ×60% =3 −1.5 =1.5（万元）。

【解析】

（1）略。

（2）外购已税实木地板为原料生产的实木地板，在计算消费税时准予按照生产领用量扣除已纳的消费税税款。

（3）略。

（4）对于由受托方提供原材料生产的应税消费品，或者受托方先将原材料卖给委托方，然后再接受加工的应税消费品，以及由受托方以委托方名义购进原材料生产的应税消费品，不论纳税人在财务上是否作销售处理，都不得作为委托加工应税消费品，而应当按照销售自制应税消费品缴纳消费税。

（5）外购已税实木素板为原料生产实木地板属于准予扣除外购的应税消费品已纳的消费税税款的范围，在对这些连续生产出来的应税消费品计算征税时，税法规定应按当期生产领用数量计算准予扣除外购的应税消费品已纳的消费税税款。

【考点】消费税征税环节、消费税计税方法

9.【答案】

（1）甲超市销售给张女士粉底液的增值税销项税额 =400 ÷（1 +13%）×13% =46.02（元）。

（2）甲超市销售给张女士白酒的增值税销项税额 =640 ÷（1 +13%）×13% =73.63（元）。

（3）甲超市销售给张女士食品的增值税销项税额 =400 ÷（1 +9%）×9% +10 ÷（1 +13%）×13% =34.18（元）。

（4）张女士购买高档粉底液支出中包含的消费税税额 =300 ×15% =45（元）。

纳税人为 B 市化妆品厂，纳税地点为 B 市。

(5) 张女士购买白酒支出中包含的消费税税额 = 260 × 2 × 20% + 2 × 0.5 = 104 + 1 = 105（元）。

纳税人为 B 市白酒厂，纳税地点为 B 市。

【解析】

(1) 略。

(2) 略。

(3) 对从事蔬菜批发、零售的纳税人销售的蔬菜免征增值税。超市销售新鲜蔬菜，免增值税；销售橄榄油，适用税率为 9%；淀粉不属于农产品，适用税率 13%。

(4) 化妆品属于单一环节纳税，只在生产销售环节缴纳，使用生产方的销售价格计算缴纳，由纳税人在纳税人机构所在地的主管税务机关申报纳税。

(5) 白酒属于单一环节纳税，只在生产销售环节缴纳，使用生产方的销售价格计算缴纳，由纳税人在纳税人机构所在地的主管税务机关申报纳税。

【考点】增值税计税方法和税收优惠、消费税征税环节和计税方法、消费税征收管理

04 第四章　企业所得税法·答案

「考点1」纳税义务人、征税对象与税率、应税收入（★★）

1.【答案】D

　　【解析】选项AB，商品销售涉及商业折扣应当按照扣除商业折扣后的金额确定销售商品收入金额，销售商品涉及现金折扣应当按扣除现金折扣前的金额确定销售商品收入金额；选项C，应当在发生当期冲减当期销售商品收入。

2.【答案】ABCD

　　【解析】四个选项均正确。企业的收入总额包括以货币形式和非货币形式从各种来源取得的收入，具体有：

① 销售货物收入。

② 提供劳务收入。

③ 转让财产收入。（选项A）

④ 股息、红利等权益性投资收益。

⑤ 利息收入。

⑥ 租金收入。

⑦ 特许权使用费收入。

⑧ 接受捐赠收入。

⑨ 其他收入，包括企业资产溢余收入、逾期未退包装物押金收入、确实无法偿付的应付款项、已作坏账损失处理后又收回的应收款项、债务重组收入、补贴收入、违约金收入、汇兑收益等。（选项BCD）

3.【答案】BC

　　【解析】

① 选项A错误，权益性投资资产转让所得，按照被投资企业所在地确定。

② 选项D错误，特许权使用费所得，按照负担、支付所得的企业或者机构、场所所在地确定，或者按照负担、支付所得的个人的住所地确定。

4.【答案】A

　　【解析】

① 选项A正确，资产所有权属已发生改变按规定应视同销售的情形：用于市场推广或销售、用于交际应酬、职工奖励或福利、股息分配、对外捐赠、其他改变资产所有权属的用途。

② 选项BCD错误，资产所有权属在形式和实质上均不发生变化，不应视同销售。

「考点2」扣除原则和范围、不得扣除的项目、亏损弥补（★★★）

1.【答案】D

　　【解析】

① 选项A错误，税收滞纳金，不得税前扣除。

② 选项 B 错误，罚金、罚款和被没收财物的损失，不得税前扣除。

③ 选项 C 错误，向投资者支付的股息、红利等权益性投资收益款项，不得税前扣除。

2.【答案】D

【解析】选项 ABC 错误，税收滞纳金、非广告性质的赞助支出、企业所得税税款不得税前扣除。

3.【答案】ACD

【解析】选项 B 错误，企业之间支付的管理费、企业内营业机构之间支付的租金和特许权使用费，以及非银行企业内营业机构之间支付的利息，不得税前扣除。

4.【答案】ABD

【解析】选项 C 错误，计入产品成本的车间水电费用支出可以在产品销售以后转入主营业务成本，从而在税前扣除。

「考点 3」 资产的税务处理、资产损失税前扣除的所得税处理 （★★）

1.【答案】ABC

【解析】选项 D 错误，接受捐赠的固定资产作为本单位固定资产核算，其改建支出，计入固定资产成本。

2.【答案】ACD

【解析】企业除贷款类债权外的应收、预付账款符合下列条件之一的，减除可收回金额后确认的无法收回的应收、预付款项，可以作为坏账损失在计算应纳税所得额时扣除。

(1) 债务人依法宣告破产、关闭、解散、被撤销，或者被依法注销、吊销营业执照，其清算财产不足清偿的。

(2) 债务人死亡，或者依法被宣告失踪、死亡，其财产或者遗产不足清偿的。

(3) 债务人逾期 3 年以上未清偿，且有确凿证据证明已无力清偿债务的。

(4) 与债务人达成债务重组协议或法院批准破产重整计划后，无法追偿的。

(5) 因自然灾害、战争等不可抗力导致无法收回的。

(6) 国务院财政、税务主管部门规定的其他条件。

3.【答案】C

【解析】投资企业从被投资企业撤回或减少投资，其取得的资产中，相当于初始出资的部分 2 400 万元应确认为投资收回；相当于被投资企业累计未分配利润的 600 万元和累计盈余公积 400 万元按减少实收资本比例计算的部分，应确认为股息所得；其余部分确认为投资资产转让所得。甲公司撤资应确认的投资资产转让所得 = 4 000 - 2 400 - (600 + 400) × 40% = 1 200 （万元）。选项 C 正确。

「考点 4」 企业重组的所得税处理 （★★）

1.【答案】D

【解析】

① 选项 A 错误，以房产的公允价值作为被投资方的计税基础。

税法
Taxation Laws

② 选项 B 错误，以房产对外投资确认的转让所得可在不超过 5 年期限内，分期均匀计入相应年度的应纳税所得额。

③ 选项 C 错误，应于投资协议生效并办理股权登记手续时，确认非货币性资产转让收入的实现。

2.【答案】ABD

【解析】 选项 C 错误，一般性税务处理的前提下，企业股权收购、资产收购重组交易，相关交易应按以下规定处理：

① 被收购方应确认股权、资产转让所得或损失。（选项 A 正确）

② 收购方取得股权或资产的计税基础应以公允价值为基础确定。（选项 C 错误，选项 D 正确）

③ 被收购企业的相关所得税事项原则上保持不变。（选项 B 正确）

3.【答案】ACD

【解析】 选项 B 错误，一般性税务处理的前提下，企业合并，当事各方应按下列规定处理：

① 被合并企业及其股东都应按清算进行所得税处理。（选项 A 正确）

② 合并企业应按公允价值确定接受被合并企业各项资产和负债的计税基础。（选项 B 错误、选项 D 正确）

③ 被合并企业的亏损不得在合并企业结转弥补。（选项 C 正确）

「考点5」 税收优惠和征收管理 （★★★）

1.【答案】D

【解析】 选项 D 正确，企业从事国家重点扶持的公共基础设施项目取得的投资经营所得享受企业所得税"三免三减半"优惠政策的起始时间是自项目取得第一笔生产经营收入所属年度起，第 1 年至第 3 年免征企业所得税，第 4 年至第 6 年减半征收企业所得税。

2.【答案】 B

【解析】

① 选项 A 错误，小型微利企业是指从事国家非限制和禁止行业，且同时符合年度应纳税所得额不超过 300 万元、从业人数不超过 300 人、资产总额不超过 5 000 万元三个条件的企业。

② 选项 C 错误，从业人数，包括与企业建立劳动关系的职工人数和企业接受劳务派遣用工人数。

③ 选项 D 错误，年度中间开业或者终止经营活动的以其实际经营期作为一个纳税年度确定相关指标。

3.【答案】 B

【解析】自 2018 年 1 月 1 日至 2023 年 12 月 31 日，企业的研究开发费用，未形成无形资产计入当期损益的在按规定据实扣除的基础上，按照实际发生额的 75% 在税前加计扣除；形成无形资产的，按照无形资产成本的 175% 在税前摊销。制造企业开展研发活动中实际发生研发费用，未形成无形资产计入当期损益的在按规定据实扣除的基础上，自 2021 年 1 月 1

日起,再按照实际发生额的 100% 在税前加计扣除;形成无形资产的,自 2021 年 1 月 1 日起,按照无形资产成本的 200% 在税前摊销。因此选项 B 正确。

4.【答案】D

【解析】选项 ABC 错误,非居民企业取得下列所得免征企业所得税:

① 外国政府向中国政府提供贷款取得的利息所得。(选项 C 错误)

② 国际金融组织向中国政府和居民企业提供优惠贷款取得的利息所得。(选项 AB 错误)

③ 经国务院批准的其他所得。

选项 D 正确,外国金融机构向中国居民企业提供商业贷款取得利息所得不属于免征企业所得税范围。

5.【答案】ABCD

【解析】四个选项均正确。

「考点6」应纳税额的计算 (★★)

1.【答案】B

【解析】居民企业就其来源于境内和境外的全部收入纳税,境外已纳企业所得税的根据境外税率进行还原。在甲国的应纳税所得额 =60÷30% =200(万元),该居民企业 2018 年度企业所得税应纳税所得额 =境内应纳税所得额 +境外应纳税所得额 =1 000 +200 =1 200(万元)。选项 B 正确。

2.【答案】B

【解析】企业未能提供完整、真实的限售股原值凭证,不能准确计算该限售股原值的,主管税务机关一律按该限售股转让收入的 15%,核定为该限售股原值和合理税费。

本题转让代个人持有的限售股,但不能提供真实的限售股原值凭证,应纳的企业所得税 = 68 ×(1 −15%)×25% =14.45(万元)。选项 B 正确。

3.【答案】D

【解析】能正确核算(查实)成本费用总额,但不能正确核算(查实)收入总额的,应纳税所得额 =成本(费用)支出额 ÷(1 −应税所得率)×应税所得率。

应纳企业所得税 =应纳税所得额 ×税率 =370 ÷(1 −8%)×8% ×25% =8.04(万元)。选项 D 正确。

4.【答案】D

【解析】作为业务招待费扣除限额的计算基础的收入包括主营业务收入、其他业务收入和视同销售收入,但是不含营业外收入、资产处置收益、投资收益(从事股权投资业务的企业除外)、债务重组收益等。

业务招待费的调整原则:按照业务招待费实际发生额的 60% 和销售收入的 5‰孰低原则扣除。

① 业务招待费税前扣除限额计算:(1 200 +400)×5‰ =8(万元)<20 ×60% =12(万元)。

② 业务招待费应调增应纳税所得额 =20 −8 =12(万元)。

③ 应纳税所得额 =1 200 +400 +100 −1 600 +12 =112(万元)。

④ 该企业应纳企业所得税税额 = 112 × 25% = 28（万元）。

选项 D 正确。

5. 【答案】D

【解析】

① 按经费支出换算收入方式核定非居民企业应纳税所得额的计算公式为：应纳税所得额 = 本期经费支出额 ÷（1 − 核定利润率）× 核定利润率。

② 应纳税所得额 = 224 ÷（1 − 20%）× 20% = 280 × 20% = 56（万元）。

③ 在我国设立机构、场所的非居民企业适用 25% 的企业所得税基本税率，应纳的企业所得税 = 56 × 25% = 14（万元）。选项 D 正确。

6. 【答案】C

【解析】

① 职工福利费扣除的限额：500 × 14% = 70（万元），应调增 90 − 70 = 20（万元）。

② 软件生产企业发生的职工教育经费中的职工培训费用，可以全额在企业所得税税前扣除。对于不能准确划分的，以及准确划分后职工教育经费中扣除职工培训费用的余额，一律按照规定的比例扣除。

职工教育经费中的职工培训费支出 40 万元可以全额扣除，剩下的不能超过实际工资支出的 8%，500 × 8% = 40（万元），所以剩下的 20 万元可以全额扣除，无须调整。

③ 应调增应纳税所得额为 20 万元。选项 C 正确。

7. 【答案】C

【解析】

① 非居民企业在中国境内设立机构、场所的，应当就其所设机构、场所取得的来源于中国境内的所得，以及发生在中国境外但与其所设机构、场所有实际联系的所得，缴纳企业所得税。

② 该企业来自境内的应税收入 = 1 000 + 200 = 1 200（万元）。

③ 在日本东京取得的所得不是境内所得，而且和境内机构无实际联系，所以不属于我国企业所得税应税收入。选项 C 正确。

8. 【答案】C

【解析】

① 库存产品因管理不善发生非正常损失可扣除的财产损失 = 15 + 10 × 13% = 16.3（万元）。

② 以自产的产品抵偿所欠乙公司一年前发生的债务视同销售所得 = 220 − 180 = 40（万元）。

③ 甲生产企业与乙公司达成债务重组协议债务重组所得 = 280 − （220 + 220 × 13%）= 31.4（万元）。

④ 甲企业应纳企业所得税 = （40 + 31.4 − 16.3）× 25% = 13.78（万元）。选项 C 正确。

主观题部分

1. 【答案】

（1）不需要缴纳增值税。根据规定，因为业务❶中企业取得的财政补贴收入，与销售货物

的收入或数量不直接挂钩，不属于增值税应税收入。

（2）业务❶应调减应纳税所得额300万元。

（3）不需要缴纳企业所得税。根据规定，该企业持有股票时间超过1年，居民企业直接投资于上市居民企业取得的股息红利等投资收益，持股超过12个月的，免征企业所得税。

（4）业务❸子公司接受无偿划转设备的计税基础 =800 −200 =600（万元）。

（5）① 备案要求：企业发生的业务符合特殊性重组的条件并选择特殊性税务处理的，当事各方应在该重组业务完成当年企业所得税年度申报时，向主管税务机关提交书面备案资料，证明其符合各类特殊性重组规定的条件。

② 不履行备案手续的相关后果：企业未按规定书面备案的，一律不得按特殊性重组业务进行税务处理。

（6）会计折旧 =1 600 ×（1 −5%）÷10 ÷12 ×6 =76（万元）；

税法折旧 =1 600 ×（1 −5%）÷（10 ×60%）÷12 ×6 =126.67（万元）；

业务❹应纳税调减 =126.67 −76 =50.67（万元）。

（7）业务❺需要调整。

理由：非金融企业从关联方接受的债权性投资与权益性投资的比例为2∶1，超过规定标准而发生的利息支出，不得在计算应纳税所得额时扣除。

不得扣除的借款利息 =132 −1 000 ×2 ×132 ÷2 200 =132 −120 =12（万元）。

因此，业务❺应纳税调增12万元。

（8）职工福利费扣除限额 =4 000 ×14% =560（万元）小于实际发生额600万元，应纳税调增40万元；

工会经费扣除限额 =4 000 ×2% =80（万元）等于实际发生额80万元，无须调整；

职工教育经费扣除限额 =4 000 ×8% =320（万元）小于实际发生额400万元，应纳税调增80万元。

合计应调增120万元。

（9）按照销售收入5‰扣除限额1 =65 000 ×0.5% =325（万元）。

按照业务招待费实际发生额60%扣除限额2 =400 ×60% =240（万元）。

应调增企业所得税应纳税所得额 =400 −240 =160（万元）。

（10）用于目标脱贫地区的100万元扶贫支出可据实扣除。

其他公益性捐赠支出扣除限额 =5 400 ×12% =648（万元）大于其他公益性捐赠实际发生额 =700 −100 =600（万元），无须进行纳税调整。

（11）甲企业2013年的亏损可以弥补到2018年，剩余未弥补的500万元已经到期，不得在2019年弥补，可以弥补的以前年度亏损额 =1 500 +400 =1 900（万元）。

（12）甲企业应纳税所得额 =5 400 −300 −20 −50.67 +120 +160 +12 =5 321.33（万元）；甲企业2019年应缴纳的企业所得税 =（5 321.33 −1 900）×25% =855.33（万元）。

【解析】

（1）略。

（2）企业从县级以上各级人民政府财政部门及其他部门取得的应计入收入总额的财政性资

金，凡同时符合以下条件的，可以作为不征税收入，在计算应纳税所得额时从收入总额中减除：①企业能够提供规定资金专项用途的资金拨付文件。②财政部门或其他拨付资金的政府部门对该资金有专门的资金管理办法或具体管理要求。③企业对该资金以及以该资金发生的支出单独进行核算。

(3) 略。

(4) 对100%直接控制的居民企业之间按账面净值划转股权或资产，符合规定进行特殊性税务处理的，划入方企业取得被划转股权或资产的计税基础，以被划转股权或资产的原账面净值确定。

(5) 略。

(6) 企业的固定资产由于技术进步等原因，确需加速折旧的，可以缩短折旧年限或者采取加速折旧的方法。采取缩短折旧年限方法的，最低折旧年限不得低于规定折旧年限的60%，故税法计提折旧的年限 =10 ×60% =6（年）。

(7) 略。

(8) 略。

(9) 略。

(10) 略。

(11) 根据规定，企业某一纳税年度发生的亏损可以用下一年度的所得弥补，下一年度的所得不足以弥补的，可以逐年延续弥补，但最长不得超过五年。应纳税所得额的负数，五年内可以弥补，是指亏损年度后面连续五年。2013 年亏损的 5 000 万元，2019 年已经超过五年，不能再弥补了。

(12) 略。

【考点】增值税征税范围、增值税税收优惠、资产的企业所得税处理、企业重组的企业所得税处理、企业所得税应纳税所得额、企业所得税应纳税额的计算

2. 【答案】

(1) 财政性资金计入不征税收入应同时满足下列条件：
　① 企业能够提供规定资金专项用途的资金拨付文件；
　② 财政部门或其他拨付资金的政府部门对该资金有专门的资金管理办法或具体管理要求；
　③ 企业对该资金以及以该资金发生的支出单独进行核算。

(2) 业务（1）应调减应纳税所得额500 万元。

(3) 国债转让成本的确定方法包括先进先出法、加权平均法、个别计价法，计价方法一经选用，不得随意改变。

(4) 业务（2）应调减应纳税所得额20 万元。

(5) 接受无偿划转设备的计税基础为划出方资产净值即2500 万元。

(6) 购置生产线应调减应纳税所得额400 −400 ×（1 −5%）÷（5 ×12）×6 =400 −38 =362（万元）。

(7) 广告和业务宣传费限额：80 000 ×30% =24 000（万元）大于 7 000 万元未超过限额，可以据实扣除；未播放的部分未取得相关发票不能扣除，应调增应纳税所得额 300

万元。

(8) 职工福利费限额：$6\,000 \times 14\% = 840$（万元），应调增应纳税所得额 60 万元。

职工教育经费限额：$6\,000 \times 8\% = 480$（万元），应调增应纳税所得额 20 万元。

职工工会经费：$6\,000 \times 2\% = 120$（万元），无须调整应纳税所得额。

合计应调增：$60 + 20 = 80$（万元）。

(9) 业务招待费按照销售收入 5‰ 扣除限额 $1 = 80\,000 \times 0.5\% = 400$（万元）；

按照实际发生额 60% 扣除限额 $2 = 800 \times 60\% = 480$（万元）；

可扣除 400 万元。合计应调增 $800 - 400 = 400$（万元）。

(10) 金融机构借款应缴纳印花税 $4\,000 \times 0.05‰ = 0.2$（万元），应调减 0.2 万元。

(11) 可弥补亏损 $= (1\,200 + 1\,800 + 3\,000) - (4\,000 + 2\,000) - 600 = -600$（万元）。

(12) 应纳税额 $= (5\,600 - 500 - 20 - 362 + 300 + 80 + 400 - 0.2 - 600) \times 25\% = 4\,897.8 \times 25\% = 1\,224.45$（万元）。

【解析】

(1) 略。

(2) 略。

(3) 略。

(4) 转让未到期国债，持有期间尚未兑付的国债利息收入，免征企业所得税。

(5) 对 100% 直接控制的居民企业之间按账面净值划转股权或资产，符合规定进行特殊性税务处理的，划入方企业取得被划转股权或资产的计税基础，以被划转股权或资产的原账面净值确定。

(6) 新购置（含自建、自行开发）固定资产或无形资产，单位价值不超过 500 万元（含）的，允许一次性计入当期成本费用，在计算应纳税所得额时扣除，不再分年度计算折旧和摊销。

(7) 根据规定，对化妆品制造或销售、医药制造和饮料制造（不含酒类制造）企业发生的广告费和业务宣传费支出，不超过当年销售（营业）收入 30% 的部分，准予扣除；超过部分，准予在以后纳税年度结转扣除。

(8) 略。

(9) 略。

(10) 金融机构借款合同缴纳印花税，非金融机构借款合同不需缴纳印花税。

(11) 税法规定，企业某一纳税年度发生的亏损可以用下一年度的所得弥补，下一年度的所得不足以弥补的，可以逐年延续弥补，但最长不得超过 5 年。应纳税所得额的负数，五年内可以弥补，是指亏损年度后面连续五年。

(12) 略。

【考点】企业所得税应纳税所得额、企业所得税应纳税额的计算、企业所得税税收优惠、印花税应纳税额计算

3. 【答案】

(1) 12 月购进新设备的成本不能一次性税前列支。

理由：根据规定，企业在 2018 年 1 月 1 日至 2020 年 12 月 31 日期间新购进的设备、

Taxation Laws

器具（指除房屋、建筑物以外的固定资产），单位价值不超过 500 万元的，允许一次性在成本中列支；单位价值超过 500 万元的，不可以一次性在成本中列支。本题购入设备价值超过 500 万元，所以不能享受该优惠。

（2）当年的会计利润 $=8\,000-5\,100+700-100-800-1\,800-200+150+180-130-200=700$（万元）。

（3）技术转让所得 = 技术转让收入 - 技术转让成本 - 相关税费 $=700-100=600$（万元）；
技术转让所得应纳税所得额 $=(600-500)\times50\%=50$（万元）；
转让非独占许可使用权应调减应纳税所得额 $=600-50=550$（万元）。

（4）研究开发费用应调减应纳税所得额 $=300\times75\%=225$（万元）；
按照销售收入的 5‰ 扣除限额 $=(8\,000+700)\times5‰=43.5$（万元）；
按照业务招待费实际发生额的 60% 扣除限额 $=80\times60\%=48$（万元）；
业务招待费应调增应纳税所得额 $=80-43.5=36.5$（万元）；
合计调减应纳税所得额 $=225-36.5=188.5$（万元）。

（5）广告费扣除限额 $=(8\,000+700)\times15\%=1\,305$（万元）；
广告费应调增应纳税所得额 $=1\,500-1\,305=195$（万元）。

（6）取得的国债利息收入免征企业所得税，应调减应纳税所得额 150 万元。

（7）支付给残疾人的工资可以加计扣除 100%，工资调减应纳税所得额 50 万元。
工会经费扣除限额 $=400\times2\%=8$（万元），应调增应纳税所得额 $=18-8=10$（万元）。
职工福利费扣除限额 $=400\times14\%=56$（万元），应调增应纳税所得额 $=120-56=64$（万元）。
职工教育经费扣除限额 $=400\times8\%=32$（万元），应调增应纳税所得额 $=33-32=1$（万元）。
合计应调增应纳税所得额 $=-50+10+64+1=25$（万元）。

（8）业务❾应调增应纳税所得额 $=7+15=22$（万元）。

（9）企业所得税的应纳税所得额 $=700-550-188.5+195-150+25+22=53.5$（万元）。

（10）应缴纳的企业所得税 $=53.5\times15\%=8.03$（万元）。

【解析】
（1）略。
（2）略。
（3）符合条件的技术转让所得可以免征、减征企业所得税，是指一个纳税年度内，居民企业技术转让所得不超过 500 万元的部分，免征企业所得税；超过 500 万元的部分，减半征收企业所得税（技术转让的范围包括居民企业转让专利技术、计算机软件著作权、集成电路布图设计权、植物新品种、生物医药新品种、5 年（含）以上非独占许可使用权以及财政部和国家税务总局确定的其他技术）。
（4）略。
（5）略。
（6）略。
（7）略。
（8）企业缴纳的税收滞纳金 7 万元和补缴高管的个人所得税 15 万元不得在企业所得税税前列支。

(9) 略。

(10) 国家重点扶持的高新技术企业减按 15% 的税率征收企业所得税。

【考点】 企业所得税应纳税所得额、企业所得税应纳税额的计算、企业所得税税收优惠

4.**【答案】**

(1) 应补缴城镇土地使用税 = 1 000 × 30 ÷ 10 000 = 3（万元）；

应补缴房产税 = 650 × (1 − 20%) × 1.2% = 6.24（万元）。

(2) 12 月购置办公楼应缴纳的契税 = 2 200 × 4% = 88（万元）。

(3) 2019 年度该企业的利润总额 = 2 600 − 3 − 6.24 + 20 = 2 610.76（万元）。

向脱贫地区的捐赠款不调整应纳税所得额。

(4) 职工福利费应调增应纳税所得额 = 920 − 5 600 × 14% = 136（万元）。

工会经费应调增应纳税所得额 = 120 − 5 600 × 2% = 8（万元）。

教育经费扣除标准 = 5 600 × 8% = 448（万元）大于实际发生额 160 万元，不调整应纳税所得额。

(5) 广告费应调增应纳税所得额 = 11 300 − (68 000 + 6 000) × 15% = 200（万元）。

按照业务招待费实际发生额的 60% 扣除标准 = 660 × 60% = 396（万元）。

按照实际销售收入的 5‰ 扣除标准 = (68 000 + 6 000) × 5‰ = 370（万元）。

本期业务招待费实际发生额 660 万元，应调增应纳税所得额 = 660 − 370 = 290（万元）。

(6) 财务费用应调增应纳税所得额 = 130 − 3 200 × 6% ÷ 2 = 34（万元）。

(7) 新产品研究开发费用应调减应纳税所得额 = 460 × 100% = 460（万元）。

(8) 国债利息收入应调减应纳税所得额 70 万元。

直接投资居民企业的股息收入应调减应纳税所得额 150 万元。

(9) 技术转让所得 = 2 300 − 1 400 = 900（万元）。

技术转让所得应缴纳企业所得税 = (900 − 500) × 25% ÷ 2 = 50（万元）。

(10) 技术转让所得应调减应纳税所得额 = 900 − (900 − 500) ÷ 2 = 700（万元）。

该企业 2019 年应补缴企业所得税 = (2 610.76 + 136 + 8 + 200 + 290 + 34 − 460 − 70 − 150 − 700) × 25% − 240 = 234.69（万元）。

【解析】

(1) 房产属于企业自用，故从价计征。房产税 = 应税房产原值 × (1 − 扣除比例) × 1.2%。

(2) 略。

(3) 固定资产，当月购入，下月开始计提折旧，本题中办公楼为 12 月购入，所以 12 月不应提取折旧，因此要将已经提取的 20 万元折旧费，调增企业利润。

自 2019 年 1 月 1 日至 2022 年 12 月 31 日，企业通过公益性社会组织或者县级（含县级）以上人民政府及其组成部门和直属机构，用于目标脱贫地区的扶贫捐赠支出，准予在计算企业所得税应纳税所得额时据实扣除。

(4) 略。

(5) 略。

(6) 非金融企业向非金融企业借款的利息支出，不超过按照金融企业同期同类贷款利率计

算的数额的部分可据实扣除,超过部分,不许扣除。

(7) 制造企业开展研发活动中实际发生研发费用,未形成无形资产计入当期损益的在按规定据实扣除的基础上,自2021年1月1日起,再按照实际发生额的100%在税前加计扣除;形成无形资产的,自2021年1月1日起,按照无形资产成本的200%在税前摊销。

(8) 国债利息收入属于免税收入。居民企业直接投资于其他居民企业取得的股息、红利等权益性投资收益,属于免税收入。

(9) 居民企业转让技术所得不超过500万元的部分,免征企业所得税,超过500万元的部分,减半征收企业所得税。

(10) 略。

【考点】城镇土地使用税、房产税、契税、企业所得税应纳税所得额、企业所得税应纳税额的计算、企业所得税税收优惠

5. 【答案】

(1) 旧办公楼销售环节。

应缴纳的增值税 = 1 300 × 5% = 65 (万元)。

应缴纳的城建税、教育费附加、地方教育附加和印花税 = 65 × (7% + 3% + 2%) + 1 300 × 0.5‰ = 8.45 (万元)。

土地增值税扣除金额 = 200 + 8.45 + 1 600 × 50% = 1 008.45 (万元)。

增值额 = 1 300 − 1 008.45 = 291.55 (万元)。

增值率 = 291.55 ÷ 1 008.45 × 100% = 28.91%。

应缴纳土地增值税 = 291.55 × 30% = 87.47 (万元)。

(2) 专用设备投入使用当年应计提的折旧费用 = 510 ÷ 10 ÷ 12 × 4 = 17 (万元)。

(3) 该企业2019年度会计利润总额 = 1 100 − 8.45 − 87.47 + 510 − 17 + 33.9 = 1 530.98 (万元)。

(4) 按照业务招待费实际发生额的60%扣除标准 = 130 × 60% = 78 (万元);

按照营业收入的5‰扣除标准 = 40 000 × 5‰ = 200 (万元);

本期业务招待费实际发生130万元,按照孰低原则应调增应纳税所得额 = 130 − 78 = 52 (万元)。

(5) 职工福利费扣除标准 = 1 200 × 14% = 168 (万元),应调增应纳税所得额 180 − 168 = 12 (万元);

职工工会经费扣除标准 = 1 200 × 2% = 24 (万元),应调增应纳税所得额 28 − 24 = 4 (万元);

职工教育经费扣除标准 = 1 200 × 8% = 96 (万元),未超出扣除标准,不用调整;

职工福利费、职工工会经费、职工教育经费合计应调增应纳税所得额 = 12 + 4 = 16 (万元)。

(6) 转让国债应调减应纳税所得额 = 72 × (5% ÷ 365) × 700 = 6.90 (万元)。

(7) 公益性捐赠应调增应纳税所得额 = 190 − 1 530.98 × 12% = 190 − 183.72 = 6.28 (万元)。

(8) 该企业 2019 年度应纳税所得额 =1 530.98 +52 +16 −6.90 +6.28 =1 598.36（万元）。

(9) 该企业 2019 年度应缴纳企业所得税 =1 598.36 ×25% −510 ×10% =348.59（万元）。

【解析】

(1) 一般纳税人转让其 2016 年 4 月 30 日前自建的不动产，可以选择按简易计税方法计税，以取得的全部价款和价外费用为销售额。

转让旧房的，土地增值税的扣除项目有：房屋评估价格 =1 600 ×50% =800（万元）；取得土地使用权所支付的地价款 200 万元；转让环节的税金 8.45 万元。

(2) 固定资产当月购入，下月开始折旧；当月减少当月继续折旧。

(3) 会计利润总额调整明细：转让旧办公楼未缴纳相关税费，要调减 8.45 万元和 87.47 万元；安全生产专用设备，企业一次性计入成本扣除，应按税法规定年限摊销扣除，要调增 493 万元（510 −17）；接受非股东单位捐赠原材料一批，应计入营业外收入，而不是资本公积，要调增 33.9 万元（30 +3.9）。

(4) 略。

(5) 略。

(6) 国债利息收入免税，国债转让所得要纳税。国债利息收入 =国债金额 ×（适用税率 ÷ 365）×持有天数。

(7) 公益性捐赠，指企业通过公益性社会团体或者县级以上人民政府及其部门，用于公益事业的捐赠，不超过年度利润总额的 12% 的部分，准予扣除。

(8) 略。

(9) 企业购置并实际使用属于企业所得税优惠目录规定范围的环境保护、节能节水、安全生产等专用设备，该专用设备的投资额的 10% 可以从企业当年的应纳税额中抵免，故应缴纳企业所得税可以抵免 510 ×10% =51（万元）。

【考点】企业所得税应纳税所得额、资产的企业所得税处理、企业所得税应纳税额的计算、企业所得税税收优惠

6. 【答案】

(1) 销售（营业）收入 =主营业务收入 +其他业务收入 +视同销售收入 =48 000 +2 000 = 50 000（万元）；

广告费扣除限额 =50 000 ×15% =7 500（万元）小于实际发生额 8 000 万元，广告费应调增应纳税所得额 =8 000 −7 500 =500（万元）。

(2) 业务招待费扣除限额按照实际发生额的 60% 和当年销售收入的 5‰孰低者准予扣除；扣除限额 1 =350 ×60% =210（万元）；扣除限额 2 =50 000 ×5‰ =250（万元）；税前准予扣除的业务招待费 210 万元，业务招待费支出应调增的应纳税所得额 =350 − 210 =140（万元）。

(3) 应计入成本、费用的工资总额 =4 000 +500 ×（10 −6）=6 000（万元），实发工资 4 000 万元，应纳税调减 2 000 万元。

(4) 工会经费按 2% 扣除限额 =6 000 ×2% =120（万元）小于实际拨缴金额 150 万元，纳税调增 30 万元；

职工福利费按 14% 扣除限额 =6 000 ×14% =840（万元）小于实际发生金额 900 万

元，纳税调增 60 万元；

职工教育经费按 8% 扣除限额 = 6 000 × 8% = 480（万元）大于实际发生金额 160 万元，无须纳税调整；

工会经费、职工福利费和职工教育经费应调增的应纳税所得额 = 30 + 60 + 0 = 90（万元）。

（5）研发费用可以按照实际发生额的 100% 在税前加计扣除，应调减的应纳税所得额 = 2 000 × 100% = 2 000（万元）。

（6）资产减值损失准备金应调增应纳税所得额 1 500 万元。

（7）投资收益应调减应纳税所得额 200 万元。

（8）当地政府财政部门补助的具有专项用途的财政资金 500 万元属于不征税收入，应纳税调减；与不征税收入对应的支出 400 万元，不得在税前扣除，应纳税调增。财政补助资金应调减的应纳税所得额 = 500 − 400 = 100（万元）。

（9）捐赠扣除限额 = 6 000 × 12% = 720（万元）小于实际发生额 800 万元，向民政部门捐赠应调增应纳税所得额 = 800 − 720 = 80（万元）。

（10）应纳税所得额 = 6 000 + 500 + 140 − 2 000 + 90 − 2 000 + 1 500 − 200 − 100 + 80 = 4 010（万元）；

该公司应缴纳企业所得税税额 = 4 010 × 15% = 601.5（万元）。

（11）股票期权的应纳税所得额 = (10 − 6) × 60 000 = 240 000（万元）；

应缴纳的个人所得税 = 240 000 × 20% − 16 920 = 31 080（元）。

【解析】

（1）略。

（2）略。

（3）公司授予的股票期权，在实际行权时，按公允价值和实际支付价格的差额计入工资薪金。

（4）工会经费、职工福利费和职工教育经费按照工资薪金总额的一定比例准予扣除。这里要注意，上一问中的公司授予的股票期权，在行权时，其差额准予作为工资薪金扣除，同时也作为计算其他各项相关费用扣除的基数。

（5）略。

（6）税法规定，未经核定计提的资产减值损失准备金不得在税前扣除。

（7）国债利息收入免税，居民企业之间的股息、红利等权益性投资收益，免税，但该收益不包括连续持有居民企业公开发行并上市流通的股票不足 12 个月取得的投资收益。

（8）企业从县级以上各级人民政府财政部门及其他部门取得的应计入收入总额的财政性资金，符合条件的，可以作为不征税收入。

（9）公益性捐赠，指企业通过公益性社会团体或者县级以上人民政府及其部门，用于公益事业的捐赠，不超过年度利润总额的 12% 的部分，准予扣除。

（10）国家需要重点扶持的高新技术企业减按 15% 的税率征收企业所得税。

（11）员工行权时，其从企业取得股票的实际购买价（施权价）低于购买日公开市场价（指该股票当日的收盘价，下同）的差额，是因员工在企业的表现和业绩情况而取得的与任职、受雇有关的所得，应按"工资、薪金所得"项目适用的规定计算缴纳个

人所得税。股票期权应纳税所得额适用第三级超过 144 000 元至 300 000 元的部分，预扣率20%，速算扣除数 16 920。

【考点】企业所得税应纳税所得额、企业所得税应纳税额的计算、企业所得税税收优惠、股权转让个人所得税处理

7.【答案】

（1）应纳税所得额 = 收入总额 × 经税务机关核定的利润率 = 120 ÷（1 + 6%）× 20% = 22.6（万元）；

该制药企业应当扣缴企业所得税 = 22.6 × 25% = 5.65（万元）；

应当扣缴增值税 = 120 ÷（1 + 6%）× 6% = 6.79（万元）；

该企业位于市区，城建税适用税率为7%，应当扣缴城市维护建设税 = 6.79 × 7% = 0.48（万元）；

应当扣缴教育费附加 = 6.79 × 3% = 0.20（万元）；

应当扣缴地方教育附加 = 6.79 × 2% = 0.14（万元）。

（2）残疾人员工资40万元另按100%加计扣除，应调减应纳税所得额40万元。

职工福利费按工资总额的14%扣除，扣除限额 = 1 200 × 14% = 168（万元），应调增应纳税所得额 = 180 - 168 = 12（万元）；

工会经费按工资总额的2%扣除，扣除限额 = 1 200 × 2% = 24（万元），应调增应纳税所得额 = 25 - 24 = 1（万元）；

职工教育经费按工资总额的8%扣除，扣除限额 = 1 200 × 8% = 96（万元），本期实际发生职工教育经费支出20万元，职工教育经费支出可全额扣除，并可扣除上年结转的扣除额5万元，应调减应纳税所得额5万元；

为投资者支付的商业保险费不能税前扣除，应调增应纳税所得额10万元。

（3）计算广告费和业务宣传费扣除的基数是销售收入 = 主营业务收入 + 其他业务收入 + 视同销售收入 = 5 500 + 400 = 5 900（万元）；

因其为制药企业，广告费按销售收入的30%扣除，扣除限额 = 5 900 × 30% = 1 770（万元）；

当年发生的800万元广告费无须作纳税调增，但非广告性质的赞助支出不能在税前扣除，应调增应纳税所得额50万元；

业务招待费的限额1：销售收入的5‰；限额2：实际发生额的60%，按两者孰低者作为扣除标准；

限额1 = 5 900 × 5‰ = 29.5（万元），限额2 = 60 × 60% = 36（万元），按照较低者业务招待费扣除限额29.5万元，应调增应纳税所得额 = 60 - 29.5 = 30.5（万元）。

（4）研发费用另按100%加计扣除，应调减应纳税所得额 = 100 × 100% = 100（万元）。

（5）会计利润 = 5 500 + 400 + 300 - 2 800 - 300 - 210 - 420 - 550 - 900 - 180 + 120 = 960（万元）；

公益性捐赠扣除限额 = 960 × 12% = 115.2（万元）；

直接向某学校捐赠20万元不能税前扣除，应调增应纳税所得额20万元；

目标扶贫捐赠支出不影响其他公益性捐赠支出的税前扣除限额，应调增应纳税所得

额 =120 –115.2 =4.8（万元）。

（6）可以抵免的应纳所得税额 =550 ×10% =55（万元）；

处理公共污水，可以免税的所得额 = 20 – 12 = 8（万元），应调减应纳税所得额 8 万元。

（7）撤回对某公司的股权投资，应调减应纳税所得额 10 万元。

（8）会计利润 =960（万元）；

应纳税所得额 =960 –40 +12 +1 –5 +10 +50 +30.5 –100 +4.8 +20 –8 –10 =925.3（万元）；

应纳所得税额 =925.3 ×25% –55 =176.33（万元）。

【解析】

（1）境外股东属于非居民企业，其在中国境内设有机构、场所，故境外股东所得税适用税率为 25%。因境外股东企业常年派遣指导专员驻本公司并对其工作成果承担全部责任和风险，对其业绩进行考核评估，故属于在境内有机构和场所。

（2）略。

（3）略。

（4）制造企业开展研发活动中实际发生研发费用，未形成无形资产计入当期损益的在按规定据实扣除的基础上，自 2021 年 1 月 1 日起，再按照实际发生额的 100% 在税前加计扣除；形成无形资产的，自 2021 年 1 月 1 日起，按照无形资产成本的 200% 在税前摊销。

（5）非公益性捐赠、直接向受赠人捐赠不得扣除。

（6）企业购买并实际使用规定的环境保护、节能节水、安全生产等专用设备，该设备的投资额的 10% 可以从企业当年的应纳税额中抵免，对符合条件的节能服务公司实施合同能源管理项目，符合《企业所得税法》有关规定的，自项目取得第 1 笔生产经营收入所属纳税年度起，享受"三免三减半"的优惠待遇，按照 25% 的法定税率减半征收企业所得税。

（7）投资企业从被投资企业撤回或减少投资，相当于被投资企业累计未分配利润和累计盈余公积按减少实收资本比例计算的部分，应确认为股息所得。居民企业之间直接投资的股息、红利等权益性所得，免税。

（8）略。

【考点】增值税的计算、城建税及教育费附加的计算、企业所得税应纳税所得额、资产的企业所得税处理、企业所得税应纳税额的计算、企业所得税税收优惠

8.【答案】

（1）用自产产品对外投资视同销售处理，收入应调增应纳税所得额 500 万元，成本应调减应纳税所得额 320 万元，合计调增应纳税所得额 180 万元。增值税销项税额为 500 × 13% =65（万元）。

（2）该设备成本 =150 +2 =152（万元），应调减应纳税所得额 =152 –15 =137（万元）。

（3）残疾人员工资 50 万元应按 100% 加计扣除，应调减应纳税所得额 50 万元；

福利费按工资总额的 14% 扣除，扣除限额 =1 000 ×14% =140（万元），应调增应纳

税所得额 = 150 − 140 = 10（万元）；

工会经费按工资总额的 2% 扣除，扣除限额 = 1 000 × 2% = 20（万元），应调增应纳税所得额 = 25 − 20 = 5（万元）；

教育经费按工资总额的 8% 扣除，扣除限额 = 1 000 × 8% = 80（万元），教育经费支出可全额扣除。

(4) 计算广告费和业务招待费扣除的基数是销售收入，销售收入 = 主营业务收入 + 其他业务收入 + 视同销售收入 = 4 800 + 500 + 500 = 5 800（万元）；

广告费按销售收入的 15% 扣除，扣除限额 = 5 800 × 15% = 870（万元），应调增应纳税所得额 = 900 − 870 = 30（万元）。

业务招待费扣除限额 1：按销售收入的 5‰ 扣除，扣除限额 2：按实际发生额的 60% 扣除，两者按孰低准予扣除。限额 1 = 5 800 × 5‰ = 29（万元），限额 2 = 80 × 60% = 48（万元），按照孰低原则允许扣除限额 29 万元，应调增应纳税所得额 = 80 − 29 = 51（万元）。

支付给母公司的管理费不能税前扣除，应调增应纳税所得额 60 万元。

(5) 可以税前扣除的借款利息 = 800 × 2 × 6% = 96（万元），本期实际发生应支付利息 180 万元，应调增应纳税所得额 = 180 − 96 = 84（万元）。

(6) 从 A 公司分回的股息免税，应调减应纳税所得额 20 万元。

从 B 公司分回的股息在境外已经缴纳的企业所得税为 30 ÷（1 − 40%）× 40% = 20（万元）。

则 B 公司在境外税前分得股息为 30 ÷（1 − 40%）= 50（万元）。

境外已缴税款的抵免限额为 50 × 25% = 12.5（万元）。

从 B 公司分回的股息，可抵免境外的已纳税款 12.5 万元。

(7) 非股权支付对应的资产转让所得 =（被转让资产的公允价值 − 被转让资产的计税基础）×（非股权支付金额 ÷ 被转让资产的公允价值）=（320 − 200）×（20 ÷ 320）= 7.5（万元）。

应调减应纳税所得额 =（320 − 200）− 7.5 = 112.5（万元）。

(8) 会计利润 = 4 800 + 500 + 800 − 2 800 − 300 − 250 − 400 − 950 − 500 − 180 + 300 + 180 = 1 200（万元）。

应纳税所得额 = 1 200 − 137 − 50 + 10 + 5 + 30 + 51 + 60 + 84 − 20 − 112.5 = 1 120.5（万元）。

应纳所得税税额 = 1 120.5 × 25% − 12.5 = 267.63（万元）。

【解析】

(1) 企业发生非货币性资产交换，以及将货物、财产、劳务用于捐赠、偿债、赞助、集资、广告、样品、职工福利或者利润分配等用途的，应当视同销售货物、转让财产或者提供劳务，但国务院财政、税务主管部门另有规定的除外。

(2) 企业在 2018 年 1 月 1 日至 2020 年 12 月 31 日期间新购进的设备、器具（指除房屋、建筑物以外的固定资产），单位价值不超过 500 万元的，允许一次性计入当期成本费用在税前扣除。

(3) 略。

(4) 略。

(5) 向母公司借款，母公司属于非金融企业，所以不超过按照金融企业同期同类贷款利率计算的数额的部分可据实扣除。同时又属于关联企业借款，企业实际支付给关联方的利息支出，按照接受关联方债权性投资与其权益性投资比例的一定标准，准予扣除。其标准为金融企业为 5∶1，其他企业为 2∶1。

(6) 居民企业直接投资于其他居民企业取得的股息、红利等权益性投资收益免税。

(7) 特殊重组交易中，股权支付暂不确认有关资产的转让所得或损失，非股权支付应确认相应资产转让所得或损失。

(8) 略。

【考点】增值税的计算、企业所得税应纳税所得额、资产的企业所得税处理、企业所得税应纳税额的计算、企业所得税税收优惠

05 第五章　个人所得税法・答案

「考点1」纳税义务人（★）

1.【答案】D

【解析】选项 ABC 不属于境内所得，均发生在境外。

2.【答案】ABD

【解析】

① 选项 AB 属于，因任职、受雇、履约等而在中国境内提供劳务取得的所得，不论支付地点是否在中国境内，均为来源于中国境内的所得。

② 选项 C 不属于，出租境外的不动产取得的所得，不属于来源于中国境内的所得。

③ 选项 D 属于，将财产出租给承租人在中国境内使用而取得的所得，不论支付地点是否在中国境内，均为来源于中国境内的所得。

「考点2」征税范围、税率（★★★）

1.【答案】C

【解析】

① 选项 AB 错误，均按照工资、薪金所得项目计征个人所得税。

② 选项 D 错误，个人购买彩票取得的中奖收入按照偶然所得项目计征个人所得税。

2.【答案】D

【解析】

① 选项 A 错误，员工行权时的施权价与该股票当日收盘价之间的差额按照工资、薪金所得项目计征个人所得税。

② 选项 B 错误，员工行权后的股票再转让取得的收益按照财产转让所得项目计征个人所得税。

③ 选项 C 错误，员工接受实施股票期权计划企业授予的股票期权时，除另有规定外，一般不作为应税所得征税，行权时才作为应税所得计征个人所得税。

3.【答案】BCD

【解析】选项 A，退休人员再任职取得的收入，在减除按个人所得税法规定的费用扣除标准后，按"工资、薪金所得"应税项目缴纳个人所得税。

4.【答案】ABD

【解析】选项 C 错误，资金存入银行的利息所得属于"利息、股息、红利所得"项目，目前对居民储蓄存款利息暂免征收个人所得税。

5.【答案】B

【解析】选项 B 正确，居民个人的综合所得包括工资薪金所得、劳务报酬所得、稿酬所得和特许权使用费所得。其他选项均为分类所得。

税法
Taxation Laws

6. **【答案】** ACD

【解析】 选项 B 错误，公司职工取得的用于购买企业国有股权的劳动分红，按工资薪金所得计征个人所得税。

7. **【答案】** B

【解析】

① 选项 AD 错误，经营所得按年计税。

② 选项 C 错误，工资、薪金所得按月预扣预缴，并计入综合所得按年计税。

8. **【答案】** ABD

【解析】 选项 C 错误，员工将行权后的股票再转让时获得的高于购买日公开市场价的差额按照"财产转让所得"项目计征个人所得税。

9. **【答案】** A

【解析】

① 选项 B 错误，奖金、年终加薪、劳动分红、津贴、补贴等也属于工资，应照章征税。

② 选项 C 错误，按利息、股息、红利所得缴纳个人所得税。

③ 选项 D 错误，退休后返聘取得的工资，也属于工资，应照章征税。

「考点3」综合所得应纳税额计算（★★★）

1. **【答案】** A

【解析】 选项 A 正确，取得综合所得和经营所得的居民个人可以享受专项附加扣除。

2. **【答案】** C

【解析】

① 选项 A 错误，住房贷款利息支出，扣除期限最长不得超过 240 个月。

② 选项 B 错误，同一学历（学位）继续教育扣除期限不得超过 48 个月。

③ 选项 D 错误，大病医疗，扣除时间为医疗保障信息系统记录的医药费用实际支出的当年。

3. **【答案】** D

【解析】 选项 ABC 错误、选项 D 正确。稿酬所得，以每次出版、发表取得的收入为一次，具体可分为：

同一作品在报刊上连载取得收入的，以连载完成后取得的所有收入合并为一次，计征个人所得税。

同一作品在出版和发表时，以预付稿酬或分次支付稿酬等形式取得的稿酬收入，应合并计算为一次。

4. **【答案】** A

【解析】 个人因办理提前退休手续而取得的一次性补贴收入，应按照办理提前退休手续至法定退休年龄之间实际年度数平均分摊，单独适用综合所得税率表，计算个人所得税。

杨某应缴纳个人所得税 =（170 000 ÷ 2 – 60 000）× 3% × 2 = 1 500（元），选项 A 正确。

5.【答案】A

【解析】证券经纪人从证券公司取得的佣金收入，应按照"劳务报酬所得"项目缴纳个人所得税。

① 王某1月份取得佣金收入缴纳增值税 = 200 000 ÷（1 + 1%）× 1% = 1 980.2（元）。

② 收入额 = 200 000 ÷ 1.01 ×（1 − 20%）= 158 415.84（元）。

③ 展业成本 = 158 415.84 × 25% = 39 603.96（元）。

④ 税金及附加 = 1 980.2 ×（7% + 3% + 2%）= 237.62（元）。

⑤ 计税收入额 = 158 415.84 − 39 603.96 − 237.62 = 118 574.26（元）。

⑥ 1月份应预扣预缴个人所得税额 =（118 574.26 − 5 000）× 10% − 2 520 = 8 837.42（元），选项 A 正确。

「考点4」分类所得应纳税额计算（★★★）

1.【答案】B

【解析】对投资者从基金分配中获得的股票的股息、红利收入以及企业债券的利息收入，由上市公司和发行债券的企业在向基金派发股息、红利、利息时代扣代缴个人所得税，基金向个人投资者分配股息、红利、利息时，不再代扣代缴个人所得税；对个人投资者从基金分配中获得的企业债券差价收入，应按税法规定对个人投资者征收个人所得税，税款由基金在分配时依法代扣代缴。

2.【答案】C

【解析】

① 选项 A 错误，个体工商户生产经营活动中，应当分别核算生产经营费用和个人、家庭费用。对于生产经营与个人、家庭生活混用难以分清的费用，其40%视为与生产经营有关的费用，准予扣除；单纯的家庭生活支出，不得税前扣除。

② 选项 B 错误，个体工商户直接捐赠支出，不得税前扣除；通过公益性社会团体或县级以上人民政府及其部门的捐赠，不超过其应纳税所得额的30%，准予扣除。

③ 选项 D 错误，个体工商户代其从业人员或者他人负担的税款，不得税前扣除。

3.【答案】C

【解析】

① 选项 A 错误、选项 C 正确，对内地个人投资者通过沪港通投资香港联交所上市股票取得的转让差价所得暂免征收个税。

② 选项 BD 错误，对内地个人投资者通过沪港通投资香港联交所上市 H 股取得的股息红利所得，H 股公司应向中国证券登记结算有限责任公司提出申请，由中国结算向 H 股公司提供内地个人投资者名册，H 股公司按照20%的税率代扣个税。

4.【答案】D

【解析】选项 AB 错误，个体工商户下列支出不得扣除：

① 个人所得税税款；

② 税收滞纳金；

③ 罚金、罚款和被没收财物的损失；

④ 不符合扣除规定的捐赠支出；

⑤ 赞助支出（选项 B）；

⑥ 用于个人和家庭的支出（选项 A）；

⑦ 与取得生产经营收入无关的其他支出；

⑧ 国家税务总局规定不准扣除的支出。

选项 C 错误，已缴纳的增值税税款，不得在个人所得税税前扣除。

「考点 5」税收优惠（★★）

1. 【答案】C

【解析】选项 ABD 错误，选项 ABD 的内容均为免税项目。

2. 【答案】AD

【解析】

① 选项 B 错误，按照偶然所得计征个人所得税。

② 选项 C 错误，个人取得单张有奖发票奖金所得不超过 800 元（含 800 元）的，暂免征收个人所得税；个人取得单张有奖发票奖金所得超过 800 元的，应全额按照"偶然所得"项目计征个人所得税。

3. 【答案】D

【解析】

① 选项 A 错误，退休人员再任职取得的收入，在减除按个人所得税法规定的费用扣除标准后，按"工资、薪金所得"项目缴纳个人所得税。

② 选项 B 错误，"长江学者奖励计划"特聘教授取得的岗位津贴应并入其当月的工资、薪金所得计征个人所得税，税款由所在学校代扣代缴。

③ 选项 C 错误，个人办理提前退休手续而取得的一次性补贴收入，应按照办理提前退休手续至法定离退休年龄之间实际年度数平均分摊，确定适用税率和速算扣除数，单独适用综合所得税税率表计算纳税。

4. 【答案】B

【解析】

① 选项 A 错误，任某高校兼职取得的劳务报酬所得没有免税的规定，应照章缴纳个人所得税。

② 选项 C 错误，个人从公开发行和转让市场取得的上市公司股票，持股期限在 1 个月以内（含 1 个月）的，其股息红利所得全额计入应纳税所得额；持股期限在 1 个月以上至 1 年（含 1 年）的，暂减按 50% 计入应纳税所得额；持股期限超过 1 年的，股息红利所得暂免征收个税。

③ 选项 D 错误，获得学校的奖金应计入个人"工资、薪金所得"项目缴纳个人所得税。

5. 【答案】C

【解析】

① 选项 A 错误，国债利息收入免征个人所得税。

② 选项 B 错误，误餐补助不征收个人所得税。

③ 选项 D 错误，企业和个人按照规定比例缴付的住房公积金、基本医疗保险金、基本养老保险金、失业保险金，免予征收个人所得税。

「考点6」征收管理（★★）

1.【答案】A

【解析】选项 BCD 错误，财产租赁所得、财产转让所得均属于按次征收。

2.【答案】ABCD

【解析】选项 ABCD 均正确。

3.【答案】ABC

【解析】选项 D 错误，已预缴税额大于年度应纳税额且申请退税的应该办理年度汇算。

主观题部分

1.【答案】

（1）张某应该选择住房租金。

理由：①除直辖市、省会（首府）城市、计划单列市以及国务院确定的其他城市外，市辖区户籍人口超过 100 万的城市，扣除标准为每月 1 100 元。因此，张某工作地城市的住房租金扣除标准为每月 1 100 元。②首套住房贷款利息（购买住房享受首套住房贷款利率的住房贷款）支出，在实际发生贷款利息的年度，按照每月 1 000 元的标准定额扣除。因此，张某住房贷款利息的扣除标准为每月 1 000 元。③纳税人及其配偶在一个纳税年度内不得同时分别享受住房贷款利息专项附加扣除和住房租金专项附加扣除。因住房租金比住房贷款利息抵税效果更好，税后所得更大，应选择享受的专项附加扣除为住房租金。

（2）出版方支付稿酬所得应预扣预缴的个人所得税额 $= 20\,000 \times (1 - 20\%) \times 70\% \times 20\% = 2\,240$（元）。

（3）张某取得的 2019 年综合所得应缴纳的个人所得税额 $= [120\,000 + 20\,000 \times (1 - 20\%) \times 70\% - 60\,000 - 1\,100 \times 12] \times 10\% - 2\,520 = 3\,280$（元）。

张某可申请的个人所得税退税款 $= 2\,240 + 1\,404 - 3\,280 = 364$（元）。

（4）办理渠道：网上税务局、邮寄、办税服务厅。

受理的税务机关：

① 纳税人自行办理或受托人代为办理的，向纳税人任职受雇单位所在地的主管税务机关申报；有两处以上任职受雇单位的，可自主选择其中一处申报。

② 纳税人没有任职受雇单位的，向户籍所在地或经常居住地主管税务机关申报。

③ 扣缴义务人代为办理的，向扣缴义务人的主管税务机关申报。

【解析】

（1）略。

（2）稿酬所得以收入减除 20% 的费用后的余额为收入额，且稿酬所得的收入额减按 70%

计算。

（3）略。

（4）略。

【考点】专项附加扣除规定、稿酬所得应纳税额计算、综合所得个人所得税计算、汇算清缴

2.【答案】

（1）出租房产每月应纳个人所得税额 $=4\,500\times(1-20\%)\times10\%=360$（元）。

出租房产年度应纳个人所得税额 $=360\times12=4\,320$（元）。

（2）可以享受 2019 年度专项附加扣除。

应在 2020 年（次年）3 月 1 日至 6 月 30 日内，向纳税人任职受雇单位所在地主管税务机关办理汇算清缴时申报扣除。

（3）2019 年综合所得应纳税所得额 $=180\,000-60\,000-12\,000\times2-18\,000=78\,000$（元）。

2019 年综合所得应纳个人所得税额 $=78\,000\times10\%-2\,520=5\,280$（元）。

2019 年可申请综合所得退税额 $=9\,480-5\,280=4\,200$（元）。

（4）办理渠道有：网上税务局（个人所得税 APP）、邮寄和办税服务厅。

【解析】

（1）个人出租住房，按 10% 的税率征收个人所得税。

（2）略。

（3）略。

（4）略。

【考点】个人出租住房个人所得税处理、专项附加扣除规定、综合所得应纳税额计算、个人所得税汇算清缴

3.【答案】

（1）12 月累计预扣预缴应纳税所得额 $=10\,000\times12-60\,000-(2\,000\times12)-(1\,000\times12)-(1\,000\times12)=12\,000$（元）。

12 月应预扣预缴税额 $=12\,000\times3\%-330=360-330=30$（元）。

（2）$60\,000\div12=5\,000$（元），适用税率10%，速算扣除数210元。

年终奖应纳税额 $=60\,000\times10\%-210=5\,790$（元），居民个人取得全年一次性奖金，在 2023 年 12 月 31 日前，可选择不并入当年综合所得。

（3）劳务报酬应预扣预缴税额 $=20\,000\times(1-20\%)\times20\%=3\,200$（元）。

（4）张某取得的 2019 年综合所得应缴纳的个人所得税额 $=[10\,000\times12+20\,000\times(1-20\%)-5\,000\times12-2\,000\times12-1\,000\times12-1\,000\times12]\times3\%=840$（元）。

（5）$840-330-30-3\,200=-2\,720$（元），张某就 2019 年综合所得向主管税务机关办理汇算清缴时申请的应退税额为 2\,720 元。

【解析】

（1）子女教育：纳税人年满 3 岁的子女接受学前教育和学历教育的相关支出，按照每个子女每月 1\,000 元（每年 12\,000 元）的标准定额扣除。

赡养老人：纳税人为独生子女的，按照每月 2\,000 元（每年 24\,000 元）的标准定额扣

除。住房贷款利息：发生的首套住房贷款利息支出，在实际发生贷款利息的年度，按照每月1 000元（每年12 000元）的标准定额扣除，扣除期限最长不超过240个月（20年）。

(2) 取得年终奖采用单独计税的，将取得的全年一次性奖金，除以12个月，按其商数依照按月换算后的综合所得税率表确定适用税率和速算扣除数。

(3) 劳务报酬所得预扣预缴时，每次收入超过4 000元的，减除费用按收入的20%计算。

(4) 略。

(5) 居民个人办理年度综合所得汇算清缴时，应当依法计算劳务报酬所得的收入额，并入年度综合所得计算应纳税款，税款多退少补。

【考点】全年一次性奖金所得个人所得税处理、工资预扣预缴个人所得税处理、劳务报酬所得应纳税额计算、年度综合所得汇算清缴

4.【答案】

(1) 12月取得工资应预扣预缴的个税 = （8 000 ×12 −5 000 ×12 −1 500 ×12 −400 ×12）× 3% −363 =33（元）。

(2) 48 000 ÷12 =4 000（元），适用按月换算后的综合所得税率表，税率为10%，速算扣除数为210元，王某取得的年终奖应缴纳的个人所得税额 =48 000 ×10% −210 =4 590（元）。

(3) 王某取得的稿酬所得应预扣预缴的个人所得税额 =20 000 ×（1 −20%）×70% ×20% = 2 240（元）。

(4) 王某取得的2019年综合所得应缴纳的个人所得税额 =⌈8 000 ×12 +20 000 ×（1 − 20%）×70% −5 000 ×12 −1 500 ×12 −400 ×12⌋×3% =732（元）。

(5) 732 −363 −33 −2 240 = −1 904（元），王某就2019年综合所得向主管税务机关办理汇算清缴时申请的应退税额为1 904元。

【解析】

(1) 住房租金：直辖市、省会（首府）城市、计划单列市以及国务院确定的其他城市，扣除标准为每月1 500元（每年18 000元）。

继续教育：纳税人在中国境内接受学历（学位）继续教育的支出，在学历（学位）教育期间按照每月400元（每年4 800元）定额扣除。同一学历（学位）继续教育的扣除期限不超过48个月（4年）。

(2) 居民个人取得全年一次性奖金，在2021年12月31日前，可选择不并入当年综合所得，按以下计税办法，由扣缴义务人发放时代扣代缴，即将居民个人取得的全年一次性奖金，除以12个月，按其商数依照按月换算后的综合所得税率表确定适用税率和速算扣除数。

(3) 稿酬所得以收入减除费用后的余额为收入额，且稿酬所得的收入额减按70%计算。

(4) 略。

(5) 居民个人办理年度综合所得汇算清缴时，应当依法计算劳务报酬所得的收入额，并入年度综合所得计算应纳税款，税款多退少补。

【考点】工资所得预扣预缴所得税处理、全年一次性奖金个人所得税处理、稿酬所得应纳税

额计算、年度综合所得汇算清缴

5.【答案】

（1）单位为王某缴纳的企业年金不需要在当期缴纳个人所得税。

理由：企业根据规定，为在本单位任职或受雇的职工缴付的企业年金单位缴费部分，在计入个人账户时，个人暂不缴纳个人所得税。

（2）王某取得上年企业年金投资收益时不需要在当期缴纳个人所得税。

理由：根据规定，年金基金投资运营收益分配计入个人账户时，个人暂不缴纳个人所得税。

（3）王某向贫困地区的捐款可以在税前全额扣除。

理由：根据规定，个人将其所得对教育、扶贫、济困等公益慈善事业进行捐赠，捐赠额未超过纳税人申报的应纳税所得额30%的部分，可以从其应纳税所得额中扣除。本题应纳税所得额的30万元（100×30%）大于捐款支出10万元，所以王某向贫困地区的捐款可以在税前全额扣除。

（4）王某取得的彩票中奖收入应缴纳的个人所得税=（100−10）×20%=18（万元）。

（5）王某取得的股票分红收入应缴纳的个人所得税=8 000×50%×20%=800（元）。

【解析】

（1）略。

（2）略。

（3）略。

（4）彩票中奖收入属于偶然所得，适用20%税率。

取得偶然所得并捐赠的，在捐赠当月取得的分类计算的所得额中扣除。

（5）个人从公开发行和转让市场取得的上市公司股票，持股期限超过1年的，股息红利所得暂免征收个人所得税；持股期限在1个月以内（含）的，其股息红利所得全额计入应纳税所得额；持股期限在1个月以上至1年（含1年）的，暂减按50%计入应纳税所得额。

【考点】企业年金个人所得税规定、公益捐赠个人所得税的规定、偶然所得应纳税额的计算、股息红利所得应纳税额计算

6.【答案】

（1）可以足额抵扣。理由：抵免限额=10×（1−20%）×20%=1.6（万元）＞在境外实际缴纳的个人所得税1万元，所以张某取得的专利权使用费境外所纳税款可以在本纳税年度足额抵扣。

（2）在我国应缴纳的个人所得税=1.6−1=0.6（万元）。

（3）不需要缴纳个人所得税。

理由：个人转让自用达5年以上并且是唯一的家庭居住用房取得的所得，免征个人所得税。

（4）张某取得的拍卖收入缴纳个人所得税时适用的所得项目是"特许权使用费所得"，预扣率为20%。

（5）应预扣预缴的个人所得税=8 000×（1−20%）×20%=1 280（元）。

【解析】

(1) 略。

(2) 居民个人从中国境外取得的所得，可以从其应纳税额中抵免已在境外缴纳的个人所得税税额，但抵免额不得超过该纳税人境外所得依照税法规定计算的应纳税额。

(3) 略。

(4) 略。

(5) 作者将自己的文字作品手稿原件或复印件拍卖取得的所得，按照"特许权使用费所得"项目适用20%税率缴纳个人所得税。

【考点】境外所得税额的扣除、专利权使用费应按税额的计算、个人所得税税收优惠、拍卖所得应纳税额计算

7.【答案】

(1) 应预扣预缴个人所得税 =20 000 ×（1 −20%）×70% ×20% =2 240（元）。

(2) 9月张教授获得的全国教学名师奖金不需要缴纳个人所得税。

理由：省级人民政府、国务院部委和中国人民解放军军以上单位，以及外国组织颁发的科学、教育、技术、文化、卫生、体育、环境保护等方面的奖金免征个人所得税。

(3) 10月张教授取得的企业债券利息收入需要纳税。应纳税额 =1 500 ×20% =300（元）。

(4) 11月张教授股息所得和股票转让所得不需要纳税。

理由：根据规定，个人从公开发行和转让市场取得的上市公司股票，持股期限超过1年（含1年）的，股息红利所得暂免征收个人所得税。个人转让境内上市公司股票免征个人所得税。

(5) 对扣缴义务人应扣未扣的税款，由税务机关向纳税人追缴，对扣缴义务人处以应扣未扣税款50%以上3倍以下的罚款。

【解析】

(1) 稿酬所得以收入减除20%的费用后的余额为收入额，稿酬所得的收入额减按70%计算。

(2) 略。

(3) 国债和国家发行的金融债券利息免征个人所得税，对个人储蓄存款利息所得暂免征收个人所得税。

(4) 略。

(5) 略。

【考点】稿酬所得应纳税额计算、个人所得税税收优惠、股息所得规定、股票转让所得规定、追缴税款规定

8.【答案】

(1) 不需要缴纳个人所得税。

理由：根据规定，个人因与用人单位解除劳动关系而取得的一次性补偿收入，其收入在当地上年职工平均工资3倍数额以内的部分，免征个人所得税。当地上年职工平均工资的3倍 =32 000 ×3 =96 000（元），因解除劳动关系取得的一次性补偿收入为96 000元，所以免交个人所得税。

(2) 个人所得税应纳税所得额 = 承包经营利润 – 上缴承包费用 = 85 000 + 6 000 × 12 – 20 000 = 137 000（元）。

应纳个人所得税 = 137 000 × 20% – 10 500 = 16 900（元）。

(3) 李某转租住房向房屋出租方支付的租金可以在税前扣除。

取得转租收入的个人向房屋出租方支付的租金，能提供房屋租赁合同和合法的支付凭据的，允许在计算个人所得税时，从该项转租收入中扣除。

(4) 个人将承租房屋转租取得的租金收入也按照财产租赁所得征税，扣除税费按次序包括：

① 财产租赁过程中缴纳的税费。

② 向出租方支付的租金。

③ 由纳税人负担的租赁财产实际开支的修缮费。

④ 税法规定的费用扣除标准（800 元或 20%）。

(5) 李某取得课酬应纳税所得额 = 6 000 × 4 × (1 – 20%) = 19 200（元）。

李某课酬应代扣代缴的个人所得税 = 19 200 × 20% = 3 840（元）。

【解析】

(1) 略。

(2) 取得经营所得的个人，没有综合所得的，计算其每一年度的应纳税所得额时，应当减除费用 60 000 元、专项扣除、专项附加扣除以及其他扣除。李某有综合所得，因此经营所得不应扣除费用 60 000 元。

承包承租者的个人工资不得扣除。

(3) 略。

(4) 略。

(5) 劳务报酬所得，属于同一事项连续取得收入的，以一个月内取得的收入为一次。

【考点】 解除劳动关系个人所得税处理、经营所得应纳税额计算、财产转让所得处理、劳务报酬应纳税额计算

9.【答案】

(1) 全年工资所得应缴纳的个人所得税 = (9 800 × 12 – 60 000) × 10% – 2 520 = 3 240（元）。

按 12 个月分摊后，每月的奖金 = 72 000 ÷ 12 = 6 000（元），适用的税率和速算扣除数分别为 10%、210 元。

年终奖应缴纳的个人所得税 = 72 000 × 10% – 210 = 7 200 – 210 = 6 990（元）。

应纳个人所得税 = 3 240 + 6 990 = 10 230（元）。

(2) 应缴纳的个人所得税 = 6 000 × (1 – 20%) × 10% × 12 = 5 760（元）。

(3) 应纳税所得额 = 30 000 × (15 – 8) = 210 000（元）。

应缴纳的个人所得税 = 210 000 × 20% – 16 920 = 25 080（元）。

(4) 应缴纳个人所得税 = 56 000 × 3% = 1 680（元）。

(5) 王先生 11 月获得的两项奖金免征个人所得税。

理由：省级人民政府、国务院部委和中国人民解放军军以上单位颁发的科学、教育、技术等奖金免征个人所得税，个人举报、协查各种违法、犯罪行为而获得的奖金免征

个人所得税。

【解析】

(1) 略。

(2) 个人出租住房，适用 10% 的个人所得税税率。预收下一年度的租金在下一年度实际租赁时才缴纳个税，但要在本年度做申报。

(3) 个人在纳税年度内取得股票期权所得的，在 2021 年 12 月 31 日前，该部分收入不并入当年综合所得，全额单独适用综合所得税率表。

(4) 个人财产拍卖，不能提供原值凭据的，按转让收入的 3% 征收率计算缴纳个人所得税。

(5) 略。

【考点】 工资所得应纳税额计算、股票期权应纳税额计算、财产租赁所得应纳税额计算、财产拍卖所得应纳税额计算、个人所得税税收优惠

税法
Taxation Laws

| 06 | 第六章　城市维护建设税法和烟叶税法·答案 |

「考点1」城市维护建设税法（★★）

1.【答案】C

【解析】甲企业当月应缴纳的城市维护建设税 =［（50 –10）+（30 –10）］×5% =3（万元）。

2.【答案】B

【解析】城市维护建设税的计税依据，是指纳税人依法实际缴纳的增值税、消费税税额，选项 B 正确。

3.【答案】C

【解析】甲企业 7 月应缴纳的城市维护建设税 =（50 +15）×7% =4. 55（万元）。选项 C 正确。

「考点2」烟叶税法（★）

1.【答案】BCD

【解析】应向烟叶收购地（即乙县）的主管税务机构申报缴纳烟叶税。

2.【答案】B

【解析】应该缴纳的烟叶税额 =88 ×（1 +10%）×20% =19. 36（万元）。选项 B 正确。

07 第七章　关税法和船舶吨税法·答案

「考点1」进出口税则（★）

1. 【答案】B

  【解析】

  ① 选项A错误，出口货物，应当按照纳税义务人申报出口之日实施的税率征税。

  ② 选项B正确，进口货物，按纳税义务人申报进口之日实施的税率征税。

  ③ 选项C错误，暂时进口货物转为正式进口需予补税时，应按其申报正式进口之日实施的税率征税。

  ④ 选项D错误，查获的走私进口货物需补税时，应按查获日期实施的税率征税。

2. 【答案】ABCD

  【解析】选项ABCD的说法均正确。

「考点2」关税完税价格与应纳税额的计算（★★★）

1. 【答案】B

  【解析】不计入关税完税价格的因素：

  ① 向自己的采购代理人支付的劳务费用、买方负担的购货佣金。

  ② 货物进口后发生的基建、安装、装配、维修和技术援助的费用，但是保修费用除外。（选项B正确）

  ③ 货物运抵境内输入地点之后的运输费用、保险费用和其他相关费用。（选项D错误）

  ④ 进口关税和进口环节海关代征及其他国内税。（选项C错误）

  ⑤ 为在境内复制进口货物而支付的费用。

  ⑥ 境内外技术培训及境外考察费用。（选项A错误）

  ⑦ 符合条件的为进口货物而融资产生的利息费用。

2. 【答案】C

  【解析】进口货物的关税完税价格包括货物的货价、货物运抵我国境内输入地点起卸前的运输及其有关费用、保险费。下列费用或者价值未包括在进口货物的实付或者应付价格中，应当计入完税价格：

  由买方负担的下列费用：

  ① 由买方负担的除购货佣金以外的佣金和经纪费。

  ② 由买方负担的与该货物视为一体的容器费用。

  ③ 由买方负担的包装材料和包装劳务费用。（选项C计入）

  不计入关税完税价格的因素：

  ① 向自己的采购代理人支付的劳务费用、买方负担的购货佣金。

  ② 货物进口后发生的基建、安装、装配、维修和技术援助的费用，但是保修费用除外。（选项B不计入）

  ③ 货物运抵境内输入地点之后的运输费用、保险费用和其他相关费用。（选项D不计入）

④ 进口关税和进口环节海关代征税及其他国内税。(选项 A 不计入)

⑤ 为在境内复制进口货物而支付的费用。

⑥ 境内外技术培训及境外考察费用。

⑦ 符合条件的为进口货物而融资产生的利息费用。

3. 【答案】C

【解析】不计入关税完税价格的因素:

① 向自己的采购代理人支付的劳务费用、买方负担的购货佣金。(选项 A 不计入)

② 货物进口后发生的基建、安装、装配、维修和技术援助的费用,但是保修费用除外。
   (选项 B 不计入、选项 C 计入)

③ 货物运抵境内输入地点之后的运输费用、保险费用和其他相关费用。

④ 进口关税和进口环节海关代征税及其他国内税。

⑤ 为在境内复制进口货物而支付的费用。(选项 D 不计入)

⑥ 境内外技术培训及境外考察费用。

⑦ 符合条件的为进口货物而融资产生的利息费用。

4. 【答案】D

【解析】关税完税价格 = 货价 + 入关前的运费 + 保险费

保险费无法确定的,按照"货价加运费"两者总额的3‰来确定,

故保险费 = (34 + 3) × 3‰ = 0.111(万元)

关税 = 关税完税价格 × 关税税率 = [34 + 3 + 0.111] × 30% = 11.13(万元)。选项 D 正确。

5. 【答案】B

【解析】

① 当进口货物的保险费无法确定时,按照"货价加运费"两者总额的3‰计算保险费,故
   保险费 = (27 + 4) × 3‰ = 0.093(万元)。选项 B 正确。

② 关税完税价格 = 货价 + 入关前的运费 + 保险费。

③ 该公司应缴纳的关税 = (27 + 4 + 0.093) × 25% = 7.77(万元)。

6. 【答案】AB

【解析】选项 CD 错误,出口货物完税价格不包含关税、离岸以后的运费和保险费、在货物
价款中单独列明的由卖方承担的佣金。

7. 【答案】C

【解析】选项 ABD 不应计入关税完税价格。

出口货物的完税价格,由海关以该货物向境外销售的成交价格为基础审查确定,并应当包
括货物运至中华人民共和国境内输出地点"装载前"的运输及其相关费用、保险费。但不
应包含其中三项:

① 出口关税。(选项 A 错误)

② 离岸后运保费。(选项 D 错误)

③ 在货物价款中单独列明的由卖方承担的佣金。(选项 B 错误)

8.【答案】ACD

【解析】电子商务企业、电子商务交易平台企业或物流企业可作为代收代缴义务人。商品生产企业不能作为代收代缴义务人。

「考点3」关税税收优惠和征收管理（★★）

1.【答案】D

【解析】选项D正确，根据《海关法》和《进出口关税条例》的规定，因纳税人违反规定而造成的少征或者漏征税款，自纳税人缴纳税款或者货物、物品放行之日起3年内追征，按日加收少征或者漏征税款万分之五的滞纳金。

2.【答案】ABCD

【解析】选项ABCD均正确。

3.【答案】ACD

【解析】可以采取的强制措施主要有两类：①征收关税滞纳金（选项D正确）；②强制征收。如果纳税义务人自海关填发缴款书之日起3个月仍未缴纳税款，经直属海关关长或者其授权的隶属海关关长批准，海关可以采取强制扣缴（选项C正确）、变价抵缴（选项A正确）等强制措施。

选项B不属于强制措施。关税补征是指非因纳税人违反海关规定造成短征关税的。

4.【答案】B

【解析】

① 选项A错误，外国政府、国际组织无偿赠送的物资才免征进口关税，外国企业的不免。

② 选项B正确，无商业价值的广告品和货样，可免征关税。

③ 选项C错误，在海关放行前遭受损坏的货物，可以根据海关认定的受损程度减征关税。

④ 选项D错误，关税税额在人民币50元以下的一票货物，可免征关税。

5.【答案】B

【解析】自海关填发税款缴款书之日起15日内缴纳关税；纳税义务人未缴纳关税的，按滞纳税款万分之五比例按日征收滞纳金。

关税缴纳期限届满滞纳之日（3月16日）起，滞纳12天，海关应征收关税滞纳金=500×12×0.5‰=3（万元）。选项B正确。

「考点4」船舶吨税（★）

1.【答案】ABD

【解析】在吨税执照期限内，应税船舶发生下列情形之一的，海关按照实际发生的天数批注延长吨税执照期限：

① 避难、防疫隔离、修理，并不上下客货。(选项AB正确)

② 军队、武装警察部队征用。(选项D正确)

2. 【答案】A

【解析】

① 选项 A 正确，捕捞、养殖渔船免征船舶吨税。

② 选项 BC 错误，拖船和非机动驳船分别按相同净吨位船舶税率的 50% 计征税款。

选项 D 错误，吨税执照期满后 24 小时内不上下客货的船舶免征船舶吨税。

3. 【答案】AC

【解析】

① 选项 A 正确，捕捞、养殖渔船免征船舶吨税。

② 选项 B 错误，非机动船舶（不包括非机动驳船）免征船舶吨税。

③ 选项 C 正确，军队、武装警察部队专用或者征用的船舶免征船舶吨税。

④ 选项 D 错误，应纳税额在人民币 50 元以下的船舶免征船舶吨税。

4. 【答案】A

【解析】

① 选项 B 错误，海关发现多征税款的，应当在 24 小时内通知应税船舶办理退还手续，并加算银行同期活期存款利息。

② 选项 C 错误，应税船舶在吨税执照期限内，因税目税率调整而导致适用税率变化的，吨税执照继续有效。

③ 选项 D 错误，应税船舶在吨税执照期限内，因修理、改造而导致净吨位变化的，吨税执照继续有效。

08　第八章　资源税法和环境保护税法·答案

「考点1」资源税纳税义务人、税目与税率（★★）

1.【答案】BD

【解析】

① 选项 A 免征资源税，煤炭开采企业因安全生产需要抽采的煤层气免征资源税。

② 选项 C 不缴纳资源税，人造石油不属于资源税征税范围。

2.【答案】AD

【解析】选项 BC，不征收资源税。

3.【答案】BD

【解析】

① 选项 A 不征收资源税，资源税规定仅对在中国境内开发应税资源的单位和个人征收，因此进口的矿产品（如天然气）和盐不征收资源税。

② 选项 C 免征资源税，煤炭开采企业因安全生产需要抽采的煤层气免征资源税。

4.【答案】B

【解析】在中华人民共和国领域和中华人民共和国管辖的其他海域开发应税资源的单位和个人，为资源税的纳税人。

① 选项 A 不属于，外贸企业不是开采企业，非资源税纳税义务人。

② 选项 B 属于，在中华人民共和国领域和中华人民共和国管辖的其他海域开发应税资源的单位和个人，为资源税的纳税人。

③ 选项 C 不属于，开采销售征资源税，外购销售不征资源税。

④ 选项 D 不属于，资源税进口不征，进口公司进口的资源不属于我国境内的资源，不在资源税征收范围内，不属于资源税纳税义务人。

5.【答案】BCD

【解析】选项 A 不征资源税，人造石油不属于资源税征税范围，不缴纳资源税。

「考点2」资源税计税依据与应纳税额的计算（★★）

1.【答案】D

【解析】应缴纳的资源税 = [1 350 000 + (1 785 + 2 180) ÷ (1 + 9%)] × 6% = 81 218.26（元）。选项 D 正确。

2.【答案】D

【解析】该油田 10 月缴纳的资源税 = [18 000 000 + (22 600 + 5 650) ÷ (1 + 13%)] × 6% = 1 081 500（元），选项 D 正确。

3.【答案】D

【解析】选项 D 正确，资源税的计税数量是开采或生产的应税资源的销售数量，而不是开

採量。

4.【答案】ABCD

　　【解析】四个选项均正确。

「考点3」资源税税收优惠和征收管理、水资源税（★★）

1.【答案】B

　　【解析】

　　① 选项 A 要征税，开采稠油减征 40% 资源税。

　　② 选项 B 免税，煤炭开采企业因为安全生产需要抽采煤层气免征资源税。

　　③ 选项 C 要征税，从衰竭期矿山开采的矿产品减征 30% 资源税。

　　④ 选项 D 要征税，对页岩气资源税（按6%的规定税率）减征30%。

2.【答案】B

　　【解析】

　　① 选项 A 错误，对充填开采置换出来的煤炭，资源税减征50%。

　　② 选项 C 错误，铁矿石资源税没有税收优惠。

　　③ 选项 D 错误，纳税人开采共伴生矿、低品位矿、尾矿，由省、自治区、直辖市人民政府决定减税或者免税。

3.【答案】C

　　【解析】选项 C 免税，煤层气属于资源税征收范围，只有煤炭开采企业因安全生产需要抽采的煤成（层）气，免征收资源税。

4.【答案】BCD

　　【解析】选项 A 错误，按照税法规定，对出口的应税产品没有减免税的优惠。

5.【答案】BCD

　　【解析】选项 A 错误，采取分期收款结算方式的，其纳税义务发生时间为销售合同规定的收款日期的当天，合同没有约定收款日期或者无书面合同的，为发出应税消费品的当天。

6.【答案】D

　　【解析】取用污水处理再生水，免征水资源税。选项 D 正确。

「考点4」环境保护税（★）

1.【答案】AD

　　【解析】环境保护税的征收范围有大气污染物、水污染物、固体废物、噪声（仅指工业噪声）。

　　① 选项 A 属于，危险废物属于固体废物的一种。

　　② 选项 B 不属于，应税噪声特指的是工业噪声，不包括建筑噪声和交通噪声。

　　③ 选项 C 不属于，大气污染物征税范围不包括温室气体二氧化碳。

　　④ 选项 D 属于，氮氧化物属于大气污染物的一种。

2. 【答案】A

【解析】选项 A 正确，应税噪声按照超过国家规定标准的分贝数确定计税依据。

3. 【答案】BD

【解析】应税污染物的计税依据，按照下列方法确定：

① 应税大气污染物按照污染物排放量折合的污染当量数确定。（选项 B 正确）

② 应税水污染物按照污染物排放量折合的污染当量数确定。（选项 D 正确）

③ 应税固体废物按照固体废物的排放量确定。（选项 C 错误）

④ 应税噪声按照超过国家规定标准的分贝数确定。（选项 A 错误）

4. 【答案】D

【解析】有下列情形之一的，不属于直接向环境排放污染物，不缴纳相应污染物的环境保护税：

① 企业事业单位和其他生产经营者向依法设立的污水集中处理、生活垃圾集中处理场所排放应税污染物的。（超过国家和地方规定的排放标准向环境排放应税污染物的，应当缴纳环境保护税）（选项 AC 不属于，选项 D 属于）

② 企业事业单位和其他生产经营者在符合国家和地方环境保护标准的设施、场所贮存或者处置固体废物的。（不符合国家和地方环境保护标准的，应当缴纳环境保护税）（选项 B 不属于）

③ 达到省级人民政府确定的规模标准并且有污染物排放口的畜禽养殖场，应当依法缴纳环境保护税，但依法对畜禽养殖场废弃物进行综合利用和无害化处理的。

主观题部分

【答案】

（1）不需要缴纳资源税。

根据规定，资源税是对在中华人民共和国领域及管辖海域开发应税资源的单位和个人征收的一种税。缴纳资源税的资源的开采地点是"境内"。题目中为从国外进口，故不需要缴纳资源税。

（2）应缴纳的资源税额 = （2 260 + 2.26 + 1.13）÷（1 + 13%）× 10% = 200.3（万元）。

（3）开采的原油，每吨不含税价格 = 2 260 ÷（1 + 13%）÷ 6 000 = 0.3333（万元）。

应缴纳的资源税额 = 2 000 × 0.3333 × 10% = 66.67（万元）。

【解析】

（1）略。

（2）实行从价定率征收资源税的销售额，包括纳税人销售应税产品向购买方收取的全部价款和价外费用，不包括增值税销项税额。相关运杂费，凡取得增值税发票或其他合法有效凭证的，准予从销售额中扣除。延期付款利息和包装费均属于价外费用。

（3）将开采的资源税应税产品连续加工非应税产品的，于移送使用时缴纳资源税。

【考点】资源税征税范围、资源税应纳税额计算

09 第九章 城镇土地使用税法和耕地占用税法·答案

「考点1」城镇土地使用税法（★★）

1. 【答案】A

【解析】

① 选项B错误，直接用于农、林、牧、渔业的生产用地，免征城镇土地使用税。上述土地是指直接从事于种植、养殖、饲养的专业用地，不包括农副产品加工场地和生活、办公用地。

② 选项C错误，国家机关、人民团体、军队自用的土地，免征城镇土地使用税。上述土地是指这些单位本身的办公用地和公务用地。如国家机关、人民团体的办公楼用地、军队的训练场用地等。

③ 选项D错误，对盐场的盐滩、盐矿的矿井用地，暂免征收城镇土地使用税。

2. 【答案】C

【解析】城镇土地使用税实行按年计算、分期缴纳的征收方法，具体纳税期限由省、自治区、直辖市人民政府确定。

3. 【答案】C

【解析】

① 对国家拨付事业经费和企业办的各类学校，托儿所，幼儿园自用的房产、土地，免征城镇土地使用税。年初占地应缴纳的城镇土地使用税 = (25 000 − 1 000) × 6 = 144 000 (元)。

② 纳税人购置新建商品房，自房屋交付使用之次月起，缴纳城镇土地使用税。6月购置办公楼应缴纳的城镇土地使用税 = 2 000 × 6 × 6 ÷ 12 = 6 000 (元)。

③ 该企业2020年应缴纳的城镇土地使用税 = 144 000 + 6 000 = 150 000 (元)。选项C正确。

4. 【答案】ABC

【解析】城镇土地使用税纳税义务发生时间：

① 新征用的耕地：自批准征用之日起满1年时开始缴纳城镇土地使用税。（选项D错误）

② 新征用的非耕地：自批准征用次月起缴纳城镇土地使用税。

③ 购置新建商品房：自房屋交付使用之次月起缴纳房产税和城镇土地使用税。（选项B正确）

④ 购置存量房：自办理房屋权属转移、变更登记手续，房地产权属登记机关签发房屋权属证书之次月起缴纳城镇土地使用税。

⑤ 出租、出借房产：自交付出租、出借房产之次月起缴纳城镇土地使用税。（选项AC正确）

⑥ 以出让或转让方式有偿取得土地使用权的：应由受让方从合同约定交付土地时间的次月起缴纳城镇土地使用税；合同未约定交付土地时间的，由受让方从合同签订的次月起缴

纳城镇土地使用税。

5. 【答案】BCD

【解析】选项 A 错误，个人所有的居住房屋及院落用地，属于省、自治区、直辖市税务局确定的城镇土地使用税减免优惠。

6. 【答案】D

【解析】

① 地下建筑应缴纳的城镇土地使用税 = 4 000 × 2 × 50% ÷ 10 000 = 0.4（万元）。

② 地上面积应缴纳的城镇土地使用税 = 1 × 2 = 2（万元）。

③ 该企业 2020 年度就此地块应缴纳的城镇土地使用税 = 2 + 0.4 = 2.4（万元）。选项 D 正确。

7. 【答案】ABC

【解析】城镇土地使用税纳税义务发生时间：

① 新征用的耕地：自批准征用之日起满 1 年时开始缴纳城镇土地使用税。（选项 C 正确）

② 新征用的非耕地：自批准征用次月起缴纳城镇土地使用税。（选项 A 正确）

③ 购置新建商品房：自房屋交付使用之次月起缴纳房产税和城镇土地使用税。（选项 B 正确）

④ 购置存量房：自办理房屋权属转移、变更登记手续，房地产权属登记机关签发房屋权属证书之次月起缴纳城镇土地使用税。

⑤ 出租、出借房产：自交付出租、出借房产之次月起缴纳城镇土地使用税。（选项 D 错误）

⑥ 以出让或转让方式有偿取得土地使用权的：应由受让方从合同约定交付土地时间的次月起缴纳城镇土地使用税；合同未约定交付土地时间的，由受让方从合同签订的次月起缴纳城镇土地使用税。

8. 【答案】B

【解析】

① 直接用于农、林、牧、渔业的生产用地，免征城镇土地使用税。上述土地是指直接从事于种植、养殖、饲养的专业用地，不包括农副产品加工场地和生活办公用地。故生猪养殖基地占地免税。

② 对企业厂区（包括生产、办公及生活区）以内的绿化用地，应照章征收城镇土地使用税。

③ 该企业全年应缴纳城镇土地使用税 = (60 000 − 28 000) × 0.8 = 25 600（元）。选项 B 正确。

9. 【答案】D

【解析】城镇土地使用税以纳税人实际占用的土地面积为计税依据，纳税人实际占用的土地面积按下列办法确定：

① 由省、自治区、直辖市人民政府确定的单位组织测定土地面积的，以测定的面积为准。

② 尚未组织测量，但纳税人持有政府部门核发的土地使用证书的，以证书确认的土地面积为准。（选项 D 正确）

③ 尚未核发土地使用证书的,应由纳税人申报土地面积,并据以纳税,待核发土地使用证书以后再作调整。

10.【答案】D

【解析】

① 选项 A 错误,对非营利性医疗机构、疾病控制机构和妇幼保健机构等卫生机构和非营利性科研机构自用的土地,免征城镇土地使用税。

② 选项 B 错误,宗教寺庙、公园、名胜古迹自用的土地,免征城镇土地使用税。以上单位的生产、经营用地和其他用地,不属于免税范围,应按规定缴纳城镇土地使用税,如公园、名胜古迹中附设的营业单位如影剧院、饮食部、茶社、照相馆等使用的土地。

③ 选项 C 错误,纳税单位无偿使用免税单位的土地,纳税单位应照章缴纳城镇土地使用税。

「考点2」耕地占用税法(★★)

1.【答案】D

【解析】

① 选项 A 错误,耕地占用税由税务机关负责征收。

② 选项 B 错误,耕地占用税应当在耕地所在地进行纳税申报。

③ 选项 C 错误,纳税义务发生时间为纳税人收到自然资源主管部门办理占用耕地手续通知书的当日。

2.【答案】A

【解析】

① 选项 A 正确,军事设施占用耕地,免征耕地占用税。

② 选项 BCD 错误,铁路线路、公路线路、飞机场跑道、停机坪、港口、航道占用耕地,减按每平方米2元的税额征收耕地占用税。

3.【答案】C

【解析】选项 ABD 错误,学校、幼儿园、社会福利机构、医疗机构占用耕地,免征耕地占用税。

4.【答案】A

【解析】

① 选项 BD 错误,铁路线路、公路线路、飞机场跑道、停机坪、港口、航道占用耕地,减按每平方米2元的税额征收耕地占用税。

② 选项 C 错误,农村居民在规定范围内占用耕地新建住宅,按照当地适用税额减半征收耕地占用税。

5.【答案】A

【解析】下列免征耕地占用税:

① 军事设施占用耕地。

② 学校、幼儿园、社会福利机构、医疗机构占用耕地。(选项 A 免税)

③ 农村烈士遗属、因公牺牲军人遗属、残疾军人以及符合农村最低生活保障条件的农村居
民，在规定用地标准内新建自用住宅，免征耕地占用税。

选项 BCD 均不属于免税范围，应照章征收耕地占用税。

6.【答案】A

【解析】农村居民在规定用地标准以内占用耕地新建自用住宅，按照当地适用税额减半征收
耕地占用税。张某应缴纳的耕地占用税 $=300 \times 25 \times 50\% =3\,750$（元）。选项 A 正确。

7.【答案】A

【解析】根据规定，农村居民在标准范围内占用耕地新建住宅的，按照当地适用税额减半征
收耕地占用税。该农户应缴纳的耕地占用税 $=100 \times 25 \times 50\% =1\,250$（元）。选项 A 正确。

8.【答案】ABCD

【解析】四个选项均正确。

10 第十章　房产税法、契税法和土地增值税法·答案

「考点1」房产税纳税义务人和征税范围 （★★）

1.【答案】C

【解析】

① 选项 AB 错误，所谓房产，是指有屋面和围护结构（有墙或两边有柱），能够遮风避雨，可供人们在其中生产、学习、工作、娱乐、居住或储藏物资的场所。加油站的遮阳棚、露天游泳池，不属于房产。

② 选项 D 错误，农村的居住用房不属于房产税征税范围。

2.【答案】ABCD

【解析】四个选项均正确。

「考点2」房产税税率、计税依据与应纳税额的计算 （★★★）

1.【答案】C

【解析】

① 选项 A 错误，融资租赁的房产，由承租人自融资租赁合同约定开始日的次月起依照房产余值缴纳房产税，属于从价计征。

② 选项 B 错误，对出租房产，租赁双方签订的租赁合同约定有免收租金期限的，免收租金期间由产权所有人按照房产原值缴纳房产税，属于从价计征。

③ 选项 D 错误，根据规定，对居民住宅区内业主共有的经营性房产，由实际经营（包括自营和出租）的代管人或使用人缴纳房产税。其中自营的，依照房产原值减除 10% ~30%后的余值计征（从价计征），没有房产原值或不能将业主共有房产与其他房产的原值准确划分开的，由房产所在地税务机关参照同类房产核定房产原值；出租的，依照租金收入计征（从租计征）。

2.【答案】AB

【解析】

① 选项 C 错误，产权出典的，由承典人按房产余值缴纳房产税。

② 选项 D 错误，经营租赁房屋，按租金收入缴纳房产税。

3.【答案】D

【解析】

① 选项 A 错误，出租人防设施，属于从租计征。

② 选项 B 错误，房屋租金收入为劳务报酬，属于从租计征。

③ 选项 C 错误，房屋出租，属于从租计征。

4.【答案】C

【解析】

① 选项 A 错误，融资租赁的房产，由承租人自融资租赁合同约定开始日的次月起依照房产

余值缴纳房产税，属于从价计征。

② 选项 B 错误，根据规定，对居民住宅区内业主共有的经营性房产，由实际经营（包括自营和出租）的代管人或使用人缴纳房产税。其中自营的，依照房产原值减除 10% ~30% 后的余值计征（从价计征），没有房产原值或不能将业主共有房产与其他房产的原值准确划分开的，由房产所在地税务机关参照同类房产核定房产原值；出租的，依照租金收入计征（从租计征）。

③ 选项 C 正确，房屋租金收入为劳务报酬，属于从租计征。

④ 选项 D 错误，自用地下建筑物，按房产余值缴纳房产税，属于从价计征。

5. 【答案】B

【解析】

① 根据规定，对按照房产原值计税的房产，无论会计上如何核算，房产原值均应包含地价，包括为取得土地使用权支付的价款、开发土地发生的成本费用等。

② 宗地容积率低于 0.5 的，按房产建筑面积的 2 倍计算土地面积并据此确定计入房产原值的地价。

③ 容积率 = 建筑面积 3 ÷ 占地面积 5 >0.5，故房产原值 = 地价 + 建筑成本 = 2 000 + 1 500 =3 500（万元）。选项 B 正确。

6. 【答案】A

【解析】

① 在房产税征收范围内具备房屋功能的地下建筑物，包括与地上房屋相连的地下建筑物以及完全建在地面以下的建筑物，均应当征收房产税。

② 自用地下建筑物应纳房产税的税额 = 应税房产原值 ×（1 – 扣除比例）×1.2%。

③ 纳税人自行新建房屋用于生产经营，从建成之次月起缴纳房产税。

④ 厂房应纳的房产税 = (8 000 –800) ×（1 –30%）×1.2% ÷12 ×10 =50.4（万元）。

⑤ 地下室应纳房产税 =800 ×60% ×（1 –30%）×1.2% ÷12 ×10 =3.36（万元）。

⑥ 应纳房产税 =50.4 +3.36 =53.76（万元）。选项 A 正确。

7. 【答案】BD

【解析】

① 选项 A 错误，融资租赁的房产，由承租人自融资租赁合同约定开始日的次月起依照房产余值缴纳房产税。合同未约定开始日的，由承租人自合同签订的次月起依照房产余值缴纳房产税。

② 选项 C 错误，根据规定，对居民住宅区内业主共有的经营性房产，由实际经营（包括自营和出租）的代管人或使用人缴纳房产税。其中自营的，依照房产原值减除 10% ~30% 后的余值计征（从价计征），没有房产原值或不能将业主共有房产与其他房产的原值准确划分开的，由房产所在地税务机关参照同类房产核定房产原值；出租的，依照租金收入计征（从租计征）。

税法
Taxation Laws

8.【答案】C

【解析】

① 对出租房产，租赁双方签订的租赁合同约定有免收租金期限的，免收租金期间由产权所有人按照房产原值缴纳房产税。

② 本题中，4~6月为免租期，由产权所有人甲公司按房产原值缴纳。1~6月应纳房产税=8 000×（1-30%）×6÷12×1.2%=33.6（万元）。

③ 7~12月，出租房产应纳房产税=2×6×12%=1.44（万元）；自用房产应纳房产税=（8 000-500）×（1-30%）×6÷12×1.2%=31.5（万元）。

④ 合计应纳房产税=33.6+1.44+31.5=66.54（万元）。选项C正确。

9.【答案】B

【解析】2021年该会所应缴纳房产税=（5 000+500+500-200）×（1-30%）×1.2%=48.72（万元）。选项B正确。

10.【答案】B

【解析】根据规定，融资租赁的房产，由承租人自融资租赁合同约定开始日的次月起依照房产余值缴纳房产税。合同未约定开始日的，由承租人自合同签订的次月起依照房产余值缴纳房产税。

「考点3」房产税税收优惠和征收管理（★★）

1.【答案】BCD

【解析】选项A错误，纳税人自行新建房屋用于生产经营，从建成之次月起缴纳房产税。

2.【答案】BC

【解析】

① 选项A错误，对个人拥有的营业用房或者出租的房产，不属于免税房产，应照章纳税。

② 选项B正确，宗教寺庙、公园、名胜古迹自用的房产免征房产税。公园、名胜古迹自用的房产，是指供公共参观游览的房屋及其管理单位的办公用房。

③ 选项C正确，为支持公共租赁住房（公租房）的建设和运营，对经营公租房的租金收入，免征房产税。

④ 选项D错误，由国家财政部门拨付事业经费的单位，如学校、医疗卫生单位、托儿所、幼儿园、敬老院、文化、体育、艺术等实行全额或差额预算管理的事业单位所有的，本身业务范围内使用的房产免征房产税。对外出租不属于自身业务范围使用，故应征收房产税。

「考点4」契税纳税义务人和征税范围（★★）

1.【答案】D

【解析】

① 选项A错误，婚姻关系存续期间夫妻之间变更房屋权属，免征契税。

② 选项 B 错误，土地使用权互换、房屋互换，互换价格相等的，互换双方计税依据为零。

③ 选项 C 错误，以自有房产投入本人独资经营的企业，免纳契税。

④ 选项 D 正确，房屋权属发生转移，承受人照章缴纳契税。

2.【答案】ACD

【解析】

① 选项 A 正确，房屋赠与征收契税，只有法定继承人通过继承取得房屋，不征收契税。

② 选项 B 错误，土地使用权互换、房屋互换，互换价格相等的，互换双方计税依据为零；互换价格不相等的，以其差额为计税依据，由支付差额的一方缴纳契税。

③ 选项 CD 正确，个人无偿赠送不动产所签订的"个人无偿赠与不动产登记表"，按照"产权转移书据"缴纳印花税。

「考点5」契税税率、应纳税额计算（★★★）

1.【答案】D

【解析】土地使用权交换、房屋交换：其计税依据是所交换的土地使用权、房屋的价格差额（交换价格相等时，免征契税；交换价格不等时，由多交付的货币、实物、无形资产或者其他经济利益的一方缴纳契税），所以甲应缴纳的契税为：50×0.04=2（万元）。选项 D 正确。

2.【答案】D

【解析】土地使用权赠与、房屋赠与：其计税依据由征收机关参照土地使用权出售、房屋买卖市场价格核定，选项 D 正确。

3.【答案】AB

【解析】

① 选项 A 正确，房产互换，应缴纳土地增值税，但个人之间互换自有居住用房的，经当地税务机关核实，可以免征。

② 选项 B 正确，选项 D 错误，土地使用权互换、房屋互换，互换价格相等的，互换双方计税依据为零；互换价格不相等的，以其差额为计税依据，由支付差额的一方缴纳契税。钱某应缴纳契税=20×4%=0.8（万元）。

③ 选项 C 错误，个人将购买超过2年（含2年）的普通住房对外销售的，免征增值税。

4.【答案】A

【解析】

① 选项 A 正确，房屋的受赠人要按规定缴纳契税。对于法定继承人，只有通过继承取得房屋权属，不征收契税。林某应就受赠房产缴纳契税=100×4%=4（万元）。

② 选项 B 错误，刘某儿子应就受赠房产缴纳契税=120×4%=4.8（万元）。

③ 选项 C 错误，个人将房屋无偿赠与对其承担直接抚养或者赡养义务的抚养人或者赡养人，免征增值税。

④ 选项 D 错误，个人将房屋无偿赠与配偶、子女、祖父母、外祖父母、孙子女、外孙子女、兄弟姐妹免征增值税。

「考点6」契税税收优惠和征收管理（★★）

1.【答案】BC

【解析】

① 选项A错误，法定继承，不征收契税；将房产赠与非法定继承人，承受方照章缴纳契税。

② 选项D错误，国务院批准的债转股，转股后承受房屋的免征契税。

2.【答案】D

【解析】

① 选项A错误，法定继承，不征收契税；将房产赠与非法定继承人，承受方照章缴纳契税。

② 选项B错误，以偿还债务等应交付经济利益的方式转移土地、房屋权属的，参照土地使用权出让、出售或房屋买卖确定契税适用税率、计税依据等。

③ 选项C错误，以获奖方式承受土地、房屋权属，视同土地使用权转让、房屋买卖或赠与而缴纳契税。

④ 选项D正确，以自有房产作股投入本人独资经营的企业，因未发生权属变化，不需办理房产变更手续，故不缴纳契税。

3.【答案】D

【解析】

① 选项A错误，以自有房产作股投入本人独资经营的企业，因未发生权属变化，不需办理房产变更手续，故不缴纳契税。

② 选项B错误，等价交换房屋、土地权属的，互换双方计税依据为零。

③ 选项C错误，非营利性的学校、医疗机构、社会福利机构承受土地、房屋权属用于办公、教学、医疗、科研、养老、救助，免征契税。

④ 选项D正确，企业以自有房产投资于另一企业并取得相应的股权，发生权属变更，应当缴纳契税。

4.【答案】AC

【解析】选项AC正确，选项BD错误，契税纳税义务的发生时间是纳税人签订土地、房屋权属转移合同的当天，或者纳税人取得具有转移合同性质凭证的当天。

「考点7」土地增值税纳税义务人和征税范围（★★）

1.【答案】A

【解析】

① 选项A正确，单位间交换房地产，属于土地增值税征税范围。

② 选项B错误，房产所有人、土地使用权所有人通过中国境内非营利的社会团体、国家机关将房屋产权、土地使用权赠与教育、民政和其他社会福利、公益事业的，不属于土地增值税的征税范围。

③ 选项C错误，房地产出租，权属未发生变更，不属于土地增值税征税范围。

④ 选项 D 错误，房地产赠与直系亲属或无偿用于公益性捐赠，不属于土地增值税的征税范围。

2. 【答案】A

【解析】

① 选项 A 正确，国有土地使用权转让，属于土地增值税征税范围。

② 选项 B 错误，房产所有人、土地使用权所有人通过中国境内非营利的社会团体、国家机关将房屋产权、土地使用权赠与教育、民政和其他社会福利、公益事业的，不属于土地增值税的征税范围。

③ 选项 C 错误，对于一方出地，一方出资金，双方合作建房，建成后按比例分房自用的，暂免征收土地增值税。

④ 选项 D 错误，房地产的代建房行为，不属于土地增值税的征税范围。

3. 【答案】D

【解析】

① 选项 A 错误，房地产的出租，权属未发生变更，不属于土地增值税征收范围。

② 选项 B 错误，房地产的抵押，在抵押期间权属未发生变更，不属于土地增值税征收范围。

③ 选项 C 错误，房地产重新评估，权属未发生变更，不属于土地增值税征收范围。

④ 选项 D 正确，个人之间交换自有居住用房，经税务机关核实后免税，属于征税范围，是免征而不是不征。

「考点8」土地增值税扣除项目和应纳税额计算（★★★）

1. 【答案】ABD

【解析】纳税人有下列情形之一的，按照房地产评估价格征收土地增值税：

① 提供扣除项目金额不实的（选项 A 正确）；

② 隐瞒、虚报房地产成交价格的（选项 B 正确）；

③ 转让房地产的成交价格低于房地产评估价格，又无正当理由的（选项 D 正确）。

2. 【答案】ABD

【解析】选项 C 错误，旧房产评估价格按照重置成本 × 成新度折旧率计算。

3. 【答案】A

【解析】

① 房地产开发企业与转让房地产有关的税金包括城建税、教育费附加、地方教育附加；可扣除的税金为城建税和教育费附加，即 810 ×（7% +3%）=81（万元）。

② 扣除项目金额 = 取得土地使用权所支付的金额及开发成本 + 房地产开发费用 + 税金 + 加计扣除费用 = 4 000 + 4 000 × 10% + 81 + 4 000 × 20% = 5 281（万元）。

③ 增值额 = 9 000 − 5 281 = 3 719（万元）。

④ 增值率 = 3 719 ÷ 5 281 × 100% = 70.42%。

⑤ 根据土地增值税四级超率累进税率，适用第二档，税率 40%，速算扣除数 5%；土地增

值税税额 =3 719 ×40% –5 281 ×5% =1 223.55（万元）。选项 A 正确。

4.【答案】A

【解析】

① 扣除项目金额 = 取得土地使用权所支付的金额及开发成本 + 房地产开发费用 + 税金 + 加计扣除费用 =50 +200 +40 +9.41 +（50 +200）×20% =349.41（万元）。

② 不含增值税收入 =1 000 –（1 000 –50）÷（1 +9%）×9% =921.56（万元）。

③ 土地增值额 =921.56 –349.41 =572.15（万元）。

④ 增值额与扣除项目比率 =572.15 ÷349.41 ×100% =163.75%。

⑤ 根据土地增值税四级超率累进税率，适用第三档，税率50%，速算扣除数15%。

⑥ 应纳土地增值税 =572.15 ×50% –349.41 ×15% =233.66（万元）。选项 A 正确。

「考点9」房地产开发企业土地增值税清算（★★★）

1.【答案】C

【解析】符合下列情形之一的，纳税人应进行土地增值税的清算：

① 房地产开发项目全部竣工、完成销售的。

② 整体转让未竣工决算房地产开发项目的。

③ 直接转让土地使用权的（选项 C 正确）。

主管税务机关可要求纳税人进行土地增值税的清算：

① 已竣工验收的房地产开发项目，已转让的房地产建筑面积占整个项目可售建筑面积的比例85% 以上或该比例虽未超过85%，但剩余的可售建筑面积已经出租或自用的。

② 取得销售许可证满3 年仍未销售完毕的。

③ 纳税人申请注销税务登记但未办理土地增值税清算手续的。

2.【答案】A

【解析】符合下列情形之一的，纳税人应进行土地增值税的清算：

① 房地产开发项目全部竣工、完成销售的。

② 整体转让未竣工决算房地产开发项目的。

③ 直接转让土地使用权的（选项 A 正确）。

主管税务机关可要求纳税人进行土地增值税的清算：

① 已竣工验收的房地产开发项目，已转让的房地产建筑面积占整个项目可售建筑面积的比例85% 以上或该比例虽未超过85%，但剩余的可售建筑面积已经出租或自用的。

② 取得销售许可证满3 年仍未销售完毕的。

③ 纳税人申请注销税务登记但未办理土地增值税清算手续的。

3.【答案】B

【解析】

① 选项 A 错误，房地产开发企业中的利息支出，超期利息、超标利息及罚息不得扣除。

② 选项 B 正确，房地产开发企业销售已装修的房屋，装修费用可以计入房地产开发成本扣除。

③ 选项 C 错误，房地产开发企业逾期开发土地缴纳的土地闲置费，不得扣除。

④ 选项 D 错误，未取得建筑安装施工企业开具发票的扣留质量保证金，不得扣除。

4.【答案】B

【解析】选项 B 正确，对房地产开发公司进行土地增值税清算时，以国家有关部门审批的房地产开发项目为单位进行清算，对于分期开发的项目，以分期项目为单位清算。

5.【答案】CD

【解析】选项 AB 错误，因公共设施对房地产企业产生利益，且所有权未转移，故成本费用不允许扣除。

6.【答案】A

【解析】

① 选项 BC 错误，房地产开发企业办理土地增值税清算所附送的前期工程费、建筑安装工程费、基础设施费、开发间接费用的凭证或资料不符合清算要求或不实的，税务机关可核定标准，并据以计算扣除。

② 选项 D 错误，装修费用可以计入房地产开发成本。

「考点10」土地增值税税收优惠和征收管理（★★★）

1.【答案】D

【解析】

① 选项 A 错误，房地产的互换属于土地增值税的征税范围，但对个人之间互换自有居住用房的，经当地税务机关核实，可以免征土地增值税。

② 选项 BC 错误，房地产的转让，权属发生变更，属于土地增值税征收范围。

2.【答案】C

【解析】

① 选项 A 错误，房地产的继承、赠与直系亲属或承担直接赡养义务人或公益事业不属于土地增值税征收范围。

② 选项 B 错误，国有土地使用权出让，不属于土地增值税的征税范围（国有土地使用权转让，属于土地增值税的征税范围）。

③ 选项 C 正确，因国家建设被征用、收回的房地产，免征土地增值税。

④ 选项 D 错误，合作建房后转让的，属于土地增值税征收范围（合作建房后按比例分房自用，暂免征收土地增值税）。

主观题部分

1.【答案】

（1）该写字楼项目已经竣工并且全部销售完毕，应进行土地增值税清算。

（2）允许扣除的取得土地使用权支付的金额 =8 000 ×（1 +5%）=8 400（万元）。

（3）该项目应缴纳的增值税额 =42 000 ÷（1 +5%）×5% =2 000（万元）。

（4）允许扣除的开发费用 =（8 400 +15 000）×10% =2 340（万元）。

(5) 允许扣除的取得土地使用权支付的金额：8 400 万元。

允许扣除的开发成本：15 000 万元。

允许扣除的开发费用：2 340 万元。

允许扣除的税金及附加：240 万元。

房地产企业加计扣除 =（8 400 + 15 000）×20% = 4 680（万元）。

允许扣除项目金额的合计数 = 8 400 + 15 000 + 2 340 + 240 + 4 680 = 30 660（万元）。

(6) 不含税收入 = 42 000 - 2 000 = 40 000（万元）。

增值额 = 40 000 - 30 660 = 9 340（万元）。

增值率 = 9 340 ÷ 30 660 × 100% = 30.46%，适用税率为 30%，速算扣除系数为 0。

该房地产开发项目应补缴的土地增值税 = 9 340 × 30% - 450 = 2 352（万元）。

【解析】

(1) 略。

(2) 取得土地使用权所支付的金额包括地价款和取得土地使用权时按国家规定缴纳的有关费用。

(3) 一般纳税人销售自行开发的房地产老项目适用简易计税方法计税的（征收率为 5%），以取得的全部价款和价外费用为销售额，不得扣除对应的土地价款。

(4) 纳税人不能按转让房地产项目计算分摊利息支出或不能提供金融机构贷款证明的：

允许扣除的房地产开发费用 =（取得土地使用权所支付的金额 + 房地产开发成本）×10%（以内）。

房地产开发成本，包括开发项目的装修费。

(5) 略。

(6) 略。

【考点】 土地增值税清算、土地增值税应纳税额计算、增值税计税方法

2. **【答案】**

(1) 房地产开发企业销售其开发的房地产老项目可以选择简易计税方法计缴增值税。

(2) 该项目应缴纳的增值税额 = 36 750 ÷（1 + 5%）× 5% = 1 750（万元）。

(3) 允许扣除的城市维护建设税额、教育费附加和地方教育附加 = 1 750 ×（7% + 3% + 2%）= 210（万元）。

(4) 取得土地使用权所支付的金额 = 9 000 ×（1 + 4%）= 9 360（万元）。

允许扣除的开发成本 = 6 000（万元）。

允许扣除的开发费用 =（9 360 + 6 000）× 10% = 1 536（万元）。

(5) 允许扣除项目金额合计 = 9 360 + 6 000 + 1 536 + 210 +（9 360 + 6 000）×20% = 20 178（万元）。

(6) 不含税收入 = 36 750 - 1 750 = 35 000（万元）。

增值额 = 35 000 - 20 178 = 14 822（万元）。

增值率 = 14 822 ÷ 20 178 × 100% = 73.46%。

税率为 40%，速算扣除系数为 5%。

该房地产开发项目应缴纳的土地增值税额 = 14 822 × 40% - 20 178 × 5% = 4 919.9

（万元）。

【解析】

（1）略。

（2）一般纳税人销售自行开发的房地产老项目适用简易计税方法计税的（征收率为5%），以取得的全部价款和价外费用为销售额，不得扣除对应的土地价款。

（3）房地产项目位于市区，城市维护建设税税率是7%。

（4）房地产开发费用，不可以按照会计制度上核算的实际发生的费用进行扣除。

允许扣除的房地产开发费用=（取得土地使用权所支付的金额+房地产开发成本）×10%（以内）。

取得土地使用权所支付的金额包括地价款和取得土地使用权时按国家规定缴纳的有关费用。

（5）略。

（6）略。

【考点】增值税计税方法、城市维护建设税计算、土地增值税应纳税额计算

3.【答案】

（1）土地增值税的纳税人应向房地产所在地（乙市）主管税务机关办理纳税申报纳税人是法人的，如果转让的房地产坐落地与其机构所在地或经营所在地不一致时，则应在房地产坐落地的主管税务机关申报纳税。

（2）该公司清算土地增值税时允许扣除的土地使用权支付金额=24 000+24 000×5%=25 200（万元）。

（3）取得土地使用权所支付的金额=25 200（万元）。

开发成本=15 000万元。

开发费用=3 000+（25 200+15 000）×5%=5 010（万元）。

允许扣除的税金及附加=360万元。

加计扣除项目金额=（25 200+15 000）×20%=8 040（万元）。

该公司清算土增税时允许扣除项目金额的合计数=25 200+15 000+5 010+360+8 040=53 610（万元）。

（4）增值额=75 000-53 610=21 390（万元），

增值率=21 390÷53 610×100%=39.90%。

税率为30%，速算扣除系数为0。

应补缴的土地增值税=21 390×30%-750=5 667（万元）。

【解析】

（1）略。

（2）取得土地使用权所支付的金额包括地价款和取得土地使用权时按国家规定缴纳的有关费用。

（3）纳税人能够按转让房地产项目计算分摊利息支出并能提供金融机构贷款证明的：

允许扣除的房地产开发费用=利息+（取得土地使用权所支付的金额+房地产开发成本）×5%（以内）。

（4）略。

【考点】土地增值税应纳税额计算、土地增值税征收管理

4.【答案】

（1）纳税人应在转让房地产合同签订后 7 日内，向房地产所在地主管税务机关办理纳税申报，并向税务机关提交相关合同等资料。

（2）该药厂办公楼的评估价格 = 重置成本价 × 成新度折扣率 =16 000 ×60% =9 600（万元）。

（3）计算土地增值税时允许扣除项目金额的合计数 = 6 000 + 9 600 + 1 356 = 16 956（万元）。

（4）增值额 =24 000 – 16 956 =7 044（万元）。

增值率 =7 044 ÷16 956 ×100% =41.54% <50%，税率为30%，速算扣除系数为0。

转让办公楼应缴纳的土地增值税 =7 044 ×30% =2 113.2（万元）。

【解析】

（1）略。

（2）略。

（3）转让存量房的扣除项目：

①取得土地使用权所支付的金额。

②房屋及建筑物的评估价格。

③转让环节缴纳的税金。

（4）略。

【考点】土地增值税扣除项目、土地增值税应纳税额计算、土地增值税征收管理

5.【答案】

（1）房地产开发成本包括土地征用及拆迁补偿费（包括土地征用费、耕地占用税等）、前期工程费、建筑安装工程费、基础设施费、公共配套设施费、开发间接费用等。

（2）开发费用的扣除标准：

①纳税人能够按转让房地产项目计算分摊利息支出并能提供金融机构贷款证明的：允许扣除的房地产开发费用 = 利息 +（取得土地使用权所支付的金额 + 房地产开发成本）×5% 以内。

②纳税人不能按转让房地产项目计算分摊利息支出或不能提供金融机构贷款证明的（包含全部使用自有资金没有利息支出的情况）：允许扣除的房地产开发费用 =（取得土地使用权所支付的金额 + 房地产开发成本）×10% 以内。

（3）清算土地增值税时允许扣除的土地使用权支付金额 = 17 760 ×（1 +5%）×50% = 9 324（万元）。

（4）房地产开发费用 =600 +（9 324 +6 000）×5% =1 366.2（万元）。

加计扣除 =（9 324 +6 000）×20% =3 064.8（万元）。

扣除项目金额合计 =9 324 +6 000 +1 366.2 +290 +3 064.8 =20 045（万元）。

（5）增值额 =31 000 –20 045 =10 955（万元）。

增值率 = 增值额 ÷ 扣除项目金额 =10 955 ÷20 045 ×100% =54.65%，

适用税率为40%，速算扣除系数为5%。

应纳土地增值税 =10 955 ×40% –20 045 ×5% =3 379.75（万元）。

【解析】

（1）略。

（2）略。

（3）纳税人允许扣除的土地使用权支付金额包含土地出让金（地价款）和取得土地使用权时按国家统一规定缴纳的有关费用（契税）。因只对受让土地的50%进行开发，故计算允许扣除的土地使用权支付金额时，也按50%比例扣除。

（4）管理费用、销售费用等已经包含在开发费用当中，不再进行单独扣除。

允许扣除的房地产开发费用＝利息＋（取得土地使用权所支付的金额＋房地产开发成本）×5%（以内）。

（5）略。

【考点】土地增值税扣除项目、土地增值税应纳税额计算

6.【答案】

（1）重置成本价的含义是：对旧房及建筑物，按转让时的建材价格及人工费用计算，建造同样面积、同样层次、同样结构、同样建设标准的新房及建筑物所需花费的成本费用。

（2）该办公楼的评估价格＝重置成本×成新度＝8 000×60%＝4 800（万元）。

（3）允许扣除的税金及附加＝600×（5%＋3%＋2%）＝60（万元）。

（4）允许扣除的印花税＝12 000×0.5‰＝6（万元）。

（5）旧房转让允许扣除项目有3个：

①旧房的评估价格；

②取得土地使用权所支付的地价款或出让金；

③与转让房产有关的税金。

允许扣除项目金额合计数＝4 800＋3 000＋60＋6＝7 866（万元）。

（6）土地增值额＝12 000－7 866＝4 134（万元）。

增值率＝4 134÷7 866×100%＝52.56%，适用税率为40%，速算扣除系数为5%，应纳土地增值税＝4 134×40%－7 866×5%＝1 260.3（万元）。

【解析】

（1）略。

（2）略。

（3）允许扣除的税金及附加是指城市维护建设税、教育费附加、地方教育附加。

该办公楼位于县城，城市维护建设税适用税率为5%。

（4）略。

（5）略。

（6）略。

【考点】土地增值税扣除项目、土地增值税应纳税额计算、城市维护建设税计算

7.【答案】

（1）80%已对外销售，20%用于对外投资的，应视同销售房地产，所以100%销售。

（2）该公司清算土地增值税时允许扣除的土地使用权支付金额＝8 000＋8 000×5%＝8 400（万元）。

(3) 该公司清算土地增值税时允许扣除的城市维护建设税、教育费附加和地方教育附加 = 20 000 ÷80% ×5% ×（7% +3% +2%）=150（万元）。

(4) 扣除项目金额 =8 400 +5 000 +［1 000 +（8 400 +5 000）×5%］+150 +（8 400 + 5 000）×20% =17 900（万元）；

增值额 =20 000 ÷80% -17 900 =7 100（万元）；

增值率 =7 100 ÷17 900 ×100% =39.66%，适用税率为30%，速算扣除系数为0；

应纳土地增值税 =7 100 ×30% =2 130（万元）；

补缴土地增值税 =2 130 -600 =1 530（万元）。

(5) 税务机关不能对清算补缴的土地增值税征收滞纳金。根据规定，纳税人按规定预缴土地增值税后，清算补缴的土地增值税，在主管税务机关规定的期限内补缴的，不加收滞纳金。

(6) 税务中介机构受托对清算项目审核鉴证时，应按税务机关规定的格式对审核鉴证情况出具鉴证报告。

对符合要求的鉴证报告，税务机关可以采信。

【解析】

(1) 略。

(2) 纳税人为取得土地使用权所支付的地价款包含土地出让金和取得土地使用权时按国家统一规定缴纳的有关费用。

因闲置土地支付的土地闲置费不允许扣除。

(3) 确认收入包括销售收入和视同销售收入。简易计税计算增值税时征收率为5%，本房地产企业位于某市，城市维护建设税税率是7%。

(4) 略。

(5) 略。

(6) 略。

【考点】土地增值税清算、土地增值税应纳税额计算、土地增值税征收管理、城市维护建设税计算

8. 【答案】

(1) 公司已转让的房地产建筑面积占整个项目可售建筑面积的比例为80%（20 000 ÷ 25 000 ×100%），虽未超过税务机关可以要求纳税人进行土地增值税清算规定的比例85%，但剩余的可售建筑面积已经出租。

(2) 取得土地使用权时应纳契税 =8 000 ×5% =400（万元）。

允许扣除的土地使用权支付金额 =［400 +8 000 ×（1 -10%）］×80% =6 080（万元）。

(3) 允许扣除的开发成本 =12 000 ×80% =9 600（万元）。

(4) 允许扣除的开发费用 =（6 080 +9 600）×10% =1 568（万元）。

(5) 允许扣除税金及附加 =3 600 ×（5% +3% +2%）=360（万元）。

(6) 应纳土地增值税的计算：

增值额 =40 000 -［6 080 +9 600 +1 568 +360 +（6 080 +9 600）×20%］=40 000 - 20 744 =19 256（万元）。

增值额占扣除项目金额的比例 =19 256 ÷20 744 ×100% =92.83%。

适用税率为 40%，速算扣除系数为 5%。

应纳土地增值税 =19 256 ×40% -20 744 ×5% =7 702.4 -1 037.2 =6 665.2（万元）。

【解析】

（1）略。

（2）纳税人为取得土地使用权所支付的地价款包含土地出让金（地价款）和取得土地使用权时按国家统一规定缴纳的有关费用（契税）。

国有土地使用权出让，以出让金为依据计算缴纳契税。不得因减免土地出让金而减免契税。

（3）开发成本扣除比例按照出售面积比例来确定。

（4）纳税人不能按转让房地产项目计算分摊利息支出，或不能提供金融机构贷款证明的。

允许扣除的房地产开发费用 =（取得土地使用权所支付的金额 +房地产开发成本）× 10%（以内）。

（5）本房地产企业位于县城，所以城市维护建设税的税率为 5%。

（6）从事房地产开发的纳税人可按照取得土地使用权所支付的金额和房地产开发成本的金额之和，加计 20% 扣除。

【考点】 土地增值税清算、土地增值税应纳税额计算、城市维护建设税计算

9. **【答案】**

（1）转让仓库应纳增值税 =800 ×9% =72（万元）。

应纳城市维护建设税和教育费附加 =72 ×（7% +3%）=7.2（万元）。

转让仓库应纳印花税 =800 ×0.5‰ =0.4（万元）。

（2）仓库原值的加计扣除额 =500 ×5% ×2 =50（万元）。

扣除项目金额 =500 +20 +7.6 +50 =577.6（万元）。

（3）仓库转让收入 =800 万元。

转让仓库应纳土地增值税的增值额 =800 -577.6 =222.4（万元）。

增值率 =222.4 ÷577.6 ×100% =38.50%。

适用税率为 30%，速算扣除系数为 0。

应纳土地增值税 =222.4 ×30% =66.72（万元）。

（4）转让旧房及建筑物，既没有取得评估价格，也不能提供购房发票，可以实行核定征收。

【解析】

（1）一般纳税人转让其 2016 年 5 月 1 日后取得的不动产，选择适用一般计税方法计税，以取得全部价款和价外费用为销售额，按照 9% 税率计算。

纳税人位于市区，城建税按 7% 缴纳。

转让仓库适用于产权转移书据，印花税的税率 0.5‰。

（2）纳税人转让旧房，凡不能取得评估价格，但能提供购房发票的，可按发票所载金额并从购买年度至其转让年度止每年加计 5% 计算扣除。每满 12 个月计一年；超过一年，未满 12 个月但超过 6 个月的，可以视同为一年。

（3）略。

（4）略。

【考点】 增值税计税方法、印花税应纳税额计算、土地增值税应纳税额计算

11 第十一章 车辆购置税法、车船税法和印花税法·答案

「考点1」车辆购置税纳税义务人和征税范围（★）

1.【答案】C

【解析】选项ABD，车辆购置税征税范围包括汽车、有轨电车、汽车挂车、排气量超过150毫升的摩托车；地铁、轻轨等城市轨道交通车辆，装载机、平地机、挖掘机、推土机等轮式专用机械车，以及起重机（吊车）、叉车、电动摩托车，不属于应税车辆。

2.【答案】C

【解析】车辆购置税的纳税人是指在我国境内购置应税车辆的单位和个人。其中购置是指以购买、进口、自产、受赠、获奖或者其他方式取得并自用应税车辆的行为。

3.【答案】BCD

【解析】选项A错误，车辆购置税采用单一环节课税制度，一次性征收，二手汽车不缴纳车辆购置税。

4.【答案】A

【解析】车辆购置税纳税义务人是指境内购置汽车、有轨电车、汽车挂车、＞150毫升摩托车的单位和个人。

① 选项A正确，属于受赠并使用行为，属于纳税义务人。

② 选项B错误，承租者未取得该车辆，不属于纳税义务人。

③ 选项CD错误，拍卖者、出口者都属于出售者不是自用行为，不属于纳税义务人。

「考点2」车辆购置税税率、计税依据与应纳税额计算（★★）

1.【答案】C

【解析】选项ABD错误，纳税人购买自用的应税车辆，计税价格为纳税人购买应税车辆而支付给销售者的全部价款和价外费用，不包含增值税税款；价外费用是指销售方价外向购买方收取的基金、集资费、违约金（延期付款利息）和手续费、包装费、储存费、优质费、运输装卸费、保管费以及其他各种性质的价外收费，但不包括销售方代办保险等而向购买方收取的保险费，以及向购买方收取的代购买方缴纳的车辆购置税、车辆牌照费。

2.【答案】C

【解析】

① 选项AD错误，国内购置载货汽车的计税依据为75万元，不包含车辆购置税、牌照费和代办保险费。

② 选项B错误，纳税人以受赠、获奖或者其他方式取得自用应税车辆的计税价格，按照购置应税车辆时相关凭证载明的价格确定，不包括增值税税款。

③ 选项C正确，进口自用应税车辆计税依据为组成计税价格，即关税完税价格加上关税和消费税，载货汽车不是消费税应税范围，故计税依据为关税完税价格加上关税。

3. 【答案】B

【解析】

纳税人购买自用的应税车辆，计税价格为纳税人购买应税车辆而支付给销售者的全部价款和价外费用（手续费等），不包含增值税税款，不包括销售方代办保险等而向购买方收取的保险费，以及向购买方收取的代购买方缴纳的车辆购置税、车辆牌照费；王某应缴纳的车辆购置税 = (226 000 + 1 000) ÷ (1 + 13%) × 10% = 20 088.50（元）。选项 B 正确。

4. 【答案】A

【解析】应纳税额 = 初次办理纳税申报时确定的计税价格 × (1 - 使用年限 × 10%) × 10% - 已纳税额 = 150 × (1 - 4 × 10%) × 10% - 0 = 9（万元）。"使用年限"指整数年，不满一年不计算在内。选项 A 正确。

5. 【答案】CD

【解析】选项 AB 错误，纳税人购买自用的应税车辆，计税价格为纳税人购买应税车辆而支付给销售者的全部价款和价外费用，不包含增值税税款；价外费用是指销售方价外向购买方收取的基金、集资费、违约金（延期付款利息）和手续费、包装费、储存费、优质费、运输装卸费、保管费以及其他各种性质的价外收费，但不包括销售方代办保险等而向购买方收取的保险费，以及向购买方收取的代购买方缴纳的车辆购置税、车辆牌照费。

「考点3」车辆购置税税收优惠和征收管理（★★）

1. 【答案】B

【解析】车辆购置税税收优惠：

① 外国驻华使馆、领事馆和国际组织驻华机构及其外交人员自用车辆免税。

② 回国服务的在外留学人员用现汇购买 1 辆个人自用国产小汽车和长期来华定居家进口 1 辆自用小汽车免征车辆购置税（选项 B 符合题意）。

③ 设有固定装置的非运输车辆免税。

2. 【答案】B

【解析】选项 B 正确，纳税人应当自纳税义务发生之日起六十日内申报缴纳车辆购置税。

3. 【答案】BC

【解析】

① 选项 A 错误，免税、减税车辆因转让、改变用途等原因不再属于免税、减税范围的，纳税人办理纳税申报时，如实填报《车辆购置税纳税申报表》。

② 选项 B 正确，纳税人应当在向公安机关交通管理部门办理车辆登记注册手续前，缴纳车辆购置税。

③ 选项 C 正确，需办理车辆登记注册手续的纳税人，向车辆登记地的主管税务机关办理纳税申报，不需要办理手续的纳税人，单位纳税人向其机构所在地的主管税务机关办理纳税申报。

④ 选项 D 错误，纳税人购买自用的应税车辆，自购买之日起 60 日内申报纳税。

「考点 4」车船税征税范围、税目与税率、应纳税额的计算（★★）

1.【答案】D

【解析】

① 选项 A 错误，商用货车按"整备质量每吨"作为计税单位。

② 选项 B 错误，摩托车按"每辆"作为计税单位。

③ 选项 C 错误，游艇按"艇身长度每米"作为计税单位。

2.【答案】D

【解析】

① 选项 A 错误，军队、武装警察部队专用的车船、警用车船免征车船税。

② 选项 B 错误，捕捞、养殖渔船免征车船税。

③ 选项 C 错误，纯电动乘用车、燃料电池乘用车不属于车船税征收范围。

3.【答案】C

【解析】

① 其中一辆车 9 月被盗，自 9 月起可申请退还所缴税款，11 月找回，则 11 月起要开始缴纳税款。因此该辆车 9 月、10 月可申请退还税款。该车辆实缴车船税 = 480 ÷ 12 × 10 = 400（元）。

② 其余 4 辆车实缴车船税 = 4 × 480 = 1 920（元）。

③ 该企业 2021 年实缴的车船税总计 = 1 920 + 400 = 2 320（元）。选项 C 正确。

4.【答案】C

【解析】

① 车船税法及其实施条例涉及的整备质量、净吨位、艇身长度等计税单位，有尾数的一律按照含尾数的计税单位据实计算车船税应纳税额。

② 货车应纳车船税 = 1.499 × 3 × 16 = 71.95（元）。

③ 挂车按照货车税额的 50% 计算纳税。挂车应纳车船税 = 1.2 × 16 × 50% = 9.6（元）。

④ 小汽车应纳车船税 = 360 × 2 = 720（元）。

⑤ 2021 年应纳的车船税 = 71.95 + 9.6 + 720 = 801.55（元）。选项 C 正确。

5.【答案】A

【解析】

① 拖船按照发动机功率每 1 千瓦折合净吨位 0.67 吨计算征收车船税。拖船、非机动驳船分别按照机动船舶税额的 50% 计算。则拖船吨位 = 3 000 × 0.67 = 2 010（吨），拖船应缴纳车船税 = 2 010 × 5 × 50% × 4 = 20 100（元）。

② 购置的新车船，购置当年的应纳税额自纳税义务发生的当月起按月计算。新机动船应缴纳车船税 = 3 000 × 5 ÷ 12 × 6 × 6 = 45 000（元）。

③ 旧机动船应纳税额 = 1 500 × 4 × 5 = 30 000（元）。

④ 该公司 2021 年度应缴纳的车船税 = 20 100 + 45 000 + 30 000 = 95 100（元）。选项 A 正确。

6. 【答案】C

【解析】该车辆2月1日购买，自2月起要缴纳税款，6月被盗，自6月起可申请退还所缴税款，9月找回，则9月起要开始缴纳税款，因此该辆车6月、7月、8月三个月可申请退还税款。该公司就该车2021年实际应缴纳的车船税 = 10 × 96 ÷ 12 × (4 + 4) = 640（元）。选项C正确。

7. 【答案】A

【解析】

① 选项B错误，车辆购置税实行单一比例税率。

② 选项C错误，契税实行幅度比例税率。

③ 选项D错误，个税的综合所得实行超额累进税率。

「考点5」车船税税收优惠和征收管理 （★★）

1. 【答案】C

【解析】

① 选项A错误，洒水车照常征税。

② 选项B错误，双燃料轻型商用车属于节能汽车，减半征收车船税。

③ 选项C正确，纯天然气动力船舶属于新能源船舶，对新能源车船免征车船税。

④ 选项D错误，拖船、非机动驳船分别按照机动船舶税额的50%计算征收。

2. 【答案】B

【解析】选项B正确，军队、武装警察部队专用的车船免征车船税。

3. 【答案】BC

【解析】

① 选项A错误，拖拉机不属于车船税征收范围。

② 选项B正确，节能汽车减半征收车船税。

③ 选项C正确，拖船、非机动驳船分别按照机动船舶税额的50%计算。

④ 选项D错误，纯电动乘用车、燃料电池乘用车不属于车船税征收范围。

4. 【答案】C

【解析】

① 选项A错误，纯电动汽车，不征收车船税。

② 选项B错误，燃料电池乘用车，不征收车船税。

③ 选项C正确，对节约能源的车船，减半征收车船税。

④ 选项D错误，使用新能源的插电式混合动力汽车，免税。

5. 【答案】D

【解析】选项D正确，车船税按年申报，分月计算，一次性缴纳，纳税年度为公历1月1日至12月31日。自纳税义务发生的当月起按月计算。

「考点6」印花税 (★★)

1.【答案】A

【解析】选项 A 正确，货物运输合同计税依据为取得的运输费金额（运费收入），但不包括所运货物的金额、装卸费和保险费等。

2.【答案】A

【解析】选项 A 正确，货物运输合同计税依据为取得的运输费金额（运费收入），但不包括所运货物的金额、装卸费和保险费等。

3.【答案】ABC

【解析】选项 D 错误，专利申请权转让（选项 D）和非专利技术转让，按照技术转让合同计征印花税。

4.【答案】A

【解析】选项 BCD 错误，一般的法律、会计、审计等方面的咨询不属于技术咨询，其所立合同不贴花。

5.【答案】ACD

【解析】选项 B 错误，电网与用户之间签订的供用电合同不属于印花税列举征税的凭证，不征收印花税。

6.【答案】B

【解析】

① 选项 A 错误，土地使用权转让合同，应按"产权转移书据"税目征收印花税。

② 选项 B 正确，发电厂与电网之间签订的购售电合同按照购销合同征收印花税。

③ 选项 C 错误，融资租赁合同应按合同所载租金总额，暂按借款合同贴花。

④ 选项 D 错误，商品房销售合同，应按"产权转移书据"税目征收印花税。

7.【答案】AD

【解析】

① 选项 A 正确，对国际货运，凡由我国运输企业运输的，不论在我国境内、境外起运或中转分程运输，我国运输企业所持的一份运费结算凭证，均按本程运费计算应纳税额。

② 选项 BC 错误，国际货物联运，由外国运输企业运输进出口货物的，外国运输企业所持的一份运输结算凭证免纳印花税，所以乙免税。

③ 选项 D 正确，国际货物联运，托运方所持的一份运费结算凭证，按全程运费计算应纳税额。

8.【答案】ACD

【解析】选项 ACD 正确，选项 B 错误，权利、许可证照包括"四证一照"：房屋产权证、商标注册证、专利证、土地使用证、工商营业执照。

9.【答案】C

【解析】

① 营业账簿应纳印花税 =120 ×10 000 ×0.5‰ ×50% =300（元）。

② 新建其他账簿按照每件 0 元贴花。

③ 权利、许可证照按照应税凭证件数贴花。

④ 该企业上述凭证 2021 年应纳印花税 =300 +1 ×5 =305（元），选项 C 正确。

10.【答案】BD

【解析】

① 选项 A 错误，银行根据业务管理需要设置的各种登记簿，如空白重要凭证登记簿、有价单证登记簿、现金收付登记簿等，其记载的内容与资金活动无关，仅用于内部备查，属于非营业账簿，均不征收印花税。

② 选项 B 正确，财产租赁合同，包括企业、个人出租门店、柜台等签订的合同，属于印花税的征税范围。

③ 选项 C 错误，电网与用户之间签订的供用电合同，不属于印花税列举征税的凭证，不征收印花税。

④ 选项 D 正确，出版单位与发行单位之间订立的图书、报纸、期刊和音像制品的应税凭证，属于购销合同，需要征收印花税。

11.【答案】AC

【解析】

① 选项 A 正确，无息、贴息贷款合同免税。

② 选项 B 错误，仓储保管合同按照为仓储收取的保管费（不包括所保管财产的价值）征收印花税。

③ 选项 C 正确，农牧业保险合同免税。

④ 选项 D 错误，建设工程勘察合同按照勘察、设计收取的费用（不扣减分包金额）征收印花税，分包、转包合同另外贴花。

主观题部分

1.【答案】

（1）出让合同应纳印花税 =4 000 ×10 000 ×0.5‰ =20 000（元）。

应纳契税 =4 000 ×4% =160（万元）。

（2）购置仓库应纳契税 =1 200 ×4% =48（万元）。

购置仓库应纳印花税 =1 200 ×10 000 ×0.5‰ +1 ×5 =6 005（元）。

（3）购置仓库应纳房产税 =1 250 ×（1 −30%）×1.2% ÷12 ×9 =7.88（万元）。

【解析】

（1）土地使用者即受让者，应向国家交付土地使用权出让金，契税应以土地出让金为计税依据。

土地使用权出让合同、土地使用权转让合同、商品房销售合同，按照"产权转移书据"征收印花税，计税依据为产权转移书据中所载金额。

（2）房屋买卖中契税应以权属转移合同确定的价格为计税依据；

商品房销售合同按照"产权转移书据"征收印花税，计税依据为产权转移书据中所载金额；另外房屋权属证书属于"权利、许可证照"，按 5 元/件缴纳印花税。

税法
Taxation Laws

    （3）纳税人购置存量房，自房地产权属登记机关签发房屋权属证书之次月起缴纳房产税，房产原值为"固定资产"科目中记载的房屋原价。

【考点】印花税、房产税、契税

2. 【答案】

  （1）进口小轿车应缴纳的增值税 = 20 × (1 + 25%) ÷ (1 - 5%) × 13% = 3.42（万元）。

  （2）进口小轿车使用应缴纳的车辆购置税 = 20 × (1 + 25%) ÷ (1 - 5%) × 10% = 2.63（万元）。

  （3）应缴纳的房产税 = 20 × (1 - 30%) × 1.2% = 0.168（万元）。

  （4）钟老师出租旧居应缴纳的房产税 = 5 × 4% = 0.2（万元）。

  （5）应缴纳房产税 = 20 × (1 - 30%) × 1.2% = 0.168（万元）。

【解析】

  （1）进口车辆增值税应纳税额 = 组成计税价格 × 税率。

    组成计税价格 = (关税完税价格 + 关税 + 消费税) = 关税完税价格 × (1 + 关税税率) ÷ (1 - 消费税税率)。

  （2）进口自用车辆购置税应纳税额 = 组成计税价格 × 10%。

    组成计税价格 = (关税完税价格 + 关税 + 消费税) = 关税完税价格 × (1 + 关税税率) ÷ (1 - 消费税税率)。

  （3）将房屋无偿提供给事务所使用，采用从价计征房产税，应纳税额 = 应税房产原值 × (1 - 扣除比例) × 1.2%。

  （4）对个人出租住房，不区分用途，按4%税率征收房产税。应纳税额 = 租金收入 × 4%。

  （5）利用旧居为事务所提供仓储保管服务，采用从价计征房产税，应纳税额 = 应税房产原值 × (1 - 扣除比例) × 1.2%。

【考点】增值税计税方法、车辆购置税应纳税额计算、房产税应纳税额计算

3. 【答案】

  （1）应缴纳的印花税 = (8 000 + 3 000 × 2 + 15 000) × 0.3‰ × 10 000 = 87 000（元）。

  （2）甲合同缴纳印花税 = (20 + 50) × 0.5‰ × 10 000 = 350（元）；

    乙合同缴纳印花税 = 200 × 0.3‰ × 10 000 + 40 × 0.5‰ × 10 000 = 600 + 200 = 800（元）；

    应缴纳的印花税 = 350 + 800 = 1 150（元）。

  （3）技术合同报酬金额 = 1 000 × 1 ÷ 4 = 250（万元）；

    技术合同缴纳印花税 = 250 × 0.3‰ × 10 000 = 750（元）。

  （4）承包合同缴纳印花税 = 300 × 0.3‰ × 10 000 = 900（元）；

    分包合同缴纳印花税 = 100 × 0.3‰ × 10 000 = 300（元）；

    应缴纳的印花税 = 900 + 300 = 1200（元）。

  （5）应缴纳的印花税 = (2 000 + 500) × 0.5‰ × 10 000 × 50% = 6 250（元）。

  （6）应缴纳的印花税 = 0 元。

【解析】

  （1）采用以货换货方式进行商品交易签订的合同，应按合同所载的购、销合计金额计税贴花。

（2）委托方提供主要材料或原料，受托方只提供辅助材料的加工合同，无论加工费和辅助材料金额是否分别记载，均以辅助材料与加工费的合计数，依照加工承揽合同计税贴花。

受托方提供原材料的加工、定做合同，材料和加工费分别记载的，分别按购销合同和加工承揽合同贴花；未分别记载的，按全部金额依照加工承揽合同贴花。

（3）对技术开发合同，只就合同所载的报酬金额计税，研究开发经费不作为计税依据。

（4）建筑安装工程承包合同，按照承包金额计税，不得剔除任何费用，如果施工单位将自己承包的建设项目再分包或转包给其他施工单位，其所签订的分包或转包合同，仍应按所载金额另行贴花。

（5）记载资金的账簿，按"实收资本"和"资本公积"的合计金额计算应纳税额。自2018年5月1日起，对按0.5‰税率贴花的资金账簿减半征收印花税。

（6）自2018年5月1日起，对按件贴花五元的其他账簿免征印花税。

【考点】印花税征税范围、印花税计税依据、印花税应纳税额计算、印花税税收优惠

12 第十二章 国际税收税务管理实务·答案

「考点1」国际税收协定、非居民企业税收管理 (★★)

1.【答案】D

【解析】

① 选项 AC 错误,境内机构在境外发生的差旅、会议、商品展销等各项费用对外付汇无须进行税务备案;

② 选项 B 错误,境内机构发生在境外的进出口贸易佣金、保险费、赔偿款对外付汇无须进行税务备案;

③ 选项 D 正确,境外机构或者个人从境内获得的旅游等值 5 万美元以上的外汇资金,需要进行税务备案。

2.【答案】A

【解析】

① 选项 A 正确,股息所得以收入全额为应纳税所得额。

② 选项 B 错误,转让财产所得,以收入全额减除财产净值后的余额为应纳税所得额。

③ 选项 C 错误,租金所得以租金收入全额应纳税所得额。

④ 选项 D 错误,特许权使用费所得以收入全额为应纳税所得额。

3.【答案】A

【解析】选项 A 正确,为了解决个人最终居民身份的归属,协定进一步规定了以下确定标准,需特别注意的是,这些标准的使用是有先后顺序的,只有当使用前一标准无法解决问题时,才使用后一标准。这些标准依次为:永久性住所、重要利益中心、习惯性居处、国籍。

「考点2」境外所得税收管理、国际避税与反避税 (★★★)

1.【答案】D

【解析】

① B 国分公司抵免限额 =60×30% =18 (万元)。

② 由于抵免限额 (18 万元) <实缴税额 (24 万元),允许抵免的税额 =18 (万元)。

③ 因此,应向本国缴纳所得税额 = (250 +60)×30% –18 =75 (万元)。选项 D 正确。

2.【答案】C

【解析】下列情况不适用《一般反避税办法》:

① 与跨境交易或者支付无关的安排。

② 涉嫌逃避缴纳税款、逃避追缴欠税、骗税、抗税以及虚开发票等税收违法行为。(选项 ABD 不适用)

3.【答案】ABC

【解析】中国居民企业股东能够提供资料证明其控制的外国企业满足以下条件之一的,可免

于将外国企业不作分配或减少分配的利润视同股息分配额，计入中国居民企业股东的当期所得：

① 设立在国家税务总局指定的非低税率国家（地区）。（选项 A 正确）

② 主要取得积极经营活动所得。（选项 B 正确）

③ 年度利润总额低于 500 万元人民币。（选项 C 正确）

4. 【答案】ABD

【解析】选项 C 错误，自签署成本分摊协议之日起经营期限少于 20 年的不得税前扣除。

5. 【答案】ACD

【解析】选项 B 错误，应是低于同行业利润水平的企业。

「考点3」转让定价税务管理（★★）

1. 【答案】C

【解析】选项 C 正确，主体文档应当在企业集团最终控股企业会计年度终了之日起 12 个月内准备完毕。

2. 【答案】B

【解析】

① 选项 A 错误，可比非受控价格法可以适用所有类型的关联交易。

② 选项 B 正确，再销售价格法以关联方购进商品再销售给非关联方的价格减去可比非关联交易毛利后的金额作为关联方购进商品的公平成交价格。通常适用于再销售者未对商品进行改变外形、性能、结构或更换商标等实质性增值加工的简单加工或单纯购销业务。

③ 选项 C 错误，成本加成法通常适用于有形资产的购销、转让和使用，劳务提供或资金融通的关联交易。

④ 选项 D 错误，交易净利润法通常适用于不拥有重大价值无形资产企业的有形资产的购销、转让和使用，无形资产使用权受让以及劳务提供等关联交易。

3. 【答案】A

【解析】

选项 A，交易净利润法一般适用于不拥有重大价值无形资产企业的有形资产使用权或者所有权的转让和受让、无形资产使用权受让以及劳务交易等关联交易。

4. 【答案】C

【解析】

选项 C 正确，再销售价格法以关联方购进商品再销售给非关联方的价格减去可比非关联交易毛利后的金额作为关联方购进商品的公平成交价格。

5. 【答案】ABCD

【解析】四个选项均正确。

主观题部分

1. 【答案】

(1) 甲公司和乙公司构成关联关系。

根据规定，甲公司对乙公司仅持股10%，未达到25%的标准，但乙公司全部借贷资金总额的20%由甲公司担保，超过10%的比例，因此双方构成关联关系。

(2) 丙公司无须缴纳增值税。

根据规定，境内的单位对发生在境外的工程项目提供工程监理服务，免征增值税。

(3) 乙公司不需要进行税务备案。

根据规定，境内机构向境外单位支付等值5万美元以上的担保费，应向所在地主管税务机关进行税务备案。乙公司支付的担保费为 20 ×20% =4（万美元），未超过5万美元，故不需要进行税务备案。

(4) 乙公司业务❹应代扣代缴的预提所得税 =10 ×10% =1（万元）。

【解析】

(1) 略。

(2) 略。

(3) 略。

(4) 甲公司在中国境内未设立机构、场所的，或者虽设立机构、场所但取得的所得与其所设机构、场所没有实际联系的非居民企业，故代扣代缴企业所得税税率10%。

【考点】增值税税收优惠、中国境内机构和个人对外付汇的税收管理、企业所得税税率

2. 【答案】

(1) 应扣缴的增值税 =2 200 ×40% ÷（1 +9%）×9% =72.66（万元）。

(2) 应扣缴的企业所得税 =2 200 ×40% ÷（1 +9%）×20% ×25% =40.37（万元）。

(3) 应扣缴的增值税 =2 200 ×60% ÷（1 +9%）×9% =108.99（万元）。

(4) 应扣缴的企业所得税 =2 200 ×60% ÷（1 +9%）×20% ×25% =60.55（万元）。

【解析】

(1) 纳税人发生应税销售行为，为收讫销售款项或者取得销售款项凭据的当天。

增值税：在境内未设机构的，扣缴义务人应当按照下列公式计算应扣缴税额：应扣缴税额 =购买方支付的价款 ÷（1 +税率）×税率。

(2) 应纳税所得额 =收入总额 ×经税务机关核定的利润率。

企业所得税：按收入总额核定应纳税所得额的，应纳税所得额 =收入总额 ×经税务机关核定的利润率。

注意，使用利润率计算所得的，已考虑了计算利润过程中的扣除，故应使用法定税率计税。

(3) 略。

(4) 略。

【考点】非居民企业所得税核定征收办法、增值税计税方法

3. 【答案】

(1) 居民企业可以就其取得的境外所得直接缴纳和间接负担的境外企业所得税性质的税额

进行抵免。

（2）企业丙不能适用间接抵免优惠政策，由于企业甲对于企业丙的持股比例为15%（50%×30%），未达到20%的要求。

适用间接抵免优惠政策的，指直接或间接持有20%以上股份的外国企业。

（3）企业乙可以适用间接抵免优惠政策，由于企业甲对于企业乙的持股比例为50%，达到了20%的要求。

对于第一层企业：单一居民企业直接持有20%以上股份的外国企业；可以适用间接抵免的优惠政策。

（4）由甲企业负担的税额=（180+12+0）×50%=96（万元）。

（5）甲企业境内应纳税所得额=2 400万元。

甲企业负担乙企业的应纳税额=96万元。

甲企业来源于乙企业分配的利润所得额=（1 000-180-12）×50%=404（万元）。

企业甲应纳税总额=（2 400+404+96）×25%=（2 400+500）×25%=2 900×25%=725（万元）。

抵免限额=中国境内、境外应纳税总额×来源于某国的应纳税所得额÷中国境内、境外应纳税所得总额=725×（404+96）÷2 900=125（万元）。

或者直接计算[（1 000-180-12）×50%+96]×25%=125（万元）。

（6）可抵免境外税额=直接税额+间接负担税额。

直接税额为甲企业取得境外乙企业股息所预提的税额=（1 000-180-12）×50%×10%=40.4（万元）。

间接负担税额为境外乙企业所纳税额属于由甲企业负担的税额=96（万元）。

可抵免境外税额=96+40.4=136.4（万元）。

136.4>125，实际抵免额为125万元。

【解析】

（1）略。

（2）略。

（3）略。

（4）本层企业所纳税额属于由上一层企业负担的税额=（本层企业就利润和投资收益所实际缴纳的税款+符合由本层企业间接负担的税额）×本层企业向一家上层企业分配的股息÷本层企业所得税后利润额。

由题目可知：本层企业（乙企业）就利润和投资收益所实际缴纳的税款=180万元；符合由本层企业间接负担的税额（对于丙企业的预提所得税）=12万元；本层企业向一家上层企业分配的股息÷本层企业所得税后利润额=乙企业将全部税后利润按持股比例进行了分配=50%。

甲企业负担的税额=（180+12）×50%=96（万元）。

（5）略。

（6）略。

【考点】境外应纳税所得额的计算

13 第十三章 税收征收管理法·答案

「考点 1」税收征收管理法概述、税务登记管理（★★）

1.【答案】A

【解析】

① 选项 B 错误，一部分政府收费由税务机关征收，如教育费附加，这些费用不适用《征管法》。

② 选项 CD 错误，海关征收的关税及代征的增值税、消费税，适用其他法律、法规，不适用《征管法》。

2.【答案】B

【解析】

① 选项 AD 错误，海关征收的关税及代征的增值税、消费税，适用其他法律、法规，不适用《征管法》。

② 选项 C 错误，一部分政府收费由税务机关征收，如教育费附加，这些费用不适用《征管法》。

3.【答案】D

【解析】

① 选项 A 错误，从事生产、经营的纳税人，应当自领取营业执照之日起 30 日内申报办理税务登记。

② 选项 B 错误，从事生产、经营的纳税人未办理工商营业执照也未经有关部门批准设立的，应当自纳税义务发生之日起 30 日内申报办理税务登记。

③ 选项 C 错误，纳税人税务登记内容发生变化的，应当自工商行政管理机关变更登记之日起 30 日内，向原税务登记机关申报办理变更税务登记。

「考点 2」账簿、凭证管理和纳税申报管理（★★）

1.【答案】ABCD

【解析】四个选项均正确。

2.【答案】ABC

【解析】选项 D 错误，口头申报不属于纳税申报的方式。

3.【答案】C

【解析】

① 选项 A 错误，纳税人、扣缴义务人纳税申报的形式主要有三种：直接申报、邮寄申报、数据电文。

② 选项 B 错误，纳税人在纳税期内没有应纳税款的，也应按规定办理纳税申报。

③ 选项 C 正确，实行定期定额缴纳税款的纳税人，可以实行简易申报、简并征期等申报纳税方式。

④ 选项 D 错误，与法律、行政法规明确规定的纳税申报期限具有同等的法律效力。

4. **【答案】** B

 【解析】 选项 B 正确，根据规定，账簿、记账凭证、报表、完税凭证、发票、出口凭证以及其他有关涉税资料应当保存 10 年。

5. **【答案】** B

 【解析】 选项 B 正确，从事生产、经营的纳税人应当自领取营业执照或者发生纳税义务之日起 15 日内设置账簿。

「考点 3」 税款征收制度 （★★★）

1. **【答案】** A

 【解析】 选项 B，企业因继续履行合同、生产经营或处置财产需要开具发票的，管理人可以以企业名义按规定申领开具发票或者代开发票；选项 C，企业所欠税款、滞纳金、罚款，以及因特别纳税调整产生的利息，以人民法院裁定受理破产申请之日为截止日计算确定；选项 D，在人民法院裁定受理破产申请之日至企业注销之日期间，企业应当接受税务机关的税务管理，履行税法规定的相关义务；破产程序中如发生应税情形，应按规定申报纳税。

2. **【答案】** B

 【解析】

① 选项 A 错误，实施税收保全措施时，经县级以上税务局（分局）局长审批。

② 选项 B 正确，解除保全措施的时间是收到税款或银行转回的完税凭证之日起 1 日内。

③ 选项 C 错误，书面通知纳税人开户银行或者其他金融机构冻结纳税人的金额相当于应纳税款的存款。

④ 选项 D 错误，税务机关执行扣押、查封商品、货物或其他财产时，必须由两名以上税务人员执行，并通知被执行人。

3. **【答案】** B

 【解析】

① 选项 A 错误，税务机关不予批准的延期纳税，从缴纳税款期限届满次日起加收滞纳金。经批准的延期纳税，在批准的延期期限内免予加收滞纳金。

② 选项 B 正确，延期缴纳的同一笔税款不得滚动审批。

③ 选项 C 错误，纳税人因特殊困难不能按期缴纳税款的，经省、自治区、直辖市国家税务局、地方税务局批准，可延期缴纳税款，但最长不得超过 3 个月。

④ 选项 D 错误，税款的延期缴纳，必须经省、自治区、直辖市国家税务局、地方税务局批准，方为有效。

4. **【答案】** A

 【解析】

① 选项 B 错误，税务机关发现的多缴税款，没有加算银行同期存款利息的规定。

② 选项 C 错误，税务机关发现的多缴税款，《税收征收管理法》没有规定期限的，推定为无限期。即税务机关发现的多缴税款，无论多长时间，都应当退还给纳税人。

③ 选项 D 错误，当年预缴企业所得税款超过应缴税额的，汇算清缴时不加算银行同期存款利息。

5.【答案】A

【解析】

① 选项 BC 错误，扣缴税款以及拍卖变价抵缴税款均属于税收强制执行措施。

② 选项 D 错误，对纳税人处以罚款不属于税收保全措施。

6.【答案】D

【解析】选项 D 正确，税务机关采取税收保全措施的期限一般不得超过 6 个月；重大案件需要延长的应当报国家税务总局批准。

7.【答案】C

【解析】可以采取税收保全措施的纳税人仅限于从事生产、经营的纳税人。不包括非从事生产、经营的纳税人，也不包括扣缴义务人和纳税担保人。

8.【答案】A

【解析】

① 选项 A 正确、选项 B 错误，因税务机关责任，致使纳税人、扣缴义务人未缴或者少缴税款的，税务机关在 3 年内可要求纳税人、扣缴义务人补缴税款，但是不得加收滞纳金。

② 选项 C 错误，对偷税、抗税、骗税的，税务机关追征其未缴或者少缴的税款、滞纳金或者所骗取的税款，不受前款规定期限的限制。

③ 选项 D 错误，因纳税人、扣缴义务人计算等失误，未缴或者少缴税款的，税务机关在 3 年内可以追征税款、滞纳金；有特殊情况的追征期可以延长到 5 年。

9.【答案】ACD

【解析】选项 B 错误，采取税收保全措施的前提和条件：

① 税务机关有根据认为纳税人有逃避纳税义务的行为；

② 必须是在规定的纳税期之前和责令限期缴纳应纳税款的限期内。

10.【答案】C

【解析】

① 选项 A 错误，税收强制执行措施适用于扣缴义务人、纳税担保人，采取税收保全措施时则不适用。

② 选项 B 错误，税收强制执行时，个人及其所扶养家属维持生活必需的住房和用品，不在强制执行措施的范围之内，但轿车不属于生活必需用品，在强制执行范畴。

③ 选项 C 正确，税务机关采取强制执行措施时，对规定中所列纳税人、扣缴义务人、纳税担保人未缴纳的滞纳金同时强制执行。

④ 选项 D 错误，税务机关采取强制执行措施的对象，仅限于从事生产、经营的纳税人、扣缴义务人和纳税担保人，不包括取得工资薪金的个人。

11.【答案】B

【解析】选项 B 正确，根据《税收征收管理法》第四十九条和《实施细则》第七十七条的

规定，欠缴税款数额在 5 万元以上的纳税人，在处分其不动产或者大额资产之前，应当向税务机关报告。

12.【答案】AD

【解析】特殊困难的主要内容包括：

一是因不可抗力，导致纳税人发生较大损失，正常生产经营活动受到较大影响的；（选项 A 正确）

二是当期货币资金在扣除应付职工工资、社会保险费后，不足以缴纳税款的。（选项 D 正确）

「考点 4」纳税担保（★★）

1.【答案】D

【解析】

（1）可以抵押的财产：

① 抵押人所有的房屋和其他地上定着物。

② 抵押人所有的机器、交通运输工具和其他财产。

③ 抵押人依法有权处分的国有房屋和其他地上定着物。（选项 D 正确）

④ 抵押人依法有权处分的国有的机器、交通运输工具和其他财产。

⑤ 经设区的市、自治州以上税务机关确认的其他可以抵押的合法财产。

以依法取得的国有土地上的房屋抵押的，该房屋占用范围内的国有土地使用权同时抵押。

以乡（镇）、村企业的厂房等建筑物抵押的，其占用范围内的土地使用权同时抵押。

（2）下列财产不得抵押：

① 土地所有权。（选项 A 错误）

② 土地使用权，但按照规定可以抵押的除外。

③ 学校、幼儿园、医院等以公益为目的的事业单位、社会团体、民办非企业单位的教育设施、医疗卫生设施和其他社会公益设施。

④ 所有权、使用权不明或者有争议的财产。

⑤ 依法被查封、扣押、监管的财产。（选项 B 错误）

⑥ 依法定程序确认为违法、违章的建筑物。（选项 C 错误）

⑦ 法律、行政法规规定禁止流通的财产或者不可转让的财产。

⑧ 经设区的市、自治州以上税务机关确认的其他不予抵押的财产。

2.【答案】A

【解析】

① 纳税质押分为动产质押和权利质押。而对于不动产，一般是进行纳税抵押。

② 选项 A 正确，房屋可以作为纳税抵押品，而不能作为质押品，质押品需要是动产或者权利。

③ 选项 BCD 错误，纳税质押包括动产质押（现金以及其他除不动产以外的财产提供的质押）和权利质押（汇票、支票、本票、债券、存款单等权利凭证提供的质押），设备属于动产质押，大额存单和定期存款单属于权利质押。

3. 【答案】ABCD

　　【解析】四个选项均正确。

「考点5」纳税信用管理、税务检查、法律责任、税务文书电子送达规定（★）

1. 【答案】D

　　【解析】

　　① 选项A错误，税务机关每年4月确定上一年度纳税信用评价结果。

　　② 选项B错误，实际生产经营期不满3年的，本评价年度不能评为A级。

　　③ 选项C错误，评价年度内无生产经营业务收入的企业，税务机关在每一评价年度结束后，按照规定的时限进行纳税信用评级。

2. 【答案】C

　　【解析】

　　① 选项A错误，纳税信用信息采集按月采集。

　　② 选项B错误，税务机关每年4月确定上一年度纳税信用评价结果。

　　③ 选项D错误，有下列情形之一的纳税人，不参加本期的评价：

　　　a. 纳入纳税信用管理时间不满一个评价年度的；

　　　b. 因涉嫌税收违法被立案查处尚未结案的；

　　　c. 被审计、财政部门依法查出税收违法行为，税务机关正在依法处理，尚未办结的；

　　　d. 已申请税务行政复议、提起行政诉讼尚未结案的。

3. 【答案】ACD

　　【解析】选项B错误。控股母公司纳税信用级别为A级（非B级）的M级纳税人。

4. 【答案】ABCD

　　【解析】四个选项均正确。

5. 【答案】C

　　【解析】

　　① 选项A错误，代扣、代收税款手续费只能由县（市）以上税务机关统一办理退库手续。

　　② 选项B错误，个人收到的个人所得税扣缴手续费，免征个人所得税。

　　③ 选项C正确，扣缴义务人未履行扣缴义务的，可处以应扣未扣税款50%以上3倍以下的罚款。

　　④ 选项D错误，代扣、代收税款手续费不得在征收税款过程中坐支。

6. 【答案】BCD

　　【解析】选项A错误，税务机关减免税时，不给纳税人开具承诺文书。

7. 【答案】BC

　　【解析】

　　① 选项A错误，不能到纳税人住所检查，可以到纳税人生产、经营场所检查。

　　② 选项B正确，责成纳税人、扣缴义务人提供与纳税或者代扣代缴、代收代缴税款有关的文件、证明材料和有关资料。

③ 选项 C 正确，到车站、码头、机场、邮政企业及其分支机构检查纳税人托运、邮寄应纳税商品、货物或者其他财产的有关单据、凭证和有关资料。

④ 选项 D 错误，经县以上税务局（分局）局长批准，凭全国统一格式的检查存款账户许可证明，查询从事生产、经营的纳税人、扣缴义务人在银行或者其他金融机构的存款账户。税务机关在调查税收违法案件时，经设区的市、自治州以上税务局（分局）局长批准，可以查询案件涉嫌人员的储蓄存款。

8.【答案】C

【解析】选项 C 正确，《税收征收管理法》规定，扣缴义务人应扣未扣、应收而不收税款的，由税务机关向纳税人追缴税款，对扣缴义务人处应扣未扣、应收未收税款 50% 以上 3 倍以下的罚款。

9.【答案】A

【解析】选项 A 正确，纳税人以 1 日、3 日、5 日、10 日或者 15 日为 1 个纳税期的，自期满之日起 5 日内预缴税款，于次月 1 日起 15 日内申报纳税并结算上月应纳税款。

主观题部分

【答案】

（1）境外企业在中国境内提供劳务的，应当自项目合同或协议签订之日起 30 日内，向项目所在地税务机关申报办理税务登记。

（2）境外企业在中国境内提供劳务的，应当在项目完工、离开中国境内前 15 日内，持有关证件和资料，向原税务登记机关申报办理注销税务登记。

（3）甲企业应纳税所得额 =600÷(1+6%)×15% =84.91（万元）。
甲公司应缴纳的企业所得税 =84.91×25% =21.23（万元）。

（4）甲公司应缴纳的增值税 =600÷(1+6%)×6% =33.96（万元）。

（5）甲公司应缴纳的城市维护建设税、教育费附加、地方教育附加合计 =33.96×(7% +3% +2%) =4.08（万元）。

【解析】

（1）略。

（2）略。

（3）甲企业属于非居民企业，其在中国境内设有机构、场所且所得与机构、场所有关联，故甲公司企业所得税适用税率为 25%。应纳税所得额 =收入总额×经税务机关核定的利润率。

（4）甲公司提供咨询服务，属于现代服务里的鉴证咨询服务，增值税适用税率为 6%。

（5）甲公司应缴纳的城市维护建设税、教育费附加和地方教育附加，是以企业实际缴纳的增值税和消费税为依据的，乙公司在市区，城建税适用税率为 7%。

【考点】税务管理、企业所得税应纳税额计算、增值税计税方法、城市维护建设税、教育费附加

14 第十四章 税务行政法制·答案

「考点1」税务行政处罚的设定和种类（★★）

1.【答案】B

【解析】

① 选项 A 错误，国家税务总局可以通过规章的形式设定警告和罚款。

② 选项 B 正确，税务行政规章对非经营活动中的违法行为设定罚款不得超过 1 000 元。

③ 选项 C 错误，国务院可以通过行政法规的形式设定除限制人身自由以外的税务行政处罚。

④ 选项 D 错误，税务局及其以下各级税务机关制定的税收法律、法规、规章以外的规范性文件，在税收法律、法规、规章规定给予行政处罚的行为、种类和幅度的范围内作出具体规定，是一种执行税收法律、法规、规章的行为，不是对税务行政处罚的设定。

2.【答案】ACD

【解析】现行税务行政处罚主要有：①罚款；（选项 A 正确）②没收财物违法所得；（选项 C 正确）③停止出口退税权；（选项 D 正确）④法律、法规和规章规定的其他行政处罚。

3.【答案】B

【解析】

① 选项 A 错误，国务院可以通过行政法规的形式设定除限制人身自由以外的税务行政处罚。

② 选项 B 正确，国家税务总局可以通过规章的形式设定警告和罚款。

③ 选项 C 错误，税务局及其以下各级税务机关制定的税收法律、法规、规章以外的规范性文件，在税收法律、法规、规章规定给予行政处罚的行为、种类和幅度的范围内作出具体规定，是一种执行税收法律、法规、规章的行为，不是对税务行政处罚的设定。

④ 选项 D 错误，全国人民代表大会及其常务委员会可以通过法律的形式设定各种税务行政处罚。

4.【答案】ACD

【解析】选项 B 错误，税务行政规章对非经营活动中的违法行为设定罚款不得超过 1 000 元。

5.【答案】B

【解析】

① 选项 A 错误，税务局及其以下各级税务机关制定的税收法律、法规、规章以外的规范性文件，在税收法律、法规、规章规定给予行政处罚的行为、种类和幅度的范围内作出具体规定，是一种执行税收法律、法规、规章的行为，不是对税务行政处罚的设定。

② 选项 B 正确，国家税务总局可以通过规章的形式设定警告和罚款。

③ 选项 C 错误，税务行政处罚的实施主体主要是县级以上的税务机关。稽查局专司偷税、逃避追缴欠税、骗税、抗税案件的查处。即稽查局不属于内设机构和派出机构，具有税务行政处罚主体资格。

④ 选项 D 错误，税务所可以实施罚款额在 2 000 元以下的税务行政处罚。这是《税收征收管理法》对税务所的特别授权。

「考点 2」税务行政处罚的主体和管辖、简易程序和一般程序（★★）

1. **【答案】** B

   【解析】 选项 B 正确，税务所可以实施罚款额在 2 000 元以下的税务行政处罚。这是《税收征收管理法》对税务所的特别授权。

2. **【答案】** D

   【解析】 选项 D 正确，税务行政处罚听证的范围是对公民作出 2 000 元以上，或者对法人或其他组织作出 1 万元以上罚款的案件。

3. **【答案】** D

   【解析】 选项 D 正确，税务行政处罚的实施主体主要是县级以上的税务机关。各级税务机关的内设机构、派出机构不具处罚主体资格，不能以自己的名义实施税务行政处罚。但是税务所可以实施罚款额在 2 000 元以下的税务行政处罚。

4. **【答案】** B

   【解析】

   ① 选项 A 错误，税务局及其以下各级税务机关制定的税收法律、法规、规章以外的规范性文件，在税收法律、法规、规章规定给予行政处罚的行为、种类和幅度的范围内作出具体规定，是一种执行税收法律、法规、规章的行为，不是对税务行政处罚的设定。

   ② 选项 B 正确，税务行政处罚听证的范围是对公民作出 2 000 元以上，或者对法人或其他组织作出 1 万元以上罚款的案件。

   ③ 选项 C 错误，税务所可以实施罚款额在 2 000 元以下的税务行政处罚。这是《税收征收管理法》对税务所的特别授权。

   ④ 选项 D 错误，现行税务行政处罚主要有：a. 罚款；b. 没收财物违法所得；c. 停止出口退税权；d. 法律、法规和规章规定的其他行政处罚。

「考点 3」税务行政复议受案范围、复议与管辖（★★★）

1. **【答案】** ABCD

   【解析】 四个选项均正确。

2. **【答案】** ABC

   【解析】 申请人对复议范围中征税行为不服的，应当先向行政复议机关申请行政复议；对行政复议决定不服的，可以向人民法院提起行政诉讼。

   征税行为，包括确认纳税主体、征税对象、征税范围、减税、免税（选项 D 错误）、退税、抵扣税款、适用税率、计税依据、纳税环节、纳税期限、纳税地点和税款征收方式等具体行政行为，征收税款、加收滞纳金、扣缴义务人、受税务机关委托的单位和个人作出的代扣代缴、代收代缴、代征行为等。

3.【答案】A

【解析】

① 申请人对复议范围中征税行为不服的，应当先向行政复议机关申请行政复议；对行政复议决定不服的，可以向人民法院提起行政诉讼。

② 征税行为，包括确认纳税主体、征税对象、征税范围、减税、免税、退税、抵扣税款、适用税率、计税依据、纳税环节、纳税期限、纳税地点和税款征收方式等具体行政行为，征收税款、加收滞纳金（选项 A 正确），扣缴义务人、受税务机关委托的单位和个人作出的代扣代缴、代收代缴、代征行为等。

③ 选项 BCD 错误，不属于征税行为。故可以申请行政复议，也可以直接起诉。

4.【答案】ABCD

【解析】四个选项均正确。

5.【答案】ABC

【解析】选项 D 错误，对税务机关与其他行政机关以共同的名义作出的具体行政行为不服的，向其共同上一级行政机关申请行政复议。

6.【答案】ABCD

【解析】四个选项均正确。

7.【答案】BCD

【解析】行政复议机关受理申请人对税务机关下列具体行政行为不服提出的行政复议申请：

① 征税行为。（选项 C 正确）

② 行政许可、行政审批行为。

③ 发票管理行为，包括发售、收缴、代开发票等。

④ 税收保全措施、强制执行措施。（选项 B 正确）

⑤ 行政处罚行为：a. 罚款；b. 没收财物和违法所得；c. 停止出口退税权。（选项 D 正确）

⑥ 不依法履行下列职责的行为：a. 颁发税务登记；b. 开具、出具完税凭证、外出经营活动税收管理证明；c. 行政赔偿；d. 行政奖励；e. 其他不依法履行职责的行为。

⑦ 资格认定行为。

⑧ 不依法确认纳税担保行为。

⑨ 政府信息公开工作中的具体行政行为。

⑩ 纳税信用等级评定行为。

⑪ 通知出入境管理机关阻止出境行为。

⑫ 其他具体行政行为。

申请人认为税务机关的具体行政行为所依据的下列规定不合法，对具体行政行为申请行政复议时，可以一并向行政复议机关提出对有关规定的审查申请：

① 国家税务总局和国务院其他部门的规定。

② 其他各级税务机关的规定。

③ 地方各级人民政府的规定。

④ 地方人民政府工作部门的规定。

上述规定不包括规章。(选项 A 错误)

8.【答案】ABCD

【解析】四个选项均正确。

「考点4」 税务行政复议申请人和被申请人、处理程序 (★★)

1.【答案】ACD

【解析】申请人可以在知道税务机关作出具体行政行为之日起60日内提出行政复议申请。申请期限的计算,依照下列规定办理:

① 当场作出具体行政行为的,自具体行政行为作出之日起计算。(选项 A 正确)

② 载明具体行政行为的法律文书直接送达的,自受送达人签收之日起计算。(选项 C 正确)

③ 载明具体行政行为的法律文书邮寄送达的,自受送达人在邮件签收单上签收之日起计算;没有邮件签收单的,自受送达人在送达回执上签名之日起计算。

④ 具体行政行为依法通过公告形式告知受送达人的,自公告规定的期限届满之日起计算。(选项 B 错误)

⑤ 税务机关作出具体行政行为时未告知申请人,事后补充告知的,自该申请人收到税务机关补充告知的通知之日起计算。

⑥ 被申请人能够证明申请人知道具体行政行为的,自证据材料证明其知道具体行政行为之日起计算。(选项 D 正确)

税务机关作出具体行政行为,依法应当向申请人送达法律文书而未送达的,视为该申请人不知道该具体行政行为。

2.【答案】A

【解析】

① 选项 A 正确,有权申请行政复议的公民死亡的,其近亲属可以申请行政复议。

② 选项 B 错误,股份制企业的股东大会、股东代表大会、董事会认为税务具体行政行为侵犯企业合法权益的,可以以企业的名义申请行政复议。

③ 选项 C 错误,行政复议期间,申请人以外的公民、法人或者其他组织与被审查的税务具体行政行为有利害关系的,可以向行政复议机关申请作为第三人参加行政复议。

④ 选项 D 错误,合伙企业申请行政复议的,应当以核准登记的企业为申请人,由执行合伙事务的合伙人代表该企业参加行政复议;其他合伙组织申请行政复议的,由合伙人共同申请行政复议。

3.【答案】A

【解析】行政复议期间,有下列情形之一的,行政复议终止:

① 申请人要求撤回行政复议申请,行政复议机构准予撤回的。

② 作为申请人的公民死亡,没有近亲属,或者其近亲属放弃行政复议权利的。(选项 A 正确)

③ 作为申请人的法人或者其他组织终止,其权利义务的承受人放弃行政复议权利的。

④ 申请人与被申请人依照规定,经行政复议机构准许达成和解的。

税法
Taxation Laws

⑤ 行政复议申请受理以后，发现其他行政复议机关已经先于本机关受理，或者人民法院已经受理的。

⑥ 行政复议中止的①~③规定中止行政复议，满60日行政复议中止的原因未消除的。

行政复议期间，有下列情形之一的，行政复议中止：

① 作为申请人的公民死亡，其近亲属尚未确定是否参加行政复议的。

② 作为申请人的公民丧失参加行政复议的能力，尚未确定法定代理人参加行政复议的。

③ 作为申请人的法人或者其他组织终止，尚未确定权利义务承受人的。（选项D错误）

④ 作为申请人的公民下落不明或者被宣告失踪的。（选项C错误）

⑤ 申请人、被申请人因不可抗力，不能参加行政复议的。

⑥ 行政复议机关因不可抗力原因暂时不能履行工作职责的。

⑦ 案件涉及法律适用问题，需要有权机关作出解释或者确认的。（选项B错误）

⑧ 案件审理需要以其他案件的审理结果为依据，而其他案件尚未审结的。

⑨ 其他需要中止行政复议的情形。

本题问的是"终止"，故应选A。

4. 【答案】ABCD

【解析】四个选项均正确。

5. 【答案】ABCD

【解析】四个选项均正确。

6. 【答案】AB

【解析】行政复议期间，有下列情形之一的，行政复议中止：

① 作为申请人的公民死亡，其近亲属尚未确定是否参加行政复议的。（选项A正确）

② 作为申请人的公民丧失参加行政复议的能力，尚未确定法定代理人参加行政复议的。

③ 作为申请人的法人或者其他组织终止，尚未确定权利义务承受人的。（选项B正确）

④ 作为申请人的公民下落不明或者被宣告失踪的。

⑤ 申请人、被申请人因不可抗力，不能参加行政复议的。

⑥ 行政复议机关因不可抗力原因暂时不能履行工作职责的。

⑦ 案件涉及法律适用问题，需要有权机关作出解释或者确认的。

⑧ 案件审理需要以其他案件的审理结果为依据，而其他案件尚未审结的。

⑨ 其他需要中止行政复议的情形。

行政复议期间，有下列情形之一的，行政复议终止：

① 申请人要求撤回行政复议申请，行政复议机构准予撤回的。

② 作为申请人的公民死亡，没有近亲属，或者其近亲属放弃行政复议权利的。（选项C错误）

③ 作为申请人的法人或者其他组织终止，其权利义务的承受人放弃行政复议权利的。（选项D错误）

④ 申请人与被申请人依照第九项税务行政复议和解与调解中第2条的规定，经行政复议机构准许达成和解的。

⑤ 行政复议申请受理以后，发现其他行政复议机关已经先于本机关受理，或者人民法院已

经受理的。

⑥ 行政复议中止的①~③规定中止行政复议，满60日行政复议中止的原因未消除的。

7.【答案】C

【解析】税务所作为税务局的派出机构，经法律、法规的授权，有一定的税务行政处罚权（2 000 元以内罚款的处罚权）。只要满足两个条件：一是法律、法规对税务所有授权，二是税务所以自己的名义做出具体行政行为，则税务所就可以成为税务行政复议的被申请人。申请人对具体行政行为不服申请行政复议的，作出该具体行政行为的税务机关为被申请人。选项 C 正确。

8.【答案】ABCD

【解析】四个选项均正确。

9.【答案】BCD

【解析】

① 选项 A 符合，股份制企业的股东大会、股东代表大会、董事会认为税务具体行政行为侵犯企业合法权益的，可以以企业的名义申请行政复议。

② 选项 B 不符合，有权申请行政复议的公民死亡的，其近亲属可以申请行政复议。

③ 选项 C 不符合，同一行政复议案件申请人超过 5 人的，应当推选 1~5 名代表参加行政复议。

④ 选项 D 不符合，申请人、第三人委托代理人的，应当向行政复议机构提交授权委托书。公民在特殊情况下无法书面委托的，可以口头委托。

「考点5」税务行政诉讼（★★）

1.【答案】D

【解析】税务行政诉讼必须和其他行政诉讼一样，遵循以下几个特有原则：

① 人民法院特定主管原则。

② 合法性审查原则。

③ 不适用调解原则。（选项 A 错误）

④ 起诉不停止执行原则。（选项 B 错误）

⑤ 税务机关负举证责任原则。（选项 D 正确）

⑥ 由税务机关负责赔偿的原则。（选项 C 错误，应是税务机关负责赔偿，而非其工作人员）

2.【答案】A

【解析】在税务行政诉讼等行政诉讼中，起诉权是单向性的权利，税务机关不享有起诉权，只有应诉权，即税务机关只能作为被告；与民事诉讼不同，作为被告的税务机关不能反诉。

3.【答案】A

【解析】选项 A 正确，罚款不属于征税行为，故可以申请行政复议，也可以直接起诉。

4.【答案】ABCD

【解析】四个选项均正确。

5. 【答案】A

【解析】选项 A 正确，对税务机关的征税行为提起诉讼，必须先经过复议；对复议决定不服的，可以在接到复议决定书之日起 15 日内向人民法院起诉。对其他具体行政行为不服的，当事人可以在接到通知或者知道之日起 15 日内直接向人民法院起诉。

BT 教育——陪伴奋斗年华

致敬这个时代最有梦想的人

有时候会觉得自己很孤单，哪怕并不缺少亲人朋友关切的眼神。因为没有处在相同的境地，没有面临等同的压力，没有殊途同归的共同目标，所以有口难言，情绪都烂在心里。想要与志同道合的朋友喝酒聊天，想要在他们眼里找回激情和梦想，想要与保持着同一份初心的人一路前行。

陪伴，是最温暖的情怀，是最长情的告白，而 BT 教育就想要送你这一份温暖，陪伴奋斗年华。

学习知识固然重要，可是陪伴或许才是教育的本质。有"效率"的陪伴，应该是"双向沟通"，就像高效的学习不应当只是"单向传输"一样。老师懂你的困惑，你也能跟上老师的节奏，及时的互通和反馈才是陪伴的真谛！信息时代里，我们缺少的绝对不是那堆冷冰冰的知识，而是能有良师在授业解惑之余不断引导你培养终身受益的学习方法，也是益友持续鼓励你不渝前行，这或许就是教育的本质。这样的经历在我们学生时代也许并不陌生，只是多年之后再回首，那些坚定又充实的学习时光竟然是那般遥远。在 BT 教育里，我们想要给你陪伴，带你再回那段时光。

纵然无线 Wi-Fi 不能传递热能，可是陪伴却可以带来无限温情。直播间里，老师说"懂得了就扣 1"，一连串的 1111 让我们透过屏幕感受到你们的欣喜和雀跃；班级群里，助教说"复习完了要打卡"，同学们较着劲儿地报进度，互相鼓励着去坚持，真切地觉得在奋斗的不只是自己。

纵使我们来自全国各地，可是有着相同的奋斗心情。我们在一群素未谋面的陌生人中嗅到了至真至纯的人情味儿，让早读成为了习惯，拼搏至凌晨成为了常态。助教的督促，老师的答疑，同学的鼓励，让汗水终将换来理想成绩的感动。正是对这份温暖的向往，对目标的矢志不渝，让你在最美的年华，选择了奋斗在 BT 教育。一个人走得很快，一群人相伴可以走得更远。

熹微晨光中，鸟鸣和 BT 教育陪你，静谧的夜里，咖啡和 BT 教育陪你；没有休息的周六日，没有旅行的假期，BT 教育一直陪你，陪你！陪你遥望真理无穷，陪你感受每进一寸的欢喜，陪你平缓坎坷心情，陪你度过奋斗年华！

BT 教育—陪伴奋斗年华。BestTime，最美的年华，奋斗在 BT 教育！

使用说明

　　CPA 知识涉及面广，知识点零散，记忆强度大，但其逻辑非常连贯，像一棵大树，从树干伸展到树枝再到树叶，体系严谨。学习过程中若能沿着考点脉络不断延伸，再不断消化拓展，即可事半功倍，这便是通关的捷径。

　　思维框架图的作用就是调动鲜活的思考力，梳理你脑中的知识，并形成完整的体系。这样不仅可以避免混淆知识之间的关系，出现丢三落四、张冠李戴的情况，还可以有效地帮助你巩固记忆，将整本书越背越薄、越背越快。

　　所以思维框架图绝不是简单地将教材目录和各级标题抄一抄即可，而应该运用归纳整理能力提炼知识要点，接着理清知识点之间的逻辑脉络，进而重组内容架构。为贯彻 BT 教育高效应试的特色，我们在 CPA 思维框架图独创如下特点：

☆ 1. 根据考点分割，进行考情分析

　　我们整理了近 10 年真题，并统计了每个考点的考查频次。除此之外，每章的知识点我们都配置了考情分析、考频、分值、命题形式，重点内容一目了然。只有知道考什么、怎么考，我们才能有的放矢地分配好精力，高效学习。

☆ 2. 重点标记、一目了然

　　我们对每一科的考点都标注了星级，★的数量代表考频高低，一星为低频考点，若时间紧张，可适度选择放弃；但若想追求高分则尽量全部掌握。

☆ 3. 内容精简、考点全面

　　我们对每个考点都进行了深度提炼加工，在全面覆盖考点的基础上，减少了 95% 以上的文字量，极大减轻了学习负担。

思维框架图的使用方法

针对不同的学习阶段，巧妙地使用思维框架图，可以达成不同的效果，框架图可以贯穿你的备考全程，真正做到一册在手，学习不愁。

【预习阶段——内容提要】

在脑海中对章节建立整体模块布局，重要的考点还需进行额外标注，大概扫一下前三级内容标题。

【复习阶段——学霸笔记】

使用思维框架图，复习刚刚学完的章节，能将散装概念再次梳理，并形成结构性极强的体系，帮助自己加深理解、巩固记忆。

打开对应章节的思维框架图，从上到下，从左到右，出声朗读，完成初步梳理。再采用费曼学习法用自己的语言把知识点讲给自己听，若能够流畅地讲述下去，则证明本章内容已基本掌握；若某个地方卡住了，说明知识消化存在问题，则标记疑惑点，再次学习直至掌握。

对于时间较充裕的同学，这时候需要你拿出一张白纸自己画思维框架图，再与我们的思维框架图进行对比，查漏补缺；对于时间紧张的同学，则画出大体框架，在脑海中不断填充细节。

【背诵阶段——通关手册】

CPA 的备考过程其实是与遗忘作斗争的过程，这份自带考点考频分析表、做题技巧的思维框架图，就是你冲刺背诵最好的笔记，相比满满文字的讲义，思维框架图更清晰，且有助于你点、线、面地逐步复述知识点，查漏补缺，再搭配语音微课，利用碎片化时间不断重复巩固记忆，可以有效将书越背越薄、越背越牢！

扫码免费领取题库+随书附送讲义资料

目 录
CONTENTS

第一章

税法总论

- 分值比重：3分左右
- 命题形式：单选、多选
- ★ 核心考点：（1）税法原则
  （2）税法要素
  （3）税收执法
  （4）税务权利和义务

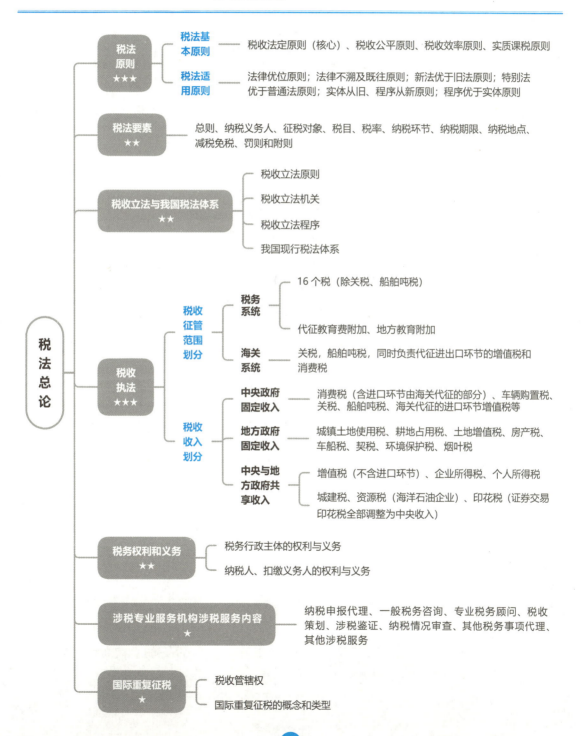

税法总论

- **税法原则 ★★★**
  - **税法基本原则** —— 税收法定原则（核心）、税收公平原则、税收效率原则、实质课税原则
  - **税法适用原则** —— 法律优位原则；法律不溯及既往原则；新法优于旧法原则；特别法优于普通法原则；实体从旧、程序从新原则；程序优于实体原则

- **税法要素 ★★** —— 总则、纳税义务人、征税对象、税目、税率、纳税环节、纳税期限、纳税地点、减税免税、罚则和附则

- **税收立法与我国税法体系 ★★**
  - 税收立法原则
  - 税收立法机关
  - 税收立法程序
  - 我国现行税法体系

- **税收执法 ★★★**
  - **税收征管范围划分**
    - **税务系统**
      - 16个税（除关税、船舶吨税）
      - 代征教育费附加、地方教育附加
    - **海关系统** —— 关税，船舶吨税，同时负责代征进出口环节的增值税和消费税
  - **税收收入划分**
    - **中央政府固定收入** —— 消费税（含进口环节由海关代征的部分）、车辆购置税、关税、船舶吨税、海关代征的进口环节增值税等
    - **地方政府固定收入** —— 城镇土地使用税、耕地占用税、土地增值税、房产税、车船税、契税、环境保护税、烟叶税
    - **中央与地方政府共享收入**
      - 增值税（不含进口环节）、企业所得税、个人所得税
      - 城建税、资源税（海洋石油企业）、印花税（证券交易印花税全部调整为中央收入）

- **税务权利和义务 ★★**
  - 税务行政主体的权利与义务
  - 纳税人、扣缴义务人的权利与义务

- **涉税专业服务机构涉税服务内容 ★** —— 纳税申报代理、一般税务咨询、专业税务顾问、税收策划、涉税鉴证、纳税情况审查、其他税务事项代理、其他涉税服务

- **国际重复征税 ★**
  - 税收管辖权
  - 国际重复征税的概念和类型

一 **第二章**
增值税法

- 分值比重：20分左右
- 命题形式：各种题型都会涉及，尤其关注跨税种的综合题
- ★ 核心考点：(1) 增值税法的征税范围与税率、征收率
  (2) 一般计税方法和简易计税方法下应纳税额的计算
  (3) 进口环节增值税法的征收
  (4) 增值税法的税收优惠和征收管理

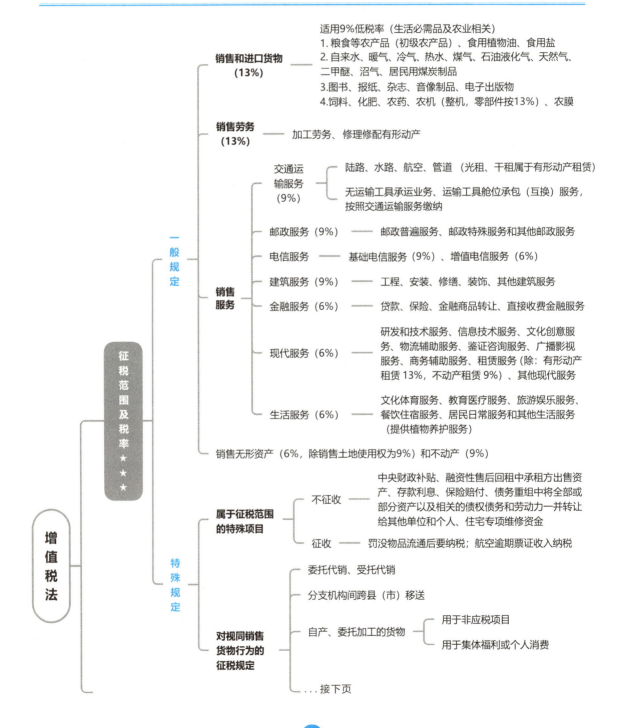

...接下页

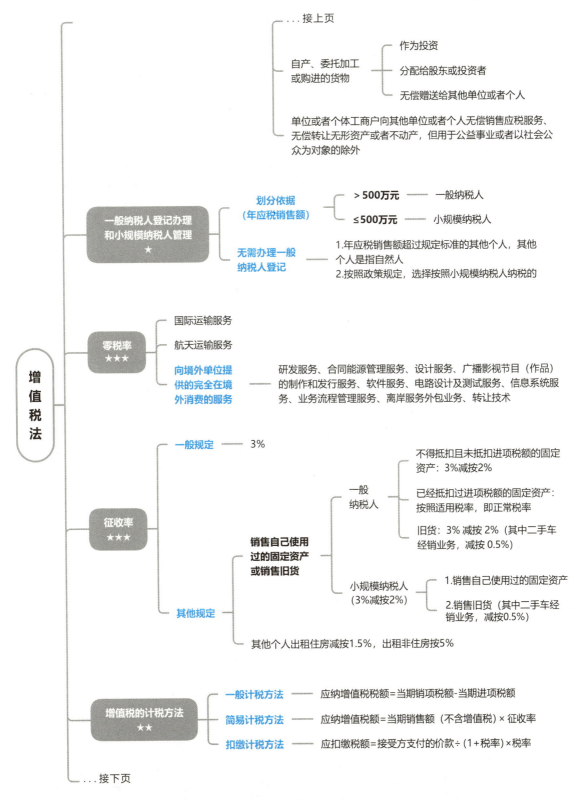

... 接上页

增值税法

销项税额的计算

一般销售方式下的销售额

- 全部价款+价外费用
- 不属于价外费用
  1. 收取的销项税
  2. 代收代缴的消费税
  3. 以委托方名义开具发票代委托方收取的款项
  4. 代收的政府性基金和行政性事业收费
  5. 代办的保险费、车辆购置税、车辆牌照费
- 包装物押金的处理
  - 一年内
    - 未到期——不计入价外费用
    - 到期——计入价外费用
  - 一年外——不论是否到期，均计入价外费用
  - 酒类包装物
    - 啤酒、黄酒——按上述规则
    - 啤酒、黄酒以外其他酒——均计入价外费用

特殊销售方式下的销售额

- 折扣方式销售
  - 折扣销售（商业折扣）
  - 销售折扣（现金折扣）
  - 销售折让
- 以旧换新方式销售——不得减除旧货收购价（除金银首饰外）
- 以物易物方式销售——正常买卖核算
- 贷款服务——以全部利息及利息性质的收入为销售额
- 直接收费金融服务

按差额确定销售额

金融商品转让、经纪代理、航空运输、客运场站服务、旅游服务、简易计税的建筑服务、简易计税的不动产转让、一般计税的房企销售自行开发不动产

视同发生应税销售行为的销售额确定

1. 纳税人最近同类货物
2. 其他纳税人最近时期同类货物
3. 组成价格＝（成本＋利润）／（1-消费税税率）

含税销售额的换算

销售额＝含税销售额÷（1+税率或征收率）

一般计税方法应纳税额计算 ★★★

进项税额的计算

准予抵扣

- 增值税专用发票上注明的增值税税额
- 海关进口增值税专用缴款书上注明的增值税税额
- 购进农产品——一般按9%计算扣除，用于生产13%货物的，按照10%扣除
- 收购烟叶——准予抵扣的进项税额＝（收购烟叶实际支付的价款总额+烟叶税应纳税额）×扣除率
- 收费公路通行费
  - 道路通行费：收费公路通行费增值税电子普通发票上注明的增值税
  - 桥、闸通行费：可抵扣进项税额=通行费发票上注明的金额÷(1+5%)×5%
- 纳税人租入固定资产、不动产，既用于一般计税方法计税项目，又用于简易计税方法计税项目、免征增值税项目、集体福利或者个人消费的，其进项税额准予从销项税额中全额抵扣

... 接下页

增值税法

一般计税方法应纳税额计算 ★★★

...接上页

国内旅客运输服务 — 限于与本单位签订劳动合同的员工、作为用工单位接受的劳务派遣员工
- 取得增值税发票:凭票抵扣
- 未取得增值税专用发票的,暂按以下规定确定进项税额:
  - ①注明身份的航空电子客票行程单:进项税额 = (票价 + 燃油附加费) ÷ (1+9%) ×9%
  - ②注明身份的铁路车票:进项税额 = 票面金额 ÷ (1+9%) ×9%
  - ③注明身份的公路、水路等其他客票:进项税额 = 票面金额 ÷ (1+3%) ×3%

不得抵扣
- 用于简易计税方法计税项目、免征增值税项目集体福利、个人消费的购进货物、劳务、服务、无形资产和不动产
- 非正常损失
- 购进的贷款服务、餐饮服务、居民日常服务、娱乐服务
- 与该笔贷款直接相关的投融资顾问费、手续费、咨询费等费用
- 兼营而无法划分的 — 不得抵扣进项税额=当期无法划分的全部进项税额×(当期简易计税方法计税项目销售额+免征增值税项目销售额)÷当期全部销售额
- 计算纳税且不得抵扣进项的 — 1.一般纳税人会计核算不健全/不能提供准确税务资料 2.应当办理一般纳税人资格登记而未办理的

应纳税额的计算
- **进项税额不足抵扣的处理** — 结转下期继续抵扣、退还增量留抵税额
- 已经抵扣进项税额而改变用途,不满足抵扣条件的——进项税额转出
- 向购货方取得返还收入——平销返利,冲减当期进项税额

建筑业
- **简易纳税** — 清包工方式、甲供工程、建筑工程老项目
- **一般纳税人跨县(市、区)**
  - 一般计税 — 应预缴税款= (全部价款和价外费用 - 支付的分包款) ÷ (1+9%) ×2%
  - 简易计税 — 应预缴税款= (全部价款和价外费用 - 支付的分包款) ÷ (1+3%) ×3%
- **小规模纳税人跨县(市、区)** — 应预缴税款= (全部价款和价外费用 - 支付的分包款) ÷ (1+3%) ×3%

转让不动产
- **一般纳税人**
  - 2016年4月30日前 — 外部取得/自建—— 可以简易计税,5%征收率
  - 2016年5月1日后 — 外部取得/自建——一般计税方法,5%预征率
- **小规模纳税人(除其他个人)** — 外部取得/自建——征收率为5%
- **其他个人转让住房**
  - 北上广深 — 1.不足2年,全额5% 2.满2年的非普通住房,差额5% 3.满2年的普通住房,免征
  - 其他地区 — 1.不足2年,全额5% 2.满2年,免征

...接下页

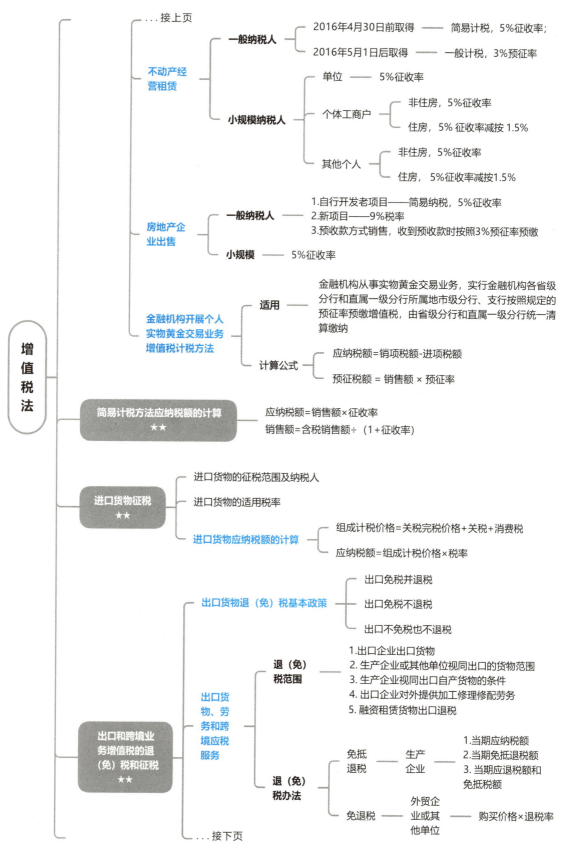

...接上页

增值税法

不动产经营租赁
- 一般纳税人
  - 2016年4月30日前取得 —— 简易计税，5%征收率；
  - 2016年5月1日后取得 —— 一般计税，3%预征率
- 小规模纳税人
  - 单位 —— 5%征收率
  - 个体工商户
    - 非住房，5%征收率
    - 住房，5%征收率减按1.5%
  - 其他个人
    - 非住房，5%征收率
    - 住房，5%征收率减按1.5%

房地产企业出售
- 一般纳税人
  - 1.自行开发老项目——简易纳税，5%征收率
  - 2.新项目——9%税率
  - 3.预收款方式销售，收到预收款时按照3%预征率预缴
- 小规模 —— 5%征收率

金融机构开展个人实物黄金交易业务增值税计税方法
- 适用 —— 金融机构从事实物黄金交易业务，实行金融机构各省级分行和直属一级分行所属地市级分行、支行按照规定的预征率预缴增值税，由省级分行和直属一级分行统一清算缴纳
- 计算公式
  - 应纳税额=销项税额-进项税额
  - 预征税额＝销售额×预征率

简易计税方法应纳税额的计算★★
- 应纳税额=销售额×征收率
- 销售额=含税销售额÷（1+征收率）

进口货物征税★★
- 进口货物的征税范围及纳税人
- 进口货物的适用税率
- 进口货物应纳税额的计算
  - 组成计税价格=关税完税价格+关税+消费税
  - 应纳税额=组成计税价格×税率

出口和跨境业务增值税的退（免）税和征税★★

出口货物退（免）税基本政策
- 出口免税并退税
- 出口免税不退税
- 出口不免税也不退税

出口货物、劳务和跨境应税服务
- 退（免）税范围
  - 1.出口企业出口货物
  - 2.生产企业或其他单位视同出口的货物范围
  - 3.生产企业视同出口自产货物的条件
  - 4.出口企业对外提供加工修理修配劳务
  - 5.融资租赁货物出口退税
- 退（免）税办法
  - 免抵退税 —— 生产企业
    - 1.当期应纳税额
    - 2.当期免抵退税额
    - 3.当期应退税额和免抵税额
  - 免退税 —— 外贸企业或其他单位 —— 购买价格×退税率

...接下页

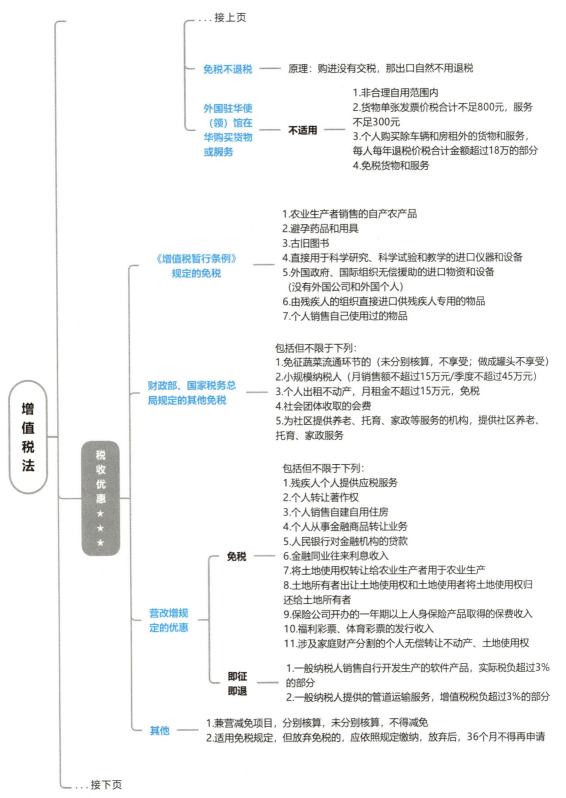

...接上页

免税不退税 —— 原理：购进没有交税，那出口自然不用退税

外国驻华使（领）馆在华购买货物或服务

不适用
1. 非合理自用范围内
2. 货物单张发票价税合计不足800元，服务不足300元
3. 个人购买除车辆和房租外的货物和服务，每人每年退税价税合计金额超过18万的部分
4. 免税货物和服务

税收优惠★★★

《增值税暂行条例》规定的免税
1. 农业生产者销售的自产农产品
2. 避孕药品和用具
3. 古旧图书
4. 直接用于科学研究、科学试验和教学的进口仪器和设备
5. 外国政府、国际组织无偿援助的进口物资和设备（没有外国公司和外国个人）
6. 由残疾人的组织直接进口供残疾人专用的物品
7. 个人销售自己使用过的物品

财政部、国家税务总局规定的其他免税
包括但不限于下列：
1. 免征蔬菜流通环节的（未分别核算，不享受；做成罐头不享受）
2. 小规模纳税人（月销售额不超过15万元/季度不超过45万元）
3. 个人出租不动产，月租金不超过15万元，免税
4. 社会团体收取的会费
5. 为社区提供养老、托育、家政等服务的机构，提供社区养老、托育、家政服务

营改增规定的优惠

免税
包括但不限于下列：
1. 残疾人个人提供应税服务
2. 个人转让著作权
3. 个人销售自建自用住房
4. 个人从事金融商品转让业务
5. 人民银行对金融机构的贷款
6. 金融同业往来利息收入
7. 将土地使用权转让给农业生产者用于农业生产
8. 土地所有者出让土地使用权和土地使用者将土地使用权归还给土地所有者
9. 保险公司开办的一年期以上人身保险产品取得的保费收入
10. 福利彩票、体育彩票的发行收入
11. 涉及家庭财产分割的个人无偿转让不动产、土地使用权

即征即退
1. 一般纳税人销售自行开发生产的软件产品，实际税负超过3%的部分
2. 一般纳税人提供的管道运输服务，增值税税负超过3%的部分

其他
1. 兼营减免项目，分别核算，未分别核算，不得减免
2. 适用免税规定，但放弃免税的，应依照规定缴纳，放弃后，36个月不得再申请

增值税法

...接下页

... 接上页

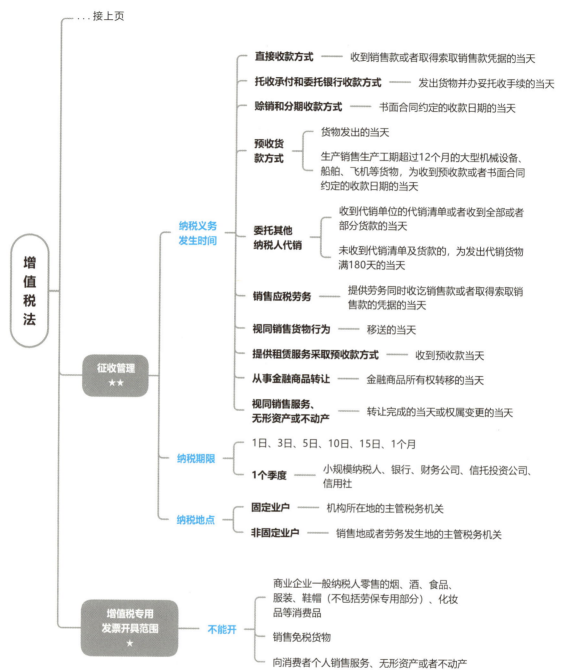

增值税法

征收管理 ★★

纳税义务发生时间

直接收款方式 —— 收到销售款或者取得索取销售款凭据的当天

托收承付和委托银行收款方式 —— 发出货物并办妥托收手续的当天

赊销和分期收款方式 —— 书面合同约定的收款日期的当天

预收货款方式
- 货物发出的当天
- 生产销售生产工期超过12个月的大型机械设备、船舶、飞机等货物，为收到预收款或者书面合同约定的收款日期的当天

委托其他纳税人代销
- 收到代销单位的代销清单或者收到全部或者部分货款的当天
- 未收到代销清单及货款的，为发出代销货物满180天的当天

销售应税劳务 —— 提供劳务同时收讫销售款或者取得索取销售款的凭据的当天

视同销售货物行为 —— 移送的当天

提供租赁服务采取预收款方式 —— 收到预收款当天

从事金融商品转让 —— 金融商品所有权转移的当天

视同销售服务、无形资产或不动产 —— 转让完成的当天或权属变更的当天

纳税期限
- 1日、3日、5日、10日、15日、1个月
- 1个季度 —— 小规模纳税人、银行、财务公司、信托投资公司、信用社

纳税地点
- 固定业户 —— 机构所在地的主管税务机关
- 非固定业户 —— 销售地或者劳务发生地的主管税务机关

增值税专用发票开具范围 ★

不能开
- 商业企业一般纳税人零售的烟、酒、食品、服装、鞋帽（不包括劳保专用部分）、化妆品等消费品
- 销售免税货物
- 向消费者个人销售服务、无形资产或者不动产

第三章
消费税法

📊 分值比重：10分左右

🎲 命题形式：各种题型都会涉及

⭐ 核心考点：
- (1) 消费税法的纳税义务人与税率、征税环节
- (2) 准确区分消费税法的15种税目和征税方式
- (3) 消费税法的计税依据与已纳消费税法的扣除范围
- (4) 消费税法各个环节应纳税额的计算
- (5) 消费税法的征收管理

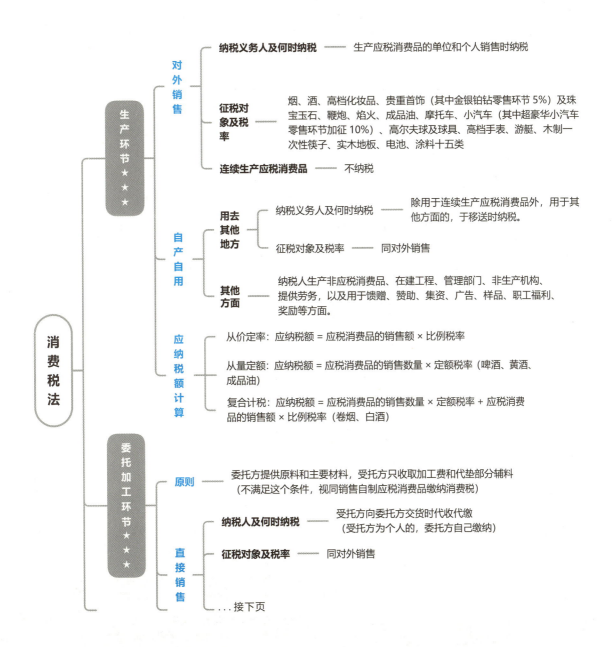

消费税法

生产环节 ★★★

对外销售
- **纳税义务人及何时纳税** —— 生产应税消费品的单位和个人销售时纳税
- **征税对象及税率** —— 烟、酒、高档化妆品、贵重首饰（其中金银铂钻零售环节5%）及珠宝玉石、鞭炮、焰火、成品油、摩托车、小汽车（其中超豪华小汽车零售环节加征10%）、高尔夫球及球具、高档手表、游艇、木制一次性筷子、实木地板、电池、涂料十五类
- **连续生产应税消费品** —— 不纳税

自产自用
- **用去其他地方**
  - 纳税义务人及何时纳税 —— 除用于连续生产应税消费品外，用于其他方面的，于移送时纳税。
  - 征税对象及税率 —— 同对外销售
- **其他方面** —— 纳税人生产非应税消费品、在建工程、管理部门、非生产机构、提供劳务，以及用于馈赠、赞助、集资、广告、样品、职工福利、奖励等方面。

应纳税额计算
- 从价定率：应纳税额＝应税消费品的销售额×比例税率
- 从量定额：应纳税额＝应税消费品的销售数量×定额税率（啤酒、黄酒、成品油）
- 复合计税：应纳税额＝应税消费品的销售数量×定额税率＋应税消费品的销售额×比例税率（卷烟、白酒）

委托加工环节 ★★★★

原则 —— 委托方提供原料和主要材料，受托方只收取加工费和代垫部分辅料（不满足这个条件，视同销售自制应税消费品缴纳消费税）

直接销售
- **纳税人及何时纳税** —— 受托方向委托方交货时代收代缴（受托方为个人的，委托方自己缴纳）
- **征税对象及税率** —— 同对外销售

... 接下页

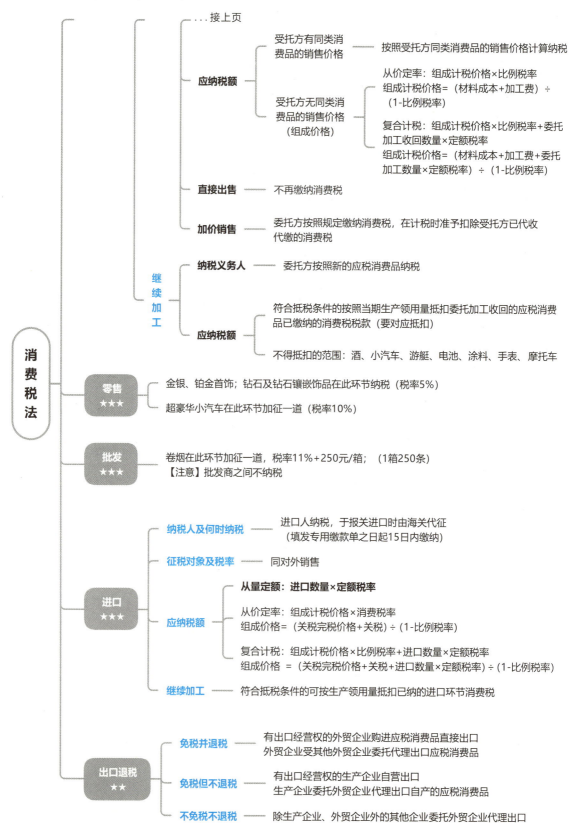

消费税法

继续加工

...接上页

应纳税额

受托方有同类消费品的销售价格 —— 按照受托方同类消费品的销售价格计算纳税

受托方无同类消费品的销售价格（组成价格）

从价定率：组成计税价格×比例税率
组成计税价格=（材料成本+加工费）÷（1-比例税率）

复合计税：组成计税价格×比例税率+委托加工收回数量×定额税率
组成计税价格=（材料成本+加工费+委托加工数量×定额税率）÷（1-比例税率）

直接出售 —— 不再缴纳消费税

加价销售 —— 委托方按照规定缴纳消费税，在计税时准予扣除受托方已代收代缴的消费税

纳税义务人 —— 委托方按照新的应税消费品纳税

应纳税额 —— 符合抵税条件的按照当期生产领用量抵扣委托加工收回的应税消费品已缴纳的消费税税款（要对应抵扣）

不得抵扣的范围：酒、小汽车、游艇、电池、涂料、手表、摩托车

零售 ★★★
金银、铂金首饰；钻石及钻石镶嵌饰品在此环节纳税（税率5%）
超豪华小汽车在此环节加征一道（税率10%）

批发 ★★★
卷烟在此环节加征一道，税率11%+250元/箱；（1箱250条）
【注意】批发商之间不纳税

进口 ★★★

纳税人及何时纳税 —— 进口人纳税，于报关进口时由海关代征（填发专用缴款单之日起15日内缴纳）

征税对象及税率 —— 同对外销售

应纳税额

从量定额：进口数量×定额税率

从价定率：组成计税价格×消费税率
组成价格=（关税完税价格+关税）÷（1-比例税率）

复合计税：组成计税价格×比例税率+进口数量×定额税率
组成价格 =（关税完税价格+关税+进口数量×定额税率）÷（1-比例税率）

继续加工 —— 符合抵税条件的可按生产领用量抵扣已纳的进口环节消费税

出口退税 ★★

免税并退税 —— 有出口经营权的外贸企业购进应税消费品直接出口
外贸企业受其他外贸企业委托代理出口应税消费品

免税但不退税 —— 有出口经营权的生产企业自营出口
生产企业委托外贸企业代理出口自产的应税消费品

不免税不退税 —— 除生产企业、外贸企业外的其他企业委托外贸企业代理出口

第四章

企业所得税法

- 分值比重：20分左右
- 命题形式：各种题型都会涉及，基本上每年一道大综合题
- ★ 核心考点：(1) 企业所得税法的征税对象与收入总额的确定
  (2) 企业所得税法税前扣除原则和范围
  (3) 企业所得税法的税收优惠与应纳税额的计算

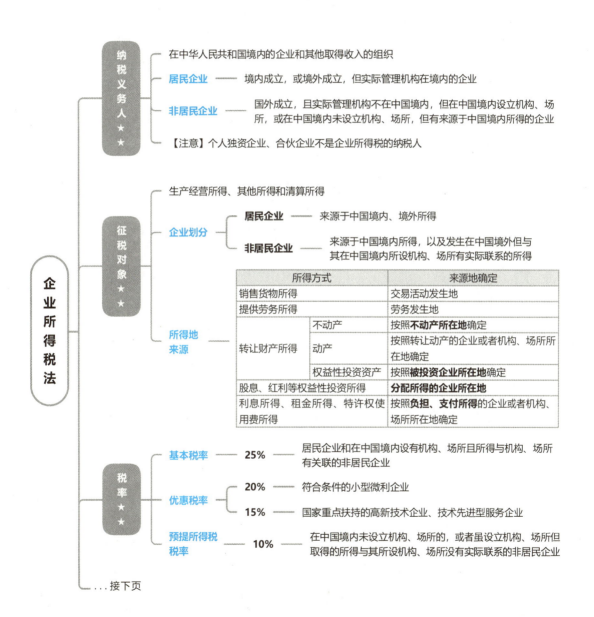

...接下页

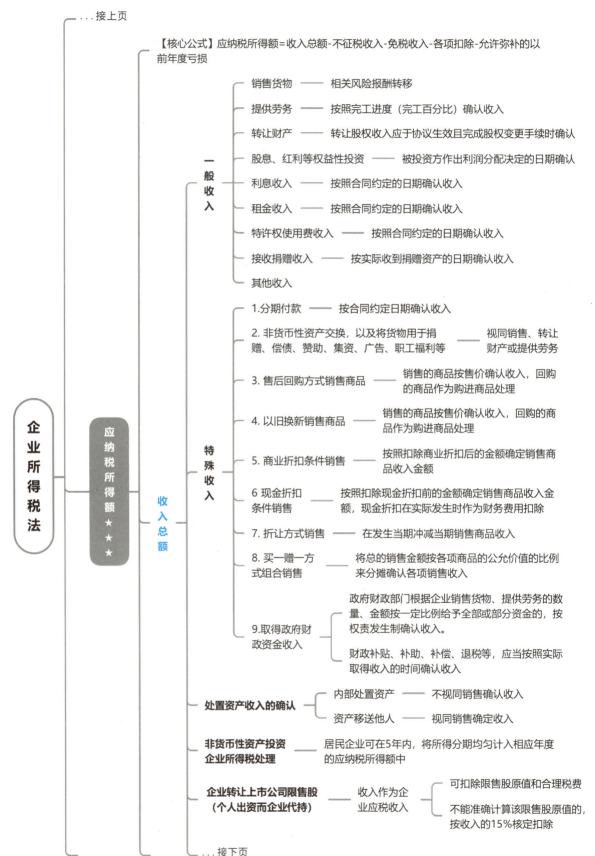

...接上页

【核心公式】应纳税所得额=收入总额-不征税收入-免税收入-各项扣除-允许弥补的以前年度亏损

企业所得税法

应纳税所得额 ★★★

收入总额

一般收入

销售货物	相关风险报酬转移
提供劳务	按照完工进度（完工百分比）确认收入
转让财产	转让股权收入应于协议生效且完成股权变更手续时确认
股息、红利等权益性投资	被投资方作出利润分配决定的日期确认
利息收入	按照合同约定的日期确认收入
租金收入	按照合同约定的日期确认收入
特许权使用费收入	按照合同约定的日期确认收入
接收捐赠收入	按实际收到捐赠资产的日期确认收入
其他收入	

特殊收入

1.分期付款 —— 按合同约定日期确认收入

2. 非货币性资产交换，以及将货物用于捐赠、偿债、赞助、集资、广告、职工福利等 —— 视同销售、转让财产或提供劳务

3. 售后回购方式销售商品 —— 销售的商品按售价确认收入，回购的商品作为购进商品处理

4. 以旧换新销售商品 —— 销售的商品按售价确认收入，回购的商品作为购进商品处理

5. 商业折扣条件销售 —— 按照扣除商业折扣后的金额确定销售商品收入金额

6 现金折扣条件销售 —— 按照扣除现金折扣前的金额确定销售商品收入金额，现金折扣在实际发生时作为财务费用扣除

7. 折让方式销售 —— 在发生当期冲减当期销售商品收入

8. 买一赠一方式组合销售 —— 将总的销售金额按各项商品的公允价值的比例来分摊确认各项销售收入

9.取得政府财政资金收入
- 政府财政部门根据企业销售货物、提供劳务的数量、金额按一定比例给予全部或部分资金的，按权责发生制确认收入。
- 财政补贴、补助、补偿、退税等，应当按照实际取得收入的时间确认收入

处置资产收入的确认
- 内部处置资产 —— 不视同销售确认收入
- 资产移送他人 —— 视同销售确定收入

非货币性资产投资企业所得税处理 —— 居民企业可在5年内，将所得分期均匀计入相应年度的应纳税所得额中

企业转让上市公司限售股（个人出资而企业代持） —— 收入作为企业应税收入
- 可扣除限售股原值和合理税费
- 不能准确计算该限售股原值的，按收入的15%核定扣除

...接下页

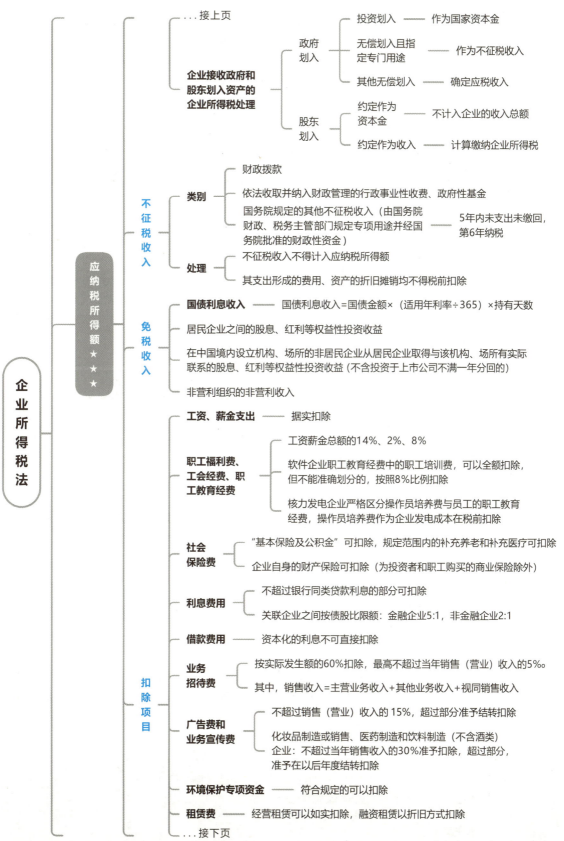

企业所得税法

应纳税所得额 ★★★

不征税收入

...接上页

企业接收政府和股东划入资产的企业所得税处理

政府划入
- 投资划入 —— 作为国家资本金
- 无偿划入且指定专门用途 —— 作为不征税收入
- 其他无偿划入 —— 确定应税收入

股东划入
- 约定作为资本金 —— 不计入企业的收入总额
- 约定作为收入 —— 计算缴纳企业所得税

类别
- 财政拨款
- 依法收取并纳入财政管理的行政事业性收费、政府性基金
- 国务院规定的其他不征税收入（由国务院财政、税务主管部门规定专项用途并经国务院批准的财政性资金）—— 5年内未支出未缴回，第6年纳税

处理
- 不征税收入不得计入应纳税所得额
- 其支出形成的费用、资产的折旧摊销均不得税前扣除

免税收入

国债利息收入 —— 国债利息收入=国债金额×（适用年利率÷365）×持有天数

居民企业之间的股息、红利等权益性投资收益

在中国境内设立机构、场所的非居民企业从居民企业取得与该机构、场所有实际联系的股息、红利等权益性投资收益（不含投资于上市公司不满一年分回的）

非营利组织的非营利收入

扣除项目

工资、薪金支出 —— 据实扣除

职工福利费、工会经费、职工教育经费
- 工资薪金总额的14%、2%、8%
- 软件企业职工教育经费中的职工培训费，可以全额扣除，但不能准确划分的，按照8%比例扣除
- 核力发电企业严格区分操作员培养费与员工的职工教育经费，操作员培养费作为企业发电成本在税前扣除

社会保险费
- "基本保险及公积金"可扣除，规定范围内的补充养老和补充医疗可扣除
- 企业自身的财产保险可扣除（为投资者和职工购买的商业保险除外）

利息费用
- 不超过银行同类贷款利息的部分可扣除
- 关联企业之间按债股比限额：金融企业5:1，非金融企业2:1

借款费用 —— 资本化的利息不可直接扣除

业务招待费
- 按实际发生额的60%扣除，最高不超过当年销售（营业）收入的5‰
- 其中，销售收入=主营业务收入+其他业务收入+视同销售收入

广告费和业务宣传费
- 不超过销售（营业）收入的15%，超过部分准予结转扣除
- 化妆品制造或销售、医药制造和饮料制造（不含酒类）企业：不超过当年销售收入的30%准予扣除，超过部分，准予在以后年度结转扣除

环境保护专项资金 —— 符合规定的可以扣除

租赁费 —— 经营租赁可以如实扣除，融资租赁以折旧方式扣除

...接下页

企业所得税法

应纳税所得额 ★★★

...接上页

公益性捐赠支出
- 需通过公益性社会团体或县级以上人民政府组成部门捐赠（直接捐赠不得扣除）
- 不超过"年度利润总额"的12%部分可扣除，超过部分，准予以后三年在计算应纳税所得额时结转扣除
- 用于目标脱贫地区的扶贫捐赠支出，据实扣除

有关资产的费用 —— 按折旧或者摊销扣除

手续费和佣金支出
- 一般的企业按合同收入5%
- 财产保险企业不超过全部保费收入扣除退保金后余额的18%超额部分，允许结转以后年度扣除

支持新型冠状病毒感染的肺炎疫情捐赠税收政策
1. 企业通过公益性社会组织或者县级以上人民政府及其部门等国家机关，捐赠用于应对新型冠状病毒感染的肺炎疫情的现金和物品，全额扣除
2. 企业直接向承担疫情防治任务的医院捐赠用于新型冠状病毒感染的肺炎疫情的物品，全额扣除
3. 捐赠人凭承担疫情防治任务的医院开具的捐赠接收函办理税前扣除事宜）

关于可转换债券为股权投资的税务处理

购买方企业的税务处理：
1. 购买可转换债券，在其持有期间按照约定利率取得的利息收入，应当依法申报缴纳企业所得税
2. 可转换债券转换为股票时，将应收未收利息一并转为股票的，该应收未收利息即使会计上未确认收入，税收上也应当作为当期利息收入申报纳税；转换后以该债券购买价、应收未收利息和支付的相关税费为该股票投资成本

发行方企业的税务处理：
1. 发生的可转换债券的利息，按照规定在税前扣除
2. 按照约定将购买方持有的可转换债券和应付未付利息一并转为股票的，其应付未付利息视同已支付，按照规定在税前扣除

不得扣除的项目
- 向投资者支付的股息、红利等权益性投资收益款项
- 企业所得税税款
- 税收滞纳金
- 罚金、罚款和被没收财物的损失
- 超过规定标准的捐赠支出
- 与生产无关的非广告性质的赞助支出
- 未经核定的准备金支出
- 企业之间支付的管理费、企业内营业机构之间支付的租金和特许权使用费，以及非银行企业内营业机构之间支付的利息
- 与取得收入无关的其他支出

亏损弥补
- 五年内可以弥补
- 当年具备高新技术企业或科技型中小企业资格的企业，最长由5年延长至10年
- 境外营业机构的亏损不得抵减境内营业机构的盈利
- 企业筹办期间不计算为亏损年度
- 困难行业由5年延长至8年

...接下页

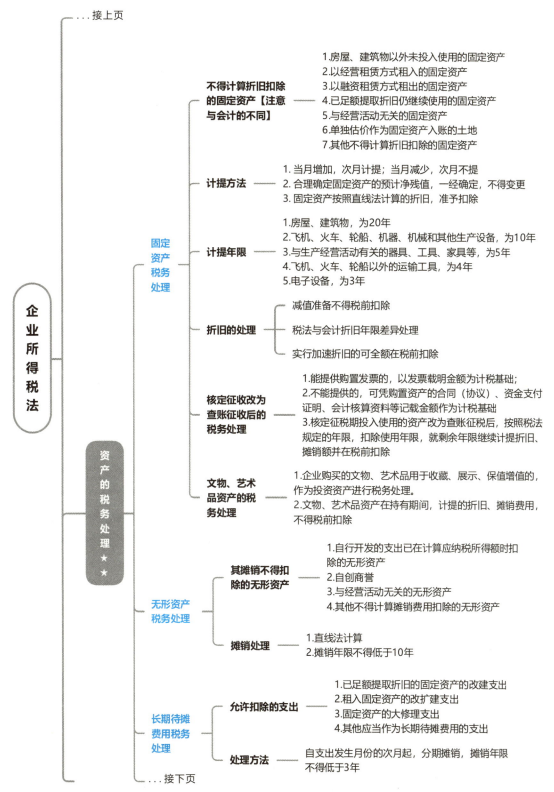

...接上页

企业所得税法

资产的税务处理★★

固定资产税务处理

- **不得计算折旧扣除的固定资产【注意与会计的不同】**
  1. 房屋、建筑物以外未投入使用的固定资产
  2. 以经营租赁方式租入的固定资产
  3. 以融资租赁方式租出的固定资产
  4. 已足额提取折旧仍继续使用的固定资产
  5. 与经营活动无关的固定资产
  6. 单独估价作为固定资产入账的土地
  7. 其他不得计算折旧扣除的固定资产

- **计提方法**
  1. 当月增加，次月计提；当月减少，次月不提
  2. 合理确定固定资产的预计净残值，一经确定，不得变更
  3. 固定资产按照直线法计算的折旧，准予扣除

- **计提年限**
  1. 房屋、建筑物，为20年
  2. 飞机、火车、轮船、机器、机械和其他生产设备，为10年
  3. 与生产经营活动有关的器具、工具、家具等，为5年
  4. 飞机、火车、轮船以外的运输工具，为4年
  5. 电子设备，为3年

- **折旧的处理**
  - 减值准备不得税前扣除
  - 税法与会计折旧年限差异处理
  - 实行加速折旧的可全额在税前扣除

- **核定征收改为查账征收后的税务处理**
  1. 能提供购置发票的，以发票载明金额为计税基础；
  2. 不能提供的，可凭购置资产的合同（协议）、资金支付证明、会计核算资料等记载金额作为计税基础
  3. 核定征税期投入使用的资产改为查账征收后，按照税法规定的年限，扣除使用年限，就剩余年限继续计提折旧、摊销额并在税前扣除

- **文物、艺术品资产的税务处理**
  1. 企业购买的文物、艺术品用于收藏、展示、保值增值的，作为投资资产进行税务处理。
  2. 文物、艺术品资产在持有期间，计提的折旧、摊销费用，不得税前扣除

无形资产税务处理

- **其摊销不得扣除的无形资产**
  1. 自行开发的支出已在计算应纳税所得额时扣除的无形资产
  2. 自创商誉
  3. 与经营活动无关的无形资产
  4. 其他不得计算摊销费用扣除的无形资产

- **摊销处理**
  1. 直线法计算
  2. 摊销年限不得低于10年

长期待摊费用税务处理

- **允许扣除的支出**
  1. 已足额提取折旧的固定资产的改建支出
  2. 租入固定资产的改扩建支出
  3. 固定资产的大修理支出
  4. 其他应当作为长期待摊费用的支出

- **处理方法**
  - 自支出发生月份的次月起，分期摊销，摊销年限不得低于3年

...接下页

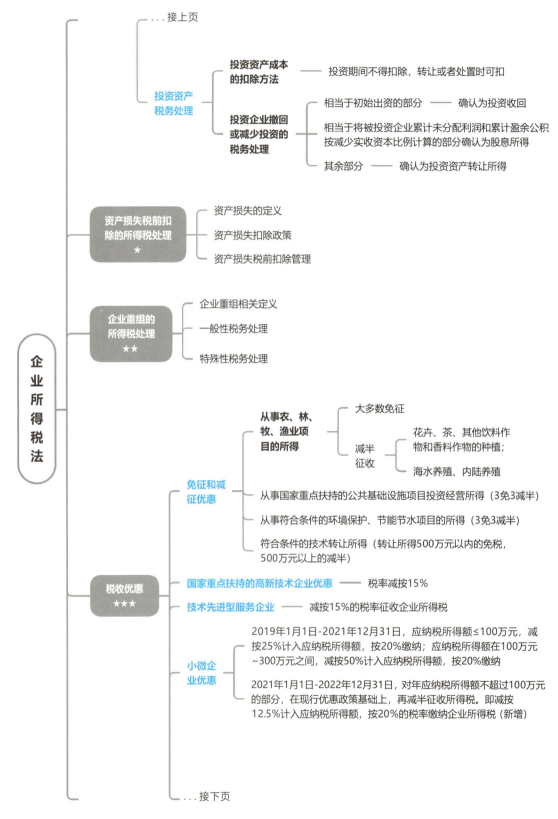

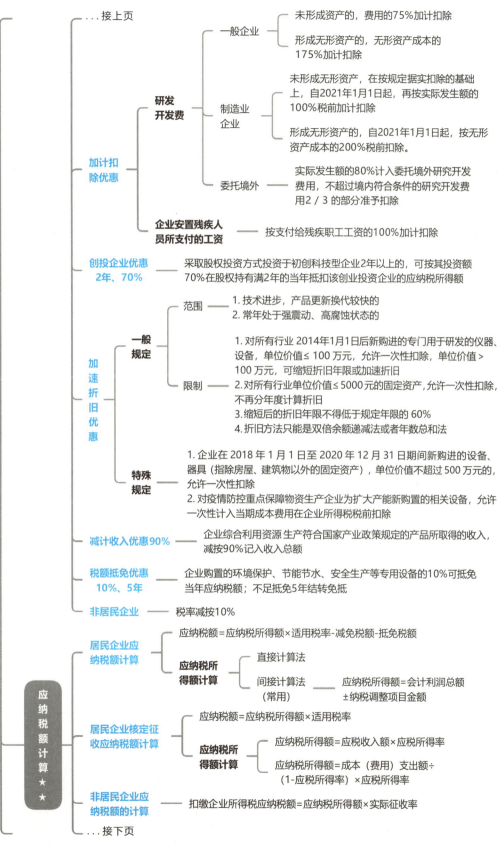

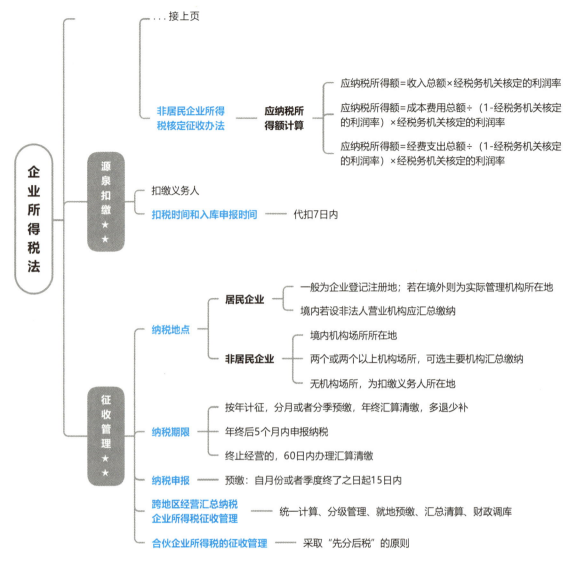

企业所得税法

源泉扣缴 ★★

...接上页

非居民企业所得税核定征收办法 —— 应纳税所得额计算
- 应纳税所得额=收入总额×经税务机关核定的利润率
- 应纳税所得额=成本费用总额÷（1-经税务机关核定的利润率）×经税务机关核定的利润率
- 应纳税所得额=经费支出总额÷（1-经税务机关核定的利润率）×经税务机关核定的利润率

扣缴义务人

扣税时间和入库申报时间 —— 代扣7日内

征收管理 ★★★

纳税地点
- 居民企业
  - 一般为企业登记注册地；若在境外则为实际管理机构所在地
  - 境内若设非法人营业机构应汇总缴纳
- 非居民企业
  - 境内机构场所所在地
  - 两个或两个以上机构场所，可选主要机构汇总缴纳
  - 无机构场所，为扣缴义务人所在地

纳税期限
- 按年计征，分月或者分季预缴，年终汇算清缴，多退少补
- 年终后5个月内申报纳税
- 终止经营的，60日内办理汇算清缴

纳税申报 —— 预缴：自月份或者季度终了之日起15日内

跨地区经营汇总纳税企业所得税征收管理 —— 统一计算、分级管理、就地预缴、汇总清算、财政调库

合伙企业所得税的征收管理 —— 采取"先分后税"的原则

第五章
个人所得税法

- 分值比重：10分左右
- 命题形式：各种题型都会涉及，基本上每年一道计算问答题
- 核心考点：
  (1) 纳税义务人与征税范围
  (2) 应纳税所得额的确定与应纳税额的计算
  (3) 应纳税额计算中的特殊问题处理
  (4) 个人所得税法的税收优惠与征收管理

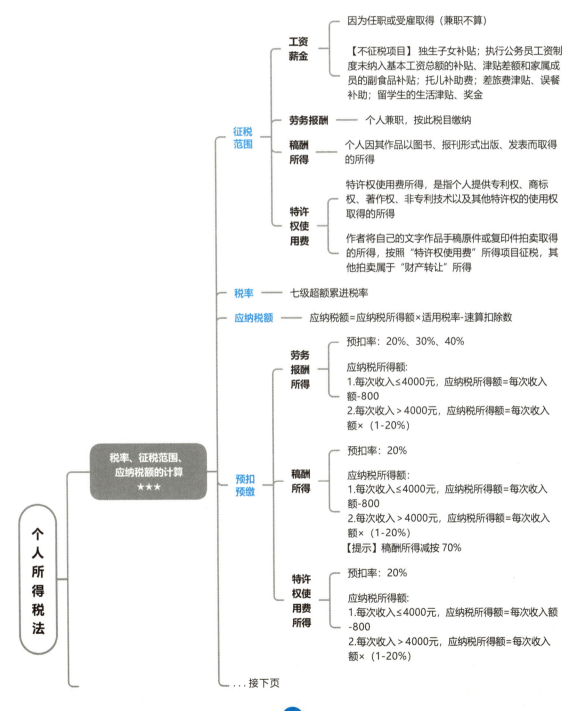

...接上页

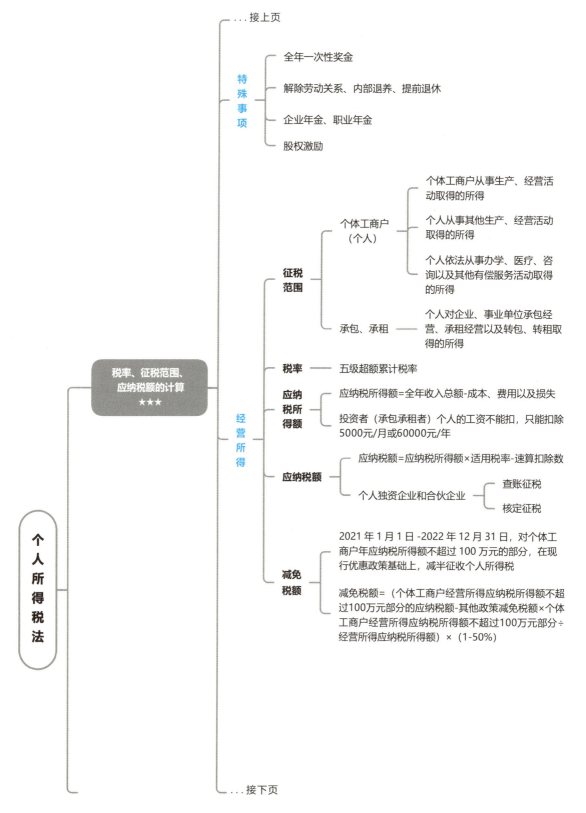

特殊事项
- 全年一次性奖金
- 解除劳动关系、内部退养、提前退休
- 企业年金、职业年金
- 股权激励

个人所得税法

税率、征税范围、应纳税额的计算 ★★★

经营所得

征税范围
- 个体工商户（个人）
  - 个体工商户从事生产、经营活动取得的所得
  - 个人从事其他生产、经营活动取得的所得
  - 个人依法从事办学、医疗、咨询以及其他有偿服务活动取得的所得
- 承包、承租 —— 个人对企业、事业单位承包经营、承租经营以及转包、转租取得的所得

税率 —— 五级超额累计税率

应纳税所得额
- 应纳税所得额=全年收入总额-成本、费用以及损失
- 投资者（承包承租者）个人的工资不能扣，只能扣除5000元/月或60000元/年

应纳税额
- 应纳税额=应纳税所得额×适用税率-速算扣除数
- 个人独资企业和合伙企业
  - 查账征税
  - 核定征税

减免税额
- 2021年1月1日-2022年12月31日，对个体工商户年应纳税所得额不超过100万元的部分，在现行优惠政策基础上，减半征收个人所得税
- 减免税额=（个体工商户经营所得应纳税所得额不超过100万元部分的应纳税额-其他政策减免税额×个体工商户经营所得应纳税所得额不超过100万元部分÷经营所得应纳税所得额）×（1-50%）

...接下页

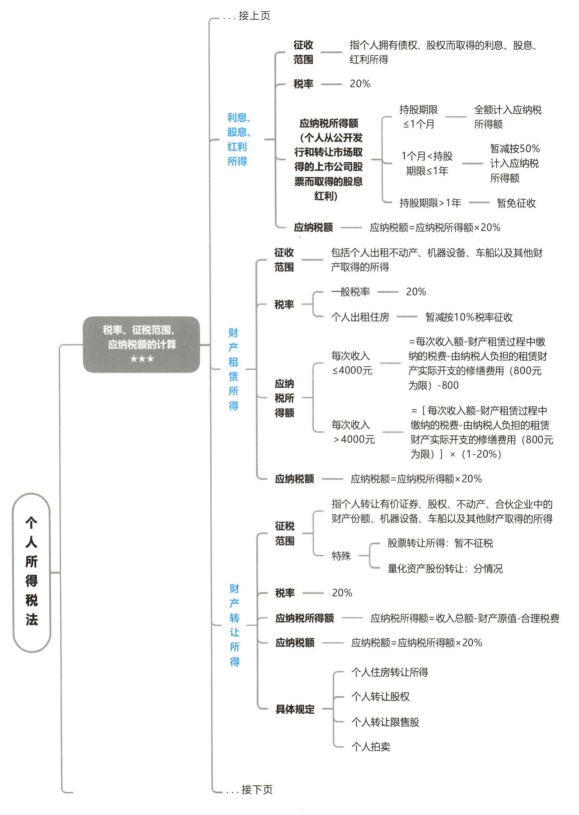

税法 框架 Frame

... 接上页

利息、股息、红利所得

征收范围 —— 指个人拥有债权、股权而取得的利息、股息、红利所得

税率 —— 20%

应纳税所得额（个人从公开发行和转让市场取得的上市公司股票而取得的股息红利）
- 持股期限 ≤1个月 —— 全额计入应纳税所得额
- 1个月<持股期限≤1年 —— 暂减按50%计入应纳税所得额
- 持股期限>1年 —— 暂免征收

应纳税额 —— 应纳税额=应纳税所得额×20%

税率、征税范围、应纳税额的计算 ★★★

财产租赁所得

征收范围 —— 包括个人出租不动产、机器设备、车船以及其他财产取得的所得

税率
- 一般税率 —— 20%
- 个人出租住房 —— 暂减按10%税率征收

应纳税所得额
- 每次收入≤4000元 —— =每次收入额-财产租赁过程中缴纳的税费-由纳税人负担的租赁财产实际开支的修缮费用（800元为限）-800
- 每次收入>4000元 —— =〔每次收入额-财产租赁过程中缴纳的税费-由纳税人负担的租赁财产实际开支的修缮费用（800元为限）〕×（1-20%）

应纳税额 —— 应纳税额=应纳税所得额×20%

个人所得税法

财产转让所得

征税范围 —— 指个人转让有价证券、股权、不动产、合伙企业中的财产份额、机器设备、车船以及其他财产取得的所得
- 特殊
  - 股票转让所得：暂不征税
  - 量化资产股份转让：分情况

税率 —— 20%

应纳税所得额 —— 应纳税所得额=收入总额-财产原值-合理税费

应纳税额 —— 应纳税额=应纳税所得额×20%

具体规定
- 个人住房转让所得
- 个人转让股权
- 个人转让限售股
- 个人拍卖

... 接下页

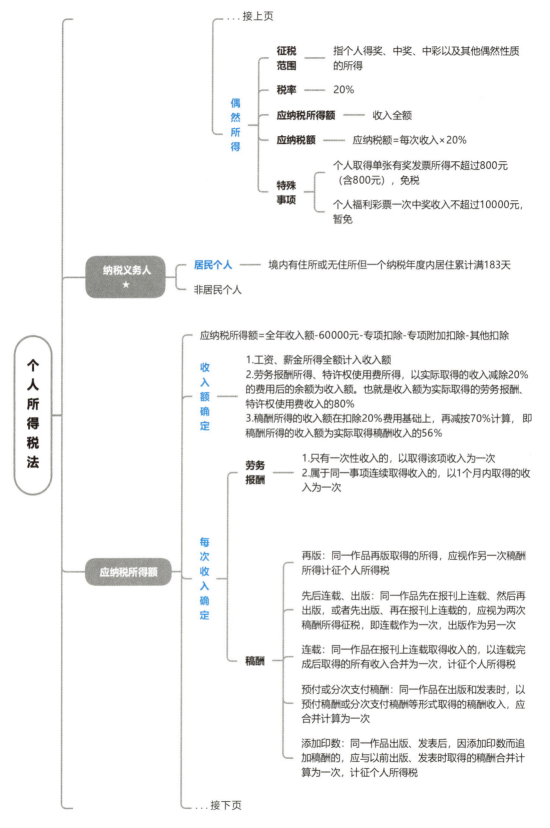

个人所得税法

- **偶然所得**
  - **征税范围** ——— 指个人得奖、中奖、中彩以及其他偶然性质的所得
  - **税率** ——— 20%
  - **应纳税所得额** ——— 收入全额
  - **应纳税额** ——— 应纳税额=每次收入×20%
  - **特殊事项**
    - 个人取得单张有奖发票所得不超过800元（含800元），免税
    - 个人福利彩票一次中奖收入不超过10000元，暂免
  - ...接上页

- **纳税义务人 ★**
  - **居民个人** ——— 境内有住所或无住所但一个纳税年度内居住累计满183天
  - 非居民个人

- **应纳税所得额**
  - **收入额确定**
    - 应纳税所得额=全年收入额-60000元-专项扣除-专项附加扣除-其他扣除
    - 1.工资、薪金所得全额计入收入额
    - 2.劳务报酬所得、特许权使用费所得，以实际取得的收入减除20%的费用后的余额为收入额。也就是收入额为实际取得的劳务报酬、特许权使用费收入的80%
    - 3.稿酬所得的收入额在扣除20%费用基础上，再减按70%计算，即稿酬所得的收入额为实际取得稿酬收入的56%
  - **每次收入确定**
    - **劳务报酬**
      - 1.只有一次性收入的，以取得该项收入为一次
      - 2.属于同一事项连续取得收入的，以1个月内取得的收入为一次
    - **稿酬**
      - 再版：同一作品再版取得的所得，应视作另一次稿酬所得计征个人所得税
      - 先后连载、出版：同一作品先在报刊上连载、然后再出版，或者先出版、再在报刊上连载的，应视为两次稿酬所得征税，即连载作为一次，出版作为另一次
      - 连载：同一作品在报刊上连载取得收入的，以连载完成后取得的所有收入合并为一次，计征个人所得税
      - 预付或分次支付稿酬：同一作品在出版和发表时，以预付稿酬或分次支付稿酬等形式取得的稿酬收入，应合并计算为一次
      - 添加印数：同一作品出版、发表后，因添加印数而追加稿酬的，应与以前出版、发表时取得的稿酬合并计算为一次，计征个人所得税

...接下页

税法 框架 Frame

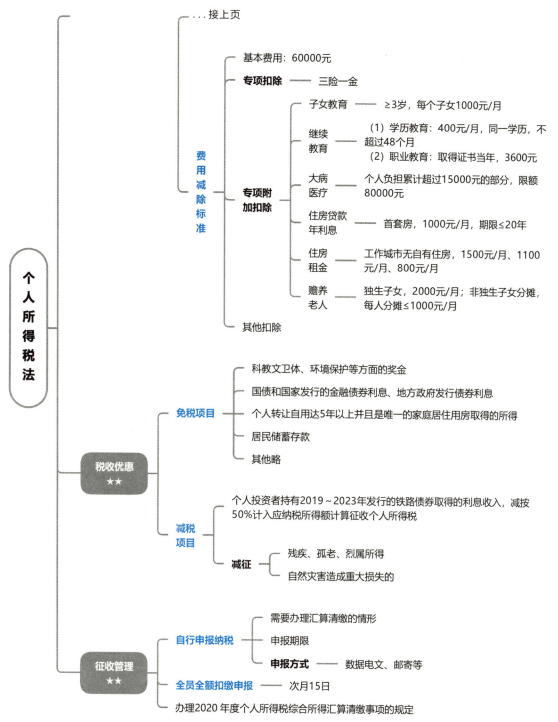

个人所得税法

费用减除标准
- ... 接上页
- 基本费用：60000元
- **专项扣除** —— 三险一金
- **专项附加扣除**
  - 子女教育 —— ≥3岁，每个子女1000元/月
  - 继续教育 ——（1）学历教育：400元/月，同一学历，不超过48个月 （2）职业教育：取得证书当年，3600元
  - 大病医疗 —— 个人负担累计超过15000元的部分，限额80000元
  - 住房贷款年利息 —— 首套房，1000元/月，期限≤20年
  - 住房租金 —— 工作城市无自有住房，1500元/月、1100元/月、800元/月
  - 赡养老人 —— 独生子女，2000元/月；非独生子女分摊，每人分摊≤1000元/月
- 其他扣除

税收优惠 ★★
- **免税项目**
  - 科教文卫体、环境保护等方面的奖金
  - 国债和国家发行的金融债券利息、地方政府发行债券利息
  - 个人转让自用达5年以上并且是唯一的家庭居住用房取得的所得
  - 居民储蓄存款
  - 其他略
- **减税项目**
  - 个人投资者持有2019~2023年发行的铁路债券取得的利息收入，减按50%计入应纳税所得额计算征收个人所得税
  - **减征**
    - 残疾、孤老、烈属所得
    - 自然灾害造成重大损失的

征收管理 ★★
- **自行申报纳税**
  - 需要办理汇算清缴的情形
  - 申报期限
  - **申报方式** —— 数据电文、邮寄等
- **全员全额扣缴申报** —— 次月15日
- 办理2020年度个人所得税综合所得汇算清缴事项的规定

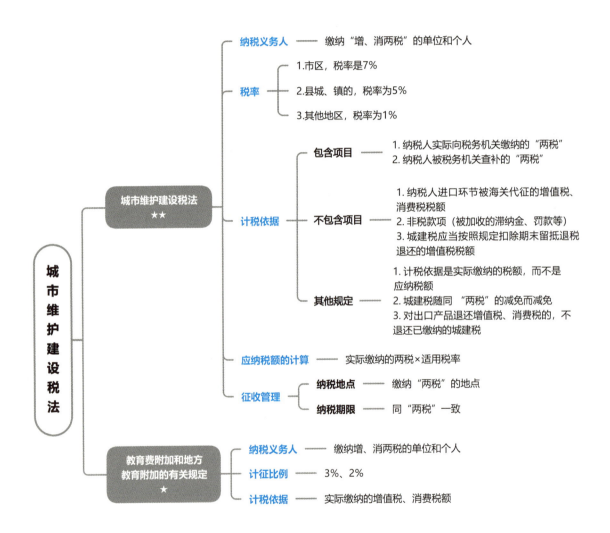

第六章
城市维护建设税法和烟叶税法

- 分值比重：3-5分
- 命题形式：单选、多选、常与增值税法、消费税法结合出题
- ★ 核心考点：
  (1) 城建税法的计税依据与应纳税额的计算
  (2) 教育费附加和地方教育附加的计算
  (3) 烟叶税法应纳税额的计算和征收管理

城市维护建设税法

城市维护建设税法 ★★

- 纳税义务人 —— 缴纳"增、消两税"的单位和个人
- 税率
  - 1.市区，税率是7%
  - 2.县城、镇的，税率为5%
  - 3.其他地区，税率为1%
- 计税依据
  - 包含项目 —— 1.纳税人实际向税务机关缴纳的"两税" 2.纳税人被税务机关查补的"两税"
  - 不包含项目 —— 1.纳税人进口环节被海关代征的增值税、消费税税额 2.非税款项（被加收的滞纳金、罚款等） 3.城建税应当按照规定扣除期末留抵退税退还的增值税税额
  - 其他规定 —— 1.计税依据是实际缴纳的税额，而不是应纳税额 2.城建税随同"两税"的减免而减免 3.对出口产品退还增值税、消费税的，不退还已缴纳的城建税
- 应纳税额的计算 —— 实际缴纳的两税×适用税率
- 征收管理
  - 纳税地点 —— 缴纳"两税"的地点
  - 纳税期限 —— 同"两税"一致

教育费附加和地方教育附加的有关规定 ★

- 纳税义务人 —— 缴纳增、消两税的单位和个人
- 计征比例 —— 3%、2%
- 计税依据 —— 实际缴纳的增值税、消费税税额

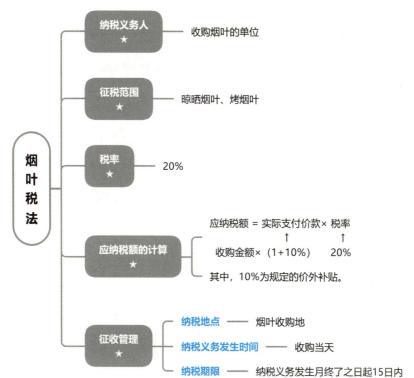

烟叶税法
- 纳税义务人 ★ —— 收购烟叶的单位
- 征税范围 ★ —— 晾晒烟叶、烤烟叶
- 税率 ★ —— 20%
- 应纳税额的计算 ★
  - 应纳税额 = 实际支付价款× 税率
    - 收购金额×（1+10%）　　20%
  - 其中，10%为规定的价外补贴。
- 征收管理 ★
  - 纳税地点 —— 烟叶收购地
  - 纳税义务发生时间 —— 收购当天
  - 纳税期限 —— 纳税义务发生月终了之日起15日内

第七章
关税法和船舶吨税法

- 分值比重：5分左右
- 命题形式：单选、多选、常与进口环节增值税、消费税结合出题
- ★ 核心考点：
  (1) 关税法的完税价格
  (2) 关税法应纳税额的计算
  (3) 关税法的税收优惠
  (4) 船舶吨税法的税收优惠

关税法

纳税义务人 ★ —— 进口货物的收货人、出口货物的发货人、进出境货物的所有人

征税范围 ★ —— 准许进出境的货物和物品

进出口税则 ★

具体情况	适用税率
进出口货物	应按纳税人申报进口或者出口之日实施的税率征税
进口货物到达之前，经海关核准先行申报的	应该按照装载此货物的运输工具申报进境之日实施的税率征税
进口转关运输货物	应当适用指运地海关接受该货物申报进口之日实施的税率；货物运抵指运地前，经海关核准先行申报的，应当适用装载该货物的运输工具抵达指运地之日实施的税率
出口转关运输货物	应当适用启运地海关接受该货物申报出口之日实施的税率
实行集中申报的进出口货物（经海关批准）	应当适用每次货物进出口时海关接受该货物申报之日实施的税率
因超过规定期限未申报而由海关依法变卖的进口货物	其税款计征应当适用装载该货物的运输工具申报进境之日实施的税率
因纳税义务人违反规定需要追征税款的进出口货物	应当适用违反规定的行为发生之日实施的税率；行为发生之日不能确定的，适用海关发现该行为之日实施的税率
已申报进境并放行的保税货物、减免税货物、租赁货物或者已申报进出境并放行的暂时进出境货物	有下列情形之一需缴纳税款的，应当适用海关接受纳税义务人再次填写报关单申报办理纳税及有关手续之日实施的税率： 1. 保税货物经批准不复运出境的 2. 保税仓储货物转入国内市场销售的 3. 减免税货物经批准转让或者移作他用的 4. 可暂不缴纳税款的暂时进出境货物，经批准不复运出境或者进境的 5. 租赁进口货物，分期缴纳税款的
补征和退还进出口货物关税	应当按照前述规定确定适用的税率

...接下页

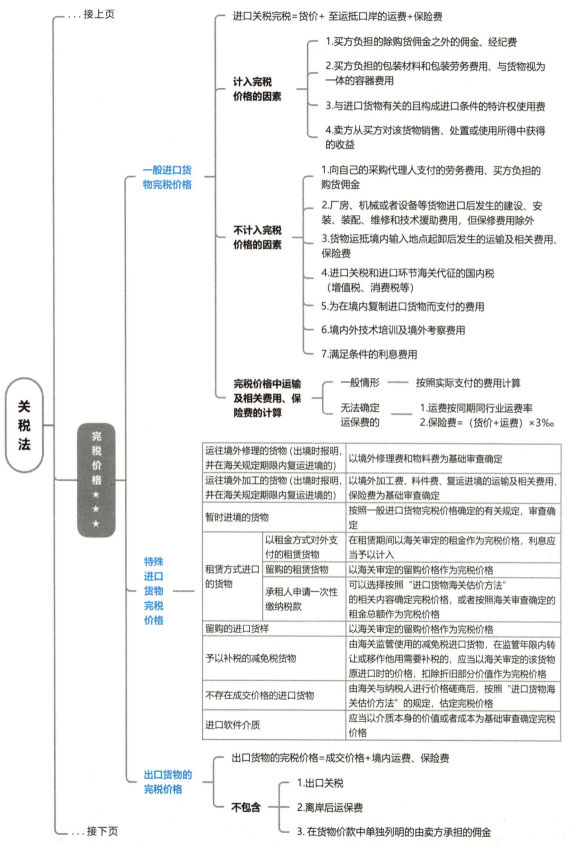

...接上页

关税法

完税价格 ★★★

一般进口货物完税价格

进口关税完税=货价+ 至运抵口岸的运费+保险费

计入完税价格的因素
1. 买方负担的除购货佣金之外的佣金、经纪费
2. 买方负担的包装材料和包装劳务费用、与货物视为一体的容器费用
3. 与进口货物有关的且构成进口条件的特许权使用费
4. 卖方从买方对该货物销售、处置或使用所得中获得的收益

不计入完税价格的因素
1. 向自己的采购代理人支付的劳务费用、买方负担的购货佣金
2. 厂房、机械或者设备等货物进口后发生的建设、安装、装配、维修和技术援助费用，但保修费用除外
3. 货物运抵境内输入地点起卸后发生的运输及相关费用、保险费
4. 进口关税和进口环节海关代征的国内税（增值税、消费税等）
5. 为在境内复制进口货物而支付的费用
6. 境内外技术培训及境外考察费用
7. 满足条件的利息费用

完税价格中运输及相关费用、保险费的计算
- 一般情形 —— 按照实际支付的费用计算
- 无法确定运保费的
  1. 运费按同期同行业运费率
  2. 保险费=（货价+运费）×3‰

特殊进口货物完税价格

运往境外修理的货物（出境时报明，并在海关规定期限内复运进境的）		以境外修理费和物料费为基础审查确定
运往境外加工的货物（出境时报明，并在海关规定期限内复运进境的）		以境外加工费、料件费、复运进境的运输及相关费用、保险费为基础审查确定
暂时进境的货物		按照一般进口货物完税价格确定的有关规定，审查确定
租赁方式进口的货物	以租金方式对外支付的租赁货物	在租赁期间以海关审定的租金作为完税价格，利息应当予以计入
	留购的租赁货物	以海关审定的留购价格作为完税价格
	承租人申请一次性缴纳税款	可以选择按照"进口货物海关估价方法"的相关内容确定完税价格，或者按照海关审查确定的租金总额作为完税价格
留购的进口货样		以海关审定的留购价格作为完税价格
予以补税的减免税货物		由海关监管使用的减免税进口货物，在监管年限内转让或移作他用需要补税的，应当以海关审定的该货物原进口时的价格，扣除折旧部分价值作为完税价格
不存在成交价格的进口货物		由海关与纳税人进行价格磋商后，按照"进口货物海关估价方法"的规定，估定完税价格
进口软件介质		应当以介质本身的价值或者成本为基础审查确定完税价格

出口货物的完税价格

出口货物的完税价格=成交价格+境内运费、保险费

不包含
1. 出口关税
2. 离岸后运保费
3. 在货物价款中单独列明的由卖方承担的佣金

...接下页

... 接上页

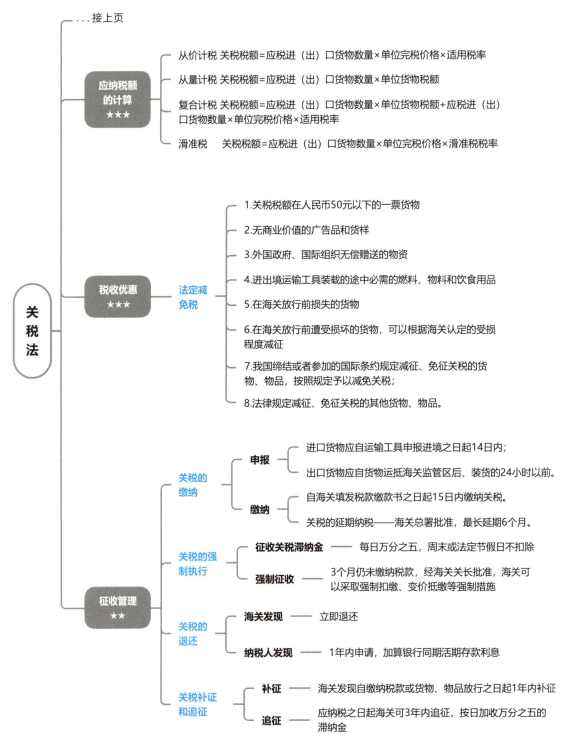

应纳税额的计算 ★★★

从价计税 关税税额=应税进（出）口货物数量×单位完税价格×适用税率

从量计税 关税税额=应税进（出）口货物数量×单位货物税额

复合计税 关税税额=应税进（出）口货物数量×单位货物税额+应税进（出）口货物数量×单位完税价格×适用税率

滑准税 关税税额=应税进（出）口货物数量×单位完税价格×滑准税税率

税收优惠 ★★★

法定减免税

1.关税税额在人民币50元以下的一票货物

2.无商业价值的广告品和货样

3.外国政府、国际组织无偿赠送的物资

4.进出境运输工具装载的途中必需的燃料、物料和饮食用品

5.在海关放行前损失的货物

6.在海关放行前遭受损坏的货物，可以根据海关认定的受损程度减征

7.我国缔结或者参加的国际条约规定减征、免征关税的货物、物品，按照规定予以减免关税；

8.法律规定减征、免征关税的其他货物、物品。

关 税 法

征收管理 ★★

关税的缴纳

申报

进口货物应自运输工具申报进境之日起14日内；

出口货物应自货物运抵海关监管区后、装货的24小时以前。

缴纳

自海关填发税款缴款书之日起15日内缴纳关税。

关税的延期纳税——海关总署批准，最长延期6个月。

关税的强制执行

征收关税滞纳金 —— 每日万分之五，周末或法定节假日不扣除

强制征收 3个月仍未缴纳税款，经海关关长批准，海关可以采取强制扣缴、变价抵缴等强制措施

关税的退还

海关发现 —— 立即退还

纳税人发现 —— 1年内申请，加算银行同期活期存款利息

关税补证和追征

补征 —— 海关发现自缴纳税款或货物、物品放行之日起1年内补征

追征 应纳税之日起海关可3年内追征，按日加收万分之五的滞纳金

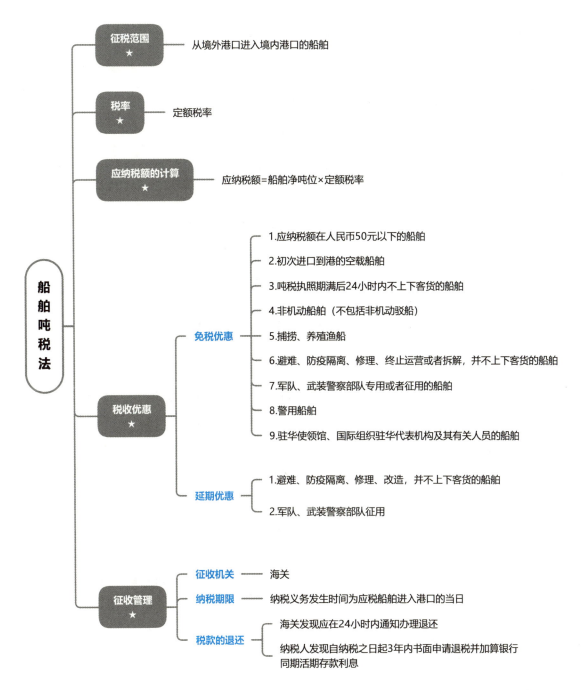

船舶吨税法

- 征税范围 ★ —— 从境外港口进入境内港口的船舶

- 税率 ★ —— 定额税率

- 应纳税额的计算 ★ —— 应纳税额=船舶净吨位×定额税率

- 税收优惠 ★
  - 免税优惠
    - 1.应纳税额在人民币50元以下的船舶
    - 2.初次进口到港的空载船舶
    - 3.吨税执照期满后24小时内不上下客货的船舶
    - 4.非机动船舶（不包括非机动驳船）
    - 5.捕捞、养殖渔船
    - 6.避难、防疫隔离、修理、终止运营或者拆解，并不上下客货的船舶
    - 7.军队、武装警察部队专用或者征用的船舶
    - 8.警用船舶
    - 9.驻华使领馆、国际组织驻华代表机构及其有关人员的船舶
  - 延期优惠
    - 1.避难、防疫隔离、修理、改造，并不上下客货的船舶
    - 2.军队、武装警察部队征用

- 征收管理 ★
  - 征收机关 —— 海关
  - 纳税期限 —— 纳税义务发生时间为应税船舶进入港口的当日
  - 税款的退还
    - 海关发现应在24小时内通知办理退还
    - 纳税人发现自纳税之日起3年内书面申请退税并加算银行同期活期存款利息

第八章

资源税法和
环境保护税法

📊 分值比重：5分左右
🔲 命题形式：单选、多选、常与增值税结合出题
★ 核心考点：（1）资源税法应纳税额的计算与税收优惠
　　　　　　（2）环境保护税法的纳税义务人与征税范围

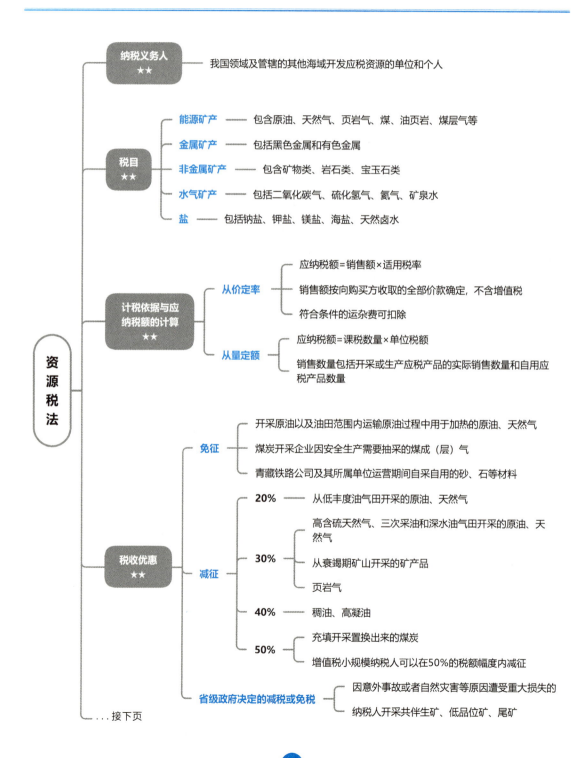

... 接下页

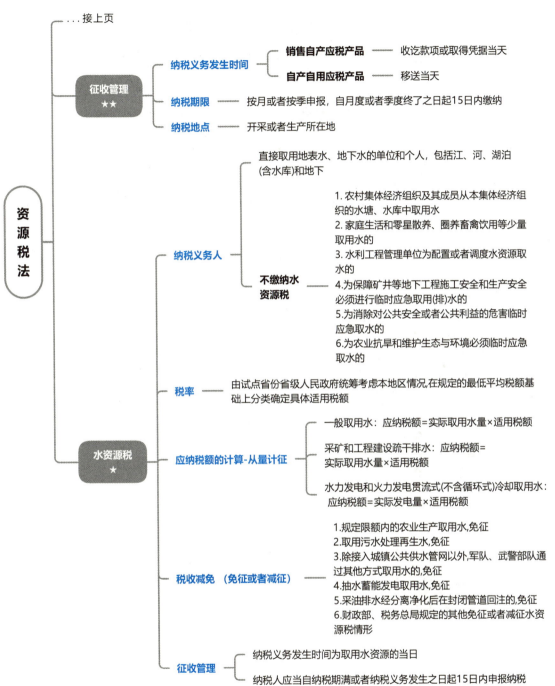

... 接上页

资源税法

征收管理★★

- **纳税义务发生时间**
  - **销售自产应税产品** —— 收讫款项或取得凭据当天
  - **自产自用应税产品** —— 移送当天
- **纳税期限** —— 按月或者按季申报,自月度或者季度终了之日起15日内缴纳
- **纳税地点** —— 开采或者生产所在地

水资源税★

- **纳税义务人**
  - 直接取用地表水、地下水的单位和个人,包括江、河、湖泊(含水库)和地下
  - **不缴纳水资源税**
    1. 农村集体经济组织及其成员从本集体经济组织的水塘、水库中取用水
    2. 家庭生活和零星散养、圈养畜禽饮用等少量取用水的
    3. 水利工程管理单位为配置或者调度水资源取水的
    4. 为保障矿井等地下工程施工安全和生产安全必须进行临时应急取用(排)水的
    5. 为消除对公共安全或者公共利益的危害临时应急取水的
    6. 为农业抗旱和维护生态与环境必须临时应急取水的

- **税率** —— 由试点省份省级人民政府统筹考虑本地区情况,在规定的最低平均税额基础上分类确定具体适用税额

- **应纳税额的计算-从量计征**
  - 一般取用水:应纳税额=实际取用水量×适用税额
  - 采矿和工程建设疏干排水:应纳税额=实际取用水量×适用税额
  - 水力发电和火力发电贯流式(不含循环式)冷却取用水:应纳税额=实际发电量×适用税额

- **税收减免 (免征或者减征)**
    1. 规定限额内的农业生产取用水,免征
    2. 取用污水处理再生水,免征
    3. 除接入城镇公共供水管网以外,军队、武警部队通过其他方式取用水的,免征
    4. 抽水蓄能发电取用水,免征
    5. 采油排水经分离净化后在封闭管道回注的,免征
    6. 财政部、税务总局规定的其他免征或者减征水资源税情形

- **征收管理**
  - 纳税义务发生时间为取用水资源的当日
  - 纳税人应当自纳税期满或者纳税义务发生之日起15日内申报纳税

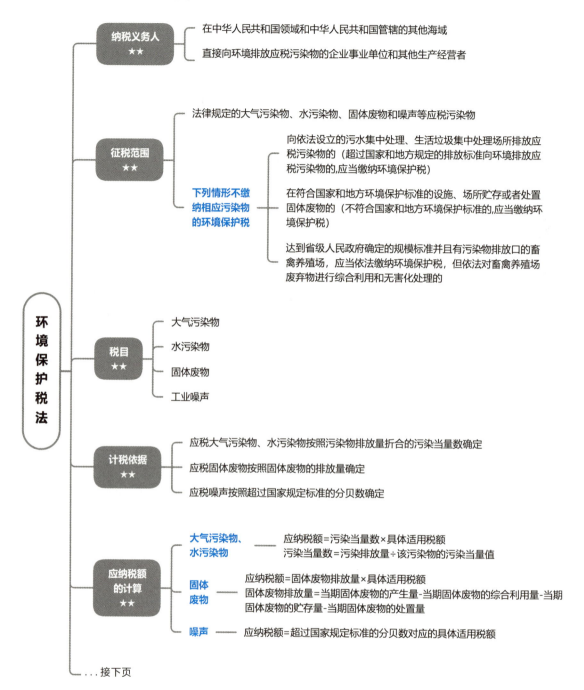

环境保护税法

纳税义务人 ★★
- 在中华人民共和国领域和中华人民共和国管辖的其他海域
- 直接向环境排放应税污染物的企业事业单位和其他生产经营者

征税范围 ★★
- 法律规定的大气污染物、水污染物、固体废物和噪声等应税污染物
- **下列情形不缴纳相应污染物的环境保护税**
  - 向依法设立的污水集中处理、生活垃圾集中处理场所排放应税污染物的（超过国家和地方规定的排放标准向环境排放应税污染物的,应当缴纳环境保护税）
  - 在符合国家和地方环境保护标准的设施、场所贮存或者处置固体废物的（不符合国家和地方环境保护标准的,应当缴纳环境保护税）
  - 达到省级人民政府确定的规模标准并且有污染物排放口的畜禽养殖场，应当依法缴纳环境保护税，但依法对畜禽养殖场废弃物进行综合利用和无害化处理的

税目 ★★
- 大气污染物
- 水污染物
- 固体废物
- 工业噪声

计税依据 ★★
- 应税大气污染物、水污染物按照污染物排放量折合的污染当量数确定
- 应税固体废物按照固体废物的排放量确定
- 应税噪声按照超过国家规定标准的分贝数确定

应纳税额的计算 ★★
- **大气污染物、水污染物**
  - 应纳税额=污染当量数×具体适用税额
  - 污染当量数=污染排放量÷该污染物的污染当量值
- **固体废物**
  - 应纳税额=固体废物排放量×具体适用税额
  - 固体废物排放量=当期固体废物的产生量-当期固体废物的综合利用量-当期固体废物的贮存量-当期固体废物的处置量
- **噪声**
  - 应纳税额=超过国家规定标准的分贝数对应的具体适用税额

... 接下页

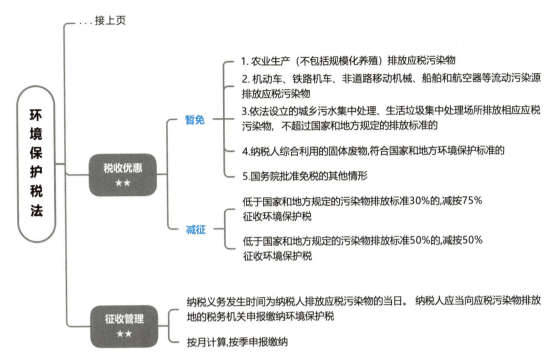

... 接上页

环境保护税法

税收优惠 ★★

暂免

1. 农业生产（不包括规模化养殖）排放应税污染物

2. 机动车、铁路机车、非道路移动机械、船舶和航空器等流动污染源排放应税污染物

3. 依法设立的城乡污水集中处理、生活垃圾集中处理场所排放相应应税污染物，不超过国家和地方规定的排放标准的

4. 纳税人综合利用的固体废物，符合国家和地方环境保护标准的

5. 国务院批准免税的其他情形

减征

低于国家和地方规定的污染物排放标准30%的,减按75%征收环境保护税

低于国家和地方规定的污染物排放标准50%的,减按50%征收环境保护税

征收管理 ★★

纳税义务发生时间为纳税人排放应税污染物的当日。 纳税人应当向应税污染物排放地的税务机关申报缴纳环境保护税

按月计算,按季申报缴纳

第九章

城镇土地使用税法和耕地占用税法

- 分值比重：3分左右
- 命题形式：单选、多选、常与企业所得税结合出题
- ★ 核心考点：(1) 城镇土地使用税法的税率、征税范围和计税依据
  (2) 城镇土地使用税法、耕地占用税法应纳税额的计算
  (3) 城镇土地使用税法、耕地占用税法的税收优惠和征收管理

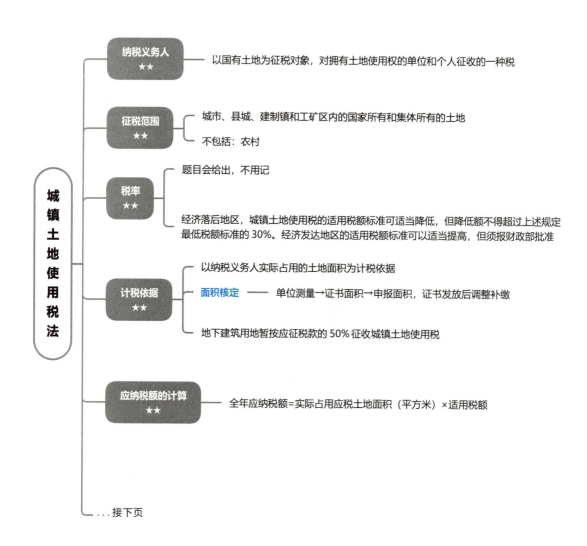

城镇土地使用税法

纳税义务人 ★★
以国有土地为征税对象，对拥有土地使用权的单位和个人征收的一种税

征税范围 ★★
城市、县城、建制镇和工矿区内的国家所有和集体所有的土地
不包括：农村

税率 ★★
题目会给出，不用记
经济落后地区，城镇土地使用税的适用税额标准可适当降低，但降低额不得超过上述规定最低税额标准的30%。经济发达地区的适用税额标准可以适当提高，但须报财政部批准

计税依据 ★★
以纳税义务人实际占用的土地面积为计税依据
面积核定 —— 单位测量→证书面积→申报面积，证书发放后调整补缴
地下建筑用地暂按应征税款的50%征收城镇土地使用税

应纳税额的计算 ★★
全年应纳税额=实际占用应税土地面积（平方米）×适用税额

...接下页

...接上页

城镇土地使用税法

税收优惠 ★★

法定免税

1. 国家机关、人民团体、军队自用的土地（办公用地和公务用地）

2. 由国家财政部门拨付事业经费的单位自用的土地（如学校的教学楼、操场、食堂等用地）

3. 宗教寺庙、公园、名胜古迹自用的土地

4. 市政街道、广场、绿化地带等公共用地

5. 直接用于农、林、牧、渔业的生产用地

6. 对非营利性医疗机构、疾病控制机构和妇幼保健机构等卫生机构和非营利性科研机构自用的土地

7. 对国家拨付事业经费和企业办的学校、托儿所、幼儿园自用的房产、土地

8. 免税单位无偿使用纳税单位的土地，免征城镇土地使用税。纳税单位无偿使用免税单位的土地，纳税单位照章缴纳。纳税单位和免税单位共同使用的，按照所占建筑面积的比例分摊

9. 企业的铁路专用线、公路等用地，在厂区以外、与社会公用地段未加隔离的，暂免征收

10. 企业厂区以外的公共绿化用地和向社会开放的公园用地

11. 盐场的盐滩、盐矿的矿井用地

12. 城市公交站场、道路客运站场、城市轨道交通系统运营用地（已删除）

13. 物流企业自有（自用或出租）或承租的大宗商品仓储设施用地，减按所属土地等级适用税额标准的 50% 计征城镇土地使用税

省一级确定减免

1. 个人所有的居住房屋及院落用地

2. 房产管理部门在房租调整改革前经租的居民住房用地

3. 免税单位职工家属的宿舍用地

4. 集体和个人办的各类学校、医院、托儿所、幼儿园用地

征收管理 ★★

纳税义务发生时间
- 基本上都是次月
- 【例外】新征用的耕地 —— 批准征用之日起满一年时

纳税期限 —— 按年计算，分期缴纳

纳税地点 —— 土地所在地

征收机构 —— 土地所在地的税务机关负责征收

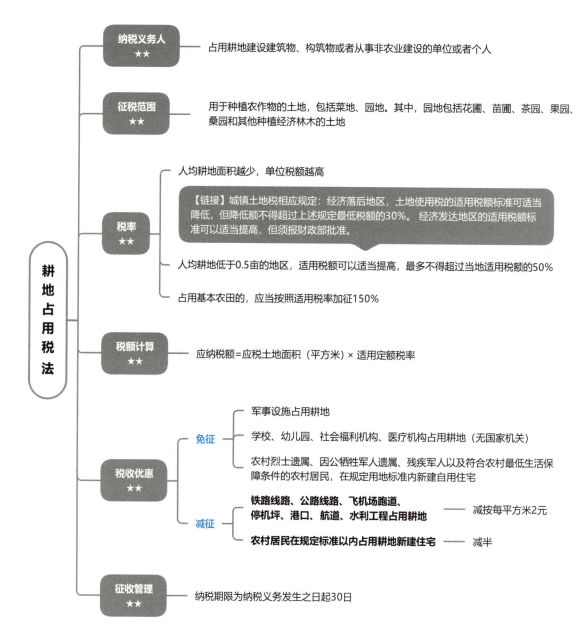

耕地占用税法

纳税义务人 ★★ —— 占用耕地建设建筑物、构筑物或者从事非农业建设的单位或者个人

征税范围 ★★ —— 用于种植农作物的土地，包括菜地、园地。其中，园地包括花圃、苗圃、茶园、果园、桑园和其他种植经济林木的土地

税率 ★★
- 人均耕地面积越少，单位税额越高
- 【链接】城镇土地税相应规定：经济落后地区，土地使用税的适用税额标准可适当降低，但降低额不得超过上述规定最低税额的30%。经济发达地区的适用税额标准可以适当提高，但须报财政部批准。
- 人均耕地低于0.5亩的地区，适用税额可以适当提高，最多不得超过当地适用税额的50%
- 占用基本农田的，应当按照适用税率加征150%

税额计算 ★★ —— 应纳税额=应税土地面积（平方米）× 适用定额税率

税收优惠 ★★

免征
- 军事设施占用耕地
- 学校、幼儿园、社会福利机构、医疗机构占用耕地（无国家机关）
- 农村烈士遗属、因公牺牲军人遗属、残疾军人以及符合农村最低生活保障条件的农村居民，在规定用地标准内新建自用住宅

减征
- **铁路线路、公路线路、飞机场跑道、停机坪、港口、航道、水利工程占用耕地** —— 减按每平方米2元
- **农村居民在规定标准以内占用耕地新建住宅** —— 减半

征收管理 ★★ —— 纳税期限为纳税义务发生之日起30日

第十章

房产税法、契税法和土地增值税法

- 📊 分值比重：10分左右
- 🔲 命题形式：房产税法、契税法以单选、多选为主，土地增值税法可能单独出计算分析题
- ⭐ 核心考点：(1) 房产税法、契税法、土地增值税法的纳税义务人与征税范围
  - (2) 土地增值税法的应税收入及扣除
  - (3) 房产税法、契税法、土地增值税法应纳税额的计算
  - (4) 房产税法、契税法、土地增值税法的税收优惠和征收管理

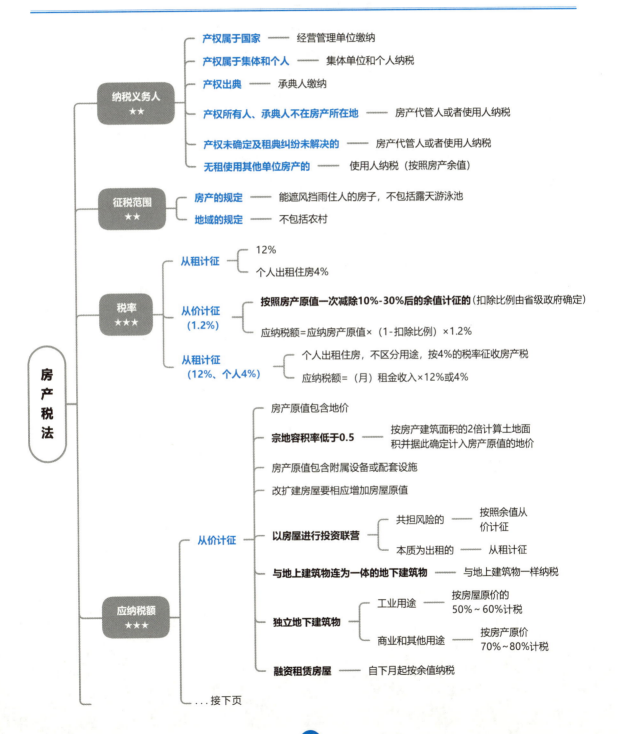

房产税法

- **纳税义务人 ★★**
  - 产权属于国家 —— 经营管理单位缴纳
  - 产权属于集体和个人 —— 集体单位和个人纳税
  - 产权出典 —— 承典人缴纳
  - 产权所有人、承典人不在房产所在地 —— 房产代管人或者使用人纳税
  - 产权未确定及租典纠纷未解决的 —— 房产代管人或者使用人纳税
  - 无租使用其他单位房产的 —— 使用人纳税（按照房产余值）

- **征税范围 ★★**
  - 房产的规定 —— 能遮风挡雨住人的房子，不包括露天游泳池
  - 地域的规定 —— 不包括农村

- **税率 ★★★**
  - 从租计征
    - 12%
    - 个人出租住房4%
  - 从价计征（1.2%）
    - **按照房产原值一次减除10%-30%后的余值计征的**（扣除比例由省级政府确定）
    - 应纳税额=应纳房产原值×（1-扣除比例）×1.2%
  - 从租计征（12%、个人4%）
    - 个人出租住房，不区分用途，按4%的税率征收房产税
    - 应纳税额=（月）租金收入×12%或4%

- **应纳税额 ★★★**
  - 从价计征
    - 房产原值包含地价
    - **宗地容积率低于0.5** —— 按房产建筑面积的2倍计算土地面积并据此确定计入房产原值的地价
    - 房产原值包含附属设备或配套设施
    - 改扩建房屋要相应增加房屋原值
    - **以房屋进行投资联营**
      - 共担风险的 —— 按照余值从价计征
      - 本质为出租的 —— 从租计征
    - **与地上建筑物连为一体的地下建筑物** —— 与地上建筑物一样纳税
    - **独立地下建筑物**
      - 工业用途 —— 按房屋原价的50%～60%计税
      - 商业和其他用途 —— 按房产原价70%～80%计税
    - **融资租赁房屋** —— 自下月起按余值纳税
  - ... 接下页

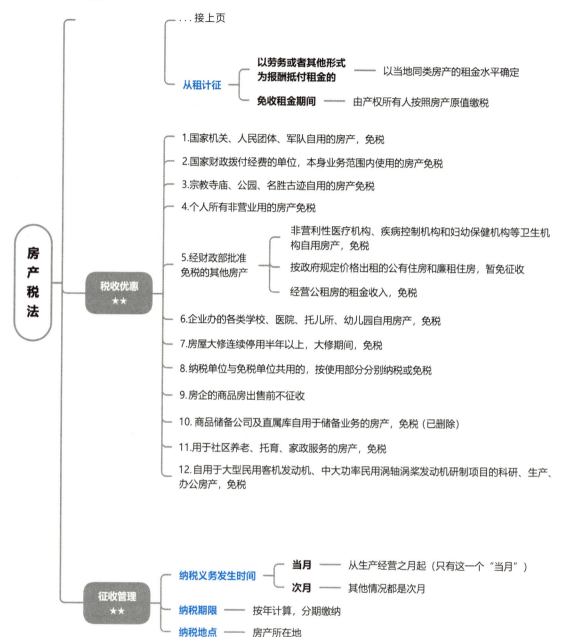

房产税法

从租计征
- 以劳务或者其他形式为报酬抵付租金的 —— 以当地同类房产的租金水平确定
- 免收租金期间 —— 由产权所有人按照房产原值缴税

税收优惠 ★★
1. 国家机关、人民团体、军队自用的房产，免税
2. 国家财政拨付经费的单位，本身业务范围内使用的房产免税
3. 宗教寺庙、公园、名胜古迹自用的房产免税
4. 个人所有非营业用的房产免税
5. 经财政部批准免税的其他房产
   - 非营利性医疗机构、疾病控制机构和妇幼保健机构等卫生机构自用房产，免税
   - 按政府规定价格出租的公有住房和廉租住房，暂免征收
   - 经营公租房的租金收入，免税
6. 企业办的各类学校、医院、托儿所、幼儿园自用房产，免税
7. 房屋大修连续停用半年以上，大修期间，免税
8. 纳税单位与免税单位共用的，按使用部分分别纳税或免税
9. 房企的商品房出售前不征收
10. 商品储备公司及直属库自用于储备业务的房产，免税（已删除）
11. 用于社区养老、托育、家政服务的房产，免税
12. 自用于大型民用客机发动机、中大功率民用涡轴涡桨发动机研制项目的科研、生产、办公房产，免税

征收管理 ★★
- **纳税义务发生时间**
  - **当月** —— 从生产经营之月起（只有这一个"当月"）
  - **次月** —— 其他情况都是次月
- **纳税期限** —— 按年计算，分期缴纳
- **纳税地点** —— 房产所在地

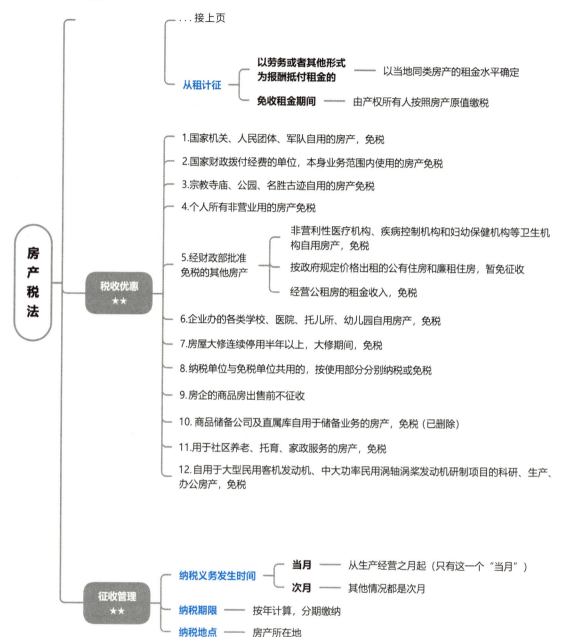
... 接上页

契税法

- **纳税人 ★★** —— 境内转移土地、房屋权属，承受的单位和个人

- **征税范围 ★★**
  - 国有土地使用权出让
  - **土地使用权转让** —— 不包括农村集体土地承包经营权的转移
  - **房屋买卖**
    - ①以作价（入股）、偿还债务等应交付经济利益的方式转移土地、房屋权属的，参照土地使用权出让、出售或房屋买卖确定契税适用税率、计税依据等
    - ②以划转、奖励等没有价格的方式转移土地、房屋权属的，参照土地使用权或房屋赠与确定契税适用税率、计税依据等
      税务机关核定计税价格，应参照市场价格，采用房地产价格评估等方法合理确定
      以自有房产作股投入本人独资经营的企业，免纳契税
    - ③买房拆料或翻建新房，应照章征收契税
  - **房屋赠与** —— 法定继承人继承房屋，不征收契税
  - 房屋互换

- **税率 ★★★** —— 比例税率（3%～5%）

- **应纳税额计算 ★★★**

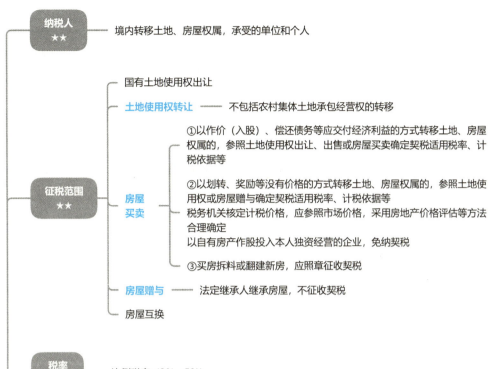

应纳税额＝计税依据×税率

情形		计税依据
出售和买卖		转移合同成交价格
赠与及其他没有价格的转移		参照市场价格核定
土地使用权、房屋互换		价格差额（支付差价的一方交税） 等价计税依据为零 【提示】适用于不动产之间互换
土地使用权出让		土地出让金、土地补偿费、安置补助费等支付的对价
土地使用权及所附建筑物、构筑物等转让		承受方应交付的总价款
承受已装修房屋		承受方应交付的总价款（包括装修费）
划拨方式取得土地使用权	先以划拨方式取得，后改为出让方式重新取得	补缴土地出让金
	先以划拨方式取得，经批准转让房地产，划拨土地性质改为出让的	补缴土地出让金＋转移合同成交价格
	先以划拨方式取得，经批准转让房地产，划拨土地性质未发生改变的	转移合同成交价格
房屋附属设施	不涉及土地使用权和房屋所有权转移变动	不征收
	承受的房屋附属设施单独计价	按照适用税率征收
	承受的房屋附属设施与房屋统一计价	适用与房屋相同税率

…接下页

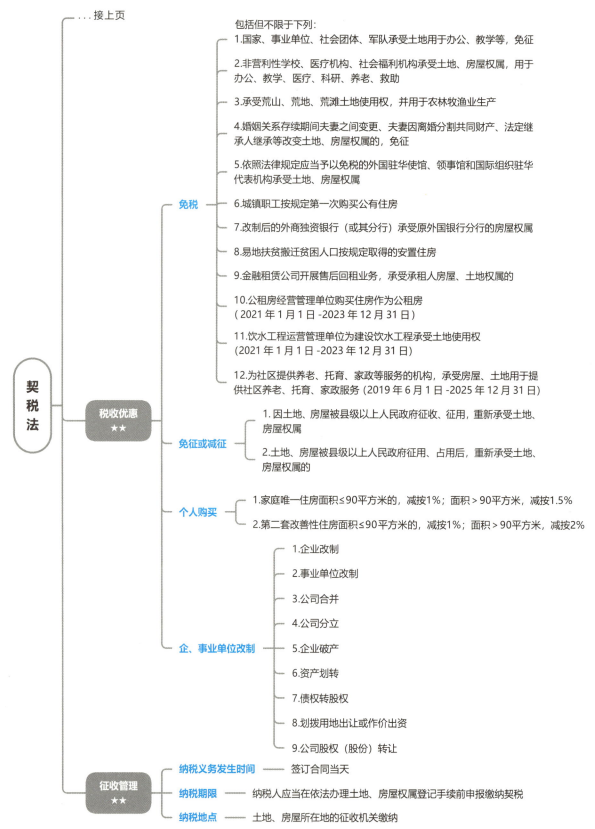

... 接上页

契税法

税收优惠 ★★

免税

包括但不限于下列：

1. 国家、事业单位、社会团体、军队承受土地用于办公、教学等，免征

2. 非营利性学校、医疗机构、社会福利机构承受土地、房屋权属，用于办公、教学、医疗、科研、养老、救助

3. 承受荒山、荒地、荒滩土地使用权，并用于农林牧渔业生产

4. 婚姻关系存续期间夫妻之间变更、夫妻因离婚分割共同财产、法定继承人继承等改变土地、房屋权属的，免征

5. 依照法律规定应当予以免税的外国驻华使馆、领事馆和国际组织驻华代表机构承受土地、房屋权属

6. 城镇职工按规定第一次购买公有住房

7. 改制后的外商独资银行（或其分行）承受原外国银行分行的房屋权属

8. 易地扶贫搬迁贫困人口按规定取得的安置住房

9. 金融租赁公司开展售后回租业务，承受承租人房屋、土地权属的

10. 公租房经营管理单位购买住房作为公租房
（2021年1月1日-2023年12月31日）

11. 饮水工程运营管理单位为建设饮水工程承受土地使用权
（2021年1月1日-2023年12月31日）

12. 为社区提供养老、托育、家政等服务的机构，承受房屋、土地用于提供社区养老、托育、家政服务（2019年6月1日-2025年12月31日）

免征或减征

1. 因土地、房屋被县级以上人民政府征收、征用，重新承受土地、房屋权属

2. 土地、房屋被县级以上人民政府征用、占用后，重新承受土地、房屋权属的

个人购买

1. 家庭唯一住房面积≤90平方米的，减按1%；面积＞90平方米，减按1.5%

2. 第二套改善性住房面积≤90平方米的，减按1%；面积＞90平方米，减按2%

企、事业单位改制

1. 企业改制

2. 事业单位改制

3. 公司合并

4. 公司分立

5. 企业破产

6. 资产划转

7. 债权转股权

8. 划拨用地出让或作价出资

9. 公司股权（股份）转让

征收管理 ★★

纳税义务发生时间 —— 签订合同当天

纳税期限 —— 纳税人应当在依法办理土地、房屋权属登记手续前申报缴纳契税

纳税地点 —— 土地、房屋所在地的征收机关缴纳

土地增值税法

- 纳税义务人 ★★ —— 转让国有土地使用权、地上建筑物及其附着物并取得收入的单位和个人

- 征税范围 ★★
  - 基本征税范围
    1. 转让国有土地使用权
    2. 地上建筑物及其附着物连同国有土地使用权一并转让
    3. 存量房地产买卖
  - 特殊征税范围
    - 免征
      1. 个人互换自有居住用房
      2. 合作建房后分房自用
    - 不征
      1. 房地产的继承
      2. 房地产的赠与（直系、赡养、公益，随发生权属变更，但并未取得任何收入）
      3. 房地产的出租
      4. 房地产的抵押
      5. 房地产的代建行为
      6. 房地产的重新评估

- 税率 ★★★

土地增值税四级超率累进税率表

级数	增值额与扣除项目金额的比率	税率	速算扣除系数
1	不超过 50% 的部分	30%	0
2	超过 50%~100% 的部分	40%	5%
3	超过 100%~200% 的部分	50%	15%
4	超过 200% 的部分	60%	35%

- 应税收入 ★★★ —— 转让房地产的全部价款及有关的经济收益

...接下页

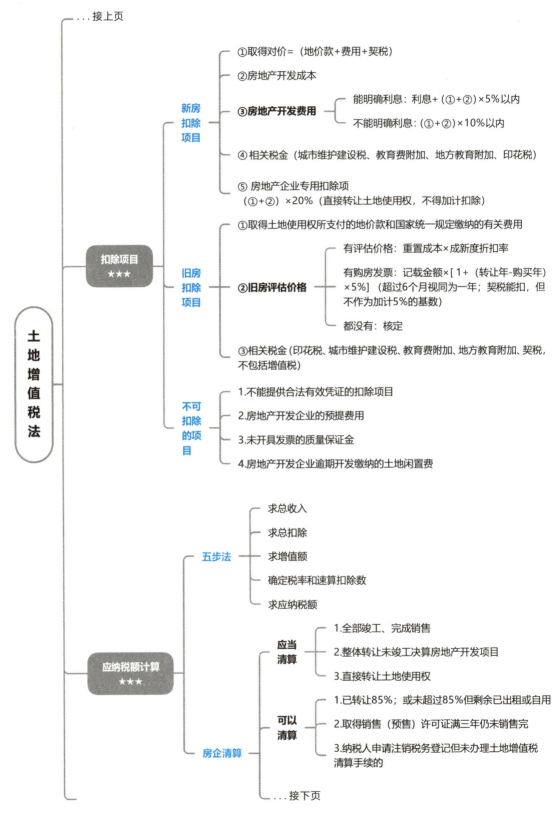

...接上页

土地增值税法

扣除项目 ★★★

新房扣除项目
- ①取得对价=（地价款+费用+契税）
- ②房地产开发成本
- **③房地产开发费用**
  - 能明确利息：利息+（①+②）×5%以内
  - 不能明确利息：（①+②）×10%以内
- ④相关税金（城市维护建设税、教育费附加、地方教育附加、印花税）
- ⑤房地产企业专用扣除项（①+②）×20%（直接转让土地使用权，不得加计扣除）

旧房扣除项目
- ①取得土地使用权所支付的地价款和国家统一规定缴纳的有关费用
- **②旧房评估价格**
  - 有评估价格：重置成本×成新度折扣率
  - 有购房发票：记载金额×[1+（转让年-购买年）×5%]（超过6个月视同为一年；契税能扣，但不作为加计5%的基数）
  - 都没有：核定
- ③相关税金(印花税、城市维护建设税、教育费附加、地方教育附加、契税，不包括增值税）

不可扣除的项目
1. 不能提供合法有效凭证的扣除项目
2. 房地产开发企业的预提费用
3. 未开具发票的质量保证金
4. 房地产开发企业逾期开发缴纳的土地闲置费

应纳税额计算 ★★★

五步法
- 求总收入
- 求总扣除
- 求增值额
- 确定税率和速算扣除数
- 求应纳税额

房企清算

应当清算
1. 全部竣工、完成销售
2. 整体转让未竣工决算房地产开发项目
3. 直接转让土地使用权

可以清算
1. 已转让85%；或未超过85%但剩余已出租或自用
2. 取得销售（预售）许可证满三年仍未销售完
3. 纳税人申请注销税务登记但未办理土地增值税清算手续的

...接下页

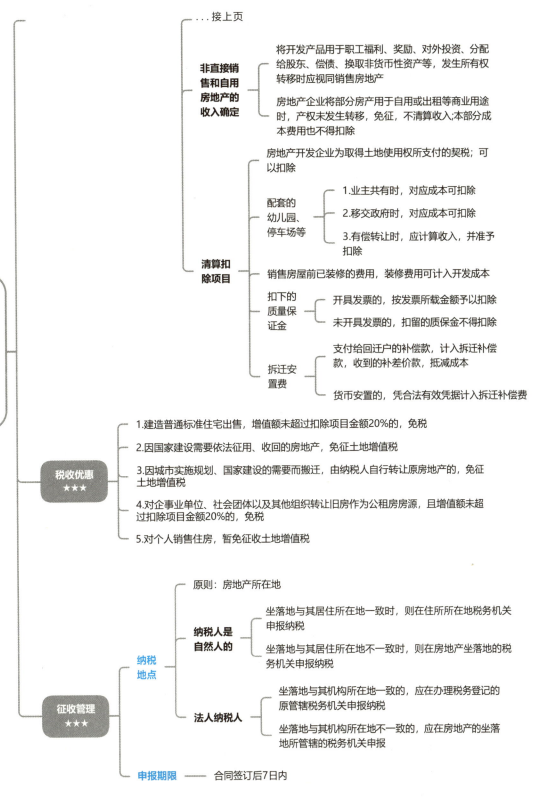

...接上页

土地增值税法

非直接销售和自用房地产的收入确定
- 将开发产品用于职工福利、奖励、对外投资、分配给股东、偿债、换取非货币性资产等，发生所有权转移时应视同销售房地产
- 房地产企业将部分房产用于自用或出租等商业用途时，产权未发生转移，免征，不清算收入;本部分成本费用也不得扣除

清算扣除项目
- 房地产开发企业为取得土地使用权所支付的契税；可以扣除
- 配套的幼儿园、停车场等
  - 1.业主共有时，对应成本可扣除
  - 2.移交政府时，对应成本可扣除
  - 3.有偿转让时，应计算收入，并准予扣除
- 销售房屋前已装修的费用，装修费用可计入开发成本
- 扣下的质量保证金
  - 开具发票的，按发票所载金额予以扣除
  - 未开具发票的，扣留的质保金不得扣除
- 拆迁安置费
  - 支付给回迁户的补偿款，计入拆迁补偿款，收到的补差价款，抵减成本
  - 货币安置的，凭合法有效凭据计入拆迁补偿费

税收优惠 ★★★
1. 建造普通标准住宅出售，增值额未超过扣除项目金额20%的，免税
2. 因国家建设需要依法征用、收回的房地产，免征土地增值税
3. 因城市实施规划、国家建设的需要而搬迁，由纳税人自行转让原房地产的，免征土地增值税
4. 对企事业单位、社会团体以及其他组织转让旧房作为公租房房源，且增值额未超过扣除项目金额20%的，免税
5. 对个人销售住房，暂免征收土地增值税

征收管理 ★★★
- **纳税地点**
  - 原则：房地产所在地
  - **纳税人是自然人的**
    - 坐落地与其居住所在地一致时，则在住所所在地税务机关申报纳税
    - 坐落地与其居住所在地不一致时，则在房地产坐落地的税务机关申报纳税
  - **法人纳税人**
    - 坐落地与其机构所在地一致的，应在办理税务登记的原管辖税务机关申报纳税
    - 坐落地与其机构所在地不一致的，应在房地产的坐落地所管辖的税务机关申报
- **申报期限** —— 合同签订后7日内

第十一章

车辆购置税法、车船税法和印花税法

- 分值比重：8分左右
- 命题形式：单选、多选
- ★ 核心考点：
  (1) 车辆购置税法、车船税法的纳税义务人与征税范围
  (2) 车辆购置税法、车船税法的税目、税率与计税依据
  (3) 车辆购置税法、车船税法应纳税额的计算
  (4) 车船税法税收优惠和征收管理
  (5) 印花税法的税目与计税依据
  (6) 印花税法应纳税额的计算

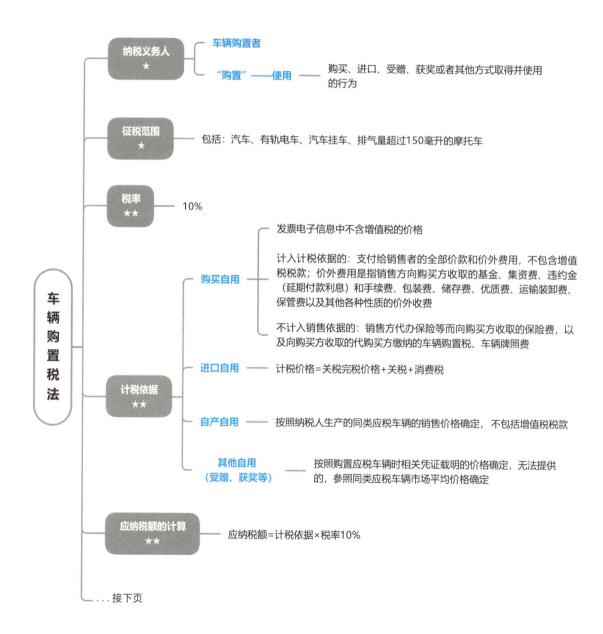

车辆购置税法

- 纳税义务人 ★
  - 车辆购置者
  - "购置"——使用 —— 购买、进口、受赠、获奖或者其他方式取得并使用的行为

- 征税范围 ★ —— 包括：汽车、有轨电车、汽车挂车、排气量超过150毫升的摩托车

- 税率 ★★ —— 10%

- 计税依据 ★★
  - 购买自用
    - 发票电子信息中不含增值税的价格
    - 计入计税依据的：支付给销售者的全部价款和价外费用，不包含增值税税款；价外费用是指销售方向购买方收取的基金、集资费、违约金（延期付款利息）和手续费、包装费、储存费、优质费、运输装卸费、保管费以及其他各种性质的价外收费
    - 不计入销售依据的：销售方代办保险等而向购买方收取的保险费，以及向购买方收取的代购买方缴纳的车辆购置税、车辆牌照费
  - 进口自用 —— 计税价格=关税完税价格+关税+消费税
  - 自产自用 —— 按照纳税人生产的同类应税车辆的销售价格确定，不包括增值税税款
  - 其他自用（受赠、获奖等） —— 按照购置应税车辆时相关凭证载明的价格确定，无法提供的，参照同类应税车辆市场平均价格确定

- 应纳税额的计算 ★★ —— 应纳税额=计税依据×税率10%

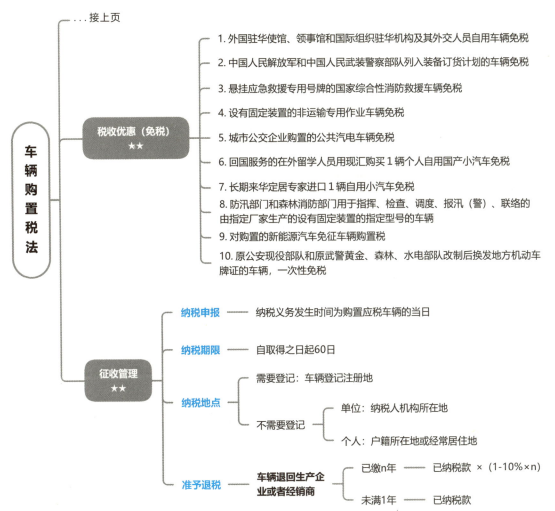

...接上页

车辆购置税法

税收优惠（免税）★★

1. 外国驻华使馆、领事馆和国际组织驻华机构及其外交人员自用车辆免税

2. 中国人民解放军和中国人民武装警察部队列入装备订货计划的车辆免税

3. 悬挂应急救援专用号牌的国家综合性消防救援车辆免税

4. 设有固定装置的非运输专用作业车辆免税

5. 城市公交企业购置的公共汽电车辆免税

6. 回国服务的在外留学人员用现汇购买1辆个人自用国产小汽车免税

7. 长期来华定居专家进口1辆自用小汽车免税

8. 防汛部门和森林消防部门用于指挥、检查、调度、报汛（警）、联络的由指定厂家生产的设有固定装置的指定型号的车辆

9. 对购置的新能源汽车免征车辆购置税

10. 原公安现役部队和原武警黄金、森林、水电部队改制后换发地方机动车牌证的车辆，一次性免税

征收管理 ★★

- **纳税申报** —— 纳税义务发生时间为购置应税车辆的当日

- **纳税期限** —— 自取得之日起60日

- **纳税地点**
  - 需要登记：车辆登记注册地
  - 不需要登记
    - 单位：纳税人机构所在地
    - 个人：户籍所在地或经常居住地

- **准予退税** —— **车辆退回生产企业或者经销商**
  - 已缴n年 —— 已纳税款 × (1-10%×n)
  - 未满1年 —— 已纳税款

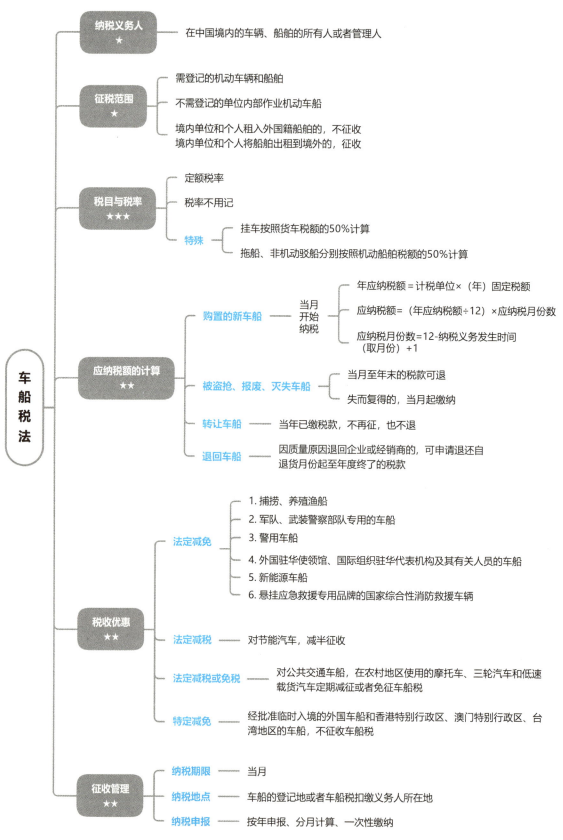

车船税法

- **纳税义务人** ★ —— 在中国境内的车辆、船舶的所有人或者管理人

- **征税范围** ★
  - 需登记的机动车辆和船舶
  - 不需登记的单位内部作业机动车船
  - 境内单位和个人租入外国籍船舶的,不征收
    境内单位和个人将船舶出租到境外的,征收

- **税目与税率** ★★★
  - 定额税率
  - 税率不用记
  - **特殊**
    - 挂车按照货车税额的50%计算
    - 拖船、非机动驳船分别按照机动船舶税额的50%计算

- **应纳税额的计算** ★★
  - **购置的新车船** —— 当月开始纳税
    - 年应纳税额=计税单位×(年)固定税额
    - 应纳税额=(年应纳税额÷12)×应纳税月份数
    - 应纳税月份数=12-纳税义务发生时间(取月份)+1
  - **被盗抢、报废、灭失车船**
    - 当月至年末的税款可退
    - 失而复得的,当月起缴纳
  - **转让车船** —— 当年已缴税款,不再征,也不退
  - **退回车船** —— 因质量原因退回企业或经销商的,可申请退还自退货月份起至年度终了的税款

- **税收优惠** ★★
  - **法定减免**
    1. 捕捞、养殖渔船
    2. 军队、武装警察部队专用的车船
    3. 警用车船
    4. 外国驻华使领馆、国际组织驻华代表机构及其有关人员的车船
    5. 新能源车船
    6. 悬挂应急救援专用品牌的国家综合性消防救援车辆
  - **法定减税** —— 对节能汽车,减半征收
  - **法定减税或免税** —— 对公共交通车船,在农村地区使用的摩托车、三轮汽车和低速载货汽车定期减征或者免征车船税
  - **特定减免** —— 经批准临时入境的外国车船和香港特别行政区、澳门特别行政区、台湾地区的车船,不征收车船税

- **征收管理** ★★
  - **纳税期限** —— 当月
  - **纳税地点** —— 车船的登记地或者车船税扣缴义务人所在地
  - **纳税申报** —— 按年申报、分月计算、一次性缴纳

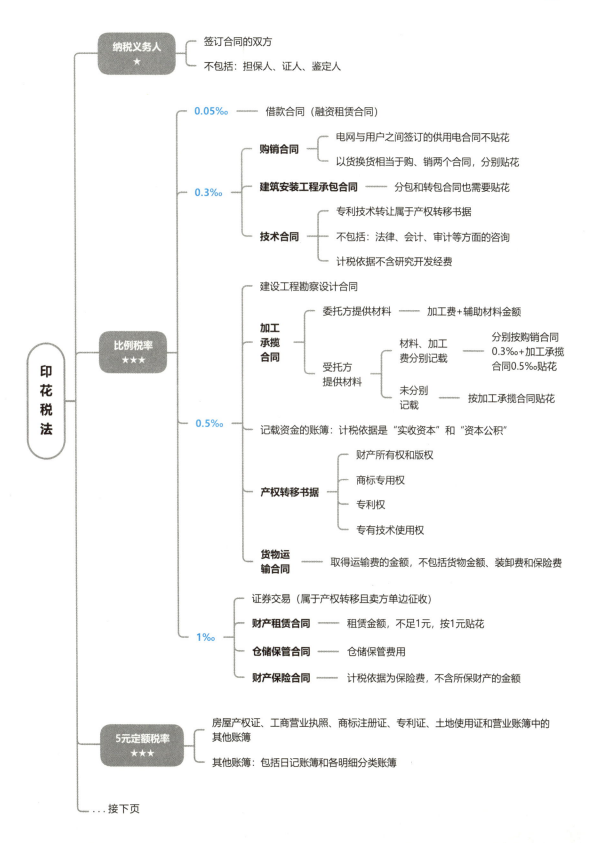

印花税法

纳税义务人 ★
- 签订合同的双方
- 不包括：担保人、证人、鉴定人

比例税率 ★★★

0.05‰
- 借款合同（融资租赁合同）

0.3‰
- **购销合同**
  - 电网与用户之间签订的供用电合同不贴花
  - 以货换货相当于购、销两个合同，分别贴花
- **建筑安装工程承包合同** —— 分包和转包合同也需要贴花
- **技术合同**
  - 专利技术转让属于产权转移书据
  - 不包括：法律、会计、审计等方面的咨询
  - 计税依据不含研究开发经费

0.5‰
- 建设工程勘察设计合同
- **加工承揽合同**
  - 委托方提供材料 —— 加工费+辅助材料金额
  - 受托方提供材料
    - 材料、加工费分别记载 —— 分别按购销合同0.3‰+加工承揽合同0.5‰贴花
    - 未分别记载 —— 按加工承揽合同贴花
- 记载资金的账簿：计税依据是"实收资本"和"资本公积"
- **产权转移书据**
  - 财产所有权和版权
  - 商标专用权
  - 专利权
  - 专有技术使用权
- **货物运输合同** —— 取得运输费的金额，不包括货物金额、装卸费和保险费

1‰
- 证券交易（属于产权转移且卖方单边征收）
- **财产租赁合同** —— 租赁金额，不足1元，按1元贴花
- **仓储保管合同** —— 仓储保管费用
- **财产保险合同** —— 计税依据为保险费，不含所保财产的金额

5元定额税率 ★★★
- 房屋产权证、工商营业执照、商标注册证、专利证、土地使用证和营业账簿中的其他账簿
- 其他账簿：包括日记账簿和各明细分类账簿

...接下页

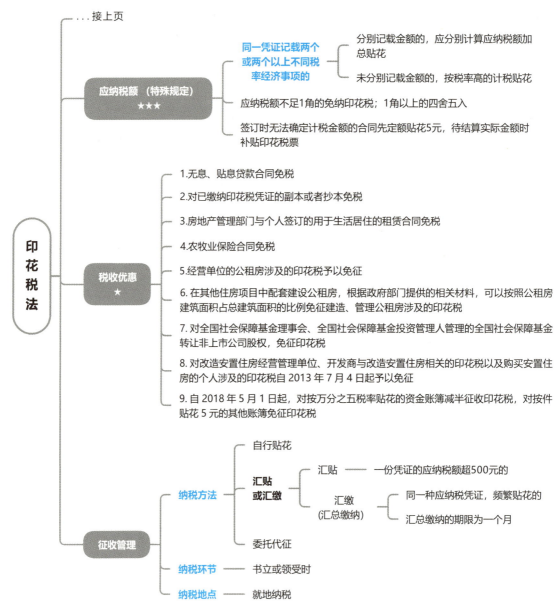

印花税法

应纳税额（特殊规定）★★★

同一凭证记载两个或两个以上不同税率经济事项的
- 分别记载金额的，应分别计算应纳税额加总贴花
- 未分别记载金额的，按税率高的计税贴花

应纳税额不足1角的免纳印花税；1角以上的四舍五入

签订时无法确定计税金额的合同先定额贴花5元，待结算实际金额时补贴印花税票

税收优惠★

1.无息、贴息贷款合同免税

2.对已缴纳印花税凭证的副本或者抄本免税

3.房地产管理部门与个人签订的用于生活居住的租赁合同免税

4.农牧业保险合同免税

5.经营单位的公租房涉及的印花税予以免征

6.在其他住房项目中配套建设公租房，根据政府部门提供的相关材料，可以按照公租房建筑面积占总建筑面积的比例免征建造、管理公租房涉及的印花税

7.对全国社会保障基金理事会、全国社会保障基金投资管理人管理的全国社会保障基金转让非上市公司股权，免征印花税

8.对改造安置住房经营管理单位、开发商与改造安置住房相关的印花税以及购买安置住房的个人涉及的印花税自2013年7月4日起予以免征

9.自2018年5月1日起，对按万分之五税率贴花的资金账簿减半征收印花税，对按件贴花5元的其他账簿免征印花税

征收管理

纳税方法
- 自行贴花
- 汇贴或汇缴
  - 汇贴 —— 一份凭证的应纳税额超500元的
  - 汇缴（汇总缴纳）
    - 同一种应纳税凭证，频繁贴花的
    - 汇总缴纳的期限为一个月
- 委托代征

纳税环节 —— 书立或领受时

纳税地点 —— 就地纳税

...接上页

第十二章

国际税收税务管理实务

- 分值比重：6分左右
- 命题形式：各种题型都涉及，选择题通常是记忆性知识点
- ★ 核心考点：（1）非居民企业税收管理与境外所得税管理
  （2）国际反避税与转让定价税务管理
  （3）国际税收征管合作

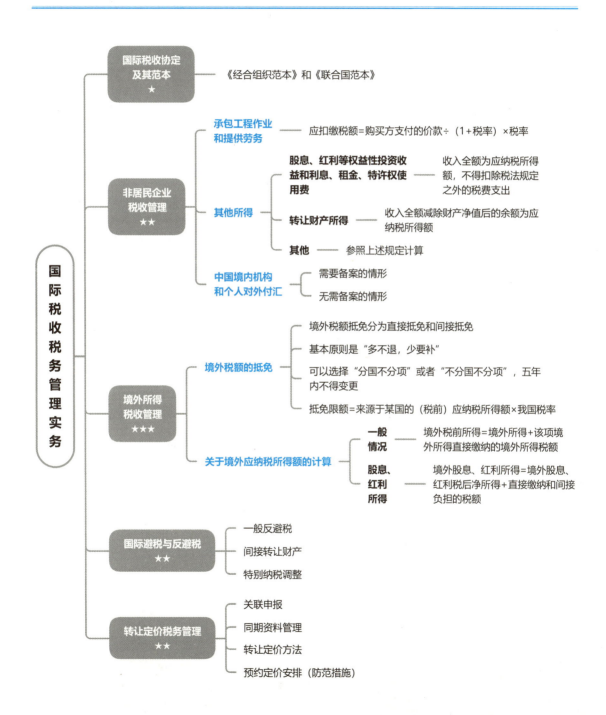

国际税收税务管理实务

- 国际税收协定及其范本 ★ ── 《经合组织范本》和《联合国范本》

- 非居民企业税收管理 ★★
  - 承包工程作业和提供劳务 ── 应扣缴税额＝购买方支付的价款÷（1＋税率）×税率
  - 其他所得
    - 股息、红利等权益性投资收益和利息、租金、特许权使用费 ── 收入全额为应纳税所得额，不得扣除税法规定之外的税费支出
    - 转让财产所得 ── 收入全额减除财产净值后的余额为应纳税所得额
    - 其他 ── 参照上述规定计算
  - 中国境内机构和个人对外付汇
    - 需要备案的情形
    - 无需备案的情形

- 境外所得税收管理 ★★★
  - 境外税额的抵免
    - 境外税额抵免分为直接抵免和间接抵免
    - 基本原则是"多不退，少要补"
    - 可以选择"分国不分项"或者"不分国不分项"，五年内不得变更
    - 抵免限额＝来源于某国的（税前）应纳税所得额×我国税率
  - 关于境外应纳税所得额的计算
    - 一般情况 ── 境外税前所得＝境外所得＋该项境外所得直接缴纳的境外所得税额
    - 股息、红利所得 ── 境外股息、红利所得＝境外股息、红利税后净所得＋直接缴纳和间接负担的税额

- 国际避税与反避税 ★★
  - 一般反避税
  - 间接转让财产
  - 特别纳税调整

- 转让定价税务管理 ★★
  - 关联申报
  - 同期资料管理
  - 转让定价方法
  - 预约定价安排（防范措施）

第十三章

税收征收
管理法

分值比重：3分左右

命题形式：单选、多选

★ 核心考点： （1）税务管理与税款征收
（2）税务检查与纳税担保的抵押

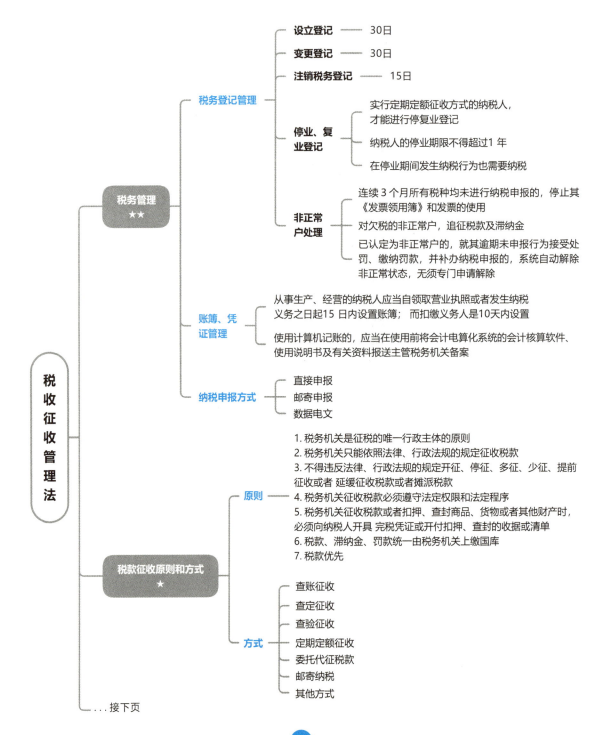

税收征收管理法

税务管理 ★★

税务登记管理
设立登记 —— 30日
变更登记 —— 30日
注销税务登记 —— 15日

停业、复业登记
实行定期定额征收方式的纳税人，才能进行停复业登记
纳税人的停业期限不得超过1年
在停业期间发生纳税行为也需要纳税

非正常户处理
连续3个月所有税种均未进行纳税申报的，停止其《发票领用簿》和发票的使用
对欠税的非正常户，追征税款及滞纳金
已认定为非正常户的，就其逾期未申报行为接受处罚、缴纳罚款，并补办纳税申报的，系统自动解除非正常状态，无须专门申请解除

账簿、凭证管理
从事生产、经营的纳税人应当自领取营业执照或者发生纳税义务之日起15日内设置账簿；而扣缴义务人是10天内设置
使用计算机记账的，应当在使用前将会计电算化系统的会计核算软件、使用说明书及有关资料报送主管税务机关备案

纳税申报方式
直接申报
邮寄申报
数据电文

税款征收原则和方式 ★

原则
1. 税务机关是征税的唯一行政主体的原则
2. 税务机关只能依照法律、行政法规的规定征收税款
3. 不得违反法律、行政法规的规定开征、停征、多征、少征、提前征收或者 延缓征收税款或者摊派税款
4. 税务机关征收税款必须遵守法定权限和法定程序
5. 税务机关征收税款或者扣押、查封商品、货物或者其他财产时，必须向纳税人开具 完税凭证或开付扣押、查封的收据或清单
6. 税款、滞纳金、罚款统一由税务机关上缴国库
7. 税款优先

方式
查账征收
查定征收
查验征收
定期定额征收
委托代征税款
邮寄纳税
其他方式

...接下页

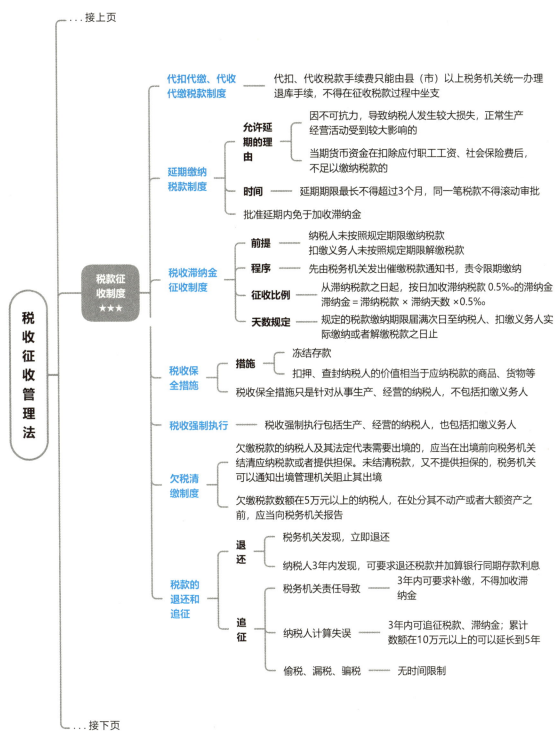

... 接上页

税收征收管理法

税款征收制度 ★★★

代扣代缴、代收代缴税款制度 —— 代扣、代收税款手续费只能由县（市）以上税务机关统一办理退库手续，不得在征收税款过程中坐支

延期缴纳税款制度
- **允许延期的理由**
  - 因不可抗力，导致纳税人发生较大损失，正常生产经营活动受到较大影响的
  - 当期货币资金在扣除应付职工工资、社会保险费后，不足以缴纳税款的
- **时间** —— 延期期限最长不得超过3个月，同一笔税款不得滚动审批
- 批准延期内免于加收滞纳金

税收滞纳金征收制度
- **前提**
  - 纳税人未按照规定期限缴纳税款
  - 扣缴义务人未按照规定期限解缴税款
- **程序** —— 先由税务机关发出催缴税款通知书，责令限期缴纳
- **征收比例** —— 从滞纳税款之日起，按日加收滞纳税款 0.5‰的滞纳金 滞纳金 = 滞纳税款 × 滞纳天数 ×0.5‰
- **天数规定** —— 规定的税款缴纳期限届满次日至纳税人、扣缴义务人实际缴纳或者解缴税款之日止

税收保全措施
- **措施**
  - 冻结存款
  - 扣押、查封纳税人的价值相当于应纳税款的商品、货物等
- 税收保全措施只是针对从事生产、经营的纳税人，不包括扣缴义务人

税收强制执行 —— 税收强制执行包括生产、经营的纳税人，也包括扣缴义务人

欠税清缴制度
- 欠缴税款的纳税人及其法定代表需要出境的，应当在出境前向税务机关结清应纳税款或者提供担保。未结清税款，又不提供担保的，税务机关可以通知出境管理机关阻止其出境
- 欠缴税款数额在5万元以上的纳税人，在处分其不动产或者大额资产之前，应当向税务机关报告

税款的退还和追征
- **退还**
  - 税务机关发现，立即退还
  - 纳税人3年内发现，可要求退还税款并加算银行同期存款利息
- **追征**
  - 税务机关责任导致 —— 3年内可要求补缴，不得加收滞纳金
  - 纳税人计算失误 —— 3年内可追征税款、滞纳金；累计数额在10万元以上的可以延长到5年
  - 偷税、漏税、骗税 —— 无时间限制

... 接下页

... 接上页

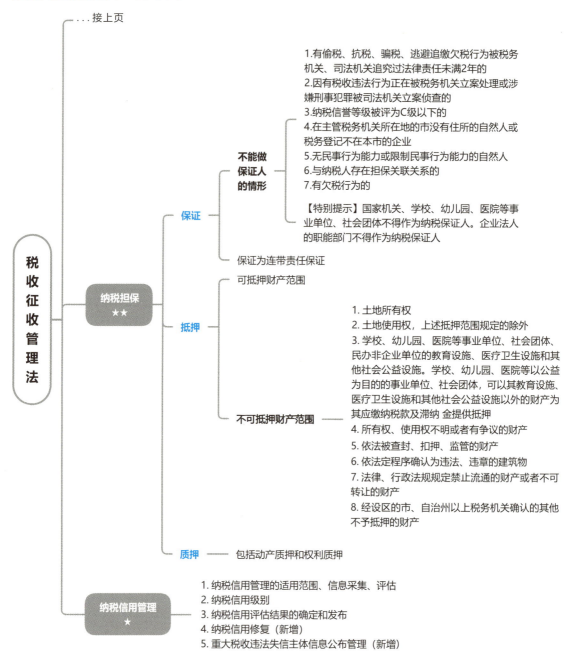

税收征收管理法

纳税担保 ★★

保证

不能做保证人的情形

1.有偷税、抗税、骗税、逃避追缴欠税行为被税务机关、司法机关追究过法律责任未满2年的
2.因有税收违法行为正在被税务机关立案处理或涉嫌刑事犯罪被司法机关立案侦查的
3.纳税信誉等级被评为C级以下的
4.在主管税务机关所在地的市没有住所的自然人或税务登记不在本市的企业
5.无民事行为能力或限制民事行为能力的自然人
6.与纳税人存在担保关联关系的
7.有欠税行为的

【特别提示】国家机关、学校、幼儿园、医院等事业单位、社会团体不得作为纳税保证人。企业法人的职能部门不得作为纳税保证人

保证为连带责任保证

抵押

可抵押财产范围

不可抵押财产范围

1. 土地所有权
2. 土地使用权,上述抵押范围规定的除外
3. 学校、幼儿园、医院等事业单位、社会团体、民办非企业单位的教育设施、医疗卫生设施和其他社会公益设施。学校、幼儿园、医院等以公益为目的的事业单位、社会团体,可以其教育设施、医疗卫生设施和其他社会公益设施以外的财产为其应缴纳税款及滞纳 金提供抵押
4. 所有权、使用权不明或者有争议的财产
5. 依法被查封、扣押、监管的财产
6. 依法定程序确认为违法、违章的建筑物
7. 法律、行政法规规定禁止流通的财产或者不可转让的财产
8. 经设区的市、自治州以上税务机关确认的其他不予抵押的财产

质押 —— 包括动产质押和权利质押

纳税信用管理 ★

1. 纳税信用管理的适用范围、信息采集、评估
2. 纳税信用级别
3. 纳税信用评估结果的确定和发布
4. 纳税信用修复(新增)
5. 重大税收违法失信主体信息公布管理(新增)

第十四章

税务行政法制

📊 分值比重：2分左右

🔲 命题形式：单选、多选

⭐ 核心考点：(1) 税收行政处罚的设定、种类、程序与执行
(2) 税收行政复议的受案范围、终止与中止、和解与调解
(3) 税务行政诉讼的特点及原则、起诉与受理

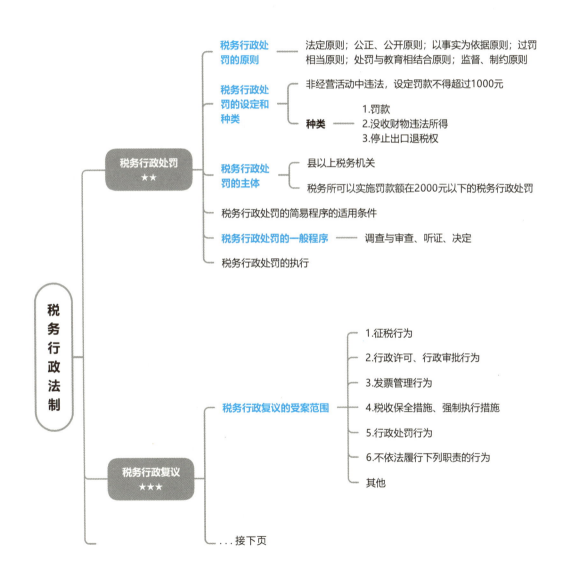

税务行政法制

税务行政处罚 ★★

- **税务行政处罚的原则** —— 法定原则；公正、公开原则；以事实为依据原则；过罚相当原则；处罚与教育相结合原则；监督、制约原则
- **税务行政处罚的设定和种类** —— 非经营活动中违法，设定罚款不得超过1000元
  - **种类**
    1. 罚款
    2. 没收财物违法所得
    3. 停止出口退税权
- **税务行政处罚的主体**
  - 县以上税务机关
  - 税务所可以实施罚款额在2000元以下的税务行政处罚
- 税务行政处罚的简易程序的适用条件
- **税务行政处罚的一般程序** —— 调查与审查、听证、决定
- 税务行政处罚的执行

税务行政复议 ★★★

- **税务行政复议的受案范围**
  1. 征税行为
  2. 行政许可、行政审批行为
  3. 发票管理行为
  4. 税收保全措施、强制执行措施
  5. 行政处罚行为
  6. 不依法履行下列职责的行为
  - 其他

...接下页

税务行政法制

行政复议管辖

... 接上页

	情形	复议机关
基本规定	对各级税务局的具体行政行为不服的	向其上一级**税务局**申请行政复议
	对国家税务总局的具体行政行为不服的	向国家税务总局申请行政复议。对行政复议决定不服的，申请人可以向人民法院提起行政诉讼，也可以向国务院申请裁决。国务院的裁决为最终裁决**（国务院的裁决是最终裁决，不能再提起诉讼）。**
	对计划单列市税务局的具体行政行为不服的	向**国家税务总局**申请行政复议。
	对税务所（分局）、各级税务局的稽查局的具体行政行为不服的	向其所属税务局申请行政复议。
其他规定	①对两个以上税务机关共同作出的具体行政行为不服的	共同上一级**税务**机关。
	②对税务机关与其他行政机关共同作出的具体行政行为不服的	共同上一级**行政**机关。
	③对被撤销的税务机关在撤销以前所作出的具体行政行为不服的	继续行使其职权的税务机关的上一级税务机关。
	④对税务机关作出逾期不缴纳罚款加处罚款的决定不服的	向作出行政处罚决定的税务机关申请行政复议。但是对已处罚款和加处罚款都不服的，一并向作出行政处罚决定的税务机关的上一级税务机关申请行政复议。

— 税务行政复议的申请人和被申请人

税务行政复议申请
- **申请复议的时间** —— 60日
- **复议与诉讼的次序问题**
  - 对征税行为的争议
  - 对其他行为争议
- **行政复议申请方式** —— 可以书面申请或口头申请
- 其他注意事项

— 税务行政复议的受理

— 税务行政复议审查和决定

— 税务行政复议和解与调解

税务行政诉讼 ★★
- 税务行政诉讼的受案范围 —— 与税务行政复议的受案范围基本一致
- 税务行政诉讼的起诉和受理
  - 15日
  - 征税行为必须先经过复议，复议决定不服才能提起诉讼
- 税务行政诉讼的审理和判决